Ausführliches Verzeichnis der

Guttentag'schen Sammlung

Deutscher Reichs- und Preußischer Gesetze,

— Textausgaben mit Anmerkungen; Taschenformat, —

welche alle wichtigeren Gesetze in unbedingt zuverlässigen Gesetzestexten und in mustergültiger, gemeinverständlicher Weise erläutert enthält, befindet sich hinter dem Sachregister.

Guttentag'sche Sammlung
Nr. 30. Deutscher Reichsgesetze. Nr. 30.
Textausgaben mit Anmerkungen.

Invalidenversicherungsgesetz

vom 13. Juli 1899

mit Ausführungsbestimmungen.

Textausgabe mit Anmerkungen und Sachregister

von

Dr. E. v. Woedtke.

Zehnte umgearbeitete Auflage

herausgegeben von

H. Follmann,
Regierungsrat

Berlin 1906.
J. Guttentag, Verlagsbuchhandlung,
G. m. b. H.

Vorwort zur 1. Auflage.

Die Invaliditäts- und Altersversicherung tritt, nachdem das dieselbe betreffende Gesetz am 22. Juni 1889 verkündet worden ist, aus dem Stadium der Beratung in das Stadium der Ausführung. Bei derselben sind nicht nur fast alle Behörden, sondern fast alle Deutschen beteiligt, denn nicht viel Erwachsene wird es in Deutschland geben, welche nicht Arbeitgeber oder Arbeitnehmer wären. Die Ausführung des Gesetzes setzt vor allen Dingen ein Verständnis desselben voraus.

Dieses Verständnis in weiteren Kreisen zu fördern, ist der Zweck des vorliegenden Büchleins. Verfasser, welcher ähnliche Arbeiten bereits auf den Gebieten der Kranken- und der Unfallversicherung veröffentlicht hat, hält sich neben anderen Autoren hierzu um deswillen für befähigt, weil er in amtlicher Eigenschaft die Invaliditäts- und Altersversicherung eifrig zu studieren hat und als Kommissar an den Verhandlungen des Bundesrats und des Reichstags über das vorliegende Gesetz teilzunehmen berufen war. Um nicht zu verwirren, beschränkt sich die vorliegende kleine Arbeit in ihren Erläuterungen auf die hauptsächlichsten Gesichtspunkte; in einer Einleitung ist neben einer gedrängten historischen Entwicklung der Hauptgrundsätze des Gesetzes eine kurze systematische

Übersicht über den Inhalt desselben gegeben. Ergänzend soll demnächst neben diese „Textausgabe mit Anmerkungen" ein größerer Kommentar treten, welchen der Direktor im Reichsamt des Innern, Herr Dr. Bosse, und der Verfasser gemeinsam zu bearbeiten im Begriff sind. Auf diese Weise möchte der Verfasser an seinem Teil dazu beitragen, das von Seiner Majestät dem in Gott ruhenden Kaiser Wilhelm I. dem Deutschen Reich hinterlassene großartige Vermächtnis der Invaliditäts- und Altersversicherung, an deren Ausgestaltung Se. Majestät der jetzt regierende Kaiser Wilhelm II. ein so überaus lebhaftes Interesse bekundet, zur Durchführung zu bringen. Möchte das Büchlein diesen seinen Zweck, das Verständnis des Gesetzes vermitteln und dadurch dessen korrekte Ausführung sichern zu helfen, nicht ganz verfehlen!

Berlin, im August 1889.

v. Woedtke.

Vorwort zur 10. Auflage.

Am 22. Februar 1902 starb der bisherige Herausgeber dieses Buchs Dr. von Woedtke, früher Direktor der sozialpolitischen Abteilung des Reichsamts des Innern, zuletzt Präsident des Kaiserlichen Aufsichtsamts für Privatversicherung. Sein Arbeitsleben war der Gesetzgebung der Arbeiterversicherung gewidmet gewesen, und seine Verdienste um sie sichern seinem Namen eine bleibende Stelle in der Geschichte der Sozialpolitik. Die von ihm geleistete Arbeit wird nicht aufhören, eine Grundlage für das zu sein, was auf dem Gebiete geschaffen wird. Sie bildet auch die Grundlage für die Fortführung dieses Buchs. Wenn letzteres gleichwohl in seinen Einzelheiten größere Änderungen aufweist, so hat dies seinen Hauptgrund darin, daß, nachdem jetzt die Invalidenversicherung viele Jahre bestanden hat, mehr als bisher die Grundsätze Berücksichtigung finden konnten, die sich in der Rechtsprechung, besonders des Reichs-Versicherungsamts, zu feststehender Übung herausgebildet haben. Geboren aus dem Geiste des Gesetzes, wie er in dessen Begründung und bei den Beratungen zutage getreten ist, geben jene Grundsätze in dem Maße eine Handhabe zur Anwendung des Gesetzes, daß ein Rückgriff auf die Entstehung der einzelnen Bestimmungen meist entbehrlich wird. Durch die Verwertung der Rechtsprechung wird auch zugleich dem Zwecke dieser Gesetzesausgaben Rechnung getragen, Hilfsmittel für den praktischen Gebrauch zu sein. Da die Ausgaben nicht den Anspruch größerer Kommentarwerke machen, sind nur diejenigen Grundsätze verarbeitet worden, deren Kenntnis für die gewöhnlichen Fälle des praktischen Lebens erwünscht ist.

Berlin, im Mai 1906.

Follmann.

Abkürzungen.

AN. = Amtliche Nachrichten des Reichs-Versicherungsamts.

Anl. = Anleitung des Reichs-Versicherungsamts, betr. den Kreis der versicherten Personen, vom 6. Dezember 1905.

B., Besch. = Beschluß.

Begr. = Begründung zum Entwurf des Invalidenversicherungsgesetzes.

BGB. = Bürgerliches Gesetzbuch.

Centr.-Bl. = Centralblatt für das Deutsche Reich.

CPO. = Civilprozeßordnung.

E. = Entscheidung.

Entw. = Entwurf des Invalidenversicherungsgesetzes.

GesS. = Preußische Gesetz-Sammlung.

Ges. v. 1889 = JAVG.

GUVG. = Gewerbe-Unfallversicherungsgesetz.

JAVG. = Gesetz, betreffend die Invaliditäts- und Altersversicherung, vom 22. Juni 1889.

JMBl. = Preußisches Justiz-Ministerialblatt.

JVG. = Invalidenversicherungsgesetz vom 13. Juli 1899.

Kommissionsbericht = Bericht der Reichstagskommission über den Entwurf des Invalidenversicherungsgesetzes.

KV., betr. das RVA. = Kaiserliche Verordnung, betreffend den Geschäftsgang und das Verfahren des Reichs-Versicherungsamts, vom 19. Oktober 1900.

KV., betr. die SchGe. = Kaiserliche Verordnung, betreffend das Verfahren vor den Schiedsgerichten für Arbeiterversicherung, vom 22. November 1900.

KVG. = Krankenversicherungsgesetz.

LUVG. = Unfallversicherungsgesetz für Land- und Forstwirtschaft.

LVA. = Landes-Versicherungsanstalt.

MBl. d. H. u. GV. = Ministerialblatt der Handels- und Gewerbe-Verwaltung.

MBl. f. d. i. V. = Ministerialblatt für die innere Verwaltung.

OVG. = Preußisches Oberverwaltungsgericht.

RE., Rev.E. = Revisionsentscheidung.

RekE. = Rekursentscheidung.

RGBl. = Reichs-Gesetzblatt.

RGE. = Entscheidung des Reichsgerichts in Strafsachen.

RVA. = Reichs-Versicherungsamt.

StGB. = Strafgesetzbuch.

UVG. = Unfallversicherungsgesetz.

Inhaltsverzeichnis.

Einleitung.

Die Invalidenversicherung gehört zu denjenigen gesetzlichen Einrichtungen der Neuzeit, die zur Förderung des Wohles der arbeitenden Klassen, insbesondere zu deren Sicherstellung gegen die Folgen einer Schmälerung ihrer Arbeitskraft bestimmt, und die um so wichtiger sind, als diese breiten Schichten der Bevölkerung auf ihre Arbeitskraft für den Erwerb des Lebensunterhalts fast ausschließlich angewiesen sind. Die sich hierauf beziehenden Gesetze bilden als „Arbeiterversicherungsgesetze" einen wichtigen Teil derjenigen gesetzlichen Maßnahmen, die man unter dem Namen „sozialpolitische Gesetze" zusammenzufassen pflegt.

Diese Gesetze sind zuerst in dem neu geeinten Deutschland in Angriff genommen und aus der Initiative Kaiser Wilhelms des Ersten auf Anraten des Reichskanzlers Fürsten von Bismarck hervorgegangen. Veranlassung und Ziel jener Gesetze sind in der magna charta dieser Sozialpolitik des Deutschen Reichs, der Kaiserlichen Botschaft vom 17. November 1881, mit der damals der Reichstag eröffnet wurde, bezeichnet. Dort heißt es:

„Schon im Februar dieses Jahres haben Wir Unsere Überzeugung aussprechen lassen, daß die Heilung der sozialen Schäden nicht ausschließlich im Wege der Repression sozialdemokratischer Ausschreitungen, sondern gleichmäßig auf dem der positiven Förderung des Wohles der Arbeiter zu suchen sein werde. Wir halten es für Unsere Kaiserliche Pflicht, dem Reichstage diese Aufgabe von Neuem ans Herz zu legen, und würden Wir mit um so größerer Befriedigung auf alle Erfolge, mit denen Gott Unsere Regierung sichtlich gesegnet hat, zurückblicken, wenn es Uns gelänge, dereinst das Bewußtsein mitzunehmen, dem Vaterlande neue und dauernde Bürgschaften seines inneren Friedens und den Hilfsbedürftigen größere Sicherheit und Ergiebigkeit des Beistandes, auf den sie Anspruch haben, zu hinterlassen. In Unseren darauf gerichteten Bestrebungen sind Wir der Zustimmung aller verbündeten Regierungen gewiß und vertrauen auf die Unterstützung des Reichstags ohne Unterschied der Parteistellungen.

In diesem Sinne wird zunächst der von den verbündeten Regierungen in der vorigen Session vorgelegte Entwurf eines Gesetzes über die Versicherung der Arbeiter gegen Betriebsunfälle mit Rücksicht auf die im Reichstage stattgehabten Verhandlungen über denselben einer Umarbeitung unterzogen, um die erneute Beratung desselben vorzubereiten. Ergänzend wird ihm eine Vorlage zur Seite treten, welche sich eine gleichmäßige Organisation des gewerblichen Krankenkassenwesens zur Aufgabe stellt. Aber auch diejenigen, welche durch Alter und Invalidität erwerbsunfähig werden, haben der Gesamtheit gegenüber einen begründeten Anspruch auf ein höheres Maß staatlicher Fürsorge, als ihnen bisher hat zu Teil werden können.

Für diese Fürsorge die rechten Mittel und Wege zu finden, ist eine schwierige, aber auch eine der höchsten Aufgaben eines jeden Gemeinwesens, welches auf den sittlichen Fundamenten des christlichen Volkslebens steht. Der engere Anschluß an die realen Kräfte dieses Volkslebens und das Zusammenfassen der letzteren in der Form korporativer Genossenschaften unter staatlichem Schutz und staatlicher Fürsorge werden, wie Wir hoffen, die Lösung auch von Aufgaben möglich machen, denen die Staatsgewalt allein in gleichem Umfange nicht gewachsen sein würde. Immerhin aber wird auch auf diesem Wege das Ziel nicht ohne die Aufwendung erheblicher Mittel zu erreichen sein."

Nach dem Hinscheiden des ersten deutschen Kaisers fand diese Sozialpolitik in Kaiser Friedrich dem Dritten weitere Förderung; er war es, der im April 1888 die Vorlegung des im Reichsamt des Innern ausgearbeiteten „Gesetzentwurfs über die Alters- und Invalidenversicherung der Arbeiter" an den Bundesrat anordnete. Mit besonderem Nachdruck stellte sich sodann unser jetziger Kaiser auf den Standpunkt seines dahingeschiedenen Großvaters. Er bekundete dies gleich bei dem Antritt Seiner Regierung bei Eröffnung des Reichstags in der Thronrede am 25. Juni 1888, wo es heißt:

„Es wird mein Bestreben sein, das Werk der Reichs-Gesetzgebung in dem gleichen Sinne fortzuführen, wie Mein Hochseliger Herr Großvater es begonnen hat. Insbesondere eigne Ich Mir die von ihm am 17. November 1881 erlassene Botschaft ihrem vollen Umfange nach an und werde im Sinne derselben fortfahren, dahin zu wirken, daß die Reichsgesetzgebung für die arbeitende Bevölkerung auch ferner den Schutz erstrebe, den sie, im Anschluß an die Grundsätze der christlichen Sittenlehre, den Schwachen und Bedrängten im Kampfe um das Dasein gewähren kann. Ich hoffe, daß es gelingen werde, auf diesem Wege der Ausgleichung ungesunder gesellschaftlicher Gegensätze näher zu kommen, und hege die Zuversicht, daß Ich zur Pflege unserer inneren Wohlfahrt die einhellige Unterstützung aller treuen Anhänger des Reichs und der verbündeten Regierungen finden werde, ohne Trennung nach gesonderter Parteistellung.

Ebenso aber halte ich für geboten, unsere staatliche und gesellschaftliche Entwicklung in den Bahnen der Gesetzlichkeit zu erhalten und allen Bestrebungen, welche den Zweck und die Wirkung haben, die staatliche Ordnung zu untergraben, mit Festigkeit entgegenzutreten."

Und in der Thronrede, mit der dem Reichstag bei seinem Zusammentreten am 22. November 1888 der „Gesetzentwurf, betreffend die Invaliditäts- und Altersversicherung", angekündigt wurde, faßte der Kaiser den Zweck und Charakter der sozialpolitischen Gesetzgebung des Deutschen Reichs in folgenden Sätzen zusammen:

„Ich gebe Mich der Hoffnung nicht hin, daß durch gesetzgeberische Maßnahmen die Not der Zeit und das menschliche Elend sich aus der Welt schaffen lassen, aber Ich erachte es doch für eine Aufgabe der Staatsgewalt, auf die Linderung vorhandener wirtschaftlicher Bedrängnisse nach Kräften hinzuwirken und durch organische Einrichtungen die Betätigung der auf dem Boden des Christentums erwachsenden Nächstenliebe als eine Pflicht der staatlichen Gesamtheit zur Anerkennung zu bringen. Die Schwierigkeiten, welche sich einer auf staatliches Gebot gestützten durchgreifenden Versicherung aller Arbeiter gegen die Gefahren des Alters und der Invalidität entgegenstellen, sind groß, aber mit Gottes Hilfe nicht unüberwindlich."

Aus dem hiermit angekündigten Gesetzentwurf ist das Reichsgesetz vom 22. Juni 1889, betr. die Invaliditäts- und Altersversicherung (RGBl. S. 97), hervorgegangen.

Es wäre wunderbar gewesen, wenn dies Gesetz, das ein völlig neues Gebiet erschloß und nirgends in der Welt ein Vorbild hatte, bei der Schwierigkeit der Materie und den weittragenden oft einander entgegenstehenden Interessen der verschiedensten Bevölkerungskreise, die von ihm betroffen wurden, gleich beim ersten Anlauf so gelungen wäre, daß man es als fehlerfrei bezeichnen könnte. Dies war denn auch tatsächlich nicht der Fall. Auch rief die Entwicklung, die in den ersten Jahren nach dem Erlaß des Gesetzes zu einer besonders erheblichen Verschiebung der Bevölkerung von dem Osten nach dem Westen und von der Landwirtschaft in die Industrie führte, finanzielle Schwierigkeiten bei einzelnen Trägern der Versicherung hervor, denen abgeholfen werden mußte, während andere Versicherungsträger im Überfluß schwammen und für den Durchschnitt des Reichs die Grundlagen der Versicherung sich als zutreffend herausstellten.

Eine im Jahre 1897 dem Reichstage vorgelegte Novelle kam nicht zur Verabschiedung. Im Jahre 1899 dagegen wurde vom Reichstage die vorgeschlagene Revision des Gesetzes durchgeführt und sodann das neue Gesetz unter dem Titel „Invalidenversicherungsgesetz" am 13. Juli 1899 vollzogen. Auf Grund der am Schluß dieses Gesetzes erteilten Ermächtigung hat sodann der Reichskanzler das Gesetz durch Bekanntmachung vom 19. Juli 1899 (RGBl. S. 463) in neuer Redaktion unter fortlaufender Reihenfolge der Paragraphen veröffentlicht; diese Bekanntmachung enthält daher den nunmehr geltenden Text des Gesetzes. Wie sehr sich inzwischen die anfangs unfreundliche Stimmung der Bevölkerung gegenüber der Invalidenversicherung geändert hat, ergibt sich am besten aus der Tatsache, daß, während das Gesetz von 1889 im Reichstag nur eine Mehrheit von 20 Stimmen erzielte, das von 1899 fast einstimmig (gegen nur 5 Stimmen), von einem mit mehr als 200 Mitgliedern besetzten Hause angenommen wurde, und daß ihm diesmal auch die Vertreter der Sozialdemokratie zustimmten, und zwar zum erstenmal bei einem sozialpolitischen Gesetz.

Die hiermit geregelte Invalidenversicherung schließt

sich an die Krankenversicherung und an die Unfallversicherung gleichberechtigt an. Die **Krankenversicherung** trifft Fürsorge für Fälle vorübergehender Krankheit; die **Unfallversicherung** sorgt bei Erwerbsunfähigkeit, die aus Anlaß eines „Unfalls bei dem Betriebe" eingetreten ist, und gewährt, sofern ein solcher Unfall den Tod des Versicherten nach sich gezogen hat, auch den Hinterbliebenen mäßige Jahresrenten. Die **Invalidenversicherung** dagegen ist für solche Fälle bestimmt, in denen der Versicherte aus anderen Gründen als einem durch die Unfallversicherung gedeckten Betriebsunfall, insbesondere infolge von Gebrechlichkeit, Abnutzung der Kräfte, Siechtum, Alter, Unfällen außerhalb des Betriebes usw., also infolge von Leiden, die **jedem Menschen drohen**, erwerbsunfähig geworden ist; sie gewährt auch dann eine Rente (Altersrente), wenn der Versicherte ein hohes Lebensalter (das 71. Lebensjahr) erreicht hat, ohne bereits erwerbsunfähig zu sein.

Was im einzelnen den **Inhalt** des Invalidenversicherungsgesetzes anlangt, so beruht es auf dem Prinzip des **Versicherungszwanges**. Dieser tritt im Grundsatz ein bei allen Lohnarbeitern über 16 Jahre einschließlich der Dienstboten, sobald sie **tatsächlich gegen baren** (§ 3) **Lohn beschäftigt** sind, bei Lehrern und Erziehern, niederen Betriebsbeamten und Handlungsgehilfen bis 2000 Mk. Jahresverdienst (§ 1). Es sind dies über 13 Millionen Personen. Durch den Bundesrat kann die Versicherungspflicht erstreckt werden auf kleine Betriebsunternehmer und alle Hausgewerbetreibenden.[1]) Ausgenommen sind kraft Gesetzes insbesondere die Lehrer und Erzieher an öffentlichen Schulen oder Anstalten, sowie die Reichs-, Staats- und Kommunalbeamten, wenn sie eine Anwartschaft auf Pension im Mindestbetrage der Invalidenrente haben oder nur zur eigenen Ausbildung beschäftigt werden, die Personen des Soldatenstandes, sowie diejenigen Personen, die (im Sinne des Gesetzes) bereits invalid sind (§ 5); durch den Bundesrat können ausgenommen werden die mit Pensionsanwartschaft angestellten Beamten anderer öffentlicher Verbände oder Körperschaften (§ 7), sowie unter Umständen gewisse Kategorien von Ausländern (§ 4 Abs. 2), auch hat der Bundesrat zu bestimmen, inwieweit vorübergehende Dienstleistungen nicht als versicherungspflichtige Beschäftigung gelten sollen (§ 4 Abs. 1).[2]) Auf ihren Antrag sind insbesondere diejenigen Personen zu befreien, die vom Reich, einem Bundesstaat u. a. Pensionen oder Wartegelder beziehen, sowie Empfänger reichsgesetzlicher Unfallrenten, sofern die Pension, das Wartegeld oder die Unfallrente wenigstens den Mindest-

---

[1]) Dies ist bisher für Hausindustrielle der Tabakfabrikation und der Textilindustrie geschehen, Bekanntmachungen vom 16. Dezember 1891 (RGBl. S. 395) und vom 1. März 1894 (RGBl. S. 324).

[2]) Bekanntmachung vom 27. Dezember 1899 (RGBl. S. 725).

betrag der Invalidenrente erreicht, ferner Personen über 70 Jahre und solche Personen, die im Jahre regelmäßig nur 12 Wochen oder 50 Tage Lohnarbeit übernehmen (§ 6).

Den Betriebsbeamten usw. zwischen 2000 und 3000 Mk. Jahresverdienst, Betriebsunternehmern, die nicht regelmäßig mehr als 2 Lohnarbeiter beschäftigen, und den noch nicht als versicherungspflichtig erklärten Meistern der Hausindustrie ist der freiwillige Eintritt in die Versicherung (Selbstversicherung) unter der Voraussetzung gestattet, daß sie das 40. Lebensjahr noch nicht vollendet haben und nicht bereits invalid sind (§§ 14, 146). Diejenigen Versicherten, die aus einem (obligatorischen oder Selbst-)Versicherungsverhältnis zeitweise ausgeschieden sind, behalten einstweilen die durch die bisherigen Beiträge begründete Anwartschaft (§ 46), können diese sogar durch freiwillige Weiterversicherung steigern (§ 14); die Anwartschaft erlischt erst, wenn während 2 Jahren insgesamt weniger als 20 Wochenbeiträge, bei Selbstversicherten weniger als 40 Wochenbeiträge entrichtet sind. In diesem Falle kann das bisherige Versicherungsverhältnis später durch fortgesetzte abermalige Beitragsleistung erneuert werden (§ 46 Abs. 4).

Gegenstand der Versicherung ist ein Anspruch auf Rente in zweifacher Form, nämlich als Invalidenrente und als Altersrente (§§ 15, 16), sowie der Anspruch auf Rückerstattung geleisteter Beiträge (§§ 42 bis 44) für heiratende weibliche

Versicherte, für Versicherte, die infolge Unfalls invalid werden und für diesen eine Unfallrente erhalten, sowie für Hinterbliebene verstorbener Versicherter, sofern letztere in den Genuß einer Rente nicht getreten sind. Umwandlung der Renten in Kapital ist nur bei Ausländern statthaft; Geldrenten können unter Umständen in Naturalbezügen gewährt werden (§ 24).

Alle derartigen Ansprüche bestehen aber nur dann, wenn eine Wartezeit von einer bestimmten Zahl von Beitragswochen zurückgelegt ist, in der Beiträge entrichtet sein müssen; eingerechnet wird die Dauer von Krankheiten und militärischen Dienstleistungen, für die keine Beiträge zu entrichten sind (§ 30). Die Wartezeit beträgt für die Altersrente 1200 Beitragswochen, für die Invalidenrente, wenn ein Pflichtverhältnis mindestens während 100 Wochen bestanden hat, 200, im Übrigen 500 Beitragswochen (§ 29), für den Anspruch auf Rückerstattung von Beiträgen 200 Beitragswochen. Während der Übergangszeit sind jedoch hinsichtlich der für die Renten vorgeschriebenen Wartezeit Erleichterungen vorgesehen (§§ 189 ff.); insbesondere brauchen für den Anspruch auf Altersrente Personen, die bei Einführung der Versicherungspflicht für ihren Berufszweig 40 Jahre oder darüber alt waren und während der diesem Zeitpunkt unmittelbar vorangehenden 3 Jahre tatsächlich in berufsmäßiger Lohnarbeit gestanden haben, so viel mal 40 Wochen weniger aufzuweisen, als ihr Lebensalter zu diesem Zeitpunkt die Zahl von 40 Jahren überstieg.

Invalidenrente soll nach Ablauf der Wartezeit ohne Rücksicht auf das Lebensalter erhalten, wer entweder dauernd erwerbsunfähig ist (§ 15 Abs. 2), oder wer länger als ein halbes Jahr vorübergehend, d. h. indem Aussicht auf Wiederherstellung besteht, erwerbsunfähig gewesen ist (§ 16). Erwerbsunfähigkeit soll angenommen werden, wenn der Versicherte nicht durch eine für ihn geeignete Tätigkeit ein Drittel dessen verdienen kann, was gesunde gleichartige Arbeiter zu verdienen pflegen (§ 5 Abs. 4). Invalidität, die vorsätzlich herbeigeführt ist, gibt keinen Anspruch auf Rente; diese kann demjenigen versagt werden, der sich die Erwerbsunfähigkeit bei Begehung strafbarer Handlungen zugezogen hat (§ 17). Invalidität durch Betriebsunfall gibt Anspruch nur auf den die Unfallrente übersteigenden Betrag der Invalidenrente (§ 15 Abs. 2 Satz 2), jedoch soll in Fällen dieser Art, solange die Unfallrente noch nicht festgesetzt ist, die Invalidenrente vorschußweise von der Versicherungsanstalt gewährt werden, vorbehaltlich des Regresses an die verpflichtete Berufsgenossenschaft (§ 113). Ist die Erwerbsunfähigkeit nicht lediglich durch einen Betriebsunfall herbeigeführt, so wird die Invalidenrente neben der Unfallrente in den Grenzen des § 48 Abs. 1 Ziff. 1 gewährt.

Altersrente soll nach Ablauf der Wartezeit ohne Rücksicht auf das Vorhandensein von Erwerbsunfähigkeit derjenige Versicherte erhalten, der das 71. Lebensjahr erreicht hat (§ 15 Abs. 3).

Jede Rente besteht aus zwei Teilen, nämlich aus einem Zuschuß des Reichs und einem von den Versicherungsanstalten aufzubringenden Betrage (§ 35). Der Reichszuschuß ist fest und beträgt bei jeder Rente jährlich 50 Mark (§ 35). Der von den Anstalten aufzubringende Teil dagegen ist verschieden hoch und wird nach Lohnklassen und den darin entrichteten Wochenbeiträgen berechnet.

Bei der Invalidenrente besteht dieser Teil der Rente wiederum aus zwei Teilen, nämlich einem Grundbetrage und aus Steigerungssätzen für die einzelnen Beitragswochen (§ 36). Der Grundbetrag ist nach Lohnklassen abgestuft und beträgt je nach den letzteren jährlich 60, 70, 80, 90, 100 Mk. Bei der Berechnung des Grundbetrages sind immer 500 Wochenbeiträge zugrunde zu legen und aus diesen, wenn sie in verschiedene Lohnklassen fallen, der Durchschnitt zu ziehen; sind mehr als 500 Wochenbeiträge entrichtet, so werden die 500 höchsten Beiträge in Betracht gezogen; sind weniger als 500 Wochenbeiträge entrichtet, so wird deren Zahl durch fingierte Beiträge der niedrigsten Lohnklasse ergänzt. Dem so ermittelten Grundbetrage tritt nun für jeden einzelnen wirklich entrichteten Beitrag ein Steigerungssatz hinzu, der sich wiederum nach der Lohnklasse, für den die Marke beigebracht ist, richtet und je nach den Lohnklassen 3, 6, 8, 10, 12 Pf. beträgt (§ 36); für die Dauer von Krankheiten und militärischen Dienstleistungen werden Beiträge der zweiten Lohnklasse angerechnet (§§ 30, 40).

Bei der Altersrente fallen die Steigerungssätze fort und der neben dem Reichszuschuß von den Versicherungsanstalten aufzubringende Teil stuft sich, ebenso wie der Grundbetrag der Invalidenrente, nur nach Lohnklassen ab. Er beläuft sich je nach den letzteren auf jährlich 60, 90, 120, 150, 180 Mk.; kommen verschiedene Lohnklassen in Betracht, so wird aus ihnen der Durchschnitt gezogen; sind mehr als 1200 Beiträge entrichtet, so werden nur die 1200 höchsten Beiträge in Rechnung gezogen (§ 37). Sind bei den in der Übergangszeit zu gewährenden Altersrenten weniger als 400 Beitragswochen nachgewiesen, so wird diese Zahl mindestens durch Beiträge der niedrigsten Lohnklasse ergänzt (§ 192).

Die Höhe der Wochenbeiträge und die davon abhängige Rentensteigerung richtet sich nach der Lohnklasse, zu der der Versicherte gehört (§ 34). Die Lohnklassen sind nach der Höhe des Jahresarbeitsverdienstes gebildet; Klasse I umfaßt einen solchen bis zu 350 Mk., Klasse II bis zu 550 Mk., Klasse III bis zu 850 Mk., Klasse IV bis zu 1150 Mk., Klasse V von mehr als 1150 Mk. In diese Lohnklassen werden aber die Versicherten nicht nach der Höhe ihres tatsächlichen Individualverdienstes eingereiht — eine solche an sich gerechte Maßregel würde die Durchführbarkeit des Gesetzes möglicherweise gefährden —, sondern nach örtlichen Durchschnittslöhnen für große Kategorien von Arbeitern. Maßgebend sind im allgemeinen diejenigen Durchschnittslöhne, die für die betreffenden Versicherten in den durch das Krankenversicherungsgesetz geregelten sogenannten Zwangskassen die Grundlage für die Berechnung der Kassenbeiträge und des Krankengeldes bilden, im übrigen, also auch für Mitglieder von freien Hilfskassen, für die das Krankengeld in der Regel nicht nach dem Arbeitsverdienst bemessen wird, im allgemeinen der 300fache Betrag des ortsüblichen Tagelohns gewöhnlicher Tagearbeiter (§ 8 des KVG.). Indes ist zugelassen, daß Versicherte, deren fixierter Barlohn höher ist als die Durchschnittssätze der für sie in Betracht kommenden Lohnklasse, nach diesem höheren Betrage zu versichern sind, und daß der Versicherte auf seine Kosten die Versicherung in einer höheren als der für ihn zuständigen Lohnklasse beanspruchen darf.

Den Versicherungsanstalten ist das Recht eingeräumt, vorbeugende Krankenfürsorge eintreten zu lassen (§ 18) und durch ein Heilverfahren die Wiederherstellung des Invaliden zu versuchen (§ 47); auch kann auf Antrag statt der Rente Aufnahme in ein Invalidenhaus gewährt werden (§ 25).

Eine einmal bewilligte Invalidenrente kann entzogen werden, wenn der Empfänger infolge Änderung seiner Verhältnisse nicht mehr als erwerbsunfähig anzusehen ist (§ 47). Der Rentenbezug ruht (§ 48), solange dem Berechtigten für länger als einen Monat zur Strafe oder zur Besserung die persönliche Freiheit genommen ist, oder solange er nicht im Inlande seinen gewöhnlichen Aufenthalt hat; letztere Vorschrift kann jedoch durch den Bundesrat für Reziprozität gewährende Staaten sowie für bestimmte Grenzdistrikte außer Anwendung gesetzt werden. Der Rentenbezug ruht ferner, wenn auf Grund der reichsgesetzlichen Bestimmungen über Unfallversicherung eine Unfallrente, oder wenn eine Pension oder ein Wartegeld bewilligt ist, insoweit, als diese Bezüge zuzüglich der Invaliden- oder Altersrente den 7½ fachen Grundbetrag der Invalidenrente übersteigen. Sonstige aus öffentlichen oder vertragsrechtlichen Quellen fließende Bezüge sind dem Rentenempfänger unverkürzt weiter zu gewähren. Hat jedoch für ihn die öffentliche Armenpflege eintreten müssen, so ist den Armenverbänden die Rente bis zur Höhe der geleisteten Unterstützungen wenigstens zum Teil zu überweisen (§ 49). Gesetzliche Entschädigungsansprüche des Rentenempfängers gehen auf die VA. über (§ 54).

In einigen Fällen, in denen es zur Gewährung einer Rente auf Grund dieses Gesetzes nicht kommt, ist die Hälfte der Beiträge zurückzuzahlen. Dies geschieht bei weiblichen Versicherten, sofern sie in die Ehe treten (§ 42), beim Tode Versicherter, sofern sie eine Witwe oder in deren Ermangelung Kinder unter 15 Jahren hinterlassen (§ 44), sowie dann, wenn ein Versicherter durch Unfall invalid wird, hierfür eine Unfallrente erhält und für die Zeit ihres Bezuges keinen Anspruch auf Invalidenrente hat (§ 43). Im übrigen findet eine Beitragserstattung nicht statt.

Die **Mittel** zur Gewährung dieser Leistungen werden vom **Reich** (durch den Reichszuschuß; ferner durch die anteilige Übernahme der Renten, soweit sie für die Zeit militärischer Dienstleistungen zu gewähren sind; endlich durch die Mitwirkung der Post und des Reichs-Versicherungsamts), von den **Arbeitgebern und von den Versicherten** aufgebracht. Arbeitgeber und Versicherte haben laufende, für beide Teile **gleich hohe Beiträge** für jede **Woche**, in der tatsächlich eine Beschäftigung stattgefunden hat, zu entrichten (§ 27). Die Beiträge sind im vollen Betrage **vom Arbeitgeber bei der Lohnzahlung vorzuschießen** (Ausnahmen für unständige Arbeiter vgl. §§ 144, 151 Ziff. 2); die auf den Versicherten entfallende Hälfte darf der Arbeitgeber vom Lohn kürzen (§§ 140 ff.).

Die **Höhe der für das ganze Reich einheitlich bestimmten Beiträge** ist unter Beseitigung des früheren Kapitaldeckungsverfahrens nach Perioden nach dem **Prämiensystem**, einem periodenlosen Kapitaldeckungsverfahren, berechnet (§ 32), deckt deshalb die Kapitalwerte der Renten und der Anwartschaften auf Rente für alle Zeit und ist, vorbehaltlich gelegentlicher Revisionen, einer späteren Steigerung nicht unterworfen. Ein besonderer Reservefonds neben den aus den Beiträgen angesammelten Prämienreserven wird nicht gebildet. Zu entrichten sind von dem Arbeitgeber und dem Versicherten zusammen wöchentlich

in Lohnklasse	I	. . .	14 Pf.
" "	II	. . .	20 "
" "	III	. . .	24 "
" "	IV	. . .	30 "
" "	V	. . .	36 ",

und zwar für alle Versicherten ohne Rücksicht auf Lebensalter, Gesundheitsverhältnisse usw. in gleicher Höhe.

Die Durchführung der Versicherung erfolgt durch besondere, lediglich (§ 68 Abs. 4) für die Zwecke dieses Gesetzes bestimmte territoriale Versicherungsanstalten, 31 an der Zahl, deren Bezirke im allgemeinen an die weiteren Kommunalverbände (Provinzen usw.) oder an das Gebiet einzelner Bundesstaaten angelehnt sind (§ 65 Abs. 1), z. T. aber auch mehrere Kommunalverbände oder Bundesstaaten umfassen (gemeinsame Versicherungsanstalten, § 65 Abs. 2). Ihre Errichtung erfolgt durch die Landes-Zentralbehörde (§ 65 Abs. 1) mit Genehmigung oder auf Anordnung des Bundesrats (§ 66). Neben diese Versicherungsanstalten treten als gleichberechtigte Träger der Invalidenversicherung 9 vom Bundesrat zugelassene besondere Kasseneinrichtungen (§§ 8 ff.) für die großen fiskalischen Eisenbahnverwaltungen und einzelne Knappschaften; auch ist der für die Unfallversicherung der Seeleute errichteten See-Berufsgenossenschaft unter gewissen Voraussetzungen das Recht eingeräumt, mit Genehmigung des Bundesrats und bei gleichzeitiger Errichtung einer Witwen- und Waisenfürsorge die

Invalidenversicherung für alle oder einzelne zu ihrer Genossenschaft gehörende Betriebe ihrerseits durchzuführen und für letztere zu diesem Zweck ebenfalls eine besondere Kasseneinrichtung zu errichten (§ 11).

In den einzelnen Versicherungsanstalten sind im allgemeinen alle Personen versichert, deren Beschäftigungsort im Bezirk der Versicherungsanstalt liegt (§ 65 Abs. 3). Die Versicherungsanstalt hat juristische Persönlichkeit (§ 68) und Selbstverwaltung nach Maßgabe eines von ihr selbst errichteten, von dem Reichs- (Landes-) Versicherungsamt genehmigten Statuts (§§ 70, 72, 111 Abs. 2). Mehrere Versicherungsanstalten können miteinander zu einem Rückversicherungs-Verbande zusammentreten (§ 99). Im Übrigen stehen alle Träger der Versicherung unter einander in einem Kartellverhältnis, derart, daß sie die Grundbeträge aller am 1. Januar 1900 laufenden und von da ab entstehenden Invalidenrenten, sowie $^3/_4$ aller Altersrenten aus einem Gemeinvermögen, dem jede Anstalt 40 Prozent der ihr vom 1. Januar 1900 ab zufließenden Beiträge zuführt, gemeinsam tragen, während jeder Träger die Steigerungssätze der Invalidenrente und die sonstigen Aufwendungen aus den ihm verbleibenden 60 Prozent der Beiträge, die sein Sondervermögen bilden, nach Verhältnis der von den betreffenden Versicherten ihm zugeflossenen Beiträge zu übernehmen hat (§§ 33, 125, 126).

Die Organe der Versicherungsanstalt sind der Vorstand, an dessen Spitze mindestens ein Staats-

oder Kommunalbeamter steht, und dem im übrigen Vertreter der Arbeitgeber und Versicherten angehören (§ 74), sowie ein aus letzteren gebildeter Ausschuß (§ 76). Das Gesetz hat aber für eine erhebliche Dezentralisation der Geschäfte Sorge getragen und zu dem Zwecke die unteren Verwaltungsbehörden zur Mitwirkung herangezogen. Diesen steht die Vorbereitung und Begutachtung der Anträge auf Renten sowie der Entziehung von Invalidenrenten und der Einstellung von Rentenzahlungen, die Vorbereitung der Anträge auf Beitragserstattungen, ferner die Benachrichtigung des Vorstandes von Fällen, in denen eine Krankenpflege angezeigt erscheint, sowie die Auskunftserteilung in allen die Invalidenversicherung betreffenden Angelegenheiten zu (§ 57). An ihrer Stelle können durch die Versicherungsanstalt oder im Fall des geschäftlichen Bedürfnisses durch die Landes-Zentralbehörde besondere Rentenstellen als Organe der Versicherungsanstalten unter einem von dem weiteren Kommunalverbande oder der Landesbehörde ernannten Vorsitzenden (§ 81) errichtet werden (§ 79); diesen Rentenstellen können dann auch die Beitragskontrolle sowie andere Obliegenheiten übertragen werden (§ 80), insbesondere auch die selbständige Beschlußfassung über Rentenanträge usw. an Stelle des Anstaltsvorstandes (§ 86).

Den unteren Verwaltungsbehörden sowie den Rentenstellen müssen Vertreter der Arbeitgeber und der Versicherten beigegeben werden, die in den wichtigeren Fällen vor Abgabe des Gutachtens in mündlicher Verhandlung zugleich mit dem Rentenbewerber zuzuziehen sind (§§ 59, 84). Diese Vertreter der Arbeitgeber und der Versicherten werden durch die Vorstände der organisierten Krankenkassen und kleiner eingeschriebener Hilfskassen unter Mitwirkung der unteren Verwaltungsbehörden oder Gemeinde-Krankenversicherungen gewählt (§§ 62, 82), und wählen dann ihrerseits die Mitglieder des Ausschusses der Versicherungsanstalt (§ 76); letzterer wählt die nichtbeamteten Mitglieder des Vorstandes sowie die Beisitzer der Schiedsgerichte (§ 71 Abs. 1 Ziffer 1 § 104 Abs. 3).

Für die Versicherungsanstalt wird in Anlehnung an eine bei der Unfallversicherung von Anfang an durchgeführte bewährte Einrichtung mindestens ein Schiedsgericht (§ 103) errichtet; dieses entscheidet in der Besetzung mit einem Vorsitzenden und je zwei Beisitzern aus dem Stand der Arbeitgeber und der Versicherten auf Berufungen gegen die Entscheidungen des Vorstands über Bewilligung, Entziehung oder Einstellung der Renten (§§ 114, 121). Durch die Novellen zu den Unfallversicherungsgesetzen vom 30. Juni 1900 sind diese örtlichen Schiedsgerichte unter der Bezeichnung „Schiedsgerichte für Arbeiterversicherung" zugleich an die Stelle der früheren nach Berufszweigen organisierten Schiedsgerichte für die Unfallversicherung gesetzt worden. Den Abschluß der Organisation bildet, wie bei der Unfallversicherung, das Reichs- (oder

Landes-) Versicherungsamt (§§ 108, 111), das die Aufsicht über die Versicherungsanstalten führt und die Revisionsinstanz gegen die Entscheidungen der Schiedsgerichte bildet. Die Revision ist jedoch nur bei Rechtsverletzung, bei Verstößen wider den klaren Inhalt der Akten oder bei wesentlichen Mängeln des Verfahrens zulässig (§§ 111, 116). Eine wichtige Aufgabe des Reichs-Versicherungsamts besteht auch darin, daß es außerhalb des Rentenfeststellungsverfahrens unter Umständen als Beschwerdeinstanz über die in erster Instanz von den unteren Verwaltungsbehörden oder Rentenstellen zu entscheidenden, die Versicherungspflicht betreffenden Streitigkeiten entscheidet (§ 155).

Die Beiträge werden in der Art erhoben, daß ein nach der Beschäftigungsdauer und Lohnklasse (§ 34) zu berechnender Betrag von Marken (§ 130), die die Versicherungsanstalt des Beschäftigungsorts in verschiedenen vom Reichs-Versicherungsamt festzustellenden Appoints auszugeben hat, und die bei den Postanstalten und besonderen Markenverkaufsstellen käuflich zu haben sind, in eine Quittungskarte des Versicherten (§ 131) eingeklebt wird. Dabei ist die Entwertung durch Eintragung des Datums vorgeschrieben. Die Quittungskarte ist jedesmal für diejenige Versicherungsanstalt auszustellen, in deren Bezirk der Versicherte seine erste Beschäftigung gehabt hat (§ 133). Die Verwendung der Marken liegt nach der gesetzlichen Regel dem Arbeitgeber ob (§ 141), kann jedoch auch

Krankenkassen oder besonderen Hebestellen übertragen werden (Einzugsverfahren, § 148). Die Quittungskarten werden behördlich (§ 134) oder durch die die Beiträge einziehenden Krankenkassen und Hebestellen (§ 151) ausgestellt und, sobald sie voll sind, auf Antrag des Inhabers aber auch früher, umgetauscht; dabei wird die zum Umtausch gelangende Karte aufgerechnet und über die Schlußsumme dem Inhaber eine Bescheinigung erteilt (§ 134). Die gefüllten Karten werden derjenigen Versicherungsanstalt zugeführt, deren Namen sie tragen (für die also die erste Karte des Versicherten ausgestellt war), und hier aufbewahrt; doch darf die Versicherungsanstalt den Inhalt sämtlicher Quittungskarten desselben Versicherten in Sammelkarten (Konten) übertragen und diese statt der zu vernichtenden Einzelkarten aufbewahren (§§ 133, 138). Quittungskarten, die irgend welche mit den Zwecken dieses Gesetzes nicht vereinbare Eintragungen oder Vermerke, insbesondere Urteile über die Führung oder die Leistungen des Inhabers tragen, werden eingezogen und umgetauscht (§ 139); die Eintragung solcher Vermerke ist straffällig (§ 184); die Quittungskarte soll kein Arbeitsbuch sein.

Anträge auf Rentenbewilligung und Beitragserstattung sind an die untere Verwaltungsbehörde oder Rentenstelle des Wohn- oder Beschäftigungsorts zu richten und von hier nach der nötigen Vorbereitung an den Vorstand der zuständigen Versicherungsanstalt weiterzugeben; dieser entscheidet über die Rentenanträge vorbehaltlich der Berufung an das Schiedsgericht und der Revision an das Reichs-Versicherungsamt, über Erstattungsanträge vorbehaltlich der Beschwerde an das Reichs-Versicherungsamt (§§ 112, 128). Die Renten werden von der Post vorschußweise gezahlt (§ 123), durch die Rechnungsstelle des Reichs-Versicherungsamts auf das Reich, das Gemeinvermögen aller Anstalten und auf das Sondervermögen derjenigen Anstalten, zu denen für den Versicherten im Laufe seines Versicherungsverhältnisses Beiträge entrichtet sind, verteilt (§ 125), und der Post nach Ablauf des Rechnungsjahres von den Versicherungsanstalten in dem durch die Rechnungsstelle mitgeteilten Betrage nach näherer Bestimmung der §§ 125, 126 in ganzer Summe erstattet.

Im allgemeinen hat das Invalidenversicherungsgesetz an den Grundzügen des Invaliditäts- und Altersversicherungsgesetzes festgehalten. Auch dieses beruhte auf der Versicherungspflicht aller Lohnarbeiter, brachte die Beiträge in Form von Marken nach einem im Gegensatz zum Umlageverfahren den Kapitalwert der Renten beschaffenden Verfahren auf, gewährte zweierlei von der Zurücklegung einer Wartezeit abhängige Renten und übertrug die Durchführung der Versicherung selbstverwalteten Versicherungsanstalten unter Heranziehung von Arbeitgebern und Versicherten.

Im einzelnen hat jedoch das Invalidenversicherungsgesetz eine Reihe von Änderungen getroffen, so durch die Ausdehnung der Versicherungspflicht besonders auf die sogenannten Angestellten, die Lehrer und Erzieher, die teilweise Gemeinsamkeit der sämtlichen Versicherungsträger bei der Aufbringung der Lasten, die früher nur den durch Beitragsempfang beteiligten Trägern zufiel, eine Herabsetzung der Wartezeit, für die Invalidenrente von 235 auf 200 Wochen, und Erhöhung der Renten, den Ausbau des Rentenverfahrens im Sinne einer Dezentralisation durch Schaffung eines besonderen vorbereitenden Verfahrens in der Lokalinstanz vor den unteren Verwaltungsbehörden und Rentenstellen unter ausgedehnter Heranziehung der Arbeitgeber und Versicherten.

Bekanntmachung des Textes des Invalidenversicherungsgesetzes vom 13. Juli 1899.

Vom 19. Juli 1899.

(Reichs-Gesetzbl. von 1899, Nr. 34, S. 463 bis 531.)

Auf Grund der im § 163 Abs. 3 des Invalidenversicherungsgesetzes vom 13. Juli 1899 erteilten Ermächtigung wird der Text des Invalidenversicherungsgesetzes unter fortlaufender Nummerfolge der Paragraphen nachstehend bekannt gemacht[1].

Berlin, den 19. Juli 1899.

Der Stellvertreter des Reichskanzlers.

Graf von Posadowsky.

1. Der die Ermächtigung zu dieser Bekanntmachung enthaltende § 163 Abs. 3 des Invalidenversicherungsgesetzes vom 13. Juli 1899 (RGBl. von 1899 Nr. 33 S. 393—462) entspricht dem jetzigen § 194 Abs. 3; in letzterem ist jedoch der auf die Ermächtigung bezügliche Satz 1 fortgelassen.

Invalidenversicherungsgesetz[1].

I. Umfang[2] und Gegenstand[3] der Versicherung.

§ 1.

Versicherungspflicht[4].

Nach Maßgabe der Bestimmungen dieses Gesetzes werden vom vollendeten sechzehnten Lebensjahr ab versichert[5]:

1. Personen, welche als Arbeiter, Gehilfen, Gesellen,

Lehrlinge oder Dienstboten [6] gegen Lohn oder Gehalt [7] beschäftigt werden [8];

2. Betriebsbeamte [9], Werkmeister und Techniker [10], Handlungsgehilfen und -Lehrlinge (ausschließlich der in Apotheken beschäftigten Gehilfen und Lehrlinge), sonstige Angestellte [11], deren dienstliche Beschäftigung ihren Hauptberuf bildet [12], sowie Lehrer und Erzieher [13], sämtlich sofern sie Lohn oder Gehalt [7] beziehen, ihr regelmäßiger Jahresarbeitsverdienst aber zweitausend Mark nicht übersteigt [14], sowie

3. die gegen Lohn oder Gehalt [7] beschäftigten Personen der Schiffsbesatzung deutscher Seefahrzeuge (§ 2 des Gesetzes vom 13. Juli 1887, Reichs-Gesetzbl. S. 329) [15] und von Fahrzeugen der Binnenschiffahrt, Schiffsführer jedoch nur dann, wenn ihr regelmäßiger Jahresarbeitsverdienst an Lohn oder Gehalt zweitausend Mark nicht übersteigt [14]. Die Führung der Reichsflagge auf Grund der gemäß Artikel II § 7 Abs. 1 des Gesetzes vom 15. März 1888 (Reichs-Gesetzbl. S. 71) erteilten Ermächtigung [16] macht das Schiff nicht zu einem deutschen Seefahrzeug im Sinne dieses Gesetzes.

§ 1 Ges. v. 1889; § 1. d. Entw.

1. Der Eingang des Invalidenversicherungsgesetzes vom 13. Juli 1899 lautet:

Invalidenversicherungsgesetz.
Vom 13. Juli 1899.

„Wir Wilhelm, von Gottes Gnaden Deutscher Kaiser, König von Preußen rc.

verordnen im Namen des Reichs, nach erfolgter Zustimmung des Bundesrats und des Reichstags, was folgt:

An die Stelle des Gesetzes, betreffend die Invaliditäts- und Altersversicherung, vom 22. Juni 1889 (RGBl. S. 97) und des Gesetzes, betreffend die Abänderung des § 157 des Invaliditäts- und Altersversicherungsgesetzes, vom 8. Juni 1891 (RGBl. S. 337) treten die nachstehenden Bestimmungen."

Da das Invalidenversicherungsgesetz an die Stelle der bisherigen gesetzlichen Bestimmungen getreten ist, letztere also beseitigt hat, kennzeichnet es sich als Kodifikation, nicht als Novelle. Seine sachlichen Bestimmungen sind gemäß § 194 Abs. 1 mit dem 1. Januar 1900 in Kraft getreten. Gleichwohl haben die früheren Bestimmungen unter Umständen noch Bedeutung für solche rechtserheblichen Zustände, die sich unter der Herrschaft dieser Bestimmungen gebildet haben.

Der bisherige Titel: „Gesetz, betr. die Invaliditäts- und Altersversicherung" ist in den kürzeren Titel „Invalidenversicherungsgesetz" umgewandelt worden, nicht nur um einen kürzeren Ausdruck einzuführen, sondern auch um schon durch den Titel zum Ausdruck zu bringen, daß die Invalidenversicherung weitaus das wichtigere im Gesetz bildet und die Altersversicherung, die allerdings besonders während der ersten Jahre nach Einführung der Versicherung (wegen der Übergangsbestimmungen, die für sämtliche damals noch vertretenen Jahrgänge über 70 Lebensjahre auf einmal und ohne nennenswerte Gegenleistung die Altersrente gewähren ließen) eine erhöhte Bedeutung besaß, durchaus zurücktritt. Im Gesamteffekt und Durchschnitt wird die Invalidenversicherung etwa 80 Prozent, die Altersversicherung etwa 8 Prozent der Belastung aus diesem Gesetz beanspruchen, während 12 Prozent auf sonstige Aufwendungen fallen. Trotz des gekürzten Titels bleibt natürlich auch die Altersversicherung ein wichtiger Gegenstand des Gesetzes, der um so wichtiger ist, als für die Altersrente nach wie vor besondere Voraussetzungen, eine besondere Berechnung und besondere Übergangsbestimmungen bestehen.

2. Den Kreis der nach dem Invalidenver-

sicherungsgesetz vom 13. Juli 1899 versicherten Personen behandelt die Anleitung des Reichs-Versicherungsamts vom 6. Dezember 1905 (AN. 05 S. 613ff.); siehe Anhang Nr. 1. Es ist dies eine neue Bearbeitung der Anleitung desselben Amtes vom 19. Dezember 1899 (AN. 00 S. 277ff.). Schon für den Geltungsbereich des Invaliditäts- und Altersversicherungsgesetzes hatte das Reichs-Versicherungsamt eine ähnliche Anleitung vom 31. Oktober 1890 herausgegeben (AN. 91 S. 4ff.). Die Anleitung gibt eine ausführliche systematische und nach Berufsgruppen geordnete Darstellung derjenigen Grundsätze, die sich hinsichtlich der Versicherungspflicht und des Versicherungsrechtes in der Spruchübung des Reichs-Versicherungsamts herausgebildet haben.

3. Gegenstand der Versicherung ist der Anspruch auf Gewährung einer Rente für den Fall der Erwerbsunfähigkeit oder des Alters. Den Versicherten kann ferner im Falle der Erkrankung Heilbehandlung gewährt werden (§§ 15—26). Außerdem besteht in gewissen Fällen ein Anspruch auf Beitragserstattung (§§ 42—44).

4. Die Versicherungspflicht bildet die Grundlage des Gesetzes. Wie die Gesetze über Kranken- und über Unfallversicherung, so ist auch das Invalidenversicherungsgesetz, und früher das Invaliditäts- und Altersversicherungsgesetz, in erster Reihe für die auf ihrer Hände Arbeit angewiesenen Personen der arbeitenden Klassen und die niederen Betriebsbeamten bestimmt. Diese unterliegen, sobald und solange sie gegen Lohn beschäftigt sind, kraft Gesetzes der Versicherungspflicht. Selbständige Betriebsunternehmer unterliegen der Versicherungspflicht nicht. Durch den Bundesrat kann aber die Versicherungspflicht auf kleine Betriebsunternehmer und Hausgewerbetreibende erstreckt werden (§ 2). Eine Ausdehnung auf selbständige Betriebsunternehmer ist bisher nicht erfolgt, dagegen ist die Versicherungspflicht auf Hausgewerbetreibende, jedoch nur auf die der Tabakfabrikation und der Textilindustrie erstreckt worden.

Während in den Gesetzen über Kranken- und Unfallversicherung einzelne Betriebskategorien angegeben werden, in denen die Arbeiter usw., um versicherungspflichtig zu sein, beschäftigt sein müssen, ist auf dem Gebiete der Invalidenversicherung von der Bezeichnung irgend welcher Betriebe ganz abgesehen. Es sollen also alle Arbeiter, Gehilfen usw. gegen Invalidität und Alter versichert werden, ohne Rücksicht auf ihre oft wechselnde Beschäftigungsart, und ohne Rücksicht darauf, ob sie in einem bestimmten „Betriebe" (vgl. Anm. 9) oder anderweitig beschäftigt sind. Im Vergleich mit jenen Gesetzen ist daher die Versicherungspflicht nach dem Invalidenversicherungsgesetz die weit umfassendere. Sie ergreift im allgemeinen alle Personen, die in Landwirtschaft, Industrie, Handel, Hauswirtschaft, Reichs-, Staats-, Gemeinde-, Kirchen-, Schuldienst usw. ihre Arbeitskraft in untergeordneter, abhängiger Stellung verwerten. Was Personen der Art von den selbständig Erwerbstätigen unterscheidet, ist der Umstand, daß die ersteren nicht nur wirtschaftlich, sondern auch persönlich von dem Arbeitgeber abhängig sind. Die persönliche Abhängigkeit zeigt sich darin, daß der Arbeitende bei der Arbeitsleistung den leitenden Weisungen und der Überwachung seitens des Arbeitgebers unterworfen ist. Vgl. Anl. Ziff. 1, 28 ff.

Ausnahmen von der Versicherungspflicht finden statt gemäß §§ 3 Abs. 2, 5 kraft Gesetzes, gemäß §§ 4, 7 infolge Bundesratsbeschlusses und gemäß § 6 infolge Entscheidung der Verwaltungsbehörden.

Neben der Versicherungspflicht kennt das Gesetz ein Recht zur freiwilligen Versicherung. Dies der Versicherungspflicht an Bedeutung untergeordnete Versicherungsrecht gestattet gewissen nicht versicherungspflichtigen Personen den freiwilligen Eintritt in die Versicherung und den nicht mehr versicherungspflichtigen Personen die freiwillige Fortsetzung der Versicherung; vgl. § 14.

Entstehen Zweifel darüber, ob jemand versicherungspflichtig oder versicherungsberechtigt ist, so erteilt die untere Verwaltungsbehörde (vgl. § 112 Anm. 3) seines Beschäftigungs- oder Wohnortes gemäß § 57 Ziff. 5 auf Anfrage Auskunft. Streitigkeiten über diese Fragen werden, sofern sie nicht erst im Rentenfeststellungsverfahren hervortreten, auf Antrag gemäß § 155 von den Verwaltungsbehörden, in letzter Instanz unter Umständen von dem Reichs-Versicherungsamt entschieden. Bei der großen Bedeutung, besonders der Frage nach der Versicherungspflicht, und bei den schweren Folgen einer nachlässigen Behandlung dieser Frage (§§ 28, 29, 46, 146) sollten die Beteiligten zu ihrer Sicherheit von den angegebenen Aufklärungsmitteln in allen Fällen Gebrauch machen, in denen sie sich im Ungewissen befinden.

5. Die Versicherung hat ihre Grundlage im öffentlichen Recht, sie ist eine kraft Gesetzes eintretende Zwangsversicherung und beruht nicht auf einem Versicherungsvertrage (RE. 418 AN. 95 S. 135). Im allgemeinen wird sie durch Beschäftigungen begründet, die im Deutschen Reiche stattfinden. Beschäftigungen im Auslande, wozu auch Kolonien und Schutzgebiete gehören, begründen die Versicherung nur, wenn sie sich als Zubehör, Fortsetzung oder, so zu sagen, als Ausstrahlung eines inländischen Betriebes darstellen; vgl. Anl. Ziff. 2 bis 4. Im übrigen erstreckt sich die Versicherung auf männliche wie weibliche Personen, auf Inländer wie Ausländer (vgl. jedoch § 4 Abs. 2). Das Gesetz gilt aber nur für freie Personen. Daher unterliegt die Tätigkeit der Strafgefangenen, Insassen von Arbeitshäusern, Zwangserziehungsanstalten nicht der Versicherung (vgl. Anl. Ziff. 18d). Diese Personen können die Versicherung jedoch freiwillig fortsetzen (AN. 01 S. 366).

Der Ausdruck „versichert“ ist nicht gleichbedeutend mit „versicherungspflichtig“ im Sinne der rechtlichen Eigenschaft einer Person als einer zu versichernden; versichert ist vielmehr nur diejenige an sich versicherungsfähige Person, die nach Inkrafttreten des Gesetzes auch tatsächlich in ein die Versicherungspflicht begründendes Arbeits- oder Dienstverhältnis eingetreten ist (RE. 44, 114 AN. 91 S. 156, 92 S. 28). Die bloße Entrichtung von Versicherungsbeiträgen (§ 30 Abs. 1) genügt nicht, um einer Person die Eigenschaft eines Versicherten zu verleihen (RE. 418 AN. 95 S. 135), ebensowenig allein das Bestehen einer an sich anrechnungsfähigen Krankheit (§ 30 Abs. 2 bis 6; RE. 164, 195 AN. 92 S. 119, 140), auch nicht die Anerkennung der Versicherungspflicht seitens der Versicherungsanstalt (RE. 625 AN. 98 S. 160).

6. Den „Arbeitern" sind im Anschluß an die bisherigen sozialpolitischen Gesetze gleichgestellt: Gehilfen, Gesellen, Lehrlinge, außerdem aber auch noch die Dienstboten, die nach dem Unfall- und dem Krankenversicherungsgesetz im allgemeinen nur als Arbeiter behandelt werden, soweit sie im Betriebe beschäftigt sind; ferner die Schiffsmannschaft auf See- und Binnenschiffen (§ 1 Ziff. 3).

Arbeiter sind Personen, die einem anderen als lediglich ausführende Hilfskräfte hauptsächlich ihre körperliche Leistungsfähigkeit zur Verfügung stellen. Unter Gehilfen sind die niederen Hilfspersonen eines Arbeitgebers zu verstehen, deren Tätigkeit in wirtschaftlicher und sozialer Hinsicht derjenigen des Arbeiters, Gesellen oder Dienstboten im wesentlichen gleichwertig ist. Dahin gehören besonders die Gewerbegehilfen und die niederen Hilfspersonen bei Behörden oder anderen bureaumäßig gestalteten Geschäftsbetrieben. Vgl. im übrigen Anl. Ziff. 19, ferner Anm. 11.

7. „Lohn", im Verhältnis zu „Gehalt" der weitere Begriff, umfaßt jede Leistung von Vermögenswert, die als Arbeitsentgelt gewährt wird, ohne Unterschied, ob der Lohn als Zeit-, namentlich Tagelohn, oder als Akkordlohn, Stücklohn bemessen ist oder in noch anderer Weise bestimmt wird (vgl. Anl. Ziff. 13, 16, 17). Als Lohn oder Gehalt gelten auch Tantiemen und Naturalbezüge (§ 3 Abs. 1). Auch freier Unterhalt als Arbeitsentgelt ist an sich Lohn, eine auf diese Weise gelohnte Beschäftigung macht aber nicht versicherungspflichtig (§ 3 Abs. 2).

8. Der wirklichen Arbeit steht eine ständige Dienstbereitschaft, die auch für die Pausen Gebundenheit mit sich bringt, gleich RE. 773 AN. 99 S. 651).

9. Betriebsbeamte sind die in einem Betriebe mit einer über die Tätigkeit des Arbeiters oder Gehilfen hinausgehenden, leitenden oder beaufsichtigenden Stellung betrauten Personen. „Betrieb" ist der Inbegriff fortdauernder, wirtschaftlicher, d. h. auf die Erzeugung von Gütern (Erwerb) gerichteten Tätigkeiten. Dahin gehören z. B. die Geschäfte einer

Sparkasse, eines Vorschußvereins, Gemeindeschlachthauses, nicht jedoch die regiminelle Tätigkeit der Behörden (z. B. die Verwaltung der Stadtkasse) und die Geschäfte eines Haushalts. Vgl. Anl. Ziff. 20 und Anm. 11.

10. Über **Werkmeister** und **Techniker** vgl. Anl. Ziff. 21, 22. Auch Techniker mit Hochschulbildung in abhängiger Stellung sind versicherungspflichtig.

11. Der Begriff „**sonstige Angestellte**" war dem Invaliditäts- und Altersversicherungsgesetz fremd. Diese Gruppe umfaßt hauptsächlich diejenigen Hilfspersonen, die innerhalb eines nicht unter die Bezeichnung „Betrieb" (Anm. 9) fallenden Inbegriffs von Geschäften, in öffentlichen wie in privaten Diensten, eine abhängige Stellung einnehmen, aber nicht zur Klasse der niederen, lediglich ausführenden Hilfsarbeiter, den „Gehilfen", gezählt werden können. Hierhin gehören die Reichs-, Staats- und Kommunalbeamten mittlerer Stufe, die Beamten von Korperationen, die Gemeindeschreiber, Gemeinderechner, Küster, Sekretäre der Rechtsanwälte, ferner im Haushalte die Hilfskräfte, deren Stellung über den Stand der Gehilfen und Dienstboten hinausragt, also die Hausbeamten, Privatsekretäre, Hausdamen, Gesellschafterinnen usw. Auch in einem „Betriebe" kann es „Angestellte" geben. Eine Grenze findet die Versicherungspflicht der Angestellten in den Bestimmungen der §§ 4 bis 7, wonach insbesondere Reichs-, Staats- und Kommunalbeamte, sofern ihnen Pensionsanwartschaft zusteht, von der Versicherungspflicht befreit sind. Ferner bleiben frei von der Versicherung die Personen, die regelmäßig mit Hochschulbildung ausgestattet, eine selbständige wissenschaftliche, nicht ausführende Tätigkeit ausüben, z. B. Assessoren im Dienste von Rechtsanwälten, Krankenhausärzte. Dasselbe gilt für Personen in leitender Stellung mit selbständiger Verantwortlichkeit, z. B. Gemeindevorsteher, Standesbeamte. Versicherungsfrei sind auch Musiker und Bühnenkünstler als Angestellte von Unternehmungen, bei denen ein höheres Kunstinteresse obwaltet. Vgl. Anl. Ziff. 23, 25.

12. Diesem Zusatz, der sich nur auf die „Angestellten" bezieht (E. 850 AN. 00 S. 832), liegt derselbe Gedanke zugrunde

wie den Bestimmungen des Bundesratsbeschlusses vom 27. Dezember 1899, betr. die Befreiung vorübergehender Dienstleistungen von der Versicherungspflicht (vgl. § 4 Abs. 1): eine nicht berufsmäßige, nebensächliche Tätigkeit soll nicht versicherungspflichtig sein. Angestellte also, die als solche nur nebenbei und gegen geringfügiges Entgelt tätig sind, während sie die Grundlage ihrer wirtschaftlichen Existenz in einer anderen Tätigkeit finden, unterliegen nicht der Versicherungspflicht (vgl. Begr. S. 239 f.). Den Hauptberuf bildet eine Tätigkeit, wenn sie für die Lebensstellung maßgebend ist. Regelmäßig ist dies dann der Fall, wenn durch die Tätigkeit die Arbeitskraft hauptsächlich in Anspruch genommen wird. Hat die Tätigkeit nicht solchen Umfang, so ist nach dem Gesamtbilde des wirtschaftlichen und gesellschaftlichen Lebens des Beschäftigten zu beurteilen, ob sie den Hauptberuf bildet. Dabei ist es gleichgültig, ob neben ihr überhaupt noch eine Tätigkeit ausgeübt wird. Wer von seinen Zinsen lebt und eine Angestelltentätigkeit verrichtet, ohne daß hierdurch etwas in seiner Lebensstellung geändert wird, bleibt von der Versicherungspflicht frei (E. 933 AN. 01 S. 630). Steht jemand in mehreren Beschäftigungsverhältnissen, von denen ihn jede einzelne zum Angestellten macht, so sind die verschiedenen Beschäftigungsverhältnisse als Einheit zu behandeln, und es ist abzuwägen, ob die versicherungspflichtigen Beschäftigungen zusammen gegenüber der nicht versicherungspflichtigen Tätigkeit den Hauptberuf bilden (E. 970 AN. 02 S. 394). Ebenso sind die Fälle zu behandeln, in denen jemand außer der Tätigkeit eines Angestellten eine versicherungspflichtige Beschäftigung anderer Art, z. B. die eines Betriebsbeamten, ausübt (E. 1007, 1208 AN. 02 S. 550, 05 S. 438).

13. Bei der Unterstellung der Lehrer und Erzieher unter die Versicherungspflicht handelt es sich um eine Ausnahme (vgl. auch Anm. 10 und 11) von dem Grundsatze, daß „der Versicherungspflicht im allgemeinen solche Personen entzogen sind, welche nicht vorwiegend körperlich arbeiten, sondern sich einer ihrer Natur nach höheren, mehr geistigen (wissenschaftlichen, künstlerischen usw.) Tätigkeit widmen“ (Begr. S. 240). Die Ausnahme ist begründet durch das Bedürfnis und den dringend

hervorgetretenen Wunsch weiter Kreise der beteiligten Lehrer. Sie umfaßt alle Personen, die einer die Bildung in Wissenschaften oder schönen Künsten oder die Erziehung bezweckenden Unterweisungstätigkeit obliegen, mögen sie an Anstalten oder Schulen angestellt, oder für den Haushalt angenommen sein, oder die Tätigkeit stundenweis in ihrer oder fremder Wohnung ausüben. Personen, die eine nicht dem Bildungs- oder Erziehungszwecke dienende Lehrtätigkeit ausüben, indem sie gewerbemäßig in körperlichen und mechanischen Fertigkeiten Unterricht erteilen, wie Reit-, Radfahrlehrer, Schneiderlehrerinnen, gehören nicht hierher (vgl. Anl. Ziff. 24). Lehrer und Erzieher sind nach § 34 Abs. 2 Schlußsatz mindestens in der IV. Lohnklasse zu versichern. Über Ausnahmen von der Versicherungspflicht der Lehrer und Erzieher vgl. §§ 5 Abs. 1 und 3, 6 und 7.

14. Die Höhe ist nach dem ständigen oder nach dem durchschnittlichen Verdienste des Beschäftigten zu berechnen. Der Verdienst aus verschiedenen versicherungspflichtigen Beschäftigungen wird zusammengerechnet (vgl. Anl. Ziff. 26). Über die Versicherungsberechtigung bei einem Jahresarbeitsverdienst bis zu 3000 Mark vgl. § 14.

15. An die Stelle des Gesetzes, betr. die Unfallversicherung der Seeleute usw., vom 13. Juli 87 ist das See-Unfallversicherungsgesetz vom 30. Juni 00 (RGBl. S. 716) getreten. Nach § 1 Abs. 1 Ziff. 1 des letzteren gehören zur Schiffsbesatzung alle im Dienste des Fahrzeugs beschäftigten Personen, einschließlich des Schiffsführers, vgl. Anl. Ziff. 27. Ein deutsches Seefahrzeug ist nach § 3 Abs. 1 ebenda „jedes ausschließlich oder vorzugsweise zur Seefahrt — § 3 Abs. 2 daselbst — benutzte Fahrzeug, welches unter deutscher Flagge fährt"; auf die Größe und Zweckbestimmung des Schiffs kommt es nicht an. Unter deutscher Flagge fährt ein Schiff, wenn es auf Grund des Gesetzes, betr. das Flaggenrecht der Kauffahrteischiffe, vom 22. Juni 98 (RGBl. S. 319) zur Führung der Reichsflagge berechtigt ist. Voraussetzung hierfür ist die Reichsangehörigkeit des Schiffseigentümers, größere Schiffe bedürfen außerdem eines über die Eintragung in das Schiffsregister ausgestellten

Schiffszertifikats. Besondere Bestimmungen über die Versicherung der Seeleute enthalten die §§ 11 und 167.

16. Nach Artikel II § 7 Abs. 1 des Gesetzes vom 15. März 1888 können durch Kaiserliche Verordnung Eingeborene der deutschen Schutzgebiete in Beziehung auf das Recht zur Führung der Reichsflagge den Reichsangehörigen gleichgestellt werden.

§ 2.

Durch Beschluß des Bundesrats kann die Vorschrift des § 1 für bestimmte Berufszweige allgemein oder mit Beschränkung auf gewisse Bezirke auch 1.

1. auf Gewerbetreibende und sonstige Betriebsunternehmer[1], welche nicht regelmäßig wenigstens einen Lohnarbeiter beschäftigen, sowie
2. ohne Rücksicht auf die Zahl der von ihnen beschäftigten Lohnarbeiter auf solche selbständige Gewerbetreibende, welche in eigenen Betriebsstätten im Auftrag und für Rechnung anderer Gewerbetreibenden mit der Herstellung oder Bearbeitung gewerblicher Erzeugnisse beschäftigt werden (Hausgewerbetreibende)[2],

erstreckt werden, und zwar auf letztere auch dann, wenn sie die Roh- und Hilfsstoffe selbst beschaffen, und auch für die Zeit, während welcher sie vorübergehend für eigene Rechnung arbeiten[3].

Durch Beschluß des Bundesrats kann bestimmt werden, 2.

1. daß und inwieweit Gewerbetreibende, in deren Auftrag und für deren Rechnung von Hausgewerbetreibenden (Abs. 1 Ziffer 2) gearbeitet wird, gehalten sein sollen, rücksichtlich der Haus-

gewerbetreibenden und ihrer Gehilfen, Gesellen und Lehrlinge die in diesem Gesetze den Arbeitgebern auferlegten Verpflichtungen zu erfüllen[4],

2. daß und inwieweit Gewerbetreibende, in deren Auftrage Zwischenpersonen (Ausgeber, Faktoren, Zwischenmeister ꝛc.) gewerbliche Erzeugnisse herstellen oder bearbeiten lassen, gehalten sein sollen, rücksichtlich der von den Zwischenpersonen hierbei beschäftigten Hausgewerbetreibenden (Abs. 1 Ziffer 2) und deren Gehilfen, Gesellen und Lehrlinge die in diesem Gesetze den Arbeitgebern auferlegten Verpflichtungen zu erfüllen[5].

§ 2 Ges. v. 1889; § 2 d. Entw.

1. Als Betriebsunternehmer gilt derjenige, für dessen Rechnung der Betrieb erfolgt, d. i. derjenige, dem das wirtschaftliche Ergebnis des Betriebes, der Wert oder Unwert der in dem Betriebe verrichteten Arbeiten zum Vorteil oder Nachteil gereicht, der insbesondere die Arbeitsleistungen der Arbeiter im Interesse seines Unternehmens verwertet; Handbuch der Unfallversicherung, 2. Aufl. S. 198.

2. Die Definition der Hausgewerbetreibenden (Hausindustriellen) entspricht dem § 2 Abs. 1 Ziff. 4 KVG. in der Fassung der Novelle vom 10. April 1892. Die Hausgewerbetreibenden bilden eine Zwischenstufe zwischen den unselbständigen Arbeitnehmern und den für eigene Rechnung arbeitenden Gewerbetreibenden. Von letzteren unterscheiden sie sich dadurch, daß die Hausgewerbetreibenden nicht für sich für eigene Rechnung, sondern für andere Gewerbetreibende (Fabrikanten, Ladengeschäfte usw.) in deren Auftrag und für deren Rechnung arbeiten. Sie arbeiten eben nicht, wie die eigentlichen selbständigen Betriebsunternehmer, für Kunden auf deren direkte Bestellung oder zum Verkauf für eigene Rechnung, sondern haben bestellte Ware (meist Massenfabrikat) an andere Gewerbetreibende abzu-

führen, die sie ihrerseits weiterverarbeiten oder für eigene Rechnung verkaufen. Gemeinsam mit den für eigene Rechnung arbeitenden Gewerbetreibenden haben die Hausgewerbetreibenden die Selbständigkeit. Durch diese unterscheiden sie sich von den versicherungspflichtigen Lohnarbeitern, und sie bildet auch den Grund, weshalb die Hausgewerbetreibenden, ebenso wie die in Ziff. 1 bezeichneten Betriebsunternehmer, regelmäßig nicht versicherungspflichtig sind; erst ein Bundesratsbeschluß kann sie ausnahmsweise der Versicherungspflicht unterwerfen. Die Selbständigkeit zeigt sich nicht in der wirtschaftlichen, sondern in der persönlichen Unabhängigkeit gegenüber dem Arbeitgeber (vgl. § 1 Anm. 4). Der Hausgewerbetreibende bestimmt Anfang, Ende, Umfang und Reihenfolge der Arbeit selbst; er ist nach Annahme des Auftrages den weiteren Anordnungen und der Leitung des bestellenden Unternehmers bei Ausführung der Arbeiten nicht unterworfen und kann sich durch Gehilfen vertreten lassen. Fehlt es an der Selbständigkeit, ist also der in eigener Betriebsstätte Arbeitende von seinem Arbeitgeber persönlich abhängig, so gehört er nicht zu den Hausgewerbetreibenden, sondern er ist ein sog. Heimarbeiter und unterliegt der allgemeinen Versicherungspflicht. In der Regel ist aber, wenn eine Tätigkeit in eigener Betriebsstätte und für fremde Rechnung stattfindet, auch die persönliche Selbständigkeit vorhanden, und es liegt Hausgewerbebetrieb vor. Nur dann kann im allgemeinen ein versicherungspflichtiges Heimarbeitsverhältnis angenommen werden, wenn die Tätigkeit in der eigenen Betriebsstätte auf mehr zufällige und vorübergehende Gründe zurückzuführen ist, z. B. auf Raummangel in der Betriebsstätte des Arbeitgebers infolge unerwarteter Betriebsausdehnung, Behinderung des Arbeiters infolge von Krankheit. Wo es also die ständige Betriebseinrichtung des Arbeitgebers mit sich bringt, daß die Arbeiten außerhalb seiner Betriebsstätte in derjenigen des Arbeiters verrichtet werden, da kann regelmäßig von einem Heimarbeitsverhältnis nicht die Rede sein. (Vgl. Anl. Ziff. 33, 34.)

Hat durch den Bundesrat eine Ausdehnung der Versicherungspflicht auf Hausgewerbetreibende stattgefunden, so sind diese, wie der Ausdruck des Gesetzes: „welche — beschäftigt werden" ergibt, nur dann versicherungspflichtig, wenn sie bei der hausgewerblichen Arbeit in wesentlichem Umfange selbst mittätig sind. Lassen sie die Arbeit durch Hilfspersonen ausführen, so sind sie selbständige Unternehmer und daher nicht versicherungspflichtig.

Bisher hat der Bundesrat nur die Hausgewerbetreibenden der Tabakfabrikation durch Beschluß vom 16. Dezember 1891 (AN. 92 S. 7, siehe Anhang Nr. 2), und zwar mit Wirkung vom 4. Januar 1892 ab, sowie einen großen Teil der Hausgewerbetreibenden der Textilindustrie, insbesondere die Hausweber, durch Beschluß vom 1. März 1894 (AN. 94 S. 87, siehe Anhang Nr. 3), und zwar mit Wirkung vom 2. Juli 1894 ab, der Versicherungspflicht unterworfen. Auf die in Ziff. 1 bezeichneten Betriebsunternehmer ist die Versicherungspflicht nicht erstreckt worden.

3. Vgl. Ziff. 1 der vorbezeichneten Bundesratsbeschlüsse.

Über freiwillige Versicherung der in § 2 Abs. 1 bezeichneten Personen siehe § 14.

4. Die Hauptpflicht der Arbeitgeber besteht in der Entrichtung der Versicherungsbeiträge (§§ 140 bis 143). Nach den in Anm. 2 bezeichneten Bundesratsbeschlüssen kann den Arbeitgebern von der unteren Verwaltungsbehörde (§ 112 Anm. 3) die Verpflichtung auferlegt werden, die Beiträge für ihre Hausgewerbetreibenden, nicht jedoch auch für deren Hilfspersonen, zu entrichten. Sonst haben danach die Hausgewerbetreibenden selbst für sich und ihre Hilfspersonen die Beiträge zu entrichten. Während nach dem Beschlusse, betreffend die Hausgewerbetreibenden der Tabakfabrikation, die Arbeitgeber den Hausgewerbetreibenden die Hälfte der Beiträge sowohl für diese wie für deren Hilfspersonen erstatten müssen, sind sie nach dem Beschlusse, betreffend die Hausgewerbetreibenden der Textilindustrie, nur zur Erstattung der Hälfte für die Hausgewerbetreibenden selbst verpflichtet. Die Arbeitgeber können aber die Erstattung und Entrichtung der ganzen Beiträge übernehmen. Die Hilfspersonen der Hausgewerbetreibenden (Gesellen, Gehilfen, Lehrlinge) sind auf Grund des § 1 versicherungspflichtig; für ihre Versicherung muß also regelmäßig von den Hausgewerbetreibenden als Arbeitgebern gesorgt werden.

5. Ein Bundesratsbeschluß im Sinne des Abs. 2 Ziff. 2 ist bisher nicht ergangen.

§ 3.

Als Lohn oder Gehalt gelten auch Tantiemen und Naturalbezüge [1]. Für dieselben wird der Durchschnittswert [2] in Ansatz gebracht; dieser Wert wird von der unteren Verwaltungsbehörde festgesetzt [3]. 1.

Eine Beschäftigung, für welche als Entgelt nur freier Unterhalt gewährt wird [4], gilt im Sinne dieses Gesetzes nicht als eine die Versicherungspflicht begründende Beschäftigung [5]. 2.

§ 3 Abs. 1, 2 Ges. v. 1889; § 3 Abs. 1, 2 d. Entw.

1. Vgl. § 1 Anm. 7, ferner Anl. Ziff. 14.

2. Tantiemen und Naturalbezüge sollen nicht nach Durchschnittspreisen (vgl. § 6 GUVG.), sondern nach dem Durchschnittswert, den sie für den Versicherten darstellen, in Ansatz gebracht werden. Beides kann, braucht aber nicht zusammenzufallen. Es sollen nicht etwa der Pachtwert gewisser, dem Arbeiter übungsgemäß als Bestandteil des Lohnes gewährter Bezüge (Äcker, Viehweide, Gartennutzung usw.) in Anrechnung gebracht werden, sondern die wirklichen Einnahmen, die der Arbeiter aus der Nutzung derartiger Naturalien im Durchschnitt ziehen wird (Komm.Ber. z. JAVG. S. 8, 101). Diese Vorschrift hat ihre Bedeutung sowohl für die Beurteilung der Versicherungspflicht von Betriebsbeamten (§ 1), als namentlich auch für die Festsetzung des Durchschnittslohns land- und forstwirtschaftlicher Arbeiter, nach dem sich, soweit sie nicht Orts-Krankenkassen usw. angehören, ihre Lohnklasse berechnet (§ 34 Abs. 2 Ziff. 2). Für die einzelnen Versicherten dagegen, deren Lohn nach dem für die Krankenversicherung bereits festgesetzten ortsüblichen Tagelohn gewöhnlicher Tagearbeiter oder nach einem bereits festgesetzten Durchschnittslohn der betreffenden Arbeiterkategorie in Betracht gezogen wird, ist diese Bestimmung ohne erhebliche Tragweite,

3. Die Festsetzung des Wertes seitens der unteren Verwaltungsbehörde (§ 112 Anm. 3) ist für die Renteninstanzen bindend; fehlt es an einer solchen Festsetzung, so muß von diesen Instanzen die Bestimmung der unteren Verwaltungsbehörde eingeholt werden (RE. 676 AN. 98 S. 396). Die Wertbestimmung ist aber nur für die wirkliche Versicherung maßgebend, nicht für die vorgesetzliche Zeit (§§ 190, 192; RE. 45, 163 AN. 91 S. 157, 92 S. 118).

4. Freier Unterhalt als Arbeitsentgelt ist Lohn, da er sich aus Naturalbezügen zusammensetzt (§ 3 Abs. 1). Es ist darunter dasjenige Maß von wirtschaftlichen Gütern zu verstehen, das zur Befriedigung der notwendigen Lebensbedürfnisse, zur Erhaltung der Arbeitskraft unmittelbar erforderlich ist. Dazu gehören vornehmlich Wohnung, Beköstigung und Kleidung, ferner aber auch sonstige kleinere Bezüge, die keine selbständige Bedeutung haben und eine Ergänzung des freiwilligen Unterhalts bilden. Als solche Ergänzung sind Barzahlungen von unerheblichem Betrage anzusehen, die, z. B. als Taschengeld, zur Bestreitung nebensächlicher Bedürfnisse gewährt werden (RE. 76 AN. 91 S. 180). Ob eine unselbständige Ergänzung des freien Unterhalts vorliegt, richtet sich nach den Lebensumständen der Beteiligten. Im Begriffe des freien Unterhalts liegt es, daß dieser nur die zur Erhaltung des eigenen Körpers der beschäftigten Person dienenden Gebrauchs- und Verbrauchsgegenstände umfaßt. Wird das nach den Lebensverhältnissen des Beschäftigten zu beurteilende Maß des persönlichen Bedarfs wesentlich überschritten, so wird nicht „nur" freier Unterhalt gewährt (RE. 75, B. 942, E. 963 AN. 91 S. 179, 01 S. 637, 02 S. 387). Andererseits liegt Gewährung freien Unterhalts auch dann vor, wenn nur ein Teil der dem persönlichen Bedarf dienenden Gebrauchs- und Verbrauchsgegenstände, z. B. Wohnung und Kost ohne Kleidung, gewährt wird (RE. 74, 126 AN. 91 S. 178, 92 S. 36). Wird neben Wohnung und Kost an Stelle der Kleidung ein Barbetrag gezahlt, so ist zu unterscheiden, ob letzterer je nach Bedarf in unbestimmten, dem augenblicklichen Bedürfnis entsprechenden Beträgen, oder ob er regelmäßig zu bestimmten Zeiten als fester Pauschalbetrag gezahlt wird, über den der Beschäftigte

nach Gutdünken verfügen kann. Im ersten Falle handelt es sich um freien Unterhalt (RE. 194 AN. 92 S. 139), im zweiten nicht (RE. 91 AN. 92 S. 4). Kostgeld, wie es oft der Lehrling vom Meister erhält, fällt nicht unter den Begriff des freien Unterhalts (B. 5 AN. 91 S. 54). Überhaupt ist § 3 Abs. 2 regelmäßig unanwendbar, wenn Barbeträge, mögen sie auch zum Unterhalt nicht ausreichen und als Taschengeld gewährt werden, das einzige Arbeitsentgelt bilden (RE. 503 AN. 96 S. 271). Vgl. im übrigen Anl. Ziff. 15.

5. Die bloße Gewährung freien Unterhalts soll die Beschäftigung nach der Begründung zum JAVG. um deswillen nicht versicherungspflichtig machen, weil dann der Arbeitgeber, der den ganzen Beitrag einzahlen muß, die auf den Arbeitnehmer fallende Hälfte nicht würde wieder einziehen können, also genötigt sein würde, den ganzen Beitrag allein zu tragen. Dieser Grund ist nicht stichhaltig, denn folgerichtig müßte danach jede durch Naturalbezüge abgegoltene Tätigkeit versicherungsfrei sein.

Wenn auch die gegen freien Unterhalt geleistete Arbeit nicht die Versicherungspflicht begründet, so ist sie doch Lohnarbeit (RE. 687 AN. 98 S. 627), und sie ist daher bei Beurteilung der Erwerbsfähigkeit (§ 5 Abs. 4) mit zu berücksichtigen (RE. 94 AN. 92 S. 6).

Über freiwillige Versicherung in Fällen des § 3 Abs. 2 siehe §§ 14, 145 Abs. 2.

§ 4.

Durch Beschluß des Bundesrats wird bestimmt, inwieweit vorübergehende Dienstleistungen als versicherungspflichtige Beschäftigung im Sinne dieses Gesetzes nicht anzusehen sind.[1] 1.

Der Bundesrat ist befugt, zu bestimmen, daß Ausländer, welchen der Aufenthalt im Inlande nur für eine bestimmte Dauer behördlich gestattet ist und die nach Ablauf dieser Zeit in das Ausland zurückkehren müssen, der Versicherungspflicht nicht unter- 2.

liegen.[2] Sofern eine solche Bestimmung getroffen wird, haben Arbeitgeber, welche solche Ausländer beschäftigen, nach näherer Bestimmung des Reichs-Versicherungsamts denjenigen Betrag an die Versicherungsanstalt zu zahlen, den sie für die Versicherung der Ausländer aus eigenen Mitteln würden entrichten müssen (§ 27 Abs. 3), wenn deren Versicherungspflicht bestände.[3]

§ 3 Abs. 3 Ges. v. 1889; § 3a Abs. 2, 3 d. Entw.

1. Die Dauer der Beschäftigung ist in der Regel auf die Versicherungspflicht ohne Einfluß, auch vorübergehend beschäftigte Personen sind daher grundsätzlich versicherungspflichtig. Da aber die Durchführung der Versicherung, namentlich die Erhebung der Beiträge, bei vorübergehend, oft nur stundenweis beschäftigten Personen (unständigen Arbeitern) trotz der vorhandenen Aushilfsmittel (§§ 131 Abs. 2, 140 Abs. 2, 144, 151 Abs. 1 Ziff. 2, 161) vielfach besonders erschwert ist, und eine allgemeine gesetzliche Regelung der in Betracht kommenden Verhältnisse schon wegen ihrer Mannigfaltigkeit und örtlichen Verschiedenheit kaum auszuführen ist (Begründung zum JAVG. S. 75), so soll der Bundesrat für vorübergehende Dienstleistungen Ausnahmen treffen dürfen. Von dieser Befugnis hat er unter der Herrschaft des JAVG. Gebrauch gemacht in den Beschlüssen vom $\frac{\text{27. November 1890}}{\text{22. Dezember 1891}}$ (AN. 91 S. 19, 92 S. 9) und vom $\frac{\text{24. Januar 1893}}{\text{31. Dezember 1894}}$ (AN. 93 S. 46, 95 S. 33). Für das Recht des JVG. maßgebend ist jetzt der Bundesratsbeschluß, betreffend die Befreiung vorübergehender Dienstleistungen von der Versicherungspflicht, vom 27. Dezember 1899 (AN. 00 S. 181); siehe Anhang Nr. 4.

In diesen Bundesratsbeschlüssen wird unterschieden zwischen solchen Personen die berufsmäßig Lohnarbeit überhaupt nicht verrichten (z. B. gelegentlich mithelfende Ehefrauen; kleine Landwirte, die in der Ernte gelegentlich Lohnarbeit leisten, ohne berufsmäßig auch sonst solche Arbeit zu verrichten) einerseits und eigentlichen Berufsarbeitern andererseits. Bei der ersteren Kategorie sind Arbeiten versicherungsfrei, die nur gelegentlich, oder zwar regelmäßig, aber nur nebenher und gegen nur geringfügiges Entgelt (z. B. unter $1/_3$ des ortsüblichen Tagelohns, B. 4 AN. 91 S. 54) geleistet werden; bei Berufsarbeitern sind nur Nebenarbeiten befreit, die sie ohne Unterbrechung ihrer Haupttätigkeit bei anderen Arbeitgebern nebenher verrichten.

Über freiwillige Versicherung von Personen, die auf Grund der nach § 4 Abs. 1 vom Bundesrat erlassenen Bestimmungen nicht versicherungspflichtig sind, siehe §§ 14, 145 Abs. 2.

2. Der Absatz 2 hat solche ausländischen Arbeiter im Auge, die mit Genehmigung der inländischen Behörden für längere Zeit, für bestimmte Monate, auf Arbeit nach Deutschland kommen, nach Ablauf dieser Zeit aber, insbesondere für den Winter, in die Heimat zurückkehren müssen. Als „vorübergehend" kann eine solche, Monate hindurch währende Beschäftigung nicht angesehen werden; es bedurfte also, wenn für deren Dauer die Versicherungspflicht beseitigt werden sollte, einer besonderen gesetzlichen Bestimmung, die denn auch dem Vorschlage der verbündeten Regierungen gemäß eingeführt worden ist. Von der ihm beigelegten Befugnis hat der Bundesrat hinsichtlich der polnischen Arbeiter russischer und österreichischer Staatsangehörigkeit durch Beschluß vom 21. Februar 1901 (AN. 02 S. 380) Gebrauch gemacht; siehe Anhang Nr. 5 A.

3. Der durch die Reichstags-Kommission hinzugefügte zweite Satz des Absatz 2 will der Verdächtigung die Spitze abbrechen, als würden durch die Vorschrift des ersten Satzes Arbeitgeber, die doch nur unter dem Zwang der Verhältnisse, um dem Mangel an inländischen Arbeitern abzuhelfen, derartige Ausländer beschäftigen, bevorzugt, als würde eine Art von Prämie auf diese Beschäftigung gesetzt, während gleichzeitig inländische Arbeiter durch Erleichterung der Konkurrenz von Ausländern benachteiligt würden. Über die Entrichtung der von den Arbeitgebern zu zahlenden Beträge hat das Reichs-Versicherungsamt durch

Bekanntmachung vom 31. März 1902 (RGBl. 02 S. 380) Bestimmung getroffen; siehe Anhang Nr. 5 B.

§ 5[1].

1[2]. Beamte[3] des Reichs, der Bundesstaaten und der Kommunalverbände[4] sowie Lehrer und Erzieher an öffentlichen Schulen oder Anstalten unterliegen der Versicherungspflicht nicht[5], solange sie lediglich zur Ausbildung für ihren zukünftigen Beruf beschäftigt werden[6] oder sofern ihnen eine Anwartschaft auf Pension[7] im Mindestbetrage der Invalidenrente nach den Sätzen der ersten Lohnklasse[8] gewährleistet[9] ist.

2. Beamte der Versicherungsanstalten[10] und zugelassenen besonderen Kasseneinrichtungen[11] unterliegen der Versicherungspflicht nicht, sofern ihnen eine Anwartschaft auf Pension in der im Abs. 1 bezeichneten Höhe gewährleistet ist.

3. Der Versicherungspflicht unterliegen ferner nicht Personen, welche Unterricht gegen Entgelt erteilen, sofern dies während ihrer wissenschaftlichen Ausbildung für ihren zukünftigen Lebensberuf geschieht[12], Personen des Soldatenstandes, welche dienstlich als Arbeiter beschäftigt werden[13], sowie Personen, welchen auf Grund der reichsgesetzlichen Bestimmungen eine Invalidenrente bewilligt ist[14].

4[15]. Der Versicherungspflicht unterliegen endlich nicht diejenigen Personen, deren Erwerbsfähigkeit in Folge von Alter, Krankheit[16] oder anderen Gebrechen dauernd[17] auf weniger als ein Drittel herabgesetzt ist[18]. Dies ist dann anzunehmen, wenn sie nicht mehr imstande sind [19], durch eine ihren Kräften und Fähigkeiten entsprechende Tätigkeit, die ihnen unter billiger Berücksichtigung ihrer Ausbildung und ihres bisherigen Berufs zugemutet werden kann [20], ein Drittel desjenigen zu erwerben [21], was körperlich und geistig gesunde Personen derselben Art mit ähnlicher Ausbildung in derselben Gegend durch Arbeit zu verdienen pflegen [22].

§§ 4, 9 Abs. 3 Ges. v. 1889; § 4 d. Entw.

1. Der § 5 führt diejenigen Personen auf, die kraft Gesetzes der Versicherungspflicht nicht unterliegen, die §§ 6 und 7 diejenigen, die auf Antrag von der Versicherungspflicht befreit werden können.

2. Der dem § 5 Abs. 1 entsprechende § 4 Abs. 1 des JAVG., soweit er hier in Frage kommt, lautete:

Beamte des Reichs und der Bundesstaaten, die mit Pensionsberechtigung angestellten Beamten von Kommunalverbänden — unterliegen der Versicherungspflicht nicht.

Während also nach dem JAVG. Reichs- und Staatsbeamte immer, Kommunalbeamte nur dann von der Versicherungspflicht befreit waren, wenn sie mit Pensionsberechtigung angestellt waren, ist jetzt durchweg für Reichs-, Staats- und Kommunalbeamte, denen Lehrer und Erzieher an öffentlichen Schulen oder Anstalten gleichgestellt sind, die Versicherungspflicht nur ausgeschlossen, wenn sie zur Ausbildung für ihren zukünftigen Beruf beschäftigt werden, oder wenn sie eine Anwartschaft auf Pension im Mindestbetrage der Invalidenrente haben. Daß jetzt auch Reichs- und Staatsbeamte unter Umständen versicherungspflichtig sind, hat seinen Grund darin, daß auch für diejenigen Beamten gesorgt sein soll, die keine Pension zu erwarten haben. Die Bestimmung des § 5 Abs. 1 ist aber nicht dahin zu verstehen, daß Beamte usw. immer der Versicherungspflicht unterliegen, wenn es an den Voraussetzungen für ihre Versicherungsfreiheit — Ausbildung, Pensionsanwartschaft — fehlt.

Eine solche selbständige Bedeutung hat die Bestimmung nicht, sie bildet vielmehr nur eine Ausnahmevorschrift zu der Bestimmung des § 1, so daß sie immer erst Platz greift, wenn überhaupt eine versicherungspflichtige Beschäftigung, z. B. in einem Gehilfen- oder Angestelltenverhältnis, ausgeübt wird (RE. 55 AN. 91 S. 162).

3. Die Bestimmung des § 5 Abs. 1, betreffend die Beamten, findet nur Anwendung auf „Beamte" im Sinne des Staats- und Verwaltungsrechts. Zu den Beamten zählen im allgemeinen alle Personen, die im öffentlichen Dienste des Staates oder einer Körperschaft des öffentlichen Rechts durch das den Staat oder die Körperschaft vertretende Organ angestellt und für eine bestimmte Stelle ernannt sind. Das entscheidende Merkmal ist die Begründung eines bestimmt begrenzten öffentlich-rechtlichen Dienstverhältnisses zu dem Staat oder der Körperschaft durch die auf Grund öffentlichen Rechts erfolgte Anstellung. (E. 967 AN. 02 S. 390.) Maßgebend für die Beurteilung der Beamteneigenschaft sind zunächst die in dieser Hinsicht bestehenden gesetzlichen Vorschriften. Fehlt es an solchen, so sind die von den zuständigen Stellen für die bezüglichen Verwaltungszweige erlassenen — dienstpragmatischen — Vorschriften bestimmend (RE. 50 AN. 91 S. 159). Bestehen danach Zweifel, so wird wesentliches Gewicht auf die einzuholende Erklärung der in Betracht kommenden Oberbehörde zu legen sein. Vgl. Anl. Ziff. 9; Handbuch der UV. S. 142. Abgesehen von den Kommunalbeamten fallen nur unmittelbare Beamte unter § 5 Abs. 1; vgl. § 7.

4. Kommunalverbände sind nur die politischen Gemeinden sowie deren Zusammenfassungen zu größeren politischen Verbänden (weitere Kommunalverbände, § 65 Abs. 1), nicht also z. B. Schulgemeinden (RE. 400 NA. 94 S. 177).

5. Sie unterliegen der Versicherungspflicht nicht hinsichtlich ihrer dienstlichen Beschäftigung; durch eine außerdienstliche, unter § 1 fallende Beschäftigung wird die Versicherungspflicht jedenfalls dann nicht begründet, wenn das Amt den Kern der Beschäftigung bildet, insbesondere auch den Hauptteil des Einkommens abwirft, während die anderweite Beschäftigung nur nebenher betrieben wird (RE. 237 AN. 93 S. 85).

6. Eine Beschäftigung lediglich zur Ausbildung für den zukünftigen Beruf ist auch dann anzunehmen, wenn vor Abschluß der Ausbildung zwar bereits erworbene Kenntnisse und Fertigkeiten verwertet werden, die Beschäftigung aber dazu dient, sie zu befestigen und zu vervollkommnen und dem Beschäftigten die für den späteren Beruf erforderlichen Gewandtheit zu verschaffen (E. 855 AN. 00 S. 835). Zur Ausbildungszeit kann auch die Probezeit gerechnet werden; vgl. Anl. Ziff. 9.

7. An die Stelle der im JAVG. für Kommunalbeamte vorgeschriebenen Pensionsberechtigung ist jetzt für alle Beamten usw. die Pensionsanwartschaft getreten (vgl. Anm. 2). Unter Pension ist ein Ruhegehalt zu verstehen, worauf der Angestellte unter bestimmten Voraussetzungen einen rechtlich erzwingbaren Anspruch hat (RE. 34 AN. 91 S. 150). Vgl. § 48 Anm. 8. Pensionsberechtigung ist demgemäß das erworbene, gegebenenfalls sofort realisierbare Recht auf Pension (RE. 151, 239 AN. 92 S. 82, 93 S. 86). Zum Begriffe der Pensionsanwartschaft genügt dagegen die wenn auch rechtlich nicht gesicherte, so doch nach dem gewöhnlichen Lauf der Dinge begründete Aussicht auf Erlangung einer Pension. Die Pensionsberechtigung hängt meist von der Zurücklegung einer gewissen Wartezeit ab, so von der Zurücklegung einer zehnjährigen Dienstzeit nach § 34 des Gesetzes, betreffend die Rechtsverhältnisse der Reichsbeamten, vom 31. März 1873 (RGBl. S. 61) und nach § 1 des preuß. Gesetzes, betreffend die Pensionierung der unmittelbaren Staatsbeamten usw., vom 27. März 1872 (GesS. S. 268), ebenso im allgemeinen nach dem preuß. Gesetz, betreffend die Anstellung und Versorgung der Kommunalbeamten, vom 30. Juli 1899 (GesS. S. 141). Während dieser Wartezeit besteht nur Pensionsanwartschaft. Wer sich noch nicht in einer zur Pensionsberechtigung führenden, d. i. im allgemeinen einer etatsmäßigen Stelle befindet, hat gleichfalls Pensionsanwartschaft, wenn ihm eine Stellung übertragen ist, die nach den bestehenden Verwaltungsgrundsätzen den üblichen Übergang zu einer Anstellung mit späterer Pensionsberechtigung bildet. Dagegen genügt eine nur unbestimmte Hoffnung auf dereinstige Erlangung einer mit Pensionsberech-

tigung ausgestatteten Stelle nicht zur Pensionsanwartschaft. Vgl. Anl. Ziff. 9. — Auf Verhältnisse, die in die Geltungszeit des JAVG. fallen, kann das Erfordernis der Pensionsanwartschaft nicht übertragen werden. Kommunalbeamte also, die damals die Pensionswartezeit noch nicht hinter sich hatten, und nur Pensionsanwartschaft besaßen, sind erst vom 1. Januar 1900 an versicherungsfrei, und die für sie bis dahin zu Recht entrichteten Versicherungsbeiträge können nicht zurückgefordert werden. Beamte mit Pensionsanwartschaft sind gemäß § 14 Abs. 2 zur freiwilligen Fortsetzung der Versicherung befugt, doch werden sie sich im Hinblick auf § 48 Abs. 1 Ziff. 2 zu überlegen haben, ob die Weiterversicherung für sie vorteilhaft ist. Die Verleihung der Pensionsanwartschaft an eine bis dahin versicherungspflichtige Beamtenklasse hat, auch wenn sie mit rückwirkender Kraft von einem früheren Zeitpunkt an ausgesprochen ist, die Befreiung von der Versicherungspflicht nur für die Zeit von der Verleihung an zur Folge (E. 1048 AN. 03 S. 375).

8. Gemäß §§ 28, 29, 35, 36 beläuft sich dieser Mindestbetrag auf 116 Mk.

9. Gewährleistet ist die Anwartschaft auch bei kündbarem Anstellungsverhältnis, wenn hinreichende Sicherheit besteht, daß von dem Kündigungsrecht seitens des Anstellungsverbandes kein willkürlicher Gebrauch gemacht werden kann (vgl. § 9 des in Anm. 7 erwähnten preuß. Gesetzes vom 30. Juli 1899). Nicht notwendig ist hier im Gegensatz zu § 6 Abs. 1 (vgl. dort Anm. 2), daß die Pensionsanwartschaft sich gegen die anstellende Behörde richtet; sie kann auch von dritter Seite, z. B. einer Beamtenpensionskasse, gewährleistet sein (RE. 986 AN. 02 S. 483), vorausgesetzt, daß es sich hierbei nicht etwa bloß um einen privatrechtlichen Versorgungsanspruch handelt (E. 1005 RA. 02 S. 547).

10. Unter Versicherungsanstalten sind nur die Versicherungsanstalten dieses Gesetzes (§ 65 ff.) verstanden. Sind ihren Beamten gemäß § 98 die Rechte und Pflichten von Staats- oder Kommunalbeamten übertragen, so greift § 5 Abs. 1 Platz; § 5 Abs. 2 behält dann nur Bedeutung für die Beamten der zugelassenen Kasseneinrichtungen.

11. Von den besonderen Kasseneinrichtungen handeln die §§ 8 bis 13.

12. Nach dem Bericht der Reichstagskommission soll diese Bestimmung besonders Studenten, die während ihres Studiums ihren Unterhalt ganz oder zum Teil durch Privatunterricht erwerben, von der Versicherungspflicht befreien. Sie ist aber auch auf alle Personen anzuwenden, die neben ihrer wissenschaftlichen Ausbildung, und bevor diese durch Ablegung der erforderlichen Prüfungen oder sonstwie abgeschlossen ist, entgeltlich sei es Privatstunden, z. B. als Hauslehrer, sei es Unterricht an öffentlichen oder Privatschulen erteilen (E. 854, 855 AN. 00 S. 835). Der wissenschaftlichen Ausbildung ist die künstlerische gleichzustellen.

13. Zu den Personen des Soldatenstandes gehören auch die Militärpersonen der Kais. Marine, vgl. § 4 des Militär-Strafgesetzbuchs vom 20. Juni 1872 (RGBl. S. 174) sowie die Anlage zu demselben (RGBl. S. 204). „Dienstlich" bedeutet militärdienstlich. Für militärdienstlich ist seitens des preußischen und württembergischen Kriegsministeriums entgegen einer früheren Entscheidung des RVA. (857 AN. 00 S. 836) auch die Tätigkeit der zur Probedienstleistung oder informatorischen Beschäftigung im Zivildienst abkommandierten oder beurlaubten Militärpersonen erklärt. Vgl. im übrigen Anl. Ziff. 18a.

Denjenigen Personen des Soldatenstandes, die zur Erfüllung ihrer Wehrpflicht dienen, oder die in Mobilmachungs- oder Kriegszeiten freiwillig eingetreten sind, wird, ohne daß sie während dieser Zeit versicherungspflichtig wären und deshalb Beiträge zu entrichten hätten, dennoch die Dauer ihrer Dienstleistung als Beitragszeit in Anrechnung gebracht, sofern sie vor ihrem Eintritt berufsmäßig und nicht bloß vorübergehend eine versicherungspflichtige Beschäftigung ausgeübt haben (§ 30 Abs. 2, 3). Die Dauer solcher militärischen Dienstleistungen dient also nicht bloß zur Erfüllung der Wartezeit (§§ 29, 30 Abs. 1), sondern es steigert sich während dieser Dienstzeit auch die Rente nach den für die II. Lohnklasse festgesetzten Steigerungssätzen (§§ 36, 40 Abs. 1), und diese Steigerung erfolgt ausschließlich zu Lasten des Reichs (§ 40 Abs. 2, § 125).

14. Vgl. §§ 15 Abs. 2, 16. Empfänger der Altersrente (§ 15 Abs. 3) können sich, wie überhaupt Personen, die das 70. Lebensjahr vollendet haben, nach § 6 Abs. 1 von der Versicherungspflicht befreien lassen.

15. Das JAVG. behandelte die Erwerbsunfähigkeit in zwei Bestimmungen, nämlich im

§ 4 Abs. 2: Die Versicherungspflicht tritt für diejenigen Personen nicht ein, welche infolge ihres körperlichen oder geistigen Zustandes dauernd nicht mehr imstande sind, durch eine ihren Kräften und Fähigkeiten entsprechende Lohnarbeit mindestens ein Drittel des für ihren Beschäftigungsort nach § 8 des Krankenversicherungsgesetzes vom 15. Juni 1883 (RGBl. S. 73) festgesetzten Tagelohns gewöhnlicher Tagearbeiter zu verdienen.

§ 9 Abs. 3: Erwerbsunfähigkeit ist dann anzunehmen, wenn der Versicherte infolge seines körperlichen oder geistigen Zustandes nicht mehr imstande ist, durch eine seinen Kräften und Fähigkeiten entsprechende Lohnarbeit mindestens einen Betrag zu verdienen, welcher gleichkommt der Summe eines Sechstels des Durchschnitts der Lohnsätze (§ 23), nach welchen für ihn während der letzten fünf Beitragsjahre Beiträge entrichtet worden sind, und eines Sechstels des dreihundertfachen Betrages des nach § 8 des Krankenversicherungsgesetzes vom 15. Juni 1883 (RGBl. S. 73) festgesetzten ortsüblichen Tagelohns gewöhnlicher Tagearbeiter des letzten Beschäftigungsortes, in welchem er nicht lediglich vorübergehend beschäftigt gewesen ist.

Die erste Vorschrift bestimmte dasjenige Maß von Erwerbsunfähigkeit, das die Versicherungspflicht ausschließen, die zweite dasjenige Maß von Erwerbsunfähigkeit, das den Anspruch auf Invalidenrente begründen sollte. Die erste Vorschrift war zur leichteren Handhabung seitens der beteiligten Arbeitgeber und Arbeitnehmer einfacher gehalten; im übrigen bestand zwischen den Berechnungsweisen beider Vorschriften kein grundsätzlicher Unterschied (RE. 147 AN. 92 S. 58). Das JVG. hat denn auch jetzt in § 5 Abs. 4 nach beiden Richtungen eine einheitliche Bestimmung getroffen (vgl. §§ 15 Abs. 2 Satz 1, 16). Die

Erwerbsunfähigkeit im Sinne des § 5 Abs. 4 hindert also nicht nur den Beginn der Versicherung und hat deren Beendigung zur Folge (vgl. § 146 Satz 2), sie begründet auch den Anspruch auf Invalidenrente, sofern die übrigen Voraussetzungen des Anspruchs (§ 28) vorhanden sind.

Wie nach dem JAVG., so vollzieht sich auch jetzt nach dem JVG. die Feststellung der Erwerbsunfähigkeit regelmäßig in der Weise, daß zunächst ein gewisser Mindestlohnbetrag ermittelt wird, und daß sodann geprüft wird, ob der Einzelne diesen Betrag noch verdienen kann. Es handelt sich also um die Fragen:

a) welchen Mindestlohn die Person noch zu verdienen imstande sein müßte, um nicht erwerbsunfähig zu sein,

b) wieviel sie noch durch Arbeit zu verdienen vermag.

Was die erste Frage betrifft, so hat das JVG. insofern eine Änderung vorgenommen, als es die formalen Berechnungsarten des JAVG. aufgegeben und an die Stelle der dortigen Durchschnittssätze den Verdienst gesunder Personen „derselben Art" zum Maßstabe gemacht hat. Um den Begriff der gleichartigen Personen genauer zu bestimmen, und um zum Ausdruck zu bringen, daß die gesamten Verhältnisse desjenigen, dessen Versicherungspflicht oder Rentenanspruch in Frage steht, bei der Abgrenzung des Kreises der zum Vergleich heranzuziehenden Personen derselben Art ins Auge zu fassen seien, sind die „gesunden Personen derselben Art" noch näher durch die Zusätze „mit ähnlicher Ausbildung" und „in derselben Gegend" bestimmt worden. In dieser Beziehung wurde bei den Beratungen des Gesetzes auf gelernte Setzer verwiesen, denen ein Anspruch auf Invalidenrente zustehen solle, wenn sie nicht mehr ein Drittel des Lohnes eines gelernten Setzers verdienen könnten, und ferner auf Bergarbeiter, die z. B. in Westfalen einen beträchtlich höheren Lohn als in Schlesien bezögen (Kommissionsbericht S. 16 ff.). Im allgemeinen ist also für die Bemessung des Mindestlohnes entscheidend der Verdienst von Angehörigen derjenigen Berufs-

gruppe, zu der auch der Gegend nach die zu beurteilende Person gehört. Dadurch ist der Mindestlohn für manche Personen erheblich gegen früher heraufgesetzt, was bei der Bewerbung um die Invalidenrente besonders den besser gelohnten Arbeitern zugute kommt. Die Verdienstgrenze darf aber weder nach der zuletzt in dem Beruf eingenommenen Stellung noch nach dem in dem Beruf erzielten Höchstverdienst bestimmt werden; es kommt vielmehr auf das ganze Arbeitsleben der Person an. Unverkennbar bedeutet hiernach die jetzige Begriffsbestimmung der Erwerbsunfähigkeit, was den Mindestlohn betrifft, eine größere Annäherung an den dem JAVG. in diesem Grade fremden Gedanken der Berufsinvalidität (RE. 870 AN. 01 S. 186). Maßgebend ist dabei derjenige Beruf, den der Betreffende zuletzt bei einer im wesentlichen ungeschwächten Arbeitskraft ausgeübt hat (RE. 1096 AN. 03 S. 599). Unter „derselben Gegend" ist ein Gebiet zu verstehen, innerhalb dessen für gleichartige Arbeiter im allgemeinen gleichmäßige Lohnverhältnisse bestehen (RE. 1095 AN. 03 S. 597). Vgl. Anm. 22.

Was die **zweite Frage**, die nach dem Maße der noch vorhandenen Erwerbsfähigkeit, anlangt, so hat das JVG. nichts neues geschaffen. Denn bei der Prüfung der Leistungsfähigkeit einer Person war schon bisher nach feststehender Rechtsprechung auf die Vorbildung und die sonstigen Lebensumstände billige Rücksicht zu nehmen. Dies bringt jetzt das JVG. nur noch besonders zum Ausdruck, indem es auf Tätigkeiten verweist, die der betreffenden Person **unter billiger Berücksichtigung ihrer Ausbildung und ihres bisherigen Berufs zugemutet** werden können. Das Feld für solche Tätigkeiten bietet das gesamte, dem einzelnen zugängliche wirtschaftliche Erwerbsgebiet, nicht lediglich das bisherige Arbeitsgebiet. Die Erwerbsunfähigkeit deckt sich also hiernach nicht mit der Berufsinvalidität. Demgemäß kommt es darauf an, was der zu beurteilenden Person an Lohnarbeit nach ihren Kräften und Fähigkeiten **auf dem gesamten Gebiete des wirtschaftlichen Lebens, auf dem allgemeinen Arbeitsmarkt** zugemutet werden kann. Dabei darf sie jedoch nicht auf eine ihr völlig fremde, körperlich oder geistig ungeeignete Beschäftigung oder auf eine Erwerbsgelegenheit verwiesen werden, die sich möglicherweise an einer von dem bisherigen Beschäftigungsorte weit entfernten Stelle bieten könnte. (Vgl. Begründung S. 247 f.; RE. 211, 212, 250, 490, 870 AN. 93 S. 55, 56, 95; 96 S. 221, 01 S. 186; Anm. 18, 19, 20).

Bei alledem ist jedoch für die Prüfung, ob Erwerbsunfähigkeit vorliegt, keineswegs immer eine ziffernmäßige Feststellung der Verdienstgrenze und des Maßes der persönlichen Leistungsfähigkeit erforderlich. Denn § 5 Abs. 4 bezeichnet im ersten Satz allgemein solche Personen als erwerbsunfähig, deren Erwerbsfähigkeit auf weniger als ein Drittel herabgesetzt ist. Wenn der zweite Satz hinzufügt, daß die in gewisser Weise abgegrenzte persönliche Leistungsfähigkeit mit einem Drittel des Durchschnittsverdienstes eines bestimmten Personenkreises verglichen werden soll, so ist damit weder gesagt, daß diese beiden Größen in Zahlen, das heißt in Geld, ausgedrückt werden müssen, noch auch, daß die Entscheidung darüber, ob die Erwerbsfähigkeit auf weniger als ein Drittel herabgesetzt, in allen Fällen nur auf dem Wege jener Vergleichung gefunden werden kann (RE. 1215 AN. 05 S. 465). Vgl. im übrigen Anl. Ziff. 8.

16. Krankheit ist ein anomaler pathologischer Zustand, ein Zustand der Störung der normalen Körper- oder Geistesbeschaffenheit (RE. 245 AN. 93 S. 92). Vgl. Anm. 19.

17. Dauernd, im Gegensatz zu vorübergehend (§ 1c), ist die Erwerbsunfähigkeit, wenn der sie hervorrufende Zustand nach vernünftigem menschlichen Ermessen in absehbarer Zeit keine Aussicht auf Beseitigung oder wesentliche Besserung bietet, also auch dann, wenn nur eine unbestimmte Möglichkeit solcher Veränderung besteht (RE. 521 AN. 96 S. 358).

Für die Frage, ob die Erwerbsunfähigkeit vom Beginn einer Krankheit an dauernd oder zunächst nur vorübergehend gewesen ist, gibt nicht den Ausschlag, ob die Unheilbarkeit der Krankheit früher oder später vom Arzt erkannt ist, sondern es kommt darauf an, ob und wann nach Überzeugung der mit jener Frage befaßten Stelle (Versicherungsanstalt, Schiedsgericht usw.) die Krankheit tatsächlich dauernde Erwerbsunfähigkeit erzeugt hat. In dieser Beziehung ist das gesamte Krankheitsbild, wie es sich dem nachträglichen Beurteiler zeigt, ins Auge zu fassen. Lassen sich danach nicht zwei Krankheitsphasen unterscheiden, die durch besondere, die anfänglich vorhandene Aussicht auf Besserung beseitigende Umstände getrennt sind, sei es, daß diese offen zutage getreten sind, sei es, daß auf ihren Eintritt nach sachverständigem Urteil geschlossen werden kann, so ist die Erwerbsunfähigkeit vom Beginne der Krankheit an als dauernd anzusehen (RE. 273 AN. 93 S. 123).

Im Falle eines nur durch Operation zu beseitigenden Leidens gilt die Erwerbsunfähigkeit von dem Zeitpunkt an als dauernd, in dem der ohne operativen Eingriff unheilbare Zustand der Erwerbsunfähigkeit objektiv vorhanden war (RE. 388 AN. 94 S. 158). Eine Operation, die in den Bestand oder die Unversehrtheit des Körpers eingreift und nicht ohne eine gewisse Lebensgefahr vorgenommen werden kann, braucht niemand zu dulden (RE. 224 AN. 93 S. 68). Unterzieht sich der Erwerbsunfähige einer Operation mit dem erwarteten günstigen Erfolge, so gilt die Erwerbsunfähigkeit von Anfang an als vorübergehend (RE. 818 AN. 00 S. 674). Wo, wie meistens bei einem Bruchschaden, der Gebrauch eines einfachen Heil- und Hilfsmittels, eines Bruchbandes, die sichere Wiedererlangung der Erwerbsfähigkeit verspricht, kann nur von vorübergehender Erwerbsunfähigkeit gesprochen werden (RE. 213, 1193, AN. 93 S. 57, 05 S. 414).

18. Über die Frage, in welchem Maße die Erwerbsfähigkeit herabgesetzt ist, haben die zu ihrer Prüfung berufenen Stellen selbständig zu entscheiden. Dies wird ihnen regelmäßig nur auf Grund ärztlicher Begutachtung möglich sein. Der letzteren darf jedoch nicht ein zu weit gehender Einfluß eingeräumt werden, denn im allgemeinen findet sie ihre Begrenzung in der Feststellung des körperlichen oder geistigen Zustandes und seiner physiologischen Folgen. Sonstige ärztliche Äußerungen, besonders darüber, welche Wirkung der Zustand auf die Erwerbsfähigkeit ausübt, bieten zwar wertvolle und bei inneren Krankheiten oft unentbehrliche, aber keineswegs bindende Unterlagen für die Entscheidung (Rundschreiben des RVA. vom 31. Dezember 1901 AN. 02 S. 178 RE. 1192 AN. 05 S. 413).

19. Entscheidend ist, ob jemand an sich nach seinem körperlichen oder geistigen Zustand zu einem hinreichenden Verdienst auf dem allgemeinen Arbeitsmarkt fähig ist. Auf die augenblickliche konkrete Möglichkeit einer Beschäftigung, die größere oder geringere Arbeitsgelegenheit kommt es nicht an, denn das Gesetz schützt nicht gegen Arbeitslosigkeit, sondern gegen Erwerbsunfähigkeit (RE. 197, 594 AN. 92 S. 140, 97 S. 408). Der Grundsatz der Nichtberücksichtigung der Arbeitsgelegenheit findet indes in denjenigen Fällen keine Anwendung, in denen es sich um eine zwar zur Arbeitsleistung befähigte, aber gleichwohl durch ein besonders geartetes, meist abschreckendes Leiden vom Arbeitsmarkt ausgeschlossene Person handelt. Es ist daher die Erwerbsunfähigkeit einer mit einer Stinknase behafteten Person (RE. 250 AN. 93 S. 95) und eines Geisteskranken (RE. 907 AN. 01 S. 431) anerkannt.

Epilepsie kann nicht als ein die Verwertung der Arbeitskraft überall ausschließendes Hindernis angesehen werden (RE. 670 AN. 98 S. 390), noch weniger Schwerhörigkeit (RE. 250 AN. 93 S. 96). Blindheit, besonders wenn sie erst im späteren Lebensalter eintritt, hat meistens den Verlust der Erwerbsfähigkeit zur Folge. Ein Blinder kann aber durch angeborene besondere Fähigkeiten, durch Unterricht in einer Blindenschule oder auf sonstige Weise in den Stand gesetzt sein, sich durch geeignete Arbeit seinen Lebensunterhalt zu erwerben, und zwar nicht nur mittels Gewöhnung an die Beschäftigungsverhältnisse bei einem bestimmten Arbeitgeber, sondern auch auf dem allgemeinen Arbeitsmarkt (RE. 594, E. 965 AN. 97 S. 408, 02 S. 388). Hysterie berechtigt zur Annahme der Erwerbsunfähigkeit nur dann, wenn dem Kranken nach seinen körperlichen und geistigen Fähigkeiten, besonders unter Berücksichtigung seines Lebensalters nicht diejenige Willensstärke zugemutet werden kann, die zur Überwindung der empfundenen Störungen erforderlich ist. Dabei kommt in Betracht, daß oft von schwerer Hysterie gerade die in Bildung und Beruf höher stehenden Personen heimgesucht werden.

Wer in einem gewissen, wenn auch örtlich oder sonst beschränkten Erwerbszweige allgemein verwendbar ist, z. B. in der Hausweberei, ist nicht deswegen erwerbsunfähig, weil er nicht noch für andere Arbeiten brauchbar ist (RE. 1054 AN. 03 S. 389).

Der tatsächliche Erwerb ist nicht ohne weiteres maßgebend (RE. 54, 197 AN. 91 S. 162, 92 S. 140). Er kann jedoch für die Erwerbsfähigkeit sprechen (RE. 94 AN. 92 S. 6). Dabei ist auch der freie Unterhalt (§ 3 Abs. 2) anzurechnen (RE. 94 AN. 92 S. 6); auszuscheiden ist dagegen der auf die Mithilfe von Angehörigen oder sonstigen Personen entfallende Lohnerwerb (RE. 518 AN. 96 S. 309). Der nur zu gewissen Zeiten erzielte Verdienst ist aufs Jahr zu verteilen (RE. 245 AN. 93 S. 92).

20. Im allgemeinen kommen hier nur versicherungspflichtige Tätigkeiten in Betracht, wie sie von den in §§ 1 und 2 aufgeführten Personen verrichtet werden. Daß das Gesetz von „Tätigkeit" spricht statt wie früher von „Lohnarbeit", hat seinen Grund darin, daß es versicherungspflichtige Tätigkeiten gibt, z. B. die der Lehrer, die nicht als Lohnarbeit bezeichnet zu werden pflegen. Allerdings ist nicht ausgeschlossen, aus der Verrichtung einer nicht versicherungspflichtigen Tätigkeit, z. B. einer Unternehmertätigkeit, die Fähigkeit auch zur Vornahme einer versicherungspflichtigen Tätigkeit zu folgern (RE. 651 AN. 98 S. 323). Welche Tätigkeit jemand zugemutet werden kann, ist nach den Umständen des Einzelfalles zu entscheiden. Der Handwerksgeselle, der Bergarbeiter kann z. B. auf Verrichtung landwirtschaftlicher und ähnlicher Arbeiten verwiesen werden. Es darf aber niemand eine Arbeit zugemutet werden, die zu schwer oder zu niedrig oder gar entwürdigend sein würde. Vgl. Anm. 15. Arbeiten, die nur mit Gefahr für Leib und Leben verrichtet werden können, müssen außer Betracht bleiben (RE. 748 AN. 99 S. 559). Dagegen sind in Betracht zu ziehen Arbeiten, die zwar bei Außerachtlassen der erforderlichen Vorsicht oder infolge anderer besonderer zufälliger Umstände die Gesundheit schädigen können, mit einer unmittelbaren Gefahr für den Körperzustand aber nicht verbunden sind (RE. 991 AN. 02 S. 504).

21. Die keineswegs einfache Bestimmung der Verdienstgrenze darf nicht dem Ermessen einer niederen örtlichen Stelle, z. B. des Gemeindevorstehers, überlassen werden (RE. 904 AN. 01

S. 428). Ob das Drittel in barem Geld, oder ob es in freiem Unterhalt verdient werden kann, macht keinen Unterschied (RE. 687 AN. 98 S. 627).

22. Bei Bestimmung des Normalverdienstes darf der Kreis der gleichartigen Personen nicht zu eng gezogen werden. Nur die Berufsgruppe ist festzustellen, zu der der einzelne gehört, nicht auch der Kreis der Personen, die innerhalb derselben Berufsgruppe unter den gleichen Umständen und Bedingungen tätig sind (RE. 905, 989, 1019 AN. 01 S. 429, 02 S. 502, 682). Den für den Normalverdienst niedrigsten Betrag bildet der Durchschnittsverdienst gewöhnlicher, nur auf ihre rohe Kraft angewiesener Tagearbeiter, was besonders für die gering gelohnten Hausweber von Bedeutung ist (RE. 990 AN. 02 S. 503). Bei Personen, die schon von vornherein infolge eines Gebrechens oder einer chronischen Krankheit nur einen Teil der vollen Erwerbsfähigkeit besessen haben, gelangt nicht etwa dieser ihr früherer Zustand, sondern der eines gesunden Lohnarbeiters derselben Art zur Vergleichung (RE. 871 AN. 01 S. 190).

§ 6.

Auf ihren Antrag sind von der Versicherungspflicht zu befreien[1] Personen, welchen vom Reiche, von einem Bundesstaat, einem Kommunalverband, einer Versicherungsanstalt oder zugelassenen besonderen Kasseneinrichtung, oder welchen auf Grund früherer Beschäftigung als Lehrer oder Erzieher an öffentlichen Schulen oder Anstalten Pensionen, Wartegelder oder ähnliche Bezüge[2] im Mindestbetrage der Invalidenrente nach den Sätzen der ersten Lohnklasse bewilligt sind[3], oder welchen auf Grund der reichsgesetzlichen Bestimmungen über Unfallversicherung der Bezug einer jährlichen Rente von mindestens demselben Betrage zusteht. Dasselbe gilt von solchen Personen, welche das siebenzigste Lebensjahr vollendet haben[4]. 1.

Ueber den Antrag entscheidet die untere Verwaltungsbehörde des Beschäftigungsorts[5]. Gegen den Bescheid derselben ist die Beschwerde an die zunächst vorgesetzte Behörde zulässig, welche endgültig entscheidet. Bei Zurücknahme des Antrags tritt die Versicherungspflicht wieder in Kraft.

2. In der gleichen Weise sind auf ihren Antrag von der Versicherungspflicht zu befreien Personen, welche Lohnarbeit im Laufe eines Kalenderjahres nur in bestimmten Jahreszeiten für nicht mehr als zwölf Wochen oder überhaupt für nicht mehr als fünfzig Tage übernehmen[6], im Uebrigen aber ihren Lebensunterhalt als Betriebsnehmer oder anderweit selbstständig erwerben, oder ohne Lohn oder Gehalt tätig sind, solange für dieselben nicht bereits einhundert Wochen lang Beiträge entrichtet worden sind. Der Bundesrat ist befugt, hierüber nähere Bestimmungen zu erlassen[7].

§ 4 Abs. 3 Ges. v. 1889; §§ 4a, 3a Abs. 1 d. Entw.

1. Die Befreiung ist örtlich unbeschränkt, sie gilt für den Umfang des Reichs und wirkt beim Wechsel des Beschäftigungsorts fort. Ihre zeitliche Wirkung erstreckt sich nur auf die Zukunft, nicht auch auf die Vergangenheit, eine Befreiung für zurückliegende Zeiten ist also unzulässig; entscheidend für den Beginn der Befreiung ist regelmäßig der Tag, an dem der Befreiungsantrag bei der unteren Verwaltungsbehörde (Anm. 5) eingegangen ist (RE. 379 E. 1047 AN. 94 S. 151, 03 S. 374). Den Verlust der auf Grund einer bisherigen Versicherung erworbenen Anwartschaft auf die gesetzlichen Gewährungen (§ 46) hat die Befreiung nicht zur Folge, sie hindert aber auch nicht das Erlöschen der Anwartschaft (RE. 379 AN. 94 S. 151).

2. Im Gegensatz zu § 5 Abs. 1 (vgl. dort Anm. 9) müssen

hier die Pensionen usw. von dem Anstellungsverbande selbst bewilligt sein (RE. 986 AN. 02 S. 483). Als „ähnliche Bezüge" sind solche Bezüge anzusehen, die, ohne auf einem Rechtsanspruche zu beruhen, doch tatsächlich den Pensionen an Sicherheit gleichkommen (vgl. Begr. S. 248 f.; § 48 Anm. 9).

3. Der Mindestbetrag der Invalidenrente beläuft sich auf 116 Mk. (vgl. § 5 Anm. 8). Nur die Bewilligung ist Voraussetzung für die Befreiung, diese ist oder wird daher nicht unzulässig, wenn der bewilligte Bezug, etwa wegen anderweiter Beschäftigung des Berechtigten im Staatsdienste, ruht (vgl. Anl. Ziff. 10).

4. Gleichgültig, ob sie Altersrente beziehen oder nicht (vgl. § 5 Anm. 14). Empfänger der Invalidenrente unterliegen nach § 5 Abs. 2 nicht der Versicherungspflicht.

5. Untere Verwaltungsbehörden vgl. § 112 Anm. 3. Entsteht über die Zulässigkeit der Befreiung ein Streit im Sinne des § 155, so scheidet die Anwendbarkeit des § 6 aus, und es ist lediglich in dem durch § 155 vorgesehenen Verfahren zu entscheiden. In diesem Verfahren ist auch dann zu entscheiden, wenn der Streit erst nach erfolgter Befreiung entstanden ist; dabei sind die nach § 155 zuständigen Stellen an die Befreiungsentscheidung nicht gebunden (E. 1047 AN. 03 S. 374).

6. Die Bestimmung dieses Absatzes hat nur für solche Personen Bedeutung, die nicht schon infolge Bundesratsbeschlusses gemäß § 4 Abs. 1 als nicht versicherungspflichtig anzusehen sind. Die Befreiung kann auch dann eintreten, wenn die Lohnarbeit im Laufe eines Kalenderjahres zwar in bestimmten Jahreszeiten für mehr als 12 Beitragswochen, überhaupt aber für nicht mehr als 50 Tage übernommen wird. Sofern also eine Person im Laufe eines Kalenderjahres für nicht mehr als 50 Tage Lohnarbeit übernimmt, kommt es nicht darauf an, in welche Jahreszeit die Beschäftigung fällt.

7. Die Bestimmungen sind erlassen in dem Bundesratsbeschlusse vom 24. Dezember 1899 (AN. 00 S. 179); siehe Anhang Nr. 6.

§ 7.

Durch Beschluß des Bundesrats[1] kann auf Antrag bestimmt werden, daß und inwieweit die Bestimmungen des § 5 Abs. 1 bis 3 und des § 6 Abs. 1 auf Beamte, welche von anderen öffentlichen Verbänden oder von[2] Körperschaften angestellt sind, sowie auf Lehrer und Erzieher an nicht öffentlichen Schulen oder Anstalten, sofern diesen Personen eine Anwartschaft auf Pension im Mindestbetrage der Invalidenrente nach den Sätzen der ersten Lohnklasse gewährleistet ist, und auf Personen Anwendung finden sollen, welchen auf Grund früherer Anstellung bei solchen Verbänden oder Körperschaften, Schulen oder Anstalten Pensionen, Wartegelder oder ähnliche Bezüge in dem genannten Mindestbetrage der Invalidenrente bewilligt sind.

§ 7 Ges. v. 1889; § 4 b d. Entw.

1. Der Bundesrat hat eine Reihe solcher Beschlüsse erlassen, siehe AN. 01 S. 181, 02 S. 384, 03 S. 358, 04 S. 351, 05 S. 580.

2. Durch Einschiebung des Wortes „von" vor Körperschaften ist klargestellt worden, daß die in Rede stehenden Körperschaften nicht „öffentlich" zu sein brauchen.

§ 8.

Besondere Kasseneinrichtungen.

1. Versicherungspflichtige Personen, welche in Betrieben des Reichs, eines Bundesstaats oder eines Kommunalverbandes beschäftigt werden, genügen der gesetzlichen Versicherungspflicht durch Beteiligung

an einer für den betreffenden Betrieb bestehenden oder zu errichtenden besonderen Kasseneinrichtung [1], durch welche ihnen eine den reichsgesetzlich vorgesehenen Leistungen gleichwertige [2] Fürsorge gesichert [3] ist, sofern bei der betreffenden Kasseneinrichtung folgende Voraussetzungen zutreffen:

1. Die Beiträge der Versicherten dürfen, soweit sie für die Invalidenversicherung in Höhe des reichsgesetzlichen Anspruchs entrichtet werden, die Hälfte des für den letzteren nach § 32 zu erhebenden Beitrags nicht übersteigen. Diese Bestimmung findet keine Anwendung, sofern in der betreffenden Kasseneinrichtung die Beiträge nach einem von der Berechnungsweise der §§ 32, 33 abweichenden Verfahren aufgebracht und in Folge dessen höhere Beiträge erforderlich werden, um die der Kasseneinrichtung aus Invaliden- und Altersrenten in Höhe des reichsgesetzlichen Anspruchs obliegenden Leistungen zu decken. Sofern hiernach höhere Beiträge zu erheben sind, dürfen die Beiträge der Versicherten diejenigen der Arbeitgeber nicht übersteigen.[4]
2. Bei der Verwaltung der Kassen müssen die Versicherten mindestens nach Maßgabe des Verhältnisses ihrer Beiträge zu den Beiträgen der Arbeitgeber durch in geheimer Wahl gewählte Vertreter beteiligt sein.[5]
3. Bei Berechnung der Wartezeit und der Rente ist den bei solchen Kasseneinrichtungen beteiligten Personen, soweit es sich um das Maß des reichs-

gesetzlichen Anspruchs handelt, unbeschadet der Bestimmung des § 46 die bei Versicherungsanstalten (§ 65) zurückgelegte Beitragszeit in Anrechnung zu bringen.[6]

4. Ueber den Anspruch der einzelnen Beteiligten auf Gewährung von Invaliden- und Altersrente muß ein schiedsgerichtliches Verfahren unter Mitwirkung von Vertretern der Versicherten zugelassen sein.[7]

5. Wenn für die Gewährung der reichsgesetzlichen Leistungen besondere Beiträge von den Versicherten erhoben werden oder eine Erhöhung der Beiträge derselben eingetreten ist oder eintritt, so dürfen die reichsgesetzlichen Renten auf die sonstigen Kassenleistungen nur insoweit angerechnet werden, daß der zur Auszahlung gelangende Teil der letzteren für die einzelnen Mitgliederklassen im Durchschnitte mindestens den Reichszuschuß erreicht.

2. Der Bundesrat bestimmt auf Antrag der zuständigen Reichs-, Staats- oder Kommunalbehörde, welche Kasseneinrichtungen (Pensions-, Alters-, Invalidenkassen) den vorstehenden Anforderungen entsprechen.[8] Den vom Bundesrat anerkannten Kasseneinrichtungen dieser Art wird zu den von ihnen zu leistenden Invaliden- und Altersrenten der Reichszuschuß (§ 35) gewährt, sofern ein Anspruch auf solche Renten auch nach den reichsgesetzlichen Bestimmungen bestehen würde.[9]

§ 5 Ges. v. 1889; § 5 d. Entw.

1. Bei den in § 8 bezeichneten Kasseneinrichtungen für einzelne Betriebe des Reichs, der Bundesstaaten und der Kommunal-

verbände (vgl. § 5 Anm. 4) ist insbesondere an die großen Pensionskassen der Eisenbahnverwaltungen gedacht. Andere Kasseneinrichtungen (z. B. Knappschaftskassen) können nach § 10 ähnlich behandelt werden. Derartige „besondere Kasseneinrichtungen" dürfen auf ihren Antrag, sofern sie nämlich vom Bundesrat zugelassen werden, als Parallelorganisation neben den allgemeinen territorialen „Versicherungsanstalten" (§§ 9, 65) und im Kartellverhältnis mit den letzteren (§§ 173, 174) die Invalidenversicherung ihrer Mitglieder selbständig durchführen. Ihre Mitglieder genügen dann durch die Beteiligung an diesen zugelassenen besonderen Kasseneinrichtungen ihrer gesetzlichen Versicherungspflicht. Hieraus rechtfertigt sich die Stellung der §§ 8 bis 10 im System des Gesetzes; vom Gesichtspunkt der Organisation aus betrachtet hätten sie auch im Abschnitt II ihre Stelle finden können. Die näheren Bestimmungen für die zugelassenen besonderen Kasseneinrichtungen sind in den Schlußbestimmungen (Abschnitt IV, §§ 173, 174) enthalten. Dort sind in § 173 alle diejenigen Bestimmungen des IVG. einzeln aufgeführt, die auf die zugelassenen Kasseneinrichtungen entsprechende Anwendung finden. Die freiwillige Versicherung bei solchen Kasseneinrichtungen regelt § 14 Abs. 3.

2. Als gleichwertig kann die Fürsorge auch dann angesehen werden, wenn sie sich nicht nach Art und Umfang genau mit den Leistungen dieses Gesetzes deckt; es kommt nur auf die allgemeine Gleichwertigkeit an.

3. Die Fürsorge muß „gesichert", d. h. nicht nur zugesichert, sondern derart gewährleistet sein, daß ein Ausfall nach menschlichem Ermessen unmöglich erscheint. Besondere Kasseneinrichtungen können deshalb nur dann zugelassen werden, wenn sie sowohl nach der Art ihres Trägers, wie nach Art und Umfang ihrer Verpflichtungen absolute Garantie für die dauernde Leistungsfähigkeit der Einrichtung bieten.

4. Hiernach ist bei Bemessung der Beiträge ein anderes Verfahren als das nach dem Gesetz maßgebende Prämiendurchschnittsverfahren (vgl. § 32 Anm. 1), z. B. das Umlageverfahren, nicht grundsätzlich ausgeschlossen.

5. Durch diese Bestimmung, die über das Maß der Mit-

wirkung Versicherter bei der Verwaltung Vorschriften gibt und die geheime Wahl der Vertreter vorsieht, ist der bisher durchgeführte Grundsatz, daß das Reichsgesetz in die innere Organisation und Verwaltung dieser auf Landesrecht beruhenden besonderen Kasseneinrichtungen nicht eingreifen solle, durchbrochen worden. Die Bestimmung hat bei der dritten Lesung des Gesetzentwurfs eine authentische Interpretation erfahren, vgl. Reichstagsdrucksachen 99 S. 2524.

6. Die Kasseneinrichtungen müssen ihren Mitgliedern rücksichtlich des Versicherungsverhältnisses Freizügigkeit gewähren und demgemäß auch für ihre ehemaligen Mitglieder, sofern diese eine anderweite Beschäftigung aufnehmen und dadurch in die allgemeinen territorialen Versicherungsanstalten eintreten, im Falle des Eintritts der Invalidität die von den Versicherungsanstalten für sie festgestellten Renten anteilig übernehmen; vgl. § 39.

7. Im übrigen sind die Bestimmungen, die für das schiedsgerichtliche Verfahren auf Grund des § 106 Abs. 6 durch die Kaiserliche Verordnung vom 22. November 1900 (siehe Anhang Nr. 9) getroffen sind, auf die Kasseneinrichtungen nur anwendbar, soweit dies in den Satzungen der letzteren vorgesehen ist, denn die §§ 103 bis 107, betreffend die Schiedsgerichte, sind im § 173 nicht aufgeführt. Die das Revisionsverfahren betreffenden Bestimmungen der §§ 116, 117 sind dagegen nach § 173 entsprechend anwendbar. Als Schiedsgerichtsbeisitzer darf nicht mitwirken, wer an dem Erlasse des angefochtenen Rentenbescheides der Kasseneinrichtung teilgenommen hat (RE. 302 AN. 93 S. 156). Ansprüche, die sich nicht auf das JVG. stützen, sondern auf Grund sonstiger gesetzlicher oder statutarischer Vorschriften eine andere Art der Fürsorge zum Gegenstande haben, z. B. Zuschußforderungen, Knappschaftspensionsansprüche, unterliegen nicht dem im JVG. geregelten Instanzenzuge, sondern der Beurteilung der jeweiligen anderen zur Entscheidung berufenen Stellen (RE. 306, 443 AN. 93 S. 160, 95 S. 237).

8. Als besondere Kasseneinrichtungen sind bisher folgende neun Kassen zugelassen:

a) auf Grund des § 8 die Pensionskasse für die Arbeiter der Reichseisenbahnverwaltung (in Straßburg i. E.), die Pensionskasse für die Arbeiter der Preußisch-Hessischen Eisenbahngemeinschaft (in Berlin), die Arbeiter-Pensionskasse der Königlich bayerischen Staatseisenbahnverwaltung (in München), die Arbeiter-Pensionskasse der Königlich sächsischen Staatseisenbahnen (in Dresden), die Arbeiter-Pensionskasse für die badischen Staatseisenbahnen und Salinen (in Karlsruhe),

b) auf Grund des § 10 die Norddeutsche Knappschafts-Pensionskasse (in Halle a. S.), der Allgemeine Knappschaftsverein (in Bochum), der Saarbrücker Knappschaftsverein (in St. Johann-Saarbrücken) und die Allgemeine Knappschafts-Pensionskasse für das Königreich Sachsen (in Freiberg i. S.).

Eine zugelassene Kasseneinrichtung kann aus der Gesamtorganisation auch wieder ausscheiden, jedoch nur mit Zustimmung des Reichstags (§§ 100 Abs. 2, 173).

Kassen der in §§ 8, 10 bezeichneten Art, die sich nicht unter die Bestimmungen des § 8 stellen wollen oder vom Bundesrat nicht zugelassen werden, also nicht in die Gesamtorganisation als selbständiges Glied eintreten, fallen unter § 52 und bleiben als Zuschußkassen bestehen; sie dürfen ihre Leistungen bis um den Betrag der gesetzlichen Invaliden- und Altersrenten nach näherer Vorschrift des § 52 herabsetzen.

9. Die zugelassenen Kasseneinrichtungen haben ferner zu beanspruchen, daß die von ihnen dem Gesetz gemäß bewilligten Renten auf das Gemeinvermögen sämtlicher Träger der Versicherung sowie auf das Sondervermögen derjenigen Versicherungsanstalten und anderer Kasseneinrichtungen anteilig übernommen werden, bei denen der Versicherte sonst noch versichert gewesen ist (§§ 125, 173, 174).

§ 9.

Vom 1. Januar 1891 ab wird die Beteiligung bei solchen vom Bundesrate zugelassenen Kasseneinrichtungen der Versicherung in einer Versicherungsanstalt gleich geachtet. 1.

Wenn bei einer solchen Kasseneinrichtung die Beiträge nicht in der nach §§ 130 ff. vorgeschriebenen 2.

Form erhoben werden[1], hat der Vorstand der Kasseneinrichtung den aus der letzteren ausscheidenden Personen die Dauer ihrer Beteiligung und für diesen Zeitraum die Höhe des bezogenen Lohnes, die Zugehörigkeit zu einer Krankenkasse sowie die Dauer etwaiger Krankheiten (§ 30) zu bescheinigen. Der Bundesrat ist befugt, über Form und Inhalt der Bescheinigung Vorschriften zu erlassen[2].

§ 6 Ges. v. 1889; § 6 d. Entw.

1. Der Beitragserhebung im Wege des dem Gesetz zugrunde liegenden Markensystems (Quittungsverfahrens) hat sich keine der zugelassenen Kasseneinrichtungen angeschlossen.

2. Vorschriften dieser Art hat der Bundesrat bisher nicht erlassen.

§ 10.

Durch Beschluß des Bundesrats kann auf Antrag bestimmt werden, daß die Bestimmungen der §§ 8, 9 auf Mitglieder anderer Kasseneinrichtungen, welche die Fürsorge für den Fall der Invalidität und des Alters zum Gegenstande haben, Anwendung finden sollen[1].

§ 7 Ges. v. 1889; § 7 d. Entw.

1. Vgl. § 8 Anm. 1 und 8.

§ 11.[1]

1. Durch Beschluß des Bundesrats kann der auf Grund des Gesetzes vom 13. Juli 1887 (Reichs-Gesetzbl. S. 329) errichteten See-Berufsgenossenschaft gestattet werden, unter ihrer Haftung eine besondere Einrichtung zu dem Zwecke zu begründen, die Invaliden-

versicherung nach Maßgabe dieses Gesetzes für diejenigen Personen zu übernehmen, welche in den zur Genossenschaft gehörenden Betrieben oder einzelnen Arten dieser Betriebe beschäftigt werden, sowie für diejenigen Unternehmer, welche gleichzeitig der Unfallversicherung und der Invalidenversicherung unterliegen. Eine solche Einrichtung darf jedoch nur gestattet werden, wenn für die Hinterbliebenen der darin versicherten Personen von der Genossenschaft zugleich eine Witwen- und Waisenversorgung begründet wird. Werden solche Einrichtungen getroffen, so sind in denselben diejenigen Personen, für welche sie bestimmt sind, kraft Gesetzes versichert.

Werden die Versicherten zu Beiträgen herangezogen, 2.
so sind dieselben in gleicher Weise wie die Arbeitgeber bei der Verwaltung zu beteiligen.[2]

Der Teil der Beiträge, welcher auf die Arbeit- 3.
geber entfällt, darf im Durchschnitte nicht niedriger sein als die Hälfte der Beiträge, welche auf Grund dieses Gesetzes (§ 32) zu zahlen sind. Die Beiträge der Versicherten dürfen nicht höher sein als die der Arbeitgeber.

Werden die Beiträge der Versicherten abgestuft, 4.
so sind auch die Renten für die Hinterbliebenen im gleichen Verhältnis abzustufen.

Die Wartezeit darf weder für die Invaliden- 5.
versicherung noch für die Witwen- und Waisenversorgung höher bemessen werden, als im § 29 vorgesehen ist.

Den Versicherten muß, wenn sie zeitweilig auf 6.

ausländischen Schiffen Beschäftigung nehmen, ihre Familien aber in Deutschland verbleiben, oder wenn sie aus anderen Gründen aus der versicherungspflichtigen Beschäftigung ausscheiden, die Weiterversicherung gemäß den Bestimmungen dieses Gesetzes nicht nur hinsichtlich der Invalidenversicherung, sondern auch in Bezug auf die Witwen- und Waisenversorgung gestattet sein.

1. Die §§ 11 bis 13 beruhen auf Beschlüssen der Reichstagskommission bei Beratung des JVG. und haben den Zweck, den Wünschen der See-Berufsgenossenschaft entgegenzukommen. Diese hatte sich in der Meinung, die Invaliditäts- und Altersversicherung habe für den Seemannsberuf nur geringe Bedeutung, mehrfach bereit erklärt, für den Stand der Seeleute eine Witwen- und Waisenversorgung einzurichten, wenn ihr gestattet würde, die Invalidenversicherung der Seeleute unter Loslösung von den territorialen Versicherungsanstalten zu einer besonderen Einrichtung der See-Berufsgenossenschaft zu machen. Dabei hatte sich die Genossenschaft, also die Vereinigung der Arbeitgeber, seiner Zeit auch bereit erklärt, Mehrkosten selbst zu tragen. Durch die §§ 11, 12 ist nun der See-Berufsgenossenschaft gestattet, unter der Voraussetzung, daß zugleich eine Witwen- und Waisenversorgung errichtet werde, die Invalidenversicherung für die Seeleute berufsmäßig zu organisieren und sie dann in Form einer zugelassenen besonderen Kasseneinrichtung selbständig durchzuführen. Der weitere Wunsch der See-Berufsgenossenschaft, ihr für diesen Zweck die bisher für die Invaliditäts- und Altersversicherung entrichteten gesamten Beiträge zu überlassen und damit der neuen Einrichtung im gewissen Sinn rückwirkende Kraft zu verleihen, konnte dagegen nicht berücksichtigt werden. Die gesamten näheren Ausführungen sind dem Bundesrat überlassen; dieser hat freie Hand, nach Ermessen die Genehmigung zu den bezüglichen Beschlüssen der See-Berufsgenossenschaft zu erteilen oder zu versagen oder an die Erfüllung von Bedingungen zu knüpfen (§ 13). Bisher sind Einrichtungen der in § 11 be-

zeichneten Art nicht getroffen, doch lassen die Verhandlungen, die darüber stattgefunden haben, ihre baldige Entstehung erhoffen.

2. Hiernach ist die Beteiligung der Versicherten an der Verwaltung nicht geboten, wenn die See-Berufsgenossenschaft sämtliche Kosten allein übernimmt; vgl. aber Reichstagsdrucksachen 1899 S. 2213.

§ 12.

Auf die im § 11 bezeichneten Einrichtungen finden die Bestimmungen der §§ 8, 9 entsprechende Anwendung; sie unterliegen der Beaufsichtigung durch das Reichs-Versicherungsamt nach Maßgabe der §§ 108 bis 110 dieses Gesetzes. 1.

Die für die Unfallversicherung errichteten Schiedsgerichte sind auch für die von der See-Berufsgenossenschaft übernommene Invalidenversicherung sowie für die von ihr eingerichtete Witwen- und Waisenversorgung zuständig. 2.

§ 13.

Beschlüsse der Genossenschaft, durch welche die im § 11 bezeichneten Einrichtungen getroffen werden, die hierfür erlassenen Statuten und deren Abänderungen bedürfen der Genehmigung des Bundesrats. Der Bundesrat beschließt, nachdem zuvor die im § 91 des Gesetzes vom 13. Juli 1887 bezeichneten, für die Versicherten berufenen Beisitzer der Schiedsgerichte gehört worden sind. 1.

Der Bundesrat bestimmt den Zeitpunkt, mit welchem die Einrichtung in Wirksamkeit tritt. 2.

§ 14.

Freiwillige Versicherung.[1]

1. Folgende Personen sind befugt, freiwillig in die Versicherung einzutreten[2], solange sie das vierzigste Lebensjahr nicht vollendet haben[3] (Selbstversicherung):

1.[4] Betriebsbeamte, Werkmeister, Techniker, Handlungsgehilfen und sonstige Angestellte,[5] deren dienstliche Beschäftigung ihren Hauptberuf bildet, ferner Lehrer und Erzieher sowie Schiffsführer, sämmtlich sofern ihr regelmäßiger Jahresarbeitsverdienst an Lohn oder Gehalt mehr als zweitausend Mark, aber nicht über dreitausend Mark beträgt;

2. Gewerbetreibende und sonstige Betriebsunternehmer, welche nicht regelmäßig mehr als zwei versicherungspflichtige Lohnarbeiter beschäftigen,[6] sowie Hausgewerbetreibende, sämtlich soweit nicht durch Beschluß des Bundesrats (§ 2 Abs. 1) die Versicherungspflicht auf sie erstreckt worden ist[7];

3. Personen, welche auf Grund des § 3 Abs. 2 und § 4 Abs. 1 der Versicherungspflicht nicht unterliegen[8].

Diese Personen sind ferner berechtigt, beim Ausscheiden aus dem die Berechtigung zur Selbstversicherung begründenden Verhältnisse die Selbstversicherung fortzusetzen und nach den Bestimmungen des § 46 zu erneuern.

2. Personen, welche aus einem die Versicherungspflicht begründenden Verhältnis ausscheiden,[9] sind

befugt, die Versicherung freiwillig fortzusetzen oder zu erneuern (Weiterversicherung).[10]

Die in Betrieben, für welche eine besondere Kassen- 3.
einrichtung (§§ 8, 10, 11) errichtet ist, beschäftigten Personen der im Abs. 1 Ziffer 1 bis 3 bezeichneten Art sind berechtigt, sich bei der Kasseneinrichtung freiwillig zu versichern (Abs. 1). Die in solchen Betrieben beschäftigten versicherungspflichtigen Personen sind ferner beim Ausscheiden aus dem die Versicherungspflicht begründenden Arbeits- oder Dienstverhältnisse befugt, sich bei der besonderen Kasseneinrichtung weiter zu versichern (Abs. 2), solange sie nicht durch ein neues Arbeits- oder Dienstverhältnis bei einer anderen besonderen Kasseneinrichtung oder bei einer Versicherungsanstalt versicherungspflichtig werden. Solange die Voraussetzungen für die freiwillige Versicherung bei einer besonderen Kasseneinrichtung gegeben sind, findet die freiwillige Versicherung bei einer Versicherungsanstalt nicht statt.[11]

§§ 8, 117 Ges. v. 1889; § 8 d. Entw.

1. Der Versicherungspflicht steht das „Versicherungsrecht" (wegen dieses Ausdrucks vgl. §§ 58 Abs. 1, 112 Abs. 3) gegenüber, d. i. die Befugnis zur „freiwilligen Versicherung". Das Gesetz unterscheidet zwei Arten der freiwilligen Versicherung, nämlich die „Selbstversicherung" im Falle des freiwilligen Eintritts in die Versicherung auf Grund eines dazu berechtigenden Verhältnisses sowie im Falle der freiwilligen Fortsetzung der Versicherung nach Wegfall dieses Verhältnisses (Abs. 1), und die „Weiterversicherung" im Falle freiwilliger Fortsetzung der Versicherung nach Beendigung eines die Versicherungspflicht begründenden Verhältnisses (Abs. 2). Der Fortsetzung steht dabei die Erneuerung der Versicherung gleich, d. i. ihre Wieder-

aufnahme nach Erlöschen der durch die frühere Versicherung begründete Anwartschaft auf die gesetzlichen Leistungen (§ 46).

Auch das JVG. kannte die freiwillige Versicherung in Gestalt der Selbstversicherung und der freiwilligen Fortsetzung des Versicherungsverhältnisses. Wer von der freiwilligen Versicherung Gebrauch machen wollte, konnte sich danach im allgemeinen nur durch Verwendung von Marken der Lohnklasse II versichern und mußte noch wöchentlich eine Zusatzmarke im Werte von 8 Pf. beibringen (§§ 8, 117 bis 121 des JVG.). Die Zusatzmarke war mit der Marke der Lohnklasse II zu einer Doppelmarke verbunden. Jetzt können zur freiwilligen Versicherung Marken jeder Lohnklasse (§§ 32, 34) verwendet werden (§ 145 Abs. 1 Satz 1, 2), und die Zusatzmarke ist beseitigt.

Wie die Versicherungspflicht, so hört das Versicherungsrecht mit dem Eintritt der Erwerbsunfähigkeit (§§ 15, 16) auf, so daß Marken zur freiwilligen Versicherung — freiwillige Beiträge — für die fernere Zeit nicht geleistet werden können. Aber auch für frühere Zeiten können nach Eintritt der Erwerbsunfähigkeit solche Beiträge nicht mehr nachträglich entrichtet werden, eine Beschränkung, die für rückständige Beiträge auf Grund der Versicherungspflicht — Pflichtbeiträge — nicht gilt. Während Beiträge letzterer Art ferner für zwei, unter Umständen für vier Jahre nachentrichtet werden können, dürfen freiwillige Beiträge überhaupt nur für ein Jahr nachgebracht werden. Vgl. § 146.

Zeigt sich schon in den Bestimmungen über die Nachbringung freiwilliger Beiträge eine Erschwerung der freiwilligen Versicherung, so tritt solche besonders zutage in den verschärften Vorschriften, die für die freiwillige Versicherung hinsichtlich der Wartezeit getroffen sind (§ 29). Zu den Erschwerungen gehört auch für die Selbstversicherung das Erfordernis vermehrter Beitragsleistung zur Wahrung der Anwartschaft (§ 46 Abs. 1, 3) und die Einführung einer besonderen Quittungskarte (Anm. 2). Dadurch soll ein Schutz gegen den Mißbrauch der freiwilligen Versicherung geschaffen werden. Vgl. Anl. Ziff. 57.

2. Dieser Eintritt kann sich nur durch eine entsprechende Willenskundgebung vollziehen, die regelmäßig in dem Antrag

auf Ausstellung einer Quittungskarte zum Zwecke der Selbstversicherung zum Ausdruck kommt (RE. 1227 AN. 05 S. 496). Demgemäß wird die Selbstversicherung nicht vor dem Zeitpunkt wirksam, in dem eine derartige Willensäußerung vorliegt; Selbstversicherungsbeiträge können also nicht für ein Jahr zurück, soweit dies vor jenem Zeitpunkt liegt, nachgebracht werden (E. 1006, 1210 AN. 02 S. 549, 05 S. 440). Durch eine vor Vollendung des 40. Lebensjahres (Anm. 3) abgegebene Willenserklärung wird zunächst zwar das Recht auf Selbstversicherung erhalten, es muß aber bis zur Vollendung des 40. Lebensjahres mindestens ein Beitrag in Gestalt einer Marke geleistet werden; dies kann, da die Nachbringung freiwilliger Beiträge nur für ein Jahr zulässig ist, nur bis zur Vollendung des 41. Lebensjahres geschehen (E. 1211 AN. 05 S. 144).

Der Eintritt in die Selbstversicherung kommt nicht nur in Betracht, wenn jemand bisher noch nicht versichert war, sondern auch dann, wenn jemand aus einem die Versicherungspflicht begründenden Verhältnis in ein zur Selbstversicherung berechtigendes Verhältnis übergeht. In letzterem Fall ist, wenn die Pflichtversicherung nicht während 100 Wochen bestanden hat, die Selbstversicherung der Weiterversicherung vorzuziehen, weil die Erlangung der Invalidenrente regelmäßig ausgeschlossen ist, wenn nicht mindestens 100 Beiträge auf Grund eines die Versicherungspflicht oder die Berechtigung zur Selbstversicherung begründenden Verhältnisses geleistet sind (§ 29 Abs. 2, 3).

Für die Selbstversicherung und deren Fortsetzung ist eine besondere Quittungskarte von grauer Farbe vorgeschrieben, die unbefugte Verwendung einer anderen Karte ist mit einer Ordnungsstrafe bis zu 20 Mk. bedroht (§ 132 Abs. 1; Bekanntmachung des Reichskanzlers vom 10. November 1899, siehe Anhang Nr. 13 A). Die Ausstellung der Selbstversicherungskarte hat für den Fall des § 29 Abs. 2 große Bedeutung, denn hiernach ist nachzuweisen, daß von der Selbstversicherung Gebrauch gemacht worden ist, ein Nachweis, der vielleicht unmöglich ist, wenn keine derartige Karte ausgestellt ist.

Im Auslande kann die Selbstversicherung nur begonnen

werden, wenn die dort stattfindende Tätigkeit (Ziff. 1 bis 3) als Ausfluß eines inländischen Betriebes erscheint (vgl. § 1 Anm. 6); die Fortsetzung der im Inlande begonnenen Selbstversicherung ist im Auslande ohne weiteres zulässig (§ 145 Abs. 1 Satz 3).

Vgl. im übrigen Anl. Ziff. 58.

3. Diese Beschränkung gilt nur für die Selbstversicherung, nicht auch für die Weiterversicherung. Eine rechtzeitig begonnene Selbstversicherung kann auch nach vollendetem 40. Lebensjahre fortgesetzt werden, ihre Erneuerung (§ 46 Abs. 4) setzt aber wie der Beginn voraus, daß das 40. Lebensjahr nicht vollendet ist. Aus der Anpassung der Bestimmungen über das Versicherungsrecht an diejenigen über die Versicherungspflicht folgt, daß auch die Selbstversicherung nicht vor Vollendung des 16. Lebensjahres begonnen werden kann (vgl. Anm. 5).

4. Nach Ziff. 1 sind im allgemeinen die Personen selbstversicherungsberechtigt, die eine gewisse höhere Tätigkeit ausüben, und nach § 1 Ziff. 2, 3 versicherungspflichtig wären, wenn ihr Jahresarbeitsverdienst 2000 Mk. nicht übersteigen würde.

5. Zu den Angestellten gehören besonders die Beamten mittlerer Stufe (vgl. § 1 Anm. 11). Aus dem engen Zusammenhang des § 14 mit § 1 folgt, daß auch die Ausnahmen des § 5 für die Selbstversicherung gelten, daß diese also Beamten mit Pensionsanwartschaft verschlossen ist (E. 968, 1005 AN. 02 S. 391, 547).

6. Dahin gehören alle selbständig erwerbstätigen Personen, z. B. selbständige Landwirte, Kaufleute, Händler, Handwerker, Dienstmänner, Lohndiener, Krankenpflegerinnen, die nicht versicherungspflichtigen Schneiderinnen (vgl. Anl. Ziff. 44) usw. Ein Handwerksmeister, der regelmäßig zwei Gesellen und daneben gegen freien Unterhalt eine Anzahl Lehrlinge beschäftigt, ist selbstversicherungsberechtigt, da die letzteren nicht versicherungspflichtig sind (§ 3 Abs. 2). Auch mitarbeitende Ehefrauen von Betriebsunternehmern können von der Selbstversicherung Gebrauch machen (E. 935 AN. 01 S. 632).

7. Vgl. § 2 Anm. 2.

8. Voraussetzung ist, daß ein wirkliches Arbeits- oder Dienstverhältnis, also ein mit persönlicher Abhängigkeit verbundenes

Lohnarbeitsverhältnis, nicht etwa ein nur auf familienhaftem Gemeinschaftsleben beruhendes Gleichberechtigungsverhältnis besteht. Die in Ziff. 3 bezeichneten Personen haben im Falle der Selbstversicherung gegen ihren Arbeitgeber einen Anspruch auf Erstattung der Hälfte der Beiträge (§ 145 Abs. 2).

9. Z. B. weibliche Personen, die wegen Verheiratung die Lohnarbeit aufgeben, Personen, die einen selbständigen Beruf ergreifen, die in Haft genommen werden (AN. 01 S. 366 f.).

10. Diese Art der freiwilligen Versicherung setzte nach dem JAVG. voraus, daß eine wenn auch nur unbestimmt auf freiwillige Aufrechterhaltung der Versicherung gehende Willensrichtung vorhanden war (RE. 691 AN. 98 S. 630). Nach dem JVG. ist hier im Hinblick auf die neuen Bestimmungen der §§ 145, 147 eine solche besondere Willensrichtung nicht zu verlangen, vielmehr genügt jetzt, daß der Wille vorhanden ist, Beitragsmarken überhaupt zur Versicherung zu verwenden (RE. 1073, 1137 AN. 03 S. 538, 04 S. 478). Einfache Beitragsmarken, die vor dem 1. Januar 1900 statt Doppelmarken zum Zwecke der freiwilligen Versicherung verwendet waren, sind als gültige freiwillige Beiträge zu behandeln (RE. 831 AN. 00 S. 697).

Die Weiterversicherung setzt keinerlei Beschäftigung voraus und kann auch im Auslande erfolgen (§ 145 Abs. 1 Satz 3); letzteres war unter der Herrschaft des JAVG. nicht möglich (RE. 832 AN. 00 S. 697).

Vgl. Anl. Ziff. 59.

11. Personen, die vor dem 1. Januar 1900 aus einer Kasseneinrichtung ausgeschieden sind, können nur bei der Versicherungsanstalt (§ 145 Abs. 1 Satz 1) die freiwillige Versicherung eingehen oder fortsetzen (B. 943 AN. 01 S. 638).

§ 15.

Gegenstand der Versicherung.[1]

Gegenstand der Versicherung ist der Anspruch auf Gewährung einer Rente[2] für den Fall der Erwerbsunfähigkeit oder des Alters.[3] 1.

2. **Invalidenrente erhält ohne Rücksicht auf das Lebensalter derjenige Versicherte, welcher im Sinne des § 5 Abs. 4 dauernd erwerbsunfähig ist[4]. Eine durch einen Unfall herbeigeführte Erwerbsunfähigkeit[5] begründet unbeschadet der Vorschriften des § 113 den Anspruch auf Invalidenrente nur insoweit, als die zu gewährende Invalidenrente die gewährte Unfallrente übersteigt[6].**

3. **Altersrente erhält ohne Rücksicht auf das Vorhandensein von Erwerbsunfähigkeit derjenige Versicherte, welcher das siebenzigste Lebensjahr vollendet hat[7].**

§ 9 Ges. v. 1889; § 9 d. Entw.

1. Vgl. § 1 Anm. 3.

2. Die Rente ist abgesehen von den Fällen der §§ 24 und 25 eine jährliche Geldrente. Eine Abfindung durch einmalige Zahlung ist nur zulässig, wenn der Berechtigte ein Ausländer ist und seinen Wohnsitz im Deutschen Reich aufgibt (§ 26).

3. Erwerbsunfähigkeit und Alter sind die beiden hauptsächlichen Versicherungsfälle (weitere Fälle siehe §§ 42 bis 44). Im Falle der Erwerbsunfähigkeit wird die Invalidenrente gewährt ohne Rücksicht auf das Lebensalter (Abs. 2), die Altersrente dagegen wird ohne Rücksicht auf Erwerbsunfähigkeit nach vollendetem 70. Lebensjahr gewährt (Abs. 3). Die Invalidenrente ist ein teilweiser Ersatz für den Verlust der Erwerbsfähigkeit, die Altersrente ein Zuschuß zum Erwerb noch erwerbsfähiger alter Leute. Beide Renten zusammen können nicht beansprucht werden, vielmehr besteht beim Zusammentreffen ihrer Voraussetzungen immer nur ein Anspruch auf eine der Renten, und zwar auf die höhere (RE. 308, 467, 960 AN. 93 S. 161, 95 S. 467, 02 S. 385; vgl. § 48 Abs. 3).

Die Hauptleistung des Gesetzes ist die Invalidenrente. Während in den ersten Jahren nach Einführung der Versicherung die Altersrente, insbesondere wegen der günstigen Übergangsbestimmungen, eine erhöhte Bedeutung hatte, ist inzwischen die Bedeutung der Invalidenrente mehr und mehr gewachsen; gegenwärtig ist bereits die Zahl der laufenden Invalidenrenten fast sechsmal so groß als die Zahl der laufenden Altersrenten, und der Unterschied wird noch größer werden. Am Schlusse des Jahres 1905 gab es etwa 800 000 Invaliden- und 134 000 Altersrentenempfänger. An Invalidenrenten wurden im Jahre 1905 etwa 118 Millionen, an Altersrenten etwa 19 Millionen Mark gezahlt.

Dem wiederholt laut gewordenen Wunsche, die Altersrente schon vom 65. Lebensjahr an zu gewähren, konnte, abgesehen davon, daß hierdurch die Bedeutung der Altersrente in unzweckmäßiger Weise gesteigert worden wäre, aus finanziellen Gründen nicht entsprochen werden, denn die Zahl der Altersrenten würde sich bei Herabsetzung der Altersgrenze auf 65 Jahre annähernd verdoppeln.

4. Vgl. § 5 Anm. 15 ff. Weitere Voraussetzung des Anspruchs auf Invalidenrente ist die Erfüllung der Wartezeit (§§ 28 bis 30, 189, 191). Über die bei vorübergehender Erwerbsunfähigkeit zu gewährende Invalidenrente trifft § 16 Bestimmung. Durch die Aufnahme des Versicherten in ein Krankenhaus wird die Pflicht zur Zahlung der Invalidenrente für die Zeit der Krankenhausbehandlung nicht beseitigt (RE. 398 AN. 94 S. 174). Wegen des Beginns der Invalidenrente vgl. § 41 Abs. 1, 3; wegen Entziehung der Invalidenrente vgl. § 47 Abs. 1 bis 3.

5. Jede dauernde oder länger als 26 Wochen bestehende vorübergehende Erwerbsunfähigkeit begründet, vorausgesetzt, daß die Wartezeit erfüllt ist, den Anspruch auf Invalidenrente. Das Gesetz will jedoch nicht, daß für dieselbe Erwerbsunfähigkeit eine doppelte Entschädigung gewährt wird. Deshalb bildet eine Ausnahme diejenige Erwerbsunfähigkeit, die durch einen nach den Gesetzen über Unfallversicherung zu entschädigenden Unfall herbeigeführt ist, und für die eine Unfallrente gezahlt wird. In Fällen dieser Art ist zu unterscheiden: ist die Invalidenrente höher als die Unfallrente, so wird aus der Invalidenversicherung nur die Differenz

gewährt; ist die Invalidenrente nicht höher als die Unfallrente, so besteht kein Anspruch auf Invalidenrente, bei dauernder Erwerbsunfähigkeit aber ein Anspruch auf Beitragserstattung (§ 43). Wird im Falle einer durch einen Betriebsunfall verursachten Erwerbsunfähigkeit eine Unfallrente noch nicht gewährt, so darf der Versicherte nicht auf das Unfallrentenverfahren verwiesen werden; ihm muß vielmehr einstweilen die Invalidenrente von der Versicherungsanstalt gezahlt werden, und diese kann dann ihrerseits die Feststellung der Unfallrente betreiben und sich aus der letzteren schadlos halten (§ 113). Die Unfallversicherung tritt indes regelmäßig nur ein bei solchen Unfällen, die sich „bei dem Betriebe" ereignet haben; andere mit dem Betriebe nicht zusammenhängende Unfälle, insbesondere alle diejenigen, die lediglich durch die Unfallgefahr des gewöhnlichen Lebens herbeigeführt sind, und denen jeder ausgesetzt ist, fallen unter die Invalidenversicherung. Diese allein deckt ferner auch die Betriebsunfälle solcher Personen, die nicht unter die Unfallversicherung fallen. Zu den Betrieben, für die letztere nicht eingeführt ist, gehören im allgemeinen z. B. die Handwerksbetriebe, das Handelsgewerbe, die Binnenfischerei.

6. Im einzelnen kommen hier folgende Grundsätze in Betracht:

Der Anspruch auf Invalidenrente neben der Unfallrente ist an sich voll begründet, wenn die Erwerbsunfähigkeit nicht durch einen nach den Unfallversicherungsgesetzen zu entschädigenden Betriebsunfall herbeigeführt ist. Über einen gewissen Betrag hinaus sollen jedoch beide Renten zusammen nicht gezahlt werden. Deshalb bestimmt § 48 Abs. 1 Ziff. 1 (abweichend früher hinsichtlich des Höchstbetrages § 34 Ziff. 1 des JAVG.), daß das Recht auf den Bezug der Invalidenrente ruht, soweit beide Renten zusammen den siebenundeinhalbfachen Grundbetrag der Invalidenrente (§ 36 Abs. 2, 3) übersteigen. In einem solchen Fall ist also die Invalidenrente ihrem ganzen Betrage nach festzusetzen, jedoch ist ihr Ruhen auszusprechen, soweit der Höchstbetrag überschritten wird.

Ist dagegen die Erwerbsunfähigkeit durch einen Betriebsunfall herbeigeführt, so ist der Anspruch auf Invalidenrente neben der Unfallrente gemäß § 15 Abs. 2 Satz 2 (§ 9 Abs. 2 Satz 2 des JAVG.) „nur insoweit begründet", als der Betrag der Invalidenrente denjenigen der Unfallrente übersteigt. Lediglich in diesem Umfang ist hier also ein Anspruch auf Invalidenrente entstanden, und auch nur soweit kann die Invalidenrente festgesetzt werden; ein Ruhen der Rente findet sonach nicht statt. (RE. 415 AN. 95 S. 111). Der Unfallrente, und zwar der Vollrente, steht dabei eine an Stelle der Unfallrente von der Berufsgenossenschaft gewährte Krankenhauspflege gleich (RE. 872 AN. 01 S. 191).

Die Erwerbsunfähigkeit ist durch einen Unfall herbeigeführt, wenn durch ihn die Erwerbsfähigkeit auf weniger als ein Drittel herabgesetzt ist. Im allgemeinen kann dies angenommen werden, wenn eine Unfallrente von mehr als 66²/₃ Prozent gewährt wird. Hat der Unfall allein die Erwerbsfähigkeit in diesem Grade beeinflußt, so kommt es nicht darauf an, daß die Erwerbsfähigkeit durch andere Leiden noch weiter beeinträchtigt wird (RE. 1069 AN. 03 S. 517). Ist dagegen die Erwerbsfähigkeit nicht allein durch den Unfall um mehr als 66²/₃ Prozent vermindert, sondern wird dieses Maß erst durch den Hinzutritt anderer Leiden erreicht, so fragt es sich, ob die letzteren schon bei der Gewährung der Unfallrente berücksichtigt worden sind. Ist dies der Fall, dann besteht gemäß der Vorschrift des § 15 Abs. 2 Satz 2 entsprechend dem ihr zugrunde liegenden Gedanken, daß eine doppelte Entschädigung für dieselbe Beeinträchtigung der Erwerbsfähigkeit ausgeschlossen sein soll, nur ein Anspruch auf den Überschuß der Invalidenrente über die Unfallrente (RE. 495 AN. 96 S. 253). Sind neben den Unfallfolgen alle sonstigen Leiden bei der Gewährung der Unfallrente einmal berücksichtigt, so beschränkt sich die Invalidenrente auf den Überschuß auch dann, wenn etwa nach der Schätzung der Unfallrenteninstanzen die Erwerbsfähigkeit nicht auf weniger als ein Drittel, z. B. nur auf 60 Prozent, herabgesetzt ist. Denn die Schätzung der Unfallrenteninstanzen ist für die Invalidenrenteninstanzen nicht bindend, vielmehr ist die Frage, ob ein Unfall allein oder in Verbindung mit anderen Leiden Erwerbsunfähigkeit im Sinne des JVG. erzeugt hat, ohne Rücksicht auf die der Bemessung der Unfallrente zugrunde liegende Schätzung von den Invalidenrenteninstanzen selbständig zu entscheiden (RE. 566, 816 AN. 97 S. 290, 00 S. 672). Wenn jedoch andere Leiden bei der Festsetzung der Unfallentschädigung überhaupt nicht berücksichtigt sind, oder wenn sie sich später verschlimmert haben, oder wenn andere Leiden erst nach dem Unfall und unabhängig von ihm hervorgetreten sind, so ist der Invalidenrentenanspruch nicht in dem beschränkten Umfange des § 15 Abs. 2 Satz 2, sondern nach Maßgabe des § 48 Abs. 1 Ziff. 1 begründet (RE. 372, 373 AN. 94 S. 145, 147). Dies ist auch dann der Fall, wenn zwar die Unfallrente infolge der Mitberücksichtigung der nicht auf dem Unfall beruhenden Leiden als Rente von mehr als 66⅔ Prozent gewährt ist, jedoch hinsichtlich des der Unfallrente zugrunde liegenden Arbeitsverdienstes in Betracht kommt, daß dessen Höhe durch die bereits vorhandene Minderung der Erwerbsfähigkeit um mehr als ein Drittel nachteilig beeinflußt war (RE. 1020 AN. 02 S. 683). Wenn endlich die Unfallfolgen selbst sich nach der Festsetzung der Unfallrente verschlimmert und so allein oder in Verbindung mit anderen bei der Unfallentschädigung berücksichtigten Leiden die Erwerbsunfähigkeit herbeigeführt haben, so kann die Invalidenrente, solange die Unfallrente nicht wegen der veränderten Verhältnisse erhöht ist, gleichfalls in den Grenzen des § 48 Abs. 1 Ziff. 1 beansprucht werden; in diesem Fall ist dann die Versicherungsanstalt auf Grund des § 113 berechtigt, sich wegen Erhöhung der Unfallrente und Übernahme der Entschädigungspflicht an die Berufsgenossenschaft zu halten (RE. 620 AN. 97 S. 592).

Besteht im Falle einer durch einen Unfall herbeigeführten Erwerbsunfähigkeit kein Anspruch auf Unfallrente, so ist die Invalidenrente voll zu gewähren; so, wenn der Anspruch auf Unfallrente durch Verjährung verloren ist (RE. 375 AN. 94 S. 147), ferner hinsichtlich der ersten 13 Wochen nach dem Unfall, vorausgesetzt, daß schon innerhalb dieser Zeit dauernde Erwerbsunfähigkeit vorhanden gewesen ist (RE. 399 AN. 94 S. 176). Die als Unfallentschädigung auf Grund eines demnächst wieder aufgehobenen Urteils gezahlten und noch nicht wieder eingezogenen Beträge gelten nicht als Unfallrente (RE. 781 AN. 99 S. 777).

Die Invalidenrente ist zu entziehen, und zwar mittels eines den Rechtsweg eröffnenden Bescheides (§§ 112 ff.), wenn und soweit wegen derselben Erwerbsunfähigkeit nachträglich die Unfallrente festgesetzt wird (RE. 322, 673 AN. 94 S. 33, 98 S. 393).

7. Erforderlich ist ferner die Erfüllung der Wartezeit (§§ 28 bis 30, 190 bis 192). Wegen des Beginns der Altersrente vgl. § 41 Abs. 2, 3.

§ 16.

Invalidenrente erhält auch derjenige nicht dauernd erwerbsunfähige [1] Versicherte, welcher während sechsundzwanzig Wochen ununterbrochen erwerbsunfähig gewesen ist [2], für die weitere Dauer seiner Erwerbsunfähigkeit.[3]

§ 10 Ges. v. 1889; § 10 d. Entw.

1. Unter der Erwerbsunfähigkeit des § 16 ist lediglich diejenige des § 15, § 5 Abs. 4 zu verstehen (RE. 469 AN. 95 S. 258), es besteht nun der Unterschied, daß die Erwerbsunfähigkeit des § 16 vorübergehend, die des § 15, § 5 Abs. 4 dauernd ist. Vorübergehend ist eine Erwerbsunfähigkeit, wenn der sie verursachende Zustand nach vernünftigem menschlichen Ermessen in absehbarer Zeit Aussicht auf Beseitigung oder wesentliche Besserung bietet (RE. 521 AN. 96 S. 358). Vgl. im übrigen die Anmerkungen zu § 5 Abs. 4, insbesondere, auch wegen der Frage, wann durch eine Erkrankung dauernde Erwerbsunfähigkeit herbeigeführt ist, Anm. 17 dort.

2. Während nach § 10 des JAVG. die Invalidenrente für nicht dauernde Erwerbsunfähigkeit nur nach Ablauf eines Jahres beansprucht werden konnte, wird sie jetzt schon nach halbjähriger — sechsundzwanzigwöchiger — Dauer der Erwerbsunfähigkeit gewährt: sog. Krankenrente. Durch diese Herabsetzung der Karenzzeit sollte teilweise eine Lücke ausgefüllt werden, die zwischen der reichsgesetzlichen Krankenversicherung und der Invalidenversicherung bestand. Die Krankenversicherung gewährte nämlich im allgemeinen nur für 13 Wochen Unterstützung. Die

weitere Schließung der Lücke wurde einer Änderung des KVG. vorbehalten. Sie ist vorgenommen in dem Gesetz, betreffend weitere Abänderungen des KVG., vom 25. Mai 1903 (RGBl. S. 233), wonach nunmehr die Krankenunterstützung für 26 Wochen gewährt wird.

Die 26 Wochen sind von Wochentag zu Wochentag zu berechnen. Ist durch sie eine versicherungspflichtige Beschäftigung unterbrochen worden, so sind die in den 26 Wochen liegenden vollen — meist nur 25 — Kalenderwochen als Krankheitswochen auf die Wartezeit (§§ 28, 29) und bei der Rentenberechnung (§ 36) anzurechnen (§ 30 Abs. 2 Ziff. 3, Abs. 3). Ist die Wartezeit damit noch nicht erfüllt, so rechnen die weiteren Krankheitswochen mit, jedoch nur insgesamt bis zur Dauer eines Jahres (§ 30 Abs. 5) und nicht über die Erfüllung der Wartezeit hinaus (RE. 817 AN. 00 S. 673). Die Rente kann in diesem Falle natürlich erst vom Zeitpunkt der Erfüllung der Wartezeit an bewilligt werden. Ist durch die 26 Wochen eine versicherungspflichtige Beschäftigung nicht unterbrochen, so können auch keine Krankheitswochen angerechnet werden; die Wartezeit muß also in dem Falle schon früher erfüllt sein, damit die Rente beansprucht werden kann (RE. 794 AN. 00 S. 409).

Nach Ablauf der 26 Wochen ist gemäß § 146 Satz 2 die Verwendung freiwilliger Beiträge für die fernere Dauer der Erwerbsunfähigkeit ausgeschlossen (RE. 830 AN. 00 S. 696).

3. Die zeitliche Begrenzung einer auf Grund des § 16 zuerkannten Invalidenrente dergestalt, daß ihr Wegfall für einen in der Zukunft liegenden Zeitpunkt ausgesprochen wird, ist unzulässig (RE. 583 AN. 97 S. 353). Ist aber schon bei der Rentenfestsetzung die Erwerbunfähigkeit weggefallen, so kann die Rente nur bis zum Zeitpunkt dieses Wegfalls festgesetzt werden (RE. 1053 AN. 03 S, 389; vgl. § 47 Anm. 4).

Durch Aufnahme des Versicherten in ein Krankenhaus wird die Pflicht zur Rentenzahlung gemäß § 16 für die Zeit der Krankenhausbehandlung nicht beseitigt (RE. 398 AN. 94 S. 174).

Ist durch rechtskräftige Entscheidung eine Rente wegen vorübergehender Erwerbsunfähigkeit bewilligt worden, so kann in einem späteren Feststellungsverfahren die Rente wegen dauernder Erwerbsunfähigkeit frühstens von dem dem Tage jener Entscheidung folgenden Tage an zugesprochen werden (RE. 989 AN. 02 S. 290).

§ 17.

Dem Versicherten steht ein Anspruch auf Invalidenrente nicht zu, wenn er die Erwerbsunfähigkeit vorsätzlich herbeigeführt hat.[1] Die Gewährung der Rente kann ganz oder teilweise versagt werden[2], wenn der Versicherte die Erwerbsunfähigkeit bei Begehung eines durch strafgerichtliches Urteil festgestellten[3] Verbrechens oder vorsätzlichen Vergehens[4] sich zugezogen hat. In Fällen der letzteren Art kann die Rente, sofern der Versicherte eine im Inlande wohnende Familie[5] besitzt, deren Unterhalt er bisher aus seinem Arbeitsverdienste bestritten hat[6], ganz oder teilweise der Familie überwiesen werden.

§ 11 Ges. v. 1889; § 11 d. Entw.

1. Das Reichs-Versicherungsamt hat entgegen der Rechtsprechung des preuß. Oberverwaltungsgerichts angenommen, daß ein Anspruch auf Invalidenrente nicht besteht, wenn die Erwerbsunfähigkeit die Folge eines im Zustande der Zurechnungsfähigkeit unternommenen Selbstmordversuchs ist (RE. 706 AN. 99 S. 285).

2. Durch berufungsfähigen Bescheid (§§ 112 Abs. 4, 5, 114 Abs. 4). Dieser unterliegt der Nachprüfung im Rechtsmittelverfahren nur hinsichtlich der Versagungsgründe, nicht auch hinsichtlich der Höhe des etwa bewilligten Teilbetrages der Rente. Denn wenn ein Versagungsgrund vorliegt, hat die Versicherungsanstalt nach freiem Ermessen darüber zu entscheiden, ob und welcher Betrag zu bewilligen ist.

3. Das Urteil muß rechtskräftig geworden sein, weil bis da-

hin eine Feststellung von rechtserheblicher Bedeutung nicht getroffen ist.

4. Darüber, welche Straftaten als Verbrechen oder Vergehen anzusehen sind, bestimmt § 1 des StGB.:

Eine mit dem Tode, mit Zuchthaus, oder mit Festungshaft von mehr als fünf Jahren bedrohte Handlung ist ein Verbrechen.

Eine mit Festungshaft bis zu fünf Jahren, mit Gefängnis oder mit Geldstrafe von mehr als einhundertfunfzig Mark bedrohte Handlung ist ein Vergehen.

5. Zur Familie gehört auch die Ehefrau allein. Da das JVG. auf Grund der Versicherung eines anderen nur den hinterlassenen Ehegatten und den hinterlassenen Kindern unter 15 Jahren Vorteile gewährt (§ 44), wird auch den Kreis der Familie auf diese Personen zu beschränken sein.

6. Vgl. § 18 Anm. 8.

§ 18.[1]

1. **Ist ein Versicherter dergestalt erkrankt, daß als Folge der Krankheit Erwerbsunfähigkeit zu besorgen ist, welche einen Anspruch auf reichsgesetzliche Invalidenrente begründet,[2] so ist die Versicherungsanstalt befugt[3], zur Abwendung dieses Nachteils[4] ein Heilverfahren in dem ihr geeignet erscheinenden Umfang eintreten zu lassen.[5]**

2. **Die Versicherungsanstalt kann das Heilverfahren durch Unterbringung des Erkrankten in einem Krankenhaus oder in einer Anstalt für Genesende gewähren. Ist der Erkrankte verheiratet oder hat er eine eigene Haushaltung oder ist er Mitglied der Haushaltung seiner Familie, so bedarf es hierzu seiner Zustimmung.**

3. **Läßt die Versicherungsanstalt ein Heilverfahren**

eintreten, so gehen bei Versicherten, welche der reichs- oder landesgesetzlichen Krankenfürsorge unterliegen [6], vom Beginne dieses Heilverfahrens an bis zu dessen Beendigung die Verpflichtungen der Krankenkasse gegen den Versicherten auf die Versicherungsanstalt über. Dieser hat die Krankenkasse Ersatz zu leisten in Höhe desjenigen Krankengeldes, welches der Versicherte von der Krankenkasse für sich beanspruchen konnte [7].

Während des Heilverfahrens ist für solche An- 4.
gehörigen des Versicherten, deren Unterhalt dieser bisher aus seinem Arbeitsverdienste bestritten hat [8], eine Unterstützung auch dann zu zahlen [9], wenn der Versicherte der reichs- oder landesgesetzlichen Krankenversorgung nicht unterliegt. Diese Angehörigenunterstützung beträgt, sofern der Versicherte der reichs- oder landesgesetzlichen Krankenfürsorge bis zum Eingreifen der Versicherungsanstalt unterlag, die Hälfte des für ihn während der gesetzlichen Dauer der Krankenunterstützung maßgebend gewesenen Krankengeldes [10], im übrigen ein Viertel des für den Ort seiner letzten Beschäftigung oder seines letzten Aufenthalts maßgebenden ortsüblichen Tagelohns gewöhnlicher Tagearbeiter. Wenn der Versicherte Invalidenrente erhält, kann dieselbe auf die Angehörigenunterstützung angerechnet werden [11].

§ 12 Abs. 1 Ges. v. 1889; § 12 d. Entw.

1. Durch die §§ 18 bis 23 ist die vorbeugende Krankenpflege der Versicherungsanstalten weiter ausgebaut worden. Entsprechende Bestimmungen sind durch § 47 Abs. 2 für solche

Fälle gegeben, in denen die Annahme begründet ist, daß Empfänger von Invalidenrenten durch nachträgliche Heilbehandlung wieder erwerbsfähig werden.

Der § 18 gilt auch für die zugelassenen besonderen Kasseneinrichtungen (§ 173).

2. Die Vorschriften (§§ 18, 22) finden auch dann Anwendung, wenn Erwerbsunfähigkeit bereits vorhanden ist, diese aber keine dauernde ist und noch nicht 26 Wochen besteht (RE. 1195 AN. 05 S. 416).

3. Zur Übernahme des Heilverfahrens sind die Versicherungsanstalten berechtigt, aber nicht verpflichtet; ob sie von dieser Befugnis Gebrauch machen wollen, unterliegt ihrem freien Ermessen. Zur Gewährung des Heilverfahrens können sie also nicht verurteilt werden (RE. 539 AN. 96 S. 502). Bei den günstigen Erfolgen, die durch die Heilbehandlung nicht nur für die einzelnen Versicherten, sondern auch für die allgemeine Volksgesundheit erzielt werden können und in der Tat erzielt werden, machen die Versicherungsanstalten von der ihnen eingeräumten Befugnis ausgiebigen Gebrauch. Besonders im Kampfe gegen die Lungentuberkulose ist von ihnen nach den statistischen Nachweisungen auf diesem Wege schon viel erreicht. Natürlich müssen sie sich aber bei ihren Maßnahmen nach dem Umfang ihrer verfügbaren Mittel richten. Die aus § 18 entspringende Belastung ist eine Sonderlast der betreffenden Versicherungsanstalt (§ 33 Abs. 2).

4. Also nur dann, wenn Aussicht vorhanden ist, daß durch das Heilverfahren die Erwerbsunfähigkeit abgewendet werde.

5. Die unbegründete Weigerung des Versicherten, sich dem Heilverfahren zu unterziehen, kann die Versagung der Rente zur Folge haben (§ 22).

Die Gewährung des Heilverfahrens durch die Versicherungsanstalt schließt die Gewährung der Invalidenrente für dieselbe Zeit nicht aus (RE. 398 AN. 94 S. 174); anders, wenn das Heilverfahren von einer Berufsgenossenschaft gewährt wird und die Unfallrente ersetzt, auch seinem Werte nach die Invalidenrente übersteigt (RE. 494, 892 AN. 96 S. 253, 01 S. 191). Die Versicherten zu einer Verzichterklärung bezüglich der ihnen etwa vor Abschluß der Heilbehandlung zustehenden Rentenbezüge zu veranlassen, ist zwar nicht auf jeden Fall unzulässig, der Verzicht wird aber in der Regel anfechtbar sein (Rundschreiben des RVA. vom 7. Juli 1898, AN. 98 S. 367; RE. 1130 AN. 04 S. 419).

6. Ohne Unterschied, ob sie versicherungspflichtige oder freiwillige Mitglieder der Krankenkasse sind (B. 947 AN. 01 S. 640).

7. Voraussetzung des Ersatzanspruchs ist, daß die Versicherungsanstalt gemäß Abs. 1 zur Anordnung des Heilverfahrens befugt war, ferner daß während des Heilverfahrens Erwerbsunfähigkeit im Sinne des KVG., d. i. die Unmöglichkeit, der Erwerbstätigkeit ohne Verschlimmerung der Krankheit nachzugehen, und ein Anspruch auf Krankengeld bestanden hat; die Befugnis der Versicherungsanstalt zur Anordnung des Heilverfahrens unterliegt der Nachprüfung im Verwaltungsstreitverfahren aus § 23 Abs. 2 (Urteil des Pr. OVG. vom 17. April 1902, AN. 02 S. 652).

8. Den Unterhalt seiner Angehörigen hat ein Versicherter dann bestritten, wenn er durch seinen Arbeitsverdienst zum Unterhalt der Angehörigen in dem Maße beigetragen hat, daß dadurch eine Notlage von ihnen ferngehalten worden ist. Für die Frage, bis wann der Versicherte den Unterhalt der Angehörigen bestritten haben muß, kommt lediglich die vor dem Beginne der Erkrankung liegende Zeit in Betracht, so daß der Anspruch auf Angehörigenunterstützung nicht dadurch beeinträchtigt wird, daß der Versicherte während der Dauer der Krankheit bis zum Eingreifen der Versicherungsanstalt nicht durch seinen Arbeitsverdienst für seine Angehörigen gesorgt hat (B. 860, 889 AN. 00 S. 839; 01 S. 390).

9. Forderungsberechtigt sind nicht die Angehörigen des Versicherten, sondern dieser selbst; hat er auf die Unterstützung verzichtet, so sind die Angehörigen hieran gebunden (B. 1014 AN. 02 S. 599). Die Angehörigenunterstützung kann nur gewährt werden, wenn die Heilbehandlung des Versicherten außerhalb seiner Behausung stattfindet (B. 1015 AN. 02 S. 600).

10. Die Angehörigenunterstützung richtet sich nach demjenigen Krankengelde, das die Ersatzleistung der Krankenkasse bildet. Demgemäß muß, falls einem Versicherten seitens der Krankenkasse das ihm zustehende Krankengeld wegen Doppelversicherung im Sinne der §§ 26a Abs. 1, 64 des KVG. gekürzt worden, und deshalb auch nur das verkürzte Krankengeld an die Versicherungsanstalt von der Krankenkasse zu leisten ist, der Angehörigenunterstützung gleichfalls das gekürzte Krankengeld zugrunde gelegt werden (V. 890 AN. 01 S. 391). Soweit das Krankengeld nur für Werktage, nicht auch für Sonn- und Feiertage gewährt wird, darf auch die Angehörigenunterstützung nur für die Werktage gewährt werden. Die Gewährung der Unterstützung in solchen Fällen auch für die Sonn- und Feiertage bildet eine vom Bundesrat zu genehmigende Mehrleistung aus § 45.

11. Die gemäß § 18 Abs. 4 gewährte Angehörigenunterstützung kann auch auf eine Invalidenrente, die nachträglich für denselben Zeitraum angewiesen wird, angerechnet werden (RE. 1071 AN. 03 S. 535).

§ 19.[1]

Die Versicherungsanstalt, welche ein Heilverfahren eintreten läßt, ist befugt, die Fürsorge für den Erkrankten der Krankenkasse, welcher er angehört oder zuletzt angehört hat, in demjenigen Umfange zu übertragen, welchen die Versicherungsanstalt für geboten erachtet. Werden dadurch der Kasse Leistungen auferlegt, welche über den Umfang der von ihr gesetzlich oder statutarisch zu leistenden Fürsorge hinausgehen, so hat die Versicherungsanstalt die entstehenden Mehrkosten zu ersetzen. Bestand eine Fürsorgepflicht der Krankenkasse nicht mehr, so ist ihr von der Versicherungsanstalt bei Gewährung der im § 6 Abs. 1 Ziffer 1 des Krankenversicherungsgesetzes bezeichneten

Leistungen [2] das halbe, bei Unterbringung des Versicherten in ein Krankenhaus oder in eine Anstalt für Genesende das einundeinhalbfache Krankengeld zu ersetzen, sofern nicht höhere Aufwendungen nachgewiesen werden.

§ 12 Abs. 2 Ges. v. 1889; § 12a d. Entw.

1. Der § 19 findet auf zugelassene Kasseneinrichtungen entsprechende Anwendung (§ 173).

2. § 6 Abs. 1 Ziff. 1 des KVG. lautet:
Als Krankenunterstützung ist zu gewähren:
1. vom Beginn der Krankheit ab freie ärztliche Behandlung, Arznei, sowie Brillen, Bruchbänder und ähnliche Heilmittel.

§ 20.[1]

Als Krankenkassen im Sinne der Bestimmungen in den §§ 18, 19 gelten auch diejenigen Hilfskassen, welche die im § 75a des Krankenversicherungsgesetzes vorgesehene amtliche Bescheinigung besitzen [2].

§ 12b d. Entw.

1. Der § 20 gilt auch für zugelassene besondere Kasseneinrichtungen (§ 173).

2. Die Bescheinigung muß nicht nur erteilt, sondern sie darf auch nicht entzogen sein; die Kasse muß die Bescheinigung „besitzen". Gemeint ist die Bescheinigung, daß die Leistungen der Kasse denen der Gemeinde-Krankenversicherung gleich sind. Die Gleichstellung in § 20 bezieht sich demgemäß nur auf solche eingeschriebenen oder landesrechtlichen Hilfskassen, die sich in die Organisation der reichsgesetzlichen Zwangs-Krankenversicherung haben einfügen lassen, und bei denen die Mitgliedschaft von der Zugehörigkeit zu einer organisierten Krankenkasse oder der Gemeinde-Krankenversicherung befreit.

§ 21.[1]

1. Ist die Krankheit, wegen deren das Heilverfahren eingeleitet wurde, auf einen nach den Reichsgesetzen über Unfallversicherung zu entschädigenden Unfall zurückzuführen, und ist durch das Heilverfahren der Eintritt der Erwerbsunfähigkeit (§§ 15, 16) verhindert und zugleich eine Entlastung des entschädigungspflichtigen Trägers der Unfallversicherung herbeigeführt worden[2], indem die Unfallentschädigung ganz oder zum Teil nicht zu bewilligen war oder in Wegfall gekommen ist[3], so hat die Versicherungsanstalt gegen diesen Träger Anspruch auf Ersatz[4] der Kosten des Heilverfahrens[5] in dem im § 19 Satz 3 vorgesehenen Umfange. Ein Ersatz für Kosten des Heilverfahrens, welche vor dem Beginne der vierzehnten Woche nach dem Unfall entstanden sind kann nicht beansprucht werden[6].

2. Für die Ansprüche des Versicherten an den Träger der Unfallversicherung ist die Übernahme des Heilverfahres durch die Versicherungsanstalt der Übernahme durch den Träger der Unfallversicherung gleich zu achten.

1. Der § 21 findet auf zugelassene Kasseneinrichtungen entsprechende Anwendung (§ 173).

Der Paragraph ist von der Reichstagskommission neu eingefügt worden. Er beruht auf der Analogie des § 113 und will den Versicherungsanstalten, ähnlich wie sie gemäß § 18 Abs. 3 ein Rückgriffsrecht gegenüber den Krankenkassen haben, ein solches auch gegenüber den Berufsgenossenschaften geben, insofern diese von dem Heilverfahren einen Vorteil haben.

2. Ist der Eintritt der Erwerbsunfähigkeit nicht verhindert worden, und muß deshalb die Invalidenrente gewährt werden, so kann die Versicherungsanstalt von der Berufsgenossenschaft auf Grund des § 113 Abs. 5 Ersatz der Heilverfahrenskosten beanspruchen, wenn die Berufsgenossenschaft durch das Heilverfahren entlastet ist, z. B. wenn der Versicherte dadurch ein Viertel seiner Erwerbsfähigkeit behalten hat, so daß die Berufsgenossenschaft statt der Vollrente nur eine Dreiviertelrente zu gewähren hat.

3. Hier ist zu ergänzen: oder nicht zu bewilligen gewesen sein würde, wenn nach der Durchführung des Heilverfahrens ein Unfallrentenanspruch erhoben worden wäre (E. 1030 AN. 03 S. 264).

4. Der Ersatzanspruch auf Grund des § 21 Abs. 1 und des § 113 Abs. 5 beruht nicht auf einem gesetzlichen Übergange des Rechts auf die Unfallrente, so daß ihm Einwendungen aus der Person des Verletzten nicht entgegengesetzt werden können; er ist vielmehr ein selbständiger Anspruch der Versicherungsanstalt (E. 1031 AN. 03 S. 266). Streitigkeiten über den Ersatzanspruch hat gemäß § 23 Abs. 3 das Reichs-Versicherungsamt zu entscheiden, und zwar hat es nicht nur über den Ersatzanspruch selbst, sondern gegebenenfalls auch über die Vorfrage, ob durch das Heilverfahren der Eintritt der Erwerbsunfähigkeit verhindert, und zugleich eine Entlastung der Berufsgenossenschaft herbeigeführt worden ist, selbständig zu befinden (E. 1030 AN. 03 S. 264).

5. Sowohl der Behandlungs- als auch der Unterhaltskosten (E. 1031 AN. 03 S. 266). Zu den Kosten des Heilverfahrens gehört auch die Angehörigenunterstützung (E. 1212 AN. 05 S. 442).

6. Weil die Verpflichtung der Berufsgenossenschaft zur Entschädigung des Verletzten erst mit der 14. Woche nach dem Unfall beginnt (vgl. § 9 des GUVG.).

§ 22.[1]

Wird der Versicherte in Folge der Krankheit erwerbsunfähig, so kann ihm, falls er sich den gemäß

§§ 18, 19 von der Versicherungsanstalt getroffenen Maßnahmen ohne gesetzlichen oder sonst triftigen Grund entzogen hat [2], die Invalidenrente auf Zeit ganz oder teilweise versagt werden [3], sofern er auf diese Folgen hingewiesen worden ist [4] und nachgewiesen wird, daß die Erwerbsunfähigkeit durch sein Verhalten veranlaßt ist [5].

§ 12 Abs. 3 Ges. v. 1889; § 12c d. Entw.

1. Der § 22 findet auf zugelassene Kasseneinrichtungen entsprechende Anwendung (§ 173). Er bezieht sich nur auf das Heilverfahren, greift also nicht Platz, wenn es sich um die Beobachtung eines Rentenbewerbers im Krankenhause zwecks Beurteilung seiner Erwerbsfähigkeit handelt (vgl. § 112 Anm. 8). Wegen der Heilbehandlung von Rentenempfängern und der Folgen, wenn diese sich der Behandlung entziehen, vgl. § 47 Abs. 2.

2. Vgl. § 18 Abs. 2 Satz 2. Die Maßnahmen der Versicherungsanstalt müssen nach verständigem Ermessen Aussicht auf Erfolg bieten oder doch geeignet sein, die Erwerbsunfähigkeit abzuwenden (RE. 521 AN. 96 S. 358). Der Versicherte ist nicht verpflichtet, operative Maßnahmen zu dulden, die in den Bestand oder die Unversehrtheit des Körpers eingreifen oder gar, wie jede die Chloroformierung erheischende Operation, nicht ohne Lebensgefahr vorgenommen werden können (RE. 224, 388 AN. 93 S, 68, 94 S. 158).

3. Durch berufungsfähigen Bescheid (§§ 112 Abs. 4, 5, 114 Abs. 4). Vgl. § 17 Anm. 2.

4. Die Versicherungsanstalt muß ihren Entschluß, das Heilverfahren zu übernehmen, dem Versicherten ausdrücklich, bedingungslos und unter Hinweis auf die Folgen der Weigerung eröffnet haben (RE. 395, 596 AN. 94 S. 172, 97 S. 411).

5. Die Invalidenrente kann also nicht versagt werden, wenn sich ein bereits erwerbsunfähiger Rentenbewerber dem Heilverfahren entzogen hat (RE. 521 AN. 96 S. 358).

§ 23.[1]

Streitigkeiten, welche aus den Bestimmungen in den §§ 18 bis 20, 22 zwischen den Versicherungsanstalten und den Versicherten entstehen, werden, soweit sie nicht bei der Rentenfeststellung zum Austrage gelangen, von der Aufsichtsbehörde der Versicherungsanstalten[2] entschieden. 1.

Streitigkeiten, welche aus den Bestimmungen in den §§ 18 bis 20, 22 zwischen den Versicherungsanstalten und den Krankenkassen entstehen, werden, sofern es sich um die Geltendmachung der den Versicherungsanstalten eingeräumten Befugnisse handelt, von der Aufsichtsbehörde der beteiligten Krankenkasse[3], sofern es sich aber um Ersatzansprüche handelt, im Verwaltungsstreitverfahren[4], oder, wo ein solches nicht besteht, ebenfalls durch die Aufsichtsbehörde der beteiligten Krankenkasse entschieden. Die Entscheidung dieser Aufsichtsbehörde ist im ersteren Falle endgültig; im letzteren Falle kann sie innerhalb eines Monats nach der Zustellung im Wege des Rekurses nach Maßgabe der §§ 20, 21 der Gewerbeordnung[5] angefochten werden. 2.

Streitigkeiten über Ersatzansprüche in den Fällen des § 21 Abs. 1 werden durch das Reichs-Versicherungsamt entschieden.[6] 3.

§ 12 Abs. 4 Ges. v. 1889; § 12 d d. Entw.

1. Der § 23 findet auf zugelassene Kasseneinrichtungen entsprechende Anwendung (§ 173).

2. Aufsichtsbehörde ist das Reichs-Versicherungsamt (§ 108) oder das Landes-Versicherungsamt (§ 111).

3. Vgl. KVG. §§ 44: Orts-Krankenkassen, 66: Betriebs-(Fabrik-)Krankenkassen, 72 Abs. 3: Bau-Krankenkassen, 73 Abs. 6: Innungs-Krankenkassen, ferner § 84 ebd. Im allgemeinen werden die Aufsichtsbehörden auf dem Gebiete der Krankenversicherung von den Landesregierungen bestimmt. Für Preußen trifft Ziff. 5 der Ausführungsanweisung zum KVG. vom 10. Juli 1892 Bestimmung (siehe Anhang IX der Ausgabe des KVG. in dieser Sammlung). Danach führt die Aufsicht über die Gemeinde-Krankenversicherung die Kommunalaufsichtsbehörde der Gemeinde, über Orts-Krankenkassen in Gemeinden von mehr als 10 000 Einwohnern die Gemeindebehörde, von nicht mehr als 10 000 Einwohnern die Kommunalaufsichtsbehörde (für das platte Land der Landrat, Oberamtmann, für Städte der Regierungspräsident).

4. In Preußen unterliegen gemäß der Verordnung, betreffend die Zuständigkeit der Verwaltungsgerichte und den Instanzenweg für Streitigkeiten, welche nach reichsgesetzlicher Vorschrift im Verwaltungsstreitverfahren zu entscheiden sind, vom 23. August 1899 (GesS. S. 166) die nach § 23 Abs. 2 ebenso wie die nach § 50 Abs. 3 im Verwaltungsstreitverfahren zu entscheidenden Streitigkeiten der Entscheidung des Bezirksausschusses; gegen die Entscheidung des Bezirksausschusses ist nur das Rechtsmittel der Revision an das Oberverwaltungsgericht zulässig.

5. Der Rekurs ist danach an die nächstvorgesetzte Behörde zu richten, und zwar ist er bei Verlust des Rekurses binnen 14 Tagen, vom Tage der Eröffnung der Entscheidung an gerechnet, zu rechtfertigen.

6. Vgl. § 110 Abs. 1 Ziff. 3. Nach § 111 Abs. 2 ist unter Umständen das Landes-Versicherungsamt zuständig.

§ 24.

1. **Durch statutarische Bestimmung einer Gemeinde für ihren Bezirk oder eines weiteren Kommunalverbandes für seinen Bezirk oder Teile desselben kann, sofern daselbst nach Herkommen der Lohn der**

in land- oder forstwirtschaftlichen Betrieben beschäftigten Arbeiter ganz oder zum Teil in Form von Naturalleistungen gewährt wird, bestimmt werden, daß denjenigen in diesem Bezirke wohnenden Rentenempfängern, welche innerhalb desselben als Arbeiter in land- und forstwirtschaftlichen Betrieben ihren Lohn oder Gehalt ganz oder zum Teil in Form von Naturalleistungen bezogen haben, auch die Rente bis zu zwei Dritteln ihres Betrages in dieser Form gewährt wird.[1] Der Wert der Naturalleistungen wird nach Durchschnittspreisen in Ansatz gebracht. Dieselben werden von der höheren Verwaltungsbehörde festgesetzt. Die statutarische Bestimmung bedarf der Genehmigung der höheren Verwaltungsbehörde.

Solchen Personen, welchen wegen gewohnheits- 2.
mäßiger Trunksucht nach Anordnung der zuständigen Behörde geistige Getränke in öffentlichen Schankstätten nicht verabfolgt werden dürfen, ist die Rente in derjenigen Gemeinde, für deren Bezirk eine solche Anordnung getroffen worden ist, auch ohne daß die Voraussetzungen des Abs. 1 vorliegen, ihrem vollen Betrage nach in Naturalleistungen zu gewähren.[2]

Der Anspruch auf die Rente geht zu demjenigen 3.
Betrag, in welchem Naturalleistungen gewährt werden, auf den Kommunalverband, für dessen Bezirk eine solche Bestimmung getroffen ist, über, wogegen diesem die Leistung der Naturalien obliegt.

Dem Bezugsberechtigten, auf welchen vorstehende 4.

Bestimmungen Anwendung finden sollen, ist dies von dem Kommunalverbande mitzuteilen.

5. **Der Bezugsberechtigte ist befugt, binnen zwei Wochen nach der Zustellung dieser Mitteilung die Entscheidung der Kommunalaufsichtsbehörde[3] anzurufen. Auf demselben Wege werden alle übrigen Streitigkeiten entschieden, welche aus der Anwendung dieser Bestimmungen zwischen dem Bezugsberechtigten und dem Kommunalverband entstehen.**

6. **Sobald der Übergang des Anspruchs auf Rente endgültig feststeht, hat auf Antrag des Kommunalverbandes der Vorstand der Versicherungsanstalt die Postverwaltung hiervon rechtzeitig in Kenntnis zu setzen[4].**

§ 13 Ges. v. 1889; § 13 d. Entw.

1. Hierdurch soll die für die Beteiligten vorteilhafte Möglichkeit, Naturalleistungen an die Stelle von Geldleistungen treten zu lassen, in solchen Gegenden, wo diese Form der Löhnung herkömmlich ist, aufrecht erhalten werden.

2. Die Absätze 1 und 2 behandeln verschiedene Fälle. Der Absatz 1 gestattet unter Umständen den Erlaß statutarischer Bestimmungen, wonach allen in dem betreffenden Bezirke wohnenden Rentenempfängern, die daselbst als land- oder forstwirtschaftliche Arbeiter mit Naturalien gelohnt worden sind, ein Teil der Rente in Naturalien zu gewähren ist. Der Absatz 2 dagegen schreibt obligatorisch vor, daß einzelnen Personen, die als Trunkenbolde zufolge polizeilicher Bestimmung auf die sog. schwarze Liste gesetzt sind, an demjenigen Orte, für dessen Bezirk eine solche Anordnung getroffen ist, die ganze Rente in Naturalien zu gewähren ist. Hierdurch sollen die gegen die Trunksucht gerichteten Bestrebungen unterstützt, und es soll Vorsorge getroffen werden, daß die Rente nicht zu Zwecken verwendet wird, die mit

ihrer Bestimmung unverträglich sind. Vgl. § 26 des LUVG.

3. Für ländliche Bezirke der Landrat, für Städte der Regierungspräsident.

4. Mit Rücksicht auf § 123.

§ 25.

Auf Grund statutarischer Bestimmung der Versicherungsanstalt kann der Vorstand einem Rentenempfänger auf seinen Antrag an Stelle der Rente [1] Aufnahme in ein Invalidenhaus [2] oder in ähnliche von Dritten unterhaltene Anstalten [3] auf Kosten der Versicherungsanstalt gewähren. Der Aufgenommene ist auf ein Vierteljahr und, wenn er die Erklärung nicht einen Monat vor Ablauf dieses Zeitraums zurücknimmt, jedesmal auf ein weiteres Vierteljahr an den Verzicht auf die Rente gebunden [4].

§ 13a d. Entw.

1. Den Rentenempfängern wird durch die hier zugelassenen Vergünstigungen regelmäßig mehr gewährt als die Rente. Da diese Mehrleistungen vom Gesetz vorgesehen sind, findet § 45 auf sie keine Anwendung.

2. Die Versicherungsanstalten können, wie auch verschiedentlich geschehen, selbst Invalidenhäuser errichten. Hierbei handelt es sich um eine Vermögensanlage, für die § 164 Abs. 3 maßgebend ist.

3. Im Falle des § 25 handelt es sich, ähnlich wie im Falle des § 24, nur um eine andere Fürsorgeleistung der Versicherungsanstalt selbst, so daß diese allein dem Berechtigten gegenüber die verpflichtete Stelle ist. Anders im Falle des § 55 Abs. 3, einer Vorschrift, die durch Übertragung des Rentenanspruchs auf Dritte eine anderweite Versorgung des Berechtigten, z. B. durch Aufnahme in ein Siechenhaus oder ähnliche Anstalten, ermöglichen soll; in diesem Falle ist hinsichtlich der Fürsorge-

leistung nur die dritte Stelle dem Berechtigten gegenüber verpflichtet.

4. Da die Aufnahme in ein Invalidenhaus an Stelle der Gewährung der Rente dem freien Ermessen der Versicherungsanstalt unterliegt, muß letztere auch befugt sein, von der Aufnahme zurückzutreten und wieder die Rente zu gewähren. Sie kann jedoch den Aufgenommenen ohne seine Zustimmung nicht etwa jederzeit aus dem Invalidenhaus entlassen, sondern muß der Entlassung eine Kündigung, entsprechend derjenigen, die dem Aufgenommenen zusteht, voraufgehen lassen. Ohne Kündigung ist die sofortige Entlassung nur zuzulassen wegen wiederholter und gröblicher Verletzung der für das Invalidenhaus erlassenen Hausordnung, sofern Gefahr im Verzuge besteht. Gegen die die sofortige Entlassung aussprechende Verfügung muß aber dem Entlassenen die Beschwerde an die Aufsichtsbehörde (§§ 108, 111) zugestanden werden. Über das Kündigungs- und Entlassungsrecht der Versicherungsanstalt und über das Beschwerderecht des Entlassenen haben die Satzungen der Versicherungsanstalt Bestimmung zu treffen.

§ 26.

Ist der Berechtigte ein Ausländer[1], so kann er[2], falls er seinen Wohnsitz im Deutschen Reiche aufgibt, mit dem dreifachen Betrage der Jahresrente[4] abgefunden werden[4]. Durch Beschluß des Bundesrats kann diese Bestimmung für bestimmte Grenzgebiete oder für die Angehörigen solcher auswärtiger Staaten, durch deren Gesetzgebung deutschen Arbeitern eine entsprechende Fürsorge für den Fall der Erwerbsunfähigkeit oder des Alters gewährleistet ist, außer Kraft gesetzt werden[5].

§ 14 Ges. v. 1889; § 14 d. Entw.

1. Ausländer ist, wer nicht die Reichsangehörigkeit besitzt. Diese hängt ab von der Staatsangehörigkeit in einem Bundesstaate.

2. Die Versicherungsanstalt ist also nicht zur Abfindung verpflichtet.

3. Die Abfindung ist ohne Rücksicht auf die Abrundung der Monatsbeträge (§ 38) nach der nicht abgerundeten Jahresrente zu berechnen (B. 696 AN. 98 S. 636).

4. Vgl. § 48 Abs. 1 Ziff. 4, wonach die Rente ruht, solange der Berechtigte, Inländer oder Ausländer, nicht im Inlande seinen gewöhnlichen Aufenthalt hat. Auch wenn demgemäß die Rente des Ausländers ruht, kann er abgefunden werden (RE. 675 AN. 98 S. 395). Über Kapitalabfindungen auf dem Gebiete der Unfallversicherung vgl. § 95 GUVG.

5. Der Bundesrat hat von dieser Befugnis bisher keinen Gebrauch gemacht. Vgl. die ähnliche Vorschrift hinsichtlich des Ruhens der Rente im Satz 2 des § 48 Abs. 1 Ziff. 4.

§ 27.

Aufbringung der Mittel.

Die Mittel zur Gewährung der in diesem Gesetze[1] vorgesehenen Leistungen werden vom Reiche[2], von den Arbeitgebern[3] und von den Versicherten[4] aufgebracht. 1.

Die Aufbringung der Mittel erfolgt seitens des Reichs durch Zuschüsse zu den in jedem Jahre tatsächlich zu zahlenden Renten (§ 35)[5], seitens der Arbeitgeber und der Versicherten durch laufende Beiträge. 2.

Die Beiträge entfallen auf den Arbeitgeber und den Versicherten zu gleichen Teilen (§§ 142, 144, 154) und sind für jede Beitragswoche (§ 30) zu entrichten. 3.

§ 19 Ges. v. 1889; § 14a d. Entw.

1. „In diesem Gesetze", ein ungenauer Ausdruck, denn auch die unter der Herrschaft des früheren JAVG. bewilligten Lei=

stungen werden nach den Bestimmungen des JVG. aufgebracht. Vgl. § 48 Anm. 4.

2. Die Beteiligung des Reichs rechtfertigt sich vornehmlich durch das allgemeine Interesse des Reichs an einer möglichst normalen Gestaltung der sozialen Verhältnisse. Sie rechtfertigt sich ferner durch die Rücksicht auf die Notwendigkeit, den Arbeitgebern und Arbeitnehmern gegenüber die Kosten der durch die Versicherung geschaffenen Zwangseinrichtung tunlichst zu ermäßigen, und im Hinblick darauf, daß diese Einrichtung eine erhebliche Entlastung der öffentlichen Armenpflege zur Folge hat.

3. Über den Begriff des Arbeitgebers vgl. § 140 Anm. 1.

4. Für den Arbeiter soll die Versicherung eine Art Sparkasse sein, in die er in gesunden Tagen einen mäßigen Teil seines Erwerbes hineintut, damit ihm die nötigsten Mittel zur Existenz auch dann nicht fehlen, wenn der Lebensunterhalt nicht mehr durch Arbeit beschafft werden kann.

5. Das Reich trägt ferner die Kosten, die durch die Tätigkeit des Reichs-Versicherungsamts (§§ 108 ff.) und die Mitwirkung der Reichs-Postverwaltung (§§ 123 ff., 130) erwachsen, und übernimmt diejenigen Rentenbeträge, die auf die Dauer militärischer Dienstleistungen fallen (§§ 40, 125).

§ 28.

Voraussetzungen des Anspruchs.

Zur Erlangung eines Anspruchs auf Invaliden- oder Altersrente ist, außer dem Nachweise[1] der Erwerbsunfähigkeit beziehungsweise des gesetzlich vorgesehenen Alters[2], erforderlich[3]:

1. die Zurücklegung der vorgeschriebenen Wartezeit[4];

2. die Leistung von Beiträgen[5].

§ 15 Ges. v. 1889; § 15 d. Entw.

1. Den Nachweis hat zwar in erster Linie der Rentenbewerber zu führen, die Versicherungsanstalten und Schiedsgerichte haben aber die Verpflichtung, den Sachverhalt von Amts-

wegen in dem erforderlichen Umfange klarzustellen (§ 112, § 17 der KV., betr. SchGe., Anhang Nr. 9; RE. 466 AN. 95 S. 256).

2. Erwerbsunfähigkeit §§ 5 Abs. 4, 15 Abs. 2; Alter § 15 Abs. 3.

3. Erforderlich ist auch die Anmeldung des Anspruchs, vgl. § 112 Anm. 5.

4. Vgl. §§ 29, 30 und für die Übergangszeit §§ 189 bis 191. Die Wartezeit kann erst mit der Vollendung des 16. Lebensjahres beginnen (§ 1). Die Möglichkeit ihrer Zurücklegung endigt mit dem Eintritt der dauernden Erwerbsunfähigkeit, denn damit hört die Versicherung auf (§ 5 Abs. 4). Bei vorübergehender Erwerbsunfähigkeit (§ 16) rechnen regelmäßig die 26 Krankheitswochen für die Wartezeit mit; ist diese auch dann noch nicht zurückgelegt, so sind auch die weiteren Krankheitswochen anzurechnen, jedoch insgesamt nicht über ein Jahr hinaus (§ 30 Abs. 5) und längstens bis zur Zurücklegung der Wartezeit (RE. 817 AN. 00 S. 673).

5. Erfüllt ist die Wartezeit, wenn die vorgeschriebene Wochenzahl zurückgelegt und zugleich durch Beiträge gedeckt ist. Beschäftigungswochen, für die keine Beiträge geleistet sind, können nicht auf die Wartezeit angerechnet werden (§ 30 Abs. 1). Ohne Beitragsleistung kommen nur Krankheitswochen und Zeiten militärischer Dienstleistung zur Anrechnung, vorausgesetzt, daß eine versicherungspflichtige, durch Beiträge belegte Beschäftigungszeit vorangegangen ist (§ 30 Abs. 2 bis 6; RE. 135, 1010, 1049 AN. 92 S. 47, 02 S. 592, 03 S. 386). Natürlich kommt die Beitragsleistung nur für Zeiten in Frage, die nach dem Inkrafttreten der Versicherungspflicht liegen (§§ 189 bis 191). Die Erlangung einer Rente ohne jede Beitragsleistung ist nur in einem Falle möglich, nämlich wenn ein Altersrentenbewerber, der schon beim Inkrafttreten der Versicherungspflicht das 70. Lebensjahr vollendet hat, die vorgesetzliche Wartezeit (§§ 190, 191) erfüllt und beim Inkrafttreten der Versicherungspflicht eine versicherungspflichtige Beschäftigung ausgeübt hat; er muß also insbesondere zu dieser Zeit noch erwerbsfähig gewesen sein. Alsdann erhält er, ohne daß ein Beitrag geleistet zu sein

braucht, die Altersrente vom Tage des Inkrafttretens an. Hat er erst später eine versicherungspflichtige Beschäftigung übernommen, so erhält er die Altersrente vom Zeitpunkte der Übernahme an; einer Beitragsleistung bedarf es auch in diesem Falle nicht, da nur das Versichertsein Voraussetzung ist, und dies mit der Ausübung der versicherungspflichtigen Beschäftigung eintritt (vgl. § 1 Anm. 6; RE. 114, 155, 611 AN. 92 S. 28, 107, 97 S. 518).

Zur Leistung der Beiträge genügt nicht die bloße Beibringung von Versicherungsmarken, diese müssen vielmehr vorschriftsmäßig durch Einkleben in die Quittungskarte verwendet sein (§ 131 Abs. 1); lose beigebrachte Marken können daher nicht berücksichtigt werden (RE. 438 AN. 95 S. 230). Die Anrechnung von Beiträgen, die entrichtet werden mußten, aber nicht entrichtet sind, ist unstatthaft (RE. 219 AN. 93 S. 65), ebenso die Anerkennung eines Rentenanspruchs unter der Bedingung, daß die fehlenden Beitragsmarken oder Krankheitsbescheinigungen nachträglich beigebracht werden (RE. 350 AN. 94 S. 120). Die in einer verloren gegangenen Quittungskarte befindlich gewesenen Marken können erst nach Erneuerung der Karte und ihres Inhalts (§ 136) angerechnet werden; auch die Spruchbehörden sind zu der Erneuerung befugt (RE. 506, 704, B. 1232 AN. 96 S. 292, 99 S. 282, 05 S. 501). Die Schiedsgerichte haben nicht die Verpflichtung, die Nachbringung rückständiger Beiträge zu veranlassen, billigerweise werden sie jedoch den Rentenbewerbern zur Nachbringung Gelegenheit zu geben haben (B. 783 AN. 99 S. 778).

Über nachträgliche Beitragsleistung vgl. § 146, über Erlöschen der Anwartschaft aus geleisteten Beiträgen § 46.

§ 29.

Wartezeit.

1. **Die Wartezeit beträgt:**[1]

1. bei der Invalidenrente, wenn mindestens einhundert Beiträge auf Grund der Versicherungpflicht geleistet

worden sind[2], zweihundert Beitragswochen[3], andernfalls fünfhundert Beitragswochen[4];

2. bei der Altersrente eintausendzweihundert Beitragswochen.

Die für die freiwillige Versicherung (§ 14) geleisteten Beiträge kommen auf die Wartezeit für die Invalidenrente nur dann zur Anrechnung, wenn mindestens einhundert Beiträge auf Grund eines die Versicherungspflicht oder die Berechtigung zur Selbstversicherung begründenden Verhältnisses geleistet worden sind.[5] 2.

Die Vorschrift des Abs. 2 findet keine Anwendung auf Beiträge, welche von den Versicherten innerhalb der ersten vier Jahre, nachdem die Versicherungspflicht für ihren Berufszweig in Kraft getreten ist, freiwillig geleistet worden sind.[6] 3.

§ 16, § 117 Abs. 3, § 156 Abs. 4 Ges. v. 1889; § 16, § 111b Abs. 2, 3 d. Entw.

1. Vgl. § 28 Anm. 4, 5. Nach dem JAVG. (§§ 16, 17) betrug die Wartezeit bei der Invalidenrente 5, bei der Altersrente 30 Beitragsjahre; als Beitragsjahr galten 47 Beitragswochen, indem angenommen wurde, daß sich die regelmäßige Jahresleistung eines Versicherten auf 47 Beiträge stelle. Die Wartezeit belief sich also für die Invalidenrente auf 235, für die Altersrente auf 1410 Beitragswochen. Das JVG. hat die jährliche Wochenzahl auf 40 herabgesetzt und unter Beibehaltung der Anzahl von Jahren die Wartezeit für die Invalidenrente (bei hinreichender Pflichtversicherung) auf $5 \times 40 = 200$, und für die Altersrente auf $30 \times 40 = 1200$ Beitragswochen bestimmt.

2. Die Beiträge brauchen nicht hintereinander geleistet zu sein; zwischendurch können auch freiwillige Beiträge geleistet sein. Den Pflichtbeiträgen stehen die Ersatztatsachen des § 30 gleich.

3. Sind 100 Pflichtbeiträge entrichtet, so greift stets die zweihundertwöchige Wartezeit Platz. Die übrigen Beiträge können auch auf Grund der freiwilligen Versicherung geleistet sein, wobei es gleichgültig ist, ob sie zur Selbstversicherung oder zur Weiterversicherung entrichtet sind (vgl. § 14 Anm. 1), sie werden stets angerechnet; vgl. Abs. 2.

4. Durch das Erfordernis der Zurücklegung von 500 Beitragswochen für den Fall, daß nicht 100 Pflichtbeiträge geleistet sind, ist die Erlangung der Invalidenrente auf dem Wege der freiwilligen Versicherung beträchtlich erschwert worden. Das JAVG. machte die Invalidenrente bei der freiwilligen wie bei der Pflichtversicherung von der Zurücklegung der gleichen Wartezeit abhängig. Durch das JVG. ist die Wartezeit im Falle der freiwilligen Versicherung verlängert worden. Dies ist geschehen einerseits mit Rücksicht auf die Erweiterung des Kreises der zur freiwilligen Versicherung befugten Personen und den Fortfall sowohl der Zusatzmarke wie der Beschränkung der freiwilligen Versicherung auf die II. Lohnklasse (vgl. § 14 Anm. 1), andererseits in der Absicht, Sicherheiten gegen einen Mißbrauch der freiwilligen Versicherung zu schaffen und tunlichst Vorsorge zu treffen, daß die Rente auf diesem Wege nicht ohne eine einigermaßen entsprechende Gegenleistung erworben werden könne. Daß selbst mit 500 Beitragswochen unter Umständen die Invalidenrente nicht erworben wird, darüber vgl. Anm. 5.

5. Vgl. Anm. 3. Dieser Absatz bezieht sich nur auf die Wartezeit für die Invalidenrente und hat nur Bedeutung für den Fall, daß nicht 100 Pflichtbeiträge entrichtet sind, und daß daher die fünfhundertwöchige Wartezeit in Frage kommt. Danach müssen, damit diese Wartezeit erfüllt werden kann, 100 Beiträge entweder auf Grund eines zur Selbstversicherung berechtigenden Verhältnisses oder teils auf Grund eines solchen, teils auf Grund eines versicherungspflichtigen Verhältnisses entrichtet sein. Ist dies nicht der Fall, so können die geleisteten freiwilligen Beiträge nicht auf die Wartezeit angerechnet werden; diese ist nicht erfüllt, auch wenn mehr als 500 Beiträge vorhanden sind, und die Erlangung der Invalidenrente ist ausgeschlossen. Den auf Grund eines zur Selbstversicherung berechtigenden Verhält-

nisses geleisteten Beiträgen stehen übrigens die nach Fortfall eines solchen Verhältnisses zur Fortsetzung der Selbstversicherung entrichteten Beiträge nicht gleich (RE. 1072 AN. 03 S. 536). Vgl. § 14 Anm. 2. Bei der Wartezeit für die Altersrente ist es gleichgültig, welche Art von Beiträgen entrichtet ist.

6. Dieser Absatz gibt eine die Erfüllung der fünfhundertwöchigen Wartezeit erleichternde Bestimmung, indem hiernach die in den ersten vier Jahren nach dem Inkrafttreten der Versicherungspflicht geleisteten freiwilligen Beiträge ebenso zu behandeln sind wie Beiträge, die auf Grund eines zur Selbstversicherung berechtigenden Verhältnisses entrichtet sind (RE. 1072 AN. 03 S. 536).

§ 30.

Beitragsleistung.

Für jede Woche, in welcher der Versicherte in 1.
einem die Versicherungspflicht begründenden Arbeits- oder Dienstverhältnisse gestanden hat[1], ist ein Versicherungsbeitrag zu entrichten[2] (Beitragswoche). Die Beitragswoche beginnt mit dem Montag einer jeden Kalenderwoche[3].

Als Beitragswochen werden, ohne daß Beiträge 2.[4]
entrichtet zu werden brauchen[5], diejenigen vollen Wochen[6] in Anrechnung gebracht[7], während deren Versicherte

1. behufs Erfüllung der Wehrpflicht in Friedens-, Mobilmachungs- oder Kriegszeiten zum Heere oder zur Marine eingezogen gewesen sind[8],
2. in Mobilmachungs- oder Kriegszeiten freiwillig militärische Dienstleistungen verrichtet haben,
3. wegen bescheinigter[9], mit zeitweiser Erwerbsunfähigkeit[10] verbundener Krankheit[11] an der Fort-

setzung ihrer Berufsthätigkeit verhindert gewesen sind [12].

3. Diese Anrechnung erfolgt jedoch nur bei solchen Personen, welche vor den in Rede stehenden Zeiten berufsmäßig eine die Versicherungspflicht [13] begründende Beschäftigung [14] nicht lediglich vorübergehend aufgenommen haben.

4. Die Dauer einer Krankheit ist nicht als Beitragszeit in Anrechnung zu bringen, wenn der Beteiligte sich die Krankheit vorsätzlich [15] oder bei Begehung eines durch strafgerichtliches Urteil festgestellten Verbrechens [15], durch schuldhafte Beteiligung bei Schlägereien oder Raufhändeln oder durch Trunkfälligkeit zugezogen hat.

5. Bei Krankheiten, welche ununterbrochen länger als ein Jahr währen, kommt die über diesen Zeitraum hinausreichende Dauer der Krankheit als Beitragszeit nicht in Anrechnung [16].

6. Die an eine Krankheit sich anschließende Genesungszeit wird der Krankheit gleich geachtet. Dasselbe gilt von einem regelmäßig verlaufenden Wochenbette für die Dauer der dadurch veranlaßten Erwerbsunfähigkeit, aber höchstens für sechs Wochen von der Entbindung an gerechnet [17].

§ 19 Abs. 2 (Schluß), § 17 Ges. v. 1889; § 17 d. Entw.

1. Wenn auch nur an einem Tage, vgl. aber § 4 Anm. 1.

2. Ist dies unterblieben, so kann die Beitragsleistung nur in den Grenzen des § 146 nachgeholt werden. Über die Beitreibung rückständiger Beiträge bestimmt § 168. Beitragsmarken, die für einen bestimmten Zeitraum gelten sollen, aber zu viel verwendet worden sind oder überhaupt nicht verwendet

werden durften, können nicht auf einen späteren Zeitraum übertragen werden, in dem es an Marken fehlt, und in dem die Versicherung freiwillig hätte fortgesetzt werden können (RE. 1112 AN. 04 S. 355).

3. Eine Zusammenstellung der Montage gibt die Tabelle im Anhang Nr. 16.

4. Der Absatz 2 führt die sogenannten Ersatztatsachen auf, die hinsichtlich der Wartezeit und Rentenberechnung wie die durch Beiträge gedeckte Arbeitsleistung wirken. Bei der Rentenberechnung wird für die Zeiten, in die die Ersatztatsachen fallen, die Leistung von Beiträgen der II. Lohnklasse unterstellt (§ 40 Abs. 1).

5. Auch wenn das Arbeitsverhältnis nicht aufgelöst und der Lohn weiter gezahlt wird, brauchen keine Beiträge entrichtet zu werden (RE. 340 AN. 94 S. 92). Solche können jedoch entrichtet werden. Dies hat aber nur einen Zweck, wenn Beiträge einer höheren als der II. Lohnklasse geleistet werden (vgl. Anm. 4); sie können dann als freiwillige Beiträge angerechnet werden.

6. Teile von Wochen werden nicht gerechnet, weil in den freien Wochenteilen die Möglichkeit der Arbeits- und Beitragsleistung besteht. Nur der vom Montag bis zum nächsten Sonntag einschließlich reichende Zeitabschnitt gilt also als Beitragswoche (RE. 433, 548 AN. 95 S. 223; 97 S. 270). Der Mangel einer Krankheitsbescheinigung (Anm. 9) für den Sonn- oder Feiertag einer Woche steht in der Regel der Anrechnung der Woche nicht entgegen (RE. 547 AN. 97 S. 269).

7. Für die Anrechnung kommen unter Umständen auch Zeiten vor Begründung der Versicherungspflicht in Betracht (§ 191 Abs. 1).

8. Der Nachweis geleisteter Militärdienste erfolgt durch Vorlegung der Militärpapiere (§ 31 Abs. 3). Hin- und Rückbeförderung zum und vom Garnisonorte rechnet mit (RE. 701 AN. 99 S. 160). Ebenso der Aufenthalt der sogenannten Passanten im Militärlazarett; dagegen ist abzurechnen die Zeit der Verbüßung einer Gefängnis- oder Festungsstrafe von mehr als 6 Wochen (B. 977 AN. 02 S. 399). Die Teilnahme an der Expedition gegen China in den Jahren 1899 und 1900 ist anzurechnen.

Für den Ausfall an Beiträgen infolge militärischer Dienstleistungen kommt das Reich auf, indem es einen entsprechenden Teil der Rente übernimmt (§ 40 Abs. 2).

9. Über die Art der Bescheinigung trifft § 31 Abs. 1, 2 nähere Bestimmung. Auch ohne eine förmliche Bescheinigung ist eine Krankheit anzurechnen, wenn sie auf andere Weise hinreichend glaubhaft gemacht ist. Die Anzahl der Krankheitswochen kann unter Umständen auch ohne genaue Feststellung der Anfangs- und Enddaten der Krankheit ermittelt werden (RE. 520 AN. 96 S. 357).

10. Ist die Erwerbsunfähigkeit im Sinne des § 5 Abs. 4 dauernd, so ist der Versicherte mit dem Eintritt des Dauerzustandes aus dem Kreise der Versicherten ausgeschieden, und die Anrechnung der Krankheit ist ausgeschlossen. In betreff des Übergangs einer Krankheit in dauernde Erwerbsunfähigkeit vgl. § 5 Anm. 17 (RE. 273 AN. 93 S. 123). Über die Anrechnung von Krankheitswochen bei vorübergehender Erwerbsunfähigkeit im Sinne des § 16 vgl. § 28 Anm. 4.

11. Unter Krankheit ist hier ein anomaler pathologischer Zustand, ein Zustand der Störung der normalen Körper- oder Geistesbeschaffenheit, zu verstehen, der zum Zwecke der Heilung oder der Verhinderung einer Verschlimmerung die Einstellung der versicherungspflichtigen Tätigkeit erfordert. Der Annahme einer anrechnungsfähigen Krankheit steht also das Vorhandensein eines gewissen Maßes von Erwerbsfähigkeit, z. B. der Hälfte, nicht entgegen, wenn nur der Zustand die Aussetzung der Arbeit nötig machte (RE. 468, 572 AN. 95 S. 257; 97 S. 318). Anrechnungsfähig ist auch eine Krankheit, die zwar die Fortsetzung eines Lohnarbeitsverhältnisses ausschließt, die Ausübung einer Unternehmertätigkeit aber noch gestattet (RE. 225 AN. 93 S. 69). Die Genesungszeit ist jetzt ausdrücklich der Krankheit gleichgestellt (Abs. 6). Altersschwäche kann als anomaler pathologischer Zustand, also als Krankheit, nicht angesehen werden (RE. 245 AN. 93 S. 92), ebensowenig Schwangerschaft und Wochenbett (RE. 573 AN. 97 S. 320); tritt aber ein krankhafter Zustand hinzu, ist z. B. die Schwangerschaft oder das Wochenbett mit einem anormalen Schwächezustand verbunden, so kann Krankheit vorliegen. Auch das regelmäßig verlaufende Wochenbett ist jetzt bis zur Dauer von

6 Wochen anrechnungsfähig (Abs. 6). Eine mit Erwerbsunfähigkeit verbundene Krankheit kann angenommen werden, auch wenn objektive Merkmale für eine bestimmte Art der Erkrankung fehlen (RE. 590 AN. 97 S. 382).

12. Durch die Krankheit muß die Ausübung einer versicherungspflichtigen und durch Beiträge gedeckten Beschäftigung unterbrochen sein (vgl. Anm. 14). Die Anrechnung ist jedoch nicht davon abhängig, daß die Krankheit sich unmittelbar an die Beschäftigung anschließt; es genügt, wenn nach den gesamten Verhältnissen des Versicherten angenommen werden kann, daß er während der Krankheit eine versicherungspflichtige Beschäftigung ausgeübt haben würde, falls er gesund geblieben wäre (RE. 135, 1049, 1113 AN. 92 S. 47; 03 S. 386; 04 S. 356). Die Krankheit eines Saisonarbeiters kann daher nur soweit angerechnet werden, als sie in die Arbeitssaison fällt (RE. 136, 471 AN. 92 S. 48; 95 S. 259). Anrechnungsfähig ist eine Krankheitszeit, in der sich eine vorher und nachher im Inlande versicherungspflichtig beschäftigte Person aus besonderen Gründen im Ausland aufgehalten hat (RE. 538 AN. 96 S. 502).

Für den Ausfall an Beiträgen während der Krankheitswochen kommt die Gesamtheit der Versicherten auf, indem die regelmäßigen Beiträge der Gesunden um einen entsprechenden Betrag erhöht sind, und die Rentensteigerungen infolge von Krankheitswochen zum Gemeinvermögen gerechnet werden (§ 33 Abs. 2).

13. Militärische Dienstleistungen und Krankheit, die die freiwillige Versicherung unterbrechen, werden also nicht angerechnet. Damit in solchen Fällen die Zeiten nicht ausscheiden, müssen in diesen weiter freiwillige Beiträge geleistet werden.

14. Die versicherungspflichtige Beschäftigung allein genügt noch nicht, sie muß auch durch Beiträge belegt sein oder nach § 146 noch belegt werden können (RE. 1010 AN. 02 S. 592).

15. Vgl. § 17 und Anm. 1, 3, 4 dort.

16. Auch bei verschiedenen, sich aneinander anschließenden Krankheiten kann insgesamt nur ein Jahr angerechnet werden (RE. 778 AN. 99 S. 775).

17. Vgl. Anm. 11. Die Bestimmung über das Wochenbett

lehnt sich an § 137 Abs. 5 der Gewerbeordnung an. Sie hat rückwirkende Kraft auch für Zeiten vor 1900 (B. 944 AN. 01 S. 639). Gestaltet sich das Wochenbett zu einer Krankheit, so finden die Bestimmungen über die Anrechnung von Krankheiten im Abs. 2 bis 5 ohne weiteres Anwendung.

§ 31.

1. Zum Nachweis einer Krankheit (§ 30) genügt[1] die Bescheinigung des Vorstandes derjenigen Krankenkasse (§ 166) beziehungsweise derjenigen eingeschriebenen oder auf Grund landesrechtlicher Vorschriften errichteten Hilfskasse, welcher der Versicherte angehört hat, für diejenige Zeit aber, welche über die Dauer der von den betreffenden Kassen zu gewährenden Krankenunterstützung hinausreicht, sowie für diejenigen Personen, welche einer derartigen Kasse nicht angehört haben, die Bescheinigung der Gemeindebehörde.[2] Die Kassenvorstände sind verpflichtet, diese Bescheinigungen den Versicherten sofort nach Beendigung der Krankenunterstützung oder der Fürsorge während der Genesungszeit von Amtswegen auszustellen und können hierzu von der Aufsichtsbehörde durch Geldstrafe bis zu einhundert Mark angehalten werden.

2. Für die in Reichs- und Staatsbetrieben beschäftigten Personen können die vorstehend bezeichneten Bescheinigungen durch die vorgesetzte Dienstbehörde ausgestellt werden. Für diese Fälle ist die Krankenkasse durch die Aufsichtsbehörde von der Ausstellungspflicht zu entbinden.

Der Nachweis geleisteter Militärdienste erfolgt 3.
durch Vorlegung der Militärpapiere.

§ 18 Ges. v. 1889; § 18 d. Entw.

1. Daß sie „genügen", bedeutet nicht, daß die Bescheinigungen unter allen Umständen beweiskräftig sind. Entstehen Bedenken, so greifen vielmehr die allgemeinen Grundsätze der Beweiswürdigung Platz. Die Bescheinigungen sind aber auch nicht das einzige Mittel zum Nachweis von Krankheiten; auch andere Beweismittel, wie ärztliche Atteste, Zeugenaussagen, können dazu benutzt werden.

2. Für Preußen trifft nähere Bestimmung die Anweisung des Ministers für Handel und Gewerbe, betreffend die Ausstellung von Krankheitsbescheinigungen, vom 16. Oktober 1899 (MBl. f. d. i. V. S. 248) nebst Ergänzung vom 2. Juli 1901 (MBl. d. H. u. GV. S. 138).

§ 32.

Höhe der Beiträge.

Die für die Beitragswoche zu entrichtenden Bei- 1.
träge werden nach Lohnklassen (§ 34) im voraus auf bestimmte Zeiträume, und zwar zunächst für die Zeit bis zum 31. Dezember 1910, demnächst für je zehn weitere Jahre durch den Bundesrat einheitlich festgesetzt.

Die Beiträge sind so zu bemessen, daß durch die- 2.
selben gedeckt werden die Kapitalwerte der den Versicherungsanstalten zur Last fallenden Beträge der Renten, die Beitragserstattungen und die sonstigen Aufwendungen der Versicherungsanstalten.[1]

In den verschiedenen Lohnklassen sind die Beiträge 3.
für die einzelnen Versicherten gleich zu bemessen und lediglich nach der durchschnittlichen Höhe der in den-

selben von den Versicherungsanstalten zu gewährenden Renten abzustufen.

4. Vor Ablauf der im Abs. 1 bestimmten Zeiträume hat das Reichs-Versicherungsamt die Zulänglichkeit der Beiträge zu prüfen. Dabei sind Fehlbeträge oder Überschüsse, welche sich aus der Erhebung der bisherigen Beiträge herausgestellt haben, in der Weise zu berücksichtigen, daß durch die neuen Beiträge unter Beachtung der Wirkungen des § 125 eine Ausgleichung eintritt.

5. Bis zur Festsetzung eines anderen Beitrags sind in jeder Versicherungsanstalt an wöchentlichen Beiträgen zu erheben:[2]

in Lohnklasse	I	. . . 14	Pfennig,
" "	II	. . . 20	"
" "	III	. . . 24	"
" "	IV	. . . 30	"
" "	V	. . . 36	"

6. Eine anderweite Festsetzung der Beiträge bedarf der Zustimmung des Reichstags.

Abs. 1: § 20 Abs. 1 Ges. v. 1889; § 20 Abs. 1 d. Entw.
Abs. 2: § 20 Abs. 2 Ges. v. 1889.
Abs. 3: § 24 Ges. v. 1889; § 20 Abs. 2 d. Entw.
Abs. 4: § 97 Ges. v. 1889; § 20 Abs. 4 d. Entw.
Abs. 5: § 96 Ges. v. 1889; § 20 Abs. 3 d. Entw.

1. Das JAVG. legte der Beitragsbemessung das Kapitaldeckungsverfahren nach Perioden zugrunde. Hiernach war in jeder der erstmalig auf zehn, später auf je fünf Jahre festgesetzten Perioden der Kapitalwert der in derselben Periode bewilligten und darüber hinauslaufenden Renten durch vorausbestimmte Beiträge zu decken. Dabei brachte jede Versicherungsanstalt durch die Beiträge ihrer Versicherten nur den eigenen Bedarf auf. Nach Ablauf einer Periode waren die Bei-

träge innerhalb der einzelnen Versicherungsanstalten für die nächste Periode von neuem zu berechnen und festzusetzen. Das JVG., das in Kraft trat, bevor die erste Periode abgelaufen war, hat sich auf Grund der bisherigen Erfahrungen auf den Standpunkt gestellt, daß es zur Deckung der Lasten der Versicherung im Reichsdurchschnitt genügen werde, wenn die vom JAVG. für die erste Periode bestimmten Beiträge durchweg dauernd weitergezahlt würden. Das JVG. ist daher zu dem Prämiendurchschnittsverfahren übergegangen, wonach die Kapitaldeckung des Rentenbedarfs aller Zeiten und Versicherungsanstalten von der Gesamtheit der Versicherten durch gleichbleibende Beiträge (Prämien) aufgebracht wird. Die auch jetzt noch beibehaltenen Perioden von erstmalig elf, später je zehn Jahren (Abs. 1) haben nur den Zweck einer Nachprüfung und nötigenfalls Berichtigung der Beiträge.

Ein drittes Verfahren, das bei der Unfallversicherung die Regel bildet (§§ 29 bis 34 des GUVG.), ist das Umlageverfahren. Hiernach wird der Rentenbedarf des abgelaufenen Jahres auf die Beteiligten umgelegt (repartiert). Dies Verfahren ist für die Invalidenversicherung nicht gewählt worden, weil die Zunahme der Anzahl und Höhe der Renten bis zur Erreichung des Beharrungszustandes zur steten Steigerung der Beiträge nötigen würde, wodurch die späteren Jahre zugunsten der früheren überlastet würden.

2. Die fortan bis auf weiteres dauernd zu erhebenden Beiträge der ersten vier Lohnklassen decken sich mit den vom JAVG. für die ersten zehn Jahre festgesetzten Beiträgen, neu hinzugefügt ist die V. Lohnklasse (vgl. § 34).

Die Beiträge gelten für Arbeitgeber und Arbeitnehmer zusammen; auf jeden von ihnen fällt die Hälfte (§ 27 Abs. 3). Der Arbeitgeber zahlt also für jeden Arbeiter, sowie jeder Arbeiter für sich selbst je nach der Lohnklasse wöchentlich 7, 10, 12, 15 oder 18 Pf., das macht für den Tag 1 bis etwas über 2 1/2 Pf.

Die im Abs. 5 festgesetzten Beiträge sind auch für die zugelassenen besonderen Kasseneinrichtungen maßgebend, soweit es sich um die Feststellung der dem Gemeinvermögen (§ 33) zufließenden Beitragseinnahmen und um die Verteilung der Altersrente handelt (§ 174; vgl. im übrigen § 8 Abs. 1 Ziff. 1).

§ 33.[1]

Gemeinlast. Sonderlast.[2]

1. Jede Versicherungsanstalt verwaltet ihre Einnahmen und ihr Vermögen (Gemeinvermögen und Sondervermögen)[3] selbständig[4]. Aus denselben sind die von allen Versicherungsträgern[5] gemeinsam aufzubringende Last (Gemeinlast) und die den einzelnen Versicherungsträgern verbleibende besondere Last (Sonderlast) zu decken.

2. Die Gemeinlast wird gebildet durch drei Viertel sämtlicher Altersrenten, die Grundbeträge aller Invalidenrenten, die Rentensteigerungen infolge von Krankheitswochen (§ 40 Abs. 1) und die Rentenabrundungen (§ 38). Alle übrigen Verpflichtungen bilden die Sonderlast der Versicherungsanstalt.

3. Zur Deckung der Gemeinlast werden in jeder Versicherungsanstalt vom 1. Januar 1900 ab vier Zehntel der Beiträge buchmäßig[6] ausgeschieden (Gemeinvermögen). Dem Gemeinvermögen sind für seinen buchmäßigen Bestand von der Versicherungsanstalt Zinsen gutzuschreiben. Den Zinsfuß bestimmt der Bundesrat für die im § 32 Abs. 1 bestimmten Zeiträume einheitlich für alle Versicherungsanstalten.[7]

4. Ergibt sich bei Ablauf der im § 32 Abs. 1 bezeichneten Zeiträume, daß das Gemeinvermögen zur Deckung der Gemeinlast nicht ausreicht oder nicht erforderlich ist, so hat der Bundesrat für den

nächstfolgenden Zeitraum über die Höhe des für das Gemeinvermögen buchmäßig auszuscheidenden Teiles der Beiträge zwecks Ausgleichung der entstandenen Fehlbeträge oder Überschüsse zu beschließen.

Eine Erhöhung des für das Gemeinvermögen 5. buchmäßig auszuscheidenden Teiles der Beiträge bedarf der Zustimmung des Reichstags.

Das am 31. Dezember 1899 angesammelte ge- 6. samte Vermögen der Versicherungsanstalten und weiter das bei Ablauf der im § 32 Abs. 1 bezeichneten Zeiträume angesammelte Vermögen der Versicherungsanstalten, soweit es nicht buchmäßig für die Gemeinlast ausgeschieden ist, darf zur Deckung der Gemeinlast nicht herangezogen werden.

§§ 20 a, 21 a d. Entw.

1. Der § 33 gilt auch für die zugelassenen besonderen Kasseneinrichtungen (§ 173).

2. Nach dem JAVG. waren die einzelnen Versicherungsanstalten dergestalt vermögensrechtlich selbständige Körperschaften daß jede für sich aus den Beiträgen, die ihr zuflossen, ihre Verpflichtungen erfüllte. Die Vermögenslage der Versicherungsanstalten hatte sich aber nicht gleichmäßig gestaltet. Während einige im Laufe der Jahre große Kapitalien eingesammelt hatten, war bei einzelnen anderen eine Überschuldung eingetreten, so daß hier die Beiträge erheblich hätten erhöht werden müssen. Um einen Ausgleich zu schaffen, hat § 33 gewisse Lasten allen Versicherungsträgern gemeinsam auferlegt. Der „Gemeinlast“ sollten nach dem Entwurfe des JVG. diejenigen Leistungen, die von der Dauer der Beitragsleistung unabhängig sind, d. h. die Grundbeträge der Invalidenrenten (§ 36 Abs. 2, 3) und die Altersrenten (§ 37), zugewiesen werden, außerdem zur geschäftlichen Erleichterung die Rentensteigerungen infolge von Krankheitswochen und die Rentenabrundungen bei den Invaliden-

renten. Die „Sonderlast“ jeder Anstalt sollten die übrigen von dem Umfange der Beitragsleistung abhängigen oder arbiträren Leistungen bilden, also die Rentensteigerungen der Invalidenrenten (§ 36 Abs. 4), die Beitragserstattungen (§§ 42 bis 44), die Aufwendungen für das Heilverfahren, die Verwaltungskosten usw. Diese Vorschläge sind mit der Maßgabe Gesetz geworden, daß nur drei Viertel der Altersrente der Gemeinlast zugewiesen sind, während ein Viertel der Sonderlast verbleibt (Abs. 2). Hierdurch wollte man einer mechanischen Festsetzung der Altersrenten entgegentreten.

Der Gemeinlast entspricht ein „Gemeinvermögen“ aller Versicherungsträger (vgl. Anm. 5), der Sonderlast ein „Sondervermögen“ der einzelnen Träger. Nach dem Entwurfe sollten, um die dort vorgesehenen höheren Grundbeträge der Invalidenrenten und im vollen Umfange die Altersrenten zu decken, von dem bisher angesammelten Vermögen und den künftigen Beiträgen 60 Prozent dem Gemeinvermögen und 40 Prozent dem Sondervermögen zufließen. Infolge der Beschlüsse der Reichstagskommission, wodurch die in dem Entwurfe vorgesehenen Grundbeträge der Invalidenrenten herabgesetzt, die Steigerungsbeträge dagegen erhöht wurden (vgl. § 36 Anm. 1), auch von den Altersrenten ein Teil zur Sonderlast gewiesen wurde, war die Gemeinlast erheblich vermindert worden. Es wurde daher auf die Heranziehung des bereits angesammelten Vermögens zum Gemeinvermögen gänzlich verzichtet (Abs. 6), im übrigen wurde das Teilungsverhältnis umgekehrt dergestalt, daß 40 Prozent (vier Zehntel) der Beiträge dem Gemeinvermögen und 60 Prozent dem Sondervermögen überwiesen wurden (Abs. 3). Ob das Gemeinvermögen mit 40 Prozent auskommt, bleibt abzuwarten; möglicherweise wird dies nicht der Fall sein, so daß vielleicht eine andere Verteilung oder gar eine Erhöhung der Beiträge nötig wird (Abs. 4, 5).

3. Zum Vermögen der Versicherungsanstalt gehört also auch derjenige Teil ihrer Einnahmen, den sie zum Gemeinvermögen abführen muß. Der Ausdruck „Gemeinvermögen“ ist daher nicht so zu verstehen, daß ein entsprechender Teil der Einnahmen der Versicherungsanstalt in das Miteigentum aller Versicherungs-

anstalten übergeht; er bezeichnet vielmehr nur den buchmäßig auszuscheidenden (Abs. 3) für die Gemeinlast bestimmten Teil ihres Vermögens (vgl. § 126).

4. Vgl. §§ 68 Abs. 3, 4, 71 Abs. 2, 108, 111, 164, 165.

5. Das sind die Versicherungsanstalten (§§ 65 ff.) und die zugelassenen besonderen Kasseneinrichtungen (§§ 8 ff.).

6. Ausgeschieden werden also nicht einzelne Vermögensstücke, sondern es wird nur ein entsprechender Betrag dem Gemeinvermögen gutgeschrieben.

7. Laut Bekanntmachung vom 31. Januar 1901 hat der Bundesrat bestimmt, daß die Höhe der dem Gemeinvermögen für seinen Bestand zu Anfang des Rechnungsjahres und für die Einnahmen aus Beiträgen im Laufe des Rechnungsjahres gutzuschreibenden Zinsen jährlich drei vom Hundert zu betragen hat, und daß für die letzteren Einnahmen Zinsen nur für drei Achtel Jahre gutzuschreiben sind (AN. 01 S. 268; vgl. Rundschreiben des RVA. vom 25. Februar 1901 AN. 01 S. 266).

§ 34.

Lohnklassen.

Nach der Höhe des Jahresarbeitsverdienstes werden für die Versicherten folgende Lohnklassen gebildet:[1] 1.

Klasse I bis zu 350 Mk. einschließlich,
„ II von mehr als 350 bis zu 550 Mk.,
„ III von mehr als 550 bis zu 850 Mk.,
„ IV von mehr als 850 bis zu 1150 Mk.,
„ V von mehr als 1150 Mk.

Für die Zugehörigkeit der Versicherten zu den Lohnklassen ist mit den aus den nachfolgenden Bestimmungen sich ergebenden Abweichungen nicht die Höhe des tatsächlichen Jahresarbeitsverdienstes, sondern ein Durchschnittsbetrag maßgebend.[2]

2. Im Einzelnen gilt als Jahresarbeitsverdienst[3]:

1. für Mitglieder einer Orts-, Betriebs- (Fabrik-), Bau- oder Innungs-Krankenkasse der dreihundertfache Betrag des für ihre Krankenkassenbeiträge maßgebenden durchschnittlichen Tagelohns beziehungsweise wirklichen Arbeitsverdienstes (§§ 20, 26a Abs. 2 Ziffer 6 des Krankenversicherungsgesetzes)[4];

2. für die in der Land- und Forstwirtschaft beschäftigten Personen, soweit sie nicht einer unter Ziffer 1 bezeichneten Krankenkasse angehören, ein Betrag, der für sie von der höheren Verwaltungsbehörde unter Berücksichtigung des § 3 als durchschnittlicher Jahresarbeitsverdienst festzusetzen ist; bei Betriebsbeamten[5] wird jedoch der für jeden von ihnen nach § 3 des Gesetzes vom 5. Mai 1886 (Reichs-Gesetzbl. S. 132)[6] maßgebende Jahresarbeitsverdienst zu Grunde gelegt;

3.[7] für die auf Grund des See-Unfallversicherungsgesetzes versicherten Seeleute, mit Ausnahme der in Schlepper- und Leichterbetrieben beschäftigten Personen, der Durchschnittsbetrag des Jahresarbeitsverdienstes, welcher gemäß § 10 a. a. O. vom Reichskanzler festgesetzt worden ist[8];

4. für Mitglieder einer Knappschaftskasse der dreihundertfache Betrag des von dem Kassenvorstande festzusetzenden durchschnittlichen täglichen Arbeitsverdienstes derjenigen Klasse von Arbeitern, welcher der Versicherte angehört, jedoch nicht weniger als der dreihundertfache Betrag des ortsüblichen

Tagelohns gewöhnlicher Tagearbeiter des Beschäftigungsorts (§ 8 des Krankenversicherungsgesetzes)[9];

5. im übrigen der dreihundertfache Betrag des ortsüblichen Tagelohns gewöhnlicher Tagearbeiter des Beschäftigungsorts (§ 8 des Krankenversicherungsgesetzes)[9], soweit nicht für einzelne Berufszweige von der höheren Verwaltungsbehörde ein anderer Jahresarbeitsverdienst festgesetzt wird.

Lehrer und Erzieher[10] gehören, soweit nicht ein Jahresarbeitsverdienst von mehr als 1150 Mark nachgewiesen wird, zur vierten Klasse.

Sofern im voraus für Wochen, Monate, Vierteljahre oder Jahre eine feste bare Vergütung vereinbart und diese höher ist, als der nach Abs. 2 für den Versicherten maßgebende Durchschnittsbetrag, so ist diese Vergütung zu Grunde zu legen.[11] 3.

Der Versicherte kann die Versicherung in einer höheren als derjenigen Lohnklasse, welche nach den vorstehenden Bestimmungen für ihn maßgebend sein würde, beanspruchen. In diesen Fällen ist jedoch der auf den Arbeitgeber entfallende Teil des Beitrags, sofern nicht die Versicherung in der höheren Lohnklasse von dem Arbeitgeber und dem Versicherten vereinbart ist, nicht nach der höheren, sondern nach der für den Versicherten maßgebenden Lohnklasse zu bemessen.[12] 4.

Die Landes-Zentralbehörde kann anordnen, daß die nach Abs. 2 für die einzelnen Orte maßgebenden Lohnklassen und Beiträge (§ 32) sowie die Klassen 5.

von Versicherten, welche an dem betreffenden Orte in die einzelnen Lohnklassen entfallen, von der Versicherungsanstalt in jedem Orte ihres Bezirkes bekannt zu machen sind.

§ 22 Ges. v. 1889; § 22 d. Entw.

1. Um bei der Rentenbemessung den Verhältnissen der einzelnen Versicherten nach Möglichkeit gerecht zu werden, sind diese in verschiedene Lohnklassen eingeteilt. Durch die Lohnklasse wird die Höhe der Beiträge bestimmt (§ 32 Abs. 5), und von der Höhe der Beiträge hängt, außer von ihrer Anzahl, die Höhe der Rente ab. Die ersten drei Lohnklassen stimmen mit den entsprechenden Lohnklassen des JAVG. überein; aus der IV. Lohnklasse des JAVG., die die Versicherten mit einem Jahresarbeitsverdienst von mehr als 850 Mk. umfaßte, ist die neue V. Lohnklasse ausgesondert.

2. Grundsätzlich entscheidet hiernach für die Einreihung der Versicherten in die Lohnklassen nicht deren Individuallohn, sondern ein Durchschnittslohn, und zwar nach Abs. 2 der örtliche Durchschnittsjahreslohn derjenigen Gruppe von Arbeitern, zu der der Versicherte gehört. In einzelnen Fällen ist aber ausnahmsweise der Individuallohn von Bedeutung, nämlich:

a) für Mitglieder solcher Krankenkassen, in denen sich nach dem Statut die Krankenkassenbeiträge und das Krankengeld nach dem wirklichen Arbeitsverdienst richten (Abs. 2 Ziff. 1),
b) für landwirtschaftliche Betriebsbeamte (Abs. 2 Ziff. 2) und
c) für alle Versicherten, die mindestens wochenweis fixierte Barbezüge erhalten, sofern diese höher sind als der sonst maßgebende Durchschnittsbetrag (Abs. 3).

Hinsichtlich der Mitglieder zugelassener Kasseneinrichtungen vgl. § 39.

3. Übt jemand gleichzeitig mehrere versicherungspflichtige Beschäftigungen aus, die ihn in verschiedene Lohnklassen weisen, so sind ohne Rücksicht auf den Umfang der Beschäftigungen die Beiträge der höheren Lohnklasse zu entrichten (E. 971 AN. 02 S. 395).

4. Die Bestimmungen lauten:

§ 20 (Abs. 1). Die Orts-Krankenkassen sollen mindestens gewähren:

1. im Falle einer Krankheit oder durch Krankheit herbeigeführten Erwerbsunfähigkeit eine Krankenunterstützung, welche nach §§ 6, 7, 8 mit der Maßgabe zu bemessen ist, daß der durchschnittliche Tagelohn derjenigen Klassen der Versicherten, für welche die Kasse errichtet wird, soweit er vier Mark für den Arbeitstag nicht überschreitet, an die Stelle des ortsüblichen Tagelohnes gewöhnlicher Tagearbeiter tritt;

2., 3. usw.

(Abs. 2.) Die Feststellung des durchschnittlichen Tagelohnes kann auch unter Berücksichtigung der zwischen den Kassenmitgliedern hinsichtlich der Lohnhöhe bestehenden Verschiedenheiten klassenweise erfolgen. Der durchschnittliche Tagelohn einer Klasse darf in diesem Falle nicht über den Betrag von fünf Mark festgestellt werden.

Abs. 3, 4 usw.

§ 26 a Abs. 2. Durch das Kassenstatut kann ferner bestimmt werden:

6. daß die Unterstützungen und Beiträge statt nach den durchschnittlichen Tagelöhnen (§ 20) in Prozenten des wirklichen Arbeitsverdienstes der einzelnen Versicherten festgesetzt werden, soweit dieser fünf Mark für den Arbeitstag nicht übersteigt.

Es kommt nur auf die tatsächliche Zugehörigkeit zu einer Krankenkasse an ohne Rücksicht, ob die Zugehörigkeit nach Gesetz oder Statut begründet ist (E. 937 AN. 01 S. 633).

5. Vgl. § 1 Anm. 9.

6. Der § 3 des LUVG. vom 5. Mai 1886 ist ersetzt durch § 9 Abs. 2 des LUVG. vom 30. Juni 1900 (RGBl. S. 641), dieser lautet:

Als Jahresarbeitsverdienst gilt, soweit sich derselbe nicht aus mindestens wochenweise fixierten Beträgen zusammensetzt, das Dreihundertfache des durchschnittlichen täglichen Arbeitsverdienstes an Gehalt oder Lohn (§ 5). Für versicherte Personen in Betrieben, in welchen die übliche Betriebsweise eine höhere oder niedrigere Zahl von Arbeitstagen ergibt, wird diese Zahl statt der Zahl dreihundert der Berechnung des Jahresarbeitsverdienstes zugrunde gelegt.

Der im § 9 Abs. 2 des LUVG. zitierte § 5 lautet:

Als Gehalt oder Lohn gelten auch Tantiemen, Naturalbezüge und sonstige Bezüge, welche den Versicherten, wenn auch nur gewohnheitsmäßig, gewährt werden und ganz oder teilweise an Stelle des Gehalts oder Lohnes treten. Der Wert der Naturalbezüge ist nach Ortsdurchschnittspreisen in Ansatz zu bringen. Dieselben werden von der unteren Verwaltungsbehörde festgesetzt.

7. Die Ziff. 3 hat die hier wiedergegebene Fassung durch § 151 des See-UVG. vom 30. Juni 1900 (RGBl. S. 716) erhalten.

8. Die Festsetzung ist erfolgt durch die Bekanntmachung des Reichskanzlers vom 22. Dezember 1900 (AN. 01 S. 164).

9. § 8 des KVG. lautet:

Der Betrag des ortsüblichen Tagelohnes gewöhnlicher Tagearbeiter wird, nach Anhörung der Gemeindebehörde und nachdem Vertretern der beteiligten Arbeitgeber und der beteiligten Versicherungspflichtigen Gelegenheit zu einer Äußerung gegeben worden ist, von der höheren Verwaltungsbehörde festgesetzt und durch das für ihre amtlichen Bekanntmachungen bestimmte Blatt veröffentlicht. Änderungen der Festsetzung treten erst sechs Monate nach der Veröffentlichung in Kraft.

Die Festsetzung findet für männliche und weibliche, für Personen über und unter sechzehn Jahren besonders statt. Für Personen unter sechzehn Jahren (jugendliche Personen) kann die Festsetzung getrennt für junge Leute zwischen vierzehn und sechzehn Jahren und für Kinder unter vierzehn Jahren vorgenommen werden. Für Lehrlinge gilt die für junge Leute getroffene Festsetzung.

10. Vgl. § 1 Anm. 13.

11. Durch diese Bestimmung hat der Individuallohn (Anm. 2) mehr als bisher Berücksichtigung gefunden. Noch weiter zu gehen, schien wegen der Schwierigkeiten, die mit der Feststellung des tatsächlichen Arbeitsverdienstes verbunden sind, nicht möglich.

Im Falle des Abs. 3 ist für die Bestimmung der Lohnklasse nur die bare Vergütung ohne Anrechnung etwaiger Naturalbezüge zugrunde zu legen (B. 809 AN. 00 S. 648). Die Vereinbarung einer festen baren Vergütung liegt nicht vor, wenn zwar ein fester Wochenlohn vereinbart ist, der Lohn sich aber je nach der Leistung von Überstunden oder der Aussetzung der Arbeit ändert (E. 858 AN. 00 S. 837). Feste Vergütungen für mehrere Beschäftigungen sind zusammenzurechnen; eine feste Vergütung wird dadurch nicht schwankend, daß daneben für eine andere Beschäftigung eine schwankende Vergütung gewährt wird, sie ist vielmehr maßgebend, wenn nicht die schwankende Vergütung den Beschäftigten gemäß Abs. 2 in eine höhere Lohnklasse weist (E. 970 AN. 02 S. 394).

12. Dieser Absatz enthält eine Ausgestaltung der sog. Wichmannschen Klausel. Auf Antrag des Abgeordneten Wichmann war in das JAVG. eine Bestimmung aufgenommen worden, wonach von dem Arbeitgeber und dem Arbeitnehmer die Versicherung in einer höheren als der maßgebenden Lohnklasse vereinbart werden konnte; alsdann waren die höheren Beiträge von dem Arbeitgeber und dem Versicherten je zur Hälfte zu tragen. Nunmehr kann jeder Versicherte die Entrichtung von Beiträgen einer höheren Lohnklasse beanspruchen, er trägt dann aber den Mehrbetrag allein, wenn nicht der Arbeitgeber zur anteiligen Übernahme auch dieses Betrages bereit ist. Bezüglich der zeitlichen Beschränkung der Höherversicherung vgl. § 146 Satz 2.

§ 35.

Berechnung der Renten.

Die Renten werden nach den Lohnklassen (§ 34) und nach Jahresbeträgen berechnet. Sie bestehen aus einem in der Höhe verschiedenen Betrage, welcher, vorbehaltlich der Vorschrift des § 40 Abs. 2, von den Versicherungsanstalten aufzubringen ist, und aus einem festen Zuschusse des Reichs, der für jede Rente jährlich fünfzig Mark beträgt.

§§ 25, 26 Abs. 3 Ges. v. 1889; § 25 d. Entw.

§ 36.

1. Die Berechnung des von den Versicherungsanstalten aufzubringenden Teiles der Invalidenrenten erfolgt in der Weise, daß einem Grundbetrage die der Zahl der Beitragswochen entsprechenden Steigerungssätze hinzugerechnet werden.[1]

2. Der Grundbetrag beläuft sich:

für die Lohnklasse	I . . .	auf 60 Mark,
" " "	II . . .	" 70 "
" " "	III . . .	" 80 "
" " "	IV . . .	" 90 "
" " "	V . . .	" 100 "

3. Der Berechnung des Grundbetrags der Invalidenrente werden stets fünfhundert Beitragswochen zu Grunde gelegt. Sind weniger als fünfhundert Beitragswochen nachgewiesen, so werden für die fehlenden Wochen Beiträge der Lohnklasse I in Ansatz gebracht; sind mehr als fünfhundert Beitragswochen nachgewiesen, so sind stets die fünfhundert Beiträge der höchsten Lohnklassen zu Grunde zu legen. Kommen für diese fünfhundert Wochen verschiedene Lohnklassen in Betracht, so wird als Grundbetrag der Durchschnittt der diesen Beitragswochen entsprechenden Grundbeträge in Ansatz gebracht.[2]

4. Der Steigerungssatz beträgt für jede Beitragswoche:[3]

in der Lohnklasse	I . . .	3 Pfennig,
" " "	II . . .	6 "
" " "	III . . .	8 "
" " "	IV . . .	10 "
" " "	V . . .	12 "

Für die Beitragswoche kann nur ein Steigerungs- 5.
satz in Anrechnung gebracht werden. Sind mehr Beitragsmarken verwendet, als hiernach Beitragswochen in Anrechnung gebracht werden dürfen, und können die zu Unrecht beigebrachten Marken nicht mehr ermittelt werden, so sind die Beiträge durch Ausscheidung der für die niedrigeren Lohnklassen entrichteten Marken bis auf die zulässige Höchstzahl zu mindern.

§§ 26 Abs. 1, 117 Abs. 2 Ges. v. 1889; § 26 Abs. 1 bis 5 d. Entw.

1. Nach dem JAVG. (§ 26 Abs. 1 dort) setzte sich die Invalidenrente zusammen aus einem festen Grundbetrage von 60 Mk., den Steigerungsbeträgen von 2, 6, 9 und 13 Pf. für jede Beitragswoche je nach der Lohnklasse, und dem Reichszuschuß von 50 Mk. Auch nach dem JVG. hat die Invalidenrente diese drei Bestandteile, der Grundbetrag ist jedoch jetzt je nach der Lohnklasse verschieden (Abs. 2, 3), und die Steigerungsbeträge sind bis auf den der II. Lohnklasse geändert (Abs. 4); der Reichszuschuß ist derselbe geblieben (§ 35). Demgemäß richtet sich die Höhe der Invalidenrenten nach der Zahl und Höhe der entrichteten Beiträge, wobei Krankheitswochen usw. wie Beiträge der II. Lohnklasse wirken (§§ 30, 40 Abs. 1, 47 Abs. 4); bei jedem Versicherten ist sie also regelmäßig verschieden. Eine Abstufung der Rente je nach dem Grade der Erwerbsunfähigkeit, wie sie bei der Unfallversicherung stattfindet, ist der Invalidenversicherung fremd.

Der Mindestbetrag der Invalidenrente auf Grund des JAVG. belief sich, bei 235 Beitragswochen (vgl. § 29 Anm. 1), in den vier Lohnklassen auf 114 Mk. 70 Pf., 124 Mk. 10 Pf., 131 Mk. 15 Pf. und 140 Mk. 55 Pf. Danach waren die Invalidenrenten bei kürzerer Versicherungszeit in den einzelnen Lohnklassen ziemlich gleich. Um die höher gelohnten Arbeiter besser zu stellen, schlug deshalb der Entwurf des JVG. vor, den Grundbetrag der Invalidenrente erheblich höher als bisher, nämlich je nach der Lohnklasse auf 60, 90, 120, 150 und 180 Mk., die Steigerungssätze dagegen niedriger, nämlich auf 2, 3, 4, 5 und 6 Pf. zu bemessen; die Altersrente sollte den Grundbeträgen der Invalidenrente entsprechen. Während bei der Altersrente das Gesetz dem Entwurf gefolgt ist (§ 37), sind bei der Invalidenrente die vorgeschlagenen Grundbeträge ermäßigt, die Steigerungssätze aber erhöht worden. Diese Veränderung führte zu einer anderen Festsetzung des Teilungsverhältnisses zwischen dem Gemeinvermögen und Sondervermögen (vgl. § 33 Anm. 2). Jetzt stellt sich der Mindestbetrag der Invalidenrente bei 200 Beitragswochen in den fünf Lohnklassen auf 116, 126, 134, 142 und 150 Mk. Die Renten sind also durchweg etwas erhöht worden, ihr Unterschied in der Anfangszeit ist indes gering geblieben. Erst bei längerer Versicherung wird der Unterschied, wie auch früher, größer. Nach wie vor halten sich die Invalidenrenten, besonders in der ersten Zeit, in mäßigen Grenzen, dabei ist aber zu bedenken, daß sie nur die Möglichkeit einer bescheidenen Lebenshaltung an billigen Orten bieten sollen, und daß die Rentenempfänger meist nicht voll erwerbsunfähig sind, so daß sie mit dem Rest ihrer Arbeitskraft noch etwas verdienen können. Hinsichtlich der Übergangszeit vgl. §§ 189, 191.

2. Die runden Sätze des Abs. 2 bilden also nur dann ohne weiteres den Grundbetrag, wenn für die 500 stets in Ansatz zu bringenden Beitragswochen nur eine Lohnklasse in Betracht kommt. Kommen dagegen für die 500 Wochen verschiedene Lohnklassen in Frage, so muß eine Durchschnittsberechnung angestellt werden. Dies ist auch dann der Fall, wenn in den Lohnklassen II bis V weniger als 500 Wochen nachgewiesen sind, denn die fehlenden Wochen werden stets aus der I. Lohnklasse ergänzt (Ergänzungswochen). Sind in der I. Lohnklasse weniger als 500 Wochen nachgewiesen, so bleibt es bei dem Grundbetrag dieser Lohnklasse, da aus ihr die fehlenden Wochen ergänzt werden. Sind mehr als 500 Beitragswochen nachgewiesen, so kommen nur die 500 der höchsten Lohnklassen in Ansatz. Der Grundbetrag stellt sich z. B.:

a) bei 200 Beitragswochen II. Kl. (darunter auch Krankheitswochen usw.) und 300 Beitragswochen IV. Kl. auf

$$\frac{200 \times 70 \text{ Mk.}}{500} = 28 \text{ Mk. und } \frac{300 \times 90 \text{ Mk.}}{500} = 54 \text{ Mk.},$$

zusammen auf 82 Mk.,

b) bei 50 Beitragswochen I., 150 II. und 225 III. Kl., insgesamt 425 Wochen, so daß 75 Ergänzungswochen I. Kl. hinzukommen, auf

$$\frac{(50+75) \times 60 \text{ Mk.} + 150 \times 70 \text{ Mk.} + 225 \times 80 \text{ Mk.}}{500} = 72 \text{ Mk.}$$

c) bei 75 Beitragswochen I., 125 II. und 400 IV. Kl., insgesamt 600 Wochen, so daß nur die 400 Wochen IV. und 100 II. Kl. in Ansatz kommen, auf

$$\frac{100 \times 70 \text{ Mk.} + 400 \times 90 \text{ Mk.}}{500} = 86 \text{ Mk.}$$

In der Übergangszeit (§ 189) rechnen für den Grundbetrag die vorgesetzlichen Wochen in der I. Lohnklasse mit. — Die Höhe des Grundbetrages ist abgesehen von der Berechnung der Invalidenrente noch von Bedeutung für die Fälle des § 48 Abs. 1 Ziff. 1, 2.

3. Die Steigerungssätze sind mit der vollen Zahl der Beitrags- (Krankheits- usw.) Wochen zu vervielfältigen. Bei der Rentensteigerung kommen also, wenn mehr als 500 Beitragswochen nachgewiesen sind, nicht bloß die bei der Berechnung des Grundbetrages berücksichtigten 500 Wochen, sondern auch die darüber hinaus nachgewiesenen Beitragswochen zur Anrechnung. Die beim Grundbetrag aus der I. Lohnklasse herangezogenen Ergänzungswochen rechnen dagegen nicht mit; ebensowenig die vorgesetzlichen Wochen. Die Invalidenrente stellt sich also in dem Beispiel b Anm. 2 auf:

Grundbetrag		72 Mk.
Steigerung		
50 × 3 Pf. =	1,50 Mk.	
150 × 6 Pf. =	9,00 Mk.	
225 × 8 Pf. =	18,00 Mk.	
	28,50 Mk.	28 Mk. 50 Pf.
Reichszuschuß		50 Mk.
		150 Mk. 50 Pf.

in dem Beispiel c Anm. 2 auf:

Grundbetrag		86 Mk.
Steigerung		
75 × 3 Pf. =	2,25 Mk.	
125 × 6 Pf. =	7,50 Mk.	
400 × 10 Pf. =	40,00 Mk.	
	49,75 Mk.	49 Mk. 75 Pf.
Reichszuschuß		50 Mk.
		185 Mk. 75 Pf.

Zur leichteren Ermittelung der Grundbeträge und der Steigerung der Invalidenrenten dienen die vom Reichs-Versicherungsamt aufgestellten Tafeln 1 und 2, AN. 00 S. 187 ff.

Am einfachsten ist folgende Berechnung der Invalidenrenten:

Sind 500 oder weniger Beitragswochen nachgewiesen, so wird zu 110 Mk. (Grundbetrag der I. Kl. und Reichszuschuß) hinzugerechnet, was man erhält, wenn man die Zahl der nachgewiesenen Beitragswochen vervielfältigt

in der Lohnklasse I mit 3 Pf. (die Ergänzungswochen bleiben unberücksichtigt)
" " " II " 8 Pf. (hier rechnen die Krankheitswochen usw. mit)
" " " III " 12 Pf.
" " " IV " 16 Pf.
" " " V " 20 Pf.

Sind mehr als 500 Beitragswochen nachgewiesen, so verfährt man mit den 500 höchsten Beitragswochen ebenso und rechnet für jede weitere Woche je nach der Lohnklasse den gewöhnlichen Steigerungssatz von 3, 6, 8, 10, 12 Pf. hinzu.

Die Renten werden monatlich im voraus gezahlt, dabei wird der Monatsbetrag nötigenfalls auf volle 5 Pf. nach oben abgerundet (§ 38). Da bei einer Jahresrente von 185 Mk. 75 Pf. der zwölfte Teil 15 Mk. 47 Pf. beträgt, monatlich jedoch rund 15 Mk. 50 Pf. zu zahlen sind, so erhält der Berechtigte tatsächlich jährlich 186 Mk.

§ 37.

Der von den Versicherungsanstalten aufzubringende 1.
Teil der Altersrente[1] beträgt:

in der Lohnklasse	I . . .	60 Mark,
" " "	II . . .	90 "
" " "	III . . .	120 "
" " "	IV . . .	150 "
" " "	V . . .	180 "

Kommen Beiträge in verschiedenen Lohnklassen 2.
in Betracht, so wird der Durchschnitt der diesen Beiträgen entsprechenden Altersrente gewährt. Sind mehr als eintausendzweihundert Beitragswochen nachgewiesen, so sind die eintausendzweihundert Beiträge der höchsten Lohnklassen der Berechnung zugrunde zu legen.[2]

§ 26 Abs. 2 Ges. v. 1889; § 26 Abs. 6 d. Entw.

1. Die Altersrente soll nur einen Zuschuß zu dem Arbeitsverdienst bilden, den erwerbsfähige Leute von 70 und mehr Jahren (§ 15 Abs. 3) noch erzielen können. Sie ist daher im allgemeinen niedriger als die Invalidenrente. Nach dem JAVG. (§ 26 Abs. 2 dort) wurde die Altersrente in der Weise berechnet, daß die Wartezeit von 1410 Beitragswochen (vgl. § 29 Anm. 1), soweit sie nicht nach dem Inkrafttreten der Versicherungspflicht zurückgelegt war, als erfüllt unterstellt (§§ 157 bis 159 des JAVG.), und ein Betrag von 4, 6, 8, 10 Pf. je nach der Lohnklasse für jede Woche in Ansatz gebracht wurde; dazu kam der Reichszuschuß. Wie nach dem JAVG. so setzt sich auch nach dem JVG. die Altersrente aus zwei Teilen zusammen. Nach dem Entwurf des JVG. sollte sie aus dem Grundbetrag der Invalidenrente und dem Reichszuschuß bestehen. Das Gesetz setzte dann die für die Invalidenrente vorgeschlagenen Grundbeträge von 60, 90, 120, 150, 180 Mk. herab, ließ es aber für die Altersrente bei den vorgeschlagenen Sätzen (vgl. § 36 Anm. 1). Dadurch sind auch die Altersrenten gegen früher erhöht worden.

2. Die im Abs. 1 aufgeführten Sätze bilden mit dem Reichszuschuß die jährliche Altersrente, wenn nur Beitragswochen derselben Lohnklasse in Frage kommen. Der geringste Betrag der Altersrente ist also 110, der höchste 230 Mk. Bei Beitragswochen verschiedener Lohnklassen ist eine Durchschnittsberechnung anzustellen. Dabei kommen höchstens 1200 (vgl. § 29 Anm. 1) und nach § 192 mindestens 400 Beitragswochen in Ansatz. Sind 400 und mehr Beitragswochen nachgewiesen, so tritt die nachgewiesene Anzahl an die Stelle der Zahl 1200 (§ 192 Satz 2). Die Altersrente stellt sich also bei 150 Beitragswochen II. und 375 IV. Lohnklasse, zusammen 525 Wochen, auf

$$\frac{150 \times 90 \text{ Mk.} + 375 \times 150 \text{ Mk.}}{525} + 50 \text{ Mk.} = 182 \text{ Mk.}$$

86 Pf. (eigentlich 182,857... Mk.; vgl. § 38 Anm. 1).

Sind weniger als 400 Beitragswochen nachgewiesen, so werden Ergänzungswochen aus derjenigen Lohnklasse herangezogen, die dem durchschnittlichen Jahresarbeitsverdienst des Versicherten während der letzten drei Jahre vor dem Tage entspricht, an dem für ihn die Versicherungspflicht in Kraft getreten ist (§ 192 Satz 1). Die Altersrente beträgt in einem solchen Falle bei 250 Beitragswochen II. und 150 Ergänzungswochen I. Lohnklasse

$$\frac{250 \times 90 \text{ Mk.} + 150 \times 60 \text{ Mk.}}{400} + 50 \text{ Mk.} = 128 \text{ Mk. } 75 \text{ Pf.}$$

Zur leichteren Auffindung des Vielfachen der Lohnklassensätze dient die vom Reichs-Versicherungsamt aufgestellte Tafel 3, AN. 00 S. 198 ff.

Wegen Abrundung der Monatsbeträge vgl. § 38.

§ 38.

Die Renten sind auf volle fünf Pfennig für den Monat nach oben abzurunden [1] und in monatlichen Teilbeträgen im voraus zu zahlen [2]. Für denjenigen Kalendermonat, in welchem die den Wegfall

oder das Ruhen des Rentenanspruchs bewirkende Tatsache eintritt, ist der gezahlte Monatsbetrag der Rente zu belassen[3].

§ 26 Abs. 4 Ges. v. 1889; § 26 Abs. 7 d. Entw.

1. Nur die vollen Monatsbeträge, nicht die Jahresbeträge sind so abzurunden. Auch die Monatsbeträge teilweise ruhender Renten (§ 48) werden auf volle fünf Pfennig abgerundet (B. 229 AN. 93 S. 72). Dagegen sind auf Monatsteile fallende Beträge nicht abzurunden; hier werden Bruchteile unter 1/2 Pf. weggelassen, Bruchteile von 1/2 Pf. und mehr als volle Pfennige gerechnet (B. 6 AN. 91 S. 54).

2. Hieraus folgt, daß im Fall eines im Laufe eines Monats beginnenden und im Laufe eines späteren Monats endenden Rentenbezugs für die in die Bezugszeit fallenden vollen Kalendermonate der Monatsbetrag als solcher anzusetzen ist und für die vorher und nachher liegenden Monatsteile die Berechnung nach Tagen einzutreten hat (RE. 961 AN. 02 S. 385). Die vorschußweise Zahlung mehrerer Monatsbeträge ist gesetzlich nicht zulässig.

3. Nur der bereits gezahlte Monatsbetrag ist zu belassen. Ihm steht der fällige, aber nicht abgehobene Monatsbetrag nicht gleich; die gegenteilige Annahme des B. 945 AN. 01 S. 639 ist irrtümlich (vgl. Isenbart, Spielhagen: das IVG. § 38 Anm. 4). Auf Fälle, in denen der Endpunkt des Rentenbezugs schon beim Erlaß des Rentenbescheids feststeht, findet die Vorschrift des Satzes 2 keine Anwendung; ebenso im Falle des Ruhens der Altersrente beim Bezuge von Invalidenrente (§ 48 Abs. 3).

§ 39.

Für einen Versicherten, welcher bei einer der nach §§ 8, 10, 11 zugelassenen Kasseneinrichtungen beteiligt gewesen ist, wird[1] **bei Berechnung der Rente für jede Woche der Beteiligung nach dem 1. Januar 1891 diejenige Lohnklasse in Rechnung**

gebracht, welcher derselbe nach dem von ihm wirklich bezogenen Lohne angehört haben würde, wenn er bei einer Versicherungsanstalt versichert gewesen wäre. Hat der Versicherte gleichzeitig einer Knappschaftskasse oder einer Orts-, Betriebs- (Fabrik-), Bau- oder Innungs-Krankenkasse angehört, so bestimmt sich die in Rechnung zu bringende Lohnklasse nach den Bestimmungen des § 34 Abs. 2 Ziffer 1 beziehungsweise 4 und des § 34 Abs. 3.

§ 27 Ges. v. 1889; § 27 d. Entw.

1. Soweit nicht die Kasseneinrichtungen für die Beitragsleistung das Lohnklassensystem des § 34 angenommen haben. Die bisher zugelassenen Kasseneinrichtungen haben es sämtlich angenommen.

§ 40.

1. Für die nach § 30 als Beitragszeit geltende Dauer bescheinigter Krankheiten und militärischer Dienstleistungen wird bei Berechnung der Rente die Lohnklasse II zu Grunde gelegt.

2. Den auf die Dauer militärischer Dienstleistungen entfallenden Anteil der Rente übernimmt das Reich (§ 125).

§ 28 Ges. v. 1889; § 28 d. Entw.

§ 41.

1. Die Invalidenrente beginnt mit dem Tage, an welchem der Verlust der Erwerbsfähigkeit eingetreten ist. Als dieser Zeitpunkt gilt, sofern nicht ein anderer in der Entscheidung festgestellt wird, der

Tag, an welchem der Antrag auf Bewilligung der Rente bei der zuständigen Behörde eingegangen ist (§ 112 Abs. 1).[1]

Die Altersrente beginnt frühestens mit dem ersten Tage des einundsiebenzigsten Lebensjahrs.[2] 2.

Für Zeiten, die beim Eingange des Antrags auf Bewilligung einer Rente länger als ein Jahr zurückliegen, wird die Rente nicht gewährt.[3] 3.

Stirbt ein Versicherter, dessen Rentenantrag noch zu seinen Lebzeiten bei der zuständigen Behörde eingegangen war, so ist zur Fortsetzung des Verfahrens und im Falle der Bewilligung der Rente zum Bezuge der bis zum Todestage fälligen Rentenbeträge[5] an erster Stelle der Ehegatte[6] berechtigt, sofern derselbe mit dem Rentenberechtigten bis zu dessen Tode in häuslicher Gemeinschaft gelebt hat; wenn ein solcher nicht vorhanden ist, tritt die Rechtsnachfolge nach den Bestimmungen des bürgerlichen Rechtes ein.[7] 4.[4]

§ 29 Abs. 1, Abs. 2 Satz 1 Ges. v. 1889; § 29 d. Entw.

1. Grundsätzlich beginnt also die Invalidenrente mit dem Tage, an dem die Erwerbunfähigkeit (§§ 15, 16) eingetreten ist. Da die Feststellungsbehörden verpflichtet sind, von Amts wegen den Sachverhalt aufzuklären, müssen sie mit allen zu Gebote stehenden Mitteln (ärztlichen Gutachten, Zeugenaussagen usw.) versuchen, diesen Tag festzustellen. Nur wenn er sich nicht ermitteln läßt, entscheidet für den Rentenbeginn der Tag des Einganges des Rentenantrags, und zwar des Einganges bei der zur Entgegennahme von Rentenanträgen zuständigen Behörde. Welche Behörden zuständig sind, bestimmt § 112 Abs. 1 (vgl. dort Anm. 3, 6). Die Vorschrift des § 114 Abs. 3 findet hier nicht entsprechende Anwendung. Wird die Gewährung der Invalidenrente von einem nach dem Eintritt der Erwerbsunfähig-

keit liegenden Zeitpunkt an beantragt, so ist dieser Zeitpunkt für den Rentenbeginn maßgebend, vorausgesetzt daß bei der Stellung des Antrags der Wille obgewaltet hat, auf den Rentenanspruch für die Zwischenzeit zu verzichten, oder daß dem Antrag kein Willensmangel anhaftet (RE. 928, 1023, 1056, AN. 01 S. 612, 02 S. 687, 03 S. 391).

2. Die Altersrente beginnt ohne Rücksicht auf den Zeitpunkt der Antragstellung, soweit nicht Abs. 3 entgegensteht, mit dem ersten Tage des 71. Lebensjahres, wenn bis dahin die Wartezeit erfüllt ist; ist diese erst später erfüllt, so beginnt die Altersrente entsprechend später (RE. 155 AN. 92 S. 107), und zwar nach Zurücklegung derjenigen Kalenderwoche, für die die letzte der zur Belegung der Wartezeit erforderlichen Marken beigebracht ist (RE. 331, 613 AN. 94 S. 79, 97 S. 520).

3. Maßgebend ist auch hier der Eingang des Antrags bei der zuständigen Behörde (vgl. Anm. 1). Nach dem JAVG. mußten die Renten unbeschränkt nachgezahlt werden; jetzt ist die Nachzahlung auf ein Jahr beschränkt, weil das Gesetz im allgemeinen nur fortlaufende Unterstützungen gewähren will. Die Bestimmung des Abs. 3 hat nicht die Bedeutung einer Verjährungsvorschrift; sie bedeutet vielmehr, daß der Rentenanspruch durch die Unterlassung seiner früheren Anmeldung schlechthin für die länger als ein Jahr zurückliegende Zeit verwirkt ist, ohne Rücksicht auf die Gründe, aus denen die frühere Anmeldung unterblieben ist (RE. 883 AN. 01 S. 201). Im Falle der Wiederholung eines Rentenanspruchs entscheidet der letzte Antrag, nicht ein älterer erfolgloser Antrag (RE. 834 AN. 00 S. 699). Wird aber während eines Feststellungsverfahrens im Wege der Klageänderung statt der zuerst verlangten Altersrente die Invalidenrente gefordert oder umgekehrt, so bleibt der erste, das Verfahren einleitende Antrag maßgebend (RE. 910 AN. 01 S. 433).

4. Daß die Rentenansprüche ebenso wie andere vermögensrechtliche Ansprüche und Pflichten einer Rechtsnachfolge beim Tode des Rentenbewerbers unterliegen, war auch für das Recht des JAVG. anerkannt (RE. 230 AN. 93 S. 73). Nicht aber die bloße Aussicht (Anwartschaft) auf die dereinstige Erlangung

einer Rente, sondern nur der bereits erworbene Rentenanspruch bildet ein Vermögensrecht in dem Sinne, daß von einer Rechtsnachfolge die Rede sein kann. Erworben ist der Anspruch, wenn die sämtlichen gesetzlichen Voraussetzungen erfüllt sind. Hierzu gehört auch, daß der Versicherte die Bewilligung der Rente beantragt hat. Dieser Antrag kann von den Erben nicht nachgeholt werden (RE. 289, 555, 1225 AN. 93 S. 142, 97 S. 274, 05 S. 495). Vgl. Begründung S. 270. Wegen der abweichenden Behandlung der ersatzberechtigten Gemeinden und Armenverbände vgl. § 50 Abs. 2. Auch die Ansprüche auf Beitragserstattung (§§ 42 bis 44) gehen auf die Rechtsnachfolger über, wenn der Erstattungsberechtigte die Erstattung noch beantragt hat (RE. 666 AN. 98 S. 372).

5. Die für die Rechtsnachfolger festzusetzende Rente endet, wie sich aus § 38 Satz 2 ergibt, mit dem Todestage, nicht mit dem letzten Tage des Sterbemonats (RE. 798 AN. 00 S. 610).

6. Die Witwe des während des Rentenfeststellungsverfahrens gestorbenen Versicherten hat die Wahl zwischen der Rente oder der Beitragserstattung aus § 44 Abs. 1. Die Versicherungsanstalt hat in solchem Falle den Antrag der Witwe abzuwarten, hat sie aber billigerweise zu belehren, wenn sie einen ihr unvorteilhaften Antrag stellt (B. 862, 863 AN. 00 S. 840). Das gleiche Wahlrecht steht unter den Voraussetzungen des § 44 Abs. 1, 2 dem Witwer und den Kindern unter 15 Jahren zu.

7. Die Aufnahme des durch den Tod unterbrochenen Verfahrens (vgl. §§ 239 ff. der CPO.) erfolgt durch eine Erklärung der Rechtsnachfolger, daß sie das Verfahren fortsetzen wollen. Auch einzelne Erben sind zur Aufnahme berechtigt (RE. 444 AN. 95 S. 238). Eine Verpflichtung der Renteninstanzen zur Ermittlung der Erben besteht nicht (B. 57 AN. 91 S. 164). In der Revisionsinstanz muß aber die Versicherungsanstalt, wenn sie das Rechtsmittel eingelegt hat und es nicht zurücknimmt, die Rechtsnachfolger des Klägers ermitteln und gegen sie das Verfahren aufnehmen.

Über das Verhältnis des Rentenanspruchs der Erben zu dem Anspruch der aus § 44 Erstattungsberechtigten vgl. § 44 Abs. 4.

§ 42.

Erstattung von Beiträgen.[1]

1. **Weiblichen Personen, welche eine Ehe eingehen[2], bevor ihnen die eine Rente (§§ 15, 16) bewilligende Entscheidung zugestellt ist, steht ein Anspruch auf Erstattung der Hälfte der für sie geleisteten Beiträge[3] zu, wenn die letzteren vor Eingehung der Ehe für mindestens zweihundert Wochen entrichtet worden sind. Dieser Anspruch muß bei Vermeidung des Ausschlusses vor Ablauf eines Jahres nach dem Tage der Verheiratung geltend gemacht werden.[4] Der zu erstattende Betrag wird auf volle Mark nach oben abgerundet.**
2. **Mit der Erstattung erlischt die durch das frühere Versicherungsverhältnis begründete Anwartschaft.[5]**

§ 30 Ges. v. 1889; § 30 d. Entw.

1. Hier handelt es sich um die Erstattung von Beiträgen, die zu Recht entrichtet worden sind; über die Zurückzahlung zu Unrecht entrichteter Beiträge bestimmen §§ 158, 160.

Im Verhältnis zu den Renten bildet die Beitragserstattung auf Grund der §§ 42 bis 44 nur einen Nebengegenstand der Versicherung, über deren eigentlichen Rahmen sie herausgeht. Auf Rücksichten der Billigkeit beruhend, soll sie einen Ersatz dafür bieten, daß die Beitragsleistung nicht zum Rentenbezuge geführt hat. Diese Erwägung hat jedoch nur volle Berechtigung bei der Beitragserstattung im Falle des Todes des Versicherten (§ 44), und man hat in diesem Fall in der Beitragserstattung mit Recht den Anfang einer Witwen- und Waisenversorgung erblickt. In den beiden anderen Fällen, dem der Eheschließung (§ 42) und dem der Erwerbsunfähigkeit infolge Betriebsunfalls (§ 43), ist die Beitragserstattung von zweifelhaftem Wert, denn hier wiegt sie meistens nicht die Vorteile auf, die aufgegeben werden.

Der Betrag, der gezahlt wird, ist nur gering und bald vertan. Demgegenüber steht die wertvolle Aussicht auf spätere Erlangung einer Rente und auf Heilbehandlung in Krankheitsfällen. Damit diese Aussicht erhalten bleibt, brauchen Frauen, die mit ihrer Verheiratung aus der Zwangsversicherung ausscheiden, nur ein kleines Opfer zu bringen, indem sie die Versicherung freiwillig fortsetzen und jährlich wenigstens 10 Beiträge, oder praktisch monatlich einen Beitrag, entrichten (§ 46 Abs. 1); das ist bei 10 Beiträgen in der Lohnklasse I nur eine jährliche Ausgabe von 1 Mk. 40 Pf. Den durch einen Betriebsunfall erwerbsunfähigen Personen aber bleibt kraft Gesetzes (§ 46 Abs. 2 Ziff. 2) jene Aussicht erhalten, und sie ist auch für diese Personen von Wert, denn die Unfallrente, die sie erhalten, kann infolge Besserung ihres Zustandes ganz oder zum Teil wegfallen; werden sie dann später aus einem mit dem Unfall nicht zusammenhängenden Grunde wieder erwerbsunfähig, so haben sie keinen Rentenanspruch, wenn sie sich die Beiträge haben erstatten lassen. Es kann also nur abgeraten werden, daß die Versicherten in diesen Fällen von dem Recht auf Beitragserstattung Gebrauch machen. Jedenfalls sollten sie sich die Sache recht reiflich überlegen. Ist die Beitragserstattung einmal erfolgt, und dies ist der Fall, sobald dem Berechtigten der Erstattungsbescheid zugestellt ist (B. 861 AN. 00 S. 839), so kann sie durch Widerruf des Erstattungsantrags nicht mehr rückgängig gemacht werden (B. 559 AN. 97 S. 277).

Abgesehen von dem Erstattungsfall (Versicherungsfall): Eheschließung, dauernde Erwerbsunfähigkeit durch Betriebsunfall, Tod, ist Voraussetzung für die Beitragserstattung, daß bis zum Eintritt des Falls für den Versicherten Beiträge in hinreichender Zahl geleistet sind, und daß die Erstattung in der gesetzmäßigen Frist beantragt ist.

Was die Beiträge betrifft, so darf die Anwartschaft aus dem Versicherungsverhältnis, auf Grund dessen sie geleistet sind, nicht erloschen sein (§ 46), denn die Bestimmungen über die Anwartschaft greifen ebenso bei Beitragserstattungsansprüchen wie bei Rentenansprüchen Platz. Durch den Eintritt des Erstattungsfalls wird das Erlöschen der Anwartschaft, wenn es nicht schon früher erfolgt ist, gehindert (B. 1016 AN. 02 S. 601). Auf die erforderliche Anzahl von Beiträgen werden Krankheits- und Militärdienstwochen angerechnet (§ 30 Abs. 2); für diese Wochen kann aber nichts erstattet werden, da keine Beiträge für sie geleistet worden sind. Pflichtbeiträge, die aus der vor dem Versicherungsfall liegenden Zeit rückständig sind, können in den Grenzen des § 146 nachgebracht werden. Über die nachträgliche Entrichtung freiwilliger Beiträge vgl. § 146 Anm. 8.

Die Fristen zur Geltendmachung des Erstattungsanspruchs (§§ 42 Abs. 1 Satz 2, 43 Satz 2, 44 Abs. 3) kennzeichnen sich nach dem Wortlaut des Gesetzes als Ausschlußfristen, deren Wesen darin besteht, daß ihre Versäumung der Regel nach das Recht beseitigt ohne Rücksicht auf Hindernisse, die der Ausübung des Rechts entgegenstanden. Wie aber das bürgerliche Recht bei einzelnen Ausschlußfristen auf solche Hindernisse Rücksicht nimmt, indem es auf den Lauf der Fristen gewisse Vorschriften über die Verjährung für anwendbar erklärt, so sind auch hier aus Billigkeitsgründen gewisse Hindernisse nach Maßgabe der Verjährungsvorschriften zu berücksichtigen. Von letzteren kommen in Betracht die §§ 203, 205 bis 207 des BGB., betreffend die Hemmung der Verjährung durch höhere Gewalt, im Falle des Vertretungsmangels bei Geschäftsunfähigkeit und im Erbschaftsfall (B. 1098 AN. 03 S. 601).

Über die Vererblichkeit der Erstattungsansprüche vgl. § 41 Anm. 4. Der Erstattung von Beiträgen an Personen, die im Auslande wohnen, steht nichts entgegen (RE. 695 AN. 98 S. 635).

Das Verfahren in Beitragserstattungssachen ist geregelt durch § 128. Wegen der Auszahlung der Erstattungsbeträge vgl. § 123 Anm. 2.

2. Im Falle der Wiederverheiratung erstreckt sich der Erstattungsanspruch auch auf die bis zur ersten Eheschließung geleisteten, noch nicht erstatteten Beiträge (RE. 324, B. 1097 AN. 96 S. 360, 03 S. 600).

3. Vgl. Anm. 1. Auch die freiwilligen Beiträge sind bei der Erstattung zu berücksichtigen.

4. Vgl. Anm. 1. Durch die Fortsetzung der versicherungs-

pflichtigen Beschäftigung nach Eingehung der Ehe wird der Lauf der Frist nicht gehemmt.

5. Die Anwartschaft lebt auch später nicht wieder auf, es kann vielmehr nur eine neue Anwartschaft begründet werden; § 46 Abs. 4 findet hier keine Anwendung.

§ 43.

Werden versicherte Personen durch einen Unfall[1] dauernd erwerbsunfähig im Sinne dieses Gesetzes und steht ihnen nach § 15 Abs. 2 Satz 2 für die Zeit des Bezugs der Unfallrente ein Anspruch auf Invalidenrente nicht zu[2], so ist ihnen auf ihren Antrag die Hälfte der für sie entrichteten Beiträge zu erstatten.[3] Der Anspruch muß bei Vermeidung des Ausschlusses vor Ablauf von zwei Jahren nach dem Unfalle geltend gemacht werden.[4] Die Bestimmungen des § 42 Abs. 1 Satz 3 und Abs. 2 finden Anwendung.

1. Es handelt sich hier nur um Betriebsunfälle im Sinne der Unfallversicherungsgesetze. Auf Unfälle aus der Zeit vor dem Inkrafttreten des JVG., das diesen Erstattungsanspruch neu geschaffen hat, also auf Unfälle, die sich vor dem Jahre 1900 ereignet haben, findet § 43 keine Anwendung (B. 803 AN. 00 S. 613).

2. Der Umstand, daß für die ersten 13 Wochen nach dem Unfall die Invalidenrente gewährt worden ist, steht dem Erstattungsanspruch nicht entgegen (B. 1017 AN. 02 S. 601); ebenso steht umgekehrt dem Anspruch auf Invalidenrente für jene Wochen nicht der Umstand entgegen, daß die Beitragserstattung aus § 43 erfolgt ist.

3. Aus dem Hinweis auf § 15 folgt, daß die Wartezeit für die Invalidenrente erfüllt sein muß; auch dieser Erstattungsanspruch setzt also voraus, daß mindestens 200 Beiträge ge-

leistet sind. Vgl., besonders wegen der mit der Erstattung verbundenen Gefahr, § 42 Anm. 1.

4. Die Frist richtet sich lediglich nach dem Zeitpunkt des Unfalls, nicht nach dem Zeitpunkt, an dem die dauernde Erwerbsunfähigkeit infolge des Unfalls eingetreten oder festgestellt ist. Vgl. § 42 Anm. 1.

§ 44.

1. Wenn eine männliche Person, für welche mindestens für zweihundert Wochen Beiträge entrichtet worden sind, verstirbt, bevor ihr die eine Rente (§§ 15, 16) bewilligende Entscheidung zugestellt ist[1], so steht der hinterlassenen Witwe oder, falls eine solche nicht vorhanden ist[2], den hinterlassenen ehelichen Kindern[3] unter fünfzehn Jahren ein Anspruch auf Erstattung der Hälfte der für den Verstorbenen entrichteten Beiträge zu.[4]

2. Wenn eine weibliche Person, für welche mindestens für zweihundert Wochen Beiträge entrichtet worden sind, verstirbt, bevor ihr die eine Rente (§§ 15, 16) bewilligende Entscheidung zugestellt ist, so steht den hinterlassenen vaterlosen[5] Kindern unter fünfzehn Jahren ein Anspruch auf Erstattung der Hälfte der für die Verstorbene entrichteten Beiträge zu. Ein gleicher Anspruch steht unter denselben Voraussetzungen den hinterlassenen, noch nicht fünfzehn Jahre alten Kindern einer solchen weiblichen Person zu, deren Ehemann sich von der häuslichen Gemeinschaft ferngehalten und sich der Pflicht der Unterhaltung der Kinder entzogen hat. War die weibliche Person wegen Erwerbsunfähigkeit ihres

Ehemanns die Ernährerin der Familie[6], so steht ein gleicher Erstattungsanspruch dem hinterlassenen Witwer zu.

Der Erstattungsanspruch muß bei Vermeidung des Ausschlusses vor Ablauf eines Jahres nach dem Tode des Versicherten erhoben werden. Der zu erstattende Betrag wird auf volle Mark nach oben abgerundet. 3.

Schwebt beim Tode des Versicherten bereits ein Rentenfeststellungsverfahren, so schließt der Erstattungsanspruch den Anspruch der Erben auf die rückständigen Rentenbeträge aus, solange nicht eine den letzteren anerkennende Entscheidung zugestellt ist.[7] 4.

Vorstehende Bestimmungen finden keine Anwendung, soweit den Hinterbliebenen aus Anlaß des Todes des Versicherten auf Grund der Unfallversicherungsgesetze Renten gewährt werden.[8] 5.

§ 31 Ges. v. 1889; § 31 d. Entw.

1. Eine eine Rente bewilligende Entscheidung ist auch die Entscheidung, die mit der Bewilligung zugleich das Ruhen der Rente gemäß § 48 ausspricht (§ 1187 AN. 05 S. 284). Die Erstattung wird durch den vorübergehenden Bezug der Krankenrente aus § 16 auch dann ausgeschlossen, wenn nach dem Wegfall der Rente die Wartezeit von neuem erfüllt ist (B. 891 AN. 01 S. 392). Ebenso ist die Erstattung hinsichtlich derjenigen Beiträge ausgeschlossen, die nach Bewilligung der Altersrente zur Erlangung der Invalidenrente entrichtet worden sind (RE. 745 AN. 99 S. 556).

2. Eine Witwe ist auch dann nicht vorhanden, wenn die Ehe durch richterlichen Ausspruch getrennt ist (B. 842 AN. 00 S. 725).

3. Diese sind auch erstattungsberechtigt, wenn die Mutter den Vater zwar überlebt hat, aber demnächst gestorben ist, ohne ihrerseits den Erstattungsanspruch geltend gemacht zu haben;

sie müssen aber die auch für sie mit dem Tode des Vaters beginnende Antragsfrist (Abs. 3) innehalten (RE. 786 AN. 00 S. 362).

4. Vgl. § 42 Anm. 1.

5. Bei dem Tode männlicher Personen haben den Anspruch gegebenenfalls nur deren eheliche, bei dem Tode weiblicher Personen dagegen auch deren uneheliche Kinder. Der Stiefvater ist kein Vater im Rechtssinne dieser Vorschrift (RE. 787 AN. 00 S. 363).

6. Ernährerin der Familie ist die Frau gewesen, wenn sie die Familie, mag diese auch nur aus ihr und dem Manne bestanden haben, durch ihren Verdienst vor einer Notlage bewahrt hat (B. 1062 AN. 03 S. 396).

7. Tritt der Tod in der Zeit zwischen der Anmeldung und der Anerkennung des Rentenanspruchs ein, so ist an sich sowohl der Anspruch auf die Rente in der Person der Erben, als auch der Anspruch auf Beitragserstattung für die nach § 44 Berechtigten entstanden (vgl. § 41 Abs. 4). Treten beide Ansprüche, insbesondere von verschiedenen Personen geltend gemacht, an die Feststellungsbehörde heran, so soll der Erstattungsanspruch als der stärkere dem Rentenanspruche so lange vorgehen, als nicht eine den Rentenanspruch anerkennende Entscheidung zugestellt ist. Ist nur der Rentenanspruch von den Erben geltend gemacht, aber anzunehmen, daß Erstattungsberechtigte vorhanden sind, so sind letztere zu ermitteln, und es ist ihnen vor Erlaß des Rentenbescheides zur Geltendmachung des Erstattungsanspruchs Gelegenheit zu geben (vgl. Begr. S. 272). Der Abs. 4 gilt auch beim Zusammentreffen von Ersatzansprüchen der Armenverbände mit Erstattungsansprüchen von Hinterbliebenen (§ 50 Abs. 2).

8. Die Beitragserstattung fällt nur dann weg, wenn diejenigen Hinterbliebenen, die gegebenenfalls als Berechtigte in Betracht kommen, eine Unfallrente erhalten (RE. 702, E. 1028 AN. 99 S. 280, 03 S. 262). Das bloße Bestehen eines noch nicht durchgeführten Anspruchs auf (Unfall=) Hinterbliebenenrente berechtigt nicht zur Ablehnung der Beitragserstattung (RE. 746 AN. 99 S. 557). Vgl. § 128 Abs. 3.

§ 45.

Durch übereinstimmenden Beschluß des Vorstandes und des Ausschusses kann bestimmt werden, daß die Ueberschüsse des Sondervermögens einer Versicherungsanstalt über den zur Deckung ihrer Verpflichtungen dauernd erforderlichen Bedarf zu anderen als den im Gesetze vorgesehenen Leistungen im wirtschaftlichen Interesse der der Versicherungsanstalt angehörenden Rentenempfänger, Versicherten sowie ihrer Angehörigen verwendet werden.[1] 1.

Solche Beschlüsse bedürfen der Genehmigung des Bundesrats. Die Genehmigung kann widerrufen werden, wenn das Sondervermögen der Versicherungsanstalt zur dauernden Deckung ihrer Verpflichtungen nicht mehr ausreicht. 2.

§ 31 a d. Entw.

1. Das Gesetz will hier denjenigen Versicherungsanstalten, deren Vermögenslage besonders günstig ist, gestatten, daß sie zweifellos als überschüssig sich ergebende Mittel zu Leistungen verwenden, die nicht schon vom Gesetz zugelassen sind. Für solche Mehrleistungen kommen z. B. in Betracht die Erhöhung der Angehörigenunterstützung, sowie deren Gewährung an Sonn- und Feiertagen (§ 18 Abs. 4), die Erhöhung des zulässigen Höchstbetrages beim Zusammentreffen von Invaliden- und Unfallrente (§ 48 Abs. 1 Ziff. 1), Begräbnis- und Sterbegelder. Dagegen gehören nicht hierher, weil vom Gesetz vorgesehen, Leistungen für das Heilverfahren (§ 18) und für Invalidenhäuser (§ 25). Die eigentlichen Hauptleistungen des Gesetzes, insbesondere die Renten, müssen nach Höhe und Voraussetzung unverändert bleiben (vgl. Begründung S. 273, Reichstagsdrucksachen 1899 S. 2295 ff.).

§ 46.

Erlöschen der Anwartschaft.[1]

1.[2] Die aus der Versicherungspflicht sich ergebende Anwartschaft erlischt[3], wenn während zweier Jahre nach dem auf der Quittungskarte (§ 131) verzeichneten Ausstellungstag[4] ein die Versicherungspflicht begründendes Arbeits- oder Dienstverhältnis, auf Grund dessen Beiträge entrichtet sind[5], oder die Weiterversicherung (§ 14 Abs. 2) nicht oder in weniger als insgesamt zwanzig Beitragswochen[6] bestanden hat.

2. Den Beitragswochen im Sinne des vorigen Absatzes werden gleich behandelt die Zeiten,[7]

1. welche nach § 30 als Beitragszeiten angerechnet werden[8],
2. während deren der Anwärter eine Unfallrente für eine Verminderung der Erwerbsfähigkeit um mindestens zwanzig Prozent[9] oder aus Kassen der in den §§ 8, 10, 11, 52 bezeichneten Art Invaliden- oder Altersrenten[10] bezog, ohne gleichzeitig eine nach diesem Gesetze versicherungspflichtige Beschäftigung auszuüben.[11]

3. Bei der Selbstversicherung und ihrer Fortsetzung (§ 14 Abs. 1) müssen zur Aufrechterhaltung der Anwartschaft während der im Abs. 1 bezeichneten Frist mindestens vierzig Beiträge entrichtet werden.

4. Die Anwartschaft lebt wieder auf, sobald durch Wiedereintreten in eine versicherungspflichtige Beschäftigung oder durch freiwillige Beitragsleistung

das Versicherungsverhältnis erneuert und danach eine Wartezeit von zweihundert Beitragswochen zurückgelegt ist.[12]

§§ 32, 37 Ges. v. 1889, § 32 d. Entw.

1. Die Anwartschaft ist die durch die Versicherung begründete Aussicht auf Erlangung der vom Gesetz geschaffenen Vorteile, also der Renten und Beitragserstattung, in gewissem Sinne auch der Heilbehandlung. Sie bildet für sich keinen Rechtsanspruch, denn ein solcher ist erst vorhanden, wenn alle gesetzlichen Voraussetzungen, von denen die Erlangung der Vorteile abhängig gemacht ist, erfüllt sind, also besonders wenn der Versicherungsfall eingetreten ist. Da die Anwartschaft keinen Rechtsanspruch darstellt, hat ihr Erlöschen nicht die Bedeutung der Verjährung im Sinne des bürgerlichen Rechts. Die Wirkung des Erlöschens besteht darin, daß die bis dahin entrichteten Versicherungsbeiträge ungültig werden und somit, ebenso wie Krankheitswochen und Militärdienstzeiten, für die Erfüllung der Wartezeit nicht in Betracht kommen.

Es liegt im Wesen jeder Versicherung, daß ihre Vorteile nur so lange in Aussicht stehen, als der Versicherte die Bedingungen der Versicherung erfüllt. Bei der Privatversicherung hat meist schon die Nichtentrichtung weniger Versicherungsbeiträge, manchmal sogar eines einzigen Beitrags, den Verlust der bisherigen Anwartschaft zur Folge. Auch die reichsgesetzliche Versicherung hat im Interesse der Sicherheit der Versicherungsanstalten, sowie im Interesse all derjenigen Versicherten, die durch regelmäßige Beitragsleistung hauptsächlich die Mittel für die Gewährung der Versicherungsvorteile aufbringen, und die die nicht hinreichend Beisteuernden durchschleppen müßten, eine Bestimmung über den Verlust der Anwartschaft nicht entbehren können. In möglichst nachsichtiger Weise läßt sie aber den Verlust erst eintreten, wenn in einer längeren Frist eine verhältnismäßig geringe Anzahl von Beiträgen nicht entrichtet ist. Alle Beteiligten, vornehmlich die Versicherten müssen daher sorgfältig darauf achtgeben, daß die Versicherung in hinreichendem Umfange fortgeführt wird. Dazu steht den Versicherten, die eine versicherungspflichtige Beschäftigung nicht ausüben, die freiwillige Versicherung zu Gebote. Ganz besonders müssen diejenigen, die erwerbsunfähig zu sein glauben, mit ihren Invalidenrentenansprüchen aber mangels Erwerbsunfähigkeit abgewiesen sind, durch freiwillige Beitragsleistung für die Aufrechterhaltung der Anwartschaft sorgen.

Durch die Bestimmungen des § 46 ist die Anwartschaftsfrage ausschließlich geregelt; ihnen gegenüber hat die Bestimmung des § 135 über die Gültigkeit der Quittungskarten nur die Bedeutung einer Kontrollvorschrift (RE. 479, 981 AN. 96 S. 152, 02 S. 474).

2. Dem Absatz 1 entsprach § 32 Abs. 1 des JAVG., der lautete:

> Die aus einem Versicherungsverhältnis sich ergebende Anwartschaft erlischt, wenn während vier aufeinander folgender Kalenderjahre für weniger als insgesamt siebenundvierzig Beitragswochen Beiträge auf Grund des Versicherungsverhältnisses oder freiwillig (§ 117) entrichtet worden sind.

Nach dem JAVG. bildete bei der Pflichtversicherung, wie jetzt (vgl. Anm. 5), die Ausübung einer versicherungspflichtigen Beschäftigung die Grundlage des Versicherungsverhältnisses, nicht die Beitragsentrichtung. Diese mußte jedoch für die Wahrung der Anwartschaft hinzukommen. (RE. 479, 984 AN. 96 S. 152, 02 S. 480.) War die Entrichtung von Pflichtbeiträgen nicht rechtzeitig erfolgt, so durfte sie zeitlich unbeschränkt nachgeholt werden (RE. 331 AN. 94 S. 79). Durch nachträgliche Entrichtung freiwilliger Beiträge nach Ablauf des vierjährigen Zeitraums konnte aber die Anwartschaft nicht gewahrt werden (RE. 780 AN. 99 S. 776). Kalenderjahre sind im Gegensatz zu den a dato ad datum rechnenden Zeitjahren Zeiträume vom 1. Januar bis zum 31. Dezember. Mit jedem Kalenderjahre begann eine vierjährige Frist. Die Zeiträume schlossen sich also nicht aneinander an, z. B. 1892 bis 1895, 1896 bis 1899, sondern schoben sich ineinander ein, z. B. 1892 bis 1895, 1893 bis 1896 usw. War in einem Zeitraum die Anwartschaft erloschen, so konnten in dem nächstfolgenden hinreichend Beiträge geleistet sein, und das Erlöschen ergriff alsdann nur die Beiträge, die in dem ersten Jahre des früheren Zeitraums und vordem entrichtet waren (RE. 1052 AN. 03 S. 388). Waren also z. B. in dem vierjährigen Zeitraum von 1892 bis 1895 nur 40 Beiträge entrichtet, von denen 10 in das Jahr 1892 und 30 in die Jahre 1893 bis 1895 fielen, und waren in dem nächstfolgenden vierjährigen Zeitraum von 1893 bis 1896, mit Einschluß der 30 Beiträge aus den Jahren 1893 bis 1895, 47 Beiträge entrichtet, so war zwar die Anwartschaft in dem Zeitraum von 1892 bis 1895 erloschen, hierdurch wurden jedoch nur die 10 Beiträge aus dem Jahre 1892 und diejenigen aus dem Jahre 1891 ungültig, weil in dem Zeitraum von 1893 bis 1896 die Anwartschaft gewahrt war, und weil daher alle in diese Zeit fallenden Beiträge gültig blieben.

Durch das JVG. wird eine Anwartschaft, die nach § 32 des JAVG. bis zum 31. Dezember 1899 erhalten war, nicht in Frage gestellt, denn die Achtung vor den gesetzlich entstandenen Rechtsverhältnissen gebietet, eine solche Anwartschaft als fortdauernd anzuerkennen (RE. 792 AN. 00 S. 406). Die Anwartschaften aus der Zeit bis zu jenem Tage sind jedoch nicht ausschließlich nach dem JAVG. zu beurteilen, vielmehr hat § 46 rückwirkende Kraft dergestalt, daß eine Anwartschaft, die nach dem JAVG. untergegangen wäre, nicht als erloschen angesehen werden kann, wenn sie nach § 46 erhalten ist (RE. 873, 874 AN. 01 S. 192, 193). Nicht angängig ist es indes, auf eine Anwartschaft aus jener Zeit teils das JAVG., teils das JVG. anzuwenden. Vom 1. Januar 1900 ab kann eine Anwartschaft, deren Frist über den 31. Dezember 1899 hinausreicht oder ganz in die Zeit nach diesem Tage fällt, nur nach § 46 des JVG. beurteilt werden (B. 955 RE. 982 AN. 02 S. 241, 477).

3. Das Erlöschen der Anwartschaft kann immer nur so lange in Frage kommen, als sich das Versicherungsverhältnis noch im Zustande der Anwartschaft befindet. Ist vor Ablauf des Anwartschaftszeitraums der Versicherungsfall eingetreten, so ist der dem letzteren entsprechende Anspruch an die Stelle der Anwartschaft getreten, und es kann daher von einem Erlöschen der Anwartschaft auf diejenige gesetzliche Leistung, die nunmehr Gegenstand des Anspruchs ist, nicht mehr die Rede sein. Der=

jenige Versicherungsfall, der hinsichtlich jeder gesetzlichen Leistung das Erlöschen hindert, ist der Eintritt der dauernden Erwerbsunfähigkeit, denn er schließt die Möglichkeit aus, die Versicherung fortzusetzen. Das Gleiche gilt auch von dem Eintritte der zum Bezuge der Invalidenrente berechtigenden vorübergehenden Erwerbsunfähigkeit (RE. 1051 AN. 03 S. 386). Über den Fall der Wiedererlangung der Erwerbsfähigkeit vgl. Anm. 4. Der Eintritt des Versicherungsfalls hindert das Erlöschen der Anwartschaft auch dann, wenn der Rest der Anwartschaftsfrist nicht ausreichen würde, um die zur Erhaltung der Anwartschaft erforderliche Wochenzahl zu erfüllen (RE. 700, 779, 927 AN. 99 S. 160, 775; 01 S. 611).

Das Erlöschen ist von Amtswegen zu prüfen. Auch das Reichs-Versicherungsamt hat diese Pflicht, wenn es in der Sache selbst entscheidet (vgl. § 117 Abs. 3).

4. Der Ausstellungstag allein entscheidet, nicht etwa der Tag, auf den die Quittungskarte zurückdatiert ist. Gleichgültig ist dabei, ob die Karte überhaupt in Gebrauch genommen ist (E. 972 AN. 02 S. 396). Die vom Ausstellungstage laufende Anwartschaftsfrist endigt mit dem Ablauf des Tages, der durch seine Bezeichnung dem Ausstellungstag entspricht (§§ 187 Abs. 1, 188 Abs. 2, 3 des BGB.). Die Frist wiederholt sich aber dem Ausstellungstag entsprechend von zwei zu zwei Jahren, solange nicht eine weitere Karte ausgestellt ist. Nach Ausstellung einer neuen Karte läuft nur noch die gerade laufende Frist ab, die weitere Frist richtet sich dann nach dem Ausstellungstage der neuen Karte (B. 955, RE. 982 AN. 02 S. 241, 477). Da also jede Karte mindestens eine Anwartschaftsfrist erzeugt, müssen in Zweifelsfällen alle Karten auf die Wahrung der Anwartschaft hin durchgeprüft werden.

Fällt in die Fristen eine zum Bezug einer Invalidenrente berechtigende Erwerbsunfähigkeit, so ist zufolge der Bedeutung, die der Versicherungsfall für die Anwartschaft hat (vgl. Anm. 3), letztere bis zum Schlusse derjenigen Anwartschaftsfrist gewahrt, in der die Erwerbsfähigkeit wieder eingetreten ist; dabei sind die Fristen bis zur Ausstellung einer neuen

Quittungskarte nach der letzten, vor Eintritt des Versicherungsfalls ausgestellten Karte zu berechnen (B. 1061 AN. 03 S. 395). Gleichgültig ist in solchem Fall, ob beim Beginn der Erwerbsunfähigkeit die Wartezeit erfüllt war (RE. 1066 AN. 03 S. 514).

Bei Mitgliedern einer die Einrichtung der Quittungskarten nicht kennenden zugelassenen Kasseneinrichtung ist dem Ausstellungstage der Quittungskarte regelmäßig der Tag der Aufgabe der Arbeit gleich zu achten (Vgl. RE. 1236 AN. 05 S. 583).

Für die Übergangszeit vom JAVG. zum JVG. ist daran festzuhalten, daß vom 1. Januar 1900 an die Anwartschaft nur nach dem JVG. beurteilt werden kann (vgl. Anm. 2). Da die Fristen des § 46 sich nur nach den Ausstellungstagen der Quittungskarten bestimmen, und dem § 46, unbeschadet der Anerkennung einer bereits nach dem JAVG. erhaltenen Anwartschaft, rückwirkende Kraft zukommt, so gilt als die erste, lediglich nach dem JVG. zu beurteilende Anwartschaftsfrist diejenige, in die der 1. Januar 1900 fällt (B. 955 RE. 982 AN. 02 S. 241, 477).

Den Aufbau der Fristen veranschauliche ein Beispiel:

Karte Nr. 5 ist ausgestellt am 1. August 1897,
„ „ 6 „ „ „ 1. April 1901,
„ „ 7 „ „ „ 1. Dezember 1903.

Gemäß § 46 laufen folgende zweijährige Fristen:

Vom 1. August 1897 bis zum 1. August 1899 aus Karte Nr. 5; diese Frist ist nur von Bedeutung, wenn die Anwartschaft gemäß § 32 des JAVG. erloschen ist.

Vom 1. August 1899 bis zum 1. August 1901 aus Karte Nr. 5,
„ 1. April 1901 „ „ 1. April 1903 „ „ „ 6,
„ 1. April 1903 „ „ 1. April 1905 „ „ „ 6,
„ 1. Dezbr. 1903 „ „ 1. Dezbr. 1905 „ „ „ 7.

An die Fristen vom 1. August 1899 bis zum 1. August 1901 aus Karte Nr. 5 und vom 1. April 1903 bis zum 1. April 1905 aus Karte Nr. 6 setzen sich nicht weitere diesen Tagen entsprechende Fristen an, weil innerhalb jener Fristen die folgenden Karten ausgestellt sind.

5. Wie nach früherem Recht (vgl. Anm. 2), so bildet auch nach dem JVG. bei der Pflichtversicherung die Ausübung einer

versicherungspflichtigen Beschäftigung die Grundlage der Versicherung. Die Beschäftigung allein jedoch genügt nicht zur Wahrung der Anwartschaft, es müssen auch Beiträge geleistet sein. Die Beiträge, die für die aus einer Karte laufende Anwartschaftsfrist in Betracht kommen, brauchen sich nicht gerade in dieser Karte zu befinden, können vielmehr auch in anderen Karten enthalten sein. Die Übertragung von Beiträgen aus einer Frist in die andere ist aber, soweit sich die Fristen nicht etwa decken, unzulässig, so daß also die in einer Frist fehlenden Beiträge nicht durch die überschüssigen Beiträge einer anderen getrennten Frist ersetzt werden können (RE. 874 AN. 01 S. 193). Rückständige Pflichtbeiträge dürfen jetzt nur noch in den Fristen des § 146 Satz 1 nachgebracht werden (wegen Beitreibung solcher Beiträge vgl. § 168). Soweit danach eine ausreichende Nachbringung möglich ist, kann also durch letztere die Anwartschaft nachträglich gewahrt werden. Dieser Erfolg kann aber auch nach jetzigem Recht, im Gegensatz zu dem früheren (vgl. Anm. 2), unter den Voraussetzungen des § 146 Satz 2 durch Nachbringung freiwilliger Beiträge erzielt werden (E. 1045 AN. 03 S. 371; vgl. aber B. 1063 AN. 03 S. 396).

6. Es ist nicht nötig, daß sich die 20 Wochen auf die zwei Jahre gleichmäßig verteilen, sie können auch ganz in ein Jahr fallen. Hat in einem zweijährigen Zeitraum eine durch Beiträge gedeckte Beschäftigung von hinreichendem Umfange nicht bestanden, so sind infolge des Erlöschens der Anwartschaft alle bis zum Ablauf der Frist entrichteten Beiträge ungültig geworden, soweit nicht eine neue Frist eingreift. Letzterenfalls können unter Umständen, ähnlich wie nach früherem Recht (vgl. Anm. 2), Beiträge aus der Frist, in welcher das Erlöschen eingetreten ist, gültig bleiben. Sind z. B. in einer am 1. März 1901 ausgestellten Karte 6 Marken vorhanden und in der nächsten am 1. Juni 1902 ausgestellten Karte für die Zeit bis zum 1. März 1903 12 Marken verwendet, so ist zwar die Anwartschaft in der Zeit vom 1. März 1901 bis dahin 1903 erloschen; hiervon werden jedoch nur die 6 Marken der erstgedachten Karte und alle früher verwendeten Marken betroffen, nicht auch die 12 Marken der späteren Karte. Diese rechnen vielmehr sowohl

für die neue am 1. Juni 1902 eröffnete Frist als auch für das Wiederaufleben der Anwartschaft (Abs. 4) mit.

7. Die Frage, welche Zeiten überhaupt den Beitragswochen gleichstehen und daher auf die Wartezeit und bei der Rentensteigerung zur Anrechnung kommen, ist im § 30 (47 Abs. 4) geregelt. Hier handelt es sich nur darum, welche Zeiten gleich den Beitragswochen geeignet sind, das Erlöschen der Anwartschaft zu hindern. Es sind dies nach Ziff. 1 zunächst diejenigen, die gemäß § 30 überhaupt den Beitragswochen gleichstehen. Diese Zeiten hindern also nicht nur das Erlöschen der Anwartschaft, sondern sind auch für die Wartezeit und Rentensteigerung von Wert. Sodann sind es nach Ziff. 2 gewisse andere Zeiten, die gemäß § 30 nicht als Beitragswochen gelten. Sie kommen also lediglich hinsichtlich der Anwartschaft, nicht auch hinsichtlich der Wartezeit und Rentensteigerung in Betracht.

8. Das sind Krankheits- und Militärdienstzeiten, durch die die Fortsetzung einer versicherungspflichtigen Beschäftigung verhindert worden ist. Auch auf die 47 Wochen des § 32 des JAVG. waren diese Ersatztatsachen anzurechnen (RE. 785 AN. 00 S. 162).

9. Die Bestimmung, daß der Bezug einer Unfallrente das Erlöschen der Anwartschaft hindere, war dem JAVG. fremd; sie hat aber rückwirkende Kraft und ist auf eine in die Zeit des JAVG. fallende Anwartschaft anzuwenden, sofern letztere auch im übrigen nach dem JVG. beurteilt wird (RE. 873 AN. 01 S. 192).

10. Vgl. § 53. Eine ähnliche Bestimmung hinsichtlich solcher Kassenrenten hatte das JAVG. in den §§ 37, 38. Es kommen hier unter anderem besonders die Knappschaftspensionen in Betracht.

Die Zeit, in der jemand eine reichsgesetzliche Invalidenrente bezogen hat, ist zufolge der Bestimmung des § 47 Abs. 4 gleichfalls geeignet, das Erlöschen der Anwartschaft aufzuhalten (RE. 1219 AN. 05 S. 467). Dagegen hindert der Bezug einer reichsgesetzlichen Altersrente nicht das Erlöschen.

11. Durch die Ausübung einer versicherungspflichtigen, durch Beiträge nicht gedeckten Beschäftigung von 20 Wochen wird die

Anwendbarkeit der Bestimmung des § 46 Abs. 2 Ziff. 2 nicht ausgeschlossen (RE. 1114 AN. 04 S. 357). Das Erlöschen der Anwartschaft tritt also im Falle des Bezugs einer Unfallrente usw. erst ein, wenn nicht 20 beschäftigungsfreie Wochen vorhanden, und im übrigen keine Beiträge entrichtet sind. Durch die Befreiung von der Versicherungspflicht gemäß § 6 wird der Gefahr des Erlöschens nicht vorgebeugt.

12. Die Erneuerung des Versicherungsverhältnisses kommt nur in Frage, wenn die Anwartschaft aus der früheren Versicherung endgültig erloschen ist. Dies ist dann der Fall, wenn das Erlöschen nicht mehr im Wege des § 146 geheilt werden kann (vgl. Anm. 5). Nach einem derartigen Verlust der Anwartschaft ist eine freiwillige Beitragsleistung auf Grund des § 146 Satz 2 für die Vergangenheit nicht mehr zulässig (E. 1045 AN. 03 S. 371). Die Erneuerung kann jederzeit erfolgen. Das Wiederaufleben der Anwartschaft besteht darin, daß alle früheren Beiträge, Krankheitswochen usw. wieder anrechnungsfähig werden.

§ 47.[1]

Entziehung der Invalidenrente.

1. Tritt in den Verhältnissen des Empfängers einer Invalidenrente eine Veränderung ein, welche ihn nicht mehr als erwerbsunfähig (§§ 15, 16) erscheinen läßt, so kann demselben die Rente entzogen werden.[2]

2. Ist begründete Annahme vorhanden, daß der Empfänger einer Invalidenrente bei Durchführung eines Heilverfahrens die Erwerbsfähigkeit wieder erlangen werde, so kann die Versicherungsanstalt zu diesem Zwecke ein Heilverfahren eintreten lassen. Dabei finden die Bestimmungen des § 18 Abs. 2 bis 4, §§ 19 bis 21, 23 mit der Maßgabe Anwendung, daß an Stelle der Angehörigenunterstützung die Invalidenrente treten kann. Hat sich der Renten-

empfänger solchen Maßnahmen der Versicherungsanstalt ohne gesetzlichen oder sonst triftigen Grund entzogen, so kann ihm die Rente auf Zeit ganz oder teilweise entzogen werden, sofern auf diese Folgen hingewiesen worden ist und nachgewiesen wird, daß er durch sein Verhalten die Wiedererlangung der Erwerbsfähigkeit vereitelt hat.[3]

Die Entziehung der Rente tritt mit Ablauf des Monats in Wirksamkeit, in welchem der die Entziehung aussprechende Bescheid zugestellt worden ist.[4] 3.

Wird die Rente von neuem oder wird an Stelle einer nach § 16 gewährten Invalidenrente eine Rente für dauernde Erwerbsunfähigkeit (§ 15) bewilligt oder wird eine Altersrente bewilligt, so ist die Zeit des früheren Rentenbezugs dem Versicherten ebenso wie eine bescheinigte Krankheitszeit (§ 40 Abs. 1) anzurechnen.[5] Die Vorschriften des § 30 Abs. 5 und des § 46 Abs. 1, 3 finden auf diese Zeit keine Anwendung. 4.

§ 33 Ges. v. 1889; § 33 d. Entw.

1. Der § 47 findet auf zugelassene Kasseneinrichtungen entsprechende Anwendung (§ 173).

2. Die Entziehung der Invalidenrente, mag diese aus § 15 oder § 16 bewilligt sein, setzt voraus, daß eine tatsächliche wesentliche Veränderung zum Besseren in den Verhältnissen, d. i. in dem körperlichen oder geistigen Zustande, des Rentenempfängers nachgewiesen ist. Es ist also der derzeitige Zustand des Rentenempfängers mit dem früheren Zustande, wie er zur Zeit der Rentenbewilligung war, zu vergleichen und hiernach zu beurteilen, ob und inwiefern in der Tat eine Veränderung eingetreten, und ob die Veränderung derartig wesentlich ist, daß der Rentenempfänger nicht mehr als erwerbsunfähig (§ 5 Abs. 4)

erscheint. Sonach ist die Entziehung der Invalidenrente ausgeschlossen, wenn nur eine veränderte Beurteilung der Sach- und Rechtslage bei im übrigen unverändertem Sachstande Platz greift, oder wenn nur eine Ergänzung oder Berichtigung derjenigen Kenntnis der an sich unveränderten Verhältnisse vorliegt, die bei der früheren Feststellung obgewaltet hatte (RE. 389 AN. 94 S. 159).

Eine Änderung der Verhältnisse liegt unter Umständen in der Gewöhnung an einen krankhaften Zustand oder in der Aneignung neuer Fertigkeiten (RE. 1074 AN. 03 S. 539), oder in der Steigerung der Arbeitsmöglichkeit durch Gewährung eines Ersatzstücks, z. B. eines Bruchbandes (RE. 1193 AN. 05 S. 414). Die bloße Tatsache einer späteren Arbeitsleistung reicht aber im allgemeinen zur Feststellung einer wesentlichen Veränderung nicht aus (RE. 459 AN. 95 S. 251). Auch ist eine solche Veränderung nicht anzunehmen, solange der bisher Erwerbsunfähige noch der Schonung bedarf, so daß die Wiederaufnahme der Arbeit seine Gesundheit gefährden würde (RE. 748 AN. 99 S. 559). Für die Bemessung der bei der Beurteilung der Erwerbsfähigkeit in Betracht kommenden Verdienstgrenze (§ 5 Abs. 4) sind, wenn der Rentenempfänger den Wohnort gewechselt hat, die Erwerbsverhältnisse an seinem neuen Wohnorte entscheidend. Da der Rentenempfänger „nicht mehr“ erwerbsunfähig sein muß, wenn ihm die Rente entzogen werden soll, muß er bei der Rentenbewilligung erwerbsunfähig gewesen sein. Ob dies der Fall gewesen ist, kann aber gegenüber der rechtskräftigen Bewilligungsentscheidung nicht im Entziehungsverfahren nachgeprüft werden.

Ist die Annahme begründet, daß in den Verhältnissen eines Rentenempfängers eine wesentliche Veränderung eingetreten ist, so kann von ihm verlangt werden, daß er sich zwecks Prüfung, ob er die Erwerbsunfähigkeit wiedererlangt hat, ärztlich untersuchen und beobachten läßt. Lehnt er dies ohne triftigen Grund ab, so kann der für ihn nach Lage der Akten zulässige ungünstigste Schluß gezogen werden, sofern er auf diese Folge seiner Weigerung hingewiesen worden ist (RE. 819 AN. 00 S. 675).

Über das Verfahren bei der Rentenentziehung vgl. § 121.

3. Vgl. § 22. Hat die Versicherungsanstalt in ihrem Bescheide nicht die zeitliche Dauer der Rentenentziehung festgesetzt, so ist das Schiedsgericht hierzu befugt; die Rente darf nicht über denjenigen Zeitpunkt hinaus entzogen werden, bis zu dem der Rentenempfänger bei Durchführung des Heilverfahrens erwerbsfähig geblieben sein würde (RE. 1076 AN. 03 S. 541).

4. Gleichgültig, ob es sich um eine Rente aus § 15 oder aus § 16 handelt (RE. 460 AN. 95 S. 52). Ein Bescheid, der nicht der Bestimmung des § 114 Abs. 4 genügt, hat nicht die Folge des § 47 Abs. 3 (RE. 1124 AN. 04 S. 415). Der nach dem Wiedereintritte der Erwerbsfähigkeit erlassene, zugleich mit der Festsetzung auch den Endpunkt der bewilligten Invalidenrente bestimmende Bescheid ist kein Entziehungsbescheid (RE. 1053 AN. 03 S. 389).

5. Die Zeit des Bezugs einer noch laufenden Invalidenrente kann nicht gemäß § 47 Abs. 4 auf die Wartezeit für die Altersrente angerechnet werden (RE. 1021 AN. 02 S. 684). Auch diejenige Zeit ist nicht anzurechnen, für die einem Erwerbsunfähigen wegen des Bezugs einer höheren Unfallrente die Invalidenrente gemäß § 15 Abs. 2 Satz 2 versagt worden ist (RE. 1001 AN. 02 S. 544).

§ 48.[1]

Ruhen der Rente.

Das Recht auf Bezug der Rente ruht:[2] 1.

1. für diejenigen Personen, welche auf Grund der reichsgesetzlichen Bestimmungen über Unfallversicherung eine Rente beziehen[3], solange und soweit die Unfallrente unter Hinzurechnung der ihnen nach dem gegenwärtigen Gesetze[4] zugesprochenen Rente den siebenundeinhalbfachen Grundbetrag[5] der Invalidenrente[6] (§ 36 Abs. 2, 3) übersteigt;

2. für die in den §§ 5, 6 Abs. 1, § 7 bezeichneten Personen[7], solange und soweit die denselben ge-

währten Pensionen[8], Wartegelder oder ähnlichen Bezüge[9] unter Hinzurechnung der ihnen nach dem gegenwärtigen Gesetze[4] zugesprochenen Rente den in Ziffer 1 bezeichneten Höchstbetrag übersteigen;

3. solange der Berechtigte eine die Dauer von einem Monat übersteigende Freiheitsstrafe verbüßt, oder solange er in einem Arbeitshaus oder in einer Besserungsanstalt untergebracht ist;

4. solange der Berechtigte[10] nicht im Inlande seinen gewöhnlichen Aufenthalt[11] hat. Durch Beschluß des Bundesrats kann diese Bestimmung für bestimmte Grenzgebiete oder für solche auswärtige Staaten, durch deren Gesetzgebung deutschen Arbeitern eine entsprechende Fürsorge für den Fall der Erwerbsunfähigkeit und des Alters gewährleistet ist, außer Kraft gesetzt werden[12].

2. Hat in den Fällen der Ziffer 3 der Rentenberechtigte eine im Inlande wohnende Familie, deren Unterhalt er bisher aus seinem Arbeitsverdienste bestritten hat[13], so ist dieser die Rente zu überweisen[14].

3. Während des Bezugs von Invalidenrente ruht der Anspruch auf die Altersrente[15]. Auf diesen Fall findet die Bestimmung des § 38 Satz 2 keine Anwendung.

§§ 34, 29 Abs. 2 Satz 2 Ges. v. 1889; § 34 d. Entw.

1. Der § 48 findet auf zugelassene Kasseneinrichtungen entsprechende Anwendung (§ 173).

2. Die Vorschriften des § 48 behandeln diejenigen Fälle, in denen eine bewilligte Invaliden- oder Altersrente zeitweise ganz oder zum Teil nicht zur Auszahlung gelangt. In den Fällen der Ziff. 1 und 2 und in gewissem Sinne auch der Ziff. 3, Abs. 1,

hat dies seinen Grund darin, daß der Unterhalt des Rentenberechtigten durch eine anderweite Versorgung öffentlich-rechtlicher Art sichergestellt ist. In dem Falle der Ziff. 4 liegt der Grund in den mit der Auszahlung der Renten im Auslande und mit der Überwachung der dort lebenden Rentenempfänger verbundenen Schwierigkeiten (RE. 694 AN. 98 S. 633).

Das Ruhen ist durch berufungsfähigen Bescheid auszusprechen (§ 121), und zwar hat der Bescheid auch den Beginn des Ruhens zu bestimmen. Denn im Gegensatz zur Entziehung der Invalidenrente gemäß § 47 Abs. 1 bis 3 richtet sich das Ruhen der Invaliden- oder Altersrente nicht nach dem Zeitpunkt der Zustellung des Bescheids, sondern es knüpft sich ohne weiteres an den Eintritt bestimmter Tatsachen. Demgemäß kann auch hier die gesetzliche Folge für die Vergangenheit in Kraft gesetzt werden (RE. 1079 AN. 03 S. 544). Für das Ruhen kommt es lediglich auf die tatsächliche jeweilige Höhe des anderweiten Bezugs an ohne Rücksicht, ob dieser etwa eigentlich höher sein müßte (RE. 987 AN. 02 S. 487). Soweit die Rente nur teilweise ruht, sind die monatlichen Teilbeträge gemäß § 38 abzurunden (B. 229 AN. 93 S. 72).

Über das Verfahren bei der Einstellung von Rentenzahlungen gemäß § 48 vgl. § 121.

3. Die Vorschrift des Abs. 1 Ziff. 1 kommt hinsichtlich der Invalidenrente nur in Betracht, wenn die Erwerbsunfähigkeit nicht durch einen Betriebsunfall herbeigeführt ist; ist sie dadurch herbeigeführt, so greift § 15 Abs. 2 Satz 2 Platz. Vgl. § 15 Anm 5, 6. Der Bezug einer Rente auf Grund des Haftpflichtgesetzes vom 7. Juni 1871 begründet, auch wenn sie von einem Bundesstaate gewährt wird, nicht das Ruhen der Rente gemäß Ziff. 1 (RE. 753 AN. 99 S. 589).

4. „Nach dem gegenwärtigen Gesetze", eine aus § 34 des JAVG. herübergenommene Wortfassung, die insofern ungenau ist, als auch die nach dem JAVG. bewilligten Renten den Bestimmungen des § 48 unterliegen, weil andernfalls ein Ruhen dieser Renten nach dem Wegfall des JAVG. ausgeschlossen sein würde. Vgl. § 27 Anm. 1.

5. Das JAVG. hatte als Höchstbetrag, bis zu dem die Renten neben den anderen Bezügen gewährt werden durften, die feste

Summe von 415 Mk. bestimmt; das war ungefähr die Invalidenrente der IV. Lohnklasse nach 50 Beitragsjahren (vgl. § 29 Anm. 1, § 36 Anm. 1). Der Entwurf des JVG. setzte den Höchstbetrag auf mindestens 450 Mk. fest; diese Summe stellte das Siebenundeinhalbfache des Grundbetrags der I. Lohnklasse dar. Hieran festhaltend hat das JVG. bestimmt, daß der Höchstbetrag auch für die anderen Lohnklassen durch Vervielfältigung des entsprechenden Grundbetrags mit der gleichen Zahl zu finden sei. Er schwankt also zwischen 450 und 750 Mk.

6. Handelt es sich um das Ruhen einer Altersrente, so ist der siebenundeinhalbfache Grundbetrag derjenigen Invalidenrente maßgebend, der dem Altersrentenbewerber zustehen würde, wenn er bei dem Beginne des Bezugs der Altersrente dauernd erwerbsunfähig geworden wäre (RE. 828 AN. 00 S. 693).

7. Danach kommen hier nicht bloß Beamte, sondern auch andere Personen in Betracht, z. B. die ein Witwengeld beziehende Beamtenwitwe (RE. 756 AN. 99 S. 592).

8. Pensionen sind rechtlich gesicherte Ruhegehaltsbezüge auf Grund eines Dienst- oder Beamtenverhältnisses (RE. 987 AN. 02 S. 487). Vgl. § 5 Anm. 7, 9, § 6 Anm. 2.

Als Pensionen, die das Ruhen der Rente zur Folge haben, sind angesehen: eine von der französischen Regierung bewilligte, von der deutschen übernommene Pension (RE. 162 AN. 92 S. 116), eine von einer Privateisenbahn bewilligte, vom Staat übernommene Pension (RE. 309, 534 AN. 93 S. 163, 96 S. 429), die militärische Invalidenpension sowie ihre Zulagen (RE. 585, 1078, 1117 AN. 97 S. 354, 03 S. 543, 04 S. 360), das Witwengeld (RE. 756 AN. 99 S. 592). Nicht als Pensionen sind angesehen: eine badische Sustentation (RE. 34 AN. 91 S. 150), eine auf Grund der preußischen Kabinetsorder vom 22. Juli 1884 aus dem Kaiserlichen Dispositionsfonds gewährte Gnadenunterstützung (B. 40 AN. 91 S. 153), eine mecklenburgische Gnadenpension (RE. 256 AN. 93 S. 103), ein württembergisches Gratial (RE. 615 AN. 97 S. 589), die Pension aus einer besonderen Pensionskasse für Angestellte einer Stadtgemeinde (RE. 586 AN. 97 S. 355), die Haftpflichtrente, auch wenn vom Staate gezahlt (RE. 753 AN. 99 S. 589), die Unterstützung aus einer Staatszuschüsse genießenden Arbeiterpensionskasse eines staatlichen Unternehmens (RE. 755 AN. 99 S. 591).

9. Die den Pensionen oder Wartegeldern „ähnlichen Bezüge" (vgl. § 6 Anm. 2) sind vom JVG. eingefügt, weil solche Bezüge, auch ohne auf einem Rechtsanspruche zu beruhen, tatsächlich in ihrer Fortdauer soweit gesichert sein können, daß der Empfänger ausreichend versorgt erscheint. Ob einem nicht rechtlich gesicherten Bezug die Eigenschaft der Pensionsähnlichkeit zukommt, richtet sich nach der Leistungsfähigkeit der mit der Zahlung des Bezugs belasteten Stelle sowie nach der sonstigen Gewähr seiner Fortdauer. Bezüge, die nur auf Widerruf nach Bedürftigkeit und Würdigkeit oder auf Zeit gewährt werden, haben im allgemeinen keine Pensionsähnlichkeit (RE. 1077 AN. 03 S. 542).

Nicht als pensionsähnliche Bezüge sind angesehen: die von einer Kasseneinrichtung einem versicherten Arbeiter gewährte „Invalidenpension" — Knappschaftspension (RE. 987 AN. 02 S. 487), die Unterstützung aus dem staatlichen Fonds für frühere Elementarlehrer und -Lehrerinnen in Preußen (RE. 929 AN. 01 S. 612), die einem früheren Militärbeamten aus dem Kaiserlichen Dispositionsfonds gewährte Unterstützung (RE. 1077 AN. 03 S. 542), die von der Heeresverwaltung auf Grund der preußischen Bestimmungen über den Arbeiterunterstützungsfonds vom 21. April 1901 aus Reichsmitteln gewährte Arbeiterunterstützung (RE. 1079 AN. 03 S. 544), der widerrufliche Ruhelohn städtischer Arbeiter (RE. 1116 AN. 04 S. 358). Ein Gehaltsbezug steht den in Ziff. 2 aufgeführten Bezügen nicht gleich (RE. 828 AN. 00 S. 693).

10. Hier ist es gleich, ob der Berechtigte Inländer oder Ausländer ist; vgl. aber hinsichtlich der Abfindung § 26 Satz 1.

11. Auf den Wohnsitz kommt es nicht an, so daß also jemand, der im Auslande wohnt, sich aber im Inlande gewöhnlich aufhält, die Rente behält. Ein vorübergehendes Verweilen im Auslande hindert nicht den Fortbezug der Rente; dieser hängt weniger von der Dauer des Aufenthalts im Auslande als vielmehr davon ab, ob die Absicht der Rückkehr binnen angemessener Frist von Anfang an bestanden hat und auch dauernd festgehalten ist (RE. 1080 AN. 03 S. 547). Muß etwa die Rückkehr wegen

Mittellosigkeit unterbleiben, so ist der Aufenthalt im Inlande aufgegeben (RE. 694 b AN. 98 S. 635). Auf die Beweggründe, die zum Aufenthalt im Auslande geführt haben, kommt es nicht an; das Ruhen der Renten trifft daher auch die Personen, die lediglich aus Gesundheitsrücksichten ihren gewöhnlichen Aufenthalt im Auslande nehmen (RE. 1183 AN. 05 S. 279). Auch wenn das Verlassen des Inlandes durch landespolizeiliche Abschiebung erzwungen ist, ruht die Rente (RE. 675 AN. 98 S. 395). War der gewöhnliche Aufenthalt im Inland aufgegeben, so kann natürlich die Nachzahlung der Rente nach der Rückkehr nicht verlangt werden (RE. 694 AN. 98 S. 633).

12. Dies ist für folgende Grenzgebiete geschehen (AN. 00 S. 740, 04 S. 244):

Dänemark: Ortschaft Bamdrup;

Niederlande: Provinzen Groningen, Drenthe, Overyssel, Gelderland, Limburg;

das neutrale Gebiet Moresnet;

Belgien: Arrondissements Lüttich, Verviers (Provinz Lüttich), Marche, Bastogne (Provinz Luxemburg);

das Großherzogtum Luxemburg;

Schweiz: der Kanton Bern, soweit er nördlich und nordwestlich der Zihl und der Aare, vom Einfluß der Zihl abwärts gerechnet, belegen ist; die Kantone Solothurn, Basel-Stadt, Basel-Land, Aargau, Zürich, Schaffhausen, Thurgau, St. Gallen, Appenzell (Außer- und Inner-Roden);

Österreich-Ungarn: Bezirkshauptmannschaften Bregenz, Reutte, Schwaz, Kufstein, Kitzbühel, Salzburg mit Stadtmagistratsbezirk Salzburg, Braunau am Inn, Ried, Schärding, Rohrbach, Krumau, Prachatitz, Schüttenhofen, Strakonitz, Klattau, Taus, Bischofteinitz, Tachau, Plan, Eger, Asch, Graslitz, Joachimsthal, Kaaden, Kommotau, Brüx, Dux, Teplitz, Aussig, Tetschen, Schluckenau, Rumburg, Gabel, Reichenberg, Friedland, Gablonz, Starkenbach, Hohenelbe, Trautenau, Braunau in Böhmen, Neustadt an der Mettau, Nachod, Reichenau, Senftenberg, Schönberg, Freiwaldau, Jägerndorf, Freudenthal, Troppau, Neu-Titschein, Mistek, Freistadt, Teschen, Bielitz, Bezirke Biala und Chrzanow;

Rußland: die zwischen der deutschen Grenze und Sosnowice belegenen Ortschaften Alt-Sosnowice, Sielce, Bogunja, Dembowo-Góra, Ostro-Górtea, Milowice und Niwka.

13. Im Falle der Invalidenrente genügt es, wenn sich der Rentenberechtigte bis zum Beginn derjenigen Erwerbsunfähigkeit, die den Anlaß zur Bewilligung der Rente gebildet hat, seiner Pflicht, für den Unterhalt seiner Familienangehörigen zu sorgen, nicht entzogen hat (RE. 1000 AN. 02 S. 513). Hat sich aber der Rentenempfänger nach der Bewilligung der Rente von seiner Familie getrennt und längere Zeit hindurch um diese nicht mehr gekümmert, so kann die Überweisung nicht beansprucht werden (RE. 1185 AN. 05 S. 283). Vgl. § 17 Anm. 5, § 18 Anm. 7, § 44 Anm. 6.

14. Die Entscheidung über die geforderte Überweisung ist in der Form eines berufsfähigen Bescheids abzugeben (RE. 1000 AN. 02 S. 513).

15. Sind die Bedingungen beider Renten erfüllt, und ist die Altersrente die höhere, so ruht nicht diese, sondern die niedrigere Invalidenrente, so daß also die Altersrente zu zahlen ist (RE. 960 AN. 02 S. 385).

§ 49.[1]

Verhältnis zu anderen Ansprüchen.

Die auf gesetzlicher Vorschrift beruhende Verpflichtung von Gemeinden und Armenverbänden zur Unterstützung hilfsbedürftiger Personen sowie sonstige gesetzliche, statutarische oder auf Vertrag beruhende Verpflichtungen zur Fürsorge für alte, kranke erwerbsunfähige oder hilfsbedürftige Personen werden durch dieses Gesetz nicht berührt.[2] 1.

Wenn von einer Gemeinde oder einem Armenverband an hilfsbedürftige Personen Unterstützungen für einen Zeitraum geleistet werden, für welchen diesen Personen ein Anspruch auf Invaliden- oder 2.

Altersrente zustand oder noch zusteht, so ist ihnen hierfür durch Überweisung von Rentenbeträgen Ersatz zu leisten.[3]

3. **Ist die Unterstützung eine vorübergehende[4], so können als Ersatz höchstens drei Monatsbeträge der Rente, und zwar mit nicht mehr als der Hälfte, in Anspruch genommen werden[5].**

4. **Ist die Unterstützung eine fortlaufende[4], so kann als Ersatz, wenn die Unterstützung in der Gewährung des Unterhalts in einer Anstalt besteht, für dessen Dauer und in dem zur Ersatzleistung erforderlichen Betrage die fortlaufende Überweisung der vollen Rente[6], im übrigen die fortlaufende Überweisung von höchstens der halben Rente beansprucht werden.**

§ 35 Abs. 1, Abs. 2 Satz 1 Ges. v. 1889; § 35 d. Entw.

1. Der § 49 findet auf die zugelassenen Kasseneinrichtungen entsprechende Anwendung (§ 173).

2. Der Abs. 1 stellt in Anlehnung an § 57 des KVG. und § 8 des UVG. vom 6. Juli 1884 (jetzt § 25 des GUVG.) den Grundsatz auf, daß sonstige Ansprüche der Versicherten auf anderweite Fürsorge unverändert fortbestehen. Dies gilt sowohl für die Dauer des Versicherungsverhältnisses als für den Bezug bereits gewährter Renten. Das Gesetz sichert jedoch Gemeinden und Armenverbänden in gewissem Umfang Ersatz für die von ihnen gewährten Unterstützungen aus den Renten zu (Abs. 2 bis 4, §§ 50, 51).

3. Nach § 35 Abs. 2 des JAVG. ging der Anspruch auf Rente im Betrage der geleisteten Unterstützung auf den Armenverband über. Diese Bestimmung war dahin ausgelegt worden, daß nur derjenige Teil der Rente von dem Armenverband in Anspruch genommen werden konnte, der in den Zeitraum fiel, für den die Armenunterstützung gewährt war. Infolgedessen äußerte die Bestimmung eine Wirksamkeit nur im Falle der Aus-

zahlung von Rentenbeträgen, die für die Zeit vor der Feststellung des Rentenanspruchs nachzuzahlen waren. Zur Beseitigung dieses Zustandes hat das JVG. an Stelle des Rechtsübergangs kraft Gesetzes den Armenverbänden eine Ersatzforderung gegeben, die durch Überweisung von Rentenbeträgen ohne Beschränkung auf die bereits fällig gewordenen Rentenzahlungen erfüllt werden soll (vgl. Begr. S. 277 f.).

Nach wie vor ist der Armenverband indes berechtigt, den Rentenanspruch selbständig in dem vom Gesetz vorgeschriebenen Verfahren (§§ 112 ff.) geltend zu machen (§ 50 Abs. 2). Lebt der Hauptberechtigte, so muß dieser als Hauptbeteiligter, im Falle seiner Geschäftsunfähigkeit ein nötigenfalls zu bestellender Vertreter, zum Verfahren hinzugezogen werden (RE. 1060 AN. 03 S. 394). Hat in einem vom Hauptberechtigten anhängig gemachten Feststellungsverfahren ein Armenverband beantragt, ihm für den Fall der Anerkennung des Rentenanspruchs zum Ersatz für gewährte Unterstützungen Rentenbeträge zu überweisen, so ist er als Beteiligter (§ 11 Abs. 2 der VO., betr. die SchGe., § 33 Abs. 1 der VO., betr. das RVA.) zum Verfahren gleichfalls jederzeit zuzuziehen und zur Einlegung von Rechtsmitteln befugt; der angemeldete Anspruch des Armenverbandes wird weder durch einen Verzicht, noch durch ein Versäumnis des Rentenbewerbers berührt (RE. 1139 AN. 04 S. 481). Die Nichtzuziehung bildet in allen Fällen einen wesentlichen Mangel des Verfahrens im Sinne des § 116 Abs. 3 Ziff. 2. (Vgl. RE. 312, 390, 391, 434, 516 AN. 93 S. 166, 94 S. 160 ff., 95 S. 227, 96 S. 308).

Ob die der Ersatzforderung des Armenverbandes zugrunde liegende Unterstützung dem Rentenberechtigten selbst oder einem Angehörigen gewährt worden ist, für dessen Unterhalt der Rentenberechtigte zu sorgen verpflichtet war, ist gleichgültig (Urteil des PrOVG. vom 17. Dezember 1903, AN. 04 S. 368). Über die Ersatzforderung selbst ist gemäß § 50 Abs. 3 nicht im Rentenfeststellungsverfahren zu entscheiden (RE. 435, 436 AN. 95 S. 228 f.).

4. Die Entscheidung der Frage, ob es sich um vorübergehende oder fortlaufende Unterstützung handelt, muß ohne Unterschied, ob die Unterstützung bereits beendigt ist, ob sie noch fortdauert, oder ob sie erst in Zukunft gewährt werden soll, unter vollständiger

Berücksichtigung aller zurzeit der Entscheidung bekannten Umstände getroffen werden. Ergibt die an diesem Zeitpunkte vorzunehmende Prüfung, daß der Anlaß zur Unterstützung in außerordentlichen Notfällen besteht, die ihrer Natur nach in absehbarer Zeit überwunden zu werden pflegen, so ist die Unterstützung als vorübergehende zu betrachten, als fortlaufende aber dann, wenn der Anlaß zur Unterstützung seine zeitliche Begrenzung und die Voraussicht seines Wegfalls für absehbare Zeit nicht zuläßt (Urteil des PrOVG. vom 30. Januar 1904, AN. 04 S. 426).

5. Wird die Rente für weniger als volle drei Monate gewährt, so darf nicht die Hälfte von drei ganzen rechnungsmäßigen Monatsbeträgen, sondern nur die Hälfte von der tatsächlich gewährten Rente überwiesen werden (Urteil des PrOVG. vom 17. Dezember 1903, AN. 03 S. 604).

6. Diese Bestimmung gilt nur, wenn der Rentenberechtigte selbst in einer Anstalt unterhalten wird; im Falle des Unterhalts eines Angehörigen in einer Anstalt kann also höchstens die halbe Rente in Anspruch genommen werden (Urteil des PrOVG. vom 17. Dezember 1903, AN. 04 S. 368).

§ 50.[1]

1. **Der Antrag auf Überweisung von Rentenbeträgen (§ 49 Abs. 2 bis 4) ist bei einer der im § 112 Abs. 1 bezeichneten Behörden anzumelden; soweit es sich um den Ersatz für eine vorübergehende Unterstützung handelt, ist der Anspruch bei Vermeidung des Ausschlusses spätestens binnen drei Monaten seit Beendigung der Unterstützung geltend zu machen.**

2. **Den Gemeinden und Armenverbänden steht die Geltendmachung des Ersatzanspruchs auch dann zu, wenn die hilfsbedürftige Person, welcher ein Anspruch auf Invaliden- oder Altersrente zustand, vor Stellung**

des Rentenantrags verstorben ist. Die Bestimmung im § 44 Abs. 4 findet entsprechende Anwendung[2].

Streitigkeiten, welche zwischen den Beteiligten über den Anspruch auf Überweisung von Entschädigungsbeträgen entstehen, werden im Verwaltungsstreitverfahren[3] oder, wo ein solches nicht besteht, durch die dem Ersatzberechtigten vorgesetzte Aufsichtsbehörde entschieden. Die Entscheidung der letzteren kann innerhalb eines Monats nach der Zustellung im Wege des Rekurses nach Maßgabe der §§ 20, 21 der Gewerbeordnung[4] angefochten werden. 3.

§ 35 a d. Entw.

1. Der § 50 findet auf zugelassene Kasseneinrichtungen entsprechende Anwendung (§ 173).

2. Beim Zusammentreffen der Ersatzansprüche der Armenverbände mit Erstattungsansprüchen auf Grund des § 44 hat die Fürsorge für die Hinterbliebenen dem bloß eine Kosten- und Geldfrage bedeutenden Ersatzanspruch der Armenverbände vorzugehen: insoweit stehen also die Armenverbände den Erben des Rentenberechtigten gleich (vgl. Begr. S. 280).

3. Vgl. § 23 Anm. 4.

4. Vgl. § 23 Anm. 5.

§ 51.[1]

Die Bestimmungen der §§ 49, 50 gelten auch für Betriebsunternehmer und Kassen, welche die den Gemeinden oder Armenverbänden obliegende Verpflichtung zur Unterstützung Hilfsbedürftiger auf Grund gesetzlicher Vorschrift erfüllen.

§ 35 Abs. 2 Satz 2 Ges. v. 1889; § 35 b d. Entw.

1. Der § 51 findet auf zugelassene Kasseneinrichtungen entsprechende Anwendung (§ 173).

§ 52.[1]

1. Fabrikkassen, Knappschaftskassen, Seemannskassen und andere für gewerbliche, landwirtschaftliche oder ähnliche Unternehmungen bestehende Kasseneinrichtungen, welche ihren nach den reichsgesetzlichen Bestimmungen versicherten Mitgliedern für den Fall des Alters oder der Erwerbsunfähigkeit Renten oder Kapitalien gewähren, sind berechtigt, diese Unterstützungen für solche Personen, welche auf Grund der reichsgesetzlichen Bestimmungen einen Anspruch auf Invaliden- oder Altersrenten haben, um den Wert der letzteren oder zu einem geringeren Betrage zu ermäßigen, sofern gleichzeitig die Beiträge der Betriebsunternehmer und Kassenmitglieder oder im Falle der Zustimmung der Betriebsunternehmer wenigstens diejenigen der Kassenmitglieder in entsprechendem Verhältnisse herabgemindert werden.[2] Auf statutenmäßige Kassenleistungen, welche vor dem betreffenden Beschlusse der zuständigen Organe oder vor dem 1. Januar 1891 aus der Kasse bewilligt worden sind, erstreckt sich die Ermäßigung nicht[3].

2. Die hierzu erforderliche Abänderung der Statuten bedarf der Genehmigung der zuständigen Landesbehörde. Die letztere ist befugt, eine entsprechende Abänderung der Statuten ihrerseits mit rechtsgültiger Wirkung vorzunehmen, sofern die zu den erwähnten Kasseneinrichtungen beitragenden Betriebsunternehmer oder die Mehrheit der Kassenmitglieder die Abänderung beantragt haben, die

letztere aber von den zuständigen Organen der Kasse abgelehnt worden ist.

Der Ermäßigung der Beiträge bedarf es nicht, 3.
sofern die durch die Herabminderung der Unterstützungen ersparten Beträge zu anderen Wohlfahrtseinrichtungen für Betriebsbeamte, Arbeiter oder deren Hinterbliebene verwendet werden sollen und diese anderweite Verwendung durch das Statut geregelt und von der Aufsichtsbehörde genehmigt wird, oder soweit die Beiträge in der bisherigen Höhe erforderlich sind, um die der Kasse verbleibenden Leistungen zu decken.

§ 36 Ges. v. 1889; § 36 d. Entw.

1. Der § 52 findet auf zugelassene Kasseneinrichtungen entsprechende Anwendung (§ 173).

2. Der § 52 behandelt das Verhältnis solcher für einzelne Betriebe usw. errichteten Invalidenkassen, die neben den reichsgesetzlichen Versicherungsanstalten fortbestehen, ohne auf Grund der §§ 8 und 10 in die Gesamtorganisation einzutreten. Solche Kassen gewähren ihre statutenmäßigen Leistungen selbständig weiter, unbeschadet derjenigen Leistungen, die von den Versicherungsanstalten gewährt werden, und werden deshalb kurzweg Zuschußkassen genannt. Sie dürfen ihre statutenmäßigen Leistungen nach näherer Bestimmung des § 52 herabsetzen; ihre Mitglieder sind aber von der Beteiligung an den allgemeinen Versicherungsanstalten nicht befreit. Den Kassen ist auf diesem Wege zur Aufbesserung ihrer Lage der Reichszuschuß zugewendet worden.

3. Weil die wohlerworbenen Rechte der Mitglieder unberührt bleiben müssen.

§ 53.

Die Bestimmungen des § 46 Abs. 2 Ziffer 2 und des § 52 finden auch auf die zur Fürsorge für In-

validität und Alter bestehenden Kassen Anwendung, hinsichtlich deren auf Grund ortsstatutarischer Bestimmungen eine Verpflichtung zum Beitritte besteht.

§ 38 Ges. v. 1889; § 38 d. Entw.

§ 54.[1]

Insoweit den nach Maßgabe der reichsgesetzlichen Bestimmungen zum Bezuge von Invalidenrenten berechtigten Personen ein gesetzlicher Anspruch auf Ersatz des ihnen durch die Invalidität entstandenen Schadens gegen Dritte zusteht, geht derselbe auf die Versicherungsanstalt bis zum Betrage der von dieser zu gewährenden Rente über.[2]

§ 39 Ges. v. 1889; § 39 d. Entw.

1. Der § 54 findet auf zugelassene Kasseneinrichtungen entsprechende Anwendung (§ 173).

2. **Vgl.** § 55 Abs. 2. Darüber, ob ein Schadensersatzanspruch des Rentenberechtigten gegen einen Dritten besteht und auf die Versicherungsanstalt übergegangen ist, haben die ordentlichen Gerichte zu entscheiden (RE. 1140 AN. 04 S. 483).

§ 55.[1]

Unpfändbarkeit der Ansprüche.

1. **Die Übertragung der aus den reichsgesetzlichen Bestimmungen sich ergebenden Ansprüche[2] auf Dritte sowie deren Verpfändung oder Pfändung hat nur insoweit rechtliche Wirkung[3], als sie erfolgt:**

1. zur Deckung eines Vorschusses, welcher dem Berechtigten auf seine Ansprüche vor Anweisung der Rente von seinem Arbeitgeber oder einem Organe

der Versicherungsanstalt oder dem Mitglied eines solchen Organs gegeben worden ist;

2. zur Deckung der im § 850 Abs. 4 der Zivilprozeßordnung in der Fassung der Bekanntmachung vom 20. Mai 1898 (Reichs-Gesetzbl. S. 369)[4] bezeichneten Forderungen;

3. zur Deckung von Forderungen der nach §§ 49, 51 ersatzberechtigten Gemeinden und Armenverbände sowie der an deren Stelle getretenen Betriebsunternehmer und Kassen.

Die Rentenforderungen dürfen nur auf Ersatz- 2.
forderungen für bezogene Unfallrenten und Entschädigungen, soweit der Anspruch auf diese nach §§ 54, 113 Abs. 2 auf die Versicherungsanstalt übergegangen ist, auf geschuldete Beiträge, auf gezahlte Vorschüsse, auf zu Unrecht gezahlte Rentenbeträge[5], auf die zu erstattenden Kosten des Verfahrens[6] und auf die von den Organen der Versicherungsanstalten verhängten Geldstrafen aufgerechnet werden.[7]

Ausnahmsweise darf der Berechtigte den An- 3.
spruch auf die Rente ganz oder zum Teil auf Andere übertragen, sofern dies von der unteren Verwaltungsbehörde genehmigt wird.[8]

§ 40 Ges. v. 1889; § 40 d. Entw.

1 Der § 55 findet auf zugelassene Kasseneinrichtungen entsprechende Anwendung (§ 173).

2. Also auch der Erstattungsansprüche.

3. Grundsätzlich sind, wie auf dem Gebiete der Kranken- und Unfallversicherung, die Ansprüche auf Grund der Invalidenversicherung unübertragbar und unpfändbar. Es handelt sich

hier also um Ausnahmebestimmungen, die sich der analogen Anwendung entziehen.

4. Der 850 der ZPO. lautet:

(Abs. 1.) Der Pfändung sind nicht unterworfen:

1. usw.

7. die Pensionen der Witwen und Waisen und die denselben aus Witwen- und Waisenkassen zukommenden Bezüge, die Erziehungsgelder und die Studienstipendien, sowie die Pensionen invalider Arbeiter;

8. das Diensteinkommen der Offiziere, Militärärzte und Deckoffiziere, der Beamten, der Geistlichen, sowie der Ärzte und Lehrer an öffenlichen Anstalten; die Pension dieser Personen nach deren Versetzung in einstweiligen oder dauernden Ruhestand, sowie der nach ihrem Tode den Hinterbliebenen zu gewährende Sterbe- oder Gnadengehalt.

(Abs. 2.) Übersteigen in den Fällen Nr. 7 und 8 das Diensteinkommen, die Pension oder die sonstigen Bezüge die Summe von fünfzehnhundert Mark für das Jahr, so ist der dritte Teil des Mehrbetrags der Pfändung unterworfen.

(Abs. 3.) Die nach § 843 des BGB. wegen einer Verletzung des Körpers oder der Gesundheit zu entrichtende Geldrente ist nur soweit der Pfändung unterworfen, als der Gesamtbetrag die Summe von fünfzehnhundert Mark für das Jahr übersteigt.

(Abs. 4.) In den Fällen der beiden vorhergehenden Absätze ist die Pfändung ohne Rücksicht auf den Betrag zulässig, wenn sie wegen der den Verwandten, dem Ehegatten und dem früheren Ehegatten für die Zeit nach Erhebung der Klage und für das diesem Zeitpunkte vorausgehende letzte Vierteljahr kraft Gesetzes zu entrichtenden Unterhaltsbeiträge beantragt wird. Das Gleiche gilt in Ansehung der zugunsten eines unehelichen Kindes von dem Vater für den bezeichneten Zeitraum kraft Gesetzes zu entrichtenden Unterhaltsbeiträge; diese Vorschrift findet jedoch insoweit keine Anwendung, als der Schuldner zur Bestreitung seines notdürftigen Unterhalts und zur Erfüllung der ihm seinen Verwandten, seiner Ehefrau oder seiner früheren Ehefrau gegenüber gesetzlich obliegenden Unterhaltspflicht der Bezüge bedarf. Hierbei werden ausschließlich die Leistungen berücksichtigt, welche vermöge einer solchen Unterhaltspflicht für den nämlichen Zeitraum oder, falls die Klage zugunsten des unehelichen Kindes nach der Klage eines Unterhaltsberechtigten erhoben ist, für die Zeit von dem Beginne des der Klage dieses Berechtigten vorausgehenden letzten Vierteljahrs ab zu entrichten sind.

(Abs. 5) usw.

5. Unter Rentenbeträgen sind hier nur Invaliden- oder Altersrenten, nicht auch Unfallrenten zu verstehen (B. 843 AN. 00 S. 725).

6. Vgl. §§ 64 Abs. 5, 104 Abs. 5 Ziff. 3, 159 Abs. 2.

7. Es bedurfte besonderer Bestimmungen über die Aufrechnung von Rentenforderungen, weil nach § 394 des BGB. die Aufrechnung gegen eine Forderung, die der Pfändung nicht unterworfen ist, nicht stattfindet.

Die Aufrechnung überhobener Rentenbeträge mit der laufenden Rente kann durch förmlichen Bescheid der Versicherungsanstalt ausgesprochen und dadurch zum Gegenstande der Prüfung im Rechtsmittelverfahren gemacht werden (RE. 801 AN. 00 S. 612).

8. Vgl. § 25 Anm. 3.

II. Organisation.

§ 56.

Die Durchführung der Invalidenversicherung erfolgt unter Mitwirkung der Landesverwaltungs- und der Postbehörden [1] durch Versicherungsanstalten und ihre Organe [2] (§§ 65 ff.), durch Schiedsgerichte (§§ 103 ff.) sowie durch das Reichs-Versicherungsamt und die Landes-Versicherungsämter (§§ 108 ff.).

§ 40 a d. Entw.

1. Über die Mitwirkung der Landesverwaltungsbehörden vgl. §§ 57 bis 64, der Postbehörden §§ 123 bis 127, 130 Abs. 2.

Weggefallen ist die Mitwirkung des Staatskommissars, der nach dem JVG. für den Bezirk einer jeden Versicherungsanstalt zur Wahrung der Interessen der übrigen Versicherungsanstalten und des Reichs von der Landesregierung im Einvernehmen mit dem Reichskanzler zu bestellen war. Die Tätigkeit des Staatskommissars, die vornehmlich in der Einlegung von Rechtsmitteln bestand, konnte entbehrt werden, da das Feststellungsverfahren besonders durch die Ausgestaltung des Verfahrens vor den unteren Verwaltungsbehörden verbessert wurde, und da es wegen der finanziellen Interessengemeinschaft aller Versicherungsträger (§ 33) den einzelnen Anstaltsvorsitzenden überlassen werden konnte, die im wesentlichen mit den übrigen Anstalten und dem Reiche solidarischen Interessen ihrer Anstalten bei der Rentenbewilligung und im Rechtsmittelverfahren selbst wahrzunehmen (vgl. Begr. S. 302). Im übrigen hatte sich die Einrichtung der Staatskommissare auch nicht bewährt.

2. Von den Organen der Versicherungsanstalten nach dem JVG. sind weggefallen der Aufsichtsrat und die Vertrauensmänner aus dem Kreise der Arbeitgeber und der Versicherten. An die Stelle der Vertrauensmänner, denen besonders die Begutachtung der Invalidenrentenanträge oblag, sind die Vertreter der Arbeitgeber und Versicherten bei den unteren Verwaltungsbehörden und die Beisitzer der Rentenstellen getreten. Die Rentenstellen (§§ 79 bis 86) sind als neues Organ eingeführt.

A. Mitwirkung der Landesverwaltungsbehörden.

§ 57.

Außer den übrigen aus diesem Gesetze sich ergebenden Aufgaben [1] liegt den unteren Verwaltungsbehörden [2] (§ 169) insbesondere ob: [3]

1. die Entgegennahme und Vorbereitung von Anträgen auf Bewilligung von Invaliden- und

Altersrenten (§ 112) oder auf Beitragserstattungen (§ 128) sowie die Begutachtung der Anträge auf Rentenbewilligungen;

2. die Begutachtung der Entziehung von Invalidenrenten (§§ 47, 121);
3. die Begutachtung der Einstellung von Rentenzahlungen (§§ 48, 121);
4. die Benachrichtigung des Vorstandes der Versicherungsanstalt über die zur Kenntnis der Verwaltungsbehörde kommenden Fälle, in welchen Grund zu der Annahme vorliegt, daß Versicherte durch ein Heilverfahren vor baldigem Eintritte der Erwerbsunfähigkeit werden bewahrt werden (§ 18), daß Empfänger von Invalidenrenten bei Durchführung eines Heilverfahrens die Erwerbsfähigkeit wiedererlangen werden (§ 47 Abs. 2), daß die Invalidenrente zu entziehen ist (§ 47 Abs. 1) oder Rentenzahlungen einzustellen sind (§ 48);
5. die Auskunftserteilung über alle die Invalidenversicherung betreffenden Angelegenheiten.

1. Als wichtigste Aufgaben außer den hier aufgeführten kommen in Betracht: die Festsetzung des Durchschnittswerts der Tantiemen und Naturalbezüge (§ 3), die Entscheidung über Befreiung von der Versicherungspflicht (§ 6), die Entscheidung über vorzeitig wiederholte Invalidenrentenanträge (§ 120), die Entscheidung über Streitigkeiten betreffend die Versicherungspflicht oder das Versicherungsrecht (§ 155).

2. Die Zuständigkeit im Einzelfalle richtet sich nach § 112 Abs. 1. Die Obliegenheiten der unteren Verwaltungsbehörden können für Seeleute den Seemannsämtern übertragen werden (§ 167 Abs. 4).

3. Durch die Vorschriften der §§ 57 bis 59 ist die Mitwirkung der unteren Verwaltungsbehörden in Rentensachen zu einem besonderen Verfahren von großer Bedeutung ausgestaltet worden. Unter dem JAVG. vollzog sich das vorbereitende Verfahren in Rentensachen vor den unteren Verwaltungsbehörden in den Formen des schriftlichen Urkundenbeweises, auch trat der Rentenbewerber zu der Versicherungsanstalt selbst in keine persönliche Fühlung. Um den Mängeln, die hieraus entstanden, abzuhelfen, überträgt das JVG. den unteren Verwaltungsbehörden nicht nur die Begutachtung der Rentenansprüche, sondern es schreibt auch für gewisse Fälle eine prozeßmäßig geordnete mündliche Verhandlung vor den unteren Verwaltungsbehörden unter Mitwirkung von Vertretern der Arbeitgeber und der Versicherten vor. Dadurch soll den Rentenbewerbern Gelegenheit gegeben werden, persönlich ihre Rechte wahrzunehmen und Einwendungen entgegenzutreten, zugleich soll ihnen eine möglichst sachkundige Beurteilung ihres Anspruchs durch Personen gesichert werden, die mit ihren persönlichen Verhältnissen genauer vertraut sind (RE. 877 AN. 01 S. 196).

Der Entwurf des JVG. wollte eine gründlichere Vorbereitung der Rentensachen durch Errichtung von Rentenstellen für kleinere Bezirke und von Rentenkammern mit Vertretern von Arbeitgebern und Arbeitnehmern beim Anstaltsvorstand erreichen. Diese Einrichtung schien zu umständlich und zu kostspielig. Man übertrug daher die ihr zugedachten Aufgaben den unteren Verwaltungsbehörden und ließ fakultativ die Bildung von Rentenstellen (§§ 79 bis 86) zu. Vgl. § 59 Anm. 1. Das Verfahren vor den unteren Verwaltungsbehörden (§§ 57 bis 64) ist für Preußen durch die Anweisung des Ministers für Handel und Gewerbe vom 15. November 1904 (AN. S. 672 ff.) geregelt; siehe Anhang Nr. 7.

§ 58.

1. **In den Fällen des § 57 Ziffer 1 hat sich die Begutachtung[1] auf die Versicherungspflicht (§§ 1 bis 7) oder das Versicherungsrecht (§ 14), auf das Maß der Erwerbsfähigkeit des Rentenbewerbers (§§ 5,**

15, 16) sowie darauf zu erstrecken, ob und inwieweit von den Befugnissen der §§ 17, 22 Gebrauch zu machen ist.

In den Fällen des § 57 Ziffer 2 hat sich die Begutachtung [1] auf das Maß der Erwerbsfähigkeit des Rentenempfängers (§ 47 Abs. 1) sowie darauf zu erstrecken, ob und inwieweit von der Befugnis des § 47 Abs. 2 Satz 3 Gebrauch zu machen ist. 2.

Die Begutachtung muß ferner über alle diejenigen Fragen sich verbreiten, welche für die Entscheidung des Vorstandes der Versicherungsanstalt von Belang erscheinen. 3.

1. Die Unterlassung der Begutachtung stellt einen wesentlichen Mangel des Verfahrens im Sinne des § 116 Abs 3. Ziff. 2 dar (RE. 877 AN. 01 S. 196).

§ 59.

Ist die untere Verwaltungsbehörde in den Fällen des § 57 Ziffer 1 und 2 [2] der Ansicht, daß das Gutachten gegen die Gewährung einer Rente [3] oder für die Entziehung einer Invalidenrente [4] abzugeben sei, so hat sie vor Abgabe ihres Gutachtens die im § 58 bezeichneten Fragen [5] unter Zuziehung je eines Vertreters der Arbeitgeber und der Versicherten (§ 61) in mündlicher Verhandlung zu erörtern [6]. Auf seinen Antrag oder wenn es die Aufklärung des Sachverhalts erfordert, ist der Rentenbewerber oder Rentenempfänger zur mündlichen Verhandlung zuzuziehen; in jedem Falle ist derselbe von dem Termine zur mündlichen Verhandlung zu benachrichtigen. Aus 1.[1]

dem Gutachten muß ersichtlich sein, wie jeder der beiden Vertreter gestimmt hat.[7]

2. **Der Vorstand der Versicherungsanstalt ist berechtigt, auch in anderen als den in den §§ 57, 58 angegebenen Fällen und über andere Fragen das Gutachten der unteren Verwaltungsbehörde in der im Abs. 1 angegebenen Form zu verlangen.**

1. Das durch die Bestimmung dieses Absatzes in das Vorbereitungsverfahren eingeschobene Verfahren vor der unteren Verwaltungsbehörde ist von solcher Wichtigkeit, daß seine Nichtinnehaltung regelmäßig einen wesentlichen Mangel im Sinne des § 116 Abs. 3 Ziff. 2 bildet. Die Bestimmung ist daher in ihren Einzelheiten auf das sorgfältigste zu beachten. In der Reichstagskommission erkärte der Abgeordnete, auf dessen Antrag die Bestimmung in das Gesetz gekommen ist, daß er besonderes Gewicht auf sie lege. Sie biete Schutz gegen eine rein mechanische Behandlung der Sache, indem sie den Vorsteher der unteren Verwaltungsbehörde nötige, in jedem einzelnen Falle sorgfältig zu prüfen, ob die Zuziehung der Beisitzer erforderlich sei, und zwar persönlich, da er dies einem Bureaubeamten füglich nicht überlassen könne (vgl. Kommissionsbericht S. 111). Damit aber der Versicherte dann nicht um sein Recht auf mündliche Verhandlung kommt, wenn die untere Verwaltungsbehörde alsbald ihr Gutachten für die Gewährung der Rente abgibt, die Versicherungsanstalt jedoch diesem Gutachten nicht beitritt, ist die Bestimmung des § 112 Abs. 3 getroffen worden.

Den §§ 59 Abs. 1, 112 Abs. 3 liegt der Gedanke zugrunde, daß eine Entscheidung zum Nachteile des Versicherten, soweit es sich um gewisse Streitpunkte handelt, nicht statthaft sein soll, wenn nicht vorher der Rentenanspruch in mündlicher Verhandlung unter Zuziehung der Beisitzer erörtert, und damit zugleich dem Kläger Gelegenheit zur Wahrnehmung seiner Rechte in persönlicher Aussprache gegeben worden ist (RE. 994 AN. 02 S. 507). Vgl. § 57 Anm. 3.

2. Der Verhandlung unter Zuziehung der Vertreter bedarf es also nicht im Falle des § 57 Ziff. 3, d. i. wenn es sich um

die Einstellung von Rentenzahlungen infolge Ruhens der Rente gemäß § 48 handelt (§ 121).

3. Der Verhandlung gemäß Abs. 1 bedarf es sonach nur dann, wenn der Rentenanspruch an sich, nicht auch, wenn nur der Beginn oder die Höhe der Rente zweifelhaft ist.

4. Das Gutachten der kollegial besetzten unteren Verwaltungsbehörde ist auch dann erforderlich, wenn sich der beamtete Vertreter der Verwaltungsbehörde gegen die Entziehung der Rente ausgesprochen hat, die Versicherungsanstalt aber gleichwohl zur Entziehung schreiten will (RE. 994 AN. 02 S. 507). Auch im Falle der Entziehung der Rente auf Grund des § 15 Abs. 2 Satz 2 müssen die untere Verwaltungsbehörde und ihre Beisitzer gutachtlich gehört werden (RE. 993 AN. 02 S. 506). Der von der Versicherungsanstalt ohne Beobachtung der §§ 59 Abs. 1, 112 Abs. 3 erlassene Entziehungsbescheid kann vom Schiedsgericht einfach aufgehoben werden (RE. 994 AN. 02 S. 507).

5. Darunter sind nur die im § 58 ausdrücklich bezeichneten, d. h. die dort im Abs. 1 und 2 aufgeführten Fragen zu verstehen. Um solche Fragen, nämlich um die der Versicherungspflicht oder des Verfügungsrechts und der Erwerbsfähigkeit, handelt es sich aber auch dann, wenn die Erfüllung der Wartezeit davon abhängt, ob die an sich unbedenklich vorhandene Erwerbsunfähigkeit seit längerer Zeit besteht oder erst neuerdings eingetreten ist; in diesem Falle muß also über den Zeitpunkt des Eintritts der Erwerbsunfähigkeit unter Zuziehung der Beisitzer verhandelt werden (RE. 913 AN. 01 S. 435).

6. Hierbei kann sich die untere Verwaltungsbehörde aller zulässigen geeigneten Aufklärungsmittel bedienen. Sie kann den Rentenbewerber zur Aussprache und zur Einnahme des Augenscheins vorladen, kann uneidlich Zeugen und Sachverständige vernehmen (§ 64 Abs. 4) und den Rentenbewerber ihnen gegenüberstellen, sie kann ihn insbesondere ärztlich untersuchen lassen und nötigenfalls seine Beobachtung in einem Krankenhause veranlassen. Eidliche Vernehmungen kann sie durch das zuständige Amtsgericht herbeiführen (§ 172). Die durch das Verfahren entstehenden baren Auslagen sind von der Versicherungsanstalt zu erstatten (§ 64 Abs. 3). Je genauer es die unteren Ver-

waltungsbehörden mit dieser Verhandlung nehmen, desto mehr werden sie der Absicht des Gesetzgebers gerecht, und es kann daher an sie im Interesse der Versicherten wie der Versicherungsanstalten nur die dringende Mahnung ergehen, mit möglichster Gründlichkeit zu verfahren.

Die Unterlassung der gemäß §§ 59 Abs. 1, 112 Abs. 3 erforderlichen Anhörung der Beisitzer bildet einen wesentlichen Mangel des Verfahrens (RE. 878 AN. 01 S. 196). Das Gutachten der unteren Verwaltungsbehörde im Sinne des § 59 Abs. 1 ist nicht lediglich von den Vertretern der Arbeitgeber und der Versicherten, sondern von jener Behörde in ihrer Zusammensetzung aus dem beamteten Mitglied und diesen beiden Vertretern zu erstatten (RE. 911 AN. 01 S. 434). Im Falle des § 112 Abs. 3 sind die Beisitzer durch den beamteten Vertreter der Verwaltungsbehörde nicht nur zu hören, sondern dieser hat auf Grund der gemäß § 59 abzuhaltenden mündlichen Verhandlung mit den Beisitzern ein gemeinschaftliches Gutachten abzugeben (RE. 1055 AN. 03 S. 390). Hat ein Vertreter in der Verhandlung gefehlt, so wird dieser Mangel nicht dadurch geheilt, daß der Vertreter sich nachträglich äußert (RE. 879 AN. 01 S. 197). Das Gutachten muß bestimmt lauten, also für oder gegen die Versicherungspflicht, die Erwerbsfähigkeit usw.; lassen die Ermittelungen ein solches Gutachten nicht zu, so muß der Sachverhalt weiter aufgeklärt werden.

Die Vorschrift des § 59 über die Besetzung der unteren Verwaltungsbehörde als begutachtendes Kollegium ist eine öffentlichrechtliche, auf deren Beobachtung eine Partei nicht wirksam verzichten kann (RE. 879 AN. 01 S. 197). Ihre Verletzung bildet indes für die Versicherungsanstalt keinen Revisionsgrund (RE. 914 AN. 01 S. 435).

7. In den Fällen des §§ 59 Abs. 1, 112 Abs. 3 müssen die Akten darüber Aufschluß geben, ob das Gutachten der unteren Verwaltungsbehörde in der vorgeschriebenen Weise zustande gekommen ist, ob also eine mündliche Verhandlung stattgefunden hat und der Kläger von dem Termine dazu benachrichtigt worden ist (RE. 912 AN. 01 S. 434); wesentlich ist auch die Angabe, wie jeder Vertreter gestimmt hat.

§ 60.

Die höhere Verwaltungsbehörde (§ 169) kann nach Anhörung oder auf Antrag des Vorstandes für den Bezirk einer Versicherungsanstalt oder Teile desselben bestimmte Gemeindebehörden als untere Verwaltungsbehörden im Sinne des § 57 bezeichnen und mit der Wahrnehmung der in den §§ 57, 58 vorgesehenen Geschäfte betrauen.[1]

1. Für Gemeinden, in denen von der Befugnis des § 60 Gebrauch gemacht worden ist, dürfen Rentenstellen nicht errichtet werden (§ 79 Abs. 3).

§ 61.

Für den Bezirk jeder unteren Verwaltungsbehörde (§ 57) werden Vertreter der Arbeitgeber und der Versicherten gewählt; deren Zahl beträgt, solange nicht durch diejenige Behörde, welche die Wahlordnung erlassen hat (§ 63), eine größere Zahl bestimmt ist, aus der Klasse der Arbeitgeber und der Versicherten je vier. Die Bestimmungen der §§ 87 bis 94, 97 finden entsprechende Anwendung.[1]

§ 40e Ges. v. 1899.

1. Die Beisitzer der unteren Verwaltungsbehörde sowie im Falle der Errichtung von Rentenstellen die Beisitzer der Rentenstellen werden von den Vorständen der Krankenkassen des Bezirks gewählt (§ 62), gehen also aus indirekten Wahlen der in den Krankenkassen versicherten Arbeiter und deren Arbeitgeber hervor (§§ 34, 37 des KVG.). Sie bilden dann ihrerseits wiederum die Wahlmänner für die Wahl der Mitglieder des Ausschusses der Versicherungsanstalt (§ 76), und diese letzteren wiederum wählen die nicht beamteten (Laien-) Mitglieder des Vorstandes der Versicherungsanstalt sowie die Beisitzer des Schiedsgerichts (§§ 71 Abs. 1. Ziff. 1, 104 Abs. 3). Die in den Krankenkassen organisierten Versicherten einerseits und deren

Arbeitgeber andererseits sind hiernach die Urwähler für die Wahl sämtlicher bei der Invalidenversicherung beteiligten Laienbeisitzer.

§ 62.

1. Die Vertreter der Arbeitgeber und der Versicherten [1] werden von den Vorständen der im Bezirke der unteren Verwaltungsbehörde vorhandenen [2] Orts-, Betriebs- (Fabrik-), Bau- und Innungs-Krankenkassen, Knappschaftskassen, Seemannskassen und anderen zur Wahrung von Interessen der Seeleute bestimmten, obrigkeitlich genehmigten Vereinigungen von Seeleuten sowie von den Vorständen derjenigen eingeschriebenen oder auf Grund landesgesetzlicher Vorschriften errichteten Hilfskassen gewählt, welche die im § 75a des Krankenversicherungsgesetzes vorgesehene Bescheinigung besitzen und deren Bezirk sich über den Bezirk der unteren Verwaltungsbehörde nicht hinaus erstreckt [3]. Soweit die im § 1 bezeichneten Personen solchen Kassen nicht angehören, ist nach Bestimmung der Landesregierung den Vertretungen der weiteren Kommunalverbände [4] oder den Verwaltungen der Gemeinde-Krankenversicherung beziehungsweise landesrechtlichen Einrichtungen ähnlicher Art eine der Zahl dieser Personen entsprechende Beteiligung an der Wahl einzuräumen. Soweit die Vorstände der bezeichneten Kassen und Vereinigungen aus Vertretern der Arbeitgeber und Vertretern der Arbeitnehmer zusammengesetzt sind, nehmen bei der Wahl die den Arbeitgebern angehörenden Mitglieder des Vorstandes nur an der Wahl der Vertreter der Arbeitgeber, die den Versicherten angehörenden Mitglieder des Vorstandes

nur an der Wahl der Vertreter der Versicherten Teil. Vorstände, in denen Arbeitgeber nicht vertreten sind, nehmen nur an der Wahl der Vertreter der Versicherten, Vorstände, in denen Arbeitnehmer nicht vertreten sind, nehmen nur an der Wahl der Vertreter der Arbeitgeber Teil.

Vorstände solcher Krankenkassen, für deren Mit- 2.
glieder eine besondere Kasseneinrichtung im Sinne der §§ 8, 10, 11 besteht, sind nicht berechtigt, an den Wahlen Teil zu nehmen.

Die Vertreter der Arbeitgeber und der Versicherten 3.
müssen im Bezirke der unteren Verwaltungsbehörde und mindestens zur Hälfte an deren Sitze oder in einer Entfernung bis zu zehn Kilometer von demselben wohnen und dürfen nicht Mitglieder des Vorstandes (§ 73) oder eines Schiedsgerichts (§ 103) sein.

§ 48 Abs. 2 Ges. v. 1889; § 51 c Abs. 2, § 51 d d. Entw.

1. Versicherte, die selbst kleine Arbeitgeber sind, werden den Arbeitgebern zugerechnet (§§ 89, 61).

2. Unter den im Bezirk „vorhandenen" Krankenkassen sind diejenigen Kassen gemeint, die in den betreffenden Bezirken ihren Sitz haben.

3. Hiernach sind jetzt auch wahlberechtigt diejenigen freien Hilfskassen, die sich in das System der reichsgesetzlichen Krankenversicherung haben eingliedern lassen und beschränkte Bezirke umfassen.

4. In Preußen den Kreisausschüssen, in Stadtkreisen den Magistraten. Vgl. § 169.

§ 63.

Die Wahl der Vertreter erfolgt nach näherer Be- 1.
stimmung einer Wahlordnung, welche von der für

den Sitz der Versicherungsanstalt zuständigen Landes-Zentralbehörde oder der von dieser bestimmten Behörde zu erlassen ist, unter Leitung eines Beauftragten dieser Behörde. Bei gemeinsamen Versicherungsanstalten wird die Wahlordnung, sofern ein Einverständnis unter den beteiligten Landesregierungen nicht erzielt wird, durch den Reichskanzler erlassen, und die Wahl durch einen von demselben ernannten Beauftragten geleitet.

2. Zum Zwecke der Wahl der Vertreter kann der Bezirk der unteren Verwaltungsbehörde in kleinere Wahlbezirke geteilt werden.

3. Streitigkeiten über die Wahlen werden von derjenigen Behörde entschieden, welche die Wahlordnung erlassen hat.

§§ 49 Abs. 1, 4, 64 Ziff. 4 Ges. v. 1889; § 49 d. Entw.

§ 64.

1. Die Vertreter der Arbeitgeber und der Versicherten sind auf die gewissenhafte Erfüllung ihrer Obliegenheiten durch die untere Verwaltungsbehörde zu verpflichten.

2. Durch die höhere Verwaltungsbehörde sollen über die Reihenfolge, in welcher die Vertreter zu den Verhandlungen zuzuziehen sind, Bestimmungen getroffen werden.

3. Die den Vertretern zustehenden Bezüge (§§ 61, 92) sowie die sonstigen durch das Verfahren entstehenden baren Auslagen[1] sind von der Versicherungsanstalt zu erstatten.

Die untere Verwaltungsbehörde ist befugt, Zeugen und Sachverständige uneidlich zu vernehmen.[2] 4.

Der Vorstand der Versicherungsanstalt ist befugt, auf Antrag der unteren Verwaltungsbehörde den Beteiligten solche Kosten des Verfahrens zur Last zu legen, welche durch Mutwillen oder durch ein auf Verschleppung oder Irreführung berechnetes Verhalten derselben veranlaßt worden sind. 5.

Im übrigen wird das Verfahren vor der unteren Verwaltungsbehörde durch die Landes-Zentralbehörde geregelt.[3] 6.

1. Hinsichtlich der Kosten für die ersten ärztlichen Gutachten bei Gesuchen um Invalidenrente vgl. Rundschreiben des RVA. vom 5. November 1900, AN. 00 S. 826.

2. Eidliche Vernehmungen kann sie auf dem Wege des § 172 durch das zuständige Amtsgericht herbeiführen.

3. Für Preußen ist dies geschehen durch die Anweisung des Ministers für Handel und Gewerbe vom 15. November 1904 (AN. 1904 S. 672 ff.), siehe Anhang Nr. 7.

B. Versicherungsanstalten.

1. Errichtung.

§ 65.

Die Versicherungsanstalten[1] werden nach Bestimmung der Landesregierungen für weitere Kommunalverbände ihres Gebiets oder für das Gebiet des Bundesstaats oder Teile desselben errichtet. 1.

Auch kann für mehrere Bundesstaaten oder Gebietsteile derselben sowie für mehrere weitere Kommunalverbände eines Bundesstaats eine gemeinsame Versicherungsanstalt[2] errichtet werden. 2.

3. In der Versicherungsanstalt sind alle diejenigen Personen zu versichern, welche in deren Bezirke beschäftigt werden.[3] Auf die Bestimmung des Beschäftigungsorts finden die Vorschriften des § 5a des Krankenversicherungsgesetzes Anwendung.[4] Soweit die Beschäftigung in einem Betriebe stattfindet, dessen Sitz in dem Bezirk einer anderen Versicherungsanstalt belegen ist, kann mit Zustimmung der beteiligten Versicherungsanstalten die Versicherung auch bei der Versicherungsanstalt des Betriebssitzes erfolgen. Diese Zustimmung muß auf Antrag des zur Beitragsleistung verpflichteten Arbeitgebers erteilt werden, wenn die beschäftigten Personen Mitglieder einer für den Betrieb errichteten Betriebs-(Fabrik-)Krankenkasse sind.[5] Findet die Beschäftigung vorübergehend im Ausland, aber in einem Betriebe statt, dessen Sitz im Inlande belegen ist, so erfolgt die Versicherung bei der Versicherungsanstalt des Betriebssitzes.

4. Bei ausländischen Binnenschiffen gilt als Beschäftigungsort des Personals der Sitz derjenigen Versicherungsanstalt, in deren Bezirke das Schiff bei Überfahren der Grenze zuerst eintritt.[6]

§ 41 Ges. v. 1889; § 41 d. Entw.

1. Für die Durchführung der Invalidenversicherung sind besondere Versicherungsanstalten geschaffen, weil die Frage nach einer Zusammenlegung der verschiedenen Zweige der Arbeiterversicherung noch nicht genügend reif schien. Gegen die Übertragung der Geschäfte der Invalidenversicherung auf die Krankenkassen oder Verbände von Krankenkassen oder auf die Berufsgenossenschaften bestanden erhebliche Bedenken. Die Krankenkassen sind ihrem Wirkungskreise nach zu klein und in ihrem Bestande

zu sehr dem Wechsel unterworfen, umfassen auch nicht alle der Invalidenversicherung unterstellten Personen. Letzteres und der Wechsel in dem Bestande der Einzelkassen macht auch die Übernahme der Invalidenversicherung durch Vereinigungen der Krankenkassen nicht rätlich. Auch die Berufsgenossenschaften umfassen nicht alle in Betracht kommenden Personen. Sie sind außerdem nach der Art ihrer Verwaltung nicht ohne weiteres imstande, eine weitere Aufgabe von dem Umfange der Invalidenversicherung zu übernehmen. Diese würde eine neue Organisation innerhalb der Berufsgenossenschaften unter ausgiebiger Beteiligung der Versicherten schon um deswillen erfordern, weil die Invalidenversicherung ein besonderes, nur zur Hälfte aus Beiträgen der Unternehmer bestehendes Vermögen umfaßt. Die Durchführung des Gesetzes würde auch bei Verwendung der Berufsgenossenschaften erschwert sein, weil dann für jeden einzelnen Ort so viel Versicherungsanstalten in Frage kommen würden, als nach der Zahl der in dem Orte vertretenen Berufszweige Berufsgenossenschaften daselbst arbeiten.

Nichtsdestoweniger knüpft die Verwaltung der Invalidenversicherung auch an die Krankenkassen, sowie an die berufsgenossenschaftliche Organisation an; an die Krankenkassen insofern, als durch sie die Wahl der bei der Invalidenversicherung beteiligten Laienmitglieder zustande kommt (vgl. § 61 Anm. 1), und sie mit der Einziehung der Invalidenversicherungsbeiträge beauftragt werden können (§§ 148 bis 153); an die Berufsgenossenschaften insofern, als die Schiedsgerichte für die Invalidenversicherung und für die Unfallversicherung zusammengelegt sind.

Die Versicherungsanstalten sind Körperschaften öffentlichen Rechtes mit juristischer Persönlichkeit (§ 68) und Selbstverwaltung (§§ 73 ff.). Ihre Vorstände haben die Eigenschaft einer öffentlichen (nicht Staats-) Behörde (§ 74). Sie sind abgegrenzt nach Bezirken, die sich an die Provinzen oder ähnliche weitere Kommunalverbände oder an die Gebiete ganzer Bundesstaaten oder Teile derselben anlehnen. Von der Errichtung einer einzigen großen Reichs-Versicherungsanstalt mit einer Zentralstelle und örtlichen Organen ist wegen der Schwierigkeiten abgesehen worden, die hinsichtlich der praktischen Durchführung befürchtet wurden.

Es bestehen folgende 31 Versicherungsanstalten:

Amtliche Nr.	Name	Sitz	Bezirk
1.	LVA. (Landes=Versicherungs=anstalt) Ostpreußen	Königsberg i. Pr.	Provinz Ostpreußen
2.	„ Westpreußen	Danzig	„ Westpreußen
3.	„ Berlin	Berlin	Stadt Berlin
4.	„ Brandenburg	Berlin	Provinz Brandenburg
5.	„ Pommern	Stettin	„ Pommern
6.	„ Posen	Posen	„ Posen
7.	„ Schlesien	Breslau	„ Schlesien
8.	„ Sachsen=Anhalt	Merseburg	„ Sachsen, Herzogtum Anhalt
9.	„ Schleswig=Holstein	Kiel	„ Schleswig=Holstein, Fürstentum Lübeck
10.	„ Hannover	Hannover	„ Hannover, Fürstentümer Pyr=mont, Schaumburg=Lippe u. Lippe
11.	„ Westfalen	Münster i. W.	„ Westfalen
12.	„ Hessen=Nassau	Kassel	„ Hessen=Nassau, Fürstentum Waldeck
13.	„ Rheinprovinz	Düsseldorf	„ Rheinprovinz, die Hohenzollern=schen Lande, Fürstentum Bir=kenfeld
14.	VA. (Versicherungsanstalt) für Oberbayern	München	Regierungsbezirk Oberbayern

17.	„ „ Oberpfalz u. Regensb.	Regensburg	„ Oberpfalz u. Regensb.
18.	„ „ Oberfranken	Bayreuth	„ Oberfranken
19.	„ „ Mittelfranken	Ansbach	„ Mittelfranken
20.	„ „ Unterfranken	Würzburg	„ Unterfranken und Aschaffenburg
21.	„ „ Schwaben u. Neuburg	Augsburg	„ Schwaben u. Neuburg
22.	LVA. Königreich Sachsen	Dresden	Königreich Sachsen
23.	VA. Württemberg	Stuttgart	„ Württemberg
24.	LVA. Baden	Karlsruhe	Großherzogtum Baden
25.	Invalidenversicherungsanstalt Großherzogtum Hessen	Darmstadt	„ Hessen
26.	LVA. Mecklenburg	Schwerin	Großherzogtümer Mecklenburg-Schwerin und Strelitz
27.	Thüringische LVA.	Weimar	Großherzogtum Sachsen-Weimar-Eisenach, Herzogtümer Sachsen-Meiningen, Sachsen-Altenburg, Sachsen-Koburg-Gotha, Fürstentümer Schwarzburg-Sondershausen, Schwarzburg-Rudolstadt, Reuß ä. L., Reuß j. L.
28.	LVA. Oldenburg	Oldenburg	Herzogtum Oldenburg [1])
29.	„ Braunschweig	Braunschweig	„ Braunschweig
30.	„ der Hansestädte	Lübeck	Freie Städte Hamburg, Bremen, Lübeck
31.	„ Elsaß-Lothringen	Straßburg i. E.	Reichslande Elsaß-Lothringen.

[1]) Das Großherzogtum Oldenburg besteht aus dem Herzogtum Oldenburg, dem Fürstentum Lübeck (LVA. 9) und dem Fürstentum Birkenfeld (LVA. 13).

Wegen der 9 zugelassenen Kasseneinrichtungen vgl. § 8 Anm 8.

2. Gemeinsame Versicherungsanstalten sind die Versicherungsanstalten 8, 9, 10, 12, 13, 26, 27, 30 des Verzeichnisses in Anm. 1.

3. Bei welcher Versicherungsanstalt die freiwillige Versicherung stattzufinden hat, bestimmt § 145 Abs. 1.

Als Beschäftigungsort gilt bei häuslichen Dienstboten der gewöhnliche Wohnsitz ihrer Herrschaften, und zwar auch für die Zeit, in der sie die letzteren auf Reisen, z. B. nach deren Sommeraufenthaltsorten, zu begleiten pflegen (B. 864 AN. 00 S. 841).

4. Auch nach dem JAVG. war der Beschäftigungsort für die Zugehörigkeit zur Versicherungsanstalt maßgebend. Als Beschäftigungsort galt aber für inländische Betriebe der Betriebssitz. Dies ist im Interesse der Versicherten geändert worden, indem fortan, wie bei der Krankenversicherung, im wesentlichen die Arbeitsstätte maßgebend sein soll. Hiervon sind Ausnahmen zunächst soweit zugelassen, als sie im § 5a des KVG. vorgesehen sind.

Der 5a des KVG. lautet:

> Für Personen, welche in Gewerbebetrieben beschäftigt sind, deren Natur es mit sich bringt, daß einzelne Arbeiten an wechselnden Orten außerhalb der Betriebsstätte ausgeführt werden [a]), gilt auch für die Zeit, während welcher sie mit solchen Arbeiten beschäftigt sind, als Beschäftigungsort der Sitz des Gewerbebetriebes [b]).
>
> Werden versicherungspflichtige Personen von einer öffentlichen oder privaten Betriebsverwaltung mit Arbeiten beschäftigt, welche an wechselnden, in verschiedenen Gemeindebezirken belegenen Orten auszuführen sind [c]), so gilt, falls nicht nach Anhörung der beteiligten Verwaltungen und Gemeinden oder weiteren Kommunalverbände von der höheren Verwaltungsbehörde etwas anderes bestimmt wird, als Beschäftigungsort diejenige Gemeinde, in welcher die mit der unmittelbaren Leitung jener Arbeiten betraute Stelle ihren Sitz hat.

Für Personen, welche in der Land- oder Forstwirtschaft zur Beschäftigung an wechselnden, in verschiedenen Gemeindebezirken belegenen Orten angenommen sind, gilt als Beschäftigungsort der Sitz des Betriebes (§ 44 des Gesetzes vom 5. Mai 1886, Reichs-Gesetzbl. S. 132)[d]).

a) Z. B. bei dem Gewerbebetrieb eines Bauunternehmers, Zimmermeisters, Schornsteinfegers (B. 1189 AN. 05 S. 285). Auch ein Bäckereibetrieb, der so eingerichtet ist, daß die Backwaren den Abnehmern ins Haus gebracht oder außerhalb der Betriebsstätte verkauft werden, ist hierher zu rechnen (B. 887 AN. 01 S. 205). Der Begriff „einzelne Arbeiten" darf nicht zu eng aufgefaßt werden. Daher muß bei größeren Bauunternehmungen, deren Geschäftsbetrieb darin besteht, daß von einem bestimmten Mittelpunkt aus und unter einheitlicher Leitung Bauten an wechselnden Orten ausgeführt werden, jeder solcher Bau ohne Rücksicht auf seinen Umfang in seiner Gesamtheit als einzelne Arbeit behandelt werden (E. 939 AN. 01 S. 635).

b) Betriebssitz ist derjenige Ort, an dem sich der Mittelpunkt, der wirtschaftliche Schwerpunkt des Unternehmens befindet (RE. 35 AN. 91 S. 151).

c) Z. B. öffentliche Wasser- oder Wegebauten, Telegraphenverwaltungen, Privatbahnen. Diese Bestimmung bezieht sich auf Betriebe, die sich über größere Bezirke erstrecken, in denen die einzelnen Arbeiter ohne bestimmte, dauernde Arbeitsstätte wechselnd beschäftigt werden (B. 1189 AN. 05 S. 285).

d) Der § 44 des Gesetzes vom 5. Mai 1886 ist ersetzt durch § 65 des UVG. für Land- und Forstwirtschaft vom 30. Juni 1900 (RGBl. S. 641).

5. Abgesehen von den Fällen des § 5 a des KVG. ist, soweit die Beschäftigung in einem Betriebe stattfindet, dessen Sitz in dem Bezirk einer anderen Versicherungsanstalt belegen ist, die Versicherung des gesamten Betriebs bei der Versicherungsanstalt des Betriebssitzes nur mit Zustimmung der beteiligten Versicherungsanstalten zulässig. Eine billige Rücksichtnahme auf begründete Wünsche der beteiligten Unternehmer ist hierbei zu erwarten. Ein Recht, die Durchführung der gesamten Versicherung am Sitze

seines Betriebs zu beanspruchen, ist aber dem Unternehmer für den Fall vorbehalten worden, daß die von ihm an verschiedenen Orten beschäftigten Personen Mitglieder einer für seinen Betrieb errichteten Betriebs- (Fabrik-)Krankenkasse sind. (Begr. S. 284.) Zwischen der pflichtmäßigen und der freiwilligen Zugehörigkeit zu der Betriebskrankenkasse ist nicht zu unterscheiden; es ist nur zu prüfen, ob die etwaige freiwillige Mitgliedschaft nach dem Kassenstatute zulässig ist (E. 940 AN. 01 S. 636).

6. Vgl. Rundschreiben des RVA. vom 30. Januar 1900, AN. 00 S. 667.

Über die Versicherung der Seeleute vgl. §§ 11, 167.

Streitigkeiten darüber, zu welcher Versicherungsanstalt Beiträge zu entrichten sind, werden auf dem Wege der §§ 155, 156 entschieden (Vgl. E. 940 AN. 01 S. 636).

§ 66.

Die Errichtung der Versicherungsanstalten bedarf der Genehmigung des Bundesrats. Soweit die Genehmigung nicht erteilt wird, kann der Bundesrat nach Anhörung der beteiligten Landesregierungen die Errichtung von Versicherungsanstalten anordnen.

§ 42 Ges. v. 1889; § 42 d. Entw.

§ 67.

1. Der Sitz der Versicherungsanstalt wird durch die Landesregierung bestimmt.

2. Ist die Versicherungsanstalt für mehrere Bundesstaaten oder Gebietsteile derselben errichtet, so bestimmt den Sitz, falls eine Vereinbarung der beteiligten Landesregierungen nicht zustande kommt, der Bundesrat.

§ 43 Ges. v. 1889; § 43 d. Entw.

§ 68.

Die Versicherungsanstalt kann unter ihrem Namen Rechte erwerben und Verbindlichkeiten eingehen, vor Gericht klagen und verklagt werden. Für ihre Verbindlichkeiten haftet den Gläubigern das Anstaltsvermögen, soweit dasselbe zur Deckung der Verpflichtungen der Versicherungsanstalt nicht ausreicht, der Kommunalverband, für welchen die Versicherungsanstalt errichtet ist, im Falle seines Unvermögens oder wenn die Versicherungsanstalt für den Bundesstaat oder Teile desselben errichtet ist, der Bundesstaat.[1] 1.

Ist die Versicherungsanstalt für mehrere Kommunalverbände oder Bundesstaaten oder Teile solcher errichtet, so bemißt sich deren im Falle der Unzulänglichkeit des Anstaltsvermögens eintretende Haftung nach dem Verhältnisse der auf Grund der letzten Volkszählung festgestellten Bevölkerungsziffer derjenigen Bezirke, mit welchen sie an der Versicherungsanstalt beteiligt sind. 2.

Die Mittel der Versicherungsanstalt dürfen für andere als die in diesem Gesetze vorgesehenen Zwecke nicht verwendet werden. Ihre Einnahmen und Ausgaben sind gesondert zu verrechnen, ihre Bestände gesondert zu verwahren. 3.

Die Versicherungsanstalt darf andere als die in diesem Gesetz ihr übertragenen Geschäfte nicht übernehmen. 4.

§ 44 Ges. v. 1889; § 44 d. Entw.

1. Der Absatz 1 enthält den Grundsatz, daß die Versicherungsanstalt selbständige juristische Persönlichkeit besitzt, ferner den Grundsatz, daß hinter jeder Versicherungsanstalt wenigstens ein Garantieverband steht, der bei etwaigen Zahlungsverlegenheiten dauernder oder vorübergehender Art vorschußweise (§§ 69, 127) oder endgültig (§§ 68, 101) einzutreten hat. Garant ist derjenige Kommunalverband oder Bundesstaat, für dessen Bezirk die Versicherungsanstalt errichtet ist, nicht das Reich; bei der Unfallversicherung dagegen übernimmt dieses in der Regel die Garantie (§§ 54, 127 des GUVG.).

§ 69.

1. **Die durch die erste Einrichtung der Versicherungsanstalt entstehenden Kosten sind von dem Kommunalverband oder dem Bundesstaate, für welchen sie errichtet wird, vorzuschießen. Für gemeinsame Versicherungsanstalten sind die Vorschüsse beim Mangel einer Vereinbarung nach dem im § 68 Abs. 2 vorgesehenen Verhältnisse zu leisten.**

2. **Die geleisteten Vorschüsse sind von der Versicherungsanstalt aus den zunächst eingehenden Versicherungsbeiträgen zu erstatten.**

§ 45 Ges. v. 1889; § 45 d. Entw.

2. Statut.

§ 70.

Für jede Versicherungsanstalt ist ein Statut[1] zu errichten, welches von dem Ausschusse (§ 76) beschlossen wird. Dasselbe muß Bestimmung treffen:

1. über die Zahl der dem Vorstand angehörenden Vertreter der Arbeitgeber und der Versicherten;[3]
2. über die Zahl der Mitglieder, die Obliegenheiten und Befugnisse sowie die Berufung des Ausschusses, über die Bestellung seines Vorsitzenden und über die Art der Beschlußfassung;
3. über die Form, in welcher der Vorstand seine Willenserklärungen kundzugeben und für die Versicherungsanstalt zu zeichnen hat, sowie über die Art, in welcher die Beschlußfassung des Vorstandes und seine Vertretung nach außen erfolgen soll;
4. über die Vertretung der Versicherungsanstalt gegenüber dem Vorstande;
5. über die Zahl der Beisitzer der Schiedsgerichte, welche aus der Klasse der Arbeitgeber und der Versicherten mindestens je vier betragen muß, und über die Reihenfolge, in welcher die Beisitzer zu den Verhandlungen zuzuziehen sind;
6. über die Höhe der nach § 74 Abs. 3, § 92 zu gewährenden Vergütungen;
7. über die Aufstellung des Voranschlags;
8. über die Aufstellung und Abnahme der Jahresrechnung, soweit hierüber nicht von der für den Sitz der Versicherungsanstalt zuständigen Landes-Zentralbehörde Bestimmungen getroffen werden;
9. über die Veröffentlichung der Rechnungsabschlüsse;

10. über die öffentlichen Blätter, durch welche Bekanntmachungen zu erfolgen haben;
11. über die Voraussetzungen einer Abänderung des Statuts.

§ 54 Ges. v. 1899; § 45a d. Entw.

1. Die Satzungen einer Versicherungsanstalt sind das für die dauernde Regelung ihrer inneren Verwaltung bestimmte Grundgesetz. Dieser ihrer Natur und Aufgabe entsprechend bedürfen sie gleich den Satzungen und Verfassungen aller übrigen öffentlich-rechtlichen Körperschaften einer gewissen Stetigkeit, so daß Abänderungen tunlichst zu vermeiden und jedenfalls nur beim Nachweis eines wirklichen Bedürfnisses zuzulassen sind.

Der § 70 enthält im Anschluß an die Vorschriften früherer sozialpolitischer Gesetze diejenigen Bestimmungen, die die Satzungen einer Versicherungsanstalt enthalten müssen; sonstige Bestimmungen sind natürlich nicht ausgeschlossen.

2. Die Bestimmung der Ziff. 1 rechtfertigt sich daraus, daß fortan dem Vorstande, nachdem der früher zugelassene Aufsichtsrat beseitigt worden ist, stets Vertreter der Arbeitgeber und Arbeitnehmer angehören müssen; vgl. § 74 Anm. 3.

§ 71.

1. Dem Ausschusse müssen vorbehalten werden:

1. die Wahl der nicht beamteten Mitglieder des Vorstandes sowie die Wahl der Beisitzer der Schiedsgerichte;
2. die Feststellung des Voranschlags;[1]
3. die Prüfung der Jahresrechnung und die Aufstellung von Erinnerungen gegen dieselbe;
4. die Zustimmung zu Beschlüssen des Vorstandes, welche die Erwerbung[2], die Veräußerung oder die Belastung von Grundstücken der Versicherungsanstalt betreffen, sofern nicht nach dem pflicht-

mäßigen Ermessen des **Vorstandes Gefahr** im Verzug ist;

5. die Beschlußfassung über die Bildung von Rückversicherungsverbänden (§ 99);
6. die Abänderung des Statuts;
7. die Überwachung der Geschäftsführung des Vorstandes.[3]

Der Entwurf des Voranschlags (Ziffer 2) ist spätestens zwei Wochen vor der zur Festsetzung desselben anberaumten Sitzung des Ausschusses der Aufsichtsbehörde[4] in Abschrift vorzulegen. Diese ist befugt, Anstände zu erheben, insoweit der Voranschlag oder Teile desselben den gesetzlichen oder statutarischen Bestimmungen nicht entsprechen. Der Vorsitzende des Vorstandes ist verpflichtet, den Beschluß des Ausschusses, durch welchen die Anstände der Aufsichtsbehörde nicht berücksichtigt werden, gemäß § 75 zu beanstanden. 2.

§ 55 Ges. v. 1889; § 45 b d. Entw.

1. Das dem Ausschusse hiermit gegebene Ausgabebewilligungsrecht enthält nach allgemein gültiger Rechtsregel nicht auch ein unbedingtes und unbeschränktes Ausgabeverweigerungsrecht. Zur Bewilligung der nicht arbiträren, sondern notwendigen Ausgaben ist der Ausschuß vielmehr verpflichtet. Dahin gehören aber nicht allein die unmittelbar durch das Gesetz vorgeschriebenen, sondern auch diejenigen Aufwendungen aus Anstaltsmitteln, die zur Aufrechterhaltung und Durchführung der vom Ausschusse selbst auf Grund des Gesetzes geschaffenen Einrichtungen unentbehrlich sind. Hier kann nur die Höhe der Ausgaben in Frage kommen, wobei über etwaige Streitigkeiten zwischen Ausschuß und Vorstand nach § 109 Abs. 1 oder unter Umständen nach § 75 zu entscheiden ist.

2. Vgl. § 164 Abs. 3.

3. Die Überwachungsbefugnis des Ausschusses ist nicht auf einzelne Gebiete der Geschäftsführung, etwa die finanziellen Unternehmungen und dergleichen, beschränkt, sondern umfaßt die gesamten Obliegenheiten des Vorstandes in allen Zweigen der Verwaltung (E. 1102 AN. 04 S. 253).

4. Dem Reichs- oder Landes-Versicherungsamt (§§ 108, 111).

§ 72.

1. Das Statut bedarf zu seiner Gültigkeit der Genehmigung des Reichs-Versicherungsamts.[1] Dem letzteren sind die von dem Ausschuß über das Statut gefaßten Beschlüsse mit den Protokollen durch den Vorstand binnen einer Woche einzureichen.

2. Gegen die Entscheidung des Reichs-Versicherungsamts, durch welche die Genehmigung versagt wird, findet binnen einer Frist von vier Wochen, vom Tage der Zustellung an den Vorstand ab, die Beschwerde an den Bundesrat statt.

3. Wird innerhalb dieser Frist Beschwerde nicht eingelegt, oder wird die Versagung der Genehmigung des Statuts vom Bundesrat aufrecht erhalten, so hat das Reichs-Versicherungsamt innerhalb vier Wochen eine abermalige Beschlußfassung anzuordnen. Wird auch dem anderweit beschlossenen Statute die Genehmigung endgültig versagt, oder kommt ein Beschluß des Ausschusses über das Statut nicht zustande, so wird ein solches vom Reichs-Versicherungsamt erlassen. In letzterem Falle hat das Reichs-Versicherungsamt auf Kosten der Versicherungsanstalt die zur Ausführung des Statuts erforderlichen Anordnungen zu treffen.

Abänderungen des Statuts bedürfen der Genehmigung des Reichs-Versicherungsamts. Gegen die Versagung der Genehmigung findet binnen vier Wochen, vom Tage der Zustellung ab, die Beschwerde an den Bundesrat statt. 4.

Nach Feststellung des Statuts sind durch den Vorstand im Reichsanzeiger und in dem für die Veröffentlichungen der Landes-Zentralbehörde bestimmten Blatte der Name, Sitz und Bezirk der Versicherungsanstalt sowie der Name des Vorsitzenden des Vorstandes bekannt zu machen. Veränderungen sind in gleicher Weise zur öffentlichen Kenntnis zu bringen. 5.

§ 56 Ges. v. 1889; § 45c d. Entw.

1. An die Stelle des Reichs-Versicherungsamts tritt im Falle des § 111 Abs. 1 das Landes-Versicherungsamt.

3. Vorstand.

§ 73.

Die Versicherungsanstalt wird durch einen Vorstand verwaltet, soweit nicht einzelne Angelegenheiten durch Gesetz oder Statut anderen Organen übertragen sind.[1] 1.

Der Vorstand hat die Versicherungsanstalt gerichtlich und außergerichtlich zu vertreten. Die Vertretung erstreckt sich auch auf diejenigen Geschäfte und Rechtshandlungen, für welche nach den Gesetzen eine Spezialvollmacht erforderlich ist. 2.

§ 46 Ges. v. 1889; § 46 d. Entw.

1. Die §§ 73ff. enthalten den Grundsatz, daß die Versicherungsanstalten Selbstverwaltung durch eigene Organe haben.

Der Vorsitzende und nach Bedarf einige andere Mitglieder des Vorstandes sollen Beamte sein, und zwar Kommunal- oder Staatsbeamte, je nachdem die Versicherungsanstalt für einen Kommunalverband oder für einen Bundesstaat errichtet ist (§ 74).

Die gesetzlichen Organe der Versicherungsanstalt sind der Vorstand (§§ 73, 74), der Ausschuß (§ 76), die etwa errichteten Rentenstellen (§ 79) sowie die von der Versicherungsanstalt selbst eingerichteten Hebestellen (§ 148).

§ 74.

1. **Der Vorstand der Versicherungsanstalt hat die Eigenschaft einer öffentlichen Behörde. Seine Geschäfte werden von einem oder mehreren Beamten des weiteren Kommunalverbandes oder Bundesstaats, für welchen die Versicherungsanstalt errichtet ist, wahrgenommen.[1] Die beamteten Vorstandsmitglieder, von denen eines als Vorsitzender zu bezeichnen ist, werden nach Maßgabe der landesgesetzlichen Vorschriften von dem Kommunalverbande beziehungsweise von der Landesregierung bestellt.[2] Erstreckt sich der Bezirk der Versicherungsanstalt über mehrere weitere Kommunalverbände, so werden die Beamten von der Landesregierung bestellt; diese kann die Bestellung auf einen der weiteren Kommunalverbände übertragen. Erstreckt sich der Bezirk der Versicherungsanstalt über Gebiete mehrerer Bundesstaaten, so entscheidet über die Bestellung der Beamten, falls ein Einverständnis unter den beteiligten Landesregierungen nicht erzielt wird, der Reichskanzler. Die Bezüge der Beamten und ihrer Hinterbliebenen sind von der Versicherungsanstalt zu vergüten.**

Neben den vorgenannten Beamten müssen dem Vorstande Vertreter der Arbeitgeber und der Versicherten angehören.[3] Besoldung wird ihnen nicht gewährt.[4] 2.

Durch das Statut kann bestimmt werden, daß dem Vorstande neben den vorgenannten noch andere Personen angehören sollen.[5] Dieselben können nach Bestimmung des Statuts besoldet oder unbesoldet sein. Sofern ihnen Besoldungen zu gewähren sind, hat der Ausschuß (§ 76) die Anstellungsbedingungen festzusetzen. 3.

§§ 47, 64 Ziffer 1 Ges. v. 1889; § 47 d. Entw.

1. Die laufenden Geschäfte der Verwaltung sollen im allgemeinen von öffentlichen Beamten wahrgenommen werden. Denn die Natur dieser Geschäfte bringt es mit sich, daß die Vorstandsmitglieder ständig in Funktion sein müssen; die ständige Beteiligung an einer umfangreichen Verwaltung ist aber für Personen mit anderem Beruf in der Regel nicht ausführbar.

2. Der Vorsitzende des Vorstands und die sonst noch dem Vorstand angehörenden Beamten sind und bleiben Kommunal- oder Staatsbeamte (vgl. § 73 Anm. 1), insbesondere also in Rücksicht auf Anstellungs-, Rang- und Disziplinarverhältnisse (§ 109). Ihnen ist nur die besondere Funktion beigelegt worden, eine mit dem Kommunalverband oder Bundesstaate in einen gewissen Zusammenhang gebrachte, aber staatliche Zwecke verfolgende besondere Anstalt zu verwalten. Übrigens beziehen sich die Bestimmungen des § 74 Abs. 1 nur auf Mitglieder des Vorstandes, auf solche Beamte, die „die Geschäfte des Vorstands wahrnehmen"; dies sollen höhere Beamte sein. Die sonstigen (Bureau-, Kanzlei-, Unter-)Beamten sind dagegen in der Regel Anstaltsbeamte und werden von der Versicherungsanstalt kraft ihrer Autonomie selbst bestellt, sofern die Anstalt nicht mit dem Kommunalverband oder Bundesstaate vereinbart, daß die Beamten der letzteren auch für die Geschäfte der Versicherungsanstalt über-

wiesen werden. Den Bureaubeamten usw. sollen die Rechte und Pflichten von Staats- oder Kommunalbeamten übertragen werden (§ 98).

3. Früher mußten dem Vorstande Vertreter der Arbeitgeber und Arbeitnehmer nur dann angehören, wenn der fakultativ zugelassene Aufsichtsrat, in den Laienbeisitzer zu wählen waren, nicht errichtet war. Tatsächlich hatten sämtliche Versicherungsanstalten Laienbeisitzer in den Vorstand aufgenommen und von der Errichtung des Aufsichtsrats abgesehen. Dieser ist nunmehr als unpraktisch überhaupt beseitigt, dagegen die Beteiligung der Laien im Vorstand allgemein obligatorisch gemacht.

Die Zahl dieser Vertreter der Arbeitgeber und der Versicherten, die nach § 87 die gleiche sein muß, bestimmt das Statut (§ 70 Ziff. 1); die Wahl ist vom Ausschusse vorzunehmen (§ 71 Abs. 1 Ziff. 1). Die Vertreter im Vorstande dürfen nicht zugleich Vertreter bei einer unteren Verwaltungsbehörde (§ 62 Abs. 3) oder Beisitzer einer Rentenstelle (§ 82 Abs. 2) oder eines Schiedsgerichts (§ 104 Abs. 5) sein. Die Vereinigung der Ämter eines Vorstandsbeisitzers und eines Ausschußmitgliedes ist zwar an sich nicht unzulässig, aber zu vermeiden, damit die Unabhängigkeit des Ausschusses gegenüber dem Vorstande gewahrt wird (B. 976 AN. 02 S. 398).

4. Sie haben aber Anspruch auf Vergütung gemäß § 92.

5. Z. B. Ärzte, Versicherungstechniker.

§ 75.

Der Vorsitzende des Vorstandes hat Beschlüsse der Organe der Versicherungsanstalt, welche gegen die gesetzlichen [1] oder statutarischen Vorschriften verstoßen, mit aufschiebender Wirkung [2] unter Angabe der Gründe zu beanstanden. Die Anfechtung erfolgt mittelst Beschwerde an die Aufsichtsbehörde.[3]

§ 47 a d. Entw.

1. Unter den gesetzlichen Vorschriften sind nicht nur diejenigen gesetzlichen Bestimmungen zu verstehen, die den Versicherungs-

anstalten Aufgaben stellen, deren Erfüllung das Gesetz ihnen zur Pflicht macht, wie z. B. die Vorschriften über die Rentenfeststellung, die Beitragserstattung, die Beitragskontrolle. Der § 75 gilt vielmehr auch für diejenigen Maßnahmen der Organe der Versicherungsanstalten, die zu treffen sie zwar nicht gesetzlich verpflichtet, aber befugt sind, sofern nur die Art und der Umfang der Befugnis gesetzlich geregelt sind, wie z. B. die Anwendung des Heilverfahrens (§ 18), die Verwaltung und Verwendung des Anstaltsvermögens (§§ 68 Abs. 3, 4, 93, 164). (E. 1027 AN. 03 S. 250.) Vgl. § 71 Anm. 1.

2. Eine solche Wirkung ist nur denkbar, wenn der Beschluß Rechtsfolgen hat. Die Anfechtung eines Beschlusses, der nur eine Meinungsäußerung enthält, ist daher unzulässig (E. 1102 AN. 04 S. 253).

3. Der Vorsitzende hat den Beschluß nicht nur zu beanstanden, sondern auch bei der Aufsichtsbehörde, d. i. bei dem Reichs- oder Landes-Versicherungsamt (§§ 108, 111), anzufechten (E. 1027 AN. 03 S. 250). Wegen des Verfahrens bei der Entscheidung über die Anfechtung vgl. § 110 Abs. 1 Ziff. 1.

4. Ausschuß.

§ 76.

Für jede Versicherungsanstalt wird ein Ausschuß gebildet, welcher aus mindestens je fünf Vertretern der Arbeitgeber und der Versicherten besteht. Die Zahl der Vertreter wird bis zur Genehmigung des Statuts durch die für den Sitz der Versicherungsanstalt zuständige Landes-Zentralbehörde, später durch das Statut bestimmt. 1.

Diese Vertreter werden von den Vertretern der Arbeitgeber und der Versicherten bei den unteren Verwaltungsbehörden (§ 61) sowie von den Beisitzern 2.

der Rentenstellen (§ 81) je getrennt von den Arbeitgebern und den Versicherten gewählt.[1]

§ 48 Abs. 1 Ges. v. 1889; § 48 d. Entw.

1. Für die Ausübung dieser Wahltätigkeit haben die Vertreter bei den unteren Verwaltungsbehörden gegenüber der Versicherungsanstalt Anspruch auf Vergütung gemäß § 92 (B. 823 AN. 00 S. 679).

§ 77.

1. **Die Wahl der Vertreter erfolgt nach näherer Bestimmung einer Wahlordnung, welche von der für den Sitz der Versicherungsanstalt zuständigen Landes-Zentralbehörde oder der von dieser bestimmten Behörde zu erlassen ist, unter Leitung eines Beauftragten dieser Behörde. Bei gemeinsamen Versicherungsanstalten wird die Wahlordnung, sofern ein Einverständnis unter den beteiligten Landesregierungen nicht erzielt wird, durch den Reichskanzler erlassen, und die Wahl durch einen von demselben ernannten Beauftragten geleitet.**

2. **Für jeden Vertreter sind mindestens ein erster und zweiter Ersatzmann zu wählen, welche denselben in Behinderungsfällen zu ersetzen und im Falle des Ausscheidens für den Rest der Wahlperiode**[1] **in der Reihenfolge ihrer Wahl einzutreten haben.**

3. **Streitigkeiten über die Wahlen werden von derjenigen Behörde entschieden, welche die Wahlordnung erlassen hat.**

§§ 49 Abs. 1, 2, 4, 64 Ziffer 3 Ges. v. 1889; § 49 d. Entw.

1. Fünf Jahre (§ 90).

§ 78.

Den Vorsitz im Ausschusse führt bis zur Genehmigung des Statuts der Vorsitzende des Vorstandes der Versicherungsanstalt. Derselbe beruft die Mitglieder des Ausschusses. Für diejenigen Mitglieder, welche am Erscheinen behindert sind und dies dem Vorsitzenden des Vorstandes rechtzeitig mitteilen, sind die Ersatzmänner zu laden. 1.

Die Mitglieder des über das Statut beratenden Ausschusses erhalten für ihre Teilnahme an diesen Beratungen Vergütungen, welche von der für den Sitz der Versicherungsanstalt zuständigen Landes-Zentralbehörde zu bestimmen sind. 2.

§ 57 Ges. v. 1889; § 49a d. Entw.

5. Rentenstellen.

§ 79.

Für die Wahrnehmung der den unteren Verwaltungsbehörden nach §§ 57 bis 59 obliegenden Geschäfte können für den Bezirk der Versicherungsanstalt oder Teile desselben vom Vorstande der Versicherungsanstalt Rentenstellen errichtet werden.[1] 1.

Erforderlich ist jedoch die Zustimmung des Ausschusses der Versicherungsanstalt, außerdem bei Versicherungsanstalten, für welche die beamteten Mitglieder des Vorstandes von einem Kommunalverbande zu bestellen sind, auch die Zustimmung des mit der Verwaltung der Angelegenheiten dieses Kommunalverbandes betrauten Organs, bei Versicherungsanstalten aber, für welche die beamteten Mitglieder 2.

des Vorstandes von der Landesregierung zu bestellen sind, die Zustimmung der Landes-Zentralbehörde oder, sofern mehrere Landes-Zentralbehörden beteiligt sind und ein Einverständnis unter ihnen nicht erzielt wird, die Zustimmung des Reichskanzlers.

3. Die Landes-Zentralbehörde kann im Falle des geschäftlichen Bedürfnisses, insbesondere in Gegenden mit dichter Bevölkerung, nach Anhörung von Vorstand und Ausschuß der Versicherungsanstalt sowie des mit der Verwaltung der Angelegenheiten des zuständigen weiteren Kommunalverbandes betrauten Organs für Bezirke unterer Verwaltungsbehörden oder für einzelne Gemeinden, in welchen nicht gemäß § 60 die Wahrnehmung der im Abs. 1 vorgesehenen Geschäfte den Gemeindebehörden übertragen ist, die Errichtung von Rentenstellen anordnen. Sollen solche Stellen für Bezirke errichtet werden, welche sich auf die Gebiete mehrerer Bundesstaaten erstrecken, so kann der Reichskanzler, falls ein Einverständnis unter den beteiligten Landesregierungen nicht erzielt wird, ihre Errichtung anordnen.

4. Die Rentenstelle ist Organ der Versicherungsanstalt und hat die Eigenschaft einer öffentlichen Behörde.

§ 51 d. Entw.

1. Der Entwurf des JVG. wollte die Erfüllung der im § 57 bezeichneten Aufgaben und außerdem die Überwachung der Beitragsentrichtung grundsätzlich den Rentenstellen zuweisen; diese sollten von den Landes-Zentralbehörden bei allen Versicherungsanstalten für kleinere Bezirke errichtet werden. Ausnahmsweise sollten jedoch die Landes-Zentralbehörden befugt sein,

die Geschäfte der Rentenstellen bestehenden öffentlichen Behörden zu übertragen. Die Einrichtung der Rentenstellen wurde als zu umständlich und zu teuer bekämpft, und man einigte sich schließlich dahin, daß die den Rentenstellen zugedachten Aufgaben mit Ausnahme der Beitragskontrolle den durch Vertreter der Arbeitgeber und Versicherten verstärkten unteren Verwaltungsbehörden übertragen wurden und die Errichtung von Rentenstellen fakultativ zugelassen wurde.

Die Errichtung der Rentenstellen erfolgt durch den Vorstand der Versicherungsanstalt (Abs. 1) entweder aus eigener Initiative (Abs. 2) oder auf Anordnung der Landes-Zentralbehörde (Abs 3).

Außer den im Abs. 1 bezeichneten Aufgaben können den Rentenstellen weitere Obliegenheiten übertragen werden (§§ 80, 86). Den Vorsitzenden der Rentenstellen sind vom Gesetz besonders die Entscheidung von Streitigkeiten aus §§ 155, 157, 158 und gewisse Strafbefugnisse gemäß §§ 90, 175 ff. beigelegt.

Bis jetzt sind nur zwei Rentenstellen errichtet worden, eine von der LVA. Schlesien in Beuthen und eine von der LVA. Hessen-Nassau in Montabaur.

§ 80.

Außer den im § 79 Abs. 1 bezeichneten Aufgaben kann der Vorstand der Versicherungsanstalt unter Zustimmung des Ausschusses der Rentenstelle die Kontrolle über die Entrichtung der Beiträge[1] übertragen; in gleicher Weise und mit Genehmigung der für den Sitz der Rentenstelle zuständigen Landes-Zentralbehörde können der Rentenstelle durch den Vorstand noch weitere Obliegenheiten[2] übertragen werden.

§ 51a d. Entw.

1. Vgl. §§ 161 bis 163.

2. Z. B. die Mitwirkung bei der Vermögensverwaltung, insbesondere bei Beteiligung der Anstalten an den Bestrebungen

zur Verbesserung der Wohnungsverhältnisse der Arbeiter, die Bestellung zu Einzugsstellen (§ 148), die Mitwirkung bei Ausstellung der Quittungskarten (§ 134).

§ 81.

1. Jede Rentenstelle besteht aus einem ständigen Vorsitzenden, mindestens einem Stellvertreter und aus Beisitzern; ihr werden die erforderlichen Hilfsbeamten beigegeben.

2. Die Festsetzung der Amtsdauer und der Bezüge des Vorsitzenden und der Stellvertreter erfolgt durch den Vorstand der Versicherungsanstalt. Die Ernennung des Vorsitzenden und der Stellvertreter erfolgt nach Anhörung des Vorstandes durch die mit der Verwaltung der Angelegenheiten des weiteren Kommunalverbandes betraute Behörde, für diejenigen Anstalten aber, in welchen die beamteten Mitglieder des Vorstandes von der Landes-Zentralbehörde zu ernennen sind (§ 74 Abs. 1), durch die letztere.

3. Name und Wohnort des Vorsitzenden und seiner Stellvertreter sind in dem Bezirke der Rentenstelle vom Vorstande der Versicherungsanstalt zu veröffentlichen.

4. Wird die Stelle des Vorsitzenden der Rentenstelle von einem mittelbaren oder unmittelbaren Staatsbeamten im Nebenamte verwaltet, so unterliegt er hinsichtlich seiner Tätigkeit als Vorsitzender der Rentenstelle nur der Disziplinargewalt der ihm im Hauptamte vorgesetzten Dienstbehörde.[1]

5. Die Hilfsbeamten der Rentenstelle sind Beamte

der Versicherungsanstalt; ihre Bestellung erfolgt durch den Vorstand der Versicherungsanstalt nach Anhörung des Vorsitzenden der Rentenstelle.[2]

§ 51b d. Entw.

1. Über das Verhältnis des Vorsitzenden zum Reichs-Versicherungsamte vgl. § 109.

2. Unter den Hilfsbeamten der Rentenstelle sind alle ihr beigegebenen Beamtenkräfte für Bureau, Kanzlei- und Botendienste zu verstehen (§§ 98, 83 Abs. 3).

§ 82.

1. Die Zahl der Beisitzer beträgt, solange nicht durch die Versicherungsanstalt eine größere Zahl bestimmt ist, aus der Klasse der Arbeitgeber und der Versicherten je vier.

2. Auf die Wahl der Beisitzer finden die Vorschriften der §§ 62, 63 entsprechende Anwendung.

§ 51c Abs. 1 d. Entw.

§ 83.

1. Der Vorsitzende, dessen Stellvertreter und die Beisitzer sind auf die gewissenhafte Erfüllung der Obliegenheiten ihres Amtes zu verpflichten; dasselbe gilt für die Hilfsbeamten der Rentenstelle, insoweit sie nicht bereits als Beamte der Versicherungsanstalt einen Diensteid geleistet haben. Die Verpflichtung des Vorsitzenden erfolgt durch die ernennende Behörde (§ 81 Abs. 2) oder einen von ihr hiermit betrauten öffentlichen Beamten, die Verpflichtung der anderen Personen durch den Vorsitzenden.

2. Durch das Statut sollen über die Reihenfolge, in

welcher die Beisitzer zu den Verhandlungen zuzuziehen sind, Bestimmungen getroffen werden.

3. Der Vorsitzende setzt die den Beisitzern zu gewährenden Bezüge (§ 92) fest. Ihm steht die unmittelbare Dienstaufsicht über die Hilfsbeamten der Rentenstelle zu; Disziplinarstrafen gegen dieselben verhängt jedoch, sofern sie bei der Rentenstelle im Hauptamt angestellt sind, der Vorstand der Versicherungsanstalt, im übrigen die ihnen im Hauptamte vorgesetzte Dienstbehörde.[1]

§ 51e Abs. 1 bis 3 d. Entw.

1. Die Abs. 1, 3 gelten nach § 104, der Abs. 2 gilt nach § 106 auch für Schiedsgerichte.

§ 84.

1. Auf die Zuziehung je eines Vertreters der Arbeitgeber und der Versicherten bei Erstattung von Gutachten finden die Vorschriften des § 59 Abs. 1 entsprechende Anwendung.

2. Die Rentenstelle ist befugt, Zeugen und Sachverständige uneidlich zu vernehmen.

§ 51e Abs. 4 d. Entw.

§ 85.

1. Die Kosten der Rentenstelle einschließlich der Bezüge des Vorsitzenden, der Beisitzer und der Hilfsbeamten sowie die Kosten des Verfahrens vor der Rentenstelle trägt die Versicherungsanstalt.

2. Die Bestimmung des § 64 Abs. 5 findet entsprechende Anwendung. Im übrigen wird das Ver-

fahren der Rentenstelle durch den Vorstand der Versicherungsanstalt geregelt.

§ 51 f, § 51 e Abs. 5 d. Entw.

§ 86.

Die Landes-Zentralbehörde kann Rentenstellen, 1.
welche ihren Sitz im Gebiete des Bundesstaats haben, statt der Begutachtung der Anträge auf Bewilligung von Invaliden- und Altersrenten und statt der Begutachtung der Entziehung von Invalidenrenten und der Einstellung von Rentenzahlungen die Beschlußfassung über diese Anträge, Entziehungen und Zahlungseinstellungen sowie die Beschlußfassung über Anträge auf Beitragserstattungen übertragen. An Weisungen des Vorstandes ist die Rentenstelle bei Beschlüssen dieser Art nicht gebunden. Jedoch ist die Rentenstelle verpflichtet, über die Entziehung der Rente und die Einstellung von Rentenzahlungen einen Bescheid zu erlassen, sofern dies vom Vorstande beantragt wird.[1]

Die im § 64 Abs. 5 dem Vorstande der Versiche- 2.
rungsanstalt eingeräumte Befugnis steht in diesem Falle der Rentenstelle zu. Im übrigen wird das Verfahren von der für den Sitz der Versicherungsanstalt zuständigen Landes-Zentralbehörde, bei gemeinsamen Versicherungsanstalten aber, sofern ein Einverständnis unter den beteiligten Landesregierungen nicht erzielt wird, durch den Reichskanzler geregelt.

§ 51 h d. Entw.

1. Das Verfahren bei Entscheidung durch Rentenstellen ist im § 129 geregelt.

6. Allgemeine Bestimmungen.

§ 87.

Die Anzahl der Vertreter der Arbeitgeber und der Versicherten in den Organen der Versicherungsanstalt muß gleich sein.[1]

§ 51 i d. Entw.

1. Da Arbeitgeber und Versicherte gleich hohe Beiträge entrichten, sollen sie auch an der Verwaltung in gleichem Verhältnisse teilnehmen. Arbeitgeber und Versicherte sind deshalb in gleichem Umfange bei dem Vorstande (§ 74), dem Ausschusse (§ 76), den unteren Verwaltungsbehörden und Rentenstellen (§§ 59, 61, 84) sowie bei den Schiedsgerichten (§§ 104, 106) und beim Reichs-(Landes-)Versicherungsamt (§§ 108, 111) beteiligt.

§ 88.

1. Wählbar zu Vertretern der Arbeitgeber und der Versicherten sind nur deutsche, männliche, volljährige[1], im Bezirke der Versicherungsanstalt wohnende Personen. Nicht wählbar ist, wer zum Amte eines Schöffen unfähig ist (§ 32 des Gerichtsverfassungsgesetzes)[2].

2. Wählbar zu Vertretern der Arbeitgeber sind nur die Arbeitgeber der nach Maßgabe dieses Gesetzes versicherten Personen und die bevollmächtigten Leiter ihrer Betriebe, zu Vertretern der Versicherten die auf Grund dieses Gesetzes versicherten Personen.[3]

§ 50 Ges. v. 1889; § 51 k d. Entw.

1. Die Volljährigkeit tritt mit der Vollendung des einundzwanzigsten Lebensjahrs ein (§ 2 des BGB.; Volljährigkeitserklärung §§ 3 bis 5 a. a. O.).

2. Der § 32 des Gerichtsverfassungsgesetzes lautet:

Unfähig zu dem Amte eines Schöffen sind:

1. Personen, welche die Befähigung infolge strafgerichtlicher Verurteilung verloren haben;
2. Personen, gegen welche das Hauptverfahren wegen eines Verbrechens oder Vergehens eröffnet ist, das die Aberkennung der bürgerlichen Ehrenrechte oder der Fähigkeit zur Bekleidung öffentlicher Ämter zur Folge haben kann;
3. Personen, welche infolge gerichtlicher Anordnung in der Verfügung über ihr Vermögen beschränkt sind.

Zum Amte eines Schöffen unfähig und daher nicht wählbar zu Vertretern sind daher besonders Personen, die zu Zuchthaus oder zum Verlust der bürgerlichen Ehrenrechte verurteilt worden sind (§§ 31, 33 bis 36 des StGB.).

3. „Versichert" sind nur diejenigen, die sich in einer versicherungspflichtigen Beschäftigung (§§ 1, 2) befinden, oder für die auf Grund gesetzlicher Ermächtigung freiwillig (§ 14) Beiträge entrichtet werden (RE. 317 AN. 94 S. 30).

Der § 88 findet entsprechende Anwendung auf die Laienbeisitzer bei den unteren Verwaltungsbehörden (§ 61) sowie auf die Beisitzer bei den Schiedsgerichten (§ 104).

§ 89.

Diejenigen Versicherten (§§ 1, 2, 14), welche als Arbeitgeber versicherungspflichtige Personen nicht bloß vorübergehend beschäftigen, werden bei der Bildung der Organe der Versicherungsanstalt den Arbeitgebern zugerechnet.[1]

§ 52 Ges. v. 1889; § 52 d. Entw.

1. Der § 89 findet entsprechende Anwendung auf die Laienbeisitzer bei den unteren Verwaltungsbehörden (§ 61) und auf die Beisitzer der Schiedsgerichte (§ 104).

§ 90.

1. Die Wahl der Vertreter der Arbeitgeber und der Versicherten erfolgt auf fünf Jahre. Die Gewählten bleiben nach Ablauf dieser Zeit so lange im Amte, bis ihre Nachfolger das Amt angetreten haben. Die Ausscheidenden sind wieder wählbar.

2. Personen, welche die Wahl ohne zulässigen Grund (§ 94) ablehnen, ohne genügende Entschuldigung zu den Sitzungen nicht rechtzeitig sich einfinden oder ihren Obliegenheiten in anderer Weise sich entziehen, können vom Vorsitzenden des Vorstandes mit Geldstrafe bis zu fünfhundert Mark und, wenn es sich um Beisitzer der Rentenstellen handelt, vom Vorsitzenden der Rentenstelle mit Geldstrafe bis zu einhundertundfünfzig Mark belegt werden.[1]

3. Kommt eine Wahl nicht zustande oder verweigern die Gewählten ihre Dienstleistung, so hat, solange und soweit dies der Fall ist, die für den Sitz des Organs zuständige untere Verwaltungsbehörde die Vertreter aus der Zahl der Arbeitgeber und der Versicherten zu ernennen.[2]

§§ 49 Abs. 3, 60 Abs. 1 Satz 4, 61 Ges. v. 1889; § 52a d. Entw.

1. Dagegen kann binnen zwei Wochen Beschwerde eingelegt werden, und zwar, wenn die Strafe von dem Vorsitzenden des Vorstandes festgesetzt ist, beim Reichs- oder Landes-Versicherungsamte, sonst bei der höheren Verwaltungsbehörde (§ 178).

2. Der § 90 findet entsprechende Anwendung auf die Laienbeisitzer bei den unteren Verwaltungsbehörden (§ 61) und auf die Beisitzer bei den Schiedsgerichten (§ 104).

§ 91.

Werden hinsichtlich eines Gewählten Tatsachen bekannt, welche dessen Wählbarkeit nach Maßgabe dieses Gesetzes ausschließen oder welche sich als grobe Verletzungen der Amtspflicht darstellen, so ist der Gewählte, nachdem ihm Gelegenheit zur Äußerung gegeben worden ist, durch Beschluß des Vorstandes seines Amtes zu entheben. Gegen den Beschluß ist innerhalb eines Monats Beschwerde beim Reichs-Versicherungsamte [1] zulässig; sie ist ohne aufschiebende Wirkung. [2]

§ 52b d. Entw.

1. Oder beim Landes-Versicherungsamte (§ 111).

2. Der § 91 findet entsprechende Anwendung auf die Laienbeisitzer bei den unteren Verwaltungsbehörden (§ 61) und mit Abweichungen auch auf die Beisitzer der Schiedsgerichte (§ 104). Die Laienbeisitzer des Reichs-Versicherungsamtes können durch letzteres von ihren Funktionen enthoben werden (§ 110), dies gilt auch entsprechend für das Landes-Versicherungsamt (§ 111).

§ 92.

Ehrenämter.

Die den Organen der Versicherungsanstalt angehörenden Vertreter der Arbeitgeber und der Versicherten verwalten ihr Amt als Ehrenamt und erhalten nach näherer Bestimmung des Statuts Ersatz für bare Auslagen, die Vertreter der Versicherten außerdem einen Pauschbetrag für Zeitverlust oder Ersatz für den ihnen entgangenen Arbeitsverdienst. [1] Den am Orte wohnhaften Beisitzern der Rentenstellen

aus dem Stande der Arbeitgeber kann unter Wegfall des Ersatzes für bare Auslagen ein Pauschbetrag für Zeitverlust durch das Statut zugebilligt werden.[2]

§ 58 Ges. v. 1889; § 58 d. Entw.

1. Der Satz 1 gilt auch für die Beisitzer der Schiedsgerichte (§ 104).

2. Die Bestimmungen des § 92 finden auf die Laienbeisitzer bei den unteren Verwaltungsbehörden entsprechende Anwendung (§ 61). Auch die diesen Beisitzern zu gewährenden Bezüge richten sich also nach den Bestimmungen der Anstaltssatzungen; sie sind gemäß § 64 Abs. 3 von der Versicherungsanstalt zu erstatten.

§ 93.

Haftung der Mitglieder der Organe.

Die Mitglieder der Organe haften der Versicherungsanstalt für getreue Geschäftsverwaltung wie Vormünder ihren Mündeln[1] **und unterliegen, wenn sie absichtlich zum Nachteile der Versicherungsanstalt handeln, der Strafbestimmung des § 266 des Strafgesetzbuchs.**[2]

§ 59 Ges. v. 1889; § 59 d. Entw.

1. Über die Verantwortlichkeit des Vormundes bestimmt § 1833 des BGB.:

Der Vormund ist dem Mündel für den aus einer Pflichtverletzung entstehenden Schaden verantwortlich, wenn ihm ein Verschulden zur Last fällt. Das Gleiche gilt von dem Gegenvormunde.

Sind für den Schaden mehrere nebeneinander verantwortlich, so haften sie als Gesamtschuldner. Ist neben dem Vormunde für den von diesem verursachten Schaden der Gegenvormund oder ein Mitvormund nur wegen Verletzung seiner Aufsichtspflicht verantwortlich, so ist in ihrem Verhältnisse zueinander der Vormund allein verpflichtet.

Vgl. ferner §§ 1804 ff. des BGB.

2. Der § 266 des StGB. lautet:

Wegen Untreue werden mit Gefängnis, neben welchem auf Verlust der bürgerlichen Ehrenrechte erkannt werden kann, bestraft:

1. Vormünder, Kuratoren, Güterpfleger, Sequester, Massenverwalter, Vollstrecker letztwilliger Verfügungen und Verwalter von Stiftungen, wenn sie absichtlich zum Nachteile der ihrer Aufsicht anvertrauten Personen oder Sachen handeln;
2. Bevollmächtigte, welche über Forderungen oder andere Vermögensstücke des Auftraggebers absichtlich zum Nachteile desselben verfügen;
3. Feldmesser, Versteigerer, Mäkler, Güterbestätiger, Schaffner, Wäger, Messer, Bracker, Schauer, Stauer und andere zur Betreibung ihres Gewerbes von der Obrigkeit verpflichtete Personen, wenn sie bei den ihnen übertragenen Geschäften absichtlich diejenigen benachteiligen, deren Geschäfte sie besorgen.

Wird die Untreue begangen, um sich oder einem anderen einen Vermögensvorteil zu verschaffen, so kann neben der Gefängnisstrafe auf Geldstrafe bis zu dreitausend Mark erkannt werden.

Der § 93 findet entsprechende Anwendung auf die Laienbeisitzer bei den unteren Verwaltungsbehörden (§ 61).

§ 94.

Ablehnung der Wahlen.

Wahlen zu Ehrenämtern können von den Arbeit- 1.
gebern der nach Maßgabe dieses Gesetzes versicherten Personen und von bevollmächtigten Betriebsleitern solcher Arbeitgeber[1] nur aus denselben Gründen abgelehnt werden, aus welchen gemäß § 1786 Abs. 1 Ziffer 2 bis 4 und 8 des Bürgerlichen Gesetzbuchs[2] das Amt eines Vormundes abgelehnt werden kann.[3]

Die Wahrnehmung eines auf Grund des gegenwärtigen Gesetzes oder der Unfallversicherungsgesetze oder des Krankenversicherungsgesetzes übertragenen Ehrenamts steht der Führung einer Vormundschaft gleich. Durch das Statut (§ 70) können noch andere Ablehnungsgründe festgesetzt werden.

2. **Die Wiederwahl kann für eine Wahlperiode abgelehnt werden.**[4]

§ 60 Ges. v. 1889; § 60 d. Entw.

1. Der § 94 bezieht sich nur auf die Arbeitgeber und deren bevollmächtigte Betriebsleiter, nicht auf die Versicherten; diese können also Wahlen zu Ehrenämtern stets ablehnen.

2. Die bezeichneten Bestimmungen des BGB. lauten:

§ 1786. (Abs. 1) Die Übernahme der Vormundschaft kann ablehnen:

2. wer das sechzigste Lebensjahr vollendet hat;
3. wer mehr als vier minderjährige eheliche Kinder hat; ein von einem anderen an Kindesstatt angenommenes Kind wird nicht gerechnet;
4. wer durch Krankheit oder durch Gebrechen verhindert ist, die Vormundschaft ordnungsmäßig zu führen;
8. wer mehr als eine Vormundschaft oder Pflegschaft führt; die Vormundschaft oder Pflegschaft über mehrere Geschwister gilt nur als eine; die Führung von zwei Gegenvormundschaften steht der Führung einer Vormundschaft gleich.

Auch § 1889 a. a. O., betreffend die Entlassung auf Antrag während der Vormundschaft, findet sinngemäße Anwendung (B. 973 AN. 02 S. 397).

3. Wer die Wahl ohne zulässigen Grund ablehnt, kann nach § 90 Abs. 2 bestraft werden.

4. Der § 94 findet auf die Laienbeisitzer bei den unteren Verwaltungsbehörden (§ 61) sowie auf die Beisitzer der Schiedsgerichte (§ 104) entsprechende Anwendung (vgl. Anm. 1).

§ 95.

Solange der Vorstand oder Ausschuß noch nicht gebildet ist, oder solange diese Organe die Erfüllung ihrer gesetzlichen oder statutarischen Obliegenheiten verweigern, hat der Vorsitzende des Vorstandes die letzteren auf Kosten der Versicherungsanstalt wahrzunehmen oder durch Beauftragte wahrnehmen zu lassen.

§ 61 Ges. v. 1889; § 61 d. Entw.

§ 96.

Abstimmung.

Bei Abstimmungen der Organe gibt im Falle der Stimmengleichheit die Stimme des Vorsitzenden den Ausschlag.

§ 53 Ges. v. 1889; § 61a d. Entw.

§ 97.

Unbehinderte Ausübung der Funktionen.

Die Vertreter der Versicherten haben in jedem Falle, in welchem sie zur Wahrnehmung ihrer Obliegenheiten berufen werden, die Arbeitgeber hiervon in Kenntnis zu setzen.[1] Die Nichtleistung der Arbeit während der Zeit, in welcher die bezeichneten Personen durch die Wahrnehmung jener Obliegenheiten an der Arbeit verhindert sind, berechtigt den Arbeitgeber nicht, das Arbeitsverhältnis vor dem Ablaufe der vertragsmäßigen Dauer desselben aufzuheben.[2]

§ 62 Ges. v. 1889; § 62 d. Entw.

1. Die frühere Bestimmung, daß dem Vertreter der Versicherten, der die Vorschrift des Satzes 1 übertritt, die im § 92 vorgesehene Entschädigung versagt werden kann, ist vom Reichstage gestrichen worden.

2. Vgl. die Strafbestimmung des § 180. — Der § 97 findet auf die Laienbeisitzer bei den unteren Verwaltungsbehörden (§ 61) sowie auf die Beisitzer der Schiedsgerichte (§ 104) entsprechende Anwendung.

§ 98.

Beamtenpersonal.[1]

Den bei der Versicherungsanstalt und ihren Organen im Hauptamte beschäftigten Büreau, Kanzlei- und Unterbeamten[2] sind, soweit sie nicht nach dem für sie geltenden Landesrecht als Staats- oder Kommunalbeamte anzusehen sind, nach näherer Bestimmung der Landesregierung die Rechte und Pflichten von Staats- oder Kommunalbeamten zu übertragen.[3]

§ 62a d. Entw.

1. Der § 98 ist in das JVG. eingefügt worden, um den Anstaltsbeamten und den Beamten der Schiedsgerichte (§ 104) in ihrem persönlichen und im disziplinaren Interesse die Eigenschaft von Staats- oder Kommunalbeamten beizulegen, soweit sie diese nicht schon haben. In dem Entwurfe des JVG. war die Vorschrift fakultativ gefaßt, das Gesetz hat dagegen eine Sollvorschrift daraus gemacht.

2. Dazu gehören auch die Kontrollbeamten (§ 161), die Inspektoren an den von den Versicherungsanstalten unterhaltenen Heilanstalten usw.

Soweit die Versicherungsanstalten ihre Subaltern- und Unterbeamten nicht aus der Staats- oder Kommunalverwaltung herübernehmen, bestellen sie sie kraft eigener Autonomie (vgl. § 74 Anm. 2). Nur um die von der Versicherungsanstalt selbst bestellten Hilfsbeamten handelt es sich im § 98. Bei der Auswahl der Beamten hat der Vorstand der Versicherungsanstalt im allgemeinen freie Hand, er muß jedoch in gewissem Umfange Militäranwärter einstellen. Maßgebend hierfür sind die laut Bekanntmachung des Reichskanzlers vom 25. Juli 1899 vom Bundesrat festgestellten Grundsätze, betreffend die Besetzung der Subaltern- und Unterbeamtenstellen bei den Kommunalbehörden, bei den Invaliditäts- und Altersversicherungsanstalten sowie bei ständischen usw. Instituten mit Militäranwärtern, vom 28. Juni 1899 (AN. 00 S. 336 bis 350).

3. Für Preußen sind den Anstaltsbeamten durch Erlaß der Minister für Handel und Gewerbe und des Innern vom 30. November 1899 die Rechte und Pflichten der Provinzialbeamten übertragen. Danach sind ihnen die gleichen Gehälter, Alterszulagen, Wohnungsgeldzuschüsse, Reisediäten, Pensionen usw. wie den entsprechenden Beamten der Provinz zu gewähren, und es sind dieselben Anstellungsverhältnisse wie bei diesen maßgebend hinsichtlich der diätarischen Beschäftigung, Ablegung von Prüfungen, Anstellung auf Widerruf, Kündigung oder Lebenszeit. Das Nähere bestimmen für jede Versicherungsanstalt Reglements, die der Genehmigung jener beiden Minister bedürfen. Durch diese Regelung haben die Anstaltsbeamten auch das Kommunalsteuer-Privilegium erhalten.

Die Disziplinarverhältnisse sind in Preußen geordnet durch das Gesetz, betreffend die Dienstvergehen der Beamten der Landes-Versicherungsanstalten, vom 17. Juni 1900 (Ges.S. S. 251).

In anderen Bundesstaaten ist die Regelung der Verhältnisse der Anstaltsbeamten in Anlehnung an die Bestimmungen für die Staatsbeamten erfolgt, weil es dort Kommunalverbände mit ähnlicher Verfassung wie in Preußen nicht gibt.

Die Aufsicht über die Beobachtung der auf Grund des § 98 erlassenen Bestimmungen liegt dem Reichs-Versicherungsamt oder den Landes-Versicherungsämtern ob (§§ 108, 111). Hinsichtlich der Bestimmungen über die Anstellung von Militäranwärtern (vgl. Anm. 2) üben dagegen in Preußen die Oberpräsidenten das Aufsichtsrecht aus.

§ 99.[1]

Rückversicherungsverbände.

Mehrere Versicherungsanstalten können vereinbaren, die Lasten der Invalidenversicherung ganz oder zum Teil gemeinsam zu tragen.[2]

§ 65 Ges. v. 1889.

1. Der § 99 findet auf zugelassene Kasseneinrichtungen entsprechende Anwendung (§ 173).

2. Die Vereinbarung kann sich jetzt nur noch auf die Sonderlast beziehen (vgl. § 33 Anm. 2). Von der Bestimmung des § 99 haben die Versicherungsanstalten der Küstenbezirke insofern Gebrauch gemacht, als sie zur gemeinsamen Tragung der geschäftlichen Belastung, die ihnen aus der Versicherung der Seeleute erwächst, eine „gemeinsame Geschäftsstelle für die Einziehung der Beiträge der Seeleute" in Lübeck errichtet haben. Von Bedeutung ist die Bestimmung auch für Vereinbarungen zur gemeinsamen Tragung der Kosten des Heilverfahrens.

7. Veränderungen.

§ 100.[1]

1. Veränderungen der Bezirke der Versicherungsanstalten sind zulässig, sofern sie von dem Ausschuß einer beteiligten Versicherungsanstalt oder von der Regierung eines Bundesstaats, dessen Gebiet die Versicherungsanstalt ganz oder teilweise umfaßt, beantragt und von dem Bundesrate genehmigt werden. Vor der Beschlußfassung über die Genehmigung sind die Ausschüsse der beteiligten Versicherungsanstalten sowie die Regierungen derjenigen Bundesstaaten, deren Gebiete bei der Veränderung beteiligt sind, zu hören. Bei Versicherungsanstalten für die Bezirke

weiterer Kommunalverbände sind auch die Vertretungen der letzteren befugt, Anträge auf Veränderungen zu stellen; vor der Genehmigung von Veränderungen der Bezirke solcher Versicherungsanstalten müssen die Vertretungen der beteiligten Kommunalverbände gehört werden.

Eine Zusammenlegung, Teilung oder Aufhebung 2.
bestehender Versicherungsanstalten bedarf der Zustimmung des Reichstags.

Die Veränderung des Bezirkes einer Versicherungs- 3.
anstalt, welche nur die Folge einer Veränderung des Verwaltungsbezirkes ist, für welchen die Versicherungsanstalt errichtet wurde, fällt nicht unter die vorstehenden Bestimmungen.

§ 66 Ges. v. 1889; § 66 d. Entw.

1. Der § 100 findet auf zugelassene Kasseneinrichtungen entsprechende Anwendung (§ 173).

§ 101.[1]

Scheiden örtliche Bezirke aus dem Bezirk einer 1.
Versicherungsanstalt aus, so verbleiben der letzteren in vollem Umfange das bis zum Zeitpunkte des Ausscheidens angesammelte Vermögen, sowie alle bis zu diesem Zeitpunkt entstandenen Verpflichtungen.

Führt die Veränderung zur Auflösung der Ver- 2.
sicherungsanstalt, so geht deren Vermögen mit allen Rechten und Pflichten, sofern dasselbe nicht von den beteiligten Landesregierungen denjenigen Versicherungsanstalten, welchen die Bezirke der aufgelösten Anstalt überwiesen werden, übertragen oder mit Ge-

nehmigung der beteiligten Landesregierungen von einer Versicherungsanstalt übernommen wird, auf den weiteren Kommunalverband beziehungsweise Bundesstaat, bei gemeinsamen Versicherungsanstalten anteilig auf die Kommunalverbände oder Bundesstaaten über, für welche die Versicherungsanstalt errichtet war.

3. Der Umfang, in welchem bei Auflösung einer gemeinsamen Versicherungsanstalt die Kommunalverbände oder Bundesstaaten an dem Übergange des Vermögens zu beteiligen sind, wird, sofern darüber eine Einigung nicht zustande kommt, durch den Bundesrat, oder wenn nur Kommunalverbände eines Bundesstaats beteiligt sind, durch die Landes-Zentralbehörde bestimmt.

§ 67 Ges. v. 1889; § 67 d. Entw.

1. Der § 101 findet nach § 173 Abs. 1 auf zugelassene Kasseneinrichtungen entsprechende Anwendung. Für diese trifft § 173 Abs. 2 noch besondere Bestimmung.

§ 102.[1]

Streitigkeiten, welche in betreff der Vermögensauseinandersetzung zwischen den beteiligten Versicherungsanstalten entstehen, werden mangels Verständigung über eine schiedsrichterliche Entscheidung von dem Reichs-Versicherungsamt[2] entschieden.

§ 68 Ges. v. 1889; § 68 d. Entw.

1. Der § 102 findet auf zugelassene Kasseneinrichtungen entsprechende Anwendung (§ 173).

2. Oder dem Landes-Versicherungsamte (§ 111). Wegen des Verfahrens bei der Entscheidung vgl. § 110 Abs. 1 Ziff. 2.

C. Schiedsgerichte.[1]

§ 103.

Für den Bezirk jeder Versicherungsanstalt wird mindestens ein Schiedsgericht errichtet.[2] 1.

Die Zahl, die Bezirke und die Sitze der Schiedsgerichte werden von der Zentralbehörde des Bundesstaats, in dessen Gebiete die Versicherungsanstalt ihren Sitz hat, bestimmt.[3] Für gemeinsame Versicherungsanstalten wird diese Bestimmung, sofern ein Einverständnis unter den beteiligten Landesregierungen nicht erzielt wird, vom Reichskanzler getroffen. 2.

§ 70 Ges. v. 1889; § 70 d. Entw.

1. Dieser Abschnitt (§§ 103 bis 107) regelt hauptsächlich die allgemeine Einrichtung der Schiedsgerichte. Seine Bestimmungen sind ergänzt durch die §§ 3 bis 10 des Gesetzes, betreffend die Abänderung der Unfallversicherungsgesetze, vom 30. Juni 1900, durch die die Schiedsgerichte für Unfallversicherung mit denjenigen für Invalidenversicherung zusammengelegt worden sind. Die letztgedachten Bestimmungen gelten neben denjenigen des IVG. (RE. 1086 AN. 03 S. 553), sie sind abgedruckt im Anhang Nr. 8 A. Auf die Schiedsgerichte beziehen sich ferner noch die §§ 114, 115.

2. Die Schiedsgerichte haben die Aufgabe, in Rentensachen über die Berufungen gegen die Entschließungen der Versicherungsanstalten zu entscheiden (§§ 112, 114). Der ordentliche Rechtsweg ist bei Rentenansprüchen auf Grund des IVG., ebenso wie auf Grund der UVG., ausgeschlossen. Da die Schiedsgerichte aber auch nur als Spruchgerichte in Tätigkeit treten, sind sie zu anderen Geschäften, besonders zur Leistung von Rechtshilfe durch Vernehmung von Zeugen, nicht zuständig (B. 440 AN. 95 S. 231).

3. In Preußen besteht im allgemeinen für jeden Regierungsbezirk am Sitze der Regierung ein Schiedsgericht, ebenso in

Bayern und im Königreich Sachsen. Die Schiedsgerichte führen die Bezeichnung „Schiedsgericht für Arbeiterversicherung". Vgl. das Verzeichnis AN. 02 S. 457 ff.

§ 104.

1. Jedes Schiedsgericht besteht aus einem ständigen Vorsitzenden und aus Beisitzern.

2. Der Vorsitzende wird aus der Zahl der öffentlichen Beamten von der Zentralbehörde des Bundesstaats, in welchem der Sitz des Schiedsgerichts belegen ist, ernannt. Für den Vorsitzenden ist in gleicher Weise mindestens ein Stellvertreter zu ernennen.

3. Die Beisitzer werden in der durch das Statut bestimmten Zahl von dem Ausschusse der Versicherungsanstalt, und zwar zu gleichen Teilen in getrennter Wahlhandlung von den Arbeitgebern und den Versicherten, nach einfacher Stimmenmehrheit gewählt.[1]

4. Die Hilfsbeamten des Schiedsgerichts sind Beamte der Versicherungsanstalt; ihre Bestellung erfolgt durch den Vorstand der Versicherungsanstalt nach Anhörung des Vorsitzenden des Schiedsgerichts.[2]

5. Die Bestimmungen im § 62 Abs. 3[3], § 64 Abs. 5, § 83 Abs. 1, 3, §§ 87 bis 92 Satz 1, §§ 94, 97, 98 finden mit folgenden Maßgaben entsprechende Anwendung:

1. die Mitglieder des Schiedsgerichts dürfen nicht Mitglieder des Vorstandes, Vertreter der Arbeitgeber und der Versicherten bei einer unteren Verwaltungsbehörde oder Beisitzer einer Rentenstelle sein;

2. die Enthebung eines gewählten Beisitzers erfolgt durch den Vorsitzenden des Schiedsgerichts, vorbehaltlich der Beschwerde an die höhere Verwaltungsbehörde;

3. die Auferlegung der Kosten gemäß § 64 Abs. 5 erfolgt durch den Vorsitzenden des Schiedsgerichts.

§ 71 Ges. v. 1889; § 71 d. Entw.

1. Vgl. §§ 4 bis 7 des Gesetzes, betr. die Abänderung der UVG., Anhang Nr. 8.

2. Vgl. § 98. Die Hilfsbeamten unterstehen der Disziplinargewalt der Anstellungsbehörde, also des Vorstandes der Versicherungsanstalt, soweit sie von diesem angestellt sind; die unmittelbare Dienstaufsicht über sie übt der Vorsitzende des Schiedsgerichts aus (§ 2 der KV., betr. die SchGe., Anhang Nr. 9). Im allgemeinen hat der Schiedsgerichtsvorsitzende auch das Recht der Urlaubserteilung, nur darf er seinen Hilfsbeamten nicht mehr Urlaub geben, als sonst die Anstaltsbeamten erhalten, und es dürfen keine Vertretungskosten entstehen (B. 974 AN. 02 S. 397).

3. Die Vorschrift des § 62 Abs. 3 in Verbindung mit § 104 Abs. 5 über den Wohnort eines Teiles der Schiedsgerichtsbeisitzer ist durch den § 4 des Gesetzes, betr. die Abänderung der UVG. (siehe Anhang Nr. 8), der statt der Zehnkilometergrenze von naher Umgebung spricht und dem Wohnen das Beschäftigtsein gleichstellt, nicht beseitigt, und sie ist daher, gleichgültig ob die Landes-Zentralbehörde gemäß § 4 a. a. O. über den Wohnort usw. der Schiedsgerichtsbeisitzer Bestimmung getroffen hat oder nicht, in den Satzungen immer noch zu beachten. Nur kann auf die im Gesetz selbst (§ 70 Ziff. 5) erforderte Mindestzahl herabgegangen werden, so daß es genügt, wenn für je zwei Beisitzer aus der Klasse der Arbeitgeber und der Versicherten das Wohnen innerhalb der Zehnkilometergrenze vorgeschrieben wird.

§ 105.

Name und Wohnort des Vorsitzenden und seiner Stellvertreter sind im Bezirke des Schiedsgerichts von der Landes-Zentralbehörde amtlich zu veröffentlichen und dem Reichs-Versicherungsamte mitzuteilen.

§ 72 Ges. v. 1889; § 72 d. Entw.

§ 106.

1. Der Vorsitzende beruft das Schiedsgericht und leitet die Verhandlungen desselben.

2. Das Schiedsgericht ist befugt, Zeugen und Sachverständige zu vernehmen und ihre Aussagen eidlich erhärten zu lassen.[1]

3. Das Schiedsgericht entscheidet in der Besetzung von fünf Mitgliedern, unter denen sich je zwei Arbeitgeber und zwei Versicherte befinden müssen.

4. Die Entscheidungen des Schiedsgerichts erfolgen nach Stimmenmehrheit und sollen spätestens innerhalb drei Wochen nach ihrer Verkündung den Parteien zugestellt werden.

5. Die Zuziehung der Beisitzer erfolgt in der Regel nach einer im voraus aufgestellten Reihenfolge. Die Bestimmung des § 83 Abs. 2 findet Anwendung. Will der Vorsitzende aus besonderen Gründen von der Reihenfolge abweichen, so sind diese aktenkundig zu machen.

6. Im übrigen wird das Verfahren vor dem Schiedsgerichte durch Kaiserliche Verordnung mit Zustimmung des Bundesrats geregelt.[2]

§ 74 Abs. 1 bis 5 Ges. v. 1889; § 74 d. Entw.

1. Die Vereidigung hat also nach der Vernehmung zu erfolgen (vgl. Kommissionsbericht S. 140). Ob die Vereidigung vorzunehmen ist oder nicht, ist dem Ermessen des Schiedsgerichts überlassen (RE. 1126 AN. 04 S. 416).

2. Maßgebend ist jetzt die Kaiserliche Verordnung, betreffend das Verfahren vor den Schiedsgerichten für Arbeiterversicherung, vom 22. November 1900, siehe Anhang Nr. 9.

§ 107.

Die Kosten des Schiedsgerichts einschließlich der Bezüge der Beisitzer und der Hilfsbeamten sowie die Kosten des Verfahrens vor demselben trägt die Versicherungsanstalt.[1] 1.

Dem Vorsitzenden des Schiedsgerichts und dessen Stellvertretern darf eine Vergütung von der Versicherungsanstalt nicht gewährt werden.[2] 2.

Über die Beschaffung der Geschäftsräume und Geschäftsbedürfnisse des Schiedsgerichts wird vom Vorsitzenden im Einvernehmen mit dem Vorstande der Versicherungsanstalt Bestimmung getroffen. Bei Meinungsverschiedenheit entscheidet die Landes-Zentralbehörde des Bundesstaats, in welchem der Sitz des Schiedsgerichts belegen ist. 3.

§ 74 Abs. 6, 7 Ges. v. 1889; § 74a d. Entw.

1. Vgl. § 10 des Gesetzes, betr. die Abänderung der UVG., Anhang Nr. 8. Dort wird bestimmt, daß die zunächst von der Versicherungsanstalt zu bestreitenden Kosten des Schiedsgerichts (Kosten der Gerichtshaltung, so für Geschäftsräume, Inventar, Bezüge der Hilfsbeamten) von den beteiligten Berufsgenossenschaften (vgl. § 103 Anm. 1) anteilig zu erstatten sind, und daß diese diejenigen Kosten des Verfahrens (z. B. der Beweisaufnahme) zu tragen haben, die durch Streitfälle aus der Unfall-

versicherung erwachsen. Nähere Bestimmungen hierüber hat das Reichs-Versicherungsamt auf Grund des § 10 Abs. 3 a. a. O. unter dem 29. Januar 1902 erlassen (AN. 02 S. 245 ff.).

Die Bestimmung des § 9 Abs. 5 a. a. O., wonach den Verletzten, deren Erscheinen bei der schiedsgerichtlichen Verhandlung als erforderlich bezeichnet ist oder angesehen wird, eine Reiseentschädigung zugebilligt werden kann, findet in Invalidenversicherungssachen entsprechende Anwendung; die auf Grund dieser Bestimmung zugebilligten Entschädigungen gehören zu den gerichtlichen Kosten des Verfahrens (RE. 1086 AN. 03 S. 553). Solche Kosten sind gemäß § 20 der KV., betr. die SchGe., siehe Anhang Nr. 9, festzusetzen.

2. Dadurch soll der Schein der Abhängigkeit von der Versicherungsanstalt vermieden werden. Ihre Bezüge erhalten die Vorsitzenden von der Anstellungsbehörde.

D. Reichs-Versicherungsamt und Landes-Versicherungsämter.

§ 108.

Reichs-Versicherungsamt.[1]

1. Die Versicherungsanstalten unterliegen der Beaufsichtigung durch das Reichs-Versicherungsamt.[2] Das Aufsichtsrecht der letzteren erstreckt sich auf die Beobachtung der gesetzlichen und statutarischen Vorschriften.

2. Alle Entscheidungen des Reichs-Versicherungsamts sind endgültig, soweit in diesem Gesetze nicht ein anderes bestimmt ist[3].

3. Das Reichs-Versicherungsamt ist befugt, jederzeit eine Prüfung der Geschäftsführung der Versicherungsanstalten vorzunehmen.[4] Die Mitglieder der Vorstände und sonstigen Organe der Versicherungsanstalten sind auf Erfordern des Reichs-Versicherungsamts ver-

pflichtet, ihre Bücher, Beläge, Wertpapiere und Geldbestände sowie ihre auf den Inhalt der Bücher und die Festsetzung der Renten zc. bezüglichen Schriftstücke vorzulegen und die sonstigen Mitteilungen zu machen, die zur Ausübung des Aufsichtsrechts als erforderlich erachtet werden. Das Reichs-Versicherungsamt kann dieselben hierzu sowie zur Befolgung der gesetzlichen und statutarischen Vorschriften durch Geldstrafen bis zu eintausend Mark anhalten.[5]

§ 131 Ges. v. 1889; § 74 b d. Entw.

1. Das Reichs-Versicherungsamt ist die in der Rechtsprechung und Verwaltung zur Durchführung der Invaliden- und Unfallversicherung berufene, mit letztinstanzlichen Befugnissen ausgestattete Reichsbehörde. In der Rechtsprechung hat das Reichs-Versicherungsamt auf dem Gebiete der Invalidenversicherung über die Revisionen gegen die Urteile der Schiedsgerichte zu entscheiden (§§ 116, 117), hier ist es für das ganze Reich Gericht höchster Instanz. Außerdem entscheidet es in mehreren Fällen, in denen aber auch die Landes-Versicherungsämter zuständig sein können (§ 111), in erster und letzter Instanz (§§ 23 Abs. 3, 113 Abs. 6, 128 Abs. 3, 156); es entscheidet ferner ausschließlich in den Beitragserstattungssachen als Beschwerdeinstanz (§ 128 Abs. 4) und ist als solche unter Umständen berufen, über grundsätzliche, besonders die Versicherungspflicht betreffende Fragen zu entscheiden (§ 155 Abs. 1). Die Verwaltungstätigkeit des Reichs-Versicherungsamts auf dem Gebiete der Invalidenversicherung umfaßt die Ausübung der Aufsicht über die Mehrzahl der Versicherungsanstalten (§§ 23 Abs. 1, 71 Abs. 2, 72, 75, 91, 108, 109, 140 Abs. 3, 161 Abs. 3, 164 Abs. 3, 178), ferner die Regelung gewisser gemeinsamer Verwaltungsangelegenheiten der Versicherungsträger (§§ 32 Abs. 4, 124 Abs. 2, 125 bis 127, 165) und den Erlaß ergänzender Rechtsvorschriften auf Grund gesetzlicher Ermächtigung (§§ 4 Abs. 2, 130).

Seinen Sitz hat das Reichs-Versicherungsamt in Berlin (W. 10, Königin-Augusta-Straße 26). Es besteht aus einer Abteilung für Unfallversicherung, Abteilung I, und einer Abteilung für Invalidenversicherung, Abteilung II. Die Rechtsprechung erfolgt in Senaten. Über die Zusammensetzung sowie über die Kosten des Reichs-Versicherungsamts und des Verfahrens vor demselben treffen Bestimmung die §§ 11 bis 14, 19 des Gesetzes, betr. die Abänderung der UVG., vom 30. Juni 1900, siehe Anhang Nr. 8. In geschäftlicher Hinsicht untersteht das Reichs-Versicherungsamt der Aufsicht des Reichskanzlers und seines Stellvertreters; es gehört zum Ressort des Reichsamts des Innern, in dessen Etat auch der Etat des Reichs-Versicherungsamts mit aufgenommen ist.

2. Von den 31 Versicherungsanstalten unterstehen der Aufsicht des Reichs-Versicherungsamts 19, nämlich die Versicherungsanstalten 1 bis 13 und 26 bis 31 des Verzeichnisses § 65 Anm. 1. Die übrigen Versicherungsanstalten unterstehen der Aufsicht ihrer Landes-Versicherungsämter (§ 111). Die Aufsicht über die zugelassenen Kasseneinrichtungen (§ 8) üben deren vorgesetzte Dienstbehörden aus.

3. Eine derartige Bestimmung ist nur im § 72 Abs. 2 getroffen.

4. Es ist auch zu Kassenrevisionen befugt.

5. Die Strafen fließen in die Reichskasse.

§ 109.

1. **Das Reichs-Versicherungsamt entscheidet, unbeschadet der Rechte Dritter, über Streitigkeiten, welche sich auf die Rechte und Pflichten der Organe der Versicherungsanstalten sowie der Mitglieder dieser Organe, auf die Auslegung der Statuten und auf die Gültigkeit der vollzogenen Wahlen, soweit über letztere nicht nach § 63 Abs. 3, § 77 Abs. 3 und § 82 Abs. 2 zu befinden ist, beziehen.**

2. **Auf die dienstlichen Verhältnisse der auf Grund des § 74 Abs. 1 bestellten und der im § 81 Abs. 2**

bezeichneten Beamten findet diese Vorschrift keine Anwendung.

§ 132 Ges 1889; § 74c d. Entw.

§ 110.

Die Entscheidungen des Reichs-Versicherungsamts erfolgen in der Besetzung von mindestens vier Mitgliedern einschließlich des Vorsitzenden, unter welchen sich je ein Vertreter der Arbeitgeber und der Versicherten befinden muß, und unter Zuziehung eines richterlichen Beamten,[1] wenn es sich handelt: 1.

1. um die Entscheidung über eine Anfechtung von Beschlüssen der Organe der Versicherungsanstalten (§ 75),
2. um die Entscheidung vermögensrechtlicher Streitigkeiten bei Veränderungen des Bestandes der Versicherungsanstalten (§ 102),
3. um Ersatzansprüche gegen Berufsgenossenschaften (§ 23 Abs. 3, §§ 113, 128 Abs. 3),
4. um die Entscheidung auf Revisionen gegen die Entscheidungen der Schiedsgerichte (§ 116).

Beschlüsse, durch welche Revisionen ohne mündliche Verhandlung zurückgewiesen werden (§ 117 Abs. 2), erfolgen in der Besetzung von drei Mitgliedern, unter denen sich je ein Vertreter der Arbeitgeber und der Versicherten befinden muß. 2.

Als Vertreter der Arbeitgeber und der Versicherten gelten auch für den Bereich dieses Gesetzes die auf Grund der Unfallversicherungsgesetze zu nichtständigen Mitgliedern des Reichs-Versicherungsamts gewählten Vertreter der Betriebsunternehmer und 3.

der Arbeiter, ohne Beschränkung auf die Angelegenheiten ihres besonderen Berufszweigs. Die Enthebung eines Vertreters der Arbeitgeber oder der Versicherten (§ 91) erfolgt durch das Reichs-Versicherungsamt.

4. Im übrigen werden die Formen des Verfahrens und der Geschäftsgang des Reichs-Versicherungsamts durch Kaiserliche Verordnung unter Zustimmung des Bundesrats geregelt.[2]

§ 133 Ges. v. 1889; § 74 d d. Entw.

1. Dies ist die Besetzung des sogenannten Engeren Senats. Handelt es sich bei einer Entscheidung um die noch nicht festgestellte Auslegung gesetzlicher Bestimmungen von erheblicher grundsätzlicher Bedeutung, so sind noch ein vom Bundesrate gewähltes nichtständiges und ein ständiges Mitglied (§ 11 des Gesetzes, betr. die Abänderung der UVG., Anhang Nr. 8) zuzuziehen: Verstärkter Senat (§ 22 der KV., betr. das RVA.; vgl. Anm. 2). Will ein Senat in einer grundsätzlichen Rechtsfrage von der Entscheidung eines anderen Senats abweichen, so entscheidet der Erweiterte Senat unter dem Vorsitze des Präsidenten des Reichs-Versicherungsamts in der Besetzung mit zwei nichtständigen Mitgliedern aus den vom Bundesrate gewählten Mitgliedern, zwei ständigen Mitgliedern, zwei richterlichen Beamten und je zwei Vertretern der Arbeitgeber und der Arbeitnehmer (§ 17 des Gesetzes, betr. die Abänderung der UVG.). Auf dem Gebiete der Unfallversicherung entscheiden für gewöhnlich die Senate unter Mitwirkung von fünf Mitgliedern und zwei Richtern (§ 16 des Gesetzes, betr. die Abänderung der UVG.).

2. Dies ist geschehen durch die Kaiserliche Verordnung, betreffend den Geschäftsgang und das Verfahren des Reichs-Versicherungsamts, vom 19. Oktober 1900, siehe Anhang Nr. 10.

§ 111.

Landes-Versicherungsämter.

Sofern für das Gebiet eines Bundesstaats ein Landes-Versicherungsamt errichtet ist[1] (§ 92 des Unfall-Versicherungsgesetzes, § 100 des Gesetzes vom 5. Mai 1886, Reichs-Gesetzbl. S. 132)[2] unterliegen diejenigen Versicherungsanstalten, welche sich über das Gebiet dieses Bundesstaats nicht hinaus erstrecken, der Beaufsichtigung durch das Landes-Versicherungsamt.[3] Auf die Landes-Versicherungsämter finden die Vorschriften der §§ 108 bis 110 entsprechende Anwendung. 1.

In den Angelegenheiten der den Landes-Versicherungsämtern unterstellten Versicherungsanstalten gehen die in den §§ 71, 91, 102, 127, 140, 156, 161, 178 und, sofern auch die in Anspruch genommene Berufsgenossenschaft der Aufsicht desselben Landes-Versicherungsamts unterstellt ist, die im § 23 Abs. 3, § 113 Abs. 6 und § 128 Abs. 3 dem Reichs-Versicherungsamt übertragenen Zuständigkeiten auf das Landes-Versicherungsamt über.[4] 2.

Die Formen des Verfahrens und der Geschäftsgang bei dem Landes-Versicherungsamte werden durch die Landesregierung geregelt. 3.

§ 134 Ges. v. 1889; § 74c d. Entw.

1. Gegenwärtig bestehen Landes-Versicherungsämter für Bayern, Sachsen, Württemberg, Baden und Großherzogtum Hessen, sowie für Mecklenburg-Schwerin, Mecklenburg-Strelitz und Reuß ä. L. Die Landes-Versicherungsämter der drei zuletzt genannten Bundesstaaten kommen aber nicht für die Durchführung dieses Gesetzes, sondern nur für die Unfallversicherung

in Betracht, weil sich die für die drei Bundesstaaten errichteten Versicherungsanstalten über das Gebiet mehrerer Bundesstaaten erstrecken.

2. Vgl. jetzt §§ 21, 22 des Gesetzes, betr. die Abänderung der UVG.

3. Vgl. § 108 Anm. 2.

4. Über die Revisionen gegen die Entscheidungen der Schiedsgerichte (§ 116) entscheidet nur das Reichs-Versicherungsamt. Dagegen steht die Entscheidung über die auf Grund der UVG. erhobenen Rekurse unter Umständen den Landes-Versicherungsämtern zu.

III. Verfahren.

§ 112.

Feststellung der Rente.

1. Der Anspruch auf Bewilligung einer Rente ist unter Einreichung der zur Begründung dienenden Beweisstücke, insbesondere der letzten Quittungskarte[1] (§ 131) bei der für den Wohnort[2] oder Beschäftigungsort des Versicherten und, wenn er einen solchen im Inlande nicht mehr hat, bei der für seinen letzten Wohnort oder Beschäftigungsort zuständigen unteren Verwaltungsbehörde[3] oder Rentenstelle[4] anzumelden[5]. Die Landes-Zentralbehörde ist befugt, anzuordnen, daß die Anmeldung bei einer anderen Behörde rechtswirksam erfolgen darf;[6] letztere hat die Anmeldung an die für ihren Bezirk zuständige untere Verwaltungsbehörde oder Rentenstelle weiterzugeben.

2. Die untere Verwaltungsbehörde oder Rentenstelle hat die zur Klarstellung des Sachverhalts erforderlichen Erhebungen anzustellen und die Verhandlungen

mit ihrer gutachtlichen Äußerung [7] (§§ 57 bis 59, 79, 84 Abs. 1) dem Vorstande der für ihren Bezirk zuständigen Versicherungsanstalt zu übersenden.

Glaubt der Vorstand dem für die Gewährung einer Rente abgegebenen Gutachten der unteren Verwaltungsbehörde oder der Rentenstelle nicht entsprechen zu können,[8] so ist die Sache, soweit es sich um die Frage der Versicherungspflicht (§§ 1 bis 7) oder des Versicherungsrechts (§ 14) oder um das Maß der Erwerbsfähigkeit des Rentenbewerbers (§§ 5, 15, 16) handelt, an die untere Verwaltungsbehörde oder die Rentenstelle zur Anhörung der Beisitzer [9] (§ 59 Abs. 1) zurückzugeben, falls letztere noch nicht gehört sind. 3.

Wird der angemeldete Anspruch anerkannt, so ist die Höhe und der Beginn der Rente sofort festzustellen. Dem Empfangsberechtigten ist sodann ein schriftlicher Bescheid zu erteilen [10], aus welchem die Art der Berechnung zu ersehen ist [11]. 4.

Wird der angemeldete Anspruch nicht anerkannt, so ist derselbe durch schriftlichen, mit Gründen zu versehenden Bescheid [12] abzulehnen [13]. 5.

§ 75 Ges. v. 1889; § 75 d. Entw.

1. Außer der Quittungskarte kommt vornehmlich in Betracht für die Invalidenrente ein ärztliches Gutachten über die Erwerbsunfähigkeit, für die Altersrente ein Geburtsschein; vgl. Ziff. 2 der preußischen Anweisung vom 15. November 1904, Anhang Nr. 7. Die Kosten des ärztlichen Gutachtens hat der Rentenbewerber zu tragen; holt es die untere Verwaltungsbehörde ein, so trägt die Versicherungsanstalt die Kosten (Rundschreiben des RVA. vom 5. November 1900, AN. 00 S. 826).

Im übrigen sind die Beweisurkunden ebenso wie Vollmachten gebühren- und stempelfrei (§ 171). Der Anspruch ist mit seiner Anmeldung rechtswirksam erhoben, auch wenn die Beweisstücke nicht eingereicht sind (vgl. Anm. 5).

2. Wohnort, nicht gleichbedeutend mit Wohnsitz (§ 7 des BGB.), wird durch ein tatsächliches längeres und nicht zufälliges Verweilen an einem Orte begründet (RE. 1133 AN. 04 S. 422).

3. Vgl. §§ 57 bis 64.

Als untere Verwaltungsbehörde gilt (vgl. §§ 60, 169) in Preußen der Landrat (in den hohenzollernschen Landen der Ober-Amtmann), in Städten von mehr als 10 000 Einwohnern sowie in den bevorrechtigten Städten der Provinz Hannover der Gemeindevorstand (Magistrat); in Bayern die Distrikts-Verwaltungsbehörde (Bezirksamt, in den unmittelbaren Städten der Magistrat, in München der Stadtmagistrat); in Sachsen in Städten, für die die Revidierte Städteordnung maßgebend ist, der Stadtrat, im übrigen die Amtshauptmannschaft; in Württemberg das Oberamt; in Baden das Bezirksamt; in Hessen in Städten von mehr als 20 000 Einwohnern die Bürgermeisterei, im übrigen das Kreisamt. Vgl. die Übersicht AN. 00 S. 367 ff.

4. Vgl. §§ 79 bis 86, 129. Die Versicherungsanstalt selbst ist, jedenfalls in Preußen, keine zur rechtswirksamen Entgegennahme von Rentenanträgen zuständige Stelle (RE. 1123 AN. 04 S. 414).

5. Die Festsetzung der Renten erfolgt nicht von Amts wegen, sondern auf Antrag unter Mitwirkung der unteren Verwaltungsbehörde oder Rentenstelle durch den Vorstand derjenigen Versicherungsanstalt, die für die berufene Lokalstelle örtlich zuständig ist. Dieser Vorstand führt kraft gesetzlicher Ermächtigung alle bei der Rentenfestsetzung in Frage kommenden Geschäfte, soweit sie den Vorständen der Versicherungsanstalten übertragen sind, selbständig und ohne Mitwirkung der anderen bei der Rente beteiligten Versicherungsanstalten. Eine finanzielle Belastung erwächst dadurch nicht, da die Rente nach bestimmten Grundsätzen auf sämtliche Versicherungsträger verteilt wird (vgl. §§ 33, 125).

Der Eingang des Rentenantrags an der zuständigen Stelle gehört zu den gesetzlichen Voraussetzungen des Rentenanspruchs. Denn wenn für das Invalidenrentenverfahren in Abweichung von dem auf dem Gebiete der Unfallversicherung geltenden Grundsatze, demzufolge das Entschädigungsverfahren auch ohne Antrag von Amts wegen einzuleiten ist, die Anmeldung des Anspruchs vorgeschrieben ist, so ist diese damit zu einem zwar formalen, aber doch selbständigen und wesentlichen Erfordernisse für die Rentenbewilligung erhoben worden (vgl. Begründung zu § 29 des Entwurfs S. 270, ferner § 193 Anm. 1).

Anzumelden hat den Anspruch der Versicherte. Er kann sich dabei vertreten lassen, z. B. durch seinen wenn auch nicht ausdrücklich bevollmächtigten Ehegatten (RE. 319 AN. 94 S. 31). Hat er einen gesetzlichen Vertreter, so ist dieser zur Stellung des Rentenantrags berufen. Bestehen gegen die Prozeßfähigkeit eines Rentenbewerbers Bedenken, z. B. weil er geisteskrank oder taubstumm ist, so ist nötigenfalls die Bestellung eines gesetzlichen Vertreters durch die zuständige Behörde zu veranlassen und dieser zum Verfahren heranzuziehen (RE. 267 AN. 93 S. 114; vgl. § 10 Abs. 3, 4 der KV., betr. die SchGe., vom 22. November 1900, Anhang Nr. 9). In solchem Falle kann gemäß § 1910 des BGB. ein Pfleger bestellt werden (B. d. Pr. Kammergerichts vom 18. November 1901, AN. 03 S. 376). Der Gemeinde- oder Armenverband, der an einen Rentenberechtigten Unterstützungen geleistet hat (§ 49), kann die Feststellung der Rente selbständig betreiben (RE. 312 AN. 93 S. 166), und zwar auch dann, wenn der Rentenberechtigte vor der Anmeldung des Anspruchs gestorben ist (RE. 391 AN. 94 S. 161). Krankenkassen, die einem Versicherten die statutenmäßigen Unterstützungen gewährt haben, können den Rentenanspruch im allgemeinen nicht geltend machen (RE. 414 AN. 95 S. 109). Auch die sogenannten Zuschußkassen (§ 52) sind zur selbständigen Geltendmachung der ihren Mitgliedern zustehenden Rentenansprüche nicht berechtigt (RE. 307 AN. 93 S. 161).

Die Anmeldung kann nicht nur schriftlich oder zu Protokoll, sondern auch mündlich erfolgen. Ob ein mündlicher Antrag ordnungsmäßig angebracht und nur aus besonderen Gründen von der mit der Entgegennahme betrauten Stelle nicht schriftlich niedergelegt ist, ist Beweisfrage; wer etwa infolge Belehrung den mündlichen Antrag, wenn auch nur stillschweigend, fallen läßt, kann sich später auf ihn nicht mehr berufen (RE. 915, B. 948 AN. 01 S. 436, 640).

Von besonderer Bedeutung ist die Anmeldung insofern, als eine Rente für Zeiten, die beim Eingange des Rentenantrags bei der zuständigen Stelle länger als ein Jahr zurückliegen, nicht gewährt werden darf (§ 41 Abs. 3), und als die Invalidenrente mit dem Tage des Eingangs des Rentenantrags beginnt, wenn ein früherer Tag für den Eintritt der Erwerbsunfähigkeit nicht festgestellt werden kann (§ 41 Abs. 1). Damit die Rentenbewerber nicht geschädigt werden, ist es daher geboten, daß die berufenen Behörden Rentenanträge, die mündlich bei ihnen angebracht werden, sofort schriftlich feststellen, auch wenn etwa die zur Begründung dienenden Beweisstücke nicht gleichzeitig beigebracht werden.

Unnötig ist es mit Rücksicht auf § 41 Abs. 1 bis 3, daß der Rentenbewerber die Rente von einem bestimmten Zeitpunkt an beantragt. Ist die Rente von einem Tage an beantragt, der nach dem Zeitpunkt liegt, von dem an dem Bewerber die Rente gesetzlich zusteht, so ist darin nicht ohne weiteres ein Verzicht auf die Rente für die Zwischenzeit zu erblicken (RE. 1023 AN. 02 S. 687).

Der angemeldete Anspruch geht auf die Erben des Rentenbewerbers über (§ 41 Abs. 4). Der bei einer zur Entgegennahme nicht zuständigen Stelle angebrachte Rentenantrag genügt für den Übergang nur dann, wenn er noch vor dem Ableben des Rentenanwärters bei der zuständigen unteren Verwaltungsbehörde eingegangen ist (RE. 1225 AN. 05 S. 495).

6. Zur rechtswirksamen Entgegennahme von Rentenanträgen ist befugt: in Preußen der Gemeindevorstand (Magistrat, Bürgermeister, Gutsvorsteher), in Landgemeinden außerdem die Ortspolizeibehörde; in Bayern und Sachsen die Gemeindebehörde; in Württemberg die Ortsbehörde für Arbeiterversicherung; in Baden der Bürgermeister; in Hessen die Bürgermeisterei.

7. Die Unterlassung der Abgabe einer gutachtlichen Äußerung seitens der unteren Verwaltungsbehörde stellt einen wesentlichen Mangel des Verfahrens im Sinne des § 116 Abs. 3 dar (RE. 877 AN. 01 S. 196).

8. Der Vorstand hat, soweit die Sache noch aufklärungsbedürftig ist, auch seinerseits Ermittelungen anzustellen. Ist zur Beurteilung der Erwerbsfähigkeit die Beobachtung in einem Krankenhause erforderlich, so darf sich der Rentenbewerber im allgemeinen nicht dieser Maßnahme entziehen. In einem solchen Fall finden die Bestimmungen der §§ 18 Abs. 2, 47 Abs. 2 keine Anwendung; indes ist auf die besonderen persönlichen Verhältnisse des Rentenbewerbers billigerweise Rücksicht zu nehmen, und nur im Falle der unberechtigten Weigerung darf aus seinem Verhalten der ungünstigste Schluß gezogen werden. Voraussetzung hierfür ist aber die Belehrung des Rentenbewerbers, daß es sich um eine Beobachtung zum Zwecke der Feststellung seiner Erwerbsunfähigkeit handle, und daß im Weigerungsfalle der Beweis der Erwerbsunfähigkeit voraussichtlich nicht werde als erbracht angesehen werden können (RE. 908 AN. 01 S. 431).

9. Im Falle des § 112 Abs. 3 sind nicht lediglich die Beisitzer durch den Vertreter der unteren Verwaltungsbehörde zu hören, sondern dieser hat auf Grund der gemäß § 59 abzuhaltenden mündlichen Verhandlung mit den Beisitzern ein gemeinschaftliches Gutachten abzugeben (RE. 1055 AN. 03 S. 390). Zuständig ist die untere Verwaltungsbehörde, bei der der Anspruch angemeldet worden ist, auch wenn der Rentenbewerber inzwischen seinen Wohnort gewechselt hat (RE. 896 AN. 01 S. 401). Die Nichtanhörung der Beisitzer bildet zugunsten der Versicherungsanstalt keinen Revisionsgrund (RE. 914 AN. 01 S. 435).

10. Der Bescheid muß der Formvorschrift des § 114 Abs. 4 genügen. Erst durch die Erteilung, d. h. durch die im Wege der Zustellung (§ 170) erfolgte Mitteilung des förmlichen Bescheids, wird die Verpflichtung der Versicherungsanstalt zur Rentenzahlung begründet (RE. 264 AN. 93 S. 111). Auch durch Vergleich kann ein Rentenanspruch erledigt werden (vgl.

§§ 15, 16 Abs. 2 Ziff. 1 der KV. betr. die SchGe., vom 22. November 1900, Anhang Nr. 9); auf Grund des Vergleichs, der schriftlich festzulegen ist (B. 807 AN. 00 S. 615), ist ein förmlicher Bescheid zu erteilen (RE. 357 AN. 94 S. 127). Die Versicherungsanstalt ist an die von ihr erteilten förmlichen Bescheide gebunden, mögen sie auch durch Irrtum veranlaßt sein (RE. 186, 673 AN. 92 S. 133, 98 S. 393). Über die Anfechtung im Wege der Wiederaufnahme des Verfahrens vgl. § 119. Ein neuer förmlicher Bescheid kann erteilt werden, auch wenn noch gegen einen früheren die Berufung schwebt (RE. 410 AN. 95 S. 99). Vgl. ferner Anm. 12, 13.

11. Muster für Bescheide mit Rentenberechnung siehe AN. 00 S. 235 bis 240.

12. Der Bescheid muß der Formvorschrift des § 114 Abs. 4 entsprechen. Ein formell unvollständiger Bescheid ist geeignet, als Grundlage für das weitere instanzielle Verfahren (§§ 114 ff.) zu dienen, wenn die Versicherungsanstalt die Pflicht oder die Absicht hatte, einen förmlichen Bescheid zu erteilen (RE. 464, 631 AN. 95 S. 255, 98 S. 248). Durch einen formell unvollständigen Bescheid wird die Berufungsfrist nicht in Lauf gesetzt; die Einlegung der Berufung gegen einen derartigen Bescheid ist also an keine Frist gebunden (RE. 721, 1124, AN. 99 S. 445, 04 S. 415). In dem Bescheide sind dem Rentenbewerber die tatsächlichen Unterlagen der Entscheidung, z. B. die ärztlichen Gutachten, dem wesentlichen Inhalt nach mitzuteilen (B. 741 AN. 99 S. 533). Über die Bescheiderteilung bei Entziehung und Einstellung der Rente (§§ 47, 48) vgl. § 121. Auch die Entziehung der gemäß § 113 Abs. 1 festgestellten Invalidenrente nach Feststellung der Unfallrente ist durch förmlichen Bescheid auszusprechen (RE. 322 AN. 94 S. 33).

13. Durch den Bescheid wird, sobald er rechtskräftig geworden ist, zwischen der Versicherungsanstalt und dem Rentenbewerber formales Recht geschaffen; es wird ein Zustand hergestellt, der ohne Rücksicht auf materielle Berechtigung als Recht zu gelten hat. Dies ist die notwendige Folge des Erfordernisses der Rechtssicherheit, mit dem es sich nicht vereinigen läßt, daß derselbe Anspruch, obwohl endgültig über ihn entschieden ist, ohne

Veränderung des Sachverhalts aufs neue erhoben wird (RE. 101 AN. 92 S. 17). Im allgemeinen besteht daher keine Pflicht der Versicherungsanstalt, nach Erlaß eines rechtskräftigen ablehnenden Bescheids auf Grund nachträglich beigebrachter Unterlagen in eine wiederholte Prüfung des Rentenanspruchs einzutreten und einen neuen förmlichen Bescheid zu erteilen. Die Versicherungsanstalt ist jedoch jederzeit befugt, auf die Wirkungen der früheren Abweisung mittels Erteilung eines neuen förmlichen Bescheids zu verzichten, eine Befugnis, die aus der eigenartigen Stellung folgt, die die zugleich als erste Instanz und als Partei auftretende Versicherungsanstalt einnimmt. Der freiwillig erteilte neue Bescheid tritt alsdann völlig an die Stelle des früheren, gleich als ob er der erste wäre, und er gibt den übrigen Feststellungsinstanzen die Möglichkeit einer freien Prüfung des gesamten Sachverhalts dergestalt, daß die Rente auch für Zeiten bewilligt werden kann, die vor der früheren Abweisung liegen. Dabei macht es keinen Unterschied, ob der neue Bescheid sich auf die Ergebnisse des vorangegangenen Verfahrens stützt oder nicht, die früheren Feststellungen bestätigt oder aufhebt (RE. 258, 825, 826, 1182 AN. 93 S. 106, 00 S. 692, 05 S. 277).

Eine Pflicht zur Erteilung eines neuen förmlichen Bescheids hat die Versicherungsanstalt nur dann, und ein Rentenanspruch kann nur dann wiederholt werden, wenn neue rechtserzeugende Tatsachen geltend gemacht werden, die sich nach dem Erlasse der Vorentscheidung ereignet haben und also von ihr nicht mitergriffen sind; frühere Tatsachen sind auch dann nicht verwendbar, wenn sie dem Rentenbewerber bis dahin unbekannt waren (RE. 882 AN. 01 S. 200).

Demgemäß kann der Anspruch auf Invalidenrente mit der Wirkung, daß ein neuer Bescheid erteilt werden muß, wiederholt werden:

a) gemäß § 120, wenn der Anspruch nur wegen Fehlens der Erwerbsunfähigkeit abgelehnt war;

b) wenn der Anspruch abgelehnt war, weil die Erwerbsunfähigkeit vor Erfüllung der Wartezeit eingetreten war, und wenn der Rentenbewerber nachweisen kann, daß er später die

Erwerbsfähigkeit wiedererlangt und versicherungspflichtig gearbeitet hat, neuerdings aber wieder erwerbsunfähig geworden ist; einer solchen Behauptung gegenüber ist aber eine strenge Prüfung mit Rücksicht auf die Bedeutung der rechtskräftigen Vorentscheidung geboten, die nicht schon dann beseitigt werden darf, wenn der Bewerber nachträglich etwa in einer Zwischenpause seines Leidens oder unter Aufbietung seiner letzten Kräfte bei einem nachsichtigen Arbeitgeber geringwertige Arbeit verrichtet hat (RE. 496 AN. 96 S. 254);

c) wenn der Anspruch unter Dahinstellung der Erwerbsunfähigkeit mangels Erfüllung der Wartezeit abgewiesen war, und die nachträgliche Erfüllung behauptet wird (RE. 464 AN. 95 S. 255);

d) wenn der Anspruch wegen Fehlens von Beitragsmarken abgelehnt war, und diese nunmehr — in den Grenzen der §§ 146, 168 — nachgebracht sind (RE. 632 AN. 98 S. 249).

Der Anspruch auf Altersrente kann mit der bezeichneten Wirkung wiederholt werden, wenn er mangels Erfüllung der gesetzlichen Wartezeit abgelehnt war, und die nachträgliche Erfüllung behauptet wird; die Rente kann in diesem Fall erst vom Zeitpunkt der Erfüllung an — Ablauf der letzten Beitragswoche (RE. 331 AN. 94 S. 79) — beansprucht werden; ferner wenn der Anspruch wegen Fehlens von Beitragsmarken abgelehnt war, und diese gemäß §§ 146, 168 nachgebracht sind (RE. 631 AN. 98 S. 248). Ausgeschlossen ist die Wiederholung des Altersrentenanspruchs, wenn er wegen Nichterfüllung der vorgesetzlichen Wartezeit abgewiesen war, denn in dieser Beziehung können neue, von der Vorentscheidung nicht ergriffene Tatsachen nicht vorgebracht werden.

Ist die Versicherungsanstalt zur Erteilung eines neuen Bescheids verpflichtet, so können zwar bei der erneuten Prüfung des Sachverhalts neben denjenigen Umständen, die seit der Vorentscheidung eingetreten sind, auch die bereits früher beigebrachten und gewürdigten Beweise eine abermalige Würdigung finden (RE. 314 AN. 93 S. 170), die Rente darf aber frühstens vom Tage nach der rechtskräftigen Vorentscheidung an, und zwar, wenn diese ein die schiedsgerichtliche Entscheidung lediglich aufrechterhaltendes Revisionsurteil ist, von dem auf die Verkündung des Schiedsgerichtsurteils folgenden Tag an bewilligt werden (RE. 462 AN. 95 S. 253). Ein Rentenanspruch jedoch, der nur deshalb abgewiesen war, weil eine Anzahl geschuldeter Pflichtbeiträge nicht beigebracht und die Wartezeit daher nicht erfüllt war, wird durch die nachträgliche Entrichtung der rückständigen Beiträge (§§ 146, 168) mit rückwirkender Kraft auch für die vor dem Erlasse der früheren Entscheidung liegende Zeit zur Entstehung gebracht (RE. 624 AN. 97 S. 594).

§ 113.[1]

Die Annahme, daß die Erwerbsunfähigkeit durch einen nach den Unfallversicherungsgesetzen zu entschädigenden Unfall verursacht ist, begründet nicht die Ablehnung des Anspruchs auf Invalidenrente. Es ist vielmehr, sofern im übrigen die Voraussetzungen, unter denen eine Invalidenrente bewilligt werden darf, vorliegen, diese Rente festzustellen.[2] 1.

Ist sodann die Invalidenrente für einen Zeitraum gezahlt, für welchen dem Empfänger ein Anspruch auf Unfallrente zusteht, so geht dieser Anspruch insoweit auf die Versicherungsanstalt über, als die gewährte Invalidenrente die zu gewährende Unfallrente nicht übersteigt.[3] 2.

Die Versicherungsanstalten sind berechtigt, an Stelle des Verletzten die Feststellung der Unfallrente, soweit diese noch nicht erfolgt ist, zu beantragen[4] und nötigenfalls das durch die Unfallversicherungsgesetze vorgeschriebene Verfahren durchzuführen, auch an Stelle des Verletzten Rechtsmittel einzulegen und zwar ohne Rücksicht auf Fristen, welche ohne ihr Verschulden verstrichen sind[5]. 3.

4. Die Versicherungsanstalten sind auch dann berechtigt, nach Abs. 3 die Feststellung von Unfallrenten herbeizuführen, wenn als Folge hiervon ein völliges oder teilweises Ruhen der Invaliden- oder Altersrente eintreten würde.

5. War in den Fällen des Abs. 1 von der Versicherungsanstalt ein Heilverfahren eingeleitet, so finden die Bestimmungen des § 21 entsprechende Anwendung.[6]

6. Streitigkeiten aus Anlaß des Ersatzanspruchs (Abs. 2, 5) werden durch das Reichs-Versicherungsamt entschieden.[7]

§ 76 Ges. v. 1889; § 76 d. Entw.

1. Der § 113 gilt auch für zugelassene Kasseneinrichtungen (§ 173). Er findet entsprechende Anwendung bei Beitragserstattungen im Todesfall (§ 128 Abs. 3).

2. Voraussetzung der Anwendung des § 113 ist, abgesehen von Abs. 4, daß die Erwerbsunfähigkeit durch einen nach den Unfallversicherungsgesetzen zu entschädigenden Unfall verursacht worden ist, und daß dafür eine die Invalidenrente übersteigende Unfallrente nicht gezahlt wird. Vgl. § 15 Abs. 2 Satz 2 und die dortigen Anmerkungen. In einem solchen Falle soll die Versicherungsanstalt zugunsten des Versicherten wenigstens vorläufig und vorbehaltlich des Anspruchs auf Ersatz aus der dem Versicherten zustehenden Unfallrente (Abs. 2, 3) zur Gewährung der Invalidenrente an den Versicherten verbunden sein. Nur wenn zur Zeit der Entscheidung über den Invalidenrentenanspruch eine die Invalidenrente übersteigende Unfallrente für den der Beurteilung der Invalidenrenteninstanz unterstehenden Zustand der Erwerbsunfähigkeit bereits festgesetzt ist, die Gewährung auch der Invalidenrente also eine zweite Entschädigung für denselben Fall bedeuten würde, kann die Versicherungsanstalt den Anspruch von vornherein gemäß § 15 Abs. 2 Satz 2 ablehnen. Dieser gesetzlichen Regelung liegt die Absicht zugrunde, im Interesse

einer tunlichst schleunigen Fürsorge die Zubilligung der Invalidenrente nicht davon abhängig zu machen, wem die an sich zu leistende Rente endgültig zur Last fällt, sondern diese Frage der Auseinandersetzung zwischen den verschiedenen Trägern der Unfall- und Invalidenversicherung zu überlassen. (RE. 620 AN. 97 S. 592.) Wird dem Invalidenrentenempfänger nachträglich wegen desselben Unfalls, der seine Erwerbsunfähigkeit verursacht hat, eine höhere Unfallrente zugebilligt, so ist die Invalidenrente einzustellen; Streitigkeiten hierüber werden im Rentenfeststellungsverfahren gemäß §§ 114 ff. entschieden (RE. 322, 673 AN. 94 S. 33, 98 S. 393).

3. Es findet also kraft Gesetzes ein Rechtsübergang in den Entschädigungsanspruch des Unfallversicherten gegen die Berufsgenossenschaft statt, die Rechtsnachfolge ergreift jedoch nur diejenigen Rententeile, die für die gleichen Zeiträume wie die vorläufigen Leistungen der ersatzberechtigten Versicherungsanstalt fällig geworden sind. Die Berufsgenossenschaft befreit sich indes wirksam durch Zahlung der Unfallrente an den Entschädigungsberechtigten, solange bei ihr der Ersatzanspruch nicht angemeldet ist (vgl. Anm. 4). Wegen der früheren Leistungen kann sich die Versicherungsanstalt nur dem Entschädigungsberechtigten gegenüber schadlos halten (E. 1141 AN. 04 S. 484; § 96 Abs. 1 Ziff. 3 des GUVG.). Zahlt die Berufsgenossenschaft nach der Anmeldung des Ersatzanspruchs den der Invalidenrente entsprechenden Betrag der Unfallrente an den Entschädigungsberechtigten, so muß sie den Betrag an die Versicherungsanstalt nochmals zahlen und hat dann nur ein Rückgriffsrecht gegenüber dem Rentenempfänger (E. 918 AN. 01 S. 440; § 96 Abs. 2 des GUVG.).

4. Da der Ersatzanspruch der Versicherungsanstalt ein vom Rechte des ursprünglich Berechtigten abgeleiteter und durch dieses näher bestimmter ist, so steht der Berufsgenossenschaft die Einrede der Verjährung des Unfallentschädigungsanspruchs, der ihr gegenüber dem Verletzten zusteht, auch gegenüber der Versicherungsanstalt zu (Rek.E. 1357 AN. 94 S. 293); ebenso die Einrede der Zahlung und der rechtskräftig entschiedenen Sache (Rek.E. 1356 AN. 94 S. 292). Die Versicherungsanstalt ist

auch befugt, gemäß § 88 des GUVG. eine anderweite Festsetzung der Unfallrente zu verlangen (Rek.E. 1580 AN. 97 S. 265).

5. Von dem Tag an, an dem die Versicherungsanstalt von dem anzufechtenden Urteil Kenntnis erlangt hat, läuft für sie die gesetzliche Rechtsmittelfrist (Rek.E. 1882 AN. 01 S. 599).

6. Vgl. die Anmerkungen zu § 21. Der Ersatzanspruch der Versicherungsanstalt gegen den entschädigungspflichtigen Träger der Unfallversicherung ist gemäß § 113 Abs. 5 auch dann begründet, wenn die Erwerbsunfähigkeit durch den Betriebsunfall verursacht, der Anspruch auf Invalidenrente aber mangels einer anderen Voraussetzung abgelehnt worden ist (E. 1101 AN. 04 S. 190).

7. Eine derartige Streitigkeit kann entstehen sowohl zwischen der Versicherungsanstalt und der Berufsgenossenschaft als auch zwischen diesen und dem Verletzten, der in jedem Falle beteiligt und zum Verfahren zuzuziehen ist. Zur Entscheidung ist ausschließlich das Reichs-Versicherungsamt, Abteilung für Invalidenversicherung, oder das Landes-Versicherungsamt zuständig (§§ 110 Abs. 1 Ziff. 3, 111 Abs. 2). Diese Stellen entscheiden, erforderlichenfalls nach Erhebung von Beweisen, über die Befugnis der Versicherungsanstalt zur Inanspruchnahme der Unfallrente; wird die Befugnis anerkannt, so haben die Behörden der Unfallrentenfestsetzung weiter darüber zu befinden, in welcher Weise der von der Berufsgenossenschaft an die Versicherungsanstalt zu zahlende Betrag zur Wiedereinziehung kommt (RE. 1070 AN. 03 S. 519). Die Entscheidung gemäß § 113 Abs. 6 ist nach der KV., betr. das RVA., vom 19. Oktober 1900 ohne öffentliche, mündliche Verhandlung und geeignetenfalls auch durch den Verstärkten Senat (§ 22 Abs. 2, 3 der KV.) zu treffen (E. 917 AN. 01 S. 439).

§ 114.[1]

1. **Gegen den Bescheid, durch welchen der Anspruch auf Invaliden- oder Altersrente abgewiesen wird, sowie gegen den Bescheid, durch welchen die Höhe und der Beginn der Rente festgestellt wird[2], steht**

dem Rentenbewerber [3] die Berufung auf schiedsgerichtliche Entscheidung [4] zu. Die Berufung hat keine aufschiebende Wirkung [5].

2. Zur Entscheidung über die Berufung ist dasjenige Schiedsgericht berufen, das für den Bezirk der unteren Verwaltungsbehörde oder Rentenstelle zuständig ist.[6] Die Berufung ist bei Vermeidung des Ausschlusses innerhalb eines Monats [7] nach der Zustellung [8] des Bescheids bei diesem Schiedsgericht einzulegen [9].

3. Die Frist gilt auch dann als gewahrt, wenn innerhalb derselben die Berufung des Rentenbewerbers bei einer anderen Behörde [10] eingegangen ist; letztere hat die Berufungsschrift ungesäumt an das zuständige Schiedsgericht abzugeben.

4. Der Bescheid muß die Bezeichnung der Berufungsfrist und des für die Berufung zuständigen Schiedsgerichts enthalten. [11]

5. Eine Ausfertigung der Entscheidung [12] des Schiedsgerichts ist dem Rentenbewerber [13] sowie dem Vorstande der Versicherungsanstalt zuzustellen.

§§ 77, 78 Ges. v. 1889; § 77 d. Entw.

1. Die §§ 114 bis 117 enthalten die allgemeinen Bestimmungen über den Rechtsmittelzug im Rentenfeststellungsverfahren auf Grund des JVG. Gegen den Bescheid der Versicherungsanstalt findet die Berufung an das Schiedsgericht (§§ 114, 115), gegen die Entscheidung des Schiedsgerichts die Revision beim Reichs-Versicherungsamte (§§ 116, 117) statt.

2. Auch gegen Entziehungs- und Einstellungsbescheide (§ 121; RE. 322 AN. 94 S. 33). Entspricht der Bescheid einem von Willensmängeln freien Rentenantrag, so ist die Berufung zum Zwecke der Erweiterung des Anspruchs unzulässig (RE. 1056,

1023 AN. 03 S. 391, 02 S. 687). Gegen die „Gründe" einer Entscheidung findet kein Rechtsmittel statt (RE. 31, 1057 AN. 91 S. 149, 03 S. 392).

3. An seiner Stelle auch dem Armenverband und den Erben, vgl. § 112 Anm. 5. Die Versicherungsanstalt kann nur gegen Bescheide der Rentenstelle Berufung einlegen (§ 129 Abs. 4).

4. Über die Einrichtung der Schiedsgerichte vgl. §§ 103 bis 107. Das schiedsgerichtliche Verfahren regelt die KV., betr. das Verfahren vor den Schiedsgerichten für Arbeiterversicherung, vom 22. November 1900, siehe Anhang Nr. 9.

Im Berufungsverfahren kann der Klagegrund geändert, also statt der Invaliden- die Altersrente und umgekehrt oder überhaupt die günstigere Rente beansprucht werden (RE. 207 AN. 93 S. 52). Handelt es sich um die Entziehung der Invalidenrente, so ist im Berufungsverfahren auch darüber zu entscheiden, ob etwa dem Kläger wegen eines abermaligen Invaliditätsfalls die Rente von neuem gebührt (RE. 747 AN. 99 S. 558).

5. Die Versicherungsanstalt muß also leisten, wozu sie sich in ihrem Bescheide bekannt hat. Die Berufung der Versicherungsanstalt gegen Bescheide der Rentenstelle hat aber aufschiebende Wirkung, soweit Zahlungen für die Zeit vor dem Bescheid in Betracht kommen (§ 79 Abs. 4, § 129 Abs. 4 Satz 2).

6. Vgl. § 112 Abs. 1. Durch Parteivereinbarung kann die Zuständigkeit eines Schiedsgerichts nicht begründet werden (RE. 643 AN. 98 S. 320). Die einmal begründete Zuständigkeit der unteren Verwaltungsbehörde und des Schiedsgerichts wird durch den nach Anmeldung des Rentenanspruchs erfolgten Wechsel des Wohnorts des Rentenbewerbers nicht berührt (RE. 896 AN. 01 S. 401).

7. Für Seeleute vgl. § 167 Abs. 3. Wegen Berechnung der Frist vgl. § 188 des BGB. Fällt das Ende der Frist auf einen Sonntag oder allgemeinen Feiertag, so endigt sie erst mit Ablauf des nächstfolgenden Werktags (§ 222 Abs. 2 der CPO.; RE. 98 AN. 92 S. 15). Welche Tage als allgemeine Feiertage zu gelten haben, richtet sich nach den Verhältnissen am Sitze desjenigen Gerichts, bei dem das Rechtsmittel einzulegen ist (RE. 353 AN. 94 S. 122). Ob die Berufungsfrist gewahrt ist, hat das

Schiedsgericht und später auch das Revisionsgericht vom Amts wegen zu prüfen; der Parteiverfügung sind die Rechtsmittelfristen entzogen (RE. 995 AN. 02 S. 509).

Im Falle der Versäumung der Frist findet die Wiedereinsetzung in den vorigen Stand gemäß § 233 der CPO. statt, wenn die Partei „durch Naturereignisse oder andere unabwendbare Zufälle verhindert worden ist", die Frist einzuhalten. Zuständig ist für die Entscheidung über die Wiedereinsetzung bei Versäumung der Berufungsfrist das Schiedsgericht (RE. 113 AN. 92 S. 27). Krankheit, die den Kläger nicht willensunfähig gemacht, sondern ihm die Möglichkeit freigelassen hat, seine Rechte durch andere zu wahren, bildet keinen Wiedereinsetzungsgrund (RE. 284 AN. 93 S. 138). Eine Störung im Postbetrieb ist nur dann ein Grund, wenn nicht nur die letzte planmäßige Beförderungsgelegenheit versagt hat (RE. 840, 997 AN. 00 S. 723, 02 S. 511). An die Einhaltung der zweiwöchigen Frist des § 234 der CPO. ist der Wiedereinsetzungsantrag nicht gebunden, an ihre Stelle tritt nach Maßgabe der tatsächlichen Verhältnisse eine angemessene Frist (RE. 187 AN. 92 S. 133). Das Gleiche gilt von der einmonatigen Frist des § 235 Abs. 3 a. a. O. (RE. 840 AN. 00 S. 723).

8. Vgl. § 170. Die Zustellung kann auch nach den Bestimmungen der CPO. (§§ 166 ff. dort) erfolgen. Überhaupt ist jede Art der Zustellung ausreichend, durch die die Tatsache und der Tag des Empfanges ersichtlich gemacht wird; läßt sich der Zeitpunkt der Zustellung nicht feststellen, so gilt die Rechtsmittelfrist als gewahrt (RE. 107, 648 AN. 92 S. 23, 98 S. 322). Der Zeitpunkt der Zustellung eines eingeschriebenen Bescheids darf im Zweifelsfalle nicht ohne weiteres schon aus dem Tage der Einlieferung bei der Post gefolgert werden (RE. 724 AN. 99 S. 446). Die mittels eingeschriebenen Briefes bewirkte Zustellung gilt als erfolgt, wenn der Postbote den Brief dem Adressaten persönlich angeboten, dieser aber die Annahme ohne Grund verweigert hat (Rek.E. 1807 AN. 00 S. 669).

9. Die Berufung kann schriftlich, auch telegraphisch, oder zu Protokoll beim Schiedsgericht oder bei einer anderen inländischen Behörde eingelegt werden (§ 5 Abs. 4 der KV., betr. die SchGe.).

Die nur mündliche Einlegung genügt nicht (RE. 995 AN. 02 S. 509). Einer ausdrücklichen Rechtsmittelerklärung bedarf es nicht, es muß nur die Unzufriedenheit mit der anzufechtenden Entscheidung zu erkennen gegeben sein (RE. 838 AN. 00 S. 721). Die von einem anderen eingelegte Berufung ist wirksam, auch wenn sie der Rentenbewerber erst nach Ablauf der Rechtsmittelfrist genehmigt (RE. 570 AN. 97 S. 317). Die Zurücknahme des Rechtsmittels hat dessen Verlust zur Folge, auch wenn die Rechtsmittelfrist noch nicht abgelaufen ist (RE. 998 AN. 02 S. 512).

10. Auch bei der Versicherungsanstalt (RE. 1013 AN. 02 S. 598) und Kasseneinrichtung (RE. 897 AN. 01 S. 403). Das Eintreffen der Rechtsmittelschrift bei einer nur mit ihrer Beförderung befaßten Postanstalt wahrt nicht die Frist (RE. 997 AN. 02 S. 511).

11. Ein Bescheid, der diesen Erfordernissen nicht genügt, setzt die Berufungsfrist nicht in Lauf; der Rentenbewerber kann also dagegen jederzeit Berufung einlegen (RE. 721, 1124 AN. 99 S. 445, 04 S. 415). Vgl. § 112 Anm. 12. Der formell unvollständige Bescheid, der die Entziehung der Invalidenrente gemäß § 47 Abs. 1 ausspricht, hat nicht die Folge des § 47 Abs. 3 (RE. 1124 AN. 04 S. 415).

12. Über Form und Inhalt der Entscheidungen vgl. § 24 der KV., betr. die SchGe. Zur Übernahme eines Heilverfahrens oder zur Tragung von Heilverfahrenskosten kann die Versicherungsanstalt nicht verurteilt werden (RE. 539 AN. 96 S. 502). Vgl. ferner § 115 Anm. 2. Wegen der Wiederaufnahme des Verfahrens vgl. § 119.

13. Diesem kann die Entscheidung auch zugestellt werden, wenn er einen Prozeßbevollmächtigten hat (Rek.E. 1782 AN. 99 S. 632).

§ 115.[1]

Das Schiedsgericht hat, wenn es den Anspruch auf Rente für begründet erachtet, zugleich die Höhe und den Beginn der Rente festzustellen.[2] Hat das Schiedsgericht in besonderen Ausnahmefällen, welche das Reichs-Versicherungsamt näher bestimmen darf[3], den Anspruch auf Rente nur dem Grunde nach an-

erkannt und nicht gleichzeitig über die Höhe und den Beginn der Rente entschieden, so hat der Vorstand der Versicherungsanstalt in denjenigen Fällen, in welchen das Rechtsmittel der Revision eingelegt wird, vorläufige Rentenbeträge unverzüglich zu bewilligen. Gegen die vorläufige Bewilligung von Rentenbeträgen findet ein Rechtsmittel nicht statt. Sobald der Anspruch auf Rente rechtskräftig feststeht, hat der Vorstand deren Höhe und Beginn, sofern dies nicht bereits früher geschehen ist, festzustellen (§ 112).[4] Die vorläufig gezahlten Beträge werden auf die endgültig angewiesene Rente angerechnet[5].

§ 79 Satz 3 Ges. v. 1889; § 79 d. Entw.

1. Der § 115 findet auf zugelassene Kasseneinrichtungen entsprechende Anwendung (§ 173).

2. Vgl. § 114 Anm. 12. Zu einer Zurückverweisung der Sache an die Versicherungsanstalt ist das Schiedsgericht befugt, wenn die Beisitzer der unteren Verwaltungsbehörde nicht gemäß § 112 Abs. 3 gehört sind; da dies aber vom Schiedsgericht durch Ersuchen der unteren Verwaltungsbehörde nachgeholt werden kann, und die alsbaldige Nachholung in der Regel dem Interesse des Rentenbewerbers mehr dient als die Zurückverweisung, so darf das Schiedsgericht, wenn es sich nicht dem Vorwurf einer Verletzung seiner Aufklärungspflicht aussetzen will, von der Zurückverweisungsbefugnis nur aus besonderen Gründen Gebrauch machen (RE. 1127 AN. 04 S. 417). Einen ohne Anhörung der Beisitzer auf Grund des § 47 erlassenen Entziehungsbescheid kann das Schiedsgericht einfach aufheben (RE. 994 AN. 02 S. 507). Unzulässig ist ein bedingtes Urteil des Inhalts, daß die Rente für den Fall der Nachbringung fehlender Beiträge zugesprochen wird (RE. 350 AN. 94 S. 120). Die Berichtigung eines Urteils kann gemäß § 319 der CPO. nur erfolgen, wenn durch „Schreibfehler, Rechnungsfehler und ähnliche offenbare Unrichtigkeiten" ein Widerspruch zwischen der vom Gericht

gewollten und der von ihm ausgesprochenen Entscheidung entstanden ist; das Gericht darf also eine von ihm gewollte irrtümliche Entscheidung nicht auf Grund späterer Erkenntnis des Irrtums abändern (RE. 351 AN. 94 S. 120).

3. Bisher ist eine solche Bestimmung nicht ergangen.

4. Durch förmlichen Bescheid (§ 114 Abs. 4), gegen den wieder die Berufung zulässig ist.

5. Vgl. § 55 Abs. 2.

§ 116.[1]

1. **Gegen die Entscheidung des Schiedsgerichts[2] steht beiden Teilen[3] das Rechtsmittel der Revision[4] zu. Die Revision des Vorstandes hat aufschiebende Wirkung insoweit, als es sich um Beträge handelt, die für die Zeit vor dem Erlasse der angefochtenen Entscheidung nachträglich gezahlt werden sollen.[5] Im übrigen hat die Revision keine aufschiebende Wirkung.**

2. **Über die Revision entscheidet das Reichs-Versicherungsamt.[6] Das Rechtsmittel ist bei demselben zur Vermeidung des Ausschlusses innerhalb eines Monats nach der Zustellung der Entscheidung des Schiedsgerichts einzulegen[7]; die Bestimmung des § 114 Abs. 3 findet entsprechende Anwendung.**

3. **Die Revision kann nur darauf gestützt werden:[8]**
   1. **daß die angefochtene Entscheidung auf der Nichtanwendung oder auf der unrichtigen Anwendung des bestehenden Rechtes[9] oder auf einem Verstoße wider den klaren Inhalt der Akten[10] beruhe[11];**
   2. **daß das Verfahren an wesentlichen Mängeln leide[12].**

§ 79 Satz 1, 2 Ges. v. 1889; § 80 d. Entw.

1. Der § 116 findet auf zugelassene Kasseneinrichtungen entsprechende Anwendung (§ 173).

2. Gegen die Begründung des schiedsgerichtlichen Urteils allein kann die Revision nicht eingelegt werden (RE. 1057 AN. 03 S. 392); ebensowenig nur gegen die Kostenentscheidung (RE. 1085 AN. 03 S. 552). Dagegen ist die Revision gegen die Kostenentscheidung allein zulässig, wenn die Gegenpartei in der Hauptsache die Revision eingelegt hat (RE. 1086 AN. 03 S. 553).

3. Der Versicherungsanstalt aber nicht zugunsten des Rentenbewerbers (RE. 265 AN. 93 S. 112).

4. Im Gegensatz zu dem auf dem Gebiete der Unfallversicherung gegen die schiedsgerichtlichen Entscheidungen gegebenen Rekurse. Während die Revision im allgemeinen auf die Prüfung beschränkt ist, ob die angefochtene Entscheidung wegen Rechtsverletzungen oder Verstöße gegen den Akteninhalt zu beanstanden ist, ermöglicht der Rekurs neben der rechtlichen die tatsächliche Prüfung dergestalt, daß bei dieser auch neue, bisher in den Akten nicht zur Sprache gebrachte Tatsachen zu berücksichtigen sind. Vgl. Anm. 8.

5. Nur die vom Tage der schiedsgerichtlichen Entscheidung an laufende Rente muß also gezahlt werden.

6. Unter Ausschluß der Landes-Versicherungsämter (§ 111). Über die Einrichtung des Reichs-Versicherungsamts vgl. §§ 108 bis 110. Das Verfahren vor dem Reichs-Versicherungsamt regelt die KV., betreffend den Geschäftsgang und das Verfahren des Reichs-Versicherungsamts, vom 19. Oktober 1900, siehe Anhang Nr. 10.

7. Vgl. § 114 Anm. 7 bis 9. Durch eine mündliche, nicht schriftlich niedergelegte Erklärung wird die Revision nicht wirksam eingelegt (RE. 996 AN. 02 S. 510).

8. Aus den Bestimmungen dieses Absatzes ergibt sich, daß die Revision nicht auf neue Behauptungen und Beweismittel gestützt werden kann (RE. 38 AN. 91 S. 152), und daß eine Änderung des Klagegrundes (vgl. § 114 Anm. 4) in der Revisionsinstanz unzulässig ist (RE. 406 AN. 95 S. 36).

9. Nicht nur des Rechtes des JVG., sondern des Rechtes aller Gesetze, Verordnungen, Bundesratsbeschlüsse, die für die Sache in Betracht zu ziehen sind.

10. Nicht nur der den Anspruch auf Grund des IVG. betreffenden Akten, sondern auch aller sonst in Betracht kommenden Akten. Ein Verstoß gegen den Akteninhalt liegt vor, wenn eine aus den Akten ersichtliche Tatsache, die zu einer anderen Entscheidung hätte führen können, nach dem Tatbestand und den Gründen des angefochtenen Urteils nicht berücksichtigt worden ist (RE. 144 AN. 92 S. 54).

11. Auf eine Rechtsverletzung, die zwar in der Entscheidung enthalten ist, auf der diese aber nicht beruht, kann die Revision nicht gestützt werden.

12. Vgl. § 554 Abs. 2 Ziff. 2 der CPO.: „daß das Gesetz in bezug auf das Verfahren verletzt sei," error in procedendo im Gegensatz von error in iudicando. Daß die Entscheidung auf dem Mangel beruht, ist hier nicht erforderlich.

Wesentliche Mängel sind z. B.:

Unvorschriftsmäßige Besetzung des Schiedsgerichts;

Fehlen eines Gutachtens der unteren Verwaltungsbehörde über Rentenansprüche (RE. 887 AN. 01 S. 196);

Abgabe dieses Gutachtens ohne Zuziehung der Beisitzer in den vorgeschriebenen Fällen (RE. 878, 993, 994 AN. 01 S. 196, 02 S. 506, 507);

Abgabe dieses Gutachtens ohne kollegialische Beschlußfassung (RE. 879, 911, 1055 AN. 01 S. 179, 434; 03 S. 390);

Verhandlung mit einer prozeßunfähigen Partei (RE. 267, 645 AN. 93 S. 114, 98 S. 321);

Unterlassene Zuziehung des Armenverbandes, der einen Ersatzanspruch geltend gemacht hat;

Unterlassene Zuziehung des Versicherten in einem vom Armenverbande veranlaßten Feststellungsverfahren (RE. 1060 AN. 03 S. 394);

Unterlassene Benachrichtigung der Parteien von einem Beweisaufnahmetermin (RE. 519 AN. 96 S. 356);

Aufnahme eines Protokolls über Beweisaufnahme nur durch einen Protokollführer, Nichtzuziehung eines Protokollführers (RE. 519 AN. 96 S. 356);

Unterlassene Mitteilung von Beweiserhebungen oder sonst erheblichem Prozeßstoff an die Parteien (RE. 180, 728, 932,

1059, 1084 AN. 92 S. 129; 99 S. 448; 01 S. 629; 03 S. 394, 551),

Nichteinhaltung einer Ladungsfrist dergestalt, daß der Partei die Vertretung ihrer Rechte wesentlich beschränkt ist (RE. 179, 898 AN. 92 S. 129, 01 S. 404),

Unzulängliche Begründung der Entscheidung (RE. 568 AN. 97 S. 316; vgl. RE. 647 AN. 98 S. 322).

§ 117.[1]

Bei Einlegung der Revision ist anzugeben, worin 1.
die Nichtanwendung oder die unrichtige Anwendung des bestehenden Rechtes oder der Verstoß wider den klaren Inhalt der Akten oder worin die behaupteten Mängel des Verfahrens gefunden werden.[2] Das Reichs-Versicherungsamt ist bei seiner Entscheidung an diejenigen Gründe nicht gebunden, welche zur Rechtfertigung der gestellten Anträge geltend gemacht worden sind.

Fehlt die Angabe solcher Gründe oder ergibt sich 2.
aus der Prüfung der Anträge, daß die angegriffene Entscheidung nicht auf der Nichtanwendung oder unrichtigen Anwendung des bestehenden Rechtes beruht sowie daß das Verfahren nicht an wesentlichen Mängeln leidet und daß ein Verstoß wider den klaren Inhalt der Akten nicht vorliegt, oder ist die Revision verspätet eingelegt, so kann das Reichs-Versicherungsamt das Rechtsmittel ohne mündliche Verhandlung zurückweisen. Anderenfalls hat das Reichs-Versicherungsamt nach mündlicher Verhandlung zu entscheiden.[3]

Wird das angefochtene Urteil aufgehoben, so kann 3.

das Reichs-Versicherungsamt zugleich in der Sache selbst entscheiden[4] oder dieselbe an das Schiedsgericht oder an den Vorstand zurückverweisen. Dabei kann das Reichs-Versicherungsamt bestimmen, daß dem Rentenbewerber eine ihrem Betrage nach bestimmte Rente vorläufig zu zahlen ist. Im Falle der Zurückverweisung ist die rechtliche Beurteilung, auf welche das Reichs-Versicherungsamt die Aufhebung gestützt hat, den weiteren Entscheidungen oder Bescheiden zugrunde zu legen.

§ 81 Ges. v. 1889; § 81 d. Entw.

1. Der § 117 findet auf zugelassene Kasseneinrichtungen entsprechende Anwendung (§ 173).

2. Die Nichtbefolgung dieser Bestimmung bildet keinen Grund zur Zurückweisung der Revision (RE. 275 AN. 93 S. 126). Vgl. § 116 Anm. 7 ff.

3. Wegen der Besetzung des RVA. vgl. § 110 Abs. 1 Ziff. 4, Abs. 2.

4. Wenn sie spruchreif ist. Das RVA. hat dabei das Recht der freien Prüfung des Sachverhalts, wie er sich nach den Akten darstellt.

§ 118.[1]

Die Versicherungsanstalten sind befugt, von der Rückforderung der gemäß §§ 115 bis 117 vor rechtskräftiger Entscheidung gezahlten Rentenbeträge abzusehen.[2]

§ 81 a d. Entw.

1. Der § 118 findet auf zugelassene Kasseneinrichtungen entsprechende Anwendung (§ 173).

2. Zur Entscheidung von Streitigkeiten anläßlich der Rückforderung sind nicht die Rentenfeststellungsbehörden, sondern die ordentlichen Gerichte zuständig.

§ 119.[1]

Auf die Anfechtung der rechtskräftigen Entscheidung über einen Anspruch auf Rente finden die Vorschriften der Civilprozeßordnung über die Wiederaufnahme des Verfahrens[2] entsprechende Anwendung, soweit nicht durch Kaiserliche Verordnung mit Zustimmung des Bundesrats ein anderes bestimmt wird[3].

§ 82 Ges. v. 1889; § 82 d. Entw.

1. Der § 119 findet auf zugelassene Kasseneinrichtungen entsprechende Anwendung (§ 173).

2. Sie sind enthalten in den §§ 578 bis 591 der CPO., siehe Anhang Nr. 11 (dort abgedruckt die §§ 578 bis 582). Danach kann die Wiederaufnahme des Verfahrens nicht auf neue Zeugenaussagen (RE. 262 AN. 93 S. 110), neue ärztliche Atteste (RE. 496 AN. 96 S. 254), neue Urkunden (RE. 217 AN. 93 S. 60) oder auf einen Irrtum des Feststellungsorgans (RE. 85 AN. 92 S. 1) gestützt werden. Zuständig zur Wiederaufnahme ist diejenige Spruchbehörde, die die angefochtene Entscheidung erlassen hat, und zwar das RVA., wenn es die angefochtene Entscheidung selbst oder auch nur eine der mehreren angefochtenen Entscheidungen gefällt hat (RE. 260 AN. 93 S. 108). Hat aber die Entscheidung des RVA. nur die Revision als verspätet zurückgewiesen, so ist das Schiedsgericht zuständig (RE. 546 AN. 97 S. 185). Der Wiederaufnahmeantrag muß binnen Monatsfrist nach Kenntnis von dem Anfechtungsgrunde gestellt werden (RE. 377 AN. 94 S. 149).

3. Eine solche Verordnung ist nicht ergangen.

§ 120.

Die Wiederholung eines Antrags auf Bewilligung einer Invalidenrente, welcher wegen des Fehlens dauernder Erwerbsunfähigkeit endgültig abgelehnt

worden war,[1] ist vor Ablauf eines Jahres seit der Zustellung der endgültigen Entscheidung[2] nur dann zulässig, wenn glaubhaft bescheinigt wird, daß inzwischen Umstände eingetreten sind, aus denen sich das Vorhandensein der dauernden[3] Erwerbsunfähigkeit des Antragstellers ergibt. Sofern eine solche Bescheinigung nicht beigebracht wird, hat die untere Verwaltungsbehörde oder Rentenstelle[4] den vorzeitig wiederholten Antrag durch Verfügung, gegen welche ein Rechtsmittel nicht stattfindet, zurückzuweisen.

§ 84 Ges. v. 1889; § 81 d. Entw.

1. Der Antrag auf Wiederbewilligung der entzogenen Invalidenrente ist an keinen Zeitablauf gebunden (B. 1241 AN. 05 S. 586).

2. War Revision eingelegt, so ist das Urteil des RVA. die endgültige Entscheidung, es sei denn, daß die Revision nur wegen Verspätung zurückgewiesen worden ist (B. 1190 AN. 05 S. 285).

3. Daß hier nichts von vorübergehender Erwerbsunfähigkeit gesagt ist, hat seinen Grund darin, daß sie nach dem JVG., aus dem die Bestimmung übernommen ist, überhaupt erst nach einjähriger Dauer für die Rente in Betracht kam. Da sie jetzt schon nach sechsundzwanzigwöchiger Dauer zur Rente berechtigt (§ 16), muß auch die Wiederholung des Antrags vor Ablauf eines Jahres zugelassen werden, wenn vorübergehende Erwerbsunfähigkeit bescheinigt ist und sechsundzwanzig Wochen bestanden hat.

4. Die örtliche Zuständigkeit bestimmt sich nach § 112.

§ 121.

1. **Über die Entziehung der Rente (§ 47) sowie die Einstellung von Rentenzahlungen (§ 48) erläßt der Vorstand schriftlichen mit Gründen zu versehenden Bescheid.[1]**

Vor der Entscheidung ist die für den Wohnort 2. des Rentenempfängers zuständige untere Verwaltungsbehörde oder Rentenstelle gutachtlich zu hören (§§ 57 bis 59, 79, 84 Abs. 1).

Der § 112 Abs. 3[2] und die §§ 114[3], 116 bis 119 3. finden im übrigen entsprechende Anwendung.

§ 85 Ges. v. 1889; § 85 d. Entw.

1. Vgl. § 112 Abs. 5. Der Bescheid ist stets vom Vorstande derjenigen Versicherungsanstalt zu erlassen, die die Rente gewährt hat (RE. 880 AN. 01 S. 198). Die Vorschriften des § 121 finden entsprechende Anwendung, wenn die Invalidenrente auf Grund des § 15 Abs. 2 Satz 2 entzogen wird (RE. 993 AN. 02 S. 506).

2. Das Gutachten der kollegial besetzten unteren Verwaltungsbehörde ist auch dann erforderlich, wenn sich zwar der beamtete Vertreter der Verwaltungsbehörde gegen die Entziehung der Rente ausgesprochen hat, der Vorstand der Versicherungsanstalt aber gleichwohl zur Entziehung schreiten will (RE. 994 AN. 02 S. 507). Vgl. § 115 Anm. 2.

3. Zuständig ist bei einem vor der Einleitung des Entziehungsverfahrens erfolgten Wechsel des Wohn- oder Beschäftigungsorts des Rentenempfängers das Schiedsgericht des neuen Wohn- oder Beschäftigungsorts (RE. 1075 AN. 03 S. 540).

§ 122.

Der unteren Verwaltungsbehörde oder Rentenstelle ist von allen auf ihre Begutachtung hin vom Vorstande getroffenen Entscheidungen Kenntnis zu geben. Sofern Rentenstellen errichtet sind, hat der Vorstand außerdem der für den Wohnort des Rentenempfängers zuständigen unteren Verwaltungsbehörde über die dem Berechtigten zustehenden Bezüge Mitteilung zu machen. Das Gleiche gilt beim Eintritte von Veränderungen.

§§ 83, 86 Ges. v. 1889; § 86 d. Entw.

§ 123.[1]

Auszahlung der Renten.

1. Die Auszahlung der Renten[2] wird auf Anweisung des Vorstandes der nach § 112 Abs. 2 zuständigen Versicherungsanstalt vorschußweise durch die Postverwaltungen,[3] und zwar in der Regel durch diejenige Postanstalt bewirkt, in deren Bezirke der Empfangsberechtigte zur Zeit des Antrags auf Bewilligung der Rente seinen Wohnsitz hatte. Der Vorstand der Versicherungsanstalt hat dem Berechtigten die mit der Zahlung der Rente beauftragte Postanstalt zu bezeichnen.

2. Verlegt der Empfangsberechtigte seinen Wohnsitz, so hat auf seinen Antrag der Vorstand der Versicherungsanstalt, welcher die Rente angewiesen hatte, die letztere an die Postanstalt des neuen Wohnorts zur Auszahlung zu überweisen.

3. Die Zentral-Postbehörden sind berechtigt, von jeder Versicherungsanstalt einen Betriebsfonds einzuziehen. Derselbe ist in vierteljährlichen oder monatlichen Teilzahlungen an die den Versicherungsanstalten von der Zentral-Postbehörde zu bezeichnenden Kassen abzuführen und darf die für die Versicherungsanstalt im laufenden Rechnungsjahre voraussichtlich auszuzahlenden Beträge nicht übersteigen.[4]

§§ 91, 92 Abs. 3 Ges. v. 1889; § 87 d. Entw.

1. Der § 123 findet auf zugelassene Kasseneinrichtungen entsprechende Anwendung (§ 173), doch ist für sie die Benutzung der Post zur Auszahlung ihrer Renten nicht obligatorisch (§ 174 Abs. 2).

2. Und der Beitragserstattungsbeträge (§§ 42 bis 44).

3. Die Auszahlung erfolgt ebenso wie bei der Unfallversicherung durch die Post, weil die Postverwaltungen das Zahlungsgeschäft in der für alle Beteiligten bequemsten Weise zu erledigen imstande sind. Der Postverwaltung erwachsen durch diese Vermehrung ihrer Geschäftslast nicht unerhebliche Unkosten für Vermehrung der Beamten usw. Die unentgeltliche Mitwirkung der Post stellt eine weitere Beihilfe des Reichs zu den Gesamtlasten der Invalidenversicherung dar.

Das Auszahlungswesen regelt die vom RVA. am 9. November 1901 erlassene und durch ein erläuterndes Rundschreiben von demselben Tage bekannt gegebene Geschäftsanweisung für die Vorstände der Versicherungsanstalten, betreffend die Auszahlungen durch die Post (AN. 02 S. 189 ff.).

4. Die Berechnung des Betriebsfonds liegt der Rechnungsstelle ob (§ 124 Abs. 1 Ziff. 2).

§ 124.[1]

Rechnungsstelle.

Die Rechnungsstelle des Reichs-Versicherungsamts hat alle bei dem letzteren nach Maßgabe dieses Gesetzes vorkommenden rechnerischen und versicherungstechnischen Arbeiten auszuführen. Insbesondere liegt derselben ob: 1.

1. **die Verteilung der Renten (§§ 125, 174);**
2. **die Abrechnung mit den Postverwaltungen (§§ 126 ff.) und die Berechnung des diesen von jeder Versicherungsanstalt vorzuschießenden Betriebsfonds (§ 123);**
3. **die Mitwirkung bei den im Vollzuge des Gesetzes herzustellenden statistischen Arbeiten;**

4. **die Mitwirkung bei Festsetzung der Versicherungsbeiträge (§ 32).**

2. **Das Reichs-Versicherungsamt bestimmt, welche Mitteilungen der Rechnungsstelle zu diesen Zwecken von den Versicherungsanstalten zu machen sind.[2]**

§ 88 Ges. v. 1889; § 88 d. Entw.

1. Der § 124 findet auf zugelassene Kasseneinrichtungen entsprechende Anwendung (§ 173).

2. Bestimmungen darüber trifft Abschnitt III der vom RVA. erlassenen Vorschriften über die Art und Form der Rechnungsführung bei den Versicherungsanstalten vom 1. Dezember 1899 (AN. 00 S. 219 ff.).

§ 125.[1]

Verteilung der Renten.

1. **Die Rechnungsstelle verteilt[2] die Renten auf das Reich, das Gemeinvermögen und auf das Sondervermögen. Dem Reiche sind für jede Rente fünfzig Mark Zuschuß (§ 35) und für jede ohne Beitragsleistung in Anrechnung kommende Beitragswoche bis zu anderweiter Feststellung durch den Bundesrat ein Rentenanteil von achtzehn Pfennig zur Last zu legen (§ 40 Abs. 2).**

2. **Die Steigerungssätze der Invalidenrenten sowie ein Viertel der Altersrenten sind von dem Sondervermögen der einzelnen Versicherungsanstalten, alle übrigen Rentenanteile von dem Gemeinvermögen zu tragen. Die Steigerungsbeträge fallen derjenigen Anstalt zur Last, welcher die entsprechenden Beiträge zugeflossen sind; das Viertel jeder Altersrente ist auf**

diejenigen Anstalten zu verteilen, welchen die Beiträge für den betreffenden Rentenempfänger zugeflossen sind, und zwar im Verhältnisse des Wertes dieser Beiträge. Der anweisenden Versicherungsanstalt sind die dem Sondervermögen einer anderen Versicherungsanstalt zur Last fallenden Rentenanteile am Schlusse des Rechnungsjahrs mit ihrem Kapitalwert einmalig zu erstatten (§ 126).

Zur Feststellung des Maßstabs, in welchem die im abgelaufenen Rechnungsjahre gezahlten Rentenbeträge der Post zu erstatten sind, ermittelt die Rechnungsstelle für jedes Jahr und für jede Versicherungsanstalt den Kapitalwert der von ihr zur Zahlung angewiesenen noch laufenden Renten sowie den hiervon auf das Reich, das Gemeinvermögen und auf das Sondervermögen der einzelnen Versicherungsanstalten entfallenden Anteil. Über die Berechnung des Kapitalwerts trifft der Bundesrat Bestimmung. 3.

§ 89 Ges. v. 1889; § 89 d. Entw.

1. Der § 125 findet auf zugelassene Kasseneinrichtungen entsprechende Anwendung (§ 173); vgl. § 174.

Durch § 125 wird die Ausführung der in den §§ 32 und 33 enthaltenen Grundsätze über die Teilung der Rentenlast geregelt.

2. Die von der Rentenstelle bewirkte Verteilung kann durch Beschwerde beim RVA. angefochten werden (§ 126 Abs. 2).

§ 126.[1]

Die Zentral-Postbehörden haben der Rechnungsstelle Nachweisungen über diejenigen Zahlungen, welche im verflossenen Rechnungsjahr auf Grund der 1.

Anweisungen der Versicherungsanstalten geleistet worden sind, zuzustellen. Die Rechnungsstelle hat die vorgeschossenen Beträge nach dem gemäß § 125 Abs. 3 festgestellten Maßstab auf das Reich, das Gemeinvermögen und das Sondervermögen zu verteilen. Die hiernach auf das Gemeinvermögen sämtlicher Anstalten entfallenden Zahlungen sind von den einzelnen Versicherungsanstalten im Verhältnisse der für die Gemeinlast bestimmten Teile ihres Vermögens zu erstatten.

2. Auf Grund dieser Verteilung hat die Rechnungsstelle jeder Versicherungsanstalt den Betrag mitzuteilen, den diese aus dem für die Gemeinlast bestimmten Teile ihres Vermögens einerseits und aus ihrem Sondervermögen andererseits zu erstatten hat; dabei sind zugleich die gemäß § 125 Abs. 2 von den einzelnen Anstalten einander zu erstattenden Kapitalwerte aus dem abgelaufenen Rechnungsjahre festzustellen. Die den Berechnungen zugrunde liegenden Zahlen sind anzugeben. Gegen die Verteilung und Abrechnung ist die Beschwerde bei dem Reichs-Versicherungsamte zulässig.[2] Über die dem Reiche zur Last fallenden Beträge ist dem Reichskanzler (Reichsamt des Innern) Vorlage zu machen.

3. Den Zentral-Postbehörden hat die Rechnungsstelle mitzuteilen, welche Beträge von dem Reiche und von den einzelnen Versicherungsanstalten zu erstatten sind.

§§ 90, 92 Ges. v. 1889; § 92 d. Entw.

1. Der § 126 findet auf zugelassene Kasseneinrichtungen entsprechende Anwendung (§ 173).

2. Das dabei vom RVA. zu beobachtende Verfahren regelt § 47 der KV., betr. das RVA., vom 19. Oktober 1900, siehe Anhang Nr. 10.

§ 127.[1]

Erstattung der Vorschüsse der Postverwaltungen.

Die Versicherungsanstalten haben die von der Rechnungsstelle ihnen mitgeteilten Beträge (§ 126) den Postverwaltungen binnen zwei Wochen nach Eingang der Mitteilung zu erstatten. Die Erstattung erfolgt aus den bereiten Mitteln der Anstalt. Sind solche nicht vorhanden, so hat der weitere Kommunalverband beziehungsweise der Bundesstaat die erforderlichen Beträge vorzuschießen. Bei gemeinsamen Versicherungsanstalten erfolgt die Aufbringung dieses Vorschusses nach dem im § 68 Abs. 2 festgesetzten Verhältnisse. 1.

Gegen Versicherungsanstalten, welche mit der Erstattung der Beträge im Rückstande bleiben, ist auf Antrag der Zentral-Postbehörde von dem Reichs-Versicherungsamte[2] das Zwangsbeitreibungsverfahren einzuleiten. 2.

§ 93 Ges. v. 1889; § 93 d. Entw.

1. Der § 127 findet auf zugelassene Kasseneinrichtungen entsprechende Anwendung (§ 173).

2. An die Stelle des RVA. tritt gegebenenfalls das Landes-Versicherungsamt (§ 111 Abs. 2).

§ 128.[1]

Erstattung von Beiträgen.

1. Der Anspruch auf Erstattung von Beiträgen (§§ 42 bis 44) ist unter Beibringung der zur Begründung dienenden Beweisstücke bei der unteren Verwaltungsbehörde oder Rentenstelle des Wohnorts oder des letzten Beschäftigungsorts oder bei der von der Landes-Zentralbehörde bestimmten Behörde (§ 112 Abs. 1) geltend zu machen.[2]

2. Die untere Verwaltungsbehörde oder Rentenstelle hat die Verhandlungen dem Vorstande der für ihren Bezirk zuständigen Versicherungsanstalt zu übersenden.[3] Dieser hat über den Anspruch einen schriftlichen Bescheid zu erteilen.

3. Der § 113 findet entsprechende Anwendung, wenn der Todesfall, welcher den Anspruch auf Beitragserstattung begründet, durch einen nach den Unfallversicherungsgesetzen zu entschädigenden Unfall herbeigeführt worden ist.[4]

4. Gegen den Bescheid steht dem Erstattungsberechtigten die Beschwerde an das Reichs-Versicherungsamt zu.[5] Die Beschwerde ist bei Vermeidung des Ausschlusses innerhalb eines Monats nach Zustellung des Bescheids bei dem Reichs-Versicherungsamt einzulegen.

5. Die Bestimmungen des § 114 Abs. 3 sind in den Fällen der Abs. 1, 4 entsprechend anzuwenden.

6. Die Versicherungsanstalten, an welche seinerzeit die nunmehr zurückerstatteten Beiträge entrichtet

worden sind, haben der erstattenden Versicherungsanstalt Ersatz zu leisten; die Abrundungsbeträge (§ 42 Abs. 1, § 43, § 44 Abs. 3) verbleiben zu Lasten der erstattenden Versicherungsanstalt. Das Verfahren wird vom Reichs-Versicherungsamte geregelt.[6] Die Versicherungsanstalten können durch Vertrag auf die Ersatzleistungen gegenseitig verzichten; der Vertrag ist dem Reichs-Versicherungsamte mitzuteilen.

§ 95 Ges. v. 1889; § 95 d. Entw.

1. Von den Bestimmungen des § 128 finden diejenigen der Abs. 3 und 6 auf zugelassene Kasseneinrichtungen entsprechende Anwendung (§ 173).

2. Über die Anbringung der Erstattungsanträge und die beizubringenden Beweisstücke siehe Ziff. 12 bis 14 der preußischen Anweisung vom 15. November 1904, Anhang Nr. 7. Die Entgegennahme des Antrags darf nicht abgelehnt werden, weil Beweisstücke fehlen; auch mündliche Anmeldung des Anspruchs genügt (B. 948 AN. 01 S. 640). Der angemeldete Anspruch ist vererblich (RE. 666 AN. 98 S. 372).

3. Einer Begutachtung bedarf es hier nicht (§ 57 Ziff. 1).

4. Es handelt sich hier um die Beitragserstattung auf Grund des § 44. Sie soll ohne Rücksicht auf eine etwa in Aussicht stehende Unfallrente zur Unterstützung in Bedrängnis alsbald erfolgen, der Erstattungsbetrag soll aber der Versicherungsanstalt nach der Bestimmung des Abs. 3 aus der später festgesetzten Unfallrente zurückgezahlt werden, damit keine Doppelentschädigung stattfindet. Voraussetzung des Rechtsübergangs gemäß § 113 Abs. 2 ist, daß die Invalidenrente für denselben Zeitraum gezahlt ist, für den die Unfallrente zu zahlen ist. Da aber bei der Beitragserstattung ein bestimmter Zeitraum, für den sie gewährt ist, nicht in Betracht kommt, kann auch der Ersatz des Erstattungsbetrags nicht auf einen zeitlich bestimmten Teil der Unfallrente beschränkt sein. Der Ersatzanspruch der Versicherungsanstalt erstreckt sich daher nicht etwa nur auf rückständige Unfallrentenbeträge, sondern auch auf die weiteren Beträge der

laufenden Unfallrente (E. 919, 920 AN. 01 S. 443). Er ergreift aber im Falle des Erstattungsanspruchs der Witwe nur deren Unfallrente, nicht auch die der Kinder (E. 1028 AN. 03 S. 262), ebensowenig das Sterbegeld, weil auch dies nicht lediglich der Witwe zukommt (E. 1180 AN. 05 S. 204). Die zur Deckung des Erstattungsbetrags von der laufenden Unfallrente zu machenden Abzüge sollen regelmäßig ein Drittel der Rentenbeträge nicht übersteigen (B. 824 AN. 00 S. 679). Sofort in einer Summe braucht die Berufsgenossenschaft den Ersatzanspruch nicht zu befriedigen, sondern nur in Höhe der jedesmaligen Abzüge, wobei es zur Vereinfachung des Geschäftsgangs am zweckmäßigsten ist, daß die Abzüge erst an die Versicherungsanstalt abgeliefert werden, wenn sie den Erstattungsbetrag erreicht haben (E. 1029 AN. 03 S. 263). Über Streitigkeiten aus Anlaß des Ersatzanspruchs hat nach § 113 Abs. 6 das RVA. oder das Landes-Versicherungsamt zu entscheiden (§§ 110 Abs. 1 Ziff. 3, 111 Abs. 2).

5. An die Stelle des RVA. tritt hier nicht das Landes-Versicherungsamt (§ 111 Abs. 2).

6. Dies ist geschehen in den §§ 24 und 25 der Vorschriften über die Art und Form der Rechnungsführung bei den Versicherungsanstalten vom 1. Dezember 1899 (AN. 00 S. 219 ff.); vgl. dazu das Rundschreiben des RVA. vom 10. April 1901 (AN. 01 S. 390).

§ 129.

Entscheidung durch Rentenstellen.

1. Sind Rentenstellen auf Grund der Vorschriften des § 86 die dort bezeichneten Befugnisse übertragen, so finden die Vorschriften der §§ 112 bis 122, 128 mit folgenden Maßgaben entsprechende Anwendung.

2. Die Entscheidungen der Rentenstelle erfolgen nach Stimmenmehrheit in der Besetzung von drei Mitgliedern, unter denen sich außer dem Vorsitzenden oder seinem Stellvertreter je ein Vertreter der

Arbeitgeber und der Versicherten befinden muß, wenn nach Ansicht des Vorsitzenden oder seines Stellvertreters die Versagung einer beantragten Rente oder die Gewährung eines geringeren als des beantragten Rentenbetrags oder die Entziehung einer Invalidenrente in Frage steht.

In den Fällen, in welchen der Anspruch auf 3. Rente oder Beitragserstattung ganz oder zum Teil anerkannt oder die Entziehung einer Invalidenrente oder die Einstellung von Rentenzahlungen abgelehnt oder ausgesprochen worden ist, hat der Vorsitzende der Rentenstelle nach Erteilung des Bescheids dem Vorstande derjenigen Versicherungsanstalt, die für den Bezirk der Rentenstelle zuständig ist, unverzüglich die Verhandlungen zu übersenden und dabei diejenigen Entscheidungen zu bezeichnen, welche gegen seine Stimme ergangen sind.

Der Vorstand der Versicherungsanstalt ist be- 4. fugt, Entscheidungen der Rentenstelle, durch welche der Anspruch auf Rente oder Beitragserstattung ganz oder zum Teil anerkannt oder die Entziehung der Invalidenrente oder die Einstellung von Rentenzahlungen abgelehnt worden ist, durch Berufung oder Beschwerde gemäß § 114 Abs. 1, § 128 Abs. 4 anzufechten. Die Berufung und Beschwerde des Vorstandes haben aufschiebende Wirkung, die Berufung aber nur insoweit, als es sich um Beträge handelt, die für die Zeit vor dem Erlasse der Entscheidung der Rentenstelle nachträglich gezahlt werden sollen.

5. Die Berufung oder Beschwerde ist bei Vermeidung des Ausschlusses innerhalb eines Monats, nachdem die Verhandlungen der Rentenstelle bei dem Vorstand eingegangen sind (Abs. 3), bei dem zuständigen Schiedsgericht oder dem Reichs-Versicherungsamt einzulegen.

§ 95a d. Entw.

§ 130.

Marken.

1. Zum Zwecke der Erhebung der Beiträge werden von jeder Versicherungsanstalt für die einzelnen Lohnklassen Marken mit der Bezeichnung ihres Geldwerts ausgegeben.[1] Das Reichs-Versicherungsamt bestimmt die Zeitabschnitte, für welche die Marken ausgegeben werden sollen, sowie die Unterscheidungsmerkmale und die Gültigkeitsdauer der Marken.[2] Innerhalb zweier Jahre nach Ablauf der Gültigkeitsdauer können ungültig gewordene Marken bei den zum Markenverkaufe bestimmten Stellen gegen gültige Marken umgetauscht werden.

2. Die Marken einer Versicherungsanstalt können bei allen in ihrem Bezirke belegenen Postanstalten und anderen von der Versicherungsanstalt einzurichtenden Verkaufsstellen gegen Erlegung des Nennwerts käuflich erworben werden.

§ 99 Ges. v. 1889; § 99 d. Entw.

1. Die Kasseneinrichtungen sind nicht gezwungen, das Markensystem anzunehmen (§ 9 Abs. 2), und haben es auch in keinem Falle übernommen. Wegen der Beiträge für Seeleute vgl. § 167 Abs. 2.

Über den Wert des Markensystems läßt sich streiten. Es ermöglicht eine leichte Übersicht über das Rechtsverhältnis des Versicherten zu der Versicherungsanstalt; dagegen ist von jeher das „Kleben“ als eine Belästigung empfunden worden, und dies hat nicht dazu beigetragen, das Gesetz volkstümlich zu machen. Erst allmählich hat man sich an den Markengebrauch gewöhnt, und schließlich ist auch das JVG. dabei geblieben, weil andere in Vorschlag gebrachte Systeme (Aufbringung der Mittel durch eine allgemeine Staatssteuer oder durch eine besondere Versicherungssteuer nach Maßgabe des abzuschätzenden Bedarfs an Arbeitskräften) nicht besser schienen. Als ein notwendiger Bestandteil der Invalidenversicherung ist das Markensystem nicht angesehen worden, so daß seiner Ersetzung durch ein anderes Verfahren zur Entrichtung der Beiträge grundsätzlich nichts im Wege stehen würde.

2. Die Bestimmungen sind erlassen in der Bekanntmachung des RVA., betreffend die für die Invalidenversicherung zu verwendenden Beitragsmarken, vom 27. Oktober 1899; siehe Anhang Nr. 12.

Um das Markensystem zu verbessern, ist das JVG. zu dem schon in der ersten Gesetzesvorlage von 1888 von den Bundesregierungen gemachten, vom Reichstag damals aber abgelehnten Vorschlag zurückgekehrt, neben den Wochenmarken auch Marken für größere Zeitabschnitte zuzulassen. Neben den Wochenmarken sind daher vom RVA. Marken für zwei und für dreizehn Wochen eingeführt worden.

§ 131.

Quittungskarte.

Die Entrichtung der Beiträge[1] erfolgt durch Einkleben eines entsprechenden Betrags von Marken in die Quittungskarte des Versicherten.[2] 1.

Der Versicherte ist verpflichtet, die Quittungskarte sich ausstellen zu lassen und sie behufs Einklebens der Marken oder zum Entwerten der Marken zu 2.

den hierfür vorgesehenen Zeiten vorzulegen (§§ 141, 149, 150). Er kann hierzu von der Ortspolizeibehörde oder von dem Vorsitzenden der Rentenstelle, soweit dieser die Kontrolle über die Beitragsentrichtung (§§ 161 ff.) übertragen ist, durch Geldstrafen bis zu zehn Mark angehalten werden.[3] Ist der Versicherte mit einer Quittungskarte nicht versehen oder lehnt er deren Vorlegung ab, so ist der Arbeitgeber berechtigt[4], für Rechnung des Versicherten[5] eine solche anzuschaffen und den verauslagten Betrag bei der nächsten Lohnzahlung einzubehalten.

3. Der Versicherte ist berechtigt, auf seine Kosten[5] zu jeder Zeit die Ausstellung einer neuen Quittungskarte gegen Rückgabe der älteren zu beanspruchen.

§§ 101 Abs. 1, 102 Abs. 2 Ges. v. 1889; § 100 d. Entw.

1. Durch die Arbeitgeber (§§ 140—143), durch die Versicherten (§ 144), durch Einzugsstellen (§§ 148—153). Vgl. ferner §§ 30 Abs. 1, 34, 65 Abs. 3, 145.

2. Hiernach ist die Entrichtung der Beiträge durch Markenverwendung die regelmäßige Zahlungsform, von der die Wirksamkeit der Beiträge abhängt. Lose beigebrachte Marken können daher nicht als gesetzlich entrichtete Beiträge gelten (RE. 438 AN. 95 S. 230). Eine Ausnahme bilden jedoch die im Einzugsverfahren (§§ 148 ff.) erhobenen Beiträge; sie sind bereits mit der Zahlung des Geldbetrags an die Einzugsstellen vollwirksam entrichtet, und die auch bei diesem Verfahren stattfindende Einklebung der Marken ist nur ein Kontroll- und Beweismittel (RE. 1025, 1026 AN. 03 S. 245, 249). Auch außerhalb des Einzugsverfahrens von der unteren Verwaltungsbehörde innerhalb ihrer (gesetzmäßigen?) Zuständigkeit erhobene Beiträge sollen mit der Ablieferung des Marken- oder Geldbetrags als entrichtet gelten (RE. 1234 AN. 05 S. 580). Die Marke ist mit der Einklebung verbraucht, sie kann daher nicht für einen

anderen Versicherten abermals verwendet werden (RE. 703 AN. 99 S. 282).

3. Über die dagegen zulässige Beschwerde entscheidet, wenn die Strafe von der Ortspolizeibehörde festgesetzt ist, deren vorgesetzte Behörde, sonst gemäß § 178 die höhere Verwaltungsbehörde. Die Geldstrafe fließt in die Kasse der Versicherungsanstalt (§ 178 Abs. 2).

4. Wegen seiner Verpflichtung hierzu vgl. § 176 Anm. 1.

5. Vgl. Ziff. XXXVIII der preußischen Anweisung vom 17. November 1899, Anhang Nr. 14.

§ 132.

Die Quittungskarte enthält das Jahr und den Tag der Ausgabe, die über den Gebrauch erlassenen Bestimmungen (§ 139) und die Strafvorschrift des § 184. Im übrigen bestimmt der Bundesrat ihre Einrichtung. Für die Selbstversicherung und deren Fortsetzung (§ 14 Abs. 1) kann vom Bundesrate die Verwendung besonderer Quittungskarten vorgeschrieben und die unbefugte Verwendung anderer Quittungskarten mit Strafe bedroht werden.[1] 1.

Die Kosten der Quittungskarte trägt, soweit sie nicht für Rechnung des Versicherten zu beschaffen ist (§ 131 Abs. 2, 3), die Versicherungsanstalt des Ausgabebezirkes. 2.

§ 101 Abs. 2, 3 Ges. v. 1889; § 101 d. Entw.

1. Die Bestimmungen hierüber sind enthalten in den Bekanntmachungen, betreffend die Einrichtung der Quittungskarten für die Invalidenversicherung, vom 10. November 1899, und betreffend die Entwertung der Marken und die Einrichtung der Quittungskarten für die Invalidenversicherung, vom 3. Juli 1905, siehe Anhang Nr. 13 A und D.

§ 133.

Jede Quittungskarte bietet Raum zur Aufnahme der Marken für mindestens zweiundfünfzig Beitragswochen. Die Karten sind für jeden Versicherten mit fortlaufenden Nummern zu versehen; die erste für ihn ausgestellte Karte ist am Kopfe mit dem Namen derjenigen Versicherungsanstalt, in deren Bezirke der Versicherte zu dieser Zeit beschäftigt ist, jede folgende mit dem Namen derjenigen Versicherungsanstalt, welche sich auf der nächstvorhergehenden Karte vermerkt findet, zu bezeichnen. Stimmt der auf einer späteren Karte enthaltene Name mit dem auf der ersten Karte enthaltenen Namen nicht überein, so ist der auf der ersten Karte enthaltene Name maßgebend.

§ 102 Ges. v. 1889; § 102 d. Entw.

§ 134.

1. Die Ausstellung und der Umtausch der Quittungskarten erfolgt durch die von der Landes-Zentralbehörde bezeichnete Stelle.[1]

2. Die hiernach zuständige Stelle hat die in der zurückgegebenen Karte eingeklebten Marken derart aufzurechnen, daß ersichtlich wird, wieviel Beitragswochen für die einzelnen Lohnklassen dem Inhaber der Karte anzurechnen sind. Gleichzeitig ist die Dauer der bescheinigten Krankheiten und militärischen Dienstleistungen des Inhabers anzugeben, welche in die Zeit, für welche die Quittungskarte gilt, entfallen. Über die aus dieser Aufrechnung sich ergeben-

den Endzahlen ist dem Inhaber der Karte eine Bescheinigung zu erteilen.[2]

§ 103 Ges. v. 1889; § 103 d. Entw.

1. In Preußen ist das Kartengeschäft geregelt durch die Anweisung des Ministers für Handel und Gewerbe, betreffend das Verfahren bei der Ausstellung und dem Umtausch, sowie bei der Erneuerung (Ersetzung) und der Berichtigung von Quittungskarten (§§ 131 ff., 158, 160 des JVG.), vom 17. November 1899, siehe Anhang Nr. 14. Hiernach sind Ausgabestellen (Stellen für die Ausstellung, den Umtausch usw. der Quittungskarten) die Ortspolizeibehörden (Gemeindevorstände, Gutsvorsteher, Vorstände der Polizeireviere) oder mit einem besonderen Beamten besetzte Ausgabestellen. Verpflichtet zur Ausstellung usw. der Karten ist die Stelle, in deren Bezirk der Versicherte bei Stellung des Antrags auf Ausstellung usw. beschäftigt ist oder, sofern er eine Beschäftigung nicht hat, die Stelle, in deren Bezirk er wohnt oder sich aufhält. Auch die Vorstände der Versicherungsanstalten und deren Kontrollbeamten sind danach zur Ausstellung, zum Umtausch und zur Erneuerung der Karten befugt.

Ausgabestellen in Bayern sind die Gemeindebehörden, in Württemberg die Ortsbehörden für die Arbeiterversicherung.

2. Die ordnungsmäßig ausgestellten Aufrechnungsbescheinigungen begründen als öffentliche Urkunden vollen Beweis der darin bezeugten Tatsachen, solange nicht die Unrichtigkeit ihres Inhaltes nachgewiesen ist (RE. 1171 AN. 04 S. 624). Sie bilden daher eine wertvolle Grundlage für die Erneuerung verlorener Karten (§ 136). Da sie dem Versicherten auch einen Überblick über seine Ansprüche geben, sind sie sorgfältig aufzuheben. Vgl. § 137.

§ 135.

Eine Quittungskarte verliert ihre Gültigkeit, wenn sie nicht innerhalb zweier Jahre nach dem auf der 1.[1]

Karte verzeichneten Ausstellungstage zum Umtausch eingereicht ist.[2] Ist die Annahme begründet, daß der Versicherte ohne sein Verschulden den rechtzeitigen Umtausch versäumt hat, so kann der Vorstand der Versicherungsanstalt des Beschäftigungsorts[3] auf den Antrag des Versicherten die fortdauernde Gültigkeit der Quittungskarte anerkennen.[4]

2. **Der Bundesrat ist befugt anzuordnen, daß die Gültigkeitsdauer der Karten durch Abstempelung verlängert werden kann.[5]**

§ 104 Ges. v. 1889.

1. Der § 135 Abs. 1 stimmt im wesentlichen mit dem § 104 des JAVG. überein. Die in beiden Gesetzen gegebene Vorschrift hat keine selbständige Bedeutung, sondern ist nur eine Bestimmung zur Kontrolle der Anwartschaft. Letztere selbst, ihr Erlöschen und ihre Wahrung, ist ausschließlich, früher im § 32 des JAVG. (vgl. § 46 Anm. 2), jetzt im § 46 des JVG. geregelt. (RE. 479, 981 AN. 96 S. 152, 02 S. 474). Große Bedeutung hat die Vorschrift nicht, da sie nur unvollkommen ihren Zweck erreicht und gegenüber den Bestimmungen über die Anwartschaft als eine untergeordnete Nebenbestimmung erscheint.

2. Nach § 104 des JAVG. war die Karte entsprechend dem § 32 ebd. bis zum Schlusse des dem Ausstellungsjahre folgenden dritten Jahres umzutauschen. Die Umtauschfrist ist jetzt entsprechend dem § 46 gekürzt.

Ist die Anwartschaft aus einer Karte gewahrt, so behält letztere ihren vollen Wert, auch wenn die Karte verspätet zum Umtausch gebracht ist. Der Ausdruck des Gesetzes, die Karte „verliert ihre Gültigkeit", ist also nicht wörtlich, insbesondere nicht in dem strengen Sinne des bürgerlichen Rechtes zu verstehen; vielmehr ist damit nur gemeint, daß die nicht rechtzeitig umgetauschte Karte keine ordnungsmäßige Markenverwendung nachweist. Im Falle der Erhebung von Ansprüchen hat mithin der Versicherte nachzuweisen, daß er trotz der versäumten Umtauschfrist den Anforderungen des Gesetzes zur Wahrung der Anwartschaft genügt habe (RE. 981 AN. 02 S. 474).

Für die Berechnung der Frist ist der Ausstellungstag maßgebend, nicht der Tag, von dem an die Karte für verwendbar erklärt ist (vgl. § 46 Anm. 4).

3. Vgl. § 65 Abs. 3, 4. Findet im Falle der freiwilligen Versicherung eine Beschäftigung nicht statt, so regelt sich die Zuständigkeit nach § 145 Abs. 1.

4. Die Anerkennung der fortdauernden Gültigkeit hat nicht die Erhaltung der Anwartschaft zur Folge, sondern hat nur die Bedeutung, daß dem Versicherten der Nachweis erlassen ist, daß er den Anforderungen des Gesetzes zur Wahrung der Anwartschaft genügt habe (vgl. Anm. 2). Durch die Anerkennung übernimmt also die Versicherungsanstalt die Beweislast dafür, daß der Versicherte diesen Anforderungen nicht genügt hat. (RE. 981 AN. 02 S. 474).

Wird der Versicherungsanstalt eine Karte nach Ablauf der Umtauschfrist vorgelegt, so wird sie der Kontrollvorschrift des § 135 am besten gerecht, wenn sie neben der Prüfung der Frage, ob der Versicherte ohne sein Verschulden den rechtzeitigen Umtausch versäumt hat, alsbald auch den Inhalt der Karte nachprüft, und zwar besonders nach der Richtung, ob etwa Marken fehlen, die noch verwendet werden können (RE. 981 a. a. O.).

5. Von dieser Befugnis hat der Bundesrat Gebrauch gemacht laut Bekanntmachung vom 10. November 1899, Anhang Nr. 13 A; vgl. ferner Ziff. 3 der Bekanntmachung vom 9. November 1899, Anhang Nr. 13 C und Ziff. XXVII bis XXIX der preußischen Anweisung vom 17. November 1899, Anhang Nr. 14.

§ 136.

Verlorene, unbrauchbar gewordene oder zerstörte Quittungskarten sind durch neue zu ersetzen. In die neue Karte sind die in der älteren nachweisbar entrichteten Beiträge in beglaubigter Form zu übertragen.[1]

§ 105 Ges. v. 1889; § 105 d. Entw.

1. Über das Verfahren vgl. Ziff. XVIII, XIX der preußischen Anweisung vom 17. November 1899, Anhang Nr. 14.

Die ordnungsmäßig erfolgte Übertragung beweist, daß die übertragenen Marken in der fehlenden Karte vorhanden gewesen sind, sie kann jedoch durch späteren Gegenbeweis entkräftet werden (RE. 574, 1131 AN. 97 S. 332, 04 S. 420). Ohne Übertragung in eine neue Karte haben verloren gegangene Beiträge keine Wirksamkeit (RE. 506 AN. 96 S. 292). Die Erneuerung und Übertragung kann auch im Rechtsmittelverfahren durch Ausspruch der entscheidenden Behörde erfolgen (RE. 704 AN. 99 S. 283).

§ 137.

Der Versicherte ist befugt, binnen zwei Wochen nach Aushändigung der Bescheinigung (§ 134) oder der neuen Quittungskarte (§ 136) gegen die Aufrechnung der Karte und den Inhalt der Bescheinigung (§ 134) sowie gegen die Übertragung (§ 136) Einspruch zu erheben[1]. Gegen die Zurückweisung des Einspruchs findet binnen gleicher Frist Beschwerde bei der unmittelbar vorgesetzten Dienstbehörde statt. Die letztere entscheidet hierüber, sowie über andere das Verfahren betreffende Beschwerden endgültig.

§ 106 Ges. v. 1889; § 106 d. Entw.

1. Bei der aufrechnenden oder übertragenden Stelle.

§ 138.

1. Die abgegebenen Quittungskarten sind an die Versicherungsanstalt des Bezirkes zu übersenden und von dieser an diejenige Versicherungsanstalt, deren Namen sie tragen, zu überweisen.

Diese ist befugt, den Inhalt von Quittungs- 2.
karten desselben Versicherten in Sammelkarten[1] (Konten) zu übertragen und diese an Stelle der Einzelurkunden aufzubewahren, die letzteren aber zu vernichten. Das Verfahren sowie die Einrichtung der Sammelkarte wird vom Bundesrate bestimmt.[2]

Der Bundesrat hat die Voraussetzungen und die 3.
Formen zu bestimmen, unter denen die Vernichtung von Quittungskarten auch in anderen Fällen zu erfolgen hat.[2]

§ 107 Ges. v. 1889; § 107 d. Entw.

1. Die Sammelkarten sind erst vom JVG. zugelassen.

2. Die Bestimmungen hierüber sind enthalten in der Bekanntmachung, betreffend die Einrichtung von Sammelkarten und die Vernichtung von Quittungskarten, vom 21. Juli 1901 (AN. 01 S. 560 ff.).

§ 139.

Die Eintragung eines Urteils über die Führung 1.
oder die Leistungen des Inhabers sowie sonstige durch dieses Gesetz nicht vorgesehene Eintragungen oder Vermerke in oder an der Quittungskarte sind unzulässig.[1] Quittungskarten, in welchen derartige Eintragungen oder Vermerke sich vorfinden, sind von jeder Behörde, welcher sie zugehen, einzubehalten. Die Behörde hat die Ersetzung derselben durch neue Karten, in welche der zulässige Inhalt der ersteren nach Maßgabe der Bestimmung des § 136 zu übernehmen ist, zu veranlassen.

Dem Arbeitgeber sowie Dritten ist untersagt, 2.
die Quittungskarte nach Einklebung der Marken

wider den Willen des Inhabers zurückzubehalten.[2] Auf die Zurückbehaltung der Karten seitens der zuständigen Behörden und Organe zu Zwecken des Umtausches, der Kontrolle, Berichtigung, Aufrechnung, Übertragung oder der Durchführung des Einzugsverfahrens (§§ 148 ff.) findet diese Bestimmung keine Anwendung.

3. Quittungskarten, welche im Widerspruche mit dieser Vorschrift zurückbehalten werden, sind durch die Ortspolizeibehörde dem Zuwiderhandelnden abzunehmen und dem Berechtigten auszuhändigen. Der erstere bleibt dem letzteren für alle Nachteile, welche diesem aus der Zuwiderhandlung erwachsen, verantwortlich.

§ 108 Ges. v. 1889; § 108 d. Entw.

1. Die Vorschrift will die Arbeiter vornehmlich gegen den Mißbrauch ihrer Quittungskarten zu Bemerkungen der Arbeitgeber irgend welcher Art schützen. Es soll alles unterbleiben, was der lediglich für die Zwecke der Invalidenversicherung bestimmten Karte die Eigenschaft eines Arbeitsbuches oder Arbeitszeugnisses verleihen kann. Auch die Durchlochung der Beitragsmarken in der Form von Buchstaben oder in einer anderen den Arbeitgeber kennzeichnenden Form ist unzulässig (B. 1122 AN. 04 S. 363). Unzulässige Eintragungen oder Vermerke sind nach § 184 strafbar.

2. Die unbefugte Zurückbehaltung ist nach § 181 Ziff. 4 strafbar. Über die Rückgabe von Quittungskarten, die kontraktbrüchige Arbeiter zurückgelassen haben, vgl. B. 867 AN. 00 S. 842.

§ 140.

Entrichtung der Beiträge durch die Arbeitgeber.

1. Die Beiträge des Arbeitgebers und des Versicherten sind von demjenigen Arbeitgeber zu ent-

richten, welcher den Versicherten während der Beitragswoche (§ 30) beschäftigt hat.[1]

Findet die Beschäftigung nicht während der 2.
ganzen Beitragswoche bei demselben Arbeitgeber statt,[2] so ist von demjenigen Arbeitgeber, welcher den Versicherten zuerst beschäftigt, der volle Wochenbeitrag zu entrichten. Wurde dieser Verpflichtung nicht genügt, und hat der Versicherte den Beitrag nicht selbst entrichtet (§ 144), so hat derjenige Arbeitgeber, welcher den Versicherten weiterhin beschäftigt, den Wochenbeitrag zu entrichten, doch steht ihm gegen den zunächst Verpflichteten Anspruch auf Ersatz zu.[3] Steht der Versicherte gleichzeitig in mehreren die Versicherungspflicht begründenden Arbeits- oder Dienstverhältnissen,[4] so haften die Arbeitgeber als Gesamtschuldner für die vollen Wochenbeiträge.[5]

Sofern die tatsächlich verwendete Arbeitszeit nicht 3.
festgestellt werden kann, ist der Beitrag für diejenige Arbeitszeit zu entrichten, welche zur Herstellung der Arbeit annähernd für erforderlich zu erachten ist.[6] Im Streitfall entscheidet auf Antrag eines Teiles die untere Verwaltungsbehörde endgültig. Die Versicherungsanstalt ist berechtigt, für die Berechnung derartiger Beiträge besondere Bestimmungen zu erlassen. Dieselben bedürfen der Genehmigung des Reichs-Versicherungsamts [7].

§ 100 Ges. v. 1889; § 109 d. Entw.

1. Arbeitgeber ist derjenige, für dessen Rechnung der Arbeitslohn gezahlt wird. Nicht selten ist es zweifelhaft, wer als Ar-

beitgeber anzusehen ist. Hierzu vgl. Ziff. 32 der Anl., Anhang Nr. 1. Der Arbeitgeber, der die Beitragsentrichtung unterläßt, macht sich nach § 176 strafbar, und er ist möglicherweise auch auf Grund des § 823 des BGB. schadensersatzpflichtig, wenn der Arbeitnehmer infolge der Unterlassung keine Rente erhält.

2. Wer auch nur einen Tag in der Woche oder auch nur einen Teil des Tages gegen Lohn gearbeitet hat, für den ist, sofern er nicht etwa wegen vorübergehender Beschäftigung nach den zu § 4 Abs. 1 erlassenen Bestimmungen des Bundesrats beitragsfrei ist, der Beitrag für die volle Woche zu entrichten.

3. Streitigkeiten über diesen Ersatzanspruch werden von der unteren Verwaltungsbehörde oder dem Vorsitzenden der Rentenstelle entschieden (§ 157).

4. Z. B. wenn er als Straßenkehrer, Feldhüter, Nachtwächter von mehreren Grundstücksbesitzern zugleich beschäftigt wird.

5. Von einem jeden kann der ganze Wochenbeitrag gefordert werden. Vgl. §§ 421 ff. des BGB. Über Streitigkeiten der Arbeitgeber wegen ihrer Auseinandersetzung haben die bürgerlichen Gerichte zu entscheiden; hier trifft § 157 nicht zu, da es sich nicht um „Ersatzansprüche" handelt (Anm. 3).

6. Diese Bestimmung regelt die Beitragsbemessung für solche Fälle, in denen sich infolge einer gewissen Freiheit bei der Arbeitsausführung nicht die Zahl der Wochen feststellen läßt, auf die sich die Arbeitsleistung verteilt (E. 1046 AN. 03 S. 372). Vgl. die den Bestimmungen des Abs. 3 entsprechenden Vorschriften in Ziff. 6 und 7 des Bundesratsbeschlusses, betr. die Hausgewerbetreibenden der Textilindustrie, vom 1. März 1894, Anhang Nr. 3.

7. An Stelle des RVA. tritt unter Umständen das Landes-Versicherungsamt (§ 111 Abs. 2).

§ 141.

1. **Die Entrichtung der Beiträge erfolgt in der Weise, daß der Arbeitgeber (§ 140) bei der Lohn-**

zahlung[1] für die Dauer der Beschäftigung Marken derjenigen Art in die Quittungskarte einklebt, welche für die Lohnklasse, die für den Versicherten in Anwendung kommt (§ 34)[2], von der für den Beschäftigungsort zuständigen Versicherungsanstalt[3] ausgegeben ist. Der Arbeitgeber hat die Marken aus eigenen Mitteln zu erwerben.

Die Versicherungsanstalt kann bestimmen, daß 2. und inwieweit Arbeitgeber befugt sein sollen, die Marken zu anderen als den aus den Lohnzahlungen sich ergebenden Terminen beizubringen. In allen Fällen müssen die auf die Dauer des Arbeits- oder Dienstverhältnisses entfallenden Marken spätestens in der letzten Woche des Kalenderjahrs oder, sofern das Arbeits- oder Dienstverhältnis früher beendigt wird, bei Beendigung desselben eingeklebt werden.[4]

Marken für einen zwei Wochen übersteigenden 3. Zeitraum müssen entwertet werden. Der Bundesrat hat die näheren Vorschriften über die Art der Entwertung zu erlassen und deren Nichtbefolgung mit Strafe zu bedrohen.[5]

Der Bundesrat ist befugt, über die Entwertung 4. von anderen Marken Vorschriften zu erlassen und deren Nichtbefolgung mit Strafe zu bedrohen.[5]

§ 109 Abs. 1, 2 Ges. v. 1889; § 109 a d. Entw.

1. Die Beiträge sind fällig, wenn der Lohn fällig ist. Die Fälligkeit des Lohnes richtet sich entweder nach dem Arbeitsvertrag, oder mangels eines solchen nach dem bürgerlichen Rechte (RE. 1171 AN. 04 S. 624). Werden Lohnzahlungen vor der Fälligkeit des Lohnes geleistet, so ist auch zugleich ein entsprechender Teil der Beiträge zu entrichten (B. 1018 AN. 02 S. 651).

Wird, wie oft bei Kellnern, der Lohn von Dritten, nicht von dem Arbeitgeber gezahlt, so hat dieser die Beiträge in der Regel am Ende der Woche zu entrichten (B. 48 AN. 91 S. 158).

2. Zuwiderhandlungen werden nach § 176 bestraft.

3. Vgl. aber § 65 Abs. 3, wonach u. U. Marken der für den Betriebssitz zuständigen Versicherungsanstalt zu verwenden sind. Beitragsmarken einer unzuständigen Versicherungsanstalt sind unwirksam (RE. 750 AN. 99 S. 561). Sie müssen, damit Rechte aus der Beitragsleistung hergeleitet werden können, durch Marken der zuständigen Versicherungsanstalt ersetzt werden; hierbei findet § 146 keine Anwendung (RE. 1081 AN. 03 S. 549).

4. Der Satz 2 dieses Absatzes hat keine allgemeine Bedeutung, sondern beschränkt nur das der Versicherungsanstalt im Satz 1 gegebene Bestimmungsrecht (B. 949 AN. 01 S. 642).

5. Die hier in Betracht kommenden Bundesratsbeschlüsse sind enthalten in den Bekanntmachungen, betreffend die Entwertung und Vernichtung der Marken bei der Invalidenversicherung, vom 9. November 1899 und, betreffend die Entwertung der Marken und die Einrichtung der Quittungskarten für die Invalidenversicherung, vom 3. Juli 1905, siehe Anhang Nr. 13 C und D. Danach müssen jetzt alle Marken ohne Unterschied sofort nach der Einklebung entwertet werden. Die Entwertung darf nur in der Weise geschehen, daß auf jeder einzelnen Marke der Entwertungstag in Ziffern, z. B. „15. 3. 06", handschriftlich mit Tinte oder einem ähnlichen Farbstoff oder durch Stempeldruck angegeben wird. Die Unterlassung der Entwertung hat allerdings nicht die Ungültigkeit der Marken zur Folge, kann aber zu Weiterungen bei dem Nachweise der Markenverwendung führen und kann besonders dem Versicherten den Nachweis der Wahrung der Anwartschaft (§ 46) erschweren.

§ 142.

1. **Die Versicherten sind verpflichtet, bei den Lohnzahlungen die Hälfte der Beiträge, in den Fällen des § 34 Abs. 4 aber, sofern nicht die Versicherung**

in einer höheren Lohnklasse auf einer Vereinbarung zwischen dem Arbeitgeber und dem Versicherten beruht, den auf sie entfallenden höheren Betrag sich einbehalten zu lassen.[1] Die Arbeitgeber dürfen nur auf diesem Wege den auf die Versicherten entfallenden Betrag wieder einziehen.[2]

Die Abzüge für Beiträge sind auf die Lohn- 2.
zahlungsperioden, auf welche sie entfallen, gleichmäßig zu verteilen. Die Teilbeträge dürfen, ohne daß dadurch Mehrbelastungen der Versicherten herbeigeführt werden, auf volle zehn Pfennig abgerundet werden.

Sind Abzüge bei einer Lohnzahlungsperiode unter- 3.
blieben, so dürfen sie für die betreffende Lohnzahlungsperiode nur noch bei der nächstfolgenden Lohnzahlung nachgeholt werden. Diese Bestimmung findet keine Anwendung, wenn wegen verspäteter Feststellung einer bisher streitigen Versicherungspflicht oder aus anderen Gründen Beiträge nachträglich zu verwenden sind, ohne daß den Arbeitgeber hierbei ein Verschulden trifft.

Arbeitgeber, deren Zahlungsunfähigkeit im 4.
Zwangsbeitreibungsverfahren festgestellt worden ist, dürfen, soweit die Entrichtung der Beiträge in der im § 141 Abs. 1 angegebenen Weise erfolgt, Lohnabzüge nur für diejenige Zeitdauer machen, für welche sie die geschuldeten Beiträge nachweislich bereits entrichtet haben; soweit dagegen die Einziehung der Beiträge gemäß §§ 148ff. stattfindet, sind sie verpflichtet, die im Abs. 1 zugelassenen Lohn-

abzüge zu machen und deren Betrag sofort, nachdem der Abzug gemacht ist, an die zuständige Einzugsstelle abzuliefern. Eine gegen den Arbeitgeber auf Grund des § 52a des Krankenversicherungsgesetzes getroffene Anordnung erstreckt sich auch auf die von der beteiligten Krankenkasse einzuziehenden Beiträge für die Invalidenversicherung.

§ 109 Abs. 3 Ges. v. 1889; § 109 b d. Entw.

1. Abzüge darüber hinaus sind nach § 181 Ziff. 1 und 2 strafbar; die selbstsüchtige Einbehaltung abgezogener Beitragsteile ist strafbar nach § 182.

2. Es liegt nicht im Sinne des Gesetzes, daß die Arbeitgeber von der Einziehung Abstand nehmen, es sei denn, daß besondere Gründe ein solches Geschenk an den Versicherten ausnahmsweise als zweckmäßig erscheinen lassen.

§ 143.

Die Erhebung der Beiträge für diejenigen Personen, auf welche die Versicherungspflicht nach § 2 erstreckt worden ist, wird durch Beschluß des Bundesrats geregelt.

§ 110 Ges. v. 1889; § 110 d. Entw.

§ 144.

Entrichtung der Beiträge durch die Versicherten.

1. **Versicherungspflichtige Personen sind befugt, die Beiträge an Stelle der Arbeitgeber zu entrichten.**[1]

2. **Dem Versicherten, welcher auf Grund dieser Bestimmung die vollen Wochenbeiträge entrichtet hat, steht gegen den nach § 140 zur Entrichtung der Beiträge verpflichteten Arbeitgeber der Anspruch auf**

Erstattung der Hälfte des Betrags, und in Fällen des § 34 Abs. 4, sofern nicht die Versicherung in einer höheren Lohnklasse auf einer Vereinbarung zwischen dem Arbeitgeber und dem Versicherten beruht, auf Erstattung der Hälfte desjenigen geringeren Betrags zu, welchen der Arbeitgeber nach der für den Versicherten maßgebenden Lohnklasse zu tragen hat. Der Anspruch besteht jedoch nur, sofern die Marke vorschriftsmäßig entwertet ist. Der Anspruch ist für die betreffende Lohnzahlungsperiode bei der Lohnzahlung geltend zu machen. Ist dies bei einer Lohnzahlung unterblieben, so darf der Anspruch für die betreffende Lohnzahlungsperiode nur noch bei der nächstfolgenden Lohnzahlung erhoben werden, sofern nicht der Versicherte ohne sein Verschulden erst nachträglich an Stelle des Arbeitgebers Beiträge verwendet hat.[2]

§ 111 Ges. v. 1889; § 111 d. Entw.

1. Die Verantwortung dafür, daß die Marken richtig beigebracht werden, trifft auch in den Fällen des § 144 den Arbeitgeber allein (§ 176). Ein Vertrag zwischen Arbeitgeber und Arbeitnehmer, daß letzterer die Markenverwendung gemäß § 144 für den ersteren übernimmt, ist nach § 180 strafbar und nichtig.

2. Strafvorschrift in § 181 Ziff. 3. Streitigkeiten aus § 144 werden nach § 157 entschieden.

§ 145.

Bei freiwilliger Versicherung (§ 14) haben die sie 1.
eingehenden Personen Marken derjenigen Versicherungsanstalt zu verwenden, in deren Bezirke

sie beschäftigt sind oder, sofern eine Beschäftigung nicht stattfindet, sich aufhalten. Dabei steht ihnen die Wahl der Lohnklasse frei.[1] Begeben sich Versicherte in das Ausland, so sind sie berechtigt, die Versicherung dort fortzusetzen;[2] sie haben dabei Marken derjenigen Versicherungsanstalt zu verwenden, in deren Bezirke sie zuletzt beschäftigt waren oder sich aufgehalten haben.

2. Personen, welche für die Dauer einer gegen Lohn oder Gehalt unternommenen Beschäftigung, während deren sie nach § 3 Abs. 2, § 4 Abs. 1 der Versicherungspflicht nicht unterliegen, freiwillig sich versichern (§ 14 Abs. 1), steht gegen denjenigen Arbeitgeber, welcher, wenn die Versicherungspflicht bestände, nach § 140 zur Entrichtung der Beiträge verpflichtet sein würde, der Anspruch auf Erstattung der Hälfte der für die Dauer der Arbeitszeit entrichteten Beiträge nach Maßgabe des § 144 Abs. 2 zu. Die Anrechnung höherer Beträge, als sich bei Anwendung des § 34 Abs. 1 bis 3 ergeben würden, kann der Arbeitgeber ablehnen.[3]

§ 117 Abs. 1 Ges. v. 1889; § 111a d. Entw.

1. Die vom JAVG. für die freiwillige Versicherung vorgeschriebene Zusatzmarke (Doppelmarke) ist fortgefallen.

2. Die freiwillige Versicherung im Ausland ist erst vom JVG. zugelassen. Rückwirkende Kraft hat die Bestimmung des Satz 3 nicht (RE. 832 AN. 00 S. 697).

3. Strafvorschrift in § 181 Ziff. 3. Streitigkeiten aus § 145 werden nach § 157 entschieden.

§ 146.

Unwirksame Beiträge.

Die nachträgliche Entrichtung von Beiträgen für eine versicherungspflichtige Beschäftigung[1] ist nach Ablauf von zwei Jahren, sofern aber die Beitragsleistung wegen verspäteter Feststellung einer bisher streitigen Versicherungspflicht[2] oder aus anderen Gründen[3] ohne Verschulden der Beteiligten[4] unterblieben ist, nach Ablauf von vier Jahren seit der Fälligkeit[5] unzulässig.[6] Freiwillige Beiträge[7] und Beiträge einer höheren als der maßgebenden Lohnklasse (§ 34 Abs. 4) dürfen für eine länger als ein Jahr zurückliegende Zeit sowie nach eingetretener Erwerbsunfähigkeit (§§ 15, 16)[8] nachträglich oder für die fernere Dauer der Erwerbsunfähigkeit[9] nicht entrichtet werden.

Vgl. § 8 Ges. v. 1889; § 111 b d. Entw.

1. Grundsätzlich sind die Beiträge bei der jedesmaligen Lohnzahlung zu entrichten. War die rechtzeitige Entrichtung unterblieben, so konnten unter der Herrschaft des JAVG. die Beiträge für eine versicherungspflichtige Beschäftigung mangels einer Fristbestimmung unbeschränkt nachgebracht werden (RE. 331, 500 AN. 94 S. 79, 96 S. 269). Dieser Zustand war geeignet, die ordnungsmäßige Durchführung der Beitragsentrichtung zu gefährden und empfindliche Vermögensnachteile für die Versicherungsanstalten herbeizuführen. Seine Beseitigung war deshalb dringend geboten. Infolgedessen ist jetzt gemäß § 146 die Nachentrichtung nur noch innerhalb angemessener Fristen gestattet. Beiträge, die vor dem 1. Januar 1900 wirksam nachgebracht sind, bleiben aber nach wie vor gültig (RE. 792 AN. 00 S. 406). Vom 1. Januar 1900 ab unterliegt die nachträgliche Entrichtung von Beiträgen auch für frühere Zeiten der Fristbestimmung des

§ 146 (RE. 829 AN. 00 S. 694). Unbeschränkt konnte die Nachbringung vom 1. Januar 1900 ab nur noch in einem an diesem Tage schwebenden Feststellungsverfahren (§ 193) erfolgen, sofern auf den erhobenen Anspruch lediglich das JAVG. angewendet wurde (RE. 793 AN. 00 S. 408).

Die Vorschrift des § 146 kommt nur in Frage, wenn die Beteiligten, Arbeitgeber oder Arbeitnehmer, die Beiträge aus eigener freier Entschließung nachentrichten. Erfolgt die Nachentrichtung zwangsweise auf Veranlassung der Versicherungsanstalt oder nach endgültiger Erledigung eines Streitverfahrens im Sinne der §§ 155 bis 158 auf Veranlassung der unteren Verwaltungsbehörde, so greift nicht § 146, sondern § 168 Platz (E. 845, RE. 921 AN. 00 S. 828, 01 S. 544). Die Fristen des § 146 sind, im Gegensatz zu der Frist des § 168, keine Verjährungs-, sondern Ausschlußfristen; es findet also keine Unterbrechung der Fristen statt. Gemäß § 147 hat übrigens die Nachentrichtung zur Folge, daß der Nachweis für ihre Rechtmäßigkeit erbracht werden muß.

Bei zugelassenen Kasseneinrichtungen findet § 146 nur Anwendung, soweit eine entsprechende Vorschrift in die Satzungen aufgenommen worden ist (RE. 1024 AN. 03 S. 190).

2. Im Falle des § 155.

3. Besonders wenn eine amtliche Stelle, auf deren Auskunft sich die Beteiligten verlassen konnten, eine unrichtige Auskunft über die Versicherungspflicht erteilt hat, oder wenn eine ganze Personengruppe, die bisher nicht für versicherungspflichtig gehalten wurde, später für versicherungspflichtig erachtet wird. Vgl. die Bestimmung des § 142 Abs. 3 Satz 2, die vornehmlich für den letzteren Fall getroffen worden ist.

4. Die Beitragsleistung muß ohne Verschulden „der" Beteiligten unterblieben sein. Voraussetzung ist danach, daß keinen von beiden, weder den Arbeitgeber noch den Arbeitnehmer, ein Verschulden trifft. Den Arbeitnehmer trifft besonders ein Verschulden, wenn er nicht seinerseits für die Entrichtung der Beiträge Sorge getragen oder bei zweifelhafter Versicherungspflicht nicht den Weg des § 155 beschritten hat. (RE. 875 AN. 01 S. 194.)

5. Die Fristen sind vom Zeitpunkt der tatsächlichen Entrichtung zurückzurechnen. Diesen Zeitpunkt bildet bei dem gewöhnlichen Entrichtungsverfahren der Tag, an dem die Marken in die Quittungskarte geklebt werden, beim Einzugsverfahren (§§ 148, 149) schon der Tag, an dem die baren Beiträge eingezogen werden (RE. 1025 AN. 03 S. 245). Alle nicht entrichteten Beiträge, die innerhalb der Fristen fällig gewesen sind, können nachgebracht werden. Die nachträgliche Entrichtung beschränkt sich somit nicht auf die Beiträge für diejenigen Beschäftigungen, die gerade nur innerhalb der Fristen stattgefunden haben; sie kann sich vielmehr bei längeren Lohnzahlungsperioden auch auf Beiträge für erheblich früher liegende Beschäftigungen erstrecken (B. 978 AN. 02 S. 399). Die Bestimmung des § 141 Abs. 2 Satz 2 greift hier nicht ohne weiteres ein (B. 949 AN. 01 S. 642). Sind in den Fristen schon Beitragsmarken verwendet, so können diese, falls ein und derselbe Arbeitgeber in Frage kommt, unter Umständen auf Rückstände aus früherer Zeit angerechnet werden, so daß die Fristen für die Nachverwendung frei werden. Dabei sind für die Anrechnung der geleisteten Beiträge die auf den Quittungskarten angegebenen Tage der Ausstellung und Aufrechnung unerheblich, entscheidend ist vielmehr allein, für welche Zeiten die Beitragsmarken nach der Absicht des Leistenden haben verwendet werden sollen und tatsächlich verwendet worden sind. Ergibt sich aus den auf den Marken befindlichen Entwertungsvermerken mit hinreichender Sicherheit, daß die Marken gerade für Beschäftigungen, die in die Fristen fallen, verwendet sind, so ist die Zurückrechnung nicht angängig (RE. 901, 902 AN. 01 S. 405, 406).

Zur Nachbringung rückständiger Beiträge ist den Rentenbewerbern im schiedsgerichtlichen Verfahren Gelegenheit zu geben (B. 783 AN. 99 S. 778). Verpflichtet hierzu sind allerdings die Schiedsgerichte nicht. Dagegen müssen die Versicherungsanstalten Rückstände einfordern, soweit diese nicht verjährt sind (RE. 921 AN. 01 S. 544).

6. Die Bestimmung des Satzes 1 bezieht sich auch auf den Fall, daß Marken einer zu niedrigen Lohnklasse beigebracht sind und durch solche der richtigen Lohnklasse ersetzt werden sollen

(RE. 903 AN. 01 S. 407), dagegen nicht auf den Fall, daß Marken einer unzuständigen Versicherungsanstalt durch solche der zuständigen ersetzt werden sollen (RE. 1081 AN. 03 S. 549).

7. Freiwillige Beiträge konnten nach dem JAVG. im allgemeinen ebenso wie Pflichtbeiträge ohne zeitliche Beschränkung nachgebracht werden (RE.332AN.94 S.79). Nach Ausübung einer versicherungspflichtigen Beschäftigung und daraufhin erfolgter Verwendung von Pflichtmarken war jedoch die Nachentrichtung freiwilliger Beiträge für frühere Zeiten nicht mehr zulässig (RE. 366, 526 AN. 94 S. 140, 96 S. 394). Dieser Grundsatz ist durch die anderweitige Regelung, die die nachträgliche Entrichtung von freiwilligen Beiträgen im § 146 Satz 2 gefunden hat, beseitigt (RE. 830 AN. 00 S. 696). Ferner konnte früher die mangels hinreichender Beitragsleistung erloschene Anwartschaft durch nachträgliche Entrichtung freiwilliger Beiträge nicht wiederhergestellt werden (RE. 780 AN. 99 S. 776). Auch diese Beschränkung ist jetzt gefallen (E. 1045 AN. 03 S. 371). Freiwillige Beiträge dürfen übrigens in jeder beliebigen Lohnklasse nachgebracht werden (§ 145 Abs. 1).

8. Auch nach dem JAVG. konnten freiwillige Beiträge nach Eintritt der dauernden Erwerbsunfähigkeit nicht mehr nachentrichtet werden (RE. 332 AN. 94 S. 79). Die vorübergehende Erwerbsunfähigkeit schließt die nachträgliche Entrichtung solcher Beiträge erst nach Ablauf von 26 Wochen aus (RE. 830 AN. 00 S. 696). Was die nachträgliche Entrichtung freiwilliger Beiträge nach Eintritt des Versicherungsfalls für die Altersrente betrifft, so gilt hier nach wie vor der Grundsatz, daß zur Erlangung dieser Rente freiwillige Beiträge nur für solche Zeiten nachgebracht werden können, die nach der Vollendung des 70. Lebensjahres liegen (RE. 332, 820 AN. 94 S. 79, 00 S. 676). Nach Eintritt des Beitragserstattungsfalls gemäß § 42 können freiwillige Beiträge zur Begründung des Erstattungsanspruchs nicht nachentrichtet werden (B. 841 AN. 00 S. 725); die nachgebrachten Beiträge sind aber für andere Ansprüche wirksam (B. 1063 AN. 03 S. 396). Vgl. Ziff. 59 der Anl.

9. Ebenso nach dem JAVG. (RE. 198, 255 AN. 92 S. 141, 93 S. 103).

§ 147.

Die in einer ordnungsmäßig ausgestellten Quittungskarte[1] ordnungsmäßig verwendeten Marken begründen die Vermutung, daß während derjenigen Zahl von Beitragswochen, für welche Marken beigebracht sind, ein den Vorschriften des Gesetzes entsprechendes Versicherungsverhältnis auf Grund der Versicherungspflicht oder freiwilliger Versicherung bestanden hat.[2] Diese Vermutung findet jedoch insoweit nicht statt, als sich ergibt, daß die Marken erst nach Ablauf eines Monats seit der Fälligkeit der Beiträge[3] eingeklebt oder während eines Kalenderjahrs mehr Marken beigebracht sind, als in dasselbe Beitragswochen entfallen.

§ 111 c d. Entw.

1. Sie muß auch gemäß § 135 rechtzeitig umgetauscht sein (RE. 981 AN. 02 S. 474).

2. Diese gesetzliche Vermutung kann durch den Beweis, daß kein derartiges Versicherungsverhältnis bestanden habe, entkräftet werden.

3. Beim Einzugsverfahren (§§ 148—153) beginnt die Frist erst mit dem Tage, an dem gemäß den zu § 149 erlassenen Bestimmungen der Landes-Zentralbehörde die Marken einzukleben waren (B. 865 AN. 00 S. 842).

§ 148.

Einziehung der Beiträge.[1]

Durch die Landes-Zentralbehörde oder mit Genehmigung derselben durch das Statut einer Versicherungsanstalt, oder mit Genehmigung der höheren Verwaltungsbehörde durch statutarische Bestimmung 1.

eines weiteren Kommunalverbandes oder einer Gemeinde kann abweichend von den Vorschriften des § 141 Abs. 1 angeordnet werden, daß die Beiträge für alle versicherungspflichtigen Personen oder für bestimmte Klassen derselben

1. durch reichs- oder landesgesetzliche Krankenkassen oder durch Knappschaftskassen,
2. durch Gemeindebehörden oder andere von der Landes-Zentralbehörde bezeichnete Stellen oder durch örtliche von der Versicherungsanstalt einzurichtende Hebestellen

für Rechnung der Versicherungsanstalt eingezogen werden.[2] Auf demselben Wege können in diesen Fällen Bestimmungen über die Verpflichtung zur Anmeldung und Abmeldung der Versicherten getroffen werden.[3]

2. Sofern hiernach die Einziehung der Beiträge durch örtliche Hebestellen der Versicherungsanstalten angeordnet wird, sind die letzteren verpflichtet, solche Hebestellen auf ihre Kosten an den von der höheren Verwaltungsbehörde bezeichneten Stellen zu errichten.

3. Die Versicherungsanstalten sind verpflichtet, den mit der Einziehung der Beiträge beauftragten Krankenkassen, Gemeindebehörden und sonstigen von der Landes-Zentralbehörde bezeichneten Stellen eine von der Landes-Zentralbehörde zu bestimmende Vergütung zu gewähren.[4]

4. Den örtlichen Hebestellen der Versicherungsanstalten (Abs. 1 Ziffer 2) kann durch Bestimmung der Landes-Zentralbehörde oder der höheren Verwaltungs-

behörde mit Zustimmung der Krankenkasse die Einziehung der Krankenversicherungsbeiträge übertragen werden. In diesen Fällen sind die beteiligten Krankenkassen verpflichtet, zu den Kosten der Hebestellen beizutragen. Die näheren Bestimmungen hierüber sind nach Anhörung der beteiligten Versicherungsanstalten und Krankenkassen von der höheren Verwaltungsbehörde zu treffen.

Die Landes-Zentralbehörde kann die Befugnisse regeln, welche der Versicherungsanstalt gegenüber den Einzugsstellen, soweit sie nicht von der Versicherungsanstalt selbst eingerichtet sind, zur Sicherung einer ordnungsmäßigen Erfüllung ihrer Aufgabe zustehen.[5] 5.

Für die freiwillige Versicherung (§ 14) kann die Einziehung der Beiträge nicht vorgeschrieben werden. 6.

§ 112 Ges. v. 1889; § 112 d. Entw.

1. Das in den §§ 148 bis 153 geregelte „Einzugsverfahren" (§ 139 Abs. 2) nimmt dem Arbeitgeber und dem Versicherten die Pflicht, selbständig mit der Beitragsentrichtung vorzugehen, sowie die Verantwortung für die richtige Erfüllung der Beitragspflicht und für die Erwerbung und die Einklebung der Marken in die Quittungskarten ab und setzt dafür ein die Pflicht der Einzugsstellen, für Rechnung der Versicherungsanstalt und insoweit als deren Organe die Beitragspflichtigen von Amts wegen zur Zahlung der Geldbeiträge an sie anzuhalten und die den so erhobenen Beiträgen entsprechenden Marken in die Quittungskarten einzukleben (RE. 1025 AN. 03 S. 245). Es will also besonders den Arbeitgebern eine Erleichterung verschaffen, andererseits will es aber auch das Beitragseinkommen der Versicherungsanstalten sichern und heben. Ob es letzteren Zweck erfüllt und Vorteile bietet, die die Mehrkosten aufwiegen, darüber gehen die Meinungen immer noch auseinander. Landesrechtlich ist das Einzugsverfahren in mehreren Bundesstaaten eingeführt,

z. B. in Sachsen, Württemberg, Baden, Hessen, Thüringen, Braunschweig und in den Hansestädten, statutarisch in einzelnen Teilen Preußens, so in Gebieten der Rheinprovinz und von Hannover.

2. Die Einziehung der Beiträge auf dem Wege des § 148 ist an sich keine Beitreibung im Sinne des § 168 (B. 892 AN. 01 S. 392). Vgl. § 149 Abs. 2.

3. Die Übertretung der Meldevorschriften ist nach § 179 strafbar.

4. Aus der entsprechenden Bestimmung des § 112 Abs. 3 des JAVG., wonach die Versicherungsanstalten den Einzugsstellen auch die erforderlichen Marken gegen Abrechnung zur Verfügung zu stellen hatten, ist gefolgert worden, daß sich die Versicherungsanstalten wegen der ihnen bei dem Einziehungsgeschäft durch Unredlichkeit oder Nachlässigkeit der Beamten der Einzugsstellen zugefügten Schadens sowie wegen der ihnen dadurch verursachten besonderen Kosten an diese Stellen halten können (B. 808 AN. 00 S. 615).

Die Vergütung beträgt bis zu 6 vom Hundert der eingezogenen Beiträge; die VA. der Hansestädte zahlt sogar 9 v. H. Über eine weitere Vergütung bestimmt § 151 Abs. 2.

5. In Preußen ist die Regelung erfolgt durch die Anweisung des Handelsministers und des Ministers des Innern vom 5. Juni 1903 (MBl. d. H. u. GV. S. 217).

§ 149.

1. **Die Landes-Zentralbehörden oder die von ihnen als zuständig bezeichneten Stellen können nähere Bestimmungen über das Verfahren der Einzugsstellen (§ 148) bei Einziehung, Verwendung und Verrechnung der Beiträge erlassen.**

2. **Soweit diese Bestimmungen nichts anderes anordnen, werden die Beiträge durch die Einzugsstellen zugleich mit den Beiträgen zur Krankenversicherung an deren Fälligkeitsterminen, bei solchen Versicherten**

aber, für welche Krankenversicherungsbeiträge nicht einzuziehen sind, zu den von der Einzugsstelle bestimmten Zeitpunkten von den Arbeitgebern eingezogen und die den eingezogenen Beträgen entsprechenden Marken in die Quittungskarten der Versicherten eingeklebt.[1] Dabei findet die Bestimmung des § 131 Abs. 2 entsprechende Anwendung.

§ 112a d. Entw.

1. Die Beiträge sind beim Einzugsverfahren schon mit der Abführung des Geldbetrags an die Einzugsstelle, nicht erst mit der Einklebung der entsprechenden Beitragsmarken in die Quittungskarte vollwirksam entrichtet, was besonders im Falle des § 146 von Bedeutung ist; denn die Einklebung der Marken ist hier nicht wie beim Einklebeverfahren des § 131 Abs. 1 ein Erfordernis der Beitragsentrichtung, sondern nur ein Kontroll- und Beweismittel (RE. 1025 AN. 03 S. 245). Im Einzugsverfahren rechtzeitig erhobene Beiträge sind anrechnungsfähig, obwohl der Geldbetrag von einem Beamten der Einzugsstelle unterschlagen und erst nach dem Ablauf der Fristen des § 146 an die Versicherungsanstalt mittels Verwendung der entsprechenden Marken abgeführt worden ist (RE. 1026 AN. 03 S. 249).

§ 150.

Wird die Einziehung der Beiträge angeordnet, so kann von der Landes-Zentralbehörde oder von dem Vorstande der Versicherungsanstalt einzelnen Arbeitgebern gestattet werden, die Beiträge der von ihnen beschäftigten Personen durch Verwendung von Marken nach den Vorschriften der §§ 140, 141 selbst zu entrichten. Von solchen Verfügungen ist der Einzugsstelle Kenntnis zu geben. 1.

Reichs-, Staats- und Kommunalbehörden können für die von ihnen beschäftigten versicherungspflichtigen 2.

Personen die Entrichtung der Beiträge nach den Bestimmungen des § 140 übernehmen. Sofern dies geschieht, ist der Versicherungsanstalt und der Einzugsstelle Mitteilung zu machen.

§ 112 b d. Entw.

§ 151.

1. Wird die Einziehung der Beiträge angeordnet, so kann auf demselben Wege weiter bestimmt werden, daß
1. die Ausstellung und der Umtausch der Quittungskarten (§§ 134, 136) durch die nach § 148 Abs. 1 mit der Einziehung der Beiträge beauftragten Stellen stattzufinden hat;
2. für diejenigen Versicherten, deren Beschäftigung durch die Natur ihres Gegenstandes oder im voraus durch den Arbeitsvertrag auf einen Zeitraum von weniger als einer Woche beschränkt ist, die auf die Versicherten entfallende Hälfte der Beiträge unmittelbar von den Versicherten, die auf die Arbeitgeber entfallende Hälfte aber von dem weiteren Kommunalverband oder der Gemeinde entrichtet und durch sie von den Arbeitgebern wieder eingezogen wird.

2. Für diese Fälle hat die Versicherungsanstalt den mit der Einziehung der Beiträge beauftragten Krankenkassen, Gemeindebehörden und sonstigen von der Landes-Zentralbehörde bezeichneten Stellen besondere Vergütungen zu gewähren, deren Höhe von der Landes-Zentralbehörde zu bestimmen ist.[1]

§ 113 Ges. v. 1889; § 113 d. Entw.

1. Auf die außerhalb des Einzugsverfahrens mit der Ausgabe der Quittungskarten gemäß § 134 betrauten Stellen findet diese Bestimmung keine Anwendung.

§ 152.

Die im § 148 Abs. 1, § 151 Abs. 1 Ziffer 1 vorgesehenen Maßregeln können für die Mitglieder einer Krankenkasse (§ 166) auch durch das Kassenstatut und für diejenigen Versicherten, welche einer für Reichs- oder Staatsbetriebe errichteten Krankenkasse angehören, auch durch die den Verwaltungen dieser Betriebe vorgesetzte Dienstbehörde getroffen werden.

§ 114 Ges. v. 1889; § 114 d. Entw.

§ 153.

Der Versicherte ist berechtigt, die Quittungskarte bei der die Beiträge einziehenden Stelle, solange er in dem Bezirke dieser Stelle versichert ist, zu hinterlegen. Die Landes-Zentralbehörde kann im Einvernehmen mit der Versicherungsanstalt die Verpflichtung zur Hinterlegung vorschreiben. In diesem Falle findet die Bestimmung des § 131 Abs. 2 Satz 2 Anwendung.

§ 115 Ges. v. 1889; § 115 d. Entw.

§ 154.

Abrundung.

Ergeben sich bei den zwischen Arbeitgebern und Versicherten stattfindenden Abrechnungen Bruchpfennige, so ist der auf den Arbeitgeber entfallende

Teil nach oben, der auf den Versicherten entfallende Teil nach unten auf volle Pfennig abzurunden.

§ 116 Ges. v. 1889; § 116 d. Entw.

§ 155.

Streitigkeiten.

1. Streitigkeiten [1] zwischen den Organen der Versicherungsanstalten [2] einerseits und Arbeitgebern oder Arbeitnehmern oder den im § 14 bezeichneten Personen andererseits, oder zwischen Arbeitgebern und Arbeitnehmern über die Frage, ob oder zu welcher Versicherungsanstalt oder in welcher Lohnklasse Beiträge zu entrichten sind,[3] werden, sofern sie nicht im Rentenfeststellungsverfahren (§§ 112 ff.) hervortreten, von der für den Beschäftigungsort (§ 65) zuständigen unteren Verwaltungsbehörde [4] und da, wo Rentenstellen bestehen, von dem Vorsitzenden derselben entschieden.[5] Vor der Entscheidung ist in der Regel der Versicherungsanstalt Gelegenheit zur Äußerung zu geben. Gegen die Entscheidung steht den Beteiligten und der Versicherungsanstalt, welche sich in dem Verfahren geäußert hat, innerhalb eines Monats [6] nach der Zustellung die Beschwerde an die höhere Verwaltungsbehörde [7] zu, welche endgültig entscheidet. Die zuständigen Behörden sind bei den Entscheidungen an die vom Reichs-Versicherungsamt aufgestellten Grundsätze gebunden. Streitigkeiten über Fragen von grundsätzlicher Bedeutung sind dem Reichs-Versicherungsamte zur Entscheidung zu überweisen,

wenn dies innerhalb der Beschwerdefrist[8] von der Versicherungsanstalt beantragt wird.[9]

Besteht Meinungsverschiedenheit über die Frage, welche Behörde zur Entscheidung zuständig sei, so wird die Zuständigkeit von der höheren Verwaltungsbehörde oder der Landes-Zentralbehörde, sofern aber mehrere Bundesstaaten in Betracht kommen und eine Einigung ihrer Zentralbehörden nicht stattfindet, vom Reichskanzler bestimmt. 2.

§ 122 Ges. v. 1889; § 122 d. Entw.

1. Eine Streitigkeit im Sinne des § 155 ist vorhanden, wenn sich zwei Parteien mit entgegengesetzten Ansichten über eine Frage der Beitragsentrichtung gegenübertreten. Sofern dies nicht der Fall ist, bietet der § 155 zur Entscheidung einer zweifelhaften Frage keinen Raum. Eine trotzdem ergehende Entscheidung hat keine verbindliche Kraft und unterliegt im Falle ihrer Anfechtung lediglich der Aufhebung.

2. Für die besonderen Kasseneinrichtungen (§§ 8 ff.) hat der § 155 im allgemeinen keine Geltung (B. 699 AN. 98 S. 637).

3. Vorbehaltlich der Fälle des § 157 ist § 155 auf alle aus Anlaß der Beitragsentrichtung möglichen Streitigkeiten anzuwenden und nicht etwa nur auf solche über die Frage der Versicherungspflicht oder des Versicherungsrechtes zu beschränken. Auch die Frage z. B., wer als der zur Beitragsleistung verpflichtete Arbeitgeber anzusehen ist, ist danach zu entscheiden (Rundschreiben des RVA. vom 4. Juni 1898, AN. S.330; Begründung S. 343).

4. Vgl. § 112 Anm. 3.

5. Die auf Grund des § 155 getroffenen Entscheidungen sind für die Spruchbehörden des Rentenfeststellungsverfahrens verbindlich. Da sie sich aber in der Hauptsache darauf beziehen, ob Beiträge zu entrichten sind, haben sie jene Wirkung nicht, soweit es sich um die Beurteilung vorgesetzlicher Verhältnisse (§§ 189, 190) handelt (RE. 206, 607, 619 AN. 93 S. 48, 97 S. 471,

591). Die Entscheidungen schaffen ferner nur Recht für diejenigen bestimmten einzelnen Personen, die von ihnen unmittelbar betroffen worden sind, und zwar nur so lange, als in deren Verhältnissen keine Änderung eintritt (RE. 159, E. 1144, 1145 AN. 92 S. 114, 04 S. 501, 502).

Da der § 155 das einzige Mittel bietet, um eine sichere und bindende Auskunft darüber zu erhalten, ob ein Beschäftigungsverhältnis versicherungspflichtig ist, oder ob Versicherungsberechtigung besteht, ist es stets ratsam, Zweifelsfälle zum Gegenstand einer Streitigkeit zu machen und auf dem Wege des § 155 zur Entscheidung zu bringen. Das Verfahren ist kostenlos (§ 159).

6. Die Frist wird durch den rechtzeitigen Eingang der Beschwerde bei der unteren Verwaltungsbehörde gewahrt; § 114 Abs. 3 findet aber nicht entsprechende Anwendung (B. 844 AN. 00 S. 726).

7. Als höhere Verwaltungsbehörden fungieren in Preußen die Regierungspräsidenten, für Berlin der Oberpräsident, in Bayern die Regierungen, in Sachsen die Kreishauptmannschaften, in Württemberg und Baden das Landes-Versicherungsamt, in Hessen das Ministerium des Innern.

8. Diese Frist läuft vom Tage der Zustellung der Entscheidung an die Versicherungsanstalt, die, wenn sie zur Beschwerdeerhebung keinen Anlaß hat, zur Wahrung der Frist den Überweisungsantrag vorsorglich für den Fall stellen muß, daß von der Gegenpartei die Beschwerde erhoben wird.

9. Da es einerseits offenbar nicht der Absicht des Gesetzes entspricht, dieselbe Frage in zahlreichen Einzelfällen der Entscheidung des Reichs-Versicherungsamts zu unterbreiten, und da andererseits die Bearbeitung solcher Sammelsachen das Reichs-Versicherungsamt erheblich belastet, hat dieses die Versicherungsanstalten ersucht, von einer Reihe gleichliegender Streitsachen immer nur einen Fall oder doch nur einige wenige ausgewählte Fälle, die sich zur grundsätzlichen Erörterung besonders eignen, vor das Reichs-Versicherungsamt zu bringen (Rundschreiben des RVA. vom 22. März 1902, AN. S. 384).

§ 156.[1]

Streitigkeiten zwischen den Organen verschiedener Versicherungsanstalten über die Frage, zu welcher derselben für bestimmte Personen Beiträge zu entrichten sind, werden auf Antrag des Vorstandes einer beteiligten Versicherungsanstalt vom Reichs-Versicherungsamt[2] entschieden.

§ 123 Ges. v. 1889; § 123 d. Entw.

1. Der § 156 findet auf zugelassene Kasseneinrichtungen entsprechende Anwendung (§ 173).
2. An die Stelle des Reichs-Versicherungsamts tritt unter Umständen das Landes-Versicherungsamt (§ 111 Abs. 2).

§ 157.

Im übrigen werden Streitigkeiten zwischen Arbeitgebern und Arbeitnehmern über die Berechnung und Anrechnung der für diese zu entrichtenden oder im Falle des § 140 Abs. 2 und der §§ 144, 145 denselben zu erstattenden Beiträge sowie Streitigkeiten über Ersatzansprüche in den Fällen des § 140 Abs. 2 von der unteren Verwaltungsbehörde[1] und da, wo Rentenstellen bestehen, von dem Vorsitzenden derselben (§ 155) endgültig entschieden.

§ 124 Ges. v. 1889; § 124 d. Entw.

1. Vgl. § 112 Anm. 3.

§ 158.

Nach endgültiger Erledigung dieser Streitigkeiten 1.
hat die untere Verwaltungsbehörde und da, wo Rentenstellen bestehen, der Vorsitzende derselben von

Amts wegen dafür zu sorgen,[1] daß zu wenig erhobene Beträge durch nachträgliche Verwendung von Marken beigebracht werden.[2] Zu viel erhobene Beträge sind auf Antrag von der Versicherungsanstalt wieder einzuziehen[3] und nach Vernichtung der in die Quittungskarten eingeklebten betreffenden Marken[4] und Berichtigung der Aufrechnungen an diejenigen Arbeitgeber und Versicherten zurückzuzahlen, welche die Aufwendung für die Beitragsentrichtung gemacht haben.

2. Handelt es sich um die Verwendung von Marken einer nicht zuständigen Versicherungsanstalt, so ist nach Vernichtung derjenigen Marken, welche irrtümlich beigebracht sind, ein der Zahl der Beitragswochen entsprechender Betrag von Marken der zuständigen Versicherungsanstalt beizubringen.[5] Der Betrag der vernichteten Marken ist von der Versicherungsanstalt, welche sie ausgestellt hatte, wieder einzuziehen und zwischen den beteiligten Arbeitgebern und Versicherten entsprechend zu teilen.

3. An die Stelle der Vernichtung von Marken kann in den nach Ansicht der unteren Verwaltungsbehörde dazu geeigneten Fällen die Einziehung der Quittungskarten und nach Übertragung der gültigen Eintragungen derselben die Ausstellung neuer Quittungskarten treten.

§ 125 Ges. v. 1889; § 125 d. Entw.

1. Vgl. hierzu die Vorschriften über das Berichtigungsverfahren in Ziff. XX bis XXVI der Preußischen Anweisung vom 17. November 1899, Anhang Nr. 14.

2. Diese Einziehung der Beiträge bildet eine Beitreibung im Sinne des § 168. Rückständige Beiträge darf die untere Verwaltungsbehörde daher nicht für mehr als zwei Jahre, vom Tage der Zustellung der Aufforderung zur Entrichtung zurückgerechnet, einziehen; die Nachbringung von Beiträgen für weitere zwei Jahre gemäß § 146 ist Sache der Versicherten oder ihrer Arbeitgeber (E. 969, RE. 1022 AN. 02 S. 392, 685).

3. Portoauslagen, die durch Rückerstattung des Betrages für unwirksam verwendete Beitragsmarken entstehen, hat die Versicherungsanstalt nicht zu tragen (B. 708 AN. 99 S. 379).

4. Über das Verfahren bei Vernichtung von Marken vgl. Ziff. 11 der Bekanntmachung vom 9. November 1899, Anhang Nr. 13 C. Auch die Vernichtung und der Werterſatz nicht vorhandener, übertragener Marken ist angängig (B. 1105 AN. 04 S. 258).

5. Hier greifen die Fristen der §§ 146, 168 nicht Platz (RE. 1081 AN. 03 S. 549).

§ 159.

Die Kosten des Verfahrens bei Streitigkeiten der in den §§ 155 bis 158 bezeichneten Art trägt, soweit sie bei dem Reichs-Versicherungsamt entstehen, das Reich, soweit sie bei einer Rentenstelle entstehen, die Versicherungsanstalt, im übrigen der Bundesstaat. 1.

Die Bestimmung des § 64 Abs. 5 findet entsprechende Anwendung. 2.

§ 125 a d. Entw.

§ 160.

Auch ohne daß ein Streitfall gemäß §§ 155, 156 vorausgegangen ist, sind den Beteiligten auf ihren Antrag die entrichteten Beiträge zurückzuzahlen, sofern die Versicherungspflicht oder das Recht zur

freiwilligen Versicherung (§ 14) für die betreffenden Beitragswochen endgültig verneint worden ist.

§ 125 b d. Entw.

§ 161.

Kontrolle.

1. Die Versicherungsanstalten sind verpflichtet, die rechtzeitige und vollständige Entrichtung der Beiträge regelmäßig zu überwachen.[1]

2. Die Arbeitgeber sind verpflichtet, über die Zahl der von ihnen beschäftigten Personen, über die gezahlten Löhne und Gehälter und über die Dauer der Beschäftigung den Organen der Versicherungsanstalt und ihren Beauftragten sowie den die Kontrolle ausübenden anderen Behörden oder Beamten auf Verlangen Auskunft zu erteilen und denselben diejenigen Geschäftsbücher oder Listen, aus welchen jene Tatsachen hervorgehen, zur Einsicht während der Betriebszeit an Ort und Stelle vorzulegen.[2] Ebenso sind die Versicherten zur Erteilung von Auskunft über Ort und Dauer ihrer Beschäftigung verpflichtet. Die Arbeitgeber und die Versicherten sind ferner verbunden, den bezeichneten Organen, Behörden und Beamten auf Erfordern die Quittungskarten behufs Ausübung der Kontrolle und Herbeiführung der etwa erforderlichen Berichtigungen gegen Bescheinigung auszuhändigen. Sie können hierzu von der Ortspolizeibehörde durch Geldstrafen bis zum Betrage von je einhundertundfünfzig Mark angehalten werden.[3]

3. Die Versicherungsanstalten sind befugt, mit Ge-

nehmigung des Reichs-Versicherungsamts[4] zum Zwecke der Kontrolle Vorschriften zu erlassen.[5] Das Reichs-Versicherungsamt[4] kann den Erlaß solcher Vorschriften anordnen und dieselben, sofern die Anordnung nicht befolgt wird, selbst erlassen. Der Vorstand der Versicherungsanstalt oder der Vorsitzende der Rentenstelle, sofern dieser die Beitragskontrolle obliegt, ist befugt, Arbeitgeber und Versicherte zur rechtzeitigen Erfüllung dieser Vorschriften durch Geldstrafen bis zum Betrage von je einhundertundfünfzig Mark anzuhalten.

§ 126 Ges. v. 1889; § 126 d. Entw.

1. Den Versicherungsanstalten ist damit eine sorgfältige Kontrolle zur Pflicht gemacht. Sie ist um so nötiger, als infolge der Einrichtung des Gemeinvermögens die Beiträge zu einem großen Teil zur Deckung der Verpflichtungen anderer Versicherungsanstalten dienen. Allgemeine Gesichtspunkte für die Ausübung der Kontrolle gibt das Rundschreiben des RVA. vom 21. Dezember 1900 (AN. 01 S. 182).

2. Gegen den Verrat von Betriebsgeheimnissen sind die Arbeitgeber durch §§ 185, 186 geschützt.

Nach § 76a des KVG. müssen ferner die Verwaltungen der Gemeinde-Krankenversicherung sowie die Vorstände der Krankenkassen und Hilfskassen den Versicherungsanstalten gestatten, behufs Kontrolle der Durchführung der Invalidenversicherung die Bücher und Listen der Kasse einzusehen.

3. Die Strafen fließen in die Kasse der Versicherungsanstalt (§ 178 Abs. 2).

4. An die Stelle des RVA. tritt unter Umständen das Landes-Versicherungsamt (§ 111 Abs. 2).

5. Kontrollvorschriften haben bisher erlassen die Landes-Versicherungsanstalten Hessen-Nassau (AN. 04 S. 249), Sachsen-Anhalt (AN. 05 S. 489), Hannover (AN. 03 S. 239, 05

S. 491), Oldenburg (AN. 05 S. 492) und Elsaß-Lothringen (AN. 05 S. 494).

§ 162.

Die durch die Kontrolle den Versicherungsanstalten erwachsenden Kosten gehören zu den Verwaltungskosten. Soweit dieselben in baren Auslagen bestehen, können sie durch den Vorstand der Versicherungsanstalt oder den Vorsitzenden der Rentenstelle, sofern dieser die Beitragskontrolle obliegt, dem Arbeitgeber auferlegt werden, wenn derselbe durch Nichterfüllung der ihm obliegenden Verpflichtungen zu ihrer Aufwendung Anlaß gegeben hat. Gegen die Auferlegung der Kosten findet binnen zwei Wochen nach Zustellung des Beschlusses die Beschwerde an die höhere Verwaltungsbehörde statt; diese entscheidet endgültig. Die Beitreibung der auferlegten Kosten erfolgt in derselben Weise, wie die der Gemeindeabgaben.

§ 128 Ges. v. 1889; § 127 d. Entw.

§ 163.

Berichtigungen der Quittungskarten erfolgen, sofern die Beteiligten über dieselben einverstanden sind, auf dem im § 158 angegebenen Wege durch die die Kontrolle ausübenden Organe, Behörden oder Beamten oder durch die die Beiträge einziehenden Organe, anderenfalls nach Erledigung des Streitverfahrens gemäß §§ 155 bis 157.

§ 127 Ges. v. 1889; § 128 d. Entw.

§ 164.

Vermögensverwaltung.

Die Bestände der Versicherungsanstalten müssen 1.
in der durch §§ 1807, 1808 des Bürgerlichen Gesetzbuchs [1] bezeichneten Weise angelegt werden. Hat die Versicherungsanstalt ihren Sitz in einem Bundesstaate, für dessen Gebiet Wertpapiere durch landesgesetzliche Vorschrift zur Anlegung von Mündelgeldern für geeignet erklärt sind (Artikel 212 des Einführungsgesetzes zum Bürgerlichen Gesetzbuche) [2], so können ihre Bestände auch in Wertpapieren dieser Art angelegt werden. Die Landes-Zentralbehörde desjenigen Bundesstaats, in dessen Gebiete die Versicherungsanstalt ihren Sitz hat, kann genehmigen, daß die Bestände der Versicherungsanstalt auch in Darlehen an Gemeinden und weitere Kommunalverbände angelegt werden. [3] Es kann ferner in gleicher Weise angeordnet werden, daß bei der Anlegung des Anstaltsvermögens einzelne nach den vorstehenden Bestimmungen zugelassene Gattungen zinstragender Papiere nur bis zu einem näher zu bestimmenden Betrag erworben werden dürfen, und Bestimmung über die Aufbewahrung von Wertpapieren getroffen werden. Bei gemeinsamen Versicherungsanstalten bedarf es hierzu des Einverständnisses der beteiligten Landesregierungen.

In gleicher Weise kann ferner widerruflich ge- 2.
stattet werden, daß zeitweilig verfügbare bare Bestände auch in anderer als der durch §§ 1807 und

1808 des Bürgerlichen Gesetzbuchs bezeichneten Weise vorübergehend angelegt werden.[4]

3. Die Versicherungsanstalten können mit Genehmigung der Aufsichtsbehörde einen Teil ihres Vermögens in anderer als der nach Abs. 1 zulässigen Weise, insbesondere in Grundstücken anlegen.[5] Wollen die Versicherungsanstalten mehr als den vierten Teil ihres Vermögens in dieser Weise anlegen, so bedürfen sie dazu außerdem der Genehmigung des Kommunalverbandes beziehungsweise der Zentralbehörde des Bundesstaats, für welchen sie errichtet sind, und sofern mehrere Landes-Zentralbehörden beteiligt sind, eine Verständigung unter denselben aber nicht erzielt wird, der Genehmigung des Bundesrats. Eine solche Anlage ist jedoch nur in Wertpapieren oder für die Zwecke der Verwaltung[6], zur Vermeidung von Vermögensverlusten für die Versicherungsanstalt oder für solche Veranstaltungen zulässig, welche ausschließlich oder überwiegend der versicherungspflichtigen Bevölkerung zugute kommen[7]. Mehr als die Hälfte ihres Vermögens darf jedoch eine Versicherungsanstalt in der bezeichneten Weise nicht anlegen.

§ 129 Ges. v. 1889; § 129 d. Entw.

1. Die Bestimmungen lauten:

§ 1807. Die im § 1806 vorgeschriebene Anlegung von Mündelgeld soll nur erfolgen:

1. in Forderungen, für die eine sichere Hypothek an einem inländischen Grundstücke besteht, oder in sicheren Grundschulden oder Rentenschulden an inländischen Grundstücken;
2. in verbrieften Forderungen gegen das Reich oder einen

Bundesstaat sowie in Forderungen, die in das Reichsschuldbuch oder in das Staatsschuldbuch eines Bundesstaats eingetragen sind;

3. in verbrieften Forderungen, deren Verzinsung von dem Reiche oder einem Bundesstaate gewährleistet ist;
4. in Wertpapieren, insbesondere Pfandbriefen, sowie in verbrieften Forderungen jeder Art gegen eine inländische kommunale Körperschaft oder die Kreditanstalt einer solchen Körperschaft, sofern die Wertpapiere oder die Forderungen von dem Bundesrate zur Anlegung von Mündelgeld für geeignet erklärt sind;
5. bei einer inländischen öffentlichen Sparkasse, wenn sie von der zuständigen Behörde des Bundesstaats, in welchem sie ihren Sitz hat, zur Anlegung von Mündelgeld für geeignet erklärt ist.

Die Landesgesetze können für die innerhalb ihres Geltungsbereichs belegenen Grundstücke die Grundsätze bestimmen, nach denen die Sicherheit einer Hypothek, einer Grundschuld oder einer Rentenschuld festzustellen ist.

§ 1808 BGB. Kann die Anlegung den Umständen nach nicht in der im § 1807 bezeichneten Weise erfolgen, so ist das Geld bei der Reichsbank, bei einer Staatsbank oder bei einer anderen durch Landesgesetz dazu für geeignet erklärten inländischen Bank oder bei einer Hinterlegungsstelle anzulegen.

2. Artikel 212 lautet:

In Kraft bleiben die landesgesetzlichen Vorschriften, nach welchen gewisse Wertpapiere zur Anlegung von Mündelgeld für geeignet erklärt sind.

3. Nachdem der Bundesrat laut Bekanntmachung vom 7. Juli 1901 (RGBl. S. 263) auf Grund des § 1807 Abs. 1 Nr. 4 des BGB. beschlossen hat: „Verbriefte Forderungen gegen eine inländische kommunale Körperschaft oder die Kreditanstalt einer solchen Körperschaft sind zur Anlegung von Mündelgeld geeignet, wenn die Forderungen von seiten des Gläubigers kündbar sind oder einer regelmäßigen Tilgung unterliegen", bedarf es in solchen Fällen nicht mehr der Genehmigung der Zentralbehörde.

4. Durch Abs. 2 wird den Versicherungsanstalten „die im Interesse des Geschäftsverkehrs wünschenswerte freie Bewegung bei einstweiliger Unterbringung der jederzeit verfügbar zu haltenden und deshalb zu dauernder Anlegung nicht geeigneten baren Bestände, insbesondere durch Eingehung eines Kontokorrentverkehrs mit zuverlässigen Geschäftsleuten, erhalten" (Begründung S. 348).

5. Der Abs. 3 behandelt die Vermögensanlegung in anderen als mündelsicheren Werten. Über seine Auslegung und Tragweite hat sich das Reichs-Versicherungsamt ausführlich in einem Rundschreiben vom 5. Februar 1900 (AN. S. 390) ausgesprochen; vgl. ferner B. 812 AN. 00 S. 649.

Die Anlegung in Grundstücken kann erfolgen durch Ankauf oder Beleihung. Wie ein Grundstück ist das Erbbaurecht zu behandeln (vgl. AN. 04 S. 321). Bei Beleihungen soll regelmäßig nicht unter einen Zinsfuß von drei Prozent heruntergegangen werden.

6. Zur Errichtung von Geschäftsgebäuden, Kranken-, Invalidenhäusern usw.

7. Dies geschieht z. B., wenn an Kommunen oder gemeinnützige Gesellschaften Darlehen zur Errichtung von Arbeiterwohnungen, Krankenhäusern, Heilstätten, Verpflegungsstationen gegeben werden.

§ 165.

1. **Die Versicherungsanstalten sind verpflichtet, dem Reichs-Versicherungsamte nach näherer Anweisung desselben und in den von ihm vorzuschreibenden Fristen Übersichten über ihre Geschäfts- und Rechnungsergebnisse [1] einzureichen.[2]**

2. **Die Art und Form der Rechnungsführung bei den Versicherungsanstalten wird durch das Reichs-Versicherungsamt geregelt.[3]**

3. **Das Rechnungsjahr ist das Kalenderjahr.[4]**

§ 130 Ges. v. 1889; § 130 d. Entw.

1. Vorschriften über die Übersichten hat das Reichs-Versicherungsamt in den Rundschreiben vom 1. März 1901 (AN. S. 367) und vom 8. Januar 1902 (AN. S. 382) erlassen. Die Übersichten gehen regelmäßig dem Bundesrat und dem Reichstage zu.

2. Der Abs. 1 findet auf zugelassene Kasseneinrichtungen entsprechende Anwendung (§ 173).

3. Die Regelung ist erfolgt durch die Vorschriften über die Art und Form der Rechnungsführung bei den Versicherungsanstalten zur Durchführung des Invalidenversicherungsgesetzes vom 1. Dezember 1899 (AN. 00 S. 219).

4. Auch bei der Unfallversicherung ist das Rechnungsjahr das Kalenderjahr.

IV. Schluß-, Straf- und Übergangsbestimmungen.

§ 166.

Krankenkassen.

Als Krankenkassen im Sinne dieses Gesetzes gelten vorbehaltlich der Bestimmung in den §§ 20, 62 Abs. 1, § 82 Abs. 2 die Orts-, Betriebs- (Fabrik-), Bau- und Innungs-Krankenkassen, die Knappschaftskassen sowie die Gemeinde-Krankenversicherung und landesrechtliche Einrichtungen ähnlicher Art.[1]

§ 135 Ges. v. 1889; § 135 d. Entw.

1. Eingeschriebene Hilfskassen gelten nicht als Krankenkassen im Sinne dieses Gesetzes.

§ 167.

Besondere Bestimmungen für Seeleute.

Seeleute (§ 1 Abs. 1 Ziffer 1 **des Gesetzes vom** 1.
13. Juli 1887, **Reichs-Gesetzbl.** S. 329)[1] **sind bei der-**

jenigen Versicherungsanstalt zu versichern, in deren Bezirke sich der Heimatshafen des Schiffes befindet.

2. Die für Seeleute zu entrichtenden Beiträge dürfen nach näherer Bestimmung der Versicherungsanstalten nach dem für die Unfallversicherung der Seeleute abgeschätzten Bedarf an Besatzungsmannschaften der einzelnen Schiffe von den Reedern entrichtet werden. Über das Verfahren bei Entrichtung der Beiträge können durch den Bundesrat von den Vorschriften dieses Gesetzes abweichende Bestimmungen getroffen werden.[2]

3. Für Seeleute, welche sich außerhalb Europas aufhalten, beträgt die Frist zur Einlegung von Rechtsmitteln drei Monate. Die Frist kann von derjenigen Behörde, gegen deren Bescheid das Rechtsmittel stattfindet, weiter erstreckt werden.

4. Die Obliegenheiten der unteren Verwaltungsbehörde können, soweit es sich um Seeleute handelt, durch den Bundesrat den Seemannsämtern übertragen werden.[3]

§ 136 Ges. v. 1889; § 136 d. Entw.

1. An die Stelle dieses Gesetzes ist das See-Unfallversicherungsgesetz vom 30. Juni 1900 getreten.

2. Solche Bestimmungen sind getroffen in den Vorschriften des Bundesrats, betreffend die Einziehung der von den Reedern für die Invaliditäts- und Altersversicherung der Seeleute zu entrichtenden Beiträge, vom 22. November 1890 (Centr.-Bl. S. 361, AN. 91 S. 129) in der Fassung der Bekanntmachung vom 20. Dezember 1894 (Centr.-Bl. S. 481, AN. 95 S. 101). In letzterer Bekanntmachung ist Ziff. 8 durch die dort versehentlich ausgelassenen Abs. 2 u. 3 der Ziff. 8 der Vorschriften vom 22. November 1890 zu ergänzen. Wegen der gemeinsamen

Geschäftsstelle für die Einziehung der Beiträge für Seeleute vgl. § 99 Anm. 2.

3. Eine solche Bestimmung hat der Bundesrat nicht erlassen.

§ 168.

Beitreibung.

Rückstände[1] sowie die in die Kasse der Versicherungsanstalt fließenden Strafen werden in derselben Weise beigetrieben wie Gemeindeabgaben[2]. Rückstände haben das Vorzugsrecht des § 61 Ziffer 1 der Konkursordnung in der Fassung der Bekanntmachung vom 20. Mai 1898 (Reichs-Gesetzbl. S. 369)[3] und verjähren[4] binnen zwei Jahren[5] nach der Fälligkeit.[6]

§ 137 Ges. v. 1889; § 137 d. Entw.

1. Als Rückstände kommen vornehmlich die nicht entrichteten Versicherungsbeiträge in Betracht. Während § 146 sich nur auf die Fälle bezieht, in denen die Beteiligten, Arbeitgeber oder Arbeitnehmer, aus freien Stücken rückständige Beiträge nachentrichten, greift § 168 Platz, wenn es sich um zwangsweise Entrichtung von Beiträgen handelt. Zur Beitreibung solcher Rückstände sind, soweit die Beitreibung zulässig ist (Anm. 4, 5), die Versicherungsanstalten nicht nur berechtigt, sondern auch verpflichtet (RE. 921 AN. 01 S. 544). Außer ihnen haben das Recht und die Pflicht zur Beitreibung nur noch die unteren Verwaltungsbehörden, diese jedoch lediglich in dem Falle des § 158 nach endgültiger Erledigung von Streitigkeiten im Sinne der §§ 155 bis 157 (E. 969, RE. 1022 AN. 02 S. 392, 685).

2. In Preußen ist die Beitreibung von Gemeindeabgaben geregelt durch die Verordnung, betreffend das Verwaltungszwangsverfahren wegen Beitreibung von Geldbeträgen, vom 15. November 1899 (GS. S. 545).

3. Der § 61 Ziff. 1 der Konkursordnung in der Fassung der Bekanntmachung vom 20. Mai 1898 (RGBl. S. 625) lautet:

„Die Konkursforderungen werden nach folgender Rangordnung, bei gleichem Range nach Verhältnis ihrer Beträge, berichtigt:

1. die für das letzte Jahr vor der Eröffnung des Verfahrens oder dem Ableben des Gemeinschuldners rückständigen Forderungen an Lohn, Kostgeld oder anderen Dienstbezügen der Personen, welche sich dem Gemeinschuldner für dessen Haushalt, Wirtschaftsbetrieb oder Erwerbsgeschäft zur Leistung von Diensten verbungen hatten."

4. Hier handelt es sich also, im Gegensatz zu § 146, um Verjährung. Diese ist in Anbetracht der öffentlich-rechtlichen Grundlage der Invalidenversicherung von Amts wegen zu berücksichtigen, so daß verjährte Rückstände nicht beigetrieben werden dürfen. Die Verjährung kann unterbrochen werden. Hierzu ist im allgemeinen, so im preußischen Gebiete, schon die Zustellung einer Zahlungsaufforderung an den Verpflichteten geeignet. (E. 845 AN. 00 S. 828.) Auch die förmliche, wenn auch nur mündliche Zahlungsaufforderung eines zu Beitreibungshandlungen befugten Kontrollbeamten genügt zur Unterbrechung (RE. 921 AN. 01 S. 544).

5. Früher betrug nach § 137 des JAVG. die Frist vier Jahre. Sie ist auf zwei Jahre abgekürzt worden, um sie mit der für § 146 Satz 1 ursprünglich ausnahmslos in Aussicht genommenen zweijährigen Frist in Übereinstimmung zu bringen. Auf die am 1. Januar 1900 laufenden Fristen fand Art. 169 des Einführungsgesetzes zum Bürgerlichen Gesetzbuch entsprechende Anwendung dergestalt, daß die vierjährige Verjährungsfrist des § 137 des JAVG. maßgebend blieb, soweit sie nicht über die vom 1. Januar 1900 an zu berechnende zweijährige Frist des § 168 hinausreichte (E. 845, RE. 921, E. 969 AN. 00 S. 828, 01 S. 544, 02 S. 392). Vom 1. Januar 1902 an kommt also für die Beitreibung nur noch die zweijährige Frist zur Anwendung. Freiwillig dürfen aber Beiträge in den Ausnahmefällen des § 146 Satz 1 für vier Jahre nachgebracht werden. Für die Beitreibung kommt diese Frist nicht in Betracht.

6. Der Beitreibung unterliegen alle Rückstände, die in den letzten zwei Jahren, zurückgerechnet von der ersten wirksamen

Beitreibungshandlung, also gewöhnlich von der Zustellung der Zahlungsaufforderung, fällig gewesen sind. Vgl. § 146 Anm. 5.

§ 169.

Zuständige Landesbehörden.

Die Zentralbehörden der Bundesstaaten bestimmen, welche Verbände als weitere Kommunalverbände anzusehen, und von welchen Staats- oder Gemeindebehörden beziehungsweise Vertretungen die in diesem Gesetze den Staats- und Gemeindeorganen sowie den Vertretungen der weiteren Kommunalverbände zugewiesenen Verrichtungen wahrzunehmen sind.[1] 1.

Die von den Zentralbehörden der Bundesstaaten in Gemäßheit vorstehender Vorschrift erlassenen Bestimmungen sind durch den Reichs-Anzeiger bekannt zu machen. 2.

§ 138 Ges. v. 1889; § 138 d. Entw.

1. Siehe die Übersicht über die gemäß § 169 von den Zentralbehörden der Bundesstaaten bestimmten zuständigen Landesbehörden usw. AN. 00 S. 367.

§ 170.

Zustellungen.

Zustellungen, welche den Lauf von Fristen bedingen, können durch die Post mittels eingeschriebenen Briefes erfolgen.[1] Posteinlieferungsscheine begründen nach Ablauf von zwei Jahren seit ihrer Ausstellung die Vermutung für die in der ordnungsmäßigen Frist nach der Einlieferung erfolgte Zustellung. 1.

Personen, welche nicht im Inlande wohnen, können von den zustellenden Behörden aufgefordert werden, 2.

einen Zustellungsbevollmächtigten zu bestellen. Wird ein solcher innerhalb der gesetzten Frist nicht bestellt, so kann die Zustellung durch öffentlichen Aushang während einer Woche in den Geschäftsräumen der zustellenden Behörde oder der Organe der Versicherungsanstalten ersetzt werden. Das Gleiche gilt, wenn der Aufenthalt des Empfängers unbekannt ist.[2]

§ 139 Ges. v. 1889; § 139 d. Entw.

1. Sie können in dieser Weise erfolgen, zulässig sind aber auch andere Zustellungsarten, insbesondere also neben denjenigen der Postordnung auch die der CPO. § 166 ff. (RekE. 2004 AN. 03 S. 474). Ueberhaupt genügt jede Art der Behändigung, die die Tatsache und die Zeit des Empfangs des zuzustellenden Schriftstücks erkennen läßt, und von der der Empfänger den Umständen nach annehmen muß, daß sie durch das zuständige Organ in der Absicht, eine Zustellung zu bewirken, veranlaßt worden ist (RE. 320 AN. 94 S. 32). Die Zustellung mittels eingeschriebenen Briefs gilt als erfolgt, wenn der Postbote ihn dem Adressaten angeboten, dieser aber den Empfang ohne Grund verweigert hat (RekE. 1807 AN. 00 S. 669).

2. Die öffentliche Zustellung ist erst zulässig, nachdem die verfügbaren Mittel, den Aufenthalt des Empfängers festzustellen, erschöpft sind (RE. 1200 AN. 05 S. 420).

§ 171.[1]

Gebühren- und Stempelfreiheit.

Alle zur Begründung und Abwickelung der Rechtsverhältnisse zwischen den Versicherungsanstalten einerseits und den Arbeitgebern oder Versicherten andererseits erforderlichen schiedsgerichtlichen und außergerichtlichen Verhandlungen und Urkunden sind gebühren- und stempelfrei. Dasselbe gilt für privatschriftliche Vollmachten und amtliche Bescheinigungen, welche auf Grund dieses Gesetzes zur Legitimation oder zur Führung von Nachweisen erforderlich werden.

§ 140 Ges. v. 1889; § 140 d. Entw.

1. Der § 171 findet auf zugelassene Kasseneinrichtungen entsprechende Anwendung (§ 173).

§ 172.[1]

Rechtshilfe.

Die öffentlichen Behörden sind verpflichtet, den im Vollzuge dieses Gesetzes an sie ergehenden Ersuchen des Reichs-Versicherungsamts, der Landes-Versicherungsämter, der Schiedsgerichte, der Organe der Versicherungsanstalten und anderer öffentlicher Behörden zu entsprechen und den Organen der Versicherungsanstalten auch unaufgefordert alle Mitteilungen zukommen zu lassen, welche für deren Geschäftsbetrieb von Wichtigkeit sind.[2] Die gleiche Verpflichtung liegt den Organen der Versicherungsanstalten untereinander sowie den Organen der Berufsgenossenschaften und der Krankenkassen ob. 1.

Die durch die Erfüllung dieser Verpflichtungen entstehenden Kosten sind von den Versicherungsanstalten als eigene Verwaltungskosten insoweit zu erstatten, als sie in Tagegeldern und Reisekosten sowie in Gebühren für Zeugen und Sachverständige oder in sonstigen baren Auslagen bestehen.[3] 2.

§ 141 Abs. 1, 2 Ges. v. 1889; § 141 d. Entw.

1. Der § 172 findet auf zugelassene Kasseneinrichtungen entsprechende Anwendung (§ 173).

2. Eine allgemeine Verfügung des Preußischen Justizmini=

sters vom 8. Mai 1903 (JMBl. S. 101; AN. 03 S. 506, 04 S. 241) trifft unter anderm Bestimmung über die Behandlung von Quittungskarten, die im Strafverfahren zu den Akten gelangt sind, und macht der Staatsanwaltschaft zur Pflicht, der beteiligten Versicherungsanstalt von jeder eine Strafvorschrift des JVG., außer der des § 181 Ziff. 4, betreffenden rechtskräftigen Entscheidung in Strafsachen durch Übersendung einer Abschrift der Entscheidung oder Vorlegung der Strafakten Mitteilung zu machen.

3. Vgl. die Anweisung des RVA., betreffend die Inanspruchnahme der Versicherungsanstalten zur Erstattung der für geleistete Rechtshilfe entstandenen Kosten, vom 12. November 1891 (AN. 92 S. 13) und das Rundschreiben des RVA. vom 19. Dezember 1893 nebst allgemeiner Verfügung des Preußischen Justizministers vom 27. November 1893 betreffend die bei Gerichten erwachsenen Rechtshilfekosten in Angelegenheiten der Unfall= und Invalidenversicherung (AN. 94 S. 1, 2).

§ 173.

Besondere Kasseneinrichtungen.

1. Die Bestimmungen der §§ 18 bis 23, 33, 47 bis 52, 54, 55, 99, 100 bis 102, 113, 115 bis 119, 123 bis 127, 128 Abs. 3, 6, §§ 156, 165 Abs. 1, §§ 171, 172 finden auch auf die nach §§ 8, 10, 11 zugelassenen Kasseneinrichtungen entsprechende Anwendung.

2. Die Haftung für die der Kasseneinrichtung obliegenden Leistungen (§§ 68, 127) liegt, sofern die Kasseneinrichtung für Betriebe des Reichs oder eines Kommunalverbandes errichtet ist, dem Reiche oder dem Kommunalverband, im übrigen demjenigen Bundesstaat ob, in dem der Betrieb, für welchen die Kasseneinrichtung errichtet ist, seinen Sitz hat. Ist die Kasseneinrichtung für mehrere, in ver-

schiedenen Bundesstaaten belegene Betriebe errichtet, so haften diese Bundesstaaten nach der Zahl der bei der Kasseneinrichtung versicherten Personen, welche in den beteiligten Betrieben am Schlusse des letzten Rechnungsjahrs beschäftigt waren. Diese Bestimmung findet in den Fällen des § 101 entsprechende Anwendung.

§§ 69, 94, 141 Abs. 3 Ges. v. 1889; § 141 a d. Entw.

§ 174.

Für die Feststellung der von den Kasseneinrichtungen dem Gemeinvermögen nach dem Inkrafttreten des Gesetzes zufließenden Beitragseinnahmen sowie für die Verteilung der Altersrenten sind die nach § 32 Abs. 5 zur Erhebung kommenden Beiträge maßgebend. Eine Verteilung der von Kasseneinrichtungen festgestellten Renten erfolgt nur dann und insoweit, als ein Anspruch auf dieselben auch nach den Vorschriften dieses Gesetzes bestehen würde und soweit dieselben das Maß des reichsgesetzlichen Anspruchs nicht übersteigen [1]. 1.

Soweit diese Kasseneinrichtungen die von ihnen festgesetzten Renten ohne Vermittelung der Postanstalten selbst auszahlen, wird ihnen der Reichszuschuß am Schlusse eines jeden Rechnungsjahrs direkt überwiesen. 2.

§ 94 Ges. v. 1889; § 141 b d. Entw.

1. Hiernach darf jede Kassenrente ungeachtet ihrer rechtskräftigen Feststellung im Verfahren gemäß § 126 Abs. 2 auf Grund der der Rentenverteilungsinstanz, d. i. der Rechnungs-

stelle, vorzulegenden Akten sachlich nachgeprüft werden, und zwar mit der Wirkung, daß bei offensichtlichem Mangel einer gesetzlichen Voraussetzung des Anspruchs der Reichszuschuß und die etwaige Mitbelastung anderer Versicherungsträger zu versagen sind (AN. 01 S. 328).

§ 175.

Strafbestimmungen.[1]

Arbeitgeber, welche in die von ihnen auf Grund gesetzlicher oder von der Versicherungsanstalt erlassener Bestimmung aufzustellenden Nachweisungen oder Anzeigen Eintragungen aufnehmen, deren Unrichtigkeit sie kannten oder den Umständen nach annehmen mußten, können von der unteren Verwaltungsbehörde und da, wo Rentenstellen bestehen, von dem Vorsitzenden derselben mit Geldstrafe bis zu einhundertundfünfzig Mark, von dem Vorstande der Versicherungsanstalt mit Geldstrafe bis zu fünfhundert Mark belegt werden.[2]

§ 142 Ges. v. 1889; § 142 d. Entw.

1. Die §§ 175 bis 178 sowie § 184 Abs. 1 enthalten Bestimmungen über Ordnungsstrafen, die §§ 179 bis 183, §§ 184 Abs. 2 bis 188 dagegen drohen Kriminalstrafen an. Erstere sollen nach der Absicht des Gesetzes nur dann verhängt werden, wenn eine böswillige Absicht oder eine grobe Fahrlässigkeit nachgewiesen ist.

2. Wegen der Beschwerde vgl. § 187. Danach entscheidet über die Beschwerde gegen die Entscheidungen der unteren Verwaltungsbehörde und der Rentenstelle die höhere Verwaltungsbehörde, gegen die Entscheidungen des Vorstands der Versicherungsanstalt das RVA. oder das Landes-Versicherungsamt.

Die Vorschrift des § 175 schließt die Bestrafung wegen Betrugs, soweit dessen Tatbestand gegeben ist, nicht aus (RGE. Bd. 27 S. 391).

§ 176.

Arbeitgeber, welche es unterlassen, für die von ihnen beschäftigten, dem Versicherungszwang unterliegenden Personen Marken in zureichender Höhe und in vorschriftsmäßiger Beschaffenheit rechtzeitig (§ 141) zu verwenden[1] oder die Versicherungsbeiträge rechtzeitig abzuführen (§§ 148, 149), können von dem Vorstande der Versicherungsanstalt und da, wo die Beitragskontrolle Rentenstellen übertragen ist, von dem Vorsitzenden derselben mit Geldstrafe belegt werden, und zwar von dem Vorstande bis zu dreihundert Mark, von dem Vorsitzenden der Rentenstelle bis zu einhundertundfünfzig Mark.[2] Eine Bestrafung findet nicht statt, wenn die rechtzeitige Verwendung der Marken von einem anderen Arbeitgeber oder Betriebsleiter (§ 177) oder im Falle des § 144 von dem Versicherten bewirkt worden ist. 1.

Die vorstehenden Bestimmungen finden auf Arbeitgeber, welche die ihnen gemäß § 4 Abs. 2 obliegenden Verpflichtungen nicht erfüllen, entsprechende Anwendung. 2.

Bestreitet der Arbeitgeber seine Beitragspflicht, so ist diese auf dem im § 155 bezeichneten Wege festzustellen. 3.

§ 143 Ges. v. 1889; § 143 d. Entw.

1. Der Arbeitgeber kann sich regelmäßig nicht damit entschuldigen, daß der Arbeiter keine Quittungskarte besessen habe. Denn da er nach §§ 140, 141 zur Markenverwendung verpflichtet ist, muß er erforderlichenfalls von der ihm im § 131 Abs. 2 gegebenen Befugnis zur eigenen Besorgung der Karte

Gebrauch machen, und er ist nur dann entschuldigt, wenn dieses Mittel versagt hat (B. 1018 AN. 02 S. 651).

2. Über die Beschwerde gegen die Straffestsetzung entscheidet die höhere Verwaltungsbehörde (§ 178). Auf dem Wege der Gnade können die so festgesetzten Strafen nicht erlassen werden, denn das Begnadigungsrecht erstreckt sich nur auf Strafen, die der Staat als Inhaber der öffentlichen Strafgewalt durch seine zur Strafrechtspflege berufenen Organe verhängt hat, nicht dagegen auf nichtstaatliche Verwaltungsstrafen.

Bei verspäteter Verwendung von Marken verliert der Arbeitgeber gemäß § 142 Abs. 3 außerdem die Möglichkeit, den auf den Arbeitnehmer fallenden Betrag von demselben wieder einzuziehen.

§ 177.

1. Der Arbeitgeber ist befugt, die Aufstellung der nach gesetzlicher oder statutarischer Vorschrift erforderlichen Nachweisungen oder Anzeigen sowie die Verwendung von Marken auf bevollmächtigte Leiter seines Betriebs zu übertragen.

2. Name und Wohnort von solchen bevollmächtigten Betriebsleitern sind dem Vorstande der Versicherungsanstalt und da, wo die Beitragskontrolle Rentenstellen übertragen ist, dem Vorsitzenden derselben sowie beim Einzugsverfahren der Einzugsstelle mitzuteilen. Begeht ein derartiger Bevollmächtigter eine in den §§ 175, 176, 179 mit Strafe bedrohte Handlung, so finden auf ihn die dort vorgesehenen Strafen Anwendung.

§ 144 Ges. v. 1889; § 144 d. Entw.

§ 178.

Gegen Straffestsetzungen, die auf Grund dieses Gesetzes oder der zu dessen Ausführung ergangenen

Anordnungen oder auf Grund der Statuten von den Organen der Versicherungsanstalten oder den Schiedsgerichtsvorsitzenden getroffen sind, findet die Beschwerde statt. Über dieselbe entscheidet, wenn die Straffestsetzung auf Grund des § 176 oder wenn sie in anderen Fällen von dem Vorsitzenden der Rentenstelle oder von dem Vorsitzenden des Schiedsgerichts getroffen war, die höhere Verwaltungsbehörde[1], in deren Bezirke sich der Sitz der Versicherungsanstalt, der Rentenstelle oder des Schiedsgerichts befindet, im übrigen das Reichs-Versicherungsamt.[2] Die Beschwerde ist binnen zwei Wochen nach der Zustellung der Strafverfügung bei der zur Entscheidung zuständigen Stelle einzulegen; deren Entscheidung ist endgültig.

Die von den vorbezeichneten Stellen sowie von 2.
den Verwaltungsbehörden auf Grund dieses Gesetzes festgesetzten Strafen fließen, soweit nicht in diesem Gesetz abweichende Bestimmungen getroffen sind, in die Kasse der Versicherungsanstalt.

§ 145 Ges. v. 1889; § 145 d. Entw.

1. Vgl. § 155 Anm. 7. Die höheren Verwaltungsbehörden entscheiden nach allgemeinem Verwaltungsgrundsatz auch über die Beschwerden gegen die Straffestsetzungen der unteren Verwaltungsbehörden (vgl. §§ 175, 177, 184 Abs. 1).

2. An die Stelle des RVA. tritt u. U. das Landes-Versicherungsamt (§ 111 Abs. 2).

§ 179.

Wer der ihm nach § 148 obliegenden Verpflichtung zur An- und Abmeldung nicht nachkommt, wird mit Geldstrafe bis zu zwanzig Mark bestraft.[1] Hatte die Meldung für eine Krankenkasse zu erfolgen, so fließen dieser die Geldstrafen zu.

§ 112 Abs. 1 Ziff. 2 Ges. v. 1889; § 145a d. Entw.

1. Die Strafe ist durch Vermittelung des Amtsanwalts von dem Schöffengericht (§ 27 des Gerichtsverfassungsgesetzes) festzusetzen. Es kann jedoch auch zunächst ein schriftlicher Strafbefehl des Amtsrichters (§ 447 der Strafprozeßordnung) oder nach Landesrecht gemäß §§ 453 ff. der Strafprozeßordnung eine vorläufige Straffestsetzung durch die Polizeibehörde erfolgen, die rechtskräftig werden, sobald sie nicht rechtzeitig angefochten werden (vgl. Begr. S. 357).

§ 180.

1. Den Arbeitgebern und ihren Angestellten ist untersagt, durch Übereinkunft oder mittels Arbeitsordnungen die Anwendung der Bestimmungen dieses Gesetzes zum Nachteile der Versicherten ganz oder teilweise auszuschließen oder dieselben in der Übernahme oder Ausübung eines in Gemäßheit dieses Gesetzes ihnen übertragenen Ehrenamts zu beschränken. Vertragsbestimmungen, welche diesem Verbote zuwiderlaufen, haben keine rechtliche Wirkung.

2. Arbeitgeber oder deren Angestellte, welche gegen die vorstehende Bestimmung verstoßen, werden, sofern nicht nach anderen gesetzlichen Vorschriften eine härtere Strafe eintritt, mit Geldstrafe bis zu dreihundert Mark oder mit Haft bestraft.

§ 147 Ges. v. 1889; § 147 d. Entw.

§ 181.

Die gleiche Strafe (§ 180) trifft, sofern nicht nach anderen Gesetzen eine höhere Strafe verwirkt ist[1],

1. Arbeitgeber, welche den von ihnen beschäftigten, dem Versicherungszwang unterliegenden Personen an Beiträgen in rechtswidriger Absicht mehr bei der Lohnzahlung in Anrechnung bringen, als nach § 34 Abs. 4, § 142 zulässig ist, oder welche es unterlassen, entgegen der Vorschrift des § 142 Abs. 4 die dort gebotenen Lohnabzüge zu machen, oder den bei Anwendung des § 52a des Krankenversicherungsgesetzes auf die Beiträge zur Invalidenversicherung sich ergebenden Verpflichtungen nachzukommen;
2. Angestellte, welche einen solchen größeren Abzug in rechtswidriger Absicht bewirken;
3. Versicherte, welche die Beiträge selbst entrichten, wenn sie dabei von dem Arbeitgeber in rechtswidriger Absicht mehr erstattet verlangen, als nach § 34 Abs. 4, §§ 144, 145 zulässig ist,[2] oder wenn sie für die gleiche Beitragswoche die Erstattung des vollen Beitragsanteils von mehr als einem Arbeitgeber in Anspruch nehmen[3] oder es unterlassen, den vom Arbeitgeber erhobenen Beitragsanteil zur Entrichtung des Beitrags zu verwenden;
4. Personen, welche dem Berechtigten eine Quittungskarte widerrechtlich vorenthalten.[4]

§ 148 Ges. v. 1889; § 148 d. Entw.

1. Das Vergehen gegen § 181 Ziff. 1 kann mit vollendetem oder versuchtem Betrug gemäß §§ 263, 73 StGB. ideell konkurrieren (RGE. Bd. 30 S. 86).

2. Diese Strafandrohung wird im Hinblick auf § 144 Abs. 2, wonach der Erstattungsanspruch des die Beiträge entrichtenden Versicherten gegen den Arbeitgeber nur besteht, sofern der Bei=

trag bereits entrichtet und die Marke vorschriftsmäßig entwertet ist, besonders in den Fällen praktisch werden, in denen der Arbeitgeber seinen Beitragsanteil dem Versicherten erstattet, ohne daß diesem hierauf ein gesetzlicher Anspruch schon zustand (Begr. S. 358).

3. Dies trifft auch für den Fall zu, daß Versicherte im Falle gleichzeitiger versicherungspflichtiger Beschäftigung bei mehreren Arbeitgebern, die die Belastung unter sich geteilt haben (§ 140 Abs. 2), von diesen zusammen mehr als den zulässigen Beitragsanteil erlangen (Begr. S. 358).

4. Vgl. § 139 Abs. 2, 3.

§ 182.

1. **Arbeitgeber[1], welche den von ihnen beschäftigten Personen auf Grund des § 142 Lohnbeträge in Abzug bringen[2], die abgezogenen Beträge aber nicht zu Zwecken der Versicherung verwenden[3], werden, falls nicht nach anderen Gesetzen eine höhere Strafe verwirkt ist[4], mit Geldstrafe bis zu dreihundert Mark oder mit Haft bestraft.**

2. **Wurde die Verwendung in der Absicht[5] unterlassen, sich oder einem Dritten einen rechtswidrigen Vermögensvorteil zu verschaffen oder die Versicherungsanstalt oder die Versicherten zu schädigen, so tritt Gefängnisstrafe ein, neben welcher auf Geldstrafe bis zu dreitausend Mark sowie auf Verlust der bürgerlichen Ehrenrechte erkannt werden kann. Sind mildernde Umstände vorhanden, so darf ausschließlich auf Geldstrafe erkannt werden.**

§ 149 d. Entw.

1. Gegen bevollmächtigte Betriebsleiter (§ 177) greift die Bestimmung nicht Platz (RGE. Bd. 35 S. 20).

2. Voraussetzung ist nicht, daß der Arbeitgeber die für den Arbeiter zu entrichtenden Beiträge tatsächlich aus den hingezählten Lohnbeträgen an sich genommen und einbehalten oder sie überhaupt als Kassengelder für die berechtigte Kasse besonders besessen und bereit gehalten hat, es genügt vielmehr, wenn der Arbeitgeber tatsächlich, sei es auch stillschweigend, von seinem Abzugsrechte Gebrauch gemacht hat (RGE. Bd. 34 S. 442).

3. Die Markenverwendung hat nach § 141 regelmäßig bei der Lohnzahlung zu erfolgen ohne Rücksicht auf die Dauer des Arbeitsvertrags (RGE. Bd. 35 S. 121).

4. Die Feststellung eines Betrugs durch Nichtabführung von Versicherungsbeiträgen ist zwar nicht grundsätzlich ausgeschlossen, sie bedarf aber um so genauerer Begründung hinsichtlich der einzelnen Tatbestandsmerkmale, als gerade die Schwierigkeit der Feststellung zur Einführung des sich an § 82b des KVG. anlehnenden § 182 des JVG. geführt hat (Urteil des RG. vom 28. April 02, AN. 02 S. 489).

5. Der Ausdruck „Absicht" ist nicht im Sinne von „Endzweck" zu verstehen; zur Erfüllung des subjektiven Tatbestands genügt das Bewußtsein von dem eintretenden Erfolg (RGE. Bd. 30 S. 161).

§ 183.

Die Strafbestimmungen der §§ 175, 176, 179 bis 182 finden auch auf die gesetzlichen Vertreter handlungsunfähiger Arbeitgeber, desgleichen auf die Mitglieder des Vorstandes einer Aktiengesellschaft, Innung oder eingetragenen Genossenschaft, sowie auf die Liquidatoren einer Handelsgesellschaft, Innung oder eingetragenen Genossenschaft Anwendung.

§ 150 Ges. v. 1889; § 150 d. Entw.

§ 184.

**Wer in Quittungskarten Eintragungen oder Ver- 1.
merke macht, welche nach § 139 unzulässig sind, oder**

wer in Quittungskarten den Vordruck oder die zur Ausfüllung des Vordrucks eingetragenen Worte oder Zahlen verfälscht oder wissentlich von einer derart verfälschten Karte Gebrauch macht,[1] kann von der unteren Verwaltungsbehörde und da, wo Rentenstellen die Beitragskontrolle übertragen ist, von dem Vorsitzenden derselben mit Geldstrafe bis zu zwanzig Mark belegt werden.[2]

2. Sind die Eintragungen, Vermerke oder Veränderungen in der Absicht gemacht worden, den Inhaber der Quittungskarte anderen Arbeitgebern gegenüber zu kennzeichnen,[3] so tritt Geldstrafe bis zu zweitausend Mark oder Gefängnis bis zu sechs Monaten ein. Sind mildernde Umstände vorhanden, so kann statt der Gefängnisstrafe auf Haft erkannt werden.

3. Eine Verfolgung wegen Urkundenfälschung (§§ 267, 268 des Reichs-Strafgesetzbuchs)[4] tritt nur ein, wenn die Fälschung in der Absicht begangen wurde, sich oder einem anderen einen Vermögensvorteil zu verschaffen oder einem anderen Schaden zuzufügen.

§ 151 Ges. v. 1889; § 151 d. Entw.

1. Die Strafandrohung richtet sich nicht nur gegen Personen, die die Quittungskarte mit einem Rechtsgrund in Gewahrsam haben (Arbeitgeber, Versicherte oder sonst berechtigte Inhaber), sondern auch gegen unberechtigte Gewahrsamsinhaber, z. B. gegen den, der die Karte durch eine strafbare Handlung erlangt hat (RGE. Bd. 36 S. 351; abgedruckt auch AN. 03 S. 556).

2. Über die Beschwerde entscheidet nach § 178 die höhere Verwaltungsbehörde.

3. Die Einschaltung des Wortes „anderen" beruht auf einem Versehen; zur „Kennzeichnung" sind im Hinblick auf § 139 Abs. 1

Satz 1 nur geeignet Urteile über die Führung oder die Leistungen des Inhabers und allenfalls sonstige durch dieses Gesetz nicht vorgesehene Eintragungen oder Vermerke (RGE. Bd. 36 S. 351; vgl. Anm. 1). Eintragungen, die das Gesetz selbst vorschreibt, sind im Sinne des § 139 Abs. 1 Satz 1 nicht unzulässig (RGE. Bd. 32 S. 263).

4. Die von der zuständigen Stelle in der vorgeschriebenen Form für eine bestimmte Person ausgestellte Quittungskarte ist eine öffentliche Urkunde, auch wenn noch keine Marken eingeklebt worden sind (RGE. Bd. 23 S. 178). Sie gehört nicht zu den im § 363 des StGB. bezeichneten Legitimationspapieren oder Zeugnissen (RGE. Bd. 23 S. 335, Bd. 24 S. 348).

§ 185.

Die Mitglieder der Vorstände und sonstiger Organe der Versicherungsanstalten sowie die das Aufsichtsrecht über dieselben ausübenden Beamten werden, wenn sie unbefugt Betriebsgeheimnisse offenbaren, welche kraft ihres Amtes zu ihrer Kenntnis gelangt sind, mit Geldstrafe bis zu eintausendfünfhundert Mark oder mit Gefängnis bis zu drei Monaten bestraft. 1.

Die Verfolgung tritt nur auf Antrag des Betriebsunternehmers ein. 2.

§§ 152 Ges. v. 1889; § 152 d. Entw.

§ 186.

Die im § 185 bezeichneten Personen werden mit Gefängnis, neben welchem auf Verlust der bürgerlichen Ehrenrechte erkannt werden kann, bestraft, wenn sie absichtlich zum Nachteile der Betriebsunternehmer Betriebsgeheimnisse, welche kraft ihres Amtes zu ihrer Kenntnis gelangt waren, offenbaren, oder 1.

wenn sie geheim gehaltene Betriebseinrichtungen oder Betriebsweisen, welche kraft ihres Amtes zu ihrer Kenntnis gelangt sind, solange als diese Betriebsgeheimnisse sind, nachahmen.

2. Tun sie dies, um sich oder einem anderen einen Vermögensvorteil zu verschaffen, so kann neben der Gefängnisstrafe auf Geldstrafe bis zu dreitausend Mark erkannt werden.

§ 153 Ges. v. 1889; § 153 d. Entw.

§ 187.[1]

1. Mit Gefängnis nicht unter drei Monaten, neben welchem auf Verlust der bürgerlichen Ehrenrechte erkannt werden kann, wird bestraft, wer unechte Marken in der Absicht anfertigt, sie als echt zu verwenden, oder echte Marken in der Absicht verfälscht, sie zu einem höheren Werte zu verwenden, oder wissentlich von falschen oder verfälschten Marken Gebrauch macht.

2. Dieselbe Strafe trifft denjenigen, welcher Marken verwendet[2], veräußert oder feilhält[3], obwohl er weiß oder den Umständen nach annehmen muß, daß die Marken bereits einmal verwendet worden sind[4]. Sind mildernde Umstände vorhanden, so kann auf Geldstrafe bis zu dreihundert Mark oder Haft erkannt werden.

3. Zugleich ist auf Einziehung der Marken zu erkennen, ohne Unterschied, ob sie dem Verurteilten gehören oder nicht. Auf diese Einziehung ist auch

dann zu erkennen, wenn die Verfolgung oder Verurteilung einer bestimmten Person nicht stattfindet.

§ 154 Ges. v. 1889; § 154 d. Entw.

1. Die Bestimmungen des § 187 schließen als Spezialgesetz die Anwendung des § 263 des StGB. aus (RGE. Bd. 34 S. 259).

2. Verwendet werden Marken nur durch Einkleben in die Karte (RGE. Bd. 34 S. 259).

3. Der Ankauf kann als Beihilfe zur Veräußerung bestraft werden (RGE. Bd. 34 S. 273; im Auszug abgedruckt AN. 02 S. 401).

4. Bereits verwendet ist eine in die Quittungskarte eingeklebte Marke nur, wenn sie tatsächlich oder rechtlich zur Tilgung einer bestimmten, fällig gewordenen Beitragspflicht (§§ 141, 142) gedient hat (RGE. Bd. 23 S. 339).

§ 188.

Mit Geldstrafe bis zu einhundertundfünfzig Mark oder mit Haft wird bestraft, wer ohne schriftlichen Auftrag einer Versicherungsanstalt oder einer Behörde 1.

1. Stempel, Siegel, Stiche, Platten oder andere Formen, welche zur Anfertigung von Marken dienen können, anfertigt oder an einen anderen als die Versicherungsanstalt beziehungsweise die Behörde verabfolgt,
2. den Abdruck der in Ziffer 1 genannten Stempel, Siegel, Stiche, Platten oder Formen unternimmt oder Abdrücke an einen anderen als die Versicherungsanstalt beziehungsweise die Behörde verabfolgt.

Neben der Geldstrafe oder Haft kann auf Einziehung der Stempel, Siegel, Stiche, Platten oder 2.

Formen erkannt werden, ohne Unterschied, ob sie dem Verurteilten gehören oder nicht.

§ 155 Ges. v. 1889; § 155 d. Entw.

§ 189.

Übergangsbestimmungen.

1. Bei Versicherten[1], welche innerhalb der ersten fünf Jahre, nachdem die Versicherungspflicht[2] für ihren Berufszweig in Kraft getreten ist[3], erwerbsunfähig[4] werden, wird auf die Wartezeit für die Invalidenrente (§ 29 Abs. 1 Ziffer 1)[5] die Dauer einer früheren Beschäftigung angerechnet, für welche die Versicherungspflicht bestand[6] oder inzwischen eingeführt worden ist.[7]

2. Die Anrechnung erfolgt aber nur, insoweit die frühere Beschäftigung in die letzten fünf Jahre[8] vor Eintritt der Erwerbsunfähigkeit[9] entfällt, und nur dann, wenn nach dem Zeitpunkte, mit welchem die Versicherungspflicht für den betreffenden Berufszweig in Kraft getreten ist, eine die Versicherungspflicht begründende Beschäftigung für die Dauer von mindestens vierzig Wochen bestanden hat[10].

§ 156 Ges. v. 1889; § 156 d. Entw.

1. „Versicherte" sind nur diejenigen, die nach Einführung der Versicherung eine versicherungspflichtige Tätigkeit ausgeübt haben. Vgl. Anm. 10 und § 190 Anm. 1.

2. Auf Selbstversicherer (§ 14 Abs. 1) erstrecken sich also die Vorteile der Übergangszeit nicht.

3. In Kraft getreten ist die Versicherungspflicht: nach dem JAVG. am 1. Januar 1891; nach dem Bundesratsbeschlusse vom 16. Dezember 1891, betr. die Tabakfabrikation, am

4. Januar 1892 (Anhang Nr. 2); nach dem Bundesratsbeschlusse vom 1. März 1894, betr. die Textilindustrie, am 2. Juli 1894 (Anhang Nr. 3); nach dem Bundesratsbeschlusse vom 9. November 1895, betr. die Textilindustrie, am 1. Januar 1896 (Anhang Nr. 3); nach dem IVG. am 1. Januar 1900.

4. Sei es dauernd (§ 15), sei es vorübergehend (§ 16).

5. Die Verweisung auf § 29 Abs. 1 Ziff. 1 hat nicht den Sinn, daß die Wartezeit für die Invalidenrente von 200 Beitragswochen nur dann Anwendung findet, wenn vom Inkrafttreten der Versicherungspflicht an mindestens 100 Pflichtbeiträge entrichtet worden sind (RE. 821 AN. 00 S. 677). Vgl. Anm. 8.

6. Auf die vorgesetzliche Zeit ist sonach neben der nachträglich für versicherungspflichtig erklärten Beschäftigung auch die schon vorher der Versicherungspflicht unterliegende Tätigkeit anzurechnen. Für diese müssen aber auch Beiträge geleistet sein; letztere erhöhen die Rente (RE. 455 AN. 95 S. 246).

7. Krankheiten und militärische Dienstleistungen kommen nach § 191 zur Anrechnung.

8. Hieraus ergibt sich, daß die Bestimmungen des § 189 die zweihundertwöchige Wartezeit des § 29 Abs. 1 Ziff. 1 im Auge haben (vgl. Anm. 5), denn die fünfhundertwöchige kann in fünf Jahren nicht zurückgelegt werden.

9. Im Falle vorübergehender Erwerbsunfähigkeit ist vom Ablauf der 26. Woche zurückzurechnen.

10. Es müssen aber auch Beiträge geleistet sein (RE. 930 AN. 01 S. 613). Krankheiten und militärische Dienstleistungen kommen hier gleichfalls zur Anrechnung (RE. 145, 216 AN. 92 S. 54, 93 S. 59), sie allein genügen aber nicht (RE. 195 AN. 92 S. 140). Wer vor 40 Wochen dauernd erwerbsunfähig wird, hat keinen Anspruch auf Invalidenrente.

§ 190.

Bei Versicherten[1], welche zu der Zeit, als die 1.
Versicherungspflicht für ihren Berufszweig in Kraft trat[2], das vierzigste Lebensjahr vollendet haben[3], werden auf die Wartezeit für die Altersrente (§ 29

Abs. 1 Ziffer 2) für jedes volle Jahr, um welches ihr Lebensalter zu diesem Zeitpunkte das vollendete vierzigste Jahr überstiegen hat, vierzig Wochen und für den überschießenden Teil eines solchen Jahres die weiteren Wochen, jedoch nicht mehr als vierzig, angerechnet.[4]

2. Die Anrechnung erfolgt aber nur dann, wenn solche Personen während der dem Inkrafttreten unmittelbar vorangegangenen drei Jahre berufsmäßig[5], wenn auch nicht ununterbrochen, eine Beschäftigung gehabt haben, für welche die Versicherungspflicht bestand oder inzwischen eingeführt worden ist.[6] Dieser Nachweis wird erlassen[7], wenn innerhalb der ersten fünf Jahre, nachdem die Versicherungspflicht für den betreffenden Berufszweig in Kraft getreten ist, eine die Versicherungspflicht begründende Beschäftigung für die Dauer von mindestens zweihundert Wochen bestanden hat[8].

§ 157 Ges. v. 1889; § 157 d. Entw.

1. Versicherte sind diejenigen an sich versicherungspflichtigen Personen, die nach dem Inkrafttreten des Gesetzes auch tatsächlich in ein die Versicherungspflicht begründendes Arbeits- oder Dienstverhältnis eingetreten sind (RE. 44 AN. 91 S. 156). Vgl. § 189 Anm. 1.

2. Vgl. § 189 Anm. 3.

3. Die Wartezeit für die Altersrente beträgt nach § 29 Abs. 1 Ziff. 2 1200 Beitragswochen, das sind 30 Jahre, das Jahr zu 40 Beitragswochen gerechnet. Es würden also nur die, die beim Inkrafttreten der Versicherung noch nicht 40 Jahre alt waren, mit der Vollendung des 70. Lebensjahres die Altersrente erlangen können, und je älter sie damals waren, desto geringer wäre für sie die Aussicht auf die Rente. Deshalb sind für diejenigen, die

das 40. Lebensjahr vollendet hatten, günstigere Bestimmungen getroffen worden.

4. Zur Bestimmung der demgemäß für die Wartezeit je nach dem Eintritt des Versicherungszwangs nachzuweisenden Mindestzahl von Beitragswochen dienen die fünf Tabellen AN. 00 S. 203 bis 207; die beiden wichtigsten, betr. den Eintritt des Versicherungszwangs am 1. Januar 1891 und am 2. Juli 1894, siehe Anhang Nr. 16. Über die Höchstzahl der anzurechnenden Beitragswochen vgl. die Tabellen AN. 1900 S. 208 ff.

Nach Abs. 1 können Personen, die zur Zeit des Inkrafttretens der Versicherungspflicht das 70. Lebensjahr bereits vollendet haben, sofort die Altersrente beanspruchen, vorausgesetzt daß sie zu diesem Zeitpunkt eine versicherungspflichtige Tätigkeit ausgeübt und die vorgesetzliche Wartezeit (Abs. 2) erfüllt haben (RE. 44 AN. 91 S. 156). Sie müssen also insbesondere beim Inkrafttreten erwerbsfähig gewesen sein (§ 5 Abs. 4). Der Leistung von Beiträgen bedarf es alsdann nicht (RE. 611 AN. 97 S. 518). Wird erst später eine versicherungspflichtige Beschäftigung übernommen, so kann die Altersrente auch erst vom Beginne dieser Beschäftigung an beansprucht werden (RE. 114 AN. 92 S. 28).

Ist bei Vollendung des 70. Lebensjahres die Wartezeit nicht erfüllt, so kann sie nachträglich durch Pflicht- oder freiwillige Versicherung erfüllt werden. Die Altersrente beginnt dann mit dem Ablauf der Kalenderwoche (Sonntag), für die die letzte der zur Belegung der Wartezeit erforderlichen Marken beigebracht ist (RE. 331, 613 AN. 94 S. 79, 97 S. 520). Erst nach Vollendung des 70. Lebensjahres entrichtete freiwillige Beiträge können nur auf die von jenem Zeitpunkte an laufenden Wochen angerechnet werden (RE. 820 AN. 00 S. 676). Bei Beurteilung eines auf den Bundesratsbeschluß, betr. die Textilindustrie, vom 1. März 1894 gestützten Altersrentenanspruchs sind auch die vom 2. Juli 1894 an auf Grund anderweit versicherter Tätigkeit entrichteten Beiträge auf die Wartezeit anzurechnen (RE. 1138 AN. 04 S. 479).

5. Berufsmäßig wird eine Beschäftigung ausgeübt, wenn jemand damit seinen Lebensunterhalt überwiegend oder doch in solchem Umfang erwirbt, daß seine wirtschaftliche Stellung zu einem erheblichen Teile darauf beruht; vgl. Anl. Ziff. 11 III.

6. Auf diese vorgesetzliche Wartezeit dürfen neben den bereits wirklich versicherungspflichtigen nur solche Beschäftigungen in Anrechnung gebracht werden, die mit dem Beginn der sich unmittelbar anschließenden gesetzlichen Zeit versicherungspflichtig geworden sind (RE. 813 AN. 00 S. 662). Vgl. § 189 Anm. 6. Krankheiten, militärische Dienstleistungen, der Bezug der Invalidenrente und gewisse Unterbrechungen der versicherungspflichtigen Beschäftigung sind hier nach § 191 anzurechnen.

7. Die Bestimmung des Abs. 2 Satz 2 begründet nicht nur eine widerlegbare Rechtsvermutung, sondern beseitigt für die dort bezeichneten Fälle das Erfordernis der Erfüllung der vorgesetzlichen Wartezeit (RE. 813 AN. 00 S. 662).

8. Zeiten versicherungspflichtiger Beschäftigung, für die Beiträge nicht entrichtet sind und gemäß § 146 nicht mehr entrichtet werden dürfen, können auf die 200 Wochen nicht angerechnet werden; die Ersatztatsachen des § 30 stehen aber der Beitragsleistung gleich (RE. 930, 931 AN. 01 S. 613, 614).

§ 191.

1. In den Fällen der §§ 189, 190 wird für die in Anrechnung zu bringende Zeit vor der Begründung der Versicherungspflicht eine unter § 30 Abs. 2 fallende Krankheit[1] oder militärische Dienstleistung sowie die Zeit des früheren Bezugs einer Invalidenrente (§ 47 Abs. 4) einem Arbeits- oder Dienstverhältnisse gleich geachtet.

2. Dasselbe gilt für den Zeitraum von höchstens vier Monaten während eines Kalenderjahrs[2]

1. von Zeiten vorübergehender Unterbrechung eines ständigen Arbeits- oder Dienstverhältnisses zu einem bestimmten Arbeitgeber[3];
2. von Zeiten vorübergehender Unterbrechung einer berufsmäßigen Beschäftigung, soweit es sich um

eine Beschäftigung handelt, die nach ihrer Natur alljährlich für einige Zeit vorübergehend unterbrochen zu werden pflegt (Saisonarbeit);

3. von einer zu Zwecken des Verdienstes unternommenen Beschäftigung mit Spinnen, Stricken oder ähnlichen leichten häuslichen Arbeiten, wie sie landesüblich von alternden oder schwächlichen Leuten geleistet zu werden pflegen.

§ 158 Ges. v. 1889; § 158 d. Entw.

1. Bei einer Krankheit, die schon vor Beginn der vorgesetzlichen Zeit eingetreten ist und in diese hineinreicht, rechnet das Krankheitsjahr des § 30 Abs. 5 erst vom Beginn der vorgesetzlichen Zeit an (RE. 119 AN. 92 S. 31). Eine Krankheit, die teils in die Zeit vor, teils in die Zeit nach dem Eintritt der Versicherungspflicht fällt, ist nur bis zur Dauer eines Jahrs anzurechnen (RE. 487 AN. 96 S. 178).

2. Bei einer Arbeitsunterbrechung, die sich auf zwei Kalenderjahre verteilt, können für jedes Jahr 4 Monate angerechnet werden (RE. 473 AN. 95 S. 261).

3. Es muß bei den Beteiligten die Absicht bestanden haben, das Arbeitsverhältnis später wieder fortzusetzen. Ist das der Fall gewesen, so wird die Anrechnung dadurch nicht gehindert, daß die Ausführung der Absicht aus äußeren Gründen unterblieben ist (RE. 116 AN. 92 S. 29). Die Absicht muß aber unbedingt und vorbehaltlos gewesen sein; eine Arbeitsunterbrechung infolge Streiks ist daher nicht anrechnungsfähig (RE. 627 AN. 98 S. 180).

§ 192.

Sind bei den auf Grund des § 190 zu gewährenden Altersrenten weniger als vierhundert Beitragswochen nachgewiesen [1], so werden für die fehlenden Wochen Beiträge derjenigen Lohnklasse, welche dem durchschnittlichen Jahresarbeitsverdienste des Versicherten

während der im § 190 Abs. 2 Satz 1 bezeichneten drei Jahre entspricht, mindestens aber Beiträge der ersten Lohnklasse in Ansatz gebracht.[2] Sind mehr als vierhundert Beitragswochen nachgewiesen, so kommen die Bestimmungen des § 37 ohne weiteres in Anwendung.

§ 159 Ges. v. 1889.

1. Dabei rechnen nicht nur die Beiträge, Pflicht- wie freiwillige Beiträge, mit, die nach dem Inkrafttreten der Bestimmungen entrichtet worden sind, auf die sich der Anspruch stützt (RE. 579, 1138 AN. 97 S. 336, 04 S. 479), sondern auch die Pflicht- und freiwilligen Beiträge, die in den drei vorgesetzlichen Jahren entrichtet worden sind (RE. 1138, 1235 AN. 04 S. 479, 05 S. 582).

2. Bei Berechnung des durchschnittlichen Jahresarbeitsverdienstes sind für die in Frage kommenden Ergänzungswochen nur solche Beschäftigungen zu berücksichtigen, die zur Belegung der vorgesetzlichen Zeit geeignet sind (RE. 814 AN. 00 S. 664); vgl. § 190 Anm. 6. Entscheidend ist der tatsächlich bezogene Verdienst, wobei Naturalien nach dem Durchschnittswert zurzeit ihres Bezugs mitrechnen (RE. 163 AN. 92 S. 118).

§ 193.

Ansprüche auf Renten oder Beitragserstattungen, über welche zur Zeit des Inkrafttretens dieses Gesetzes das Feststellungsverfahren noch schwebt, unterliegen den Bestimmungen dieses Gesetzes, sofern letzteres für die Berechtigten günstiger ist. Die Nichtanwendung dieser günstigeren Bestimmungen bildet einen Revisionsgrund im Sinne des § 116 Abs. 3.[1]

§ 158 a d. Entw.

1. Diese den Übergang vom JAVG. zum JVG. betreffenden Bestimmungen haben jetzt kaum noch praktische Bedeutung. Auf

die zahlreichen Streitfragen, die sich aus ihnen ergaben, braucht deshalb nicht eingegangen zu werden. Hervorzuheben ist, daß nach § 193 nicht der Eintritt des Versicherungsfalls, sondern die Anmeldung des Anspruchs entschied, daß diese also auch hiernach ein wesentliches Erfordernis des Anspruchs bildet (vgl. § 112 Anm. 5). Übrigens konnte in den am 1. Januar 1900 schwebenden Sachen immer nur das eine oder das andere Gesetz als Ganzes angewendet werden, was aus dem Worte „letzteres" folgt; im Entwurf stand „letztere" (RE. 790 AN. 00 S. 404).

§ 194.

Gesetzeskraft.

Die vorstehenden Bestimmungen treten, soweit sie sich auf die Herstellung oder Veränderung der zur Durchführung der Invalidenversicherung erforderlichen Einrichtungen beziehen, mit dem Tage der Verkündung, im übrigen mit dem 1. Januar 1900 in Kraft. 1.

Sofern bis zu letzterem Zeitpunkte die Statuten einer Versicherungsanstalt oder einer auf Grund der §§ 5, 7 des Gesetzes vom 22. Juni 1889 zugelassenen besonderen Kasseneinrichtung die nach dem gegenwärtigen Gesetz erforderlichen Änderungen nicht rechtzeitig erfahren sollten, werden diese Abänderungen durch die Aufsichtsbehörde mit rechtsverbindlicher Wirkung von Aufsichtswegen vollzogen. 2.

Soweit in Reichsgesetzen oder in Landesgesetzen auf Vorschriften des Gesetzes vom 22. Juni 1889 verwiesen ist, treten die entsprechenden Vorschriften dieses Textes an ihre Stelle. 3.

§ 162 Ges. v. 1889; § 163 d. Entw.

Anhang Nr. 1.

Anleitung des Reichs-Versicherungsamts, betreffend den Kreis der nach dem Invalidenversicherungsgesetze vom 13. Juli 1899 (Reichs-Gesetzbl. S. 463) versicherten Personen.

Vom 6. Dezember 1905. (AN. S. 613.)

Inhaltsübersicht.

Ziffer

15. Freier Unterhalt. § 3 Abs. 2, insbesondere:
    a) Natural- nicht Geldlohn.
    b) Nebensächliche Geldleistungen.
    c) Art und Maß der Naturalleistungen.
16. Löhnung durch Dritte oder an Dritte.
17. Leistungen ohne Rechtszwang (Gratifikationen, Trinkgelder).
18. Verhältnisse nicht geschäftlicher Art:
    a) Militärdienst. § 5 Abs. 3.
    b) Ehe.
    c) Verwandtschaft.
    d) Unfreiheit.
    e) Freigebigkeit usw.
    f) Ausübung sittlicher Pflichten.
    g) Ehrenamt.

Die einzelnen Klassen Versicherungspflichtiger, insbesondere hinsichtlich der Art ihrer Tätigkeit.

19. Arbeiter, Gehilfen, Gesellen, Lehrlinge, Dienstboten. § 1 Ziff. 1.
20. Betriebsbeamte. § 1 Ziff. 2.
21. Werkmeister und Techniker. § 1 Ziff. 2.
22. Handlungsgehilfen und Lehrlinge. § 1 Ziff. 2.
23. Sonstige Angestellte. § 1 Ziff. 2.
24. Lehrer und Erzieher. §§ 1 Ziff. 2, 5 Abs. 1, 3.
25. Unterscheidung zwischen höherer, mehr geistiger und anderer Tätigkeit.
26. Sonstige gemeinsame Gesichtspunkte für die Klassen des § 1 Ziff. 2 (Verdienstgrenze).
27. Schiffsbesatzung. § 1 Ziff. 3.

Unselbständigkeit.

28. Allgemeines.
29. Verhältnis zum bürgerlichen Rechte.
30. Fortsetzung (Form der Pacht u. dgl.).

Ziffer
31. Fortsetzung (Akkordanten).
32. Fortsetzung (mittelbare Arbeitsverhältnisse).
33. Lohnarbeit und Hausgewerbe. § 2 Abs. 1 Ziff. 2.
33a. Hausgewerbe der Textilindustrie und Tabakfabrikation.
34. Lohnarbeit und selbständige Erwerbstätigkeit.
35. Lohnarbeit und Mitunternehmerschaft.

Besonderer Teil.

Übersicht, betreffend die Unterscheidung zwischen Lohnarbeit und selbständiger Erwerbstätigkeit, nach Berufsgruppen.

A. Landwirtschaft und verwandte Erwerbszweige.

36. Landwirtschaft im allgemeinen.
37. Gärtnerei.
38. Forstwirtschaft.
39. Tierzucht.
40. Fischerei.

B. Bergbau, Hüttenwesen, Industrie und Bauwesen.

41. Zugehörigkeit zu gewerblichen Betrieben oder Selbständigkeit.
42. Handwerker im Verhältnisse zu ihren Kunden.
43. Bauhandwerker.
44. Wäscherinnen, Plätterinnen, Schneiderinnen, Näherinnen usw.

C. Handel und Verkehr.

45. Makler, Agenten, Handlungsgehilfen.
46. Warenausträger.
47. Beherbergung und Erquickung.
48. Hilfsgewerbe des Handels (Wäger usw.).
49. Leistung von Fuhren.
50. Schiffahrt.
51. Boten, Dienstmänner, Lohndiener usw.
52. Begräbniswesen.

Ziffer

D. Häusliche Dienste.

53. Kochfrauen, Aufwärterinnen, Lohndiener usw.

E. Öffentlicher Dienst und freie Berufsarten.

54. Allgemeines.
55. Gesundheitspflege und Krankendienst.
56. Kunstausübung und Schaustellungen.

II. Versicherungsrecht.

57. Allgemeines. § 14.
58. Selbstversicherung. § 14 Abs. 1.
59. Weiterversicherung. § 14 Abs. 2.

I. Versicherungspflicht.

Allgemeiner Teil.

Einleitung.

1. Im Vergleiche mit den Reichsgesetzen über Kranken- und Unfallversicherung ist die Versicherungspflicht nach dem Invalidenversicherungsgesetze die sachlich umfassendere. Sie knüpft nicht an die Zugehörigkeit zu bestimmten Betrieben an und beschränkt sich nicht auf einzelne abgegrenzte Gebiete menschlicher Tätigkeit, sondern sie ergreift die arbeitende Bevölkerung sämtlicher Berufszweige, und zwar neben einigen kleineren Gruppen geistiger Arbeiter im allgemeinen alle Personen, die in der Landwirtschaft, dem Gewerbe, dem Handel, in der Hauswirtschaft, im Reichs-, Staats-, Gemeinde-, Kirchen- oder Schuldienst usw. ihre Arbeitskraft in untergeordneter, abhängiger Stellung verwerten. Nach dem Aufbau des Gesetzes kommt es jedoch zur Begründung der Versicherungspflicht nicht darauf an, ob jemand im allgemeinen denjenigen Bevölkerungsklassen angehört, denen die gesetzliche Fürsorge zugewendet werden soll, sondern zunächst nur darauf, ob er in einem einzelnen Beschäftigungsverhältnisse bestimmter Art steht (zu vgl. aber auch Z. 11 und 34 m). Ob aber ein Beschäftigungsverhältnis die Versicherungspflicht hervorzurufen geeignet ist, dies hängt, abgesehen davon, daß es zeitlich und räumlich unter die Herrschaft des Gesetzes fallen muß, von persönlichen Umständen des Beschäftigten, von der Gewährung eines Entgelts gewisser Art, von dem Gegenstande der Beschäftigung, sowie davon ab, ob sich die Arbeit als unselbständig geleistet darstellt. Die Versicherungspflicht tritt unabhängig von dem Willen der Beteiligten kraft Rechtsvorschrift ein, eine gewissermaßen vertragliche Begründung der Versicherung nur durch die Leistung und die Annahme von Beiträgen kennt das Gesetz nicht (Rev.E. 418 und 625, AN. JAB. 95 S. 135, 98 S. 160).

Zeitlicher Bereich.

2. Soweit durch das Invalidenversicherungsgesetz im Vergleiche mit dem Invaliditäts- und Altersversicherungsgesetze die Versicherungspflicht ausgedehnt oder eingeschränkt worden ist (ersteres z. B. bei Lehrern und Erziehern, Angestellten, Staatsbeamten, letzteres z. B. bei Kommunalbeamten, Schiffsführern), findet eine Rückwirkung der neuen Bestimmungen auf die Zeit vor dem 1. Januar 1900 nicht statt (Rev.E. 833, AN. 00 S. 698). Im übrigen ist die Versicherungspflicht in Kraft getreten für alle Lohnarbeiter im allgemeinen mit dem 1. Januar 1891, für die Hausgewerbetreibenden der Tabakfabrikation mit dem 4. Januar 1892, für gewisse Hausgewerbetreibende der Textilindustrie mit dem 2. Juli 1894 oder mit dem 1. Januar 1896 (s. Z. 33a).

Räumlicher Bereich.

Allgemeines.

3. Der Versicherungszwang ergreift grundsätzlich alle im Inlande — Kolonien und Schutzgebiete gelten hierbei als Ausland — verrichteten Arbeiten ohne Rücksicht darauf, ob sie mit einem ausländischen Betriebe zusammenhängen (z. B. auf Fahrzeugen eines ausländischen Schiffahrtsbetriebs geleistet werden, zu vgl. § 65 Abs. 4 des Gesetzes[1]), oder ob die im Inlande (z. B. in einer an der Grenze belegenen Fabrik) tätigen Arbeiter

[1]) Mit „Gesetz" ohne Zusatz ist überall das Invalidenversicherungsgesetz gemeint.

im Auslande wohnen. Jedoch gelten fremde Kriegsschiffe oder unter der Flagge ihres Staatsoberhaupts fahrende sonstige fremde Seeschiffe auch bei ihrem Aufenthalt in deutschen Häfen völkerrechtlich nicht als Inland (Rev.E. 587, AN. 97 S. 380).

Da der Versicherungszwang begrifflich an den Grenzen der inländischen Staatsgewalt seine Schranke findet, unterliegen im Auslande beschäftigte Personen grundsätzlich der Versicherungspflicht nicht, ohne Unterschied, ob sie selbst Inländer oder Ausländer, ob sie bei Inländern (Ausnahme s. Z. 3) oder bei Ausländern bedienstet sind, sowie ob der Beschäftigungsort etwa zu den im § 48 Z. 4 des Gesetzes bezeichneten Grenzbezirken gehört (Rev.E. 137 und 576, AN. JAV. 92 S. 48, 97 S. 333).

Eine Einschränkung erleidet der vorstehende Satz, entsprechend der Rechtsübung in Unfallversicherungssachen (Handbuch der Unfallversicherung Anm. 1 zu § 1 UVG., zu vgl. auch § 65 Abs. 3 letzter Satz des Gesetzes), insoweit, als eine im Auslande stattfindende Tätigkeit nach Lage des besonderen Falles als Teil, Zubehör, Fortsetzung oder Ausstrahlung eines inländischen Betriebs, die beschäftigte Person somit gewissermaßen als im Inlande beschäftigt angesehen werden kann (Rev.E. 137 a. a. O., Rev.E. 777, AN. 99 S. 655. Beispiele: im Auslande belegene Grenzstation eines inländischen Eisenbahnunternehmens; Herstellung von Bauten im Auslande von einem inländischen Betrieb aus mit dazu ausgesandten Arbeitskräften). Daß die beschäftigte Person vorher im Inlande in demselben Betriebe tätig war, ist nicht erforderlich (E. 1149, AN. 04 S. 506).

Ähnliches gilt, wenn persönliche Bedienstete ihren Dienstherrn bei einem vorübergehenden Aufenthalt im Auslande begleiten.

Bedienstete deutscher Beamten im Auslande.

4. Zwischen den beteiligten Verwaltungen hat eine Verständigung dahin stattgefunden, daß deutsche Bedienstete nicht nur der im Auslande befindlichen diplomatischen Vertreter des Reichs oder eines Bundesstaats, sondern auch der sonst im Auslande verwendeten deutschen Beamten (Berufskonsuln, Offiziere, Zollbeamte, Gouverneure in den Kolonien und Schutzgebieten, Postbeamte usw.) der Versicherungspflicht unterworfen sein sollen.

Seeschiffahrt.

Während die Grundsätze der Z. 2 auch auf die Binnenschiffahrt Anwendung finden, unterliegt die Seeschiffahrt einer abweichenden Regelung, indem hier nach § 1 Z. 3 des Gesetzes lediglich die Staatszugehörigkeit des Fahrzeugs entscheidet. Die deutschen Seeschiffe gelten, wo sie sich auch befinden, gewissermaßen als deutscher Boden, die Tätigkeit der Mannschaft (der Inländer wie der Ausländer) als Tätigkeit im Inlande (zu vgl. Besch. 1711, AN. 98 S. 265). Ebenso ist umgekehrt die Besatzung (s. darüber Z. 27) fremder Seefahrzeuge auch in deutschen Gewässern von der Versicherung frei (Rev.E. 587, AN. 97 S. 380).

Persönliche Umstände.

Alter.

5. Abweichend von der Unfallversicherung läßt das Invalidenversicherungsgesetz den Versicherungszwang erst mit dem ersten Tage des 17. Lebensjahrs beginnen.

Eine Altersgrenze nach oben ist nur in der Gestalt vorgesehen, daß der § 6 Abs. 1 des Gesetzes Personen, die das siebzigste Lebensjahr vollendet haben, gestattet, sich durch einen Beschluß der unteren Verwaltungsbehörde ihres Beschäftigungsorts von der Versicherungspflicht befreien zu lassen. Ohne solche Befreiung bleiben sie (wie bis zum 31. Dezember 1899 stets, zu vgl. Besch. 27, AN. JAV. 91 S. 148) versicherungspflichtig, und zwar auch wenn sie Altersrente beziehen.

Geschlecht, Familienstand.

6. Keinen Unterschied macht grundsätzlich das Geschlecht oder der Familienstand. Das Gesetz findet Anwendung ebensowohl auf Arbeiter wie auf Arbeiterinnen usw., auf Verheiratete wie auf Ledige, auf Hauskinder wie auf Gewaltfreie. War insbesondere für eine Ehefrau die Anwartschaft durch Beitragserstattung gemäß § 42 des Gesetzes erloschen, so tritt doch bei einer Wiederaufnahme der Lohnarbeit die Versicherungspflicht abermals ein.

Dies hindert jedoch nicht, daß gegebenenfalls die herkömmliche Stellung des weiblichen Geschlechts im Wirtschaftsleben oder der

Ehefrau in der Familie dazu führt, eine von einer weiblichen Person ausgeübte Tätigkeit anders zu beurteilen, als eine äußerlich gleiche Beschäftigung von Männern, sowie daß das zwischen zwei Personen vorhandene Familienband das Bestehen eines Arbeitsverhältnisses zwischen ihnen ausschließt oder unwahrscheinlich macht (Z. 18 b, c und Z. 44).

Staatsangehörigkeit.

7. Wird ein Arbeitsverhältnis gemäß Z. 2 bis 4 durch das Gesetz räumlich erfaßt, so ist es im übrigen ohne Belang, ob der Beschäftigende oder der Beschäftigte oder beide deutscher oder fremder Staatsangehörigkeit sind. Namentlich sind die im Inlande beschäftigten Ausländer grundsätzlich versicherungspflichtig, wenn sie auch demnächst in das Ausland zurückzukehren beabsichtigen und daher keine Aussicht auf Erfüllung der Wartezeit oder den Bezug einer Rente haben.

Eine Ausnahme hiervon ist geschaffen durch den mit dem 1. April 1901 in Kraft getretenen Bundesratsbeschluß vom 21. Februar 1901 (Bekanntmachung des Reichskanzlers vom 7. März 01, AN. 02 S. 380), laut dessen auf Grund des § 4 Abs. 2 Satz 1 des Gesetzes „polnische Arbeiter russischer und österreichischer Staatsangehörigkeit, welchen der Aufenthalt im Inlande nur für eine bestimmte Dauer behördlich gestattet ist, und welche nach Ablauf dieser Zeit in das Ausland zurückkehren müssen, der Versicherungspflicht nach dem Invalidenversicherungsgesetze nicht unterliegen sollen, sofern die Arbeiter in inländischen land- oder forstwirtschaftlichen Betrieben oder in deren Nebenbetrieben beschäftigt werden“. Jedoch haben die Arbeitgeber solcher polnischen Arbeiter nach Vorschrift des § 4 Abs. 2 Satz 2 a. a. O. und der dazu vom Reichs-Versicherungsamt unter dem $\frac{\text{23. März 1901}}{\text{31. März 1902}}$ erlassenen Ausführungsbestimmungen (AN. 01 S. 365, 02 S. 380) einen der Hälfte des Versicherungsbeitrags gleichkommenden Betrag, gewissermaßen zur Ablösung, an die Versicherungsanstalt zu entrichten. Ob jemand als polnischer Arbeiter russischer oder österreichischer Staatsangehörigkeit anzusehen ist, richtet sich lediglich nach der Zulassungsentscheidung der inländischen Behörde (E. 1148, AN. 04 S. 505).

Erwerbsfähigkeit.

8. Dem Gedanken, daß eine Versicherung nicht mehr Platz greifen kann, wenn der Versicherungsfall bereits eingetreten ist, entspringt die Vorschrift des § 5 Abs. 4 des Gesetzes. Sie schließt alle Personen, die in dem Bezug einer Invalidenrente aus § 15 des Gesetzes berechtigenden Umfang erwerbsunfähig sind, von der Versicherungspflicht aus, und zwar in Übereinstimmung mit der bisherigen Rechtsprechung (Rev.E. 146, 147, AN. JAB. 92 S. 55, 58), sowohl von der Fortsetzung eines bestehenden als auch von der Begründung eines neuen Versicherungsverhältnisses. Zu dieser nur die dauernd Erwerbsunfähigen treffenden Vorschrift tritt ergänzend diejenige des § 5 Abs. 3 a. E. des Gesetzes, nach der jeder Empfänger einer reichsgesetzlichen Invalidenrente (auch wegen nur vorübergehender Erwerbsunfähigkeit, § 16 des Gesetzes) aus der Versicherung ausscheidet; sie gilt auch dann, wenn der Rentenempfänger tatsächlich wieder erwerbsfähig geworden ist, solange er die Rente weiter bezieht. Über die Anwendung desselben Grundsatzes bei der freiwilligen Versicherung s. Z. 57.

Die Frage nach der Erwerbsunfähigkeit läßt sich im Anschluß an den § 5 Abs. 4 Satz 1 des Invalidenversicherungsgesetzes dahin fassen, ob die Erwerbsfähigkeit auf weniger als ein Drittel herabgesetzt ist, und in dieser Form, namentlich in den äußersten Fällen einheitlich beantworten (Rev.E. 1215, AN. 05 S. 465). Sie läßt sich aber auch im Sinne des Satzes 2 a. a. O. behufs eingehenderer Prüfung zweifelhafter Fälle zerlegen in die beiden Fragen, wieviel jemand noch verdienen können muß, um erwerbsfähig zu sein (Verdienstgrenze), und ob der einzelne nach seinem geistigen und körperlichen Zustande diesen Betrag durch angemessene Arbeit zu erreichen vermag (persönliche Leistungsfähigkeit). Der Geldbetrag, der gemeinhin zum Ausdrucke der Verdienstgrenze verwendet wird, läßt sich nicht mehr wie nach dem Invaliditäts- und Altersversicherungsgesetz aus festen Größen berechnen, er ist durch Schätzung zu bestimmen; das Gesetz beschreibt ihn als „ein Drittel desjenigen, was körperlich und geistig gesunde Personen derselben Art mit ähnlicher Ausbildung in derselben Gegend durch Arbeit zu verdienen pflegen“. Damit wird im allgemeinen auf den Durchschnittsverdienst der Berufsgenossen desjenigen, um dessen Erwerbsfähigkeit es sich handelt, verwiesen, und zwar derart, daß es nicht nur auf die von ihm innerhalb der Berufsgruppe zuletzt eingenommene Stellung, die vielleicht nur eine besonders begünstigte, nur zum Schlusse einer langen Laufbahn auf kurze Zeit erreichte, vielleicht auch infolge abnehmender Kräfte eine herabgedrückte ist, sondern auf sein Arbeitsleben im ganzen ankommen soll (Rev.E. 870, AN. 01 S. 187). Dabei ist derjenige Beruf maßgebend, den der Betreffende zuletzt bei einer im wesentlichen ungeschwächten Arbeitskraft ausgeübt hat (Rev.E. 1096, AN. 03 S. 599). Die Verdienstgrenze darf aber nicht niedriger gegriffen werden, als sie sich nach dem Lohne, den gewöhnliche Handarbeiter mit Beschäftigungen der untersten Stufe erwerben, stellen würde, nicht also z. B. bei Hausgewerbetreibenden nach dem u. U. geringeren Lohne ihrer nächsten Berufsgenossen (Rev.E. 990, 1054, AN. 02 S. 503, 03 S. 389). Unter „derselben Gegend“ ist ein räumliches Gebiet zu verstehen, innerhalb dessen für gleichartige Arbeiter im allgemeinen gleichmäßige Lohnverhältnisse bestehen (Rev.E. 1095, AN. 03, S. 597). Wie dieses Gebiet zu begrenzen ist, ist unter Berücksichtigung der besonderen persönlichen Verhältnisse nach den Umständen des Einzelfalls zu entscheiden (Rev.E. 1108, AN. 04 S. 353). Im übrigen darf der Kreis der Personen derselben Art weder zu eng noch zu weit gefaßt werden (Rev.E. 905, AN. 01 S. 429 — der Schiffsführer einer Großreederei gehört zur weiteren Klasse der Schiffer auf Dampf- und eisernen Segelschiffen in großer Fahrt — und Rev.E. 989, AN. 02 S. 502 — der langjährige Werkmeister einer Zigarrenfabrik ist nicht der weiteren Gruppe der Zigarrenarbeiter überhaupt zuzurechnen, sondern nur mit Bediensteten in gehobener Stellung zu vergleichen), insbesondere muß der grundsätzliche Unterschied der reichsgesetzlichen Erwerbsunfähigkeit von der Berufsinvalidität — d. i. die Unfähigkeit, die gewöhnlichen Arbeiten des bisherigen Berufs zu verrichten (Rev.E. 211, 212, 490, AN. JAB. 93 S. 55, 56, 96 S. 221) — festgehalten werden. Durch Gebrechen dauernd in ihrer Leistungsfähigkeit beschränkte Personen sind nicht mit ähnlich untauglichen, sondern mit gesunden Arbeitern zu vergleichen (Rev.E. 871, AN. 01 S. 190).

Bei der Beurteilung der persönlichen Leistungsfähigkeit handelt es sich um die Möglichkeit des Arbeitserwerbes, es ist also der tatsächliche Erwerb weder nach der einen noch nach der anderen Seite unbedingt maßgebend (Rev.E. 54, 490, AN. JAB. 91 S. 162, 96 S. 221 — Erwerbsfähigkeit trotz eines hinter dem Mindestbetrage zurückbleibenden Verdienstes, Rev.E. 197, a. a. O. 92 S. 140 — Erwerbsunfähigkeit eines Bureaubeamten, der trotz geringer Leistungsfähigkeit aus besonderer Rücksichtnahme mit dem alten Gehalte weiter beschäftigt wird), jedoch genügt regelmäßig der tatsächliche Erwerb, um die Erwerbsfähigkeit glaubhaft zu machen (Rev.E. 94, a. a. O. 92 S. 6). Dabei ist auch der freie Unterhalt (§ 3 Abs. 2 des Gesetzes) anzurechnen, indessen kommt nur der persönliche Lohn, nicht der auf die Mithilfe von Angehörigen oder sonstigen Dritten entfallende Teil des Lohnes, welcher letztere nötigenfalls schätzungsweise auszuscheiden ist, in Betracht (Rev.E. 94 a. a. O., Rev.E. 518, AN. 96 S. 309, s. auch Rev.E. 906, AN. 01 S. 430 — Gelähmter, der ohne Hilfe sich nicht zur Arbeit hinsetzen oder fortbewegen kann). Eine Einschränkung der Erwerbsmöglichkeiten, die nicht in dem Zustande des einzelnen, sondern in der Lage des Arbeitsmarkts oder den wirtschaftlichen Umständen seines Wohnorts ihren Grund hat, bleibt außer Betracht, Arbeitsunfähigkeit und Fehlen ausreichender oder passender Arbeitsgelegenheit sind streng zu trennen. Jedoch können Gebrechen, die den damit Behafteten trotz einer an sich vorhandenen Arbeitsfähigkeit mehr oder weniger vollständig vom Arbeitsmarkt ausschließen, die Annahme der Erwerbsunfähigkeit im gesetzlichen Sinne rechtfertigen (zu vgl. Rev.E. 250, AN. JAB 93 S. 95 — Nasenkrebs, Schwerhörigkeit, Rev.E. 907, AN. 01 S. 431 — Geisteskrankheit, s. auch Rev.E. 670, AN. 98 S. 390 — Fallsucht). Anderseits ist aber auch nicht jede denkbare Erwerbsmöglichkeit zu berücksichtigen, sondern es handelt sich — was freilich weniger für den Beginn und die Fortführung der Versicherung als für den Anspruch auf Invalidenrente von Bedeutung ist — nach der Ausdrucksweise des Gesetzes nur darum, ob jemand die Verdienstgrenze durch eine seinen Kräften und Fähigkeiten entsprechende Tätigkeit, die ihm unter billiger Berücksichtigung seiner Ausbildung und seines bisherigen Berufs zugemutet werden kann, erreichen imstande ist. Darin liegt auch nach dieser Richtung nicht etwa eine Gleichstellung der reichsgesetzlichen Invalidität mit der Berufsinvalidität, vielmehr ist jemand, der seinen bisherigen Beruf nicht fortzusetzen, aber den Mindestlohn noch durch andere Beschäftigungen zu erzielen vermag, wie nach dem Invaliditäts- und Altersversicherungsgesetze so auch nach dem Invalidenversicherungsgesetze noch nicht erwerbsunfähig (Rev.E. 211, 212, 250, 870, 1108, 1109, AN. JAB. 93 S. 55, 56, 95, 01 S. 187, 04 S. 353); wohl aber wird damit anerkannt, daß von solchen Arbeiten abzusehen ist, die für den, dessen Erwerbsfähigkeit in Frage steht, nach seiner Vorbildung und früheren Beschäftigung ungeeignet sind, oder die sich etwa nur in einer ganz anderen Gegend bieten, oder die nur mit unverhältnismäßiger, namentlich gesundheitsschädlicher Anstrengung verrichtet werden könnten (Rev.E. 572, 748, 870, 906, 991, 1109, 1134, AN. 97 S. 318, 99 S. 559, 01 S. 187, 01 S. 430, 02 S. 504, 04 S. 353, 476). Bei Personen mit demselben Gebrechen oder Körperschäden kann je nach der Ausbildung, die sie besitzen, die Frage nach der Erwerbsfähigkeit verschieden zu beantworten sein (Rev.E. 594, E. 965, AN. 97 S. 408, 02 S. 388 — Blinde; Rev.E. 938, AN. 01 S. 634 — Arbeiter trotz Verlustes beider Hände erwerbsfähig, da er vermöge geschickter Benutzung der Stümpfe und daran befestigter Werkzeuge als Waldhüter tätig sein kann, schreibt, rechnet, mißt usw.).

Anderweite Sicherstellung.

9. In den §§ 5 Abs. 1 u. 2, 6 Abs. 1, 7 des Gesetzes wird ferner eine Reihe von Ausnahmen von der Versicherungspflicht geregelt, die auf dem gemeinsamen Grundgedanken beruhen, daß die Versicherung für solche Personen entbehrlich ist, die bereits auf anderem Wege einer der durch das Invalidenversicherungsgesetz geschaffenen gleichwertigen Fürsorge teilhaftig werden. Die Befreiung tritt zum Teil von selbst, zum Teil nur auf Antrag des einzelnen Beschäftigten, also nach seiner Wahl ein.

a) **Befreiung kraft Gesetzes.**

Kraft Gesetzes unterliegen der Versicherungspflicht nicht Beamte des Reichs, der Bundesstaaten und der Kommunalverbände, sofern ihnen eine Anwartschaft auf Ruhegehalt im Mindestbetrage der Invalidenrente nach den Sätzen der ersten Lohnklasse (116 Mk.) gewährleistet ist.

Ob eine im Reichs-, Staats- oder Kommunaldienste beschäftigte Person „Beamter" ist, bestimmt sich nach den für seine dienstliche Stellung maßgebenden gesetzlichen oder Verwaltungsvorschriften (Dienstpragmatik; zu vgl. Rev.E. 717, 719, 751, 752, AN. 99 S. 433, 435, 586, 588).

Im allgemeinen läßt sich darüber nur sagen, daß eine Beeidigung oder sonstige Verpflichtung nicht unbedingt die Beamteneigenschaft beweist, daß die letztere nicht überall mit derjenigen im Sinne des Strafrechts zusammenfällt, und daß auch die Art der Tätigkeit insofern keinen sicheren Schluß auf die Zugehörigkeit zu den Beamten gestattet, als selbst Bedienstete mit untergeordneten, rein mechanischen Aufgaben Beamte sein können (Rev.E. 62, 128, E. 969, AN. JAV. 91 S. 168, 92 S. 37, 02 S. 392); es kommt vielmehr auf das Vorhandensein eines Dienstverhältnisses mit staatsrechtlicher Grundlage an. Unter den Staatsbeamten sind im übrigen nur die unmittelbaren Beamten begriffen. Im einzelnen ist auf folgende Entscheidungen zu verweisen: Rev.E. 50, AN. JAV. 91 S. 159 (Kanzleigehilfen im preußischen Justizdienste nur Beamte, wenn zur Deckung eines dauernden Bedürfnisses angenommen), 62 das. S. 168 (preußischer Hilfsgefangenaufseher und einzeln gelohnter Nachtwächter an einem Justizgefängnisse kein Beamter), 99 das. 1892 S. 15 (Schuldiener an höherer staatlicher Schule in Preußen Beamter), 131 das. S. 44 (Steuerbote in Elsaß-Lothringen Beamter), 132 das. S. 45 (Postbote, von einem Postagenten angenommen, kein Beamter), 156 das. S. 112 (Hilfssteueraufseher in der preußischen Verwaltung der direkten Steuern Beamter, wenn zur Deckung eines dauernden Bedürfnisses angenommen), 238, 614 das. 1893 S. 85, 1897 S. 589 (Postagent in Preußen Beamter), Rev.E. 413, E. 969 das. 95 S. 109, 02 S. 392 (Postaushelfer kein Beamter, wohl aber Posthilfsbote), Rev.E. 493, AN. 96 S. 253 (Postillion einer Privatposthalterei kein Beamter), 718, AN. 99 S. 435 (erster Drucker der staatlichen metallographischen Anstalt in Sachsen Beamter), 719 das. (akademischer Förster als Beamter der 4 die Universität Jena unterhaltenden Staaten), 751, 752 das. S. 586, 588 (Werkstattschlosser und Schrankenwärterin im preußischen Staatseisenbahnbetriebe keine Beamte, auch nicht wenn sie Anwartschaft auf staatliche Versorgung aus einer Unterstützungskasse oder auf Witwengeld besitzen), E. 1004, AN. 02 S. 547 (Gerichtsschreibergehilfen in Hessen Beamte), E. 1141, AN. 03 S. 366 (württembergischer Notariatsgehilfe kein Beamter), E. 1157, AN. 04 S. 520 (ständige Telegraphen- und Postanwärterinnen in Württemberg Beamte), E. 1158 das. S. 520 (württembergische etatsmäßige Postunterbeamten und in die Anwärterliste für Postunterbedienstetenstellen aufgenommene Hilfspostunterbeamten Beamte).

Als Kommunalverbände kommen nur die politischen Gemeinden und Verbände in Betracht, nicht z. B. Schulgemeinden, Rev.E. 400, AN. JAV. 94 S. 177 (sächsischer Schulhausmann). Kommunalbeamte sind die von solchen Gemeinden oder Verbänden für bestimmte Stellen ordnungsmäßig ernannten Personen, also z. B. nicht die in Württemberg ohne Übertragung einer bestimmten Stelle im Kommunaldienste widerruflich beschäftigten Kanzleigehilfen und Verwaltungskandidaten, E. 967, AN. 02 S. 390. (In der Rev.E. 717, AN. 99 S. 433, ist ein städtischer Nachtwächter in Preußen, der ohne die vorgeschriebene staatliche Bestätigung angenommen worden war, nicht als Beamter angesehen worden.) U. U. kann ungeachtet des Mangels einer förmlichen Anstellung kraft Gesetzes ein Beamtenverhältnis bestehen (zu vgl. die Rev.E. 604, 715, 716, 757, 1011, AN. 97 S. 469, 99 S. 430, 432, 02 S. 596, betreffend Anwendung des § 56 Z. 6 der preußischen Städteordnung vom 30. Mai 1853). In Preußen gilt nach § 1 des Gesetzes, betreffend die Anstellung und Versorgung der Kommunalbeamten, vom 30. Juli 1899 (GesS. S. 141) als Kommunalbeamter, wer als Beamter für den Dienst eines Kommunalverbandes angestellt ist, und zwar erfolgt die Anstellung durch Aushändigung einer Anstellungsurkunde.

Auch für Reichs- und Staatsbeamte bildet im Gegensatz zum

bisherigen Rechte ihre Eigenschaft als Beamte nicht mehr die einzige Voraussetzung der Befreiung. Hinzutreten muß vielmehr, ebenso wie bei den Kommunalbeamten, der Besitz der Ruhegehaltsanwartschaft. Dieses Erfordernis ist jedoch ein abgeschwächtes im Vergleiche mit der vom JAVG. bei Kommunalbeamten geforderten „Pensionsberechtigung“ (zu vgl. Rev.E. 151, 239, AN. JAV. 92 S. 82, 93 S. 86); befreit ist nicht nur ein Beamter, der im Falle seiner Dienstuntauglichkeit sofort ein Ruhegehalt zu fordern haben würde, der also allen sonstigen Anforderungen, insbesondere hinsichtlich der vorgeschriebenen Dienstzeit, bereits genügt hat, sondern auch ein Beamter, der in eine an sich mit Ruhegehaltsberechtigung ausgestattete Stelle eingerückt ist, wenngleich er den gesicherten Anspruch auf Ruhegehalt erst durch Zurücklegung einer längeren Dienstzeit erwerben muß. Aber auch vor der Erlangung einer solchen (also im allgemeinen einer etatsmäßigen) Stelle wird ein Beamter eine Anwartschaft im Sinne des Gesetzes regelmäßig bereits dann besitzen, wenn ihm nach dem Abschlusse seiner Ausbildung — wozu u. U. auch eine sogenannte Probezeit gerechnet werden kann — eine Stellung (z. B. als Diätar) übertragen wird, die nach den bestehenden Verwaltungsgrundsätzen den allgemein üblichen Übergang zu einer Anstellung mit späterer Ruhegehaltsberechtigung bildet. Wollte man dies nicht annehmen, so würde sich zwischen die kraft Gesetzes versicherungsfreie Ausbildungszeit und die ebenso versicherungsfreie Dienstzeit in einer etatsmäßigen Stelle in zahlreichen Fällen eine Zeit der Versicherungspflicht einschieben, was augenscheinlich zweckwidrig sein würde und daher nicht wohl beabsichtigt sein kann. Für diese Auffassung spricht es auch, daß eine Übergangszeit der bezeichneten Art sehr häufig bei der Prüfung der Ruhegehaltsberechtigung und der Berechnung des Ruhegehaltsbetrags mit als Dienstzeit in Ansatz kommt. Übrigens bildet eine solche Anrechnung keine Bedingung für die Annahme der Ruhegehaltsanwartschaft (zu vgl. E. 1004, AN. 02 S. 547).

Da es hiernach genügt, wenn voraussichtlich nach der tatsächlichen Gestaltung der Verhältnisse künftig eine Ruhegehaltsberechtigung erreicht wird, so kann eine Anwartschaft auch schon bei nur widerruflicher Anstellung, die aber regelmäßig nach einiger

Zeit in eine feste mit Pensionsberechtigung ausgestattete übergeht, angenommen werden (E. 856, AN. 00 S. 836 — Bauschreiber in Schwarzburg-Rudolstadt), desgl. auch bei einer Anstellung auf Kündigung oder bei einer Beschäftigung als Hilfsarbeiter, die eine hergebrachte Vorstufe für die Verleihung einer mit Aussicht auf Ruhegehalt verbundenen Stelle bildet. Eine bestimmte Grenze für den Zeitraum, innerhalb dessen die Ruhegehaltsberechtigung erreichbar sein muß, damit eine Anwartschaft anerkannt werden könne, ist nicht zu ziehen. Beispielsweise ist in der E. 1004 (AN. 02 S. 547) Pensionsanwartschaft bei den hessischen Gerichtsschreibergehilfen festgestellt worden, obwohl sie etwa 11 bis 12 Jahre in dieser Stellung und sodann 5 Jahre als Hilfsgerichtsschreiber zuzubringen haben, bis sie demnächst die Pensionsberechtigung erwerben; hierbei wurde jedoch darauf Gewicht gelegt, daß mit verschwindenden Ausnahmen alle Gerichtsschreibergehilfen später in die mit Ruhegehaltsberechtigung ausgestattete Stellung einzurücken pflegen.

Dagegen reicht es freilich zur Annahme einer Anwartschaft nicht aus, wenn nur eine unbestimmte Hoffnung auf die dereinstige Erlangung einer mit Ruhegehaltsrecht verbundenen Stelle vorhanden ist, wenn sich also noch nicht übersehen läßt, wie sich die Laufbahn eines jungen Beamten voraussichtlich gestalten wird (z. B. jemand ist nur zur Aushilfe beschäftigt, es kommt aber vor, daß die Anstellungsbehörde Beamte dieser Klasse dauernd übernimmt).

Im übrigen liegt sowohl in den Ausdrücken „Anwartschaft“ und „gewährleistet“ als auch, nach der bisherigen Spruchübung des Reichs-Versicherungsamts, in dem Pensionsbegriffe — zumal hier nicht „ähnliche Bezüge“ der Pension gleichgestellt sind — das Erfordernis, daß es sich um rechtlich geregelte Bezüge handeln muß. Die Versicherungspflicht wird also da nicht ausgeschlossen, wo es lediglich in dem, wenn auch durch Rücksichten auf Bedürftigkeit und Würdigkeit bestimmten Ermessen der vorgesetzten Dienstbehörde steht, ob ein Ruhegehalt gewährt oder ein bewilligtes weitergezahlt wird (zu vgl. die — zunächst zur Auslegung des § 34 Ziff. 2 des JAVG. ergangenen — Rev.E. 34, 256, 615, AN. JAV. 91 S. 150, 93 S. 103, 97 S. 589, ferner die Rev.E. 986, AN. 02 S. 483 und E. 1159, AN. 04 S. 523, sowie auch die übrigen in Z. 10 angeführten Entscheidungen). Nicht notwendig ist es, daß das Ruhegehalt unmittelbar vom Reiche usw. zu leisten ist; jedoch bedarf es andernfalls der Prüfung, ob der Anspruch „gewährleistet" ist (E. 1005, 1158, Rev.E. 1172 AN. 92 S. 547, 04 S. 520, 627).

Die Befreiung beschränkt sich nicht unbedingt auf die dienstliche Tätigkeit, sie erstreckt sich jedenfalls dann, wenn diese den Kern der wirtschaftlichen Stellung des Beamten im ganzen ausmacht, auch auf nebenhergehende andere Beschäftigungsverhältnisse (Rev.E. 237, AN. JAV. 93 S. 85).

Alles vorstehende gilt entsprechend für Lehrer und Erzieher an öffentlichen Schulen oder Anstalten. Demgemäß besitzen z. B. Hilfslehrer und -lehrerinnen an öffentlichen Schulen oder Anstalten, insbesondere auch soweit sie nur zu Vertretungen herangezogen werden, regelmäßig Pensionsanwartschaft, wenn diese Beschäftigung lediglich als Vorbereitung für die Übertragung einer festen Stelle angesehen werden kann (E. 855, AN. 00 S. 835).

Den eigentlichen Beamten stellt ferner § 5 Abs. 2 des Gesetzes die hier ebenfalls als Beamte bezeichneten Angestellten der Versicherungsanstalten und zugelassenen Kasseneinrichtungen gleich. Über weitere Ausdehnungen der gesetzlichen Befreiung aus § 5 Abs. 1 hat nach § 7 des Gesetzes der Bundesrat auf Antrag zu beschließen (derartige Beschlüsse s. in den AN. 01 S. 181, woselbst auf die unter dem JAVG. ergangenen Beschlüsse verwiesen ist, 02 S. 384, 03 S. 358, 04 S. 351, 624).

Beamte (in dem vorstehend erörterten Sinne), die lediglich zur Ausbildung für ihren zukünftigen Beruf beschäftigt werden, gelangen im gewöhnlichen Laufe der Dinge in Ämter oder sonstige Stellungen, deren Inhaber ohne weiteres der Versicherungspflicht entzogen sind. Für diese Personen fällt daher nach § 5 Abs. 1 des Gesetzes gleichfalls die Versicherungspflicht fort. Die Annahme einer Beschäftigung lediglich zur Ausbildung wird dadurch nicht ausgeschlossen, daß der Beamte zugleich zur Erledigung eines Teiles der laufenden Geschäfte verwendet wird.

Auch diese Ausnahme findet auf Lehrer und Erzieher an

öffentlichen Schulen oder Anstalten entsprechende Anwendung. Einen hierher gehörigen Fall, nämlich Hilfslehrer an Volksschulen, die ihre Anstellungsfähigkeit noch durch die Ablegung einer zweiten Prüfung nachzuweisen haben und daher als lediglich zur Ausbildung beschäftigt angesehen werden können, behandelt die E. 855 (AN. 00 S. 835). Dagegen mußte die Versicherungspflicht ausgesprochen werden bei bereits anstellungsfähigen geprüften Lehrern, die, von der Schulbehörde bis zu ihrer Einberufung in den öffentlichen Schuldienst beurlaubt, einstweilen an einer Privatschule unterrichten (E. 854, AN. 00 S. 835).

Die Verleihung der Pensionsanwartschaft beseitigt, auch wenn mit rückwirkender Kraft ausgesprochen, die Beitragspflicht nicht für die Vergangenheit, sondern nur von der Verleihung an (E. 1048, AN. 03 S. 375).

b) **Befreiung auf Antrag.**

10. Die Befreiung ist durch die untere Verwaltungsbehörde (§ 169 des Gesetzes) solchen Personen auf ihren Antrag zu gewähren, die durch einen bereits verwirklichten Anspruch auf Bezüge der im § 6 Abs. 1 des Gesetzes bezeichneten Art sichergestellt sind. Der Ausdruck „Personen“ ergibt, daß es sich, neben den früheren Lehrern und Erziehern, nicht nur um gewesene Beamte im Sinne des § 5 des Gesetzes handelt (zu vgl. die Rev.E. 162, 309, 534, 754, AN. JAV. 92 S. 116, 93 S. 163, 96 S. 429, 99 S. 590, betreffend erst nachträglich vom Staate übernommene Ruhegehälter). Über den Begriff der Pension s. Z. 9. Hinzuzufügen ist noch, daß für diesen Begriff die Beziehung auf ein früheres Dienstverhältnis wesentlich ist, so daß z. B. eine vom Staate als Eisenbahnunternehmer zu zahlende Haftpflichtentschädigung keine Pension darstellt (Rev.E. 753, AN. 99 S. 589), ferner ebenso eine ausreichende Sicherheit der Fortdauer des Bezugs, wobei es aber auf vereinzelte Verwirkungsfälle, z. B. wegen Zuchthausstrafe u. dgl., nicht ankommt (Rev. E. 754, AN. 99 S. 590); anderseits kann eine Pension im gesetzlichen Sinne auch sehr wohl vorliegen, obwohl der Bezug nicht so genannt wird, so sind die an frühere Militärpersonen gezahlten Kriegszulagen, Zulagen für Nichtbenutzung des Zivilversorgungsscheins, Anstellungsentschädigungen und Alterszulagen mit zur Pension zu rechnen (Rev.E. 585, 1078, 1117, AN. 97 S. 354, 03 S. 543, 04 S. 360). Mit der durch das Invalidenversicherungsgesetz bewirkten Einschaltung der Worte „oder ähnliche Bezüge" soll ausgedrückt werden, daß auch nicht auf einem Rechtsanspruche beruhende, aber tatsächlich gesicherte, also beispielsweise auch als „Unterstützungen" u. dgl. bezeichnete Leistungen nach Lage der Umstände als einem eigentlichen Ruhegehalte gleichwertig gelten dürfen. Der über den Befreiungsantrag befindenden Behörde liegt es ob, im einzelnen Falle zu prüfen, ob ein solcher Bezug hinsichtlich der Bedingungen seiner Fortdauer sowie in Ansehung der Sicherstellung die nötige Gewähr bietet (zu vgl. Besch. 40, AN. JAV. 91 S. 153; keine pensionsähnlichen Bezüge: Rev.E. 929, AN. 01 S. 612 — Zahlung aus dem Staatsfonds zu Unterstützungen für ausgeschiedene Elementarlehrer und -lehrerinnen in Preußen, Rev.E. 1077, AN. 03 S. 542 — Unterstützung eines dienstunfähigen Militärbeamten aus dem Kaiserlichen Dispositionsfonds, Rev. E. 1079 das. S. 544 — von der Heeresverwaltung aus Reichsmitteln gewährte Arbeiterunterstützung, soweit nicht das Reich in eine bestehende Verpflichtung eingetreten ist, Rev.E. 1116, AN. 04 S. 358 — Ruhelohn städtischer Arbeiter, Rev.E. 1135 das. S. 476 — Unterstützung eines schwarzburgischen Hofbediensteten aus der Fürstlichen Hofkasse, E. 1156 das. S. 519 — Ruhegeld eines schaumburg-lippischen Domanialbeamten, Rev.E. 1173 das. S. 628 — Sustentation einer oberbayerischen Irrenpflegerin). In der Rev.E. 986 (AN. 02 S. 483) ist aus der Wortfassung des § 6 gefolgert worden, daß die Pensionen oder sonstigen Bezüge unmittelbar oder mittelbar vom Reiche usw. gewährt werden müssen; dagegen genügt die Zahlung von seiten eines anderen Rechtssubjekts, z. B. aus einer selbständigen Kasse, nicht (zu vgl. auch aus früherer Zeit die Rev.E. 103, 586, 755, AN. JAV. 92 S. 18, 97 S. 355, 99 S. 591). Zu den „Pensionen" oder „ähnlichen Bezügen" gehört auch das Witwengeld der Beamtenwitwen (Rev.E. 756, AN. 99 S. 592).

Dem Ruhegehaltsbezug ist der Bezug einer Rente auf Grund der reichsgesetzlichen Unfallversicherung, also auch einer Hinterbliebenenrente, gleichgestellt. Die auf dem Rechtsgedanken des Schadensersatzes beruhenden Haftpflichtrenten ergreift diese Bestimmung nicht (Besch. 30, AN. JAV. 91 S. 148, Rev. E. 753, AN. 99 S. 589).

Eine erweiterte Geltung des § 6 Abs. 1 kann der Bundesrat nach § 7 des Gesetzes auf Antrag beschließen (zu vgl. AN. 01 S. 181, 02 S. 384, 03 S. 358, 04 S. 351, 624, 05 S. 580).

Voraussetzung der Befreiung ist nur, daß die bezeichneten Bezüge „bewilligt" sind; die Befreiung ist oder wird daher nicht unzulässig, wenn der bewilligte Bezug, etwa wegen anderweiter Beschäftigung des Berechtigten im Staatsdienste, ruht. Die Befreiung beginnt nicht vor dem Zeitpunkte der Antragstellung (E. 1047, AN. 03 S. 374). Sie erlischt, abgesehen von einem Wegfalle des Befreiungsgrundes, auch durch Zurücknahme des Antrags (anders unter dem JAVG., Rev.E. 833, AN. 00 S. 698).

Sonstige Erwerbsverhältnisse, vorübergehende Dienstleistungen.

11. Da der Versicherungszwang grundsätzlich nicht, etwa wie in der Krankenversicherung, von einer Mindestdauer des Beschäftigungsverhältnisses abhängt, ferner das einzelne Beschäftigungsverhältnis als solches ohne Rücksicht darauf erfaßt, ob der Beschäftigte im allgemeinen zur Klasse der Lohnarbeiter usw. gehört (Z. 1), überläßt es der § 4 Abs. 1 des Gesetzes dem Bundesrat, in der Billigkeit liegende Ausnahmen für solche Fälle vorzusehen, in denen die an sich versicherungspflichtigen Dienstleistungen sich als nur „vorübergehende" darstellen. Hierher gehören ferner die im § 6 Abs. 2 des Gesetzes besonders geregelten Verhältnisse, für die der Bundesrat laut der Bekanntmachung des Reichskanzlers vom 24. Dezember 1899 (AN. 00 S. 179) nähere Bestimmungen erlassen hat. Die auf Grund des § 4 Abs. 1 vom Bundesrat erlassenen Bestimmungen sind enthalten in der

Bekanntmachung, betr. die Befreiung vorübergehender Dienstleistungen von der Versicherungspflicht gemäß § 4 Abs. 1 JVG., vom 27. Dezember 1899 (AN. 00 S. 181).

I. Diese Bekanntmachung beläßt es, von wenigen Punkten

(Fassungsänderung in Z. 1b, Wegfall der besonderen Vorschrift über Aufwarte= und ähnliche Dienste, neue Regelung der unter Z. 7 bezeichneten Fälle) abgesehen, bei dem früheren, in den Bundesratsbeschlüssen vom 22./24. Dezember 1891 (AN. JAV. 92 S. 9), 24. Januar 1893 (das. 93 S. 46) und 31. Dezember 1894 (das. 95 S. 33) niedergelegten Rechte.

II. Sie handelt von „vorübergehenden", d. h. solchen Dienstleistungen, die, einzeln betrachtet, nur verhältnismäßig kurze Zeit dauern oder deren Anlaß von vornherein auf ihre baldige Beendigung hinweist. Daß derartige Arbeiten in stetiger Wiederholung vielleicht Jahre hindurch geleistet werden, ist mit dem Begriffe des Vorübergehenden wohl vereinbar.

III. Unter Z. 1 der Bekanntmachung werden zwei Fälle a und b behandelt, denen die Voraussetzung, daß die vorübergehenden Dienste von „Personen, die berufsmäßig Lohnarbeit überhaupt nicht verrichten", geleistet sein müssen, gemeinsam ist. Nur bei dem gleichzeitigen Vorliegen aller für den Fall a, oder aller für den Fall b gegebenen Merkmale tritt die Befreiung ein, während es bei dem Fehlen auch nur eines Merkmals bei der Regel der Versicherungspflicht verbleibt (Rev.E. 90, 365, AN. JAV. 92 S. 3, 94 S. 138).

Berufsmäßig wird Lohnarbeit verrichtet, wenn jemand damit, sei es daß er eine einzelne Tätigkeit, sei es daß er deren mehrere ausübt, seinen Lebensunterhalt überwiegend oder doch in solchem Umfang erwirbt, daß seine wirtschaftliche Stellung zu einem erheblichen Teile auf der Lohnarbeit beruht. Ob dies zutrifft, kann nur nach Lage des Falles beurteilt werden, insbesondere kann ein Beschäftigungsverhältnis ganz gleicher Art je nach den sonstigen Umständen des Beschäftigten die Annahme berufsmäßiger Lohnarbeit begründen oder nicht begründen (Rev.E. 364, 387, E. 970, 1007, 1008, AN. JAV. 94 S. 137, 157, 02 S. 394, 550, 551). Die Z. 1 des Bundesratsbeschlusses bezieht sich hiernach in erster Linie auf Personen, die zwar Lohnarbeit verrichten, jedoch vom Ertrag ihres Vermögens oder eines selbständigen Gewerbebetriebs leben oder, wie namentlich Ehefrauen, von anderen unterhalten werden. Die Grundsätze des Bundesratsbeschlusses lassen sich aber auch entsprechend anwenden, wenn Arbeiten an sich ver=

sicherungspflichtiger Art mit zwar ebenfalls gegen Entgelt verrichteten, aber mehr höheren, geistigen und deshalb nicht der Versicherungspflicht unterfallenden Tätigkeiten zusammentreffen (Besch. 21, Rev.E. 106, AN. JAV. 91 S. 128, 92 S. 22). Im übrigen ist auch eine nur gegen freien Unterhalt geleistete Arbeit Lohnarbeit im Sinne der Z. 1 des Bundesratsbeschlusses (Rev.E. 90, a. a. O. 92 S. 3). Dagegen ist unter Lohnarbeit nicht auch die Tätigkeit von Hausgewerbetreibenden zu verstehen, auch nicht, soweit die Versicherungspflicht auf einzelne hausgewerbliche Beschäftigungszweige ausgedehnt worden ist (Rev.E. 578, 618, AN. 97 S. 335, 591). Die Eigenschaft als berufsmäßiger Lohnarbeiter geht mit einer Einschränkung der bisher umfangreicheren Arbeitstätigkeit nicht ohne weiteres verloren (Rev.E. 766, AN. 99 S. 637).

IV. Neben dem Erfordernisse, daß der Beschäftigte nicht zu den berufsmäßigen Lohnarbeitern gehört, stellt die Z. 1 des Bundesratsbeschlusses unter a das weitere Merkmal auf, daß die Arbeit „nur gelegentlich, insbesondere zu gelegentlicher Aushilfe“ geleistet wird. Damit sind zum Unterschiede von der Vorschrift zu b die mehr vereinzelten Fälle der Verrichtung von Lohnarbeit bezeichnet, auf deren Wiederholung aus Gründen, die in der Person des Arbeitenden oder in den äußeren Umständen liegen, nicht gerechnet werden kann.

V. Bei der Bestimmung unter b, also bei den in regelmäßiger Wiederkehr geleisteten Arbeiten, treten an die Stelle des eben besprochenen Merkmals die beiden anderen, daß die Arbeit nebenher und gegen ein geringfügiges Entgelt verrichtet wird. Ob eine Arbeit nur „nebenher“ verrichtet wird, d. h. ob sie mit Rücksicht auf den Aufwand an Zeit und Arbeitskraft sowie das Entgelt, zusammengehalten mit den sonstigen Tätigkeiten und der Lebensstellung des Beschäftigten, nur von nebensächlicher wirtschaftlicher Bedeutung ist, kann nur nach Lage des Falles ermessen werden; dieselbe Arbeit wird bei einer Person versicherungspflichtig, bei einer anderen versicherungsfrei, ja selbst bei der nämlichen Person unter wechselnden Umständen verschieden zu beurteilen sein (Rev.E. 89, 364, 365, 387, 448, AN. JAV. 92 S. 3, 94 S. 137, 138, 157, 95 S. 240).

Auch ob das Entgelt ein „geringfügiges“ ist, „welches für die Dauer der Beschäftigung zum Lebensunterhalte nicht ausreicht und zu den für diese Zeit zu zahlenden Versicherungsbeiträgen nicht in entsprechendem Verhältnisse steht“, läßt sich nur im Einzelfall unter Vergleichung mit den übrigen Einkünften des Beschäftigten, unter Berücksichtigung seiner Lebenshaltung bestimmen. Mehr einen gewissen Anhalt als eine feste Abgrenzung soll nach dem Besch. 4, AN. JAV. 91 S. 54, der Umstand geben, ob das Entgelt ein Drittel des gemäß § 8 KVG. festgesetzten ortsüblichen Tagelohns übersteigt; bei besserer Lebenshaltung kann sehr wohl auch ein höherer Betrag als geringfügig gelten, bei ungünstigen Erwerbsverhältnissen auch ein kleinerer Verdienst nicht mehr geringfügig sein (s. unten in Entscheidungen 964 und 1008). Die neu eingefügten Worte „für die Dauer der Beschäftigung“ und „für diese Zeit“ erkennen die schon bei der Anwendung des Bundesratsbeschlusses vom 22./24. Dezember 1891 befolgte Auslegung, daß das Entgelt nicht mit dem Jahreseinkommen und mit dem Lebensbedarfe für das Jahr zu vergleichen sei, ausdrücklich als zutreffend an (Rev.E. 835, AN. 00 S. 700). Diese Worte bedeuten aber anderseits nicht, daß genau mit der Stunden- oder Tagezahl gerechnet werden müsse, die die Lohnarbeit ausfüllt. Damit käme man zu dem nicht gewollten und unsachgemäßen Ergebnisse, daß nur bei minderwertigen oder aus anderen Gründen ausnahmsweise niedrig gelohnten Arbeiten Geringfügigkeit des Entgelts anzunehmen wäre. Vielmehr ist, wie auch sonst bei der Invalidenversicherung, die Woche als Einheit zu behandeln, also mindestens der Lebensbedarf für die ganze Woche mit dem im Laufe einer Woche verdienten Entgelte zu vergleichen (Rev.E. 924, AN. 01 S. 608). Unter Anwendung dieser Grundsätze ist die Versicherungspflicht gemäß Z. 1 b verneint worden: bei einem gewerbsmäßigen Maulwurfsfänger, der in jeder dritten Nacht 4 Stunden auf Nachtwachdienst und täglich 10 Minuten auf Glockenläuten und Aufziehen der Gemeindeuhr verwendete und dafür jährlich 65 Mk. erhielt, Rev.E. 89, AN. JAV. 92 S. 3, — bei einem Flurwächter und Gemeindediener, der für seine geringfügigen Dienst- jährlich 56 Mk. bezog und in der Hauptsache von einer „Ausnahme" (Ausgedinge), früher von dem Ertrage seiner Ackerwirtschaft lebte, Rev.E. 387, AN. JAV. 94 S. 157 Fall 2, — bei einem Hundezüchter und -händler, der für seine geringfügige dienstliche Tätigkeit als angestellter „Kleemeister" (Abdecker) nur 90 Mk. Gehalt, kleine Gebühren und die Nutzung von $^3/_8$ Morgen Land empfing, Rev.E. 480, AN. 96 S. 173, — bei einem Hausweber, der als solcher jährlich etwa 320 Mk. verdiente und an zwei Abenden monatlich gegen eine Vergütung von 2 bis 3 Mk. bei Tanzmusiken mitspielte, Rev.E. 618, AN. 97 S. 591, — bei einem selbständigen Handwerker (Schneider), der sonntäglich als Kirchenschweizer und Geldeinsammler bei den Gottesdiensten tätig war und damit jährlich etwa 120 Mk. verdiente, Rev.E. 924, AN. 01 S. 608, — bei einer Musikbeflissenen, die zwar jährlich etwa 400 Mk. durch Stundengeben erwarb, aber zugleich mehr für ihre eigene Ausbildung in der Musik aufwandte, E. 964, AN. 02 S. 388, — bei Industrie- (Handarbeits-) lehrerinnen, die wöchentlich in 6 Stunden Unterricht erteilten und dafür jährlich 60 bis 90 Mk. erhielten, E. 1092, AN. 03 S. 574. Dagegen wurde die Anwendbarkeit der Z. 1 b verneint und demnach Versicherungspflicht angenommen: bei einem Heuerling, der neben seiner eigenen Wirtschaftsführung wöchentlich mindestens 1 Tag lang Lohnarbeit, sei es für den Heuerherrn, sei es für Dritte, Lohnarbeit verrichtet und damit jährlich beinahe 300 Mk. verdient hatte, Rev.E. 364, AN. JAV. 94 S. 137 Fall 1, — ebenso bei einem anderen Heuerling, der jährlich in 32 Wochen an 40 Tagen landwirtschaftliche Lohnarbeiten leistete und ferner im Winter bei wechselnden Arbeitgebern als Hausschlächter tätig war, das. Fall 2, — bei einer Aufwartefrau mit zwei ständigen Stellen, die eine erhebliche Arbeitsdauer erforderten und jährlich 108 Mk. einbrachten, Rev.E. 365, AN. JAV. 94 S. 138, — bei einem Feldhüter, dessen dienstliche Tätigkeit zwar nur 120 Mk. jährlich, d. h. weniger als $^1/_3$ des amtlich festgesetzten Tagelohns, einbrachte, aber mindestens die Hälfte jedes Arbeitstags in Anspruch nahm, und der sonst nur ein Leibgedinge von 50 Mk. und freier Wohnung bezog, Rev.E. 387, AN. JAV. 94 S. 157 Fall 1 (nicht „nebenher"), — bei einem gut gestellten Manne, der das zeitraubende Amt als Kassierer einer Volksbank verwaltete und dafür ein Gehalt von 600 Mk. sowie Gewinnanteile im Jahresbetrage von ungefähr 200 Mk. bezog, während der amtlich festgesetzte Tagelohnsatz 2,20 Mk. betrug, Rev.E. 772, AN. 99 S. 649 (nicht „nebenher“, kein „geringfügiges Entgelt“), — ähnlich bei einem Gastwirt und Kaufmann der gegen eine Vergütung von 800 Mk. jährlich als Buchhalter und Geschäftsführer einer Molkereigenossenschaft tätig war, E. 852, AN. 00 S. 833, und bei dem 600 Mk. beziehenden Rendanten einer Fehngesellschaft, E. 966, AN. 02 S. 389 (kein „geringfügiges Entgelt“), — bei Ehefrauen von Gutsarbeitern, die vertragsmäßig insbesondere als Melkefrauen Gutsarbeit zu verrichten hatten und damit jährlich 110 Mk. verdienten, ein Betrag, der zwar das Drittel des amtlich festgesetzten Tagelohns (117 Mk.) nicht ganz erreichte, aber im Hinblick auf die Lebenshaltung nicht mehr als geringfügig gelten konnte, E. 1008, AN. 02 S. 551, — bei einem Buchbindermeister, der gegen eine Vergütung von mehr als einem Drittel des ortsüblichen Tagelohns bei einer Behörde als Aktenhefter tätig war, E. 1163, AN. 04 S. 526.

VI. Die Vorschriften unter Z. 2 bis 9 des Bundesratsbeschlusses geben weniger zu Zweifeln Anlaß. In der Z. 2 handelt es sich nicht um die Versicherungspflicht überhaupt, sondern nur darum, ob eine bereits infolge eines ständigen Lohnarbeitsverhältnisses versicherte Person auch in bezug auf andere, daneben verrichtete Arbeiten der Versicherungspflicht unterliegt oder lediglich bezüglich ihrer dauernden Hauptbeschäftigung zu versichern ist. Demgemäß ist die Freilassung hier nicht auch davon abhängig gemacht, daß das Entgelt ein geringfügiges ist, sondern nur davon, daß die außerhalb des ständigen Beschäftigungsverhältnisses liegenden Arbeiten in dem vorstehenden erörterten Sinne „nebenher“, gelegentlich oder regelmäßig verrichtet werden (Rev.E. 683 a, AN. 98 S. 564 — Gemeindediener und Flurhüter mit 320 Mk. Jahresgehalt, der ferner 200 Mk. durch eigene Landwirtschaft, 200 Mk. durch Kundenweberei erwirbt und daneben einen kleinen fremden Rebgarten für eine Vergütung von 80 Mk. bearbeitet; die Versicherungspflicht wurde bezüglich der letzteren Beschäftigung verneint).

Die Z. 4, betreffend die Dienstleistungen in Verpflegungsstationen oder ähnlichen Einrichtungen, greift nur Platz bei vorübergehendem Aufenthalt in derartigen Anstalten, nicht aber da, wo wie in den Arbeiterkolonien den Insassen dauernd Beschäftigung geboten wird, um sie an die Arbeit zu gewöhnen (Rev.E. 447, E. 1146, AN. JAB. 95 S. 239, 04 S. 503, im übrigen s. unter Z. 18 zu e dieser Anleitung).

Die Vorschriften der Ziffern 2 bis 9 gelten auch für berufsmäßige Lohnarbeiter.

Unübertragbarkeit.

12. Das durch Lohnarbeit entstehende Versicherungsverhältnis knüpft sich unlösbar an die Person des Arbeitenden. Beispielsweise sind also, wenn ein Heuerling sich bei den übernommenen Arbeiten durch einen Angehörigen oder Knecht vertreten läßt, die entsprechenden Beitragsmarken nicht etwa für den Heuerling, sondern für die tatsächlich beschäftigte Person zu verwenden (zu vgl. auch der Fall der Rev.E. 759, AN. 99 S. 625).

Lohn oder Gehalt.

Allgemeines. Lohnformen.

13. Abweichend von den Vorschriften der Unfallversicherungsgesetze beschränkt sich die Invalidenversicherung auf Personen, die gegen Entgelt tätig sind, sie verlangt eine Beschäftigung gegen „Lohn oder Gehalt“. „Lohn“, als der weitere Begriff, umfaßt jede Leistung von Vermögenswert, die als Arbeitsentgelt gewährt wird. Ob eine Vergütung als Gehalt oder als Lohn schlechtweg zu bezeichnen ist, macht keinen Unterschied. Unerheblich ist ferner der Gegenstand der Leistung, sofern sie nur Vermögenswert besitzt. Neben der Hingabe von Geld oder Naturalien kommt beispielsweise als Lohn in Betracht: Einkauf eines Bediensteten in eine Versorgungsanstalt, Befreiung von einer Geldschuld (Rev.E. 677, AN. 98 S. 397), Gewährung der Gelegenheit zu einem lohnenden Nebengewerbe (Rev.E. 71, 412, AN. JAB. 91 S. 176, 95 S. 108, Verleihung von Operngläsern und Verkauf von Theaterzetteln auf eigene Rechnung durch einen Logenschließer, Vertrieb von Zigarren und dgl. in

derselben Weise durch einen Kellner, Lieferung von Grabpfählen und -steinen durch einen Begräbniskommissar).

Das Gesetz unterscheidet auch nicht nach der Form und dem Maßstabe des Lohnes. Grundsätzlich kann also versicherungspflichtige Arbeit vorliegen, gleichviel, ob der Lohn als Zeit-, namentlich Tagelohn, oder als Akkordlohn, Stücklohn bemessen ist oder in noch anderer Weise bestimmt wird. Beispiele: Drescherlohn in Gestalt des so und sovielten Scheffels vom Erdrusche (Rev.E. 74, AN. JAB. 91 S. 178), Hirtenlohn nach der Stückzahl des geweideten Viehes (Rev.E. 117, a. a. O. 92 S. 29), Provision vom Hundert des Betrags der zustande gebrachten Geschäftsabschlüsse (Rev.E. 293 a. a. O. 93 S. 147), Steinbrechen gegen einen nach dem Gewichte der abgefahrenen Massen berechneten Betrag (Rev.E. 370, a. a. O. 94 S. 144), Sammellohn nach der Menge der abgelieferten Kiefernzapfen (Rev.E. 563, AN. 97 S. 289), Heuernten gegen Überlassung von einem Drittel des geworbenen Heues (Rev.E. 564, AN. 97 S. 289), Fischerdienst gegen ein Drittel des Fangerlöses (Rev.E. 221, AN. JAB. 93 S. 66). Zum Lohne gehören u. U. auch Reisespesen und Reisekosten, ferner Provisionen (E. 1003, AN. 02 S. 546) und Montagezulagen eines Monteurs (E. 1039, AN. 03 S. 364). Dagegen ist nicht zu Lohne zu rechnen der Teil der Vergütung, der z. B. den Postagenten für Beschaffung, Heizung, Beleuchtung eines Dienstraums gewährt wird und dafür erforderlich ist.

Mit dem Lohnbegriff ist es vereinbar, daß die gewährte Vergütung nicht allein das Entgelt für die Tätigkeit des Empfängers, sondern auch die Mittel zur Besoldung der von ihm beschafften Hilfskräfte und zur Bestreitung anderer Ausgaben enthält, daß also die Höhe des ihm Verbleibenden in gewissem Grade von der eigenen Entschließung und geschäftlichen Tüchtigkeit des Empfängers abhängt, z. B. bei einem Ziegler im Akkord, der die Hilfskräfte stellt (Rev.E. 124, AN. JAB. 92 S. 35), bei einem mit der gleichen Maßgabe beschäftigten Winzer (Rev.E. 125 das. S. 36), oder Straßenbauakkordanten (Rev.E. 248, a. a. O. 93 S. 94), bei einem Schiffsführer, der den Schiffsmann annimmt und die Abgaben bezahlt (Rev.E. 220, a. a. O. 93 S. 65).

Tantieme und Naturalbezüge.

14. Von besonderen Arten des Lohnes handelt § 3 des Gesetzes. Tantieme bezeichnet im weiteren Sinne jeden Anteil am Arbeitsertrag, im engeren einen nach festem Satze zu berechnenden Anteil am Reingewinn eines Geschäftsbetriebs. In welcher Bedeutung § 3 des Gesetzes das Wort nimmt, ist ohne sachlichen Belang, wenn man den Lohnbegriff weit genug faßt (zu vgl. Z. 13 und die Fälle der Rev.E. 221, 244, 532, AN. JAV. 93 S. 66, 91, 96 S. 428).

„Naturalbezüge" umfaßt alles, was als Gegenstand menschlichen Gebrauchs oder Verbrauchs verwendbar oder verwertbar ist, also nicht nur Wohnung, Kleidung, Nahrungsmittel, Feuerung und dgl., sondern auch z. B. Landnutzung, Viehfutter, Aussaat, Erlaubnis zur Einstellung von Schafen in die Herde des Dienstherrn, so daß sie an Futter und Weide teilnehmen, während die Nutzungen dem Schäfer zufallen (Rev.E. 296, AN. JAV. 93 S. 150), Leistung von Spanndiensten, freie ärztliche Behandlung.

Die Vorschrift des § 3 Abs. 1 des Gesetzes bezieht sich nicht nur auf Naturalleistungen neben Geldlohn, sondern auch auf einen ausschließlich in Naturalbezügen bestehenden Lohn (Rev.E. 74, 166, AN. JAV. 91 S. 178, 92 S. 120).

Für Tantiemen und Naturalbezüge ist eine Wertfestsetzung (von Bedeutung für die Anwendung der §§ 1 Z. 2, 34 des Gesetzes) nach dem Durchschnitte seitens der unteren Verwaltungsbehörde vorgesehen. Diese Wertfestsetzung ist für das Rentenstreitverfahren bindend, nötigenfalls in dessen Verlaufe herbeizuführen (zu vgl. Rev.E. 676, AN. 98 S. 396), sie gilt jedoch nur für die wirkliche Versicherung, nicht für die vorgesetzliche Zeit (Fall des § 192 des Gesetzes, Rev.E. 45, 163, AN. JAV. 91 S. 157, 92 S. 118).

Freier Unterhalt.

15. Der „freie Unterhalt" erfüllt an sich den Lohnbegriff. § 3 Abs. 2 des Gesetzes nimmt dem freien Unterhalte diese Eigenschaft nicht, begründet vielmehr nur eine Ausnahme hinsichtlich des Eintritts der Versicherungspflicht (zu vgl. die Rev.E. 90, 687, AN. JAV. 92 S. 3, 98 S. 627).

Freier Unterhalt ist dasjenige Maß von wirtschaftlichen Gütern, das zur unmittelbaren Befriedigung der notwendigen Lebensbedürfnisse des Arbeitnehmers erforderlich ist; hierzu gehören jedoch nicht nur Unterkunft, Beköstigung, Kleidung u. dgl., sondern auch mancherlei kleinere, je nach dem Alter, dem Geschlecht und den Lebensgewohnheiten verschiedene Leistungen, die auch bei geringen Ansprüchen an Behaglichkeit nicht wohl entbehrt werden können (zu vgl. die Rev.E. 75, 76, AN. JAV. 91 S. 179, 180).

Im einzelnen ist folgendes zu bemerken:

a) **Natural-, nicht Geldlohn.**

Grundsätzlich kommen nach der vorstehenden Begriffsbestimmung nur Naturalleistungen in Betracht. Wer nur Geldzahlungen empfängt, mögen sie auch den unbedingt zum Lebensunterhalt erforderlichen Betrag nicht übersteigen oder nicht einmal erreichen, fällt nicht unter § 3 Abs. 2 des Gesetzes (zu vgl. Besch. 5, AN. JAV. 91 S. 54, Rev.E. 503, AN. 96 S. 271 — Kostgeld der Lehrlinge). Andernfalls würde man zu dem unhaltbaren Ergebnisse kommen, daß eine Arbeit schon deshalb von der Versicherung frei wäre, weil sie gering gelohnt wird. Die Geringfügigkeit der Zahlung kann indes die Eigenschaft als Arbeitsentgelt ausschließen.

Der Umstand dagegen, daß der Arbeitgeber seinerseits bestimmte Geldaufwendungen macht, um sich die Naturalleistungen zu verschaffen, z. B. den Arbeitnehmer bei einem Dritten in Kost gibt oder einmietet, macht das Arbeitsentgelt nicht zu einem Geldlohne. Dies kann auch in der Weise vorkommen, daß der Dienstherr in jedem Bedarfsfalle dem Bediensteten selbst den zur Anschaffung des erforderlichen Gegenstandes (z.B. von Kleidungsstücken) notwendigen Geldbetrag gibt (zu vgl. Rev.E. 194, AN. JAV. 92 S. 139). Ferner trifft die Vorschrift des § 3 Abs. 2 des Gesetzes im allgemeinen auch dann zu, wenn zwar ursprünglich Geldlohn verabredet war, dieser aber demnächst nicht gezahlt, sondern auf den tatsächlich gewährten Unterhalt verrechnet wird.

b) **Nebensächliche Geldleistungen.**

Neben dem vollständigen oder teilweisen Unterhalte gewährte unerhebliche Barlohnzahlungen (z. B. sog. Taschengeld), die den Empfänger in den Stand setzen sollen, gewisse geringfügige Lebensbedürfnisse zu befriedigen, haben häufig, auch wenn sie nicht lediglich freigebige Zuwendungen und dann überhaupt nicht „Lohn“ sind, keine selbständige rechtliche Bedeutung, nehmen vielmehr als nebensächliches Zubehör das Wesen der Hauptleistung, nämlich der Unterhaltsgewährung an (zu vgl. die Rev.E. 42, 126, 165, 503, AN. JAV. 91 S. 155, 92 S. 36, 120, 96 S. 271). Ob dies zutrifft, läßt sich nicht allgemein, sondern nur nach Lage des einzelnen Falles unter Berücksichtigung der Lebensumstände der Beteiligten entscheiden. Derselbe Geldbetrag kann in einfachen Verhältnissen oder für einen Arbeiter der untersten Stufe von wesentlichem Werte, hingegen anderwärts im Vergleiche zu höheren Unterhaltskosten oder für Angehörige der besser gestellten Klassen nur ein Taschengeld sein (zu vgl. außer den bereits angeführten Entscheidungen Besch. 39 und die Rev.E. 43, 91, 244, AN. JAV. 91 S. 153, 156, 92 S. 4, 93 S. 91). Auch ist nicht unwichtig, ob ein vereinbarter Betrag in festen Zeitabschnitten gezahlt, oder ob nur dem jeweiligen Bedarfe — für Tabak, Wirtshausbesuch, Festlichkeiten usw. — durch Geldabgaben von wechselnder Höhe und ohne Abrechnung genügt wird.

Die Anwendung des § 3 Abs. 2 ist regelmäßig ausgeschlossen, wenn außer freiem Unterhalt ein Barlohn nicht vereinbart ist und auch nicht gewährt wird, wenn aber ein Anspruch auf baren Lohn besteht (Rev.E. 1171, AN. 04 S. 624). Ist ein Barlohn neben freiem Unterhalte versprochen, aber dauernd nicht gezahlt worden, so greift § 3 Abs. 2 Platz und die Versicherungspflicht ist zu verneinen, wenn aus den Umständen des Falles ein tatsächlicher, wenn auch vielleicht nach bürgerlichem Rechte nicht bindender Verzicht auf den Geldlohn zu folgern ist (Rev.E. 222, AN. JAV. 93 S. 67). Anderseits hindert es den Eintritt der Versicherungspflicht nicht, daß ein Barlohn neben dem Unterhalt in der bewußten Absicht geleistet wird, die Versicherungspflicht herbeizuführen, sofern nicht etwa ein Scheingeschäft vorliegt (Rev.E. 758, AN. 99 S. 624).

Als Geldlohn neben freiem Unterhalte kommt nicht nur bar hingegebenes Geld in Betracht (zu vgl. Rev.E. 677, AN. 98 S. 397 — Aufrechnung des Geldlohns gegen eine Schuld des Arbeitnehmers).

c) **Art und Maß der Naturalleistungen.**

Damit § 3 Abs. 2 anwendbar wird, müssen die dargebotenen Naturalbezüge nach Art und Maß zur Bestreitung des Unterhalts geeignet und bestimmt sein. Eine Reihe von Naturalbezügen scheidet für den Abs. 2 des § 3 schon damit aus, daß sie nicht zur unmittelbaren Befriedigung der Lebensbedürfnisse dienen (Landnutzung, Weide, Gespannvorhaltung u. dgl.). Aber auch Lebensmittel usw. brauchen nicht unter den Begriff des Unterhalts zu fallen; dies tun sie vielmehr nur dann, wenn sie nach dem Umfang und der Art des jeweiligen Bedarfs unmittelbar zum Ver- oder Gebrauch, nicht aber nach vorbestimmtem Maße zu beliebiger Verfügung gegeben werden. Der Unterschied ist freilich ein flüssiger, nur für den einzelnen Fall nachweisbarer. Ein Beispiel für Naturallöhnungen, die nicht nach § 3 Abs. 2, sondern lediglich nach § 3 Abs. 1 des Gesetzes zu beurteilen sind, bieten die versicherungspflichtigen Arbeitsverhältnisse der Deputatempfänger, der Drescher um den Scheffel und anderer, namentlich landwirtschaftlicher Arbeiter (zu vgl. die Rev.E. 74, 166, AN. JAV. 91 S. 178, 92 S. 120).

Ferner liegt Gewährung nur des freien Unterhalts dann nicht mehr vor, wenn das Maß des persönlichen Bedarfs wesentlich überschritten wird, wenn also beispielsweise neben Wohnung, Kost, Kleidung usw. noch weitere Naturalien in erheblicher Menge dem Arbeitnehmer zur freien Verfügung überlassen werden, oder wenn der freie Unterhalt nicht nur für die Dienstdauer, sondern für erheblich größere Zeiträume, insbesondere lebenslänglich gewährt wird. Geringfügige Mehrleistungen (z. B. zeitweise Gewährung der Unterkunft auch für dritte Personen, Verwandte usw.) kommen hier ebensowenig in Anschlag, wie das Taschengeld nach den unter b erörterten Gesichtspunkten.

Was vom vollständigen freien Unterhalte gilt, trifft auch für einzelne dazu gehörige Leistungen zu, wie Wohnung, Beköstigung (zu vgl. Rev.E. 74 a. a. O.). Aber auch hierbei ist zu prüfen, ob nur der persönliche Bedarf gedeckt oder darüber hinaus eine Leistung von selbständigem Vermögenswerte verabreicht wird. Was besonders die Gewährung freier Wohnung betrifft, so reicht im allgemeinen ein Raum für das Wohnbedürfnis einer einzelnen Person aus. Durch die Überlassung mehrerer Räume an den Arbeitnehmer kann daher das Maß des freien Unterhalts überschritten werden. Dies ist jedoch nicht der Fall, soweit zugleich Familienangehörigen des Arbeitnehmers (dem Ehegatten, unerwachsenen Kindern), deren Erhaltung einen Teil und Ausfluß der Selbsterhaltungspflicht des Arbeitnehmers bildet, ein ihrem Wohnbedürfnis entsprechendes Unterkommen gewährt wird (E. 963a, AN. 02 S. 387). Demgemäß ist die Versicherungspflicht bejaht worden bei einer Pförtnerin, die nur für sich zu sorgen hatte, und der eine aus drei Zimmern und Küche bestehende Wohnung eingeräumt war (Rev.E. 75, AN. JAB. 91 S. 179); bei einer alleinstehenden Hausreinigerin, der eine Wohnung von Stube und Küche überlassen war; bei einer Hausreinigerin, die mit ihrem Ehemann eine Stube und Küche bewohnte, und deren Ehemann durch eine Unfallrente in den Stand gesetzt war, für seinen notdürftigen Unterhalt selbst zu sorgen (E. 936a, AN. 02 S. 387). Dagegen ist die Versicherungspflicht einer verheirateten Pförtnerin, die zwei Räume innehatte, verneint worden (E. 963a a. a. O.). Die Aufrechnung eines Teiles des Mietszinses oder des ganzen Mietszinses gegen das in bestimmter Höhe festgesetzte Arbeitsentgelt schließt die Anwendung des § 3 Abs. 2 des Gesetzes nicht aus; eine verheiratete Hausreinigerin, die monatlich von der 14 Mk. betragenden Miete für Stube und Küche nur 4 Mk zu zahlen hatte, während 10 Mk. für die Hausreinigung aufgerechnet wurden, ist daher nicht als versicherungspflichtig angesehen worden (E. 963b a. a. O.). Die Zahlung eines geringen Barbetrags neben Gewährung einer den Bedarf des Arbeitnehmers nicht übersteigenden Wohnung ist nicht geeignet, die Versicherungspflicht zu begründen (E. 963c a. a. O.). Hinsichtlich freier Beköstigung ist in einem Falle, in dem eine Arbeiterin solche für sich und für ihre Kinder im Alter von 10 und 6 Jahren empfing, das Maß des freien Unterhalts für überschritten erachtet (E. 1166, AN. 04 S. 528).

Über die freiwillige Versicherung von Personen, die nur gegen freien Unterhalt beschäftigt sind, s. Z. 58, 59.

Löhnung durch Dritte oder an Dritte.

16. Ein Beschäftigtwerden gegen Lohn kann in der Weise vorkommen, daß das Arbeitsentgelt nicht von dem eigentlichen Arbeitgeber, sondern von Dritten, gewissermaßen für Rechnung des Arbeitgebers hergegeben wird, oder daß nicht der Arbeitnehmer, sondern eine dritte Mittelsperson die Vergütung von dem Arbeitgeber empfängt.

Unter dem ersteren Gesichtspunkte sind die an Kellner und andere Bedienstete gegebenen Trinkgelder (s. auch Z. 17) sowie die Gebühren, auf die manche Arten von Angestellten anstatt fester Besoldung angewiesen zu werden pflegen, als „Lohn" im gesetzlichen Sinne anzusehen (zu vgl. Besch. 48, Rev.E. 117, 120, 159, 254, 276, 412, AN. JAB. 91 S. 158, 92 S. 29, 32, 114; 93 S. 102, 128; 95 S. 108). Unter den zweiten Gesichtspunkt gehören Fälle, wie der des Scharwerkers, der vom Instmanne zur Hofarbeit gestellt wird, während der Gutsherr den entsprechenden Lohn lediglich an den Instmann entrichtet (Besch. 14 und Rev.E. 223, AN. JAB. 91 S. 124, 93 S. 68), oder der einer Ehefrau, die durch den Dienstherrn ihres Ehemanns mit einem Teile der von diesem übernommenen Arbeiten ohne gesonderte Bezahlung beschäftigt wird (Rev.E. 411, 759, 1147, AN. JAB. 95 S. 108, 99 S. 625, 04 S. 504), oder der von einem Kleinakkordanten angenommenen Hilfskräfte, deren Lohn in der dem Ersteren gewährten Gesamtvergütung mitenthalten ist (Rev.E. 124, 125, 248, 457, AN. JAB. 92 S. 35, 36; 93 S. 94; 95 S. 249). Hierüber s. auch Z. 32.

Leistungen ohne Rechtszwang (Gratifikationen, Trinkgelder).

17. Bei der Prüfung, ob eine Beschäftigung „gegen Lohn" vorliegt, ist wie auch sonst bei der Auslegung der Arbeiterversicherungsgesetze der Nachdruck weniger auf die hergebrachte Benennung als auf den wirklichen Tatbestand, weniger auf die rechtliche Erscheinungsform als auf den wirtschaftlichen Inhalt des Geschäfts zu legen.

Demgemäß ist weder erforderlich, daß ein klagbarer Anspruch auf das Entgelt bestehe, noch auch nur, daß im voraus die Absicht, gegen Entgelt zu arbeiten oder ein solches zu gewähren, erklärt worden sei, es genügt vielmehr, wenn tatsächlich eine Zuwendung erfolgt, die der Beschäftigte nach den Umständen des Falles als ein Entgelt für seine Tätigkeit ansehen kann (zu vgl. Besch. 25 — näheres Z. 18e —, Rev.E. 254, 503, AN. JAV. 91 S. 137, 93 S. 102, 96 S. 271).

Zum Lohne gehören daher weiter auch sogenannte Weihnachtsgratifikationen und ähnliche Leistungen, die ohne Vertragszwang in gewisser Höhe ortsüblich gegeben zu werden pflegen (Rev.E. 482, AN. 96 S. 174), ferner Trinkgelder (auch von Dritten), auf die gerechnet werden konnte, und die bei der Vereinbarung der Lohnbedingungen, wenn auch nur stillschweigend, berücksichtigt worden sind (Rev.E. 120, AN. JAV. 92 S. 32). Weihnachtsgratifikationen, die Lehrlinge in einer ein Drittel des ortsüblichen Tagelohns übersteigenden Höhe ohne Rechtsanspruch und sonstige Vergütung erhalten, haben die Eigenschaft des Lohnes, wenn auf ihren Empfang mit einer gewissen Sicherheit gerechnet werden kann (E. 884, AN. 01 S. 202). Ebenso können Beträge, die als „Aushilfe", „Gnadengehalt" u. dgl. bezeichnet werden, trotzdem u. U. sehr wohl „Lohn" im gesetzlichen Sinne sein, auch bleibt ein wirkliches Arbeitsentgelt selbst insoweit Lohn, als es aus besonderen Gründen, wie Dankbarkeit für langjährige Dienste, verhältnismäßig hoch bemessen ist. — S. auch Z. 15b.

Verhältnisse nicht geschäftlicher Art.

18. Von den Fällen unter 17, in denen Freigebigkeit und ähnliche Rücksichten nur in rechtlich unerheblicher Weise mitwirken, sind solche Beziehungen wohl zu unterscheiden, die zwar äußerlich zur Leistung von Arbeiten auf der einen und zur Gewährung von Vermögenswerten auf der anderen Seite den Anlaß geben, aber doch eine wesentlich andere Grundlage haben als die Absicht des freien wirtschaftlichen Austauschs von Arbeit und Lohn. Derartige Lebensverhältnisse begründen die Versicherungspflicht nicht. Im einzelnen sind hier zu nennen:

a) **Militärdienst.**

Nach § 5 Abs. 3 des Gesetzes unterliegen Personen des Soldatenstandes, die dienstlich als Arbeiter beschäftigt werden, der Versicherungspflicht nicht. Bei außerdienstlicher Beschäftigang gegen Lohn tritt die Versicherungspflicht grundsätzlich wieder ein (Besch. 13, AN. JAB. 91 S. 124 — Soldaten, die in der Ernte Aushilfe leisten, Militärmusiker, die für Private gegen Entgelt spielen).

b) **Ehe.**

Zwischen Ehegatten kann ein versicherungspflichtiges Arbeitsverhältnis wegen der sittlichen Grundlagen ihrer allgemeinen Lebensgemeinschaft nicht bestehen (Rev.E. 380, 411, 561, E. 1087, AN. JAB. 94 S. 152, 95 S. 108, 97 S. 287, 03 S. 571). Zu vgl. aber auch Z. 32.

c) **Verwandtschaft.**

Sie hindert an sich das Zustandekommen des eigentlichen Lohnarbeitsverhältnisses nicht. Jedoch bedarf es in jedem einzelnen Falle der Prüfung, ob die Arbeit und der vorgebliche Lohn in der Tat in dem Verhältnisse von Leistung und Gegenleistung zueinander stehen, oder ob nicht vielmehr ein familienhaftes Gemeinschaftsleben, eine unverbindliche Hilfeleistung unter wirtschaftlich und sozial Gleichgestellten aus sittlichen oder Anstandsrücksichten, eine auf der Unterhaltspflicht beruhende Darreichung der Lebensnotdurft vorliegt; in Betracht kommt insbesondere, daß nach § 1617 BGB. das Kind, solange es dem elterlichen Hausstand angehört und von den Eltern erzogen oder unterhalten wird, verpflichtet ist, in einer seinen Kräften entsprechenden Weise den Eltern in ihrem Hauswesen und Geschäfte Dienste zu leisten. Die bezeichnete Frage, von deren Beantwortung — von der häufig schwierigen Beweiswürdigung und der Anwendbarkeit des § 3 Abs. 2 des Gesetzes abgesehen — das Schicksal zahlreicher Ansprüche solcher Personen abhängt, die bei ihren Kindern im Altenteil (als Altsitzer, Laichsitzer, Altgedinger, Auszügler, Austrägler usw.) oder im Hause der Eltern oder sonstigen Verwandten leben, kann naturgemäß nur nach Lage der jeweiligen Umstände zutreffend entschieden werden, wobei u. a. erheblich wird, ob der angebliche Arbeitnehmer eine verwertbare Arbeitskraft besitzt, anderweit Lohnarbeiten bei Fremden ausgeführt hat, insbesondere etwa zu den

Berufsarbeitern zählt, ob der angebliche Dienstherr einer gelohnten Hilfskraft bedurfte, auch sonst eine solche zu halten pflegte, ob eine bestimmte Vergütung vereinbart ist und regelmäßig gewährt wird, ob sie den Leistungen angemessen ist, ob nicht nur nach Befinden und Belieben, sondern mit einer gewissen Ständigkeit bestimmte Arbeiten verrichtet worden sind usw. (zu vgl. die Rev.E. 43, 244, 326, 636, 758 und die E. 1204, AN. JAV. 91 S. 156, 93 S. 91, 94 S. 37, 98 S. 269, 99 S. 624, 05 S. 435). Über die freiwillige Versicherung solcher Personen s. Z. 59.

d) **Unfreiheit.**

Das Gesetz gilt nur für freie Arbeiter; Strafgefangene, Insassen von Arbeitshäusern und Besserungsanstalten werden zwar auch beschäftigt und erhalten Geld oder Geldeswert; dem liegt aber kein freier wirtschaftlicher Austausch von Arbeit und Lohn, vielmehr ein, wenn auch nicht immer unmittelbarer, obrigkeitlicher Zwang zugrunde (zu vgl. Rev.E. 263, AN. JAV. 93 S. 111). Über die Weiterversicherung der Strafgefangenen s. Z. 59.

Dies gilt an sich auch für jugendliche Personen, die durch den Strafrichter oder die Vormundschaftsbehörde der öffentlichen Zwangs-(Fürsorge-)erziehung überwiesen worden sind; sie werden jedoch versicherungspflichtig, wenn sie unter Fortdauer der Zwangserziehung außerhalb der Anstalt in ein im übrigen den Voraussetzungen des § 1 des Gesetzes entsprechendes Beschäftigungsverhältnis, z. B. als Lehrling oder Knecht, eintreten (Besch. 739, AN. 99 S. 532).

e) **Freigebigkeit, Wohltätigkeit.**

Reine Schenkungen sind kein Lohn, die etwa den Anlaß dazu bietende Tätigkeit des Beschenkten ist keine Lohnarbeit (Rev.E. 503, AN. 96 S. 271).

Anstalten, die der öffentlichen oder privaten Armenpflege dienen, wie Verpflegungsstationen, Armenhäuser, ferner Idioten-, Blinden-, Irrenanstalten usw. stehen zwar den Arbeitshäusern nicht gleich, so daß die in ihnen Beschäftigten an sich versicherungspflichtig sein können (E. 846, AN. 00 S. 829 — Bezirkspfleglinge einer Pflegeanstalt in Elsaß-Lothringen, E. 965, AN. 02 S. 388 — in einem städtischen Blindenasyle beschäftigte blinde Personen). Wohl aber kann ungeachtet der von den Insassen solcher Anstalten geleisteten Arbeiten der Gedanke der einseitigen Fürsorge nach Lage der Umstände so sehr in den Vordergrund treten, daß nur ein Unterstützungsverhältnis als vorliegend anzusehen ist (zu vgl. die Rev.E. 310, 311, AN. JAV. 93 S. 164, 165). Bezüglich der sogenannten Arbeiterkolonien ist zu beachten, daß sie gerade bezwecken, den Aufgenommenen das Bewußtsein eines ehrlich erworbenen Arbeitsverdienstes zurückzugeben. Mag daher auch der für die Anstaltsarbeit gutgeschriebene Betrag als „Gabe der Barmherzigkeit" oder ähnlich bezeichnet und ein Rechtsanspruch darauf nicht zugestanden werden, so bleibt er doch regelmäßig Lohn im Sinne des Gesetzes und begründet, soweit nicht § 3 Abs. 2 des Gesetzes zutrifft, die Versicherungspflicht (zu vgl. Besch. 25, Rev.E. 447, E. 1033, AN. JAV. 91 S. 137, 95 S. 239, 03 S. 358). Die Sache liegt ähnlich bezüglich der von einer Armenverwaltung mit sogenannten Notstandsarbeiten beschäftigten Arbeiter (E. 1146, AN. 04 S. 503).

f) Ausübung sittlicher Pflichten.

Ein gänzliches Zurücktreten der Beziehung auf eine als Lohn zu bezeichnende Gegenleistung kommt auch bei der Krankenpflege und anderen gemeinnützigen Tätigkeiten vor, insbesondere soweit sie von Mitgliedern religiöser Verbände ausgehen (Diakonissen, Schulschwestern, Gemeindepflegerinnen, zu vgl. Besch. 39, E. 1205, AN. JAV. 91 S. 153, 05 S. 430). Jedoch bedarf es stets genauerer Feststellung, ob in der Tat ausschließlich eine uneigennützige, namentlich auf religiöser Grundlage beruhende Betätigung der Nächstenliebe vorliegt, oder die Übernahme einer Arbeit im Hinblick auf den dadurch gesicherten Lebensunterhalt, womit das Obwalten sittlicher und religiöser Beweggründe auf seiten des Auftraggebers oder der Pflegerin sehr wohl vereinbar ist (zu vgl. Rev.E. 635, AN. 98 S. 268). Im ersteren Falle werden sich die Bezüge der beschäftigten Person regelmäßig innerhalb der Grenzen des freien Unterhalts bewegen, so daß die Versicherungspflicht schon nach § 3 Abs. 2 des Gesetzes ausgeschlossen ist (Besch. 39, AN. JAB. 91 S. 153).

g) **Ehrenamt.**

Für Verbände mancher Art, namentlich solche öffentlichen Rechtes, besteht verfassungsmäßig die Pflicht jedes Mitgliedes, nach gewisser Reihenfolge Verwaltungsgeschäfte zu übernehmen, für die wegen des unvermeidlichen Aufwandes an Zeit, Mühe und kleinen Ausgaben eine entsprechende mäßige Entschädigung ausgeworfen ist. Es hängt von den Umständen des einzelnen Falles ab, wie mit Rücksicht auf die zugrunde liegende Rechtspflicht bei dem Inhaber eines solchen Ehrenamts die Versicherungspflicht zu beurteilen ist; dabei wird die Höhe der gezahlten Entschädigung und ihr Verhältnis zu den dem Empfänger erwachsenen Unkosten von wesentlicher Bedeutung sein.

Die einzelnen Klassen Versicherungspflichtiger, insbesondere hinsichtlich der Art ihrer Tätigkeit. Arbeiter, Gehilfen, Gesellen, Lehrlinge, Dienstboten.

19. Arbeiter im engeren Sinne — an manchen Stellen des Gesetzes, z. B. §§ 30, 46, wird der Ausdruck Arbeits- oder Dienstverhältnis auch derart gebraucht, daß damit alle Beschäftigungsverhältnisse gemeint sind, die unter § 1 fallen — sind Personen, die als lediglich ausführende Hilfskräfte hauptsächlich ihre körperliche Arbeitskraft einem andern zur Verfügung stellen. Im einzelnen Falle kann dabei die Arbeitsleistung nicht unerhebliche Kenntnisse und selbst geistige Tätigkeit erfordern, z. B. bei Druckern, Präzisionsmechanikern u. dgl. (Rev.E. 243, 481, AN. JAB. 93 S. 90, 96 S. 174). Als Arbeit müssen anderseits auch Leistungen einfachster Art, wie z. B. die eines Modellstehers (Rev.E. 67, AN. JAB. 91 S. 172) oder eines Almoseneinsammlers für fremde Rechnung, des Begleiters eines Drehorgelspielers (Rev.E. 638, AN. 98 S. 270) anerkannt werden.

Der Begriff des Gehilfen ist nicht nur in dem Sinne des Gewerbegehilfen (z. B. Kellner, Kontrolleur eines Vergnügungslokals, Bademeister, Maurerpolier), sondern in der weiteren Bedeutung eines Arbeitsgehilfen im allgemeinen zu verstehen, er umfaßt alle Hilfspersonen eines Arbeitgebers, deren Tätigkeit in wirtschaftlicher und sozialer Hinsicht derjenigen des Arbeiters, Gesellen oder Dienstboten im wesentlichen gleichwertig ist. Für die Abgrenzung dieses Personenkreises nach oben kommt gegenüber dem bisherigen Rechtszustand in Betracht, daß der Gesetzgeber für zahlreiche Bedienstete mittlerer Stufe eine besondere Klasse Versicherter, die der „Angestellten“, geschaffen hat (s. Z. 23).

Der Versicherungspflicht als Gehilfen unterliegen hiernach zunächst — vorbehaltlich Z. 9 und 10 — die bei Reichs-, Staats-, Gemeinde- und sonstigen Behörden oder in bureaumäßig gestalteten Geschäftsbetrieben — der Rechtsanwälte, Notare, Patentanwälte, Gerichtsvollzieher, Auktionatoren, Berufsgenossenschaften usw. — tätigen niederen Bediensteten, also z. B. Schreiber, Kanzlisten, Kassenboten, Kanzleidiener, Polizeidiener, Gefangenaufseher (Rev.E. 62, AN. JAB. 91 S. 168), Gemeindediener (Rev.E. 239, a. a. O. 93 S. 86), Nachtwächter (Rev.E. 89, 715 bis 717, AN. JAB. 92 S. 3, 99 S. 430 ff.), Flur- und Feldhüter (Rev.E. 90, AN. JAB. 92 S. 3), Feuerwehrleute, Meß- und Marktwächter u. dgl. mehr. Indessen ist die Anwendung des Gehilfenbegriffs nicht auf das Gebiet der unteren Beamtenschaft im öffentlichen oder privaten Dienste beschränkt. Beispielsweise sind ferner Gehilfen: die niederen Kirchenbediensteten (Kirchendiener, Kirchenschweizer, Läuter, Kalkanten, Balgentreter), Reporter, Zeitungsberichterstatter niederen Ranges, d. h. solche, die lediglich allerhand Nachrichten für Anzeige- u. dgl. Blätter sammeln, ohne daß dabei selbständige geistige Leistungen in Frage kämen (Rev.E. 481, AN. 96 S. 174), Logenschließer eines Theaters (Rev.E. 71, AN. JAB. 91 S. 176), ferner, soweit sie nicht selbständige Gewerbetreibende sind, die Kochfrauen (Rev.E. 327, AN. JAB. 94 S. 38), die Kranken- und Wochenpflegerinnen (Rev.E. 635, 763, AN. 98 S. 268, 99 S. 629), die bei Schaustellungen oder Musikaufführungen ohne höheres Kunstinteresse Mitwirkenden (Rev.E. 149, 385, AN. JAB. 92 S. 80, 94 S. 155, zu vgl. Z. 25).

Wesentlich ist aber, daß die Selbständigkeit fehlt, daß nur Hilfe unter fremder Leitung geleistet wird. Danach gehören, von der Abgrenzung gegenüber den selbständigen Gewerbetreibenden vorerst abgesehen, nicht zu den Gehilfen solche Personen, denen durch Rechtsvorschrift ein bestimmter Wirkungskreis zugewiesen ist, innerhalb dessen sie in der Hauptsache nach eigenem Ermessen und auf eigene Verantwortung zu handeln haben, also beispielsweise Eichamtsvorsteher oder Eichmeister (Rev.E. 152, 551, AN. JAV. 92 S. 83, 97 S. 271), Verwalter der im Bezirke der Landes-Versicherungsanstalt Mecklenburg für die Ausstellung von Quittungskarten usw. errichteten Amtsstellen (Rev.E. 771, AN. 99 S. 648), Postagenten (E. 933, AN. 01 S. 630), Kontrollbeamte der Versicherungsanstalten mit besonderem Dienstbezirk und Amtssitze (Rev.E. 958, AN. 02 S. 288). Darüber, inwieweit die Anwendung des Gehilfenbegriffs bei Beschäftigungen höherer, mehr geistiger, wissenschaftlicher oder künstlerischer Art ausgeschlossen ist, s. Z. 25.

Gesellen sind die in einem Handwerksbetrieb in abhängiger Stellung beschäftigten, fachmäßig vorgebildeten Personen.

Ob ein Versicherter Lehrling ist, hat unter Umständen insofern Wichtigkeit, als § 8 KVG. für Lehrlinge schlechthin den für „junge Leute" (von 14 bis 16 Jahren) festgesetzten Durchschnittstagelohn maßgebend sein läßt, der letztere aber die Lohnklasse und weiterhin die Höhe der Rente beeinflußt (§§ 34, 36, 37 des Gesetzes, zu vgl. Besch. 20, AN. JAV. 91 S. 128). Der Lehrlingsbegriff ist nur im Gebiete des Gewerbes, einschließlich des Handelsgewerbes, sowie etwa noch der Landwirtschaft anwendbar. Hier wird als Lehrling bezeichnet jemand, der zum Zwecke seiner Fachausbildung in ein Arbeitsverhältnis getreten ist. Wer sich also beispielsweise im niederen Bureaudienst ausbildet, ist nicht Lehrling im gesetzlichen Sinne.

Zu den Dienstboten im Sinne des Gesetzes gehören die gegen Kost und Lohn oder auch nur gegen Lohn zu niederen häuslichen Diensten angenommenen Personen sowie die in der Landwirtschaft des Dienstherrn beschäftigten, in seinem Hausstande lebenden Arbeiter (Haus- und Wirtschaftsgesinde). Hilfspersonen im Haushalte mit einer den Dienstboten übergeordneten Stellung fallen im allgemeinen unter den Begriff der Angestellten (zu vgl. Z. 23).

Bei den unter Z. 1 des § 1 des Gesetzes fallenden Personen ist die Höhe des Arbeitsverdienstes grundsätzlich ohne Belang. Jedoch kommt in Zweifelsfällen auch die Höhe des Jahresarbeitsverdienstes als Merkmal dafür in Betracht, ob jemand zu einer der unter Z. 1 oder der unter Z. 2 des § 1 des Gesetzes aufgeführten Personenklassen zu zählen ist, so daß u. U. bei einem 2000 Mk. übersteigenden Arbeitsverdienste vermöge Anwendung der Z. 2 die Versicherungspflicht entfällt.

Ein weiteres gemeinsames Erfordernis ist, daß die in Z. 1 bezeichneten Personen als Arbeiter usw. „beschäftigt" sein müssen (s. auch die §§ 30, 140 des Gesetzes). Darin liegt u. a., daß sie tatsächlich Arbeit leisten, nicht nur auf Ansuchen solche leisten müßten. Demgemäß ist die zur Hofarbeit verpflichtete Ehefrau eines Gutsarbeiters nur für die Wochen, in denen sie zur Arbeit kommt, zu versichern (Rev.E. 109, AN. JAB. 92 S. 23), ebenso erstreckt sich die Versicherungspflicht eines im Jahreslohne stehenden, aber nur in den Sommermonaten beschäftigten Hirten lediglich auf die Zeit der tatsächlichen Arbeitsleistung (E. 936, AN. 01 S. 633). Jedoch steht eine ständige Dienstbereitschaft, die auch für die Pausen Unfreiheit mit sich bringt, der wirklichen Arbeit gleich, so daß z. B. ein Dienstbote oder auch ein Wäger, der täglich während gewisser Stunden an der Börse anwesend sein muß, auch während derjenigen Wochen der Versicherung unterliegen, in denen sie nicht eigentlich arbeiten (Rev E. 773, AN. 99 S. 651).

Betriebsbeamte.

20. Der Begriff des **Betriebsbeamten** erfordert das Vorhandensein eines Betriebs und eine gewisse Stellung innerhalb dieses Betriebs.

Ein Betrieb ist ein Inbegriff fortdauernder wirtschaftlicher Tätigkeiten; unter wirtschaftlichen sind dabei die auf Erwerb, d. h. die Erzeugung von Gütern gerichteten Tätigkeiten zu verstehen (Rev.E. 63, 100, AN. JAB. 91 S. 169, 92 S. 15). Der Verwendungszweck des erzielten Gewinns ist grundsätzlich ohne Belang (Rev.E. 193, a. a. O. 92 S. 139 — ein Drittel des Überschusses kam gemeinnützigen Aufgaben zugute), auch schließt die Gemeinnützigkeit des Unternehmens den Betriebsbegriff nicht aus (E. 966, AN. 02 S. 389). Der Stellung des Betriebsbeamten im Betrieb ist eigentümlich ein Zurücktreten der persönlichen Mitwirkung bei den Herstellungs- und Gewinnungsvorgängen, eine gewisse Beteiligung bei der Leitung, eine Aufsichtsstellung gegenüber den nur ausführenden Arbeitern, Gesellen und Gehilfen; ein Betriebsbeamter ist demnach eine in dem Betriebe mit einer über die Tätigkeit des Arbeiters oder Gehilfen hinausgehenden, leitenden oder beaufsichtigenden Stellung betraute Person (Rev.E. 104, 193, 326, 582, AN. JAB. 92 S. 20, 139, 94 S. 37, 97 S. 352, zu vgl. § 133a der Gewerbeordnung).

Gegenüber der Unfallversicherung ergibt sich eine erweiterte Anwendung dieses Begriffs von selbst dadurch, daß die Invalidenversicherung über den Bereich der auf Erzeugung, Be- und Verarbeitung, Bewegung oder Erhaltung körperlicher Gegenstände gerichteten Unternehmungen hinaus sich auch auf nicht technische Berufszweige erstreckt. Demgemäß sind als Betriebe beispielsweise angesehen worden die Geschäfte eines Rechtsanwaltsbureaus (Rev.E. 100, AN. JAB. 92 S. 15), einer Privatsparkasse (Rev.E. 139 das. S. 193), von eingetragenen Genossenschaften, insbesondere soweit sie als Vorschußvereine, Darlehenskassen, Volksbanken dem Geld- und Kreditverkehre gewidmet sind (Rev.E. 772, AN. 99 S. 649).

Dagegen bilden die Geschäfte eines Einzelhaushalts keinen Betrieb, auch nicht die Bewirtschaftung eines Haus- oder Ziergartens (Rev.E. 530, AN. 96 S. 397). Wohl aber kann die Wirtschaftsführung eines Pensionats und ähnlicher Anstalten den Betriebsbegriff erfüllen (zu vgl. Rev.E. 634, AN. 98 S. 267). Dasselbe gilt, wenn mit der Hauswirtschaft ein gewerbliches Unternehmen — Landwirtschaft — verbunden ist (Rev.E. 106, 383, AN. JAB. 92 S. 22, 94 S. 154, zu vgl. auch Rek.E. 1643, AN. 97 S. 462).

Um wirtschaftliche Tätigkeiten handelt es sich nicht bei der Ausübung obrigkeitlicher Befugnisse. Demgemäß sind die lediglich bei den sogenannten regiminellen Aufgaben der Kommunalverwaltung beschäftigten Personen nicht Betriebsbeamte (Rev.E.

03, 104, 152, 241, 551, AN. JAV. 91 S. 169, 92 S. 20, 83, 93 S. 88, 97 S. 271), und zwar auch dann nicht, wenn sich ihrer eigentlichen Amtsverwaltung als deren untrennbares Zubehör eine wirtschaftliche Tätigkeit, z. B. auf dem Gebiete der Land- oder Forstwirtschaft oder des Bauwesens, hinzugesellt (Rev.E. 240, AN. JAV. 93 S. 87).

Soweit aber der Staat oder die Kommunalverbände Träger eines besonderen auf Erwerb gerichteten Unternehmens sind, wie bei staatlichen Fabriken, Berg- und Hüttenwerken, einem Gemeindeschlachthaus, einer städtischen Brauerei, Gasanstalt, bei Gemeindeforsten usw., ist auch ein Betrieb im Sinne des Gesetzes gegeben. Unter diesem Gesichtspunkt ist u. a. der Rendant, Kontrolleur oder Rechnungsführer einer städtischen Sparkasse als Betriebsbeamter anzusehen (Rev.E. 150, AN. JAV. 92 S. 81). Ähnlich liegt der Fall der Rev.E. 325 (AN. JAV. 94 S. 37 — Distriktsbautechniker).

Ein Betrieb kommt ferner nicht in Frage bei den Verwaltungen der durch die sozialpolitische Gesetzgebung geschaffenen Verbände, Berufsgenossenschaften, Versicherungsanstalten, Krankenkassen. Der Begriff des „Geschäftsbetriebs" in § 1 Z. 2a KVG. deckt sich nicht mit dem des Betriebs nach dem JVG.

Hinsichtlich der Frage, ob die für den Betriebsbeamtenbegriff wesentliche Stellung innerhalb des Betriebs gegeben sei, ist zu verweisen auf die Rev.E. 326 (AN. JAV. 94 S. 37 — Verwalter eines Landguts), 531 (AN. 96 S. 427 — Leiter einer zu einem Bergbaubetriebe gehörigen Bergkapelle), 582 (AN. 97 S. 352 — Kolorist einer Kattunfabrik, der Aufsichtsbefugnisse gegenüber dem Farbkochmeister und dessen nicht unbedeutenden Personal, sowie auch anderen Arbeitern ausübt), 676 (AN. 98 S. 396 — Privatförster), 772 (AN. 99 S. 649 — Kassierer und Vorstandsmitglied einer Volksbank), die E. 966 (AN. 02 S. 389 — Rendant einer Landeskulturzwecken dienenden sogenannten Fehngesellschaft) und die E. 1003 AN. 02 S. 546 — Inspektor einer Versicherungsgesellschaft); andrerseits auf die RE. 529 (AN. 96 S. 397 — Gutsschmied, der meist allein arbeitet und keine leitende Stellung bekleidet, nicht Betriebsbeamter, sondern Gehilfe), die E. 933 (AN. 01 S. 630 — Postagenten nicht Betriebsbeamte, sondern Angestellte), E. 970 (AN. 02 S. 394 — Forstgelduntereinnehmer) und E. 1209 (AN. 05 S. 439 — Oberschweizer nicht Betriebsbeamte sondern Facharbeiter). Hinsichtlich der Betriebsleiter mit selbständiger Verantwortlichkeit s. Z. 25.

Werkmeister und Techniker.

21. Unter „Werkmeister und Techniker" sind dieselben Personenkreise zu verstehen, wie nach der vorbildlichen Bestimmung des § 2b KVG. in der Fassung des Reichsgesetzes vom 10. April 1892 (RGB. S. 379, — zu vgl. auch die Ueberschrift zu Titel VII und § 133a der Gewerbeordnung in der Fassung des Gesetzes vom 1. Juni 1891 — RGB. S. 261, sowie § 2 Abs. 2 des Gesetzes, betreffend die Gewerbegerichte, vom 29. Juli 1890 — RGB. S. 141). Eine Erweiterung der Versicherungspflicht liegt darin nur bezüglich derjenigen Werkmeister und Techniker, die bisher weder als Betriebsbeamte noch als Gehilfen angesehen werden konnten. Zugleich ist mit der neuen Gesetzesfassung, im wesentlichen im Sinne des Bescheids 603 (AN. 97 S. 418) klargestellt, daß die Versicherungspflicht namentlich der Techniker künftig nur noch von dem Betrag ihres Jahresarbeitsverdienstes, nicht aber von der schwierigen Unterscheidung abhängt, ob die Art ihrer Tätigkeit und ihrer Lebensstellung eine geringere oder höhere ist. Insbesondere ist hierbei nach einer in dem Berichte der Reichstagskommission (Stenographische Berichte über die Verhandlungen des Reichstags, 10. Legislatur-Periode I. Session 1898/1900 dritter Anlageband S. 1705) niedergelegten Erläuterung anzunehmen, daß ein Unterschied zwischen Technikern mit und ohne Hochschulbildung oder zwischen solchen, die eine bestimmte Prüfung — Diplomprüfung, Prüfung zur Erlangung der Würde als Doktor-Ingenieur — abgelegt haben, und den übrigen nicht zu machen ist. Mit dieser Maßgabe gehören zu den Technikern beispielsweise Zeichner, namentlich Bauzeichner, Architekten in Baubetrieben, Ingenieure, Konstrukteure, Elektriker, Chemiker usw.

Unbedenklich ist dabei mit Rücksicht auf die Einreihung der Techniker zwischen Betriebsbeamte, Werkmeister und sonstige Angestellte, sowie mit Rücksicht auf das in den Worten „sofern sie

Lohn oder Gehalt beziehen" liegende Erfordernis, daß nur die in abhängiger Stellung beschäftigten Techniker versicherungspflichtig sein sollen, nicht auch solche, die als selbständige Gewerbetreibende für einen nicht geschlossenen Kreis von Auftraggebern je nach Angebot und freiem Ermessen tätig sind.

Der allgemeinen Auffassung entspricht es, in dem Werkmeister eine Mittelstufe zwischen den Betriebsbeamten und dem Gewerbegehilfen (Vorarbeiter, Arbeiter) zu erblicken, in der die betriebsleitende und die auf körperlicher Mitwirkung beruhende Tätigkeit ungefähr von gleicher Bedeutung sind. Dahin gehören z. B. die in größeren Herrengarderobegeschäften tätigen Zuschneider (E. 851, AN. 00 S. 832) und die mit einer gewissen Selbständigkeit ausgestatteten Monteure größerer Bauunternehmungen (E. 1039, AN. 03 S. 364). Als Techniker sind angesehen worden die Assistenten einer Privatanstalt für chemische Untersuchungen (E. 934, AN. 01 S. 632) und ein Zahntechniker, dessen Tätigkeit in der Anfertigung künstlicher Gebisse und in der Vornahme operativer Behandlungen bestand (E. 1168, AN. 04 S. 530).

Handlungsgehilfen und Lehrlinge.

22. Handlungsgehilfen sind nach § 59 des Handelsgesetzbuchs vom 10. Mai 1897 (RGB. S. 219) Personen, die „in einem Handelsgewerbe zur Leistung kaufmännischer Dienste angestellt" sind. Zu den Handlungsgehilfen gehören hiernach weder die in gesindeähnlicher Stellung beschäftigten Hilfspersonen, wie Hausdiener, Ausläufer, Wächter, noch auch die bei den gewerblich-technischen Aufgaben eines Betriebs mitwirkenden Arbeitskräfte, wie Gesellen, Fabrikarbeiter, Packer, Rollkutscher, Koch oder Kellner eines Gastwirts, Zuschneider, wohl aber z. B. Verkäufer, Kassierer, Reisende, Korrespondenten, Buchhalter (zu vgl. auch Rev.E. 297, AN. JAB. 93 S. 151 — Expeditionsgehilfen einer Zeitung). Was als „Handelsgewerbe" anzusehen sei, wird sich künftig nach den gegenüber dem bisherigen Rechtszustand erheblich weitergreifenden Vorschriften der §§ 1 bis 3 des Handelsgesetzbuches vom 10. Mai 1897 bestimmen. Als Handlungsgehilfe, nicht etwa Angestellter, ist der Geschäftsführer und Buchhalter einer Molkereigenossenschaft behandelt worden,

der im Hauptberufe Gastwirt und selbständiger Kaufmann war (E. 852, AN. 00 S. 833).

Über „Lehrlinge" s. Z. 19. Ausgenommen sind die in Apotheken beschäftigten Gehilfen und Lehrlinge.

Sonstige Angestellte.

23. Die Klasse „sonstige Angestellte, deren dienstliche Beschäftigung ihren Hauptberuf bildet", ist nach der Entstehungsgeschichte des Gesetzes hinzugefügt worden, um Ungleichheiten zu beseitigen, die dadurch erwuchsen, daß Personen in zwar abhängiger, aber doch die der eigentlichen Arbeiter usw. überragender Stellung versicherungsrechtlich verschieden beurteilt werden mußten, je nachdem, ob sie einem „Betrieb" in dem unter Z. 20 erörterten Sinne angehörten oder nicht; der Grund hiervon lag wesentlich darin, daß für den Begriff des Betriebs das Merkmal der Richtung auf den Erwerb aufzustellen war. Auch der auf das Wort „Betrieb" zurückweisende Zusatz „sonstige" zu „Angestellte" zeigt, daß die Gesetzesänderung hauptsächlich solche Personen treffen sollte, die innerhalb eines nicht unter die Bezeichnung „Betrieb" fallenden, aber ähnlichgearteten Inbegriffs von Geschäften eine von dessen Leitung abhängige und durch sie näher bestimmte Stellung einnehmen, gleichwohl nach der Art ihrer Tätigkeit nicht mehr zur Klasse der niederen, lediglich ausführenden Hilfsarbeiter gezählt werden können. Das hindert aber nicht, den Begriff „sonstige Angestellte" auch auf Personen anzuwenden, die in einem auf Erwerb gerichteten Betriebe tätig sind (E. 1090, AN. 03 S. 573). Sonach gehören hierher hauptsächlich die Beamten mittlerer Stufe in öffentlichen oder privaten Verwaltungen und Geschäftsbetrieben jeder Art, sowie im Haushalt, also in ersterer Beziehung das eigentliche Bureaupersonal (Expedienten, Registratoren, Kalkulatoren), die Gemeindeschreiber (Rev.E. 985, AN. 02 S. 481 — Ratschreiber in Baden, E. 1005, AN. 02 S. 547 — Stadt- und Marktschreiber in Bayern), die Gemeinderechner, Kirchenrechner, Küster (E. 853, AN. 00 S. 833), Kassenbeamten, Erheber, Fleischbeschauer in einem städtischen Fleischschauamte, die Postagenten (E. 933, AN. 01 S. 630), die Sekretäre usw. der Berufsgenossenschaften, Krankenkassen, Versicherungsanstalten, der Rechtsanwälte und der Notare (E. 1041, AN. 03 S. 366 — Notariatsgehilfen in Württemberg), Verwalter bei gemeinnützigen Stiftungen, Hausväter von Wohltätigkeitsanstalten, Rettungshäusern usw., in letzterer Beziehung (s. auch § 622 BGB.), Privatsekretäre, Gesellschafterinnen, Repräsentantinnen, Hausdamen usw. Diese und ähnlich beschäftigte Personen werden u. U. auch dann künftig als „Angestellte" zu behandeln sein, wenn sie bisher als „Gehilfen" für versicherungspflichtig erachtet worden sind (zu vgl. oben Z. 19 und Rev.E. 64, AN. IAB. 91 S. 170 — Stadtschreiber, Rev.E. 384, a. a. O. 94 S. 155 — Gemeindeschreiber, Rev.E. 95, a. a. O. 92 S. 11 — Stadtrechner, Rev.E. 243, a. a. O. 93 S. 90 — Hofrechnungsführer, Rev.E. 242, a. a. O. 93 S. 89 — Hilfsarbeiter eines statistischen Bureaus, Rev.E. 241, E. 1207, a. a. O. 93 S. 88, 05 S. 438 — Fleischbeschauer, die im Gemeindedienste stehen, Besch. 3 sowie Rev.E. 54, 153 und E. 853, a. a. O. 91 S. 53, 162, 92 S. 84, 00 S. 833 — Küster, Rev.E. 72, a. a. O. 91 S. 177 — Landratsgehilfe ohne Beamteneigenschaft). Die Neuaufnahme der Gruppe der Angestellten kann jedoch nicht dazu führen, einen Versicherten, der zu einer der übrigen in § 1 Z. 2 des Gesetzes aufgeführten Personengruppen, z. B. der der Handlungsgehilfen, gehört, aus ihr herauszunehmen (E. 852, AN. 00 S. 833). Hinsichtlich der Angestellten höherer Art s. Z. 25.

Durch die Beifügung der Worte „deren dienstliche Beschäftigung ihren Hauptberuf bildet", die sich nur auf „sonstige Angestellte", nicht auch auf „Betriebsbeamte, Werkmeister" usw. beziehen (E. 850, AN. 00 S. 832), soll die Anwendung des Gesetzes in weiterem Umfang, als es vermöge der Bundesratsvorschriften über vorübergehende Dienstleistungen geschehen könnte, für solche Angestellte ausgeschlossen werden, die ihre Stellung nur nebenamtlich versehen (z. B. Gewerbetreibende, die nebenbei die Geschäfte eines Gemeindeschreibers, eines Postagenten wahrnehmen). Der Hauptberuf bestimmt sich bei mehreren Erwerbstätigkeiten nach dem Verhältnisse der auf sie verwendeten Arbeitszeit und des dafür gewährten Entgelts. Wenn neben einer Angestelltentätigkeit keine andere Erwerbstätigkeit ausgeübt, vielmehr der Lebensunterhalt im übrigen aus Vermögensbesitz bestritten wird, so bildet darum der Angestelltendienst nicht notwendig den Hauptberuf. Es kommt noch darauf an, ob die Beschäftigung, sei es, weil sie die Arbeitskraft hauptsächlich in Anspruch nimmt, sei es, weil sie den Beschäftigten einem bestimmten Gesellschaftskreise zuweist, für die Lebensstellung tatsächlich oder nach seiner Absicht maßgebend ist; dabei wird auch auf die Höhe und Sicherheit des Arbeitsentgelts Wert zu legen sein (E. 933, AN. 01 S. 630 — Hauptberuf bei Postagenten). Werden mehrere Tätigkeiten ausgeübt, deren jede den Beschäftigten zum Angestellten macht, so kommt es darauf an, ob die Gesamtheit dieser Beschäftigungen gegenüber der sonstigen, nicht versicherungspflichtigen Tätigkeit den Hauptberuf bildet (E. 970, AN. 02 S. 394). Dasselbe gilt, wenn neben der Angestelltentätigkeit noch die Tätigkeit eines Betriebsbeamten oder eine andere Beschäftigung der im § 1 Z. 2 bezeichneten Art ausgeübt wird (E. 1007, 1208, AN. 02 S. 550, 05 S. 438). Darüber, inwieweit bei Angestellten, die Beamte sind, durch Ruhegehaltsanwartschaft die Versicherungspflicht beseitigt wird, s. Z. 9.

Lehrer und Erzieher.

24. „Lehrer und Erzieher." Nach der Entstehungsgeschichte soll hiermit nicht jede irgendwie geartete Lehrtätigkeit in die Versicherung einbezogen werden, sondern in erster Linie nur die Erteilung eines der geistigen Entwicklung auf dem Gebiete der Wissenschaften und schönen Künste dienenden Unterrichts, sowie die auf Bildung des Charakters und des Gemüts gerichtete Erziehertätigkeit. Begrifflich ist also die Tätigkeit des Lehrers eine höhere, mehr geistige Arbeit, die ein gewisses Maß von Bildung und Kenntnissen voraussetzt und den Ausübenden über die in § 1 Z. 1 des Gesetzes bezeichneten Personen erhebt. Dahin muß in gewissem Umfang auch die Unterweisung in mancherlei körperlichen Übungen und Fertigkeiten (Turnen, Schwimmen, Reiten, Zeichnen, Handarbeiten, Kochen usw.) gerechnet werden, soweit sie dem Erziehungszwecke dient. Dies ist regelmäßig da anzunehmen, wo dergleichen Unterrichtsgegenstände in den Lehrplan einer Erziehungsanstalt aufgenommen worden sind (E. 1159, AN. 04 S. 523 — württembergische Arbeitslehrerin).

Dagegen gehört der von dem Erziehungszwecke losgelöste und überwiegend nach gewerblichen Gesichtspunkten betriebene Unterricht in allerhand körperlichen und mechanischen Fertigkeiten nicht hierher. Einen gesetzlichen Anhalt für diese — freilich im einzelnen schwierige — Unterscheidung bietet die Gewerbeordnung, indem sie im § 6 die Erziehung von Kindern gegen Entgelt und das Unterrichtswesen dem Geltungsbereiche des Gewerberechts entzieht, dagegen im § 35 „die Erteilung von Tanz-, Turn- und Schwimmunterricht als Gewerbe" regelt. Zu den in das rein gewerbliche Gebiet fallenden Unterrichtszweigen werden ebenso z. B. der als Gewerbe betriebene Reit-, Fecht-, Radfahrunterricht und ähnliches gerechnet werden müssen, ferner aber auch der von einer Schneiderin oder von einem Traiteur erteilte Schneider- oder Kochunterricht und dgl. mehr.

Hiernach unterliegt eine an einer Schule oder Lehranstalt mit der Erteilung des Turn- oder Schwimm- oder Tanz- usw. Unterrichts beschäftigte Person als Lehrer oder Erzieher der Versicherungspflicht, während ein selbständiger Tanzlehrer überhaupt nicht, der Schwimmlehrer einer Badeanstalt, der Stallmeister einer Reitschule nur als Gehilfe oder vielleicht als „Angestellter" versicherungspflichtig sein würden. Die Erteilung von Handarbeitsunterricht besonders an niederen Schulen erfordert u. U. ein so geringes Maß von Bildung und Kenntnissen, und der Erziehungszweck tritt dabei so in den Hintergrund, daß die unterrichtenden Personen deshalb und in Anbetracht ihrer ganzen Lebensstellung nicht zu den Lehrern gerechnet werden können. So ist z. B. eine Handarbeitslehrerin (Industrielehrerin), die Unterricht im Stricken und in den einfachsten Näharbeiten gab und außerdem die Reinigung und Heizung der Schulstuben zu besorgen hatte, nicht als Lehrerin, sondern als Gehilfin angesehen worden.

Im übrigen tritt die Versicherungspflicht für Lehrer und Erzieher in gleicher Weise ein, ob sie Unerwachsene oder Erwachsene unterrichten, ob sie Lehrgegenstände der allgemeinen Bildung oder der Fachbildung behandeln (Lehrer an einer Handelsschule, Baugewerkschule, Ackerbauschule, an einem Militärpädagogium, Technikum usw.), sowie ohne Unterschied hinsichtlich des Umfanges ihrer wissenschaftlichen und sonstigen Vorbildung und Befähigung. Endlich ergreift der Versicherungszwang nicht nur angestellte Lehrer an öffentlichen oder privaten Schulen usw. oder Hauslehrer, sondern (nach der im Laufe der Verhandlungen ohne Widerspruch gebliebenen Begründung des Gesetzentwurfs — Stenographische Berichte über die Verhandlungen des Reichstags, 10. Legislaturperiode I. Session 1898/1900 1. Anlageband S. 697) auch solche Personen, die aus dem Stundengeben bei wechselnden Auftraggebern ein Gewerbe machen (selbständige Musiklehrer, Sprachlehrer usw.), und zwar nicht nur dann, wenn sie in die Häuser gehen, sondern auch soweit sie den Unterricht in der eigenen Wohnung erteilen. Das Gesetz will in diesen Fällen das sogenannte Honorar als Lohn, denjenigen, der die Leistungen des Lehrers in Anspruch nimmt, als den Arbeitgeber behandelt wissen, wenn auch theoretisch ein solcher Lehrer als selbständig erwerbstätig zu erachten sein mag.

Dagegen schließt die in § 1 Z. 2 des Gesetzes enthaltene Beschränkung, „soweit sie Lohn oder Gehalt beziehen", solche Lehrer und Erzieher, die Inhaber einer Lehranstalt sind (Privatschulvorsteher), bezüglich des an ihrer eigenen Anstalt erteilten Unterrichts vom Versicherungszwang aus. Der für sie von dem erhobenen Schulgelde nach Abzug aller Unkosten verbleibende Betrag läßt sich nicht als Lohn oder Gehalt bezeichnen. Ob Personen, die noch nicht schulpflichtigen oder geistig zurückgebliebenen Kindern Unterweisung in mehr äußerlicher Weise zuteil werden lassen, als Lehrer oder Erzieher im Sinne der Z. 2 oder als Angestellte oder lediglich als Gehilfen im Sinne der Z. 1 (die Unterscheidung kann für die Bestimmung der Lohnklasse wichtig werden, § 34 des Gesetzes Abs. 2 a. E.) zu gelten haben, ist nur nach Lage der jeweiligen Umstände zu entscheiden; jedenfalls wird ein Teil derjenigen Personen, die schon bisher, weil es sich nicht um einen eigentlichen planmäßigen Unterricht handelte, als Gehilfen für versicherungspflichtig erachtet wurden, künftig den Lehrern und Erziehern zugerechnet werden müssen (zu vgl. Rev.E. 106, 478, AN. JAV. 92 S. 22, 95 S. 286 — Hausvater eines Rettungshauses, Lehrer an einer Anstalt für fallsüchtige Kinder).

Durch die Sondervorschriften des § 5 Abs. 1 und 3 sind von der Versicherung ausgenommen Personen, die an öffentlichen Schulen oder Anstalten lediglich zur Ausbildung für ihren zukünftigen Beruf als Lehrer oder Erzieher beschäftigt werden, oder die während der wissenschaftlichen Ausbildung für ihren künftigen Lebensberuf Unterricht erteilen, also insbesondere Studierende aller Fächer, nicht nur des Lehrfachs (E. 1160, AN. 04 S. 524). Darüber, inwieweit der Besitz einer Ruhegehaltsanwartschaft die Befreiung begründet, s. unter Z. 9.

Unterscheidung zwischen höherer, mehr geistiger und anderer Tätigkeit.

25. Der für die Auslegung des JVG. leitend gewesene Satz, daß diejenigen Personen von der Zwangsversicherung frei bleiben, die nicht mit ausführenden Arbeiten vorwiegend materieller Art, sondern mit einer ihrer Natur nach höheren, mehr geistigen (wissenschaftlichen, künstlerischen usw.) Tätigkeit beschäftigt sind und durch ihre Lebensstellung sich über den Personenkreis erheben, der nach dem gewöhnlichen Sprachgebrauch und vom Standpunkte wirtschaftlicher Auffassung dem Arbeiter- oder niederen Betriebsbeamtenstande angehört, ist durch die Vorschriften des neuen Gesetzes mehrfach durchbrochen und eingeschränkt worden. Durchbrochen wird jener Grundsatz zunächst insoweit, als die in die Klasse der Techniker oder die Klasse der Lehrer und Erzieher gehörigen Personen nach der klaren Absicht des Gesetzes ohne Rücksicht auf die vielleicht rein geistige und wissenschaftliche Art ihrer Leistungen und ohne Rücksicht auf ihre Vorbildung schlechthin der Versicherung unterworfen sind (Z. 21, 24). Eine weitere Einschränkung jenes Grundsatzes ergibt sich daraus, daß zahlreiche Beschäftigte, für die bisher nur der Gehilfenbegriff mit seiner vergleichsweise engen Abgrenzung anwendbar war, nunmehr als „Angestellte" allgemein für versicherungspflichtig erklärt sind, somit künftig nur bei einem 2000 Mk. übersteigenden Jahresarbeitsverdienste sich über den Kreis der Versicherten erheben. Dabei ist jedoch anderseits zu beachten, einmal, daß nach Z. 23 der Angestelltenbegriff nur gewisse mittlere Schichten von Beschäftigten umfaßt und ferner, daß dieser Begriff nicht auf allen Gebieten anwendbar ist. Es bleiben hiernach, von den Technikern, Lehrern und Erziehern abgesehen, auch künftig von der Zwangsversicherung frei diejenigen Personen, die nach der Art ihrer Stellung nicht zu ausführender, sondern zu selbständiger wissenschaftlicher oder gleichwertiger Tätigkeit berufen sind, dazu übrigens regelmäßig mit einer entsprechenden, insbesondere einer auf Hochschulen erworbenen Vorbildung ausgestattet sein müssen. U. a. läßt sich nicht voraussetzen, daß die Zwangsversicherung auf Hausgeistliche, ihrem Bildungsgange gemäß beschäftigte Assessoren (z. B. im Dienste von Anwälten, Bankgeschäften), Krankenhausärzte, Assistenten bei wissenschaftlichen Sammlungen und dgl. habe ausgedehnt werden sollen. Dasselbe gilt für Personen in leitender Stellung mit selbständiger Verantwortlichkeit, z. B. Bürgermeister, Magistratsmitglieder, Gemeindevorsteher — Direktor einer Betriebsgesellschaft (E. 966, AN. 02 S. 389) — oder in ähnlicher Weise bei ihrer Dienstführung unabhängige Einzelbeamte, z. B. Standesbeamte, kommissarische Amtsvorsteher und dgl. Ferner verbleibt es bei der von der bisherigen Rechtsübung herausgebildeten Unterscheidung auch künftig auf den Gebieten, für die nicht der Angestellten-, sondern nur der Gehilfenbegriff in Betracht kommt. Beispielsweise würde es nicht angängig sein, jüdische Kultusbeamte kleiner Gemeinden bei einem hinter 2000 Mk. zurückbleibenden Diensteinkommen als Angestellte für versicherungspflichtig zu erklären, sie bleiben vielmehr wie bisher versicherungsfrei, wenn sie als Leiter des Gottesdienstes, Vorbeter, Vorsänger eine über die Gehilfendienste hervorragende Tätigkeit ausüben (zu vgl. Rev.E. 251, 382, 868, AN. JAB. 93 S. 100, 94 S. 153, 01 S. 185). Ebenso würde der Verwalter einer wissenschaftlichen Beobachtungsstelle von der Art des in der Rev.E. 381 (AN. JAB. 94 S. 153) behandelten Signalisten der Seewarte auch nach dem JVG. nicht versicherungspflichtig sein. Ähnlich verhält es sich mit gewissen freien Berufen, namentlich der Tätigkeit von Musikern und Bühnenkünstlern. Hier bewendet es bei der durch die bisherige Spruchübung gebilligten Anwendung der auf dem Gebiete der Gewerbepolizei erheblichen Unterscheidung zwischen Vorstellungen, bei denen ein höheres Interesse der Kunst oder Wissenschaft obwaltet, und der rein gewerblichen Berufsausübung (zu vgl. §§ 32, 33 a, 33 b, 55 Z. 4 der Gewerbeordnung und die Rev.E. 149, 249, 385, 492, 531, sowie die E. 1088, 1151, 1152, 1153, AN. JAB. 92 S. 80, 93 S. 94, 94 S. 155, 96 S. 252, 427; 03 S. 572, 04 S. 508, 509). Dabei entscheidet lediglich das Gesamtwesen des Unternehmens, nicht die Vorbildung und Leistungsfähigkeit des einzelnen künstlerisch Mitwirkenden (Orchestermitglieds, Schauspielers, Sängers, Tänzers usw.). Hiernach ist der Chorsänger einer größeren Oper versicherungsfrei (Rev.E. 249), ebenso der Souffleur an einer dem höheren Kunstinteresse dienenden Bühne (E. 1153, AN. 04 S. 509), dagegen ist ein Schauspieler an einem sogenannten Rauchtheater versicherungspflichtig (Rev.E. 285, AN. JAB. 94 S. 155).

Sonstige gemeinsame Gesichtspunkte für die Klassen des § 1 Z. 2 (Verdienstgrenze).

26. Für die Auslegung der Z. 2 des § 1 ist nicht ohne Bedeutung, daß die Fassung nicht wie in Z. 1 lautet: P e r s o n e n, welche als Betriebsbeamte usw. beschäftigt werden, sondern: Betriebsbeamte usw. Nach dem Wortlaute kämen also nur Personen in Betracht, die der Tätigkeit als Betriebsbeamter, Techniker, Lehrer, Erzieher usw. berufsmäßig obliegen, so daß z. B. ein Vorarbeiter, der vorübergehend den Werkmeister vertritt, ein Mechaniker, dem eine einzelne technische Aufgabe höherer Art übertragen wird, ein Künstler, der gelegentlich Stunden gibt, nicht unter Z. 2 fallen würden. Indessen ist anderseits zu beachten, daß nur für die „Angestellten" eine ausdrückliche Beschränkung dahin vorgesehen ist, daß die dienstliche Beschäftigung den Hauptberuf bilden müsse (E. 850, AN. 00 S. 832).

Gemeinsam für alle unter Z. 2 des § 1 aufgeführten Klassen von Versicherten gilt ferner die Beschränkung, daß der „regelmäßige" Jahresarbeitsverdienst nicht mehr als 2000 Mk. betragen darf, wenn die Zwangsversicherung Platz greifen soll. Wie schon bisher bezüglich der Betriebsbeamten, Handlungsgehilfen und Lehrlinge (zu vgl. Rev.E. 150, AN. JAB. 92 S. 81, Besch. 603, AN. 97 S. 418) kommt neben dieser Abgrenzung nach dem Arbeitsverdienst eine weiter Unterscheidung nach der höheren oder geringeren Art der Beschäftigung nicht in Frage (s. Z. 25).

Wegen der Begriffe „Lohn“ und „Gehalt“ s. Z. 13 bis 17. Gemäß § 3 Abs. 1 sind auch Tantiemen anzusetzen, die ein Angestellter eine Reihe von Jahren hindurch in einer gewissen gleichmäßigen Höhe bezogen hat, oder auf die er, von besonderen Zufällen abgesehen, mit Bestimmtheit rechnen kann (Besch. 28, AN. JAV. 91 S. 148).

Nicht nach den schwankenden Bezügen eines einzelnen Jahres, sondern möglichst nur nach dem ständigen oder Durchschnittsbetrage soll sich entscheiden, ob Versicherungspflicht vorliegt (Rev.E. 482, AN. 96 S. 174). Selbstverständlich können dabei, wenn die Versicherungspflicht für einen bestimmten Zeitpunkt geprüft wird, nur die, von da aus gerechnet, in der Vergangenheit liegenden Umstände in Betracht gezogen werden. Dies ist folgerichtig auch dann entsprechend zu beachten, wenn es sich um die Versicherungspflicht in zurückliegenden Zeiträumen, wie für die Jahre 1888, 1889 und 1890 handelt (Beispiel: Jemand war 1888 als Buchhalter mit 200 Mk. Monatsgehalt fest angestellt, wurde aber 1889 plötzlich stellungslos, so daß der Jahresarbeitsverdienst für die 3 vorgesetzlichen Jahre unter 2000 Mk. geblieben ist; gleichwohl war jene Stellung keine versicherungspflichtige). Der Jahresverdienst übersteigt nicht 2000 Mk., wenn ein Gehalt in dieser Höhe vereinbart ist und der Betrag nur infolge der Abrundung der monatlichen Zahlungen überschritten wird (Rev.E. 799, AN. 00 S. 611).

Einkünfte aus anderen Quellen als der Lohnarbeit bleiben bei der Berechnung des Jahresarbeitsverdienstes außer Betracht (ein Werkmeister mit 1800 Mk. Arbeits- und 300 Mk. Zinseinkommen ist versicherungspflichtig). Wohl aber ist eine Zusammenrechnung geboten, wenn dieselbe Person mehrere unter Z. 2 des § 1 fallende Stellungen versieht (ein für zwei Firmen beschäftigter Handlungsgehilfe, der aus jeder Anstellung 1200 Mk. bezieht, ist nicht versicherungspflichtig; zu vgl. E. 970, 1007, 1208 AN. 02 S. 394, 550, 05 S. 438). Anderseits ist abzurechnen, was als Vergütung auf die Arbeitsleistung einer anderen Person, z. B. der Ehefrau, entfällt,

Schiffsbesatzung.

27. Nach Z. 3 des § 1 unterliegen der Versicherungspflicht die Personen der Schiffsbesatzung deutscher Seefahrzeuge und von Fahrzeugen der Binnenschiffahrt. An die Stelle des im Gesetz erwähnten § 2 des Gesetzes vom 13. Juli 1887 ist § 3 des See-Unfallversicherungsgesetzes vom 30. Juni 1900 (RGB. S. 716/773) getreten.

Bei Seeschiffen werden nach dem Gesetze, betreffend Abänderung seerechtlicher Vorschriften des Handelsgesetzbuchs, vom 2. Juni 1902 (RGB. S. 218/221) Art. 1 § 481 zur Schiffsbesatzung gerechnet der Schiffer, die Schiffsoffiziere, die Schiffsmannschaft, sowie alle übrigen auf dem Schiffe angestellten Personen. In § 1 Z. 1 des See-UVG. vom 30. Juni 1900 werden aufgeführt: Personen, welche „als Schiffer, Personen der Schiffsmannschaft, Maschinisten, Aufwärter oder in anderer Eigenschaft zur Schiffsbesatzung gehören (Seeleute)". Ferner schreibt die Seemannsordnung vom 2. Juni 1902 (RGB. S. 175/211) in § 2 vor: „Kapitän im Sinne dieses Gesetzes ist der Führer des Schiffes (Schiffer) . . . Schiffsoffiziere im Sinne dieses Gesetzes sind diejenigen zur Unterstützung des Kapitäns in der Führung des Schiffes bestimmten Angestellten, welche zur Ausübung ihres Dienstes eines staatlichen Befähigungsnachweises bedürfen. Außerdem gelten als Schiffsoffiziere die Ärzte, Proviant- und Zahlmeister. Schiffsmann im Sinne dieses Gesetzes ist jede sonstige zum Dienste auf dem Schiffe während der Fahrt für Rechnung des Reeders angestellte Person . . . Die Gesamtheit der Schiffsleute bildet die Schiffsmannschaft." Hiernach ist „Schiffsbesatzung" ein erheblich umfassenderer Begriff als „Schiffsmannschaft", worunter lediglich der seemännische Teil der Besatzung mit Ausnahme des Schiffers verstanden wird. Personen, die, ohne für den Schiffsdienst verpflichtet zu sein, nur zu vorübergehenden Verrichtungen an Bord gehen, gehören nicht zur Schiffsbesatzung (zu vgl. Rev.E. 587, AN. 97, S. 380 — Handwerker, der zur Vornahme einer Ausbesserung auf ein im Hafen liegendes Schiff gerufen wird, Rek.E. 1742, AN. 99 S. 226).

Bei Binnenschiffen gehören nach § 3 Abs. 2 des Reichsgesetzes, betreffend die privatrechtlichen Verhältnisse der Binnenschiffahrt, vom $\frac{\text{15. Juni 1895}}{\text{20. Mai 1898}}$ (RGB. S. 301/868), zur Schiffsbesatzung der Schiffer die Schiffsmannschaft und alle übrigen auf dem Schiffe angestellten Personen mit Ausnahme der Zwangslotsen. Die Schiffsmannschaft wird nach § 21 gebildet durch die zum Schiffahrtsdienst angestellten Personen der Schiffsbesatzung, mit Ausnahme des Schiffers, insbesondere Steuerleute, Bootsleute, Matrosen, Schiffsknechte, Schiffsjungen, Maschinisten und Heizer.

Einen Unterschied nach der Art der Beschäftigung kennt das Gesetz bei Personen der Schiffsbesatzung nicht, die Versicherungspflicht erfaßt also den Schiffer, die Schiffsoffiziere usw., ebenso wie den Heizer, den Kohlenzieher, den Aufwärter und andere untergeordnete Bedienstete. Jedoch sind Schiffsführer (Kapitäne), nicht etwa auch Schiffsoffiziere, von der Zwangsversicherung frei, wenn ihr regelmäßiger Jahresarbeitsverdienst an Lohn oder Gehalt 2000 Mk. übersteigt (zu vgl. Z. 26).

Unselbständigkeit.

Allgemeines.

28. Mit einer unter Z. 24 erwähnten Ausnahme erstreckt sich die Versicherungspflicht nur auf Beschäftigte in abhängiger Stellung, nicht dagegen auf selbständig Erwerbstätige. Die wenigen Anhaltspunkte, die das Gesetz selbst für die Tragweite dieses durchgreifenden Gegensatzes bietet, beschränken sich auf den Sinn, den der Sprachgebrauch mit den Bezeichnungen „Arbeiter", „Gehilfen" usw. verbindet, auf die Bedeutung der Worte „Lohn oder Gehalt" im Gegensatze zu Einnahmen anderer Art (Preis, Gewinn), die Bedeutung des Ausdrucks „beschäftigt werden" in § 1 Z. 1 im Vergleiche mit einer freien Tätigkeit, sowie auf den Umstand, daß der Gesetzgeber selbst gewisse Gruppen von selbständigen Gewerbetreibenden in § 2 des Gesetzes ausdrücklich als solche anführt, auf die der Versicherungszwang nur ausgedehnt werden kann, also an sich keine Anwendung findet. Eine Begriffsbestimmung hat das Gesetz weder für die Lohnarbeit noch für die selbständige Erwerbstätigkeit gegeben. Auch läßt sich für den Gegensatz beider eine allgemeine Formel, die allen Erscheinungen des Wirtschaftslebens gerecht würde, nicht wohl auffinden. In

allgemeinster Fassung läßt sich nur sagen, daß die Versicherungspflicht eintritt, wo ein Verhältnis wirtschaftlicher und persönlicher Abhängigkeit des Arbeitenden von einem Arbeitgeber nachweisbar ist. Für diese Feststellung kommt eine große Anzahl verschiedener Einzelumstände mehr oder weniger durchgreifend in Betracht, derart, daß die Entscheidung oft nur mittels eines sorgfältigen Abwägens der verschiedenen Tatbestandsmerkmale gegeneinander gewonnen, nicht aber im Wege zwingender Schlußfolgerung aus einer scharfen Begriffsbestimmung abgeleitet werden kann.

Verhältnis zum bürgerlichen Rechte.

29. Ist das eigentliche Wesen der Lohnarbeiterstellung in dem Verhältnisse persönlicher und wirtschaftlicher Abhängigkeit zu einem Arbeitgeber zu suchen, so ergeben sich notwendig in einzelnen Beziehungen Abweichungen von einer rein zivilrechtlichen Betrachtungsweise.

Zunächst bedarf es im allgemeinen keines im Sinne des bürgerlichen Rechtes gültigen und auf gewisse Zeit bindenden Dienst- oder Arbeitsvertrags (zu vgl. Rev.E. 254 AN. JAV. 93 S. 102 und Rev.E. 563, AN. 97 S. 289 — Kiefernzapfenpflücken auf Grund eines Erlaubnisscheins mit der einzigen Pflicht zur Ablieferung des Gesammelten als Lohnarbeit), also auch nicht voller Verfügungsfähigkeit des Arbeitenden (Rev.E. 76, 311, AN. JAV. 91 S. 180, 93 S. 165, zu vgl. auch Entscheidungen des Oberverwaltungsgerichts Band 27 S. 345).

Anderseits erzeugt auch nicht jedes eine Arbeitspflicht einschließende Rechtsverhältnis, insbesondere nicht jedes Anstellungsverhältnis die Versicherungspflicht. Darüber, daß im allgemeinen nur wirkliche Arbeit, nicht schon das Bestehen der Verpflichtung dazu den Versicherungszwang hervorruft, s. Z. 19 a. E. Ferner gibt es eine nicht kleine Anzahl von Personen, die von Gemeinde- und anderen Behörden zur sachgemäßen Leistung gewisser Dienste öffentlich bestellt und verpflichtet werden, dessen ungeachtet aber als selbständig erwerbstätig zu bezeichnen sind, weil sie von den Weisungen der sie anstellenden Behörde unabhängig sind und nicht deren Geschäfte besorgen, übrigens auch den privaten Auftraggebern frei gegenüberstehen, wie die öffentlichen Wäger (Rev.E. 158, AN. JAB. 92 S. 113), die Hebammen (Rev.E. 73, das. 91 S. 178), die Fleischbeschauer (Rev.E. 128, 607, das. 92 S. 37, 97 S. 471), die Leichenfrauen (Rev.E. 276, AN. JAB. 93 S. 128 ff. Fall 2). Dagegen kann eine äußerlich gleichartige Tätigkeit sehr wohl versicherungspflichtig werden, wenn der dazu Bestellte als Glied eines Betriebs, also als ausführende Hilfskraft unter fremder Leitung und Beaufsichtigung beschäftigt ist, somit in persönlicher und wirtschaftlicher Abhängigkeit wirkt, wie ein von der Wägergilde zugezogener Reservewäger oder ein in einem behördlich ausgestalteten Wägeramte beschäftigter Wäger (Rev.E. 449, 773, AN. JAB. 95 S. 241, 99 S. 651), ein Fleischbeschauer in einem städtischen Fleischschauamte (Rev.E. 241, AN. JAB. 93 S. 88), die Leichenfrauen in einem von der Stadt unternommenen Beerdigungsbetriebe (Rev.E. 639, AN. 98 S. 270), ein als Aktenhefter von einer Behörde beschäftigter Buchbindermeister (E. 1163, AN. 04 S. 526).

Auch auf rein gewerblichem Gebiete macht sich derselbe Unterschied geltend: Ein Gewerbetreibender kann sehr wohl in ein festes Vertragsverhältnis zu einzelnen Auftraggebern treten, sogar ihnen ausschließlich seine Tätigkeit widmen, ohne daß damit ein Verhältnis persönlicher Abhängigkeit zu bestehen braucht (zu vgl. Rundschreiben, betreffend die Kommissionsfabrikanten in der Tabakindustrie, AN. 99 S. 633, Rev.E. 253, AN. JAB. 93 S. 102 — für eine Brandversicherungskammer tätiger Sachverständiger, sogenannter Expert, Rev.E. 160, a. a. O. 92 S. 115 — Goldschmied, der gegen Jahresgehalt von einer Leihanstalt als Schätzer angenommen ist, Rev.E. 192, 386, a. a. O. 92 S. 138, 94 S. 157 — Gemeindeschmiede, s. Z. 42); er kann sich aber auch einem fremden Betrieb unter Aufgabe seiner Unabhängigkeit einordnen (Rev.E. 529, AN. 96 S. 397 — Gutsschmied als Gehilfe).

Fortsetzung (Form der Pacht und dgl.).

30. Geschäftliche Beziehungen, die nach ihrer rechtlichen Einkleidung und Benennung sich äußerlich nicht als Arbeitsverhältnisse darstellen, begründen gleichwohl die Versicherungspflicht, wenn unter der gewählten Form sich ein Lohnarbeitsverhältnis in dem vorstehend bezeichneten Sinne verbirgt. Beispiele bieten die Rev.E. 161, AN. JAV. 92 S. 115 (Forstarbeiter, dem ein Teil eines ländlichen Anwesens pachtweise überlassen wird, wogegen er verpflichtet ist, mit seinem Zugvieh und unter Hilfe eines Knechtes Schlagholz talwärts zu befördern; die Pacht kommt nur als Mittel für die Durchführung der Waldarbeit in entlegenen Bezirken und für die Gewährung eines angemessenen Entgelts in Betracht), 315, AN. JAV. 93 S. 171 (Latrinenwärterin auf einem Bahnhofe, deren Verhältnis zur Bahnverwaltung in Form eines Pachtvertrags geordnet, die aber in der Tat eine Arbeiterin im Betriebe der Eisenbahn ist), 720, AN. 99 S. 437 (Gärtner, dem gegen die Verpflichtung zur Unterhaltung eines herrschaftlichen Gutsgartens und zur Leistung einzelner Wirtschaftsdienste gewisse Gartennutzungen, unter Auferlegung einer Geldzahlung zum Ausgleich, überwiesen worden sind), 220 und 450, AN. JAV. 93 S. 65, 95 S. 241 (sogenannte Schiffspächter zu den versicherungspflichtigen Personen der Schiffsbesatzung gehörig — zu vgl. Besch. 209, AN. 86 S. 230 für das Gebiet der Unfallversicherung), Entscheidungen des preußischen Oberverwaltungsgerichts Band 20 S. 382 für das Gebiet der Krankenversicherung, ferner Rek.E. 1539, AN. 96 S. 385 (Droschkenkutscher, die einem Wagen von dem Fuhrherrn für einen bestimmten Betrag zur Benutzung übernehmen und den verdienten Überschuß behalten, gleichwohl nur Lohnarbeiter des Fuhrwerksbesitzers — zu vgl. Entscheidungen des preußischen Oberverwaltungsgerichts Band 30 S. 360).

Fortsetzung (Akkordanten).

31. In weiterem Umfang als im Sinne des bürgerlichen Rechtes ist ferner ein Arbeitsverhältnis zu unterstellen bei den Akkordanten. Unbedenklich ist zunächst die Versicherungspflicht meist da begründet — übrigens auch im Sinne des bürgerlichen Rechtes im allgemeinen lediglich ein Arbeitsvertrag gegeben — wo der Unterschied gegenüber gewöhnlichen Tagelöhnern im Grunde nur in der Lohnform — Akkordlohn statt Zeitlohn — liegt (Rev.E. 272, 370, 371, AN. JAV. 93 S. 118, 94 S. 144, 145 — Steinklopfer, Steinbrecher, Schlackenschläger im Akkord, die alle allein arbeiteten und nur eine freiere Bewegung bei der Einteilung der Arbeitszeit und dgl. genossen, weil die Einfachheit der Arbeit und der aus der Rücksicht auf ihren eigenen Vorteil entspringende Antrieb die strenge Ueberwachung der Arbeit entbehrlich machte; zu vgl. Z. 13). Wohl aber sind Zweifel möglich, wenn jemand von einem Unternehmer einen größeren Teil eines Werkes, z. B. einer Bauausführung oder die Arbeiten eines einzelnen Betriebszweigs, z. B. einer Gutsziegelei, insbesondere gegen einen Pauschbetrag übertragen erhält, die übernommenen Arbeiten in gewissem Umfange selbst leitet und zu ihrer Ausführung seinerseits bezahlte Hilfskräfte heranzieht. Derartige Personen stehen den selbständigen Gewerbetreibenden jedenfalls nahe, und es läßt sich nur nach den Umständen des einzelnen Falles entscheiden, ob noch ein versicherungspflichtiges Arbeitsverhältnis angenommen werden darf. Für diese Entscheidung, die durch die auf dem Gebiete der Unfallversicherung bereits bestehende Rechtsübung vielfach erleichtert wird, kommt namentlich in Betracht, ob die von dem Akkordanten übernommenen Arbeiten unlösbar zu einem fremden Betriebe gehören, oder ob er für eigene Rechnung tätig ist, ob ihm nach den getroffenen Vereinbarungen eine geringere oder größere Selbständigkeit bezüglich der Leitung, der Arbeitsausführung sowie der Verwertung etwaiger Betriebserzeugnisse zukommt, welches Maß eigener Verantwortlichkeit und geschäftlicher Gefahr er trägt, ob er ferner selbst mitarbeitet, nur eine dem üblichen Arbeitslohn entsprechende Vergütung bezieht oder einen Unternehmergewinn zu erzielen in der Lage ist, welche Lebensstellung er sonst einnimmt und dgl. mehr (zu vgl. die Rev.E. 124, AN. JAV. 92 S. 35 — Ziegler, der für je tausend fertige Ziegel einen festen Betrag erhält, die Hilfskräfte selbst beschafft, 248, AN. JAV. 93 S. 94 — berufsmäßiger Lohnarbeiter, der zeitweilig einen kleineren Straßenbau unter Heranziehung der nötigen Hilfskräfte, jedoch unter Oberleitung der auftraggebenden Behörde ausführt, 457, a. a. O. 95 S. 249 — landwirtschaftlicher Arbeiter, der ohne fachmäßige Vorbildung Kulturarbeiten geringeren Umfanges im Akkord übernimmt und die Mitarbeiter auf eigene Rechnung stellt, E. 1161, AN. 04 S. 524 — sogenannter Rübenunternehmer, der die Bebauung von Rübenland gegen einen festen Betrag übernimmt und die Hilfspersonen anwirbt und entlohnt, E. 1162, AN. 04 S. 525 — Schleifer in der thüringischen Kleineisenindustrie, die in der Werkstatt und mit den Gerätschaften des Schleifereibesitzers Eisenwaren polieren, von den ihnen diese übergebenden Zeugschmieden nach dem Stücke gelohnt werden und hiervon einen Betrag an den Schleifereibesitzer abliefern. In allen diesen Fällen war die Versicherungspflicht anzuerkennen). Die Übernahme von Arbeiten gegen einen auf dem Wege öffentlicher Verdingung festgestellten Pauschbetrag hindert nicht die Annahme der Arbeitereigenschaft, auch nicht wenn der Übernehmer daraus die Mitarbeiter lohnt (E. 849, AN. 00 S. 831). Es entspräche nicht den Absichten der Versicherungsgesetzgebung, wenn es dem größeren und wirtschaftlich kräftigen Unternehmer freistände, die Lasten der Versicherung mittels vertragsmäßiger Einräumung einer scheinbaren Selbständigkeit willkürlich auf schwächere Schultern abzuwälzen.

Fortsetzung (mittelbare Arbeitsverhältnisse).

32. Das Schwergewicht der wirtschaftlichen und tatsächlichen gegenüber den zivilrechtlichen und formalen Gesichtspunkten macht sich endlich auch bei der Beantwortung der Frage geltend, wer als Arbeitgeber anzusehen sei. Es handelt sich dabei nicht nur um die weitere Durchführung der Versicherung, namentlich die Beitragslast, sondern u. U. auch um die Versicherungspflicht selbst.

Als der Arbeitgeber der sogenannten Hofgänger (Scharwerker), die von dem sie zunächst annehmenden Instmanne (Katenmann, Beikossäten, Freimann) kraft der in dem Vertrage mit dem Gutsherrn begründeten Verpflichtung zur Gutsarbeit gestellt werden, und für die der Instmann den Lohn als Teil des seinigen mit empfängt, ist der Gutsherr anzusehen, in dessen Betrieb und nach dessen Weisungen sie beschäftigt werden, und dem das Ergebnis ihrer Tätigkeit zugute kommt (Besch. 14 Rev.E. 223, AN. JAV. 91 S. 124, 93 S. 68). Unter diesem Gesichtspunkt ist die Versicherungspflicht des Hofgängers auch dann gegeben, wenn er von dem Instmanne nur den freien Unterhalt bezieht.

Hierher gehören ferner Beschäftigungsverhältnisse, bei denen

Dritte, namentlich Familienangehörige des Arbeitnehmers, einen Teil der Arbeiten ausführen — sei es unterstützend, sei es stellvertretend —, ohne daß mit ihnen eine unmittelbare Abmachung getroffen, oder eine besondere Vergütung für ihre Leistungen ausgeworfen wäre. Besonders häufig beteiligen sich in solcher Weise Ehefrauen an der Ausführung der ihren Männern übertragenen Arbeiten. Müßte man die Ehefrau als eine lediglich für Rechnung des Ehemanns tätige Hilfsarbeiterin ansehen, so wäre die Versicherungspflicht zu verneinen (s. Z. 18 b). Indessen stände eine solche Auffassung regelmäßig mit der tatsächlichen Lage der Dinge nicht im Einklange, denn häufig wird von vornherein, auch ohne ausdrückliche Erklärung, auf die Mitwirkung der Ehefrau gerechnet und der Lohn danach bemessen (z. B. ein Gutsbesitzer sucht einen verheirateten Verwalter — die Ehefrau soll selbstverständlich die Geschäfte der „Wirtin" besorgen, ein Hauseigentümer einen verheirateten Pförtner — es wird als selbstverständlich erwartet, daß die Ehefrau die Hausreinigung übernimmt). Für die Annahme, daß die Ehefrau zu dem Dienstherrn des Ehemanns in ein versicherungspflichtiges Arbeitsverhältnis tritt, kommen zunächst ausdrückliche Verabredungen des Arbeitgebers mit dem Ehemann in Betracht. Häufig wird die Annahme aber auch dann gerechtfertigt sein, wenn die Ehefrau ohne solche Abrede mit Wissen des Arbeitgebers tatsächlich die dem Ehemann übertragenen Arbeiten in erheblichem Umfange verrichtet, so besonders, wenn der Ehemann regelmäßig verhindert ist, die Arbeiten selbst zu verrichten (E. 848, AN. 00 S. 830). Der Beschäftigung mit Wissen und Willen des Arbeitgebers steht es gleich, wenn der Arbeitgeber nach Lage der Umstände annehmen muß, daß der Arbeiter zur Ausführung der ihm übertragenen Arbeiten einer Mithilfe bedarf (Besch. 942, AN. 01 S. 637). Demgemäß ist die Versicherungspflicht einer Ehefrau als Gehilfin der Verwaltung eines Rettungshauses anerkannt worden, obwohl ein Vertrag nur mit ihrem als Hausvater derselben Anstalt angenommenen Ehemann abgeschlossen war und das neben dem Unterhalte beider Ehegatten gezahlte Gehalt nur dem Ehemanne gewährt wurde (Rev.E. 411, AN. JAV. 95 S. 108, s. auch Rev.E. 759, AN. 99 S. 625). Ebenso ist die Ehefrau eines Armenhausverwalters, die früher für ihre Dienste im Armenhaus außer freiem Unterhalt einen Barlohn erhalten hatte, deren Barlohn dann aber in eine Zulage zum Gehalte des Ehemanns umgewandelt war, als versicherungspflichtige Gehilfin der Armenhausverwaltung angesehen worden (E. 847, AN. 00 S. 830). Frauen von Schuldienern, Kastellanen, die die mit dem Amte ihrer Ehemänner verbundenen Frauenarbeiten verrichten, sind im Dienste der Schulverwaltung u. U. versicherungspflichtig beschäftigt, wobei ohne Einfluß ist, daß sie infolge der Pensionsberechtigung der Ehemänner Aussicht auf Witwenversorgung haben (E. 1043, AN. 03 S. 369). Die Ehefrau eines sogenannten Hälfteschiffers ist als versicherungspflichtige Bedienstete des Reeders erachtet worden, da sie ihrem Ehemanne bei der Schiffahrt behilflich sein mußte und der Reeder mit ihm vereinbart hatte, daß sie sich an der Güterverladung beteilige (Rev.E. 1065, AN. 03 S. 514). Bei einem Betriebsunternehmen, einer Gastwirtschaft, ist die Ehefrau des Geschäftsführers, die durch ihre Mitarbeit eine fremde Hilfskraft ersetzte, und auf deren Beteiligung von vornherein gerechnet war, als Arbeitnehmerin des Betriebsinhabers angesehen worden (E. 1147, AN. 04 S. 504). Endlich ist die Ehefrau eines Briefträgers bei der Verrichtung der diesem vertragsmäßig von der Postbehörde übertragenen Hausmeisterarbeiten im Postgebäude als versicherungspflichtige Arbeiterin der Postverwaltung angesehen (E. 1203, AN. 05 S. 434). Wird dagegen die Ehefrau oder eine sonstige Hilfsperson von dem Arbeitnehmer lediglich zu seiner Bequemlichkeit oder gegen den Willen des Arbeitgebers zur Mitarbeit herangezogen, so entsteht zwischen diesem und jenen Personen kein Arbeitsverhältnis (Besch. 942, E. 1044, AN. 01 S. 637, 03 S. 370).

In ähnlicher Art kommen derartige Arbeitsverhältnisse vor, wenn Akkordanten, die versicherungsrechtlich nicht als Unternehmer, sondern als Arbeiter zu gelten haben (zu vgl. Z. 31), ihrerseits Hilfskräfte beschäftigen, die äußerlich betrachtet zu dem eigentlichen Betriebsherrn in keiner Beziehung stehen, von dem Akkordanten angenommen, entlassen und gelohnt werden (zu vgl. u. a. die Rev.E. 124, 125, 203 a. F., AN. JAV. 92 S. 35, 36, 93 S. 3).

Lohnarbeit und Hausgewerbe.

33. Eine Mittelstellung zwischen den Lohnarbeitern und den selbständigen Gewerbetreibenden im eigentlichen Sinne nehmen die Hausgewerbetreibenden ein. Das Gesetz selbst (§ 2 Abs. 1 Z. 2) bezeichnet sie

a) zwar als selbständige Gewerbetreibende, führt sie aber doch wieder als eine besondere Gruppe dieser Klasse auf und fügt als weitere Merkmale hinzu,

b) daß sie in eigenen Betriebsstätten,

c) daß sie im Auftrag und für Rechnung anderer Gewerbetreibenden mit der Herstellung oder Bearbeitung gewerblicher Erzeugnisse beschäftigt werden.

Der Zusatz in Klammern „(Hausgewerbetreibende)" deutet an, daß damit keine strenge Begriffsbestimmung gegeben sein soll. In der Tat ist die Abgrenzung des Gebiets des Hausgewerbes ebenso nach der Seite des sonstigen selbständigen Gewerbebetriebs wie nach der Seite der Lohnarbeit nicht wohl mittels einer einfachen, allgemein gültigen Formel zu vollziehen, der Übergang ist hier wie dort ein unmerklicher, so daß die Unterscheidung nur für den einzelnen Fall getroffen werden kann.

Die Anwendbarkeit des Begriffs des Hausgewerbes ist auf das Gebiet der gewerblichen Hervorbringung beschränkt (Rev.E. 502, 577, AN. 96 S. 270, 97 S. 334). Das Notenschreiben für eine Musikalienhandlung fällt daher nicht nur unter den Begriff des Hausgewerbes (Rev.E. 775, AN. 99 S. 653).

Im übrigen ergibt sich aus den obigen Merkmalen, daß kein Hausgewerbe, sondern ein unabhängiger Gewerbebetrieb vorliegt, wenn jemand nicht im Auftrag und für Rechnung anderer Gewerbetreibenden, sondern unmittelbar für die Verbraucher, auf Bestellung oder auf Vorrat, Waren herstellt (Rev.E. 423, 483, 682, AN. JAV. 95 S. 214, 96 S. 175, 98 S. 563). Außerdem treffen die Merkmale des Hausgewerbebegriffs auch im Falle der Warenerzeugung für bestimmte gewerbliche Unternehmer dann nicht mehr zu, wenn jemand nicht persönlich mit der eigentlichen Herstellungsarbeit beschäftigt ist, sondern sich ausschließlich oder überwiegend mit der Leitung eines mit entsprechend zahlreichen Hilfskräften und nicht unerheblichem Kapitalaufwande geführten Betriebs befaßt (Annahme und Verteilung der Aufträge, Aufsicht, Abnahme und Ablieferung der Waren, zu vgl. Rev.E. 456, 489, AN. JAB. 95 S. 247, 96 S. 220). Bezüglich der Abgrenzung gegen die Lohnarbeit aber folgt aus dem Nebeneinanderstellen der beiden Merkmale: „selbständige Gewerbetreibende" und „in eigenen Betriebsstätten", daß das Gesetz in eigener Betriebsstätte für fremde Rechnung beschäftigte Personen kennt, die nicht selbständige Gewerbetreibende sondern Lohnarbeiter (Außenarbeiter, Heimarbeiter, detachierte Arbeiter) sind, wie denn auch diese Klasse in § 2 Z. 4 KVG. in der ursprünglichen Fassung ausdrücklich Erwähnung gefunden hatte.

Zwischen diesen beiden letzteren Gruppen, einerseits der Heimarbeiter, anderseits der ausschließlich für bestimmte größere Geschäfte liefernden aber selbständigen Betriebe mittlerer Stufe stehen die Hausgewerbetreibenden. In der großen Mehrzahl der Fälle läßt sich das eigentümliche Wesen ihrer Stellung unschwer kennzeichnen (zu vgl. hierüber die Rev.E. 77, 133, 525, 545, 616, 768, 769, 956, AN. JAB. 91 S. 181, 92 S. 45, 96 S. 361, 97 S. 184, 590, 99 S. 640, 641, 02 S. 287). Sie haben die wirtschaftliche Abhängigkeit mit dem Lohnarbeiter, die persönliche Selbständigkeit mit dem Gewerbetreibenden gemein. Erstere zeigt sich darin, daß sie von einem anderen Gewerbetreibenden (Kaufmann, Fabrikanten, Fabrikkaufmann usw., auch einem Hausgewerbetreibenden nach den Rev.E. 678, 764, AN. 98 S. 559, 99 S. 635) „beschäftigt werden", daß sie auf Rechnung eines Dritten arbeiten, der einerseits die geschäftliche Gefahr trägt, anderseits aber ihnen die Möglichkeit eigener Verwertung ihrer Erzeugnisse und damit der Erzielung eines Unternehmergewinns nimmt, ihnen vielmehr nur eine nach dem Stücke bemessene Vergütung zahlt, die sich wirtschaftlich wesentlich als Arbeitsentgelt darstellt. Dieses Verhältnis verschiebt sich auch dann nur wenig, wenn der Hausgewerbetreibende die Rohstoffe selbst beschafft und in dem für die abgelieferte Ware gezahlten Preise auch den Stoffwert erstattet erhält (Hausindustrie auf Grundlage des Kaufsystems). Die Tätigkeit für fremde Rechnung bringt es weiter mit sich, daß der im allgemeinen wirtschaftlich mächtigere Auftraggeber die Art der Herstellung, die Lieferzeiten und sonstige Bedingungen einseitig vorzuschreiben in die Lage gesetzt wird.

Der hieraus entspringenden, oft recht empfindlichen wirtschaftlichen Abhängigkeit steht jedoch die persönliche Selbständigkeit gegenüber, die der in der eigenen Betriebsstätte Tätige im Vergleiche mit der Stellung des Fabrikarbeiters usw. genießt. Ohne räumliche Trennung der Arbeitsstätten des Beschäftigten und des Auftraggebers ist diese Selbständigkeit nicht denkbar. Bei gemeinsamer Wohnung ist daher, selbst wenn ein Wohnungsrecht des Beschäftigten besteht, ein Hausgewerbeverhältnis ausgeschlossen (Rev.E. 616, AN. 97 S. 590). In der eigenen Werkstatt ist dagegen der Beschäftigte alleiniger Herr, er bestimmt Beginn und Ende, Umfang und Reihenfolge der Arbeit und ist einer Leitung, Disziplin oder Beaufsichtigung nicht unterworfen. Dem Auftraggeber kann es im allgemeinen gleichgültig sein, wer die Arbeit verrichtet, namentlich im Bereiche der gewerblichen Massenherstellung, dem bevorzugten Gebiete des Hausgewerbebetriebs. Demgemäß bleibt dem Hausgewerbetreibenden die Heranziehung von Hilfskräften überlassen. Dieser behält die Geschlossenheit des Familienlebens und damit die Möglichkeit, seine Angehörigen, namentlich auch solche mit beschränkter Arbeitskraft, wie Kinder und alte Leute, bei der Ausführung der übernommenen Aufträge zu beteiligen. Auch ist er im allgemeinen nicht gehindert, Aufträge von verschiedenen Seiten entgegenzunehmen. Ferner sind die Bestellungen in der Regel nur Einzelaufträge, nach ihrer Erledigung ist keine der Geschäftsparteien gehalten, das Verhältnis fortzusetzen oder wieder aufzunehmen, es besteht kein fester Vertrag und keine Kündigungsfrist, wenn sich auch tatsächlich nicht selten dauernde Beziehungen herausbilden.

In dem letztgedachten Punkte zeigt sich ein wichtiger grundsätzlicher Unterschied im Vergleiche mit der Stellung eines Akkordaußenarbeiters. Auch bei diesem kann, wenn auch weniger aus Gründen, die im Wesen seines Arbeitsverhältnisses liegen, als wegen zufälliger äußerer Umstände, die Einwirkung des Arbeitgebers hinsichtlich der Arbeitsausführung ähnlich wie bei dem Hausgewerbetreibenden ganz zurücktreten. Gleichwohl bleibt er von seinem Arbeitgeber regelmäßig insofern persönlich abhängig, als dieser gegen ihn den rechtlichen Anspruch auf weitere Arbeitsleistungen, übrigens auch die Befugnis besitzt, jederzeit in die Arbeitsausführung einzugreifen (zu vgl. Rev.E. 133, AN. IAV. 92 S. 45).

Für die Abgrenzung gegenüber der unselbständigen Außenarbeit handelt es sich darum, inwieweit alle diese in den Regelfällen gegebenen Umstände die Bedeutung begriffswesentlicher Merkmale haben. Dies läßt sich nicht allgemein bestimmen, immerhin kann es z. B. nicht ausschlaggebend sein, ob tatsächlich Hilfskräfte beschäftigt werden, ob keinerlei Aufsicht stattfindet, ob die hausgewerbliche Beschäftigung in einem einzelnen Gewerbe verbreitet ist und dgl. mehr. Liegen im übrigen die gesetzlichen Hauptmerkmale der Tätigkeit in eigener Betriebsstätte und der Beschäftigung für Rechnung eines anderen Gewerbetreibenden vor, so wird der Regel nach auch die persönliche Selbständigkeit gegeben und damit der Begriff des Hausgewerbes erfüllt sein. Hiervon ausgehend hat die Rechtsprechung im allgemeinen nur für diejenigen Fälle die Annahme eines versicherungspflichtigen Heimarbeitsverhältnisses zugelassen, in denen das Arbeiten in eigner Betriebsstätte auf mehr zufällige und vorübergehende Gründe zurückzuführen war (Raummangel, z. B. infolge unerwarteter Ausdehnung des Betriebs, Behinderung des Arbeiters durch persönliche Umstände, wie Krankheit). Beispielsweise wurden als Heimarbeiter für versicherungspflichtig erachtet ein Schlosser, der zeitweise wegen eines Fußleidens zu Hause mit ausnahmsweise von der Fabrik geliefertem Werkzeug arbeiten durfte, vorher und nachher aber Fabrikarbeiter war, und ein Schneider, der von seinem Meister im Tagelohn und nur deshalb zu Hause beschäftigt wurde, weil er nicht mit den jugendlichen Arbeitern des Geschäftsherrn zusammenkommen mochte. Der Umstand, daß der Arbeitgeber sich ab und zu von dem ordnungsmäßigen Gange der Arbeit überzeugt oder daß der Beschäftigte einzelne Arbeiten, zu denen ihm die Einrichtungen fehlen, bei dem Auftraggeber vornimmt, reicht im allgemeinen nicht aus, um ein Heimarbeiterverhältnis festzustellen (Rev.E. 769, 956, AN. 99 S. 641, 02 S. 287).

Hausgewerbe der Textilindustrie und Tabakfabrikation.

33a. Die im Hausgewerbe beschäftigten Personen sind im allgemeinen nicht versicherungspflichtig; der Bundesrat ist jedoch nach § 2 Abs. 1 Z. 2 des JAVG. und des JVG. befugt, die Versicherungspflicht auf Hausgewerbetreibende für bestimmte Berufszweige zu erstrecken, und zwar entweder allgemein oder mit Beschränkung auf gewisse Bezirke. Von dieser Befugnis hat der Bundesrat in bezug auf die Textilindustrie und die Tabakfabrikation Gebrauch gemacht. Da den betreffenden Vorschriften eine örtliche Beschränkung nicht gegeben worden ist, so ist der räumliche Bereich der JV. hier derselbe wie nach dem JVG.

A. Bekanntmachung, betr. die JAV. von Hausgewerbetreibenden der Textil-Industrie, vom $\frac{\text{1. März 1894}}{\text{9. November 1895}}$ (AN. JAV. 94 S. 87, 95 S. 263).

I. Die Textilindustrie umfaßt alle auf die Verarbeitung von Gespinstfasern, für sich allein oder in Verbindung mit anderem Material, gerichteten gewerblichen Zweige, und zwar ohne Beschränkung hinsichtlich der zur Anwendung kommenden Technik, also nicht nur die Herstellung von Zeugen oder Stoffen aus Garn und Wolle und dgl., sondern auch beispielsweise die Gummi- und Haarflechterei, die Posamentenfabrikation, die Seilerei und Reepschlägerei (Rev.E. 428, 429, 679, AN. JAV. 95 S. 218, 219; 98 S. 560). Bei Erlaß des Bundesratsbeschlusses hat aber nicht die Absicht bestanden, die Versicherungspflicht auf die hausgewerbliche Beschäftigung in sämtlichen Berufszweigen der Textilindustrie auszudehnen, vielmehr ist mit Rücksicht auf die noch nicht weit reichenden Erfahrungen auf dem Gebiete der JV. sowie auf die in verschiedenen Geschäftszweigen ungünstige Lage der Hausindustrie und die durch ihre Unterstellung unter die Versicherung bedingte erhebliche Belastung die Ausdehnung der Versicherung nur insoweit erfolgt, als es den Wünschen der beteiligten Kreise entsprach und als ein wirtschaftliches Bedürfnis dafür nachgewiesen war. Diese Absicht der Beschränkung kommt auch in der Überschrift des Bundesratsbeschlusses zum Ausdruck, insofern dieser danach nicht die Versicherungspflicht „der“ Hausgewerbetreibenden, sondern „von“ Hausgewerbetreibenden der Textilindustrie regeln will. Der Bundesratsbeschluß bezieht sich demnach nur auf diejenigen Gruppen der in der Textilindustrie hausgewerblich beschäftigten Personen, die von seinem Wortlaute bei strenger Auslegung erfaßt werden (Rev.E. 424, 425, AN. JAV. 95 S. 214, 215).

II. Den Begriff des Hausgewerbetreibenden umschreibt der Bundesratsbeschluß lediglich mit den im Gesetze selbst angegebenen Begriffsmerkmalen; es kann deshalb in dieser Beziehung im allgemeinen auf die Ausführungen unter Z. 33 verwiesen werden. Hervorzuheben ist noch folgendes: Als für eigene Rechnung tätig sind mehrfach Personen, die eine an sich unter den Bundesratsbeschluß fallende Beschäftigung ausübten, angesehen worden, weil sie ihre Dienste einem nicht beschränkten Kreise wechselnder Auftraggeber zur Verfügung stellten, so Aufbäumer (das Aufbäumen besteht in dem Aufwinden der Kette auf einen zylinderförmigen Baum in der Weise, daß alle Fäden gleichmäßig nebeneinander liegen und eine Fläche bedecken, die der Breite des zu webenden Stoffes nahezu gleich ist, Rev.E. 484, AN. 96 S. 176) und Andreher oder Vorrichter (sie besorgen das Einziehen der Fäden in das Geschirr und das Anknüpfen der Fäden an die nach dem Abschneiden eines Webstücks verbliebenen Wollfadenenden, Rev.E. 610, 681, 836, AN. 97 S. 517, 98 S. 562, 00 S. 719, zu vgl. unten Z. 41). Für eigene Rechnung webt auch derjenige, der die Ware im eigenen Hausierhandel vertreiben will (Rev.E. 617, AN. 97 S. 590). Anderseits ist es zur Annahme einer Beschäftigung für fremde Rechnung nicht erforderlich, daß der Besteller die Ware selbst weiter veräußert, es genügt vielmehr jede für seine Rechnung erfolgende gewerbliche Verwertung, also auch der Verbrauch der Ware in seinem Gewerbebetriebe (Weben von Leinwand, die in der Fabrik des Auftraggebers zu Arbeitsschürzen, Maschinenhüllen, Putzlappen verwendet wird, Rev.E. 545, a. a. O. S. 184). Nach ausdrücklicher Bestimmung wird die Versicherungspflicht dadurch nicht ausgeschlossen, daß die Hausgewerbetreibenden die Roh- oder Hilfsstoffe selbst beschaffen.

III. Die Versicherungspflicht besteht auch für die Zeit, während welcher die Hausgewerbetreibenden vorübergehend für eigene Rechnung arbeiten; es wird also eine an sich nicht versicherungspflichtige Arbeit wegen ihrer im Vergleiche zur versicherungspflichtigen Tätigkeit untergeordneten Bedeutung mit für versicherungspflichtig erklärt. Demgemäß ist in einem Falle, wo eine mehrjährige, dauernde Tätigkeit für Fabrikanten infolge des Fehlens von Aufträgen für acht Wochen ausgesetzt worden war, auch für diese Zeit, die der Beschäftigte zum Weben für eigene Rechnung benutzt hatte, die Versicherungspflicht bejaht worden (Rev.E. 617, AN. 97 S 590). Diese Bestimmung findet ihr Gegenstück im Abs. 3a der Z. 1 des Bundesratsbeschlusses, wonach Personen, welche das Geschäft regelmäßig für eigene Rechnung betreiben und nur gelegentlich von anderen Gewerbetreibenden für deren Rechnung beschäftigt werden, auch hinsichtlich dieser letzteren Beschäftigung nicht der Versicherung unterliegen. Für die in der Mitte zwischen diesen Grenzen liegenden Fälle, in denen weder die eine noch die andere Art der Tätigkeit schlechthin überwiegt, ist nach den Umständen des einzelnen Falles zu prüfen, welcher von beiden Grundsätzen Anwendung zu finden hat. Die Versicherungspflicht ist verneint worden in einem Falle, wo die an sich versicherungsfreie und die an sich versicherungspflichtige Arbeit sich die Wage hielten und keine von beiden die wirtschaftliche Stellung des Arbeitenden in ausschlaggebender Weise bestimmte (Rev.E. 562, AN. 97 S. 288).

IV. Die Abgrenzung der der Versicherung unterstehenden Berufszweige ist in der Weise erfolgt, daß in dem Abs. 1 der Z. 1 des Bundesratsbeschlusses die Beschäftigung in bestimmten Arten der Herstellung von Textilwaren, nämlich in der Weberei und in der Wirkerei, einschließlich der Maschinenstrickerei, für versicherungspflichtig erklärt wird. Diese Begriffe sind in ihrem technischen, nicht in einem anderen vielleicht verkehrsüblichen Sinne zu verstehen; dies entspricht der Notwendigkeit, den Bundesratsbeschluß hinsichtlich des Kreises der von ihm erfaßten Personen überhaupt streng auszulegen, und folgt auch daraus, daß ein besonderer Zweig der Textilindustrie, nämlich die Maschinenstrickerei, neben der Weberei und der Wirkerei als Teil der letzteren als versicherungspflichtig noch besonders hervorgehoben ist. Dafür, ob eine Herstellungsart unter die bezeichneten Begriffe fällt oder als ein selbständiger Zweig der Textilindustrie anzusehen ist, kann auch seine geschichtliche Entwicklung, sei es im allgemeinen, sei es auf einem örtlich beschränkten Gebiete, wichtig sein (Rev.E. 424, 425, 428, AN. JAV. 95, S. 214, 215, 218). Die Begriffe der Weberei und der Wirkerei hat die Rechtsprechung in folgender Weise bestimmt: Weberei ist die Herstellung von Geweben, d. i. von flächenartig ausgedehnten Erzeugnissen mittels rechtwinkliger Durchkreuzung der Ketten- und der Schußfäden (Rev.E. 424 a. a. O.; Wirkerei ist die Herstellung von Maschengeweben durch eigenartige Verschlingung eines Fadens mit sich selbst oder mehrerer parallel gehender Fäden untereinander (RevE. 424), indem nämlich der Faden nach der Breite des Gewirkes hin in Schleifenform gelegt, über die Schleife eine Reihe fertiger Maschen abgeschlagen und erstere zu neuen Maschen eingeschlossen werden (Rev.E. 1224, AN. 05 S. 471). Danach sind nicht versicherungspflichtig: die Klöppelei (Anfertigung gewebeartiger, durchbrochener Gebilde mittels Verschlingung oder Verflechtung einer größeren Anzahl von Fäden, Rev.E. 424, AN. JAV. 95 S. 214), die Riemendreherei (Verschlingung der Fäden mittels Drehung nach links und rechts und Durchführung von oben nach unten auf besonders eingerichteten Maschinen, den Riementischen, Rev.E. 425, a. a. O. S. 215), die Seilerei (Verflechtung und Drehung von Fäden des Rohprodukts, Rev.E. 427, 429, a. a. O. S. 218, 219), die Stickerei (Durchziehen flächenförmig ausgedehnter Körper mit textilen oder Metallfäden dergestalt, daß auf der Oberfläche der ersteren durch Aneinanderreihung geradliniger Fadenlagen oder mannigfach gestalteter Fadenschleifen Linien- oder Flächenmuster entstehen, Rev.E. 485, AN. 96 S. 177), die Häkelei (Herstellung eines Maschengewebes, indem, wie beim Stricken, nacheinander Masche neben Masche gefertigt und jede neue Schlinge durch eine alte Masche gezogen wird, Rev.E. 1224, a. a. O. 05 S. 471). Für den Begriff der Weberei ist die Verwendung eines förmlichen Webstuhls nicht erforderlich, vielmehr ist auch für versicherungspflichtig erachtet worden die Herstellung schmaler Borden auf einem Wirkbrette, wobei zwischen eine je nach der Breite des Fabrikats sich bestimmende Zahl von Kettenfäden, die in einem sogenannten Wirkrahmen ausgespannt waren, mit einem sogenannten Wirkmesser rechtwinklig laufende Fäden eingeschossen wurden (Rev.E. 429, AN. JAV. 95 S. 219). Es brauchen auch nicht lediglich Gespinnstfasern verarbeitet zu werden (Holzdrahtweberei: Holzstreifen werden als Einschuß in eine aus Gespinnstfäden bestehende, auf den gewöhnlichen Webstuhl aufgezogene Kette eingefügt, Rev.E. 428 a. a. O. S. 218). Die Weberei beschränkt sich ferner nicht auf die Herstellung von Stoffen für Bekleidungszwecke oder auf die Verfertigung größerer Flächenerzeugnisse, umfaßt also auch die Gurtweberei (Rev.E. 427 a. a. O. S. 218; zu vgl. auch die Rev.E. 429). Anderseits muß aber eine wirkliche, auf die Dauer berechnete Verbindung der verwendeten Fäden zu einem neuen selbständigen Erzeugnisse beabsichtigt sein; dies trifft nicht zu beim Mustereinlesen (Schaffung einer besonderen Vorrichtung zur Bedienung der Kartenschlagmaschine, die ihrerseits die zur Ausrüstung des Webstuhls gehörigen durchlochten Karten liefert (Rev.E. 925, AN. 01 S. 609). Unerheblich ist es, ob das durch Weben oder Wirken gewonnene Erzeugnis eine Bearbeitung und Verarbeitung in Verbindung mit anderen Stoffen erfährt (Verwendung gewebter Borden bei der Anfertigung von Netzen, also von Seilerwaren, Rev.E. 429, AN. JAV. 95 S. 219), und ob die fertige Ware im Verkehr überhaupt noch der Textilindustrie zugezählt wird (gewirkte Handschuhteile werden zu ganzen Handschuhen zusammengenäht, Rev.E. 426, a. a. O. S. 216).

V. Die Versicherungspflicht ist ferner auf gewisse, mit den Hauptarbeiten im Zusammenhange stehende, sie unterstützende und ergänzende Nebenarbeiten ausgedehnt worden, und zwar einmal auf Arbeiten, die der Fertigstellung des Erzeugnisses voraufgehen, die sogenannten Vorarbeiten (Abs. 2 a der Z. 1 des Bundesratsbeschlusses), sodann auf die weitere Bearbeitung und Verarbeitung des Erzeugnisses, die sogenannten Nacharbeiten (Abs. 2 b).

Versicherungspflichtig sind nach dem ersten Teile dieser Bestimmung diejenigen Nebenarbeiten, welche zur Herstellung der Erzeugnisse — und zwar nach der ursprünglichen Fassung: zur Herstellung der Gewebe und Wirkwaren — nach der erweiterten

Fassung: zur Herstellung von Geweben, Gewirken und sonstigen Erzeugnissen der Textilindustrie — erforderlich sind. Damit sind — hier wird zunächst von der ursprünglichen Fassung der Bestimmung ausgegangen — nicht sämtliche Verrichtungen gemeint, deren es bedarf, um einen auf dem Web- oder Wirkstuhle gefertigten Stoff für den allgemeinen Gebrauch in Handel und Wandel herzurichten, sondern nur diejenigen Hantierungen, die ein Zubehör des Webens und Wirkens sind und mit diesen Verrichtungen in einem unmittelbaren, durch das Wesen des Herstellungsvorganges gebotenen Zusammenhange stehen, insbesondere — wie die vom Bundesrat erwähnten Beispiele (Spulerei, Treiberei, Schererei, Schlichterei) erkennen lassen — die verschiedenen Bearbeitungen des Materials, die einer ordnungsmäßigen Inbetriebsetzung des Web- oder Wirkstuhls vorangehen müssen (Rev.E. 426, 430, 925, AN. IAV. 95 S. 216, 220, 01 S. 609). „Spulen" („Treiben") ist das Überwickeln des Schuß- und Kettengarns vom Strähn auf die Spule; „Scheren": die Herstellung der Kette aus dem aufgespulten Garne; „Schlichten": das Stärken und Glätten der Kettenfäden. Wie unter „Geweben" die auf dem Webstuhle hergestellten Erzeugnisse zu verstehen sind, so bezeichnet „Wirkware" den Stoff in dem Zustand, in dem er den Wirkstuhl verläßt (Rev.E. 426), bedeutet also dasselbe, wie der in der Fassung vom 9. November 1895 angewendete Ausdruck „Gewirk". Nebenarbeiten in diesem Sinne sind also an sich das Aufbäumen, das Andrehen und das Vorrichten (Rev.E. 484, 610, 681, 836, AN. 96 S. 176, 97 S. 517, 98 S. 562, 00 S. 719, zu vgl. auch das oben über diese Tätigkeiten Gesagte), dagegen nicht diejenigen Hantierungen, die nicht zur Bearbeitung oder Zubereitung der zu verwebenden Fäden gehören, sondern der Herrichtung des Webegeräts dienen, wie die Herstellung der Webekämme (Rev.E. vom 25. Februar 96 Z. 507, AN. 96 S. 293), das Geschirrmachen (Rev.E. vom 18. März 96 a. a. O.), oder die auf das Zurechtmachen des Harnischs bezüglichen Verrichtungen des Bleiknöpfens (Rev.E. vom 9. März 96 a. a. O.) und des Klöppelanschlingens Rev.E. 522, AN. 96 S. 359). Der Zusammenhang mit dem Weben fehlt auch beim Mustereinlesen, das nicht zur Bedienung des Webstuhls gehört, durch das vielmehr eine zum Betriebe der Kartenschlagmaschine erforderliche Vorrichtung geschaffen wird, während erst diese Maschine die zur Ausrüstung des Webstuhls selbst gehörigen durchlochten Karten liefert (Rev.E. 925, AN. 01 S. 609). Zu den versicherungspflichtigen Nebenarbeiten gehören ferner nicht die der Herstellung des Garnes dienenden Verrichtungen, wie das Spinnen (die Bildung des Garnfadens durch Zusammendrehung von Rohfasern), das auch von dem Weben und Wirken in der Regel durch andere die unmittelbare Herrichtung des Materials für die Verarbeitung bezweckende Arbeiten getrennt wird, und das sich zu einem völlig selbständigen Zweige der Textilindustrie entwickelt hat (Rev.E. 543, AN. 97 S. 183), und das Weifen (die Herstellung von Garnsträhnen, Rev.E. 926, AN. 01 S. 610). Nicht versicherungspflichtig ist das Flammen (eine Art des Färbens), weil es wie das Färben überhaupt oder das Bedrucken zur Herstellung des Gewebes nicht erforderlich ist (Rev.E. 680, AN 98 S. 561).

Nebenarbeiten sind, sofern sie nicht von den Webern oder Wirkern selbst ausgeführt werden, nur dann versicherungspflichtig, wenn sie mit deren Leistungen in einem Zusammenhange, sei es sachlicher, sei es persönlicher Art, stehen, wenn sich also die Hauptarbeit unmittelbar an die Vorarbeiten anschließt, oder beide Arten von Arbeiten für denselben Auftraggeber vorgenommen werden (RE. 430, 439, AN. JAV. 95 S. 220, 231). Umfaßt der Gewerbebetrieb des Auftraggebers außer der Weberei und Wirkerei noch andere Geschäftszweige, so ist zu prüfen, ob die hausgewerblichen Arbeitsleistungen tatsächlich der Weberei oder Wirkerei dienen; finden sie für mehrere Geschäftszweige Verwendung, so sind sie, entsprechend den auf dem Gebiete der Unfallversicherung geltenden Grundsätzen (zu vgl. Handbuch der Unfallversicherung Anmerkung 65 Abs. 5 bis 7 zu § 1 UVG.) demjenigen zuzurechnen, dem sie nach den Verhältnissen des Gesamtbetriebs hauptsächlich zu dienen bestimmt sind. (Spulen für eine Posamentenfabrik, Rev.E. 679 Abs. 4, AN. 98 S. 560; Spulen für die Gurtweberei eines Seilerwarenfabrikanten, Rev.E. 427, AN. JAV. 95 S. 218; Zwirndrehen für einen hauptsächlich Weberei und Wirkerei, nebenher auch Riemendreherei und Garnhandel betreibenden Auftraggeber, Rev.E. 439, AN. JAB. 95 S. 231).

Der Abs. 2a der Z. 1 des Bundesratsbeschlusses bezieht sich nicht nur, wie es nach den Eingangsworten scheinen könnte, auf Nebenarbeiten, die von den und für die im Abs. 1 bezeichneten Personen verrichtet werden, sondern schlechthin auch auf die Tätigkeit für Fabriken. Im Abs. 2a ist die Versicherungspflicht auch nicht, wie im Abs. 2b, an die Bedingung geknüpft, daß die Arbeit in den Betriebsstätten der Hausweber oder Hauswirker nebenher ausgeführt werde.

VI. In der Fassung der Bekanntmachung vom 1. März 1894 erfaßt der Bundesratsbeschluß die Vorarbeiten nur dann, wenn die durch sie vorbereiteten Hauptarbeiten zur Weberei oder Wirkerei zu rechnen sind, also ist z. B. das Spulen für die Maschinenstickerei oder die Riemendreherei nicht versicherungspflichtig (Rev.E. 485, 679, AN. 96 S. 177, 98 S. 560). Nun wird aber die Spulerei im Hausgewerbe von denselben Personen nicht nur für Zwecke der Weberei und Wirkerei, sondern auch für andere Betriebszweige verrichtet (besonders bei den sogenannten Barmer Artikeln); diese Spuler sind also je nach der Verwendung, die ihr Arbeitserzeugnis findet, bald versicherungspflichtig, bald nicht; es läßt sich aber häufig nicht im voraus beurteilen, welches diese Verwendung sein wird. Der Bundesrat hat deshalb in der Bekanntmachung vom 9. November 1895 dem Beschluß eine Fassung gegeben, durch die auch die zur Herstellung von anderen Erzeugnissen der Textilindustrie, als von Geweben und Gewirken, erforderlichen Nebenarbeiten der Versicherungspflicht unterworfen werden. Damit ist nicht die hausgewerbliche Tätigkeit in sämtlichen Zweigen der Textilindustrie selbst für versicherungspflichtig erklärt, vielmehr ist nur der Kreis der versicherungspflichtigen Nebenarbeiten erweitert worden, und auch das nicht durch das Hinzutreten neuer Arten von Nebenarbeiten, sondern lediglich durch die Ausdehnung der Verwendungszwecke, die die Anwendung der Bestimmung begründen (Rev.E. 522, 543, 679, AN. 96 S. 359, 97 S. 183, 98 S. 560). Die Vorarbeiten der Riemendreherei sind also jetzt versicherungspflichtig, während bezüglich der Riemendreherei selbst keine Änderung des Rechtszustandes eingetreten ist; auch die Spinnerei ist nach wie vor nicht versicherungspflichtig. Die Bekanntmachung vom 9. November 1895 stellt sich nicht als eine authentische Deklaration der Bekanntmachung vom 1. März 1894 dar; demgemäß bewendet es für die zeitlich vor dem Tage ihres Inkrafttretens, d. i. dem 1. Januar 1896, liegenden Beschäftigungen bei dem durch die ursprüngliche Fassung des Beschlusses geschaffenen Rechtszustande.

VII. Die Versicherungspflicht erstreckt sich ferner auf die weitere Bearbeitung und Verarbeitung der Gewebe und Wirkwaren; der Bundesratsbeschluß erwähnt als Beispiele die Appretierung und Konfektion. Es gehören ferner hierher das Zusammennähen gewirkter Handschuhteile, das Rauhen von Barchentgeweben, das Stückputzen oder Pflücken von Seidengeweben, das Bandputzen, das Noppen, das Walken (Rev.E. 426, 452, 544, 766, 837, 988, AN. JAB. 95 S. 216, 244, 97 S. 183, 99 S. 637, 00 S. 721, 02 S. 501). Die Begriffe „Gewebe" und „Wirkwaren" sind in dem oben erläuterten Sinne zu verstehen; demgemäß sind z. B. Nacharbeiten zu Erzeugnissen der Riemendreherei, wie das Haspeln (Aufmachen zu versandfähigen Stücken) nicht versicherungspflichtig (Rev.E. 425, AN. JAB. 95 S. 215). Es handelt sich hier um Verrichtungen, die mit der Weberei und Wirkerei an sich nichts zu tun haben und auch überwiegend nicht von den mit dem Weben und Wirken beschäftigten, sondern von anderen Personen ausgeführt werden; ein Bedürfnis zur Erstreckung der Versicherungspflicht besteht also nur insofern, als die Hausweber und -wirker selbst nebenher jene Nacharbeiten besorgen oder sie durch das von ihnen beschäftigte Personal fertigen lassen. Deshalb ist die Versicherungspflicht der Nacharbeiten an die Bedingung geknüpft worden, daß sie in den Betriebsstätten der Hausweber oder Hauswirker nebenher, d. h. neben der Tätigkeit des Webens oder Wirkens, ausgeführt werden (Rev.E. 426, 544, AN. JAB. 95 S. 216, 97 S. 183). Diese Bedingung ist da nicht erfüllt, wo die Nacharbeit die einzige gewerbliche Tätigkeit des Beschäftigten bildet (Rev.E. 426, 544, 766, 837, 988, AN. JAB. 95 S. 216, 97 S. 183, 99 S. 637, 00 S. 721, 02 S. 501). Anderseits ist der Umstand, daß eine an sich als Nacharbeit anzusehende Verrichtung in der Betriebsstätte eines Hauswebers oder -wirkers ausgeführt wird, unerheblich, wenn sie nicht mit dessen Tätigkeit im Zusammenhange steht, vielmehr auf einem unmittelbaren Arbeitsverhältnisse zum Fabrikanten beruht (Rev.E. 544 a. a. O.).

VIII. Die Bestimmungen in den beiden ersten Absätzen der Z. 1 des Bundesratsbeschlusses sollen nach Abs. 3 daselbst unter gewissen Voraussetzungen auf die in geringfügigem Umfange betriebene hausgewerbliche Tätigkeit keine Anwendung finden. Danach unterliegen der Versicherungspflicht nicht:

a) Personen, welche das Geschäft regelmäßig für eigene Rechnung betreiben und nur gelegentlich von anderen Gewerbetreibenden für deren Rechnung beschäftigt werden. Unter einer nur gelegentlichen Tätigkeit für fremde Rechnung wird eine solche zu verstehen sein, auf deren Wiederholung nach der Lage der Sache nicht gerechnet werden kann (vgl. Z. 11 dieser Anleitung unter IV, im übrigen auch unter II dort).

b) Versicherungsfrei sind Personen, welche in dem Betriebe des Hausgewerbes nur gelegentlich, oder zwar in regelmäßiger Wiederkehr, aber nur nebenher und in so geringem Umfange tätig sind, daß der hieraus erzielte Verdienst zum Lebensunterhalte nicht ausreicht und zu den Versicherungsbeiträgen nicht in entsprechendem Verhältnisse steht. Diese Bestimmung entspricht, wenn auch nicht wortgetreu, der in Z. 1b des Bundesratsbeschlusses, betreffend die Befreiung vorübergehender Dienstleistungen von der Versicherungspflicht, vom 27. Dezember 1899; es sind deshalb die bei deren Auslegung aufgestellte Grundsätze auch hier zu verwerten. Über den Begriff der gelegentlichen Beschäftigung vgl. den vorigen Absatz. Die in regelmäßiger Wiederkehr verrichteten hausgewerblichen Arbeiten sind nur dann versicherungsfrei, wenn die Erfordernisse der Geringfügigkeit der Tätigkeit und der Geringfügigkeit des Arbeitsverdienstes beide gegeben sind. Auch bedingen sich diese Erfordernisse nicht gegenseitig, sondern stehen unabhängig nebeneinander. Was als geringfügige Tätigkeit und was als geringfügiger Arbeitsverdienst anzusehen ist, läßt sich nur unter Würdigung aller Umstände des Einzelfalls bestimmen; einen Anhalt bietet hinsichtlich des Arbeitsverdienstes der Vergleich mit dem dritten Teile des üblichen Lohnes; dabei kommt es für die mit Weberei und Wirkerei beschäftigten Personen nicht auf den von gewöhnlichen Tagelöhnern, sondern auf den von Webern und Wirkern, und zwar einschließlich der in Fabriken arbeitenden, in derselben Gegend verdienten Durchschnittslohn an (E. 1167, AN. 04 S. 529). Ein berufsmäßiger Hausgewerbetreibender, der ohne seinen Beruf als solchen aufzugeben, zeitweise nur in einem geringfügigen Umfang und gegen ein geringfügiges Entgelt hausgewerblich tätig ist, ist auch für diese Zeit versicherungspflichtig (Rev.E. 766, AN. 99 S. 637). Da in Z. 1 Abs. 3b des Bundesratsbeschlusses vom $\frac{1.\ \text{März}\ 1894}{9.\ \text{November}\ 1895}$ das in Z. 1 des Bundesratsbeschlusses vom 27. Dezember 1899 enthaltene Merkmal fehlt, daß die geringfügige Arbeit „von solchen Personen, welche berufsmäßig Lohnarbeit überhaupt nicht verrichten", ausgeführt sein müsse, so wird die Versicherungspflicht einer an sich geringfügigen und nebenher betriebenen hausgewerblichen Tätigkeit nicht dadurch begründet, daß außerdem eine nach dem IVG. versicherungspflichtige Beschäftigung vorliegt (Rev.E. 578, AN. 97 S. 335), wie auch umgekehrt Lohnarbeit, die nebenher und gegen ein geringfügiges Entgelt neben einer an sich versicherungspflichtigen hausgewerblichen Arbeit verrichtet wird, nicht dadurch versicherungspflichtig wird (Rev.E. 618, AN. 97 S. 591, vgl. Z. 11 dieser Anleitung unter III).

c) Nicht versicherungspflichtig ist die hausgewerbliche Beschäftigung von Personen, welche in einem anderen, die Versicherungspflicht begründenden regelmäßigen Arbeits- oder Dienstverhältnisse zu bestimmten Arbeitgebern stehen und ohne dieses Verhältnis unterbrechen, das Hausgewerbe nur nebenher, sei es regelmäßig, sei es nur gelegentlich, betreiben. Die Vorschrift entspricht der in Z. 2 des Bundesratsbeschlusses vom 27. Dezember 1899; einen Fall ihrer Anwendung behandelt die Rev.E. 683 b, AN. 98 S. 566; vgl. im übrigen Z. 11 dieser Anleitung unter VI.

IX. Der Bundesratsbeschluß vom 1. März 1894 ist am 2. Juli desselben Jahres, der vom 9. November 1895 am 1. Januar 1896 in Kraft getreten.

B. Bekanntmachung, betr. die Erstreckung der Versicherungspflicht nach dem JVG. auf die Hausgewerbetreibenden der Tabakfabrikation, vom 16. Dezember 1891 (AN. JAV. 92 S. 7).

Der Bundesratsbeschluß bezieht sich nach seiner Überschrift auf die Hausgewerbetreibenden „der" Tabakfabrikation, erfaßt also alle Zweige der letzteren. Damit ist aber nicht jede im Auftrag eines Tabakfabrikanten erfolgende hausgewerbliche Beschäftigung für versicherungspflichtig erklärt worden; vielmehr sind nach Z. 1 Abs. 1 des Beschlusses nur die mit der Herstellung oder Bearbeitung von Tabakfabrikaten, d. h. von wenigstens zum Teil aus Tabak hergestellten Erzeugnissen, beschäftigten Personen versicherungspflichtig. Auch der Bundesratsbeschluß vom 16. Dezember 1891 ist hinsichtlich der Abgrenzung der versicherungspflichtigen Personenkreise streng auszulegen (Rev.E. 338, AN. JAV. 94 S. 91).

Der Begriff der hausgewerblichen Beschäftigung ist hier in derselben Weise umschrieben, wie in § 2 des Gesetzes und Z. 1 des Beschlusses vom $\frac{\text{1. März 1894}}{\text{9. November 1895}}$ (E. 1202, AN. 05 S. 434); es kann deshalb auf die bezüglichen Ausführungen unter A. verwiesen werden. Zu bemerken ist, daß als Hausgewerbetreibende u. U. auch die sogenannten Kommissionsfabrikanten oder Kommissionswerkmeister anzusehen sind (Rundschreiben vom 5. Juli 1899, AN. 99 S. 633, E. 1009, AN. 02 S. 551).

Hinsichtlich der Befreiung der in geringfügigem Umfange betriebenen hausgewerblichen Beschäftigung von der Versicherungspflicht enthält Abs. 2 der Z. 1 des Bundesratsbeschlusses eine mit Abs. 3a der Z. 1 des Beschlusses vom $\frac{\text{1. März 1894}}{\text{9. November 1895}}$ übereinstimmende Vorschrift. Dagegen fehlen Vorschriften, wie sie der letztere Beschluß in Abs. 3b, c der Z. 1 enthält. Da nicht beabsichtigt sein kann, jede noch so unbedeutende für Rechnung anderer im Hausgewerbe erfolgende Beschäftigung, abgesehen von dem bezeichneten Falle, der Versicherungspflicht zu unterstellen, so werden die Bestimmungen des Bundesratsbeschlusses, betreffend die Befreiung vorübergehender Dienstleistungen von der Versicherungspflicht, vom 27. Dezember 1899 auf das Hausgewerbe in der Tabakfabrikation sinngemäß anzuwenden sein.

Der Beschluß vom 16. Dezember 1891 ist am 4. Januar 1892 in Kraft getreten.

Lohnarbeit und selbständige Erwerbstätigkeit.

34. Unter den mannigfaltigen Gesichtspunkten, die je nach Lage des Falles für die Unterscheidung zwischen Lohnarbeit und selbständiger Erwerbstätigkeit in Betracht kommen, sind namentlich die folgenden von allgemeinerer Bedeutung:

a. Wer sich einem fremden Betriebe, Haushalt usw. derart einordnet, daß er Tätigkeiten verrichtet, die nach der herkömmlichen Auffassung zu den notwendigen Geschäften jenes Betriebs usw. gehören, ist damit im allgemeinen unselbständiger Arbeiter; er begibt sich unvermeidlich seiner Bewegungsfreiheit, unterwirft sich vorhandenen Betriebseinrichtungen, überläßt es anderen, seine Arbeit zu regeln und über ihr Ergebnis zu verfügen.

Personen, die mit eigenem Gespanne Lasten befördern (Fuhrwerker, Hauderer), sind regelmäßig selbständige Gewerbetreibende, gliedern sie sich aber im Einzelfalle vollständig einem fremden Unternehmen, z. B. Bergwerksbetrieb, ein, so kann Versicherungspflicht eintreten (Rev.E. 333, AN. JAB. 94 S. 82). Leichenfrauen sind selbständig, dagegen versichert, wenn sie in einem Beerdigungsbetrieb angestellt sind (Rev.E. 276, AN. JAB. 93 S. 128 Fall 2 und Rev.E. 639, AN. 98 S. 270). Dieselbe Erwägung spricht für die Versicherungspflicht der äußerlich ziemlich unabhängigen Winzer, Bauweingärtner, Baumwarte, die einen größeren Teil eines fremden landwirtschaftlichen Betriebs versehen (Rev.E. 125, 203, 269, AN. JAB. 92 S. 36, 93 S. 3, 116). Dagegen besorgen z. B. Viehschneider, Viehkastrierer — Rev.E. 271, AN. JAB. 93 S. 118 —, Viehwäscher — Rev.E. 640, AN. 98 S. 272 —, kleine Handwerker auf dem Lande — Rev.E. 96, 236, AN. JAB. 92 S. 12, 93 S. 81 — einzelne abgegrenzte Leistungen besonderer Art, die nicht eigentlich zur Wirtschaft des Kunden gehören, sondern im allgemeinen als Gegenstand eines selbständigen Gewerbebetriebs angesehen werden.

b. Besteht die übernommene Leistung nicht nur in der Verrichtung von Arbeiten, sondern zu einem erheblichen Teile zugleich in einer Lieferung, die dem Beschäftigten nach eigenem Ermessen obliegt, oder wenigstens in der Vorhaltung wertvollerer Gegenstände oder Einrichtungen (z. B. Baugerüste, Brunnengestänge und Rohre, Fuhrwerk), so liegt regelmäßig nicht mehr Lohnarbeit, sondern ein mit Kapital ausgestatteter selbständiger Betrieb vor, die Vergütung ist dann nicht bloß Lohn, sondern enthält auch Kapitalersatz, Zins und Unternehmergewinn. Während also eine Frau, die als Gutsarbeiterin von dem Dienstherrn tagsüber mit der Beaufsichtigung der Kinder der auf Arbeit anwesenden Gutsleute beauftragt worden ist, als Lohnarbeiterin der Versicherungspflicht unterliegt (Rev.E. 760, AN. 99 S. 625), hat eine Frau, die gegen feste Vergütung die völlige Verpflegung von Ortsarmen in ihrem Hauswesen besorgt, als Unternehmerin zu gelten (Rev.E. 118, AN. JAB. 92 S. 30). Weitere Anwendungsfälle unter Z. 36 (Baumwart), 37 (Gärtner) 47 (Kasinowirtin), 53 (Kochfrauen).

c. Auch außerhalb des Gebiets des Hausgewerbes (Z. 33) kommt dem Umstand, ob jemand in eigener Betriebsstätte oder Wohnung, also äußerlich losgelöst von dem Betrieb oder der Wirtschaft des Auftraggebers, unbeengt durch unmittelbare Einwirkung, mit der Möglichkeit freier Regelung der Dauer, Reihenfolge und Einteilung der Arbeiten, oder aber bei dem Auftraggeber unter dessen Augen tätig ist, Bedeutung für die Entscheidung der Frage zu, ob ein Verhältnis persönlicher Abhängigkeit gegeben ist. Namentlich gilt dies bei Tätigkeiten, die nicht (wie z. B. bauliche Ausbesserungen, Andrehen am Webstuhl) örtlich gebunden sind, vielmehr an sich ebensowohl bei dem Besteller wie bei dem Uebernehmer stattfinden können (zu vgl. Rev.E. 236, AN. JAB. 93 S. 81 — Wäscherinnen, Plätterinnen, Näherinnen versicherungspflichtig hinsichtlich der Arbeit bei den Kunden, dagegen Unternehmer hinsichtlich häuslicher Beschäftigung, Rev.E. 78, a. a. O. 91 S. 183 — Spinnen in eigener Behausung, insbesondere für wechselnde Auftraggeber, nicht versicherungspflichtig). Immerhin bedarf es, zumal eine ausdrückliche gesetzliche Grundlage für die Betonung des Arbeitsorts fehlt, im einzelnen Falle der Prüfung, ob nicht trotz der häuslichen Beschäftigung ein persönliche Gebundenheit obwaltet (Rev.E. 502, AN. 96 S. 270 — Schreiberin eines Notars versicherungspflichtig trotz Beschäftigung in der eigenen Wohnung, weitere Fälle Z. 39, 44 a. E.).

d. Einen besonders sichtbaren Ausdruck findet die persönliche Abhängigkeit da, wo der Auftraggeber bei der Arbeitsausführung im einzelnen mit leitenden Weisungen, Überwachung, Regelung der Arbeitszeit, der Arbeitsfolge, des anzuwendenden Verfahrens unmittelbar eingreift. Trifft derartiges zu, so wird demgemäß fast stets Lohnarbeit festzustellen sein. Indessen ist zweierlei zu beachten. Einmal dürfen nähere Bedingungen, wie sie der Besteller einer gewerblichen Leistung auch mit unzweifelhaft selbständigen Unternehmern vereinbart, nicht mit Anordnungen verwechselt werden, die der Dienst- oder Arbeitsherr kraft dieser seiner Stellung einseitig erteilt (zu vgl. Rev.E. 681, AN. 98 S. 562). Sodann aber darf die persönliche Abhängigkeit auch nicht etwa deshalb allein verneint werden, weil eine so augenfällige Unterordnung fehlt, wie sie vermöge dauernder persönlicher Berührung bei einem Dienstboten, einem in der Werkstatt tätigen Gesellen, einem Unterbeamten zutage tritt. Vielmehr kann u. U., namentlich durch räumliche Trennung, die Möglichkeit der persönlichen Einwirkung auf ein äußerst geringes Maß herabgesetzt werden; dies sind jedoch mehr zufällige Umstände, die das Wesen der Sache nicht beeinträchtigen (zu vgl. die Rev.E. 125, E. 1206, AN. JAB. 92 S. 36, 05 S. 437 — Winzer, Weingärtner eines abwesenden Weinbergbesitzers versicherungspflichtig, 296, a. a. O. 93 S. 150 — Aufsichtsmann in der Marsch, der die Vieh- und Weidewirtschaft eines entfernt wohnenden Besitzers leitet, als Gehilfe, 293, a. a. O. 93 S. 147 — Handlungsreisender, 220, a. a. O. 93 S. 65 — Schiffsführer).

e. Hiermit hängt zusammen, daß es für die Frage nach der Versicherungspflicht wichtig wird, ob eine Beschäftigung besondere Kenntnisse und Fertigkeiten erfordert oder nicht. Während gemeine Handarbeiten, die nur Körperkraft erheischen, von jedermann beaufsichtigt werden können, demnach regelmäßig in der Form der abhängigen Lohnarbeit erscheinen (zu vgl. Rev.E. 68, 272, 370, AN. JAB. 91 S. 173, 93 S. 118, 94 S. 144 — Straßenlehrer, Steinklopfer, Steinbrecher), entzieht sich die Leistung des Facharbeiters, wenn er nicht im Betrieb eines Gewerbeunternehmers, sondern für private Kunden arbeitet, mehr oder weniger der Beaufsichtigung und Einwirkung des Auftraggebers. Er kann daher wesentlich nur einen Arbeitserfolg vertreten, während die Ausführung des Auftrags im einzelnen seinem Ermessen auf eigene Verantwortung überlassen bleibt. Diese Erwägung spricht namentlich für die Verneinung der Versicherungspflicht der Kleinmeister im Handwerke, die zwar keine Rohstoffe liefern, keine Gehilfen halten, häufig keine Werkstatt besitzen und ganz oder überwiegend bei den Kunden auf Tagelohn arbeiten, aber gleichwohl in dem bezeichneten Punkte sich wesentlich von den Lohnarbeitern unterscheiden (Rev.E. 96, 236, 681, 774, AN. JAB. 92 S. 12, 93 S. 81, 98 S. 562, 99 S. 652, näheres s. Z. 42, 43).

f. Obwohl ein bindendes Vertragsverhältnis nicht unerläßlich ist (Z. 29), spricht es doch unter sonst gleichen Umständen mehr für Unselbständigkeit, wenn eine feste Vereinbarung mit zeitlicher Erstreckung in irgend welcher Art vorliegt, dagegen für Unternehmerstellung, wenn das Gegenteil der Fall, insbesondere nur eine Kette einzelner Aufträge nachweisbar ist. Beispielsweise ist es bei der Beurteilung der Stellung von Brotausträgerinnen, Geschäftsreisenden und ähnlichen Hilfspersonen von Bedeutung, ob sie mit Kündigung angenommen, oder ihre Beziehungen jederzeit lösbar sind (Rev.E. 282, 294, AN. JAB. 93 S. 135, 148).

g. Im Vergleiche mit der Stellung desjenigen, der seine Dienste ausschließlich einer Person zur Verfügung stellt, ergibt sich naturgemäß eine gewisse Unabhängigkeit, die Möglichkeit der Ausübung eines eigenen Ermessens, sobald jemand zugleich für eine Mehrzahl von Auftraggebern tätig wird, wenn also die mehreren Beschäftigungsverhältnisse nebeneinander herlaufen, und es der freien Entschließung des Beschäftigten anheimgestellt werden muß, wie er den verschiedenen Ansprüchen hinsichtlich der Einteilung seiner Zeit usw. am besten genügt. Beispielsweise ist eine Botenfrau, die von Haus zu Haus Aufträge für Gänge nach anderen Ortschaften sammelt, selbständige Unternehmerin (Rev.E. 69, AN. JAB. 91 S. 173), dagegen eine Person, die ausschließlich oder überwiegend nur für einen oder zwei Auftrag=

geber Botengänge besorgt, versicherungspflichtig (Rev.E. 316, a. a. O. 93 S. 172). Ähnlich ist ein Kommis und Geschäftsreisender, der zu derselben Zeit immer nur für eine Firma tätig ist und daneben nicht für andere Geschäfte wirken darf, ein versicherungspflichtiger Handlungsgehilfe, dagegen ein gleichzeitig für eine ganze Anzahl von Kaufleuten beschäftigter Stadtreisender selbständiger Agent (Rev.E. 293, AN. JAB. 93 S. 147). Weitere Beispiele in Z. 37 (Grabpflegerin), Z. 49 (Leistung von Fuhren), Z. 36 (Aufsichtsmänner).

Anderseits kommt jedoch, namentlich bei gewöhnlichen Handarbeitern, dem Umstand allein, daß die Arbeitsstelle häufig gewechselt wird, also nacheinander, nicht nebeneinander, eine größere Zahl von Auftraggebern vorhanden ist, im allgemeinen eine wesentliche Bedeutung für die Frage der Versicherungspflicht nicht zu (Rev.E. 68, AN. JAB. 91 S. 173 — Straßenkehrer für eine Anzahl von Hausbesitzern, 448, a. a. O. 95 S. 240 — Kehrfrau 233, a. a. O. 93 S. 79 Fall 1 — Weißen, Ofenreinigen usw. für wechselnde Arbeitgeber). Dies gilt u. a. insbesondere für unständige landwirtschaftliche Arbeiter, Hafenarbeiter und dgl.

h. Wer die übernommenen Arbeiten nicht persönlich zu verrichten braucht, also mehr den wirtschaftlichen Erfolg zu vertreten als eigene Leistungen herzugeben hat, wird eher als Unternehmer wie als Lohnarbeiter zu gelten haben (Rev.E. 296, AN. JAB. 93 S. 150 — Aufsichtsmänner mit größerem Betriebe, s. Z. 36, Rev.E. 446, a. a. O. 95 S. 238 — Kasinowirtin bezüglich der von ihr übernommenen gewöhnlichen Arbeiten, Ökonom eines Lehrerseminars E. 1239, AN. 05 S. 585).

i. Art und Bemessen der Vergütung sind für die Unterscheidung zwischen Lohnarbeit und selbständiger Erwerbstätigkeit grundsätzlich nicht ausschlaggebend (Z. 13, 14), es gibt Gewerbetreibende, die Tagelohn erhalten (Rev.E. 88, 96, 236, AN. JAB. 92 S. 2, 12, 93 S. 81), und Lohnarbeiter, deren Verdienst äußerlich dem eines Unternehmers ähnlich sieht (Rev.E. 71, 220, 221, 412, 480, 532, AN. JAB. 91 S. 176, 93, S. 65, 66, 95 S. 108, 96 S. 173, 428). Immerhin steht auch die Form des Entgelts mit dem Wesen des Beschäftigungsverhältnisses in einem gewissen inneren Zusammenhange, so daß in sonst zweifelhaften

Fällen der Umstand, daß Zeitlohn gewährt wird, für die Versicherungspflicht, der Umstand, daß eine dem Unternehmergewinne sich nähernde Art der Bezahlung gewählt worden ist, entgegengesetzt verwertet werden darf. In letzterer Beziehung ist namentlich wichtig, ob der Betrag der Gegenleistung sich innerhalb fester, dem üblichen Arbeitslohn entsprechender Grenzen hält oder einem Schwanken nach der Lage des Marktes und dgl. ausgesetzt ist, ob also der Beschäftigte einerseits eine Gefahr trägt, anderseits die Möglichkeit eines Gewinns hat. Z. B. ist ein Schiffsführer, der zwar in Gestalt eines Frachtanteils, aus dem er Löhne und Abgaben bestreiten muß, bezahlt wird, aber davon im gewöhnlichen Laufe der Dinge nur einen den üblichen Tagelohn kaum übersteigenden Betrag erübrigt, versicherungspflichtig (Rev.E. 220 a. a. O., s. Z. 50), nicht aber ein Roder, dem das gerodete Land auf Lebenszeit zur Nutzung für eigene Rechnung überlassen wird (Rev.E. 369, AN. JAV. 94 S. 143 Fall 2), oder ein Faktor, der den Unterschied zwischen den ihm von der Fabrik bewilligten und den von ihm selbständig mit den einzelnen Webern vereinbarten Preisen verdient und die Gefahr für die Güte der Arbeit trägt (Rev.E. 337, a. a. O. 94 S. 90).

k. Wer regelmäßig gelohnte Hilfskräfte beschäftigt, demgemäß über gewisse Betriebsmittel, häufig auch ständige Betriebseinrichtungen verfügen muß, ferner wenigstens einen Teil seiner eigenen Arbeitskraft den Geschäften der Leitung zu widmen genötigt wird, steht damit unter sonst gleichen Umständen der Klasse der selbständigen Gewerbetreibenden wesentlich näher als derjenige, der nur allein arbeitet (zu vgl. u. a. Z. 36 — Baumwart, Z. 44 — Näherinnen usw.).

l. Personen, die als unparteiische Sachverständige zur Schlichtung oder Verhütung von Streitfällen mitzuwirken haben, können im allgemeinen als abhängige Gehilfen der Beteiligten nicht angesehen werden (Rev.E. 253, 550, AN. JAV. 93 S. 102, 97 S. 271 Expert einer Brandversicherungsanstalt, Kreistaxator nicht versicherungspflichtig). Hierher gehören in gewissem Sinne auch die in § 36 der Gewerbeordnung bezeichneten Wäger, Messer usw. (s. Z. 48).

m. Einheitliche Beschäftigungsverhältnisse dürfen aus rechtlichen und praktischen Gründen, soweit irgend tunlich, auch bezüglich der Versicherungspflicht nur einheitlich behandelt werden. Während beispielsweise das berufsmäßige Maulwurffangen eine selbständige Erwerbstätigkeit ist, unterliegt ein landwirtschaftlicher Tagelöhner, der den Fang nur gelegentlich und im Anschluß an seine Lohnarbeit betreibt, auch insoweit der Versicherungspflicht (Rev.E. 89, 247, AN. JAV. 92 S. 3, 93 S. 93); während die gewerbsmäßige Gräberpflege der Versicherungspflicht nicht unterfällt (Rev.E. 88, AN. JAV. 92 S. 2), ist es nicht angängig, bei einem Totengräber, der im Anschluß an seine Hauptbeschäftigung die Pflege von Gräbern für Private übernimmt, diesen Teil seiner Tätigkeit als nicht versicherungspflichtig auszuscheiden (Rev.E. 280, AN. JAV. 93 S. 132). Umgekehrt ist ein Vieh- und Getreidemakler durchweg als Gewerbetreibender anzusehen, wenn er auch für seine Auftraggeber gewöhnliche Dienstleistungen, wie den Antrieb des Viehes, die Leitung der Versendung, das Ausbessern von Säcken mitübernimmt (Rev.E. 295, a. a. O. 93 S. 149).

Derselbe Gesichtspunkt führt aber in weitergehender Anwendung auch dazu, daß u. U. andere Beschäftigungsverhältnisse derselben Person herangezogen werden. Wenn auch die grundsätzliche Verknüpfung der Versicherungspflicht mit den einzelnen Arbeitsverhältnissen als solchen unvermeidlich zur Folge hat, daß dieselbe Person je nach dem Wechsel ihrer Tätigkeit bald der Zwangsversicherung untersteht, bald nicht, so läßt sich doch nicht verkennen, daß zahlreiche Tätigkeiten, die ebensowohl in der Form der Lohnarbeit wie in der eines Unternehmens ausgeübt werden können, ein verschiedenes Wesen annehmen, je nachdem ob ein berufsmäßiger Lohnarbeiter oder ein sonst gewerblich Selbständiger in Betracht kommt. Dieser Erwägung gemäß hat die Praxis vielfach in sonst zweifelhaften Fällen Gewicht darauf gelegt, welche Lebens- und wirtschaftliche Stellung der Arbeitende im übrigen einnahm (zu vgl. die Rev.E. 235, 269, 296, AN. JAV. 93 S. 81, 116, 150 — selbständige Landwirte meist auch als Handwerker, Baumwarte, Aufsichtsmänner nicht versicherungspflichtig; anderseits Rev.E. 248, a. a. O. 93 S. 94 — Tagelöhner als Straßenbauakkordant, 369, a. a. O. 94 S. 143 —

Rober, sonst landwirtschaftlicher Tagelöhner, 457, a. a. O. 95 S. 249 — Übernehmer von Kulturarbeiten, sonst Tagelöhner, 532, AN. 96 S. 428 — Tabakpflanzerin, im Winter Fabrikarbeiterin, 564, AN. 97 S. 289 — Forstarbeiter als Wildheuer, sämtlich versichert).

Lohnarbeit und Mitunternehmerschaft.

35. Als Gegensatz zu der dem Lohnarbeitsverhältnis eigentümlichen Unterordnung kommt nicht nur der Fall in Betracht, daß mehrere Personen als gleichberechtigt einander gegenüber stehen, sondern auch der Fall der gemeinsamen Beteiligung bei demselben Unternehmen. Die Grenze zwischen Lohnarbeit und Mitunternehmerschaft ist jedoch nicht selten verwischt. Im Falle der Rev.E. 149 (AN. JAB. 92 S. 80, ähnlich Rev.E. 492, AN. 96 S. 252) handelte es sich um eine genossenschaftlich gestaltete städtische Musikkapelle. In rein musikalischen Angelegenheiten entschied der Direktor allein, in geschäftlichen der Direktor und drei gewählte Mitglieder als Kollegium; es wurde auf Teilung gespielt, jedoch der Direktor bei der Teilung bevorzugt; es bestand eine Generalversammlung, die u. a. die Auflösung beschließen konnte. Hiernach konnten die Mitglieder nicht als Gehilfen des Direktors, sondern nur als gleichberechtigte Mitunternehmer angesehen werden, so daß die Versicherungspflicht nicht Platz griff. Ähnlich verhielt es sich mit der Kornmesser-Kompagnie der Rev.E. 299 (AN. JAB. 93 S. 153), der Wägergenossenschaft der Rev.E. 300 (das. S. 155), dem Dienstmännervereine der Rev.E. 637 (AN. 98 S. 269), wo überall nur ein geschäftlicher Leiter gewisse Vorrechte zum Vorteil einer ordnungsmäßigen Erledigung der gemeinsamen Angelegenheiten ausübte, jedoch nicht der Arbeitgeber, sondern nur der Erste unter Gleichen war. Mitunternehmerschaft ist ferner angenommen worden bei einer Palmkorbarbeiter-Genossenschaft, die ihren Mitgliedern die Rohstoffe verkaufte und sie gegen bestimmte Stückpreise zu Hause oder auch bei gewissen Arbeiten in von ihr gemieteten Räumen arbeiten ließ (E. 1037, AN. 03 S. 362). Als Unternehmer sind auch die Teilnehmerinnen an einem von dem Ortsgeistlichen geleiteten Strickereibetrieb angesehen worden (E. 1165, AN. 04 S. 528).

In einer anderen Richtung können Zweifel entstehen, wenn jemand, der bei einem Gesamtunternehmen beteiligt ist, für eben dieses Unternehmen Arbeit verrichtet, so daß eine teilweise Personeneinheit zwischen Arbeitgeber und Arbeitnehmer vorzuliegen scheint. Rechtlich steht in solchen Fällen der Feststellung eines versicherungspflichtigen Arbeitsverhältnisses nichts entgegen, weil eben nicht das einzelne Mitglied, sondern die Gesamtheit als solche, zusammengefaßt als besonderes Rechtssubjekt, Träger der Arbeitgeberschaft ist (Rev.E. 572, AN. 97 S. 318 — Gewerke als Häuer für seine Gewerkschaft, Rev.E. 193, AN. JAB. 92 S. 139 — Direktionsmitglied einer Privatsparkasse Betriebsbeamter, obwohl zugleich Garant, E. 852, AN. 00 S. 833 — Mitglied einer Molkereigenossenschaft als deren Buchhalter Handlungsgehilfe, zu vgl. auch Rek.E. 1555, AN. 96 S. 464, wo jedoch nach Lage der Umstände die Umwandlung eines privaten Unternehmens in eine Aktiengesellschaft als eine an dem tatsächlichen Sachverhalte nichts ändernde, daher versicherungsrechtlich gleichgültige Form erachtet wurde, ferner in betreff der Möglichkeit, daß ein Mitreeder auf einem seiner Reederei gehörigen Schiffe als Person der Schiffsbesatzung — Schiffer — versicherungspflichtig beschäftigt ist, Rek.E. 1512, AN. 96 S. 286). Voraussetzung bleibt aber immer die persönliche Abhängigkeit des Dienste leistenden Mitglieds von der Gesamtheit; sie ist nur dann vorhanden, wenn das Mitglied auf die Entschließungen der Gesamtheit keinen maßgebenden Einfluß ausüben kann (Rev.E. 962, AN. 02 S. 386 — Versicherungspflicht eines Schiffers verneint, der zu zwei Drittel Anteil Mitreeder des von ihm geführten Fahrzeugs ist). Die rechtliche Möglichkeit eines versicherungspflichtigen Beschäftigungsverhältnisses wird insbesondere dadurch nicht ausgeschlossen, daß der Beschäftigte zugleich Vorstandsmitglied des Gesamtunternehmens ist, wie z. B. der Kassierer einer eingetragenen Genossenschaft, der Mitglied des Vorstandes ist. Er ist dann zwar nicht als gesetzlicher Vertreter und Mitleiter versicherungspflichtig, kann dies aber als ausführender Betriebsbeamter oder Angestellter sein (Rev.E. 772, AN. 99 S. 649).

Unbedenklich ist endlich, daß jemand durch Mitbeteiligung an dem Ertrage seiner Tätigkeit noch nicht zum Mitunternehmer wird (zu vgl. § 3 Abs. 1 des Gesetzes und Z. 13, 14).

Besonderer Teil.

Übersicht, betreffend die Unterscheidung zwischen Lohnarbeit und selbständiger Erwerbstätigkeit, nach Berufsgruppen.

A. Landwirtschaft und verwandte Erwerbszweige.

Landwirtschaft im allgemeinen.

36. Landwirtschaft im allgemeinen (alphabetische Ordnung).

Ackerbestellung mit eigenem Gespanne. Personen, die für wechselnde Auftraggeber mit eigenem Gespanne landwirtschaftliche Arbeiten verrichten, sind regelmäßig selbständige Gewerbetreibende, ebenso wie Fuhrunternehmer (Z. 49), insbesondere, wenn sie sonst selbständige Landwirte sind oder auch Fuhren anderer Art ausführen.

Administrator s. Verwalter.

Aufsichtsmänner. Ein Aufsichtsmann in Schleswig-Holstein, der seit einer Reihe von Jahren für denselben Hof tätig war, und dessen Aufgabe darin bestand, als Weide benutzte Marschländereien in gutem Zustande zu erhalten, das aufgetriebene Vieh zu beaufsichtigen, Gräben und Hecken zu bessern, Maulwurfshügel einzuebnen, Disteln zu mähen, Dünger zu breiten, Tränkstellen zu versehen usw., ist für versicherungspflichtig erachtet worden, Rev.E. 296, AN. JAV. 93 S. 150. Dabei ist jedoch offen gelassen, daß andere derartige Aufsichtsmänner, insbesondere wenn sie selbst sonst nicht dem Arbeiterstand angehören, sondern ansässig sind, die niederen Arbeiten nicht selbst versehen, für eine größere Anzahl von Auftraggebern nur die Oberaufsicht führen, als selbständige Unternehmer gelten müßten.

Baumwart. Ein Baumwart (in Württemberg), der für mehrerere ländliche Besitzer die jährlich wiederkehrenden Arbeiten in ihren Obstgärten ausführt, also nur in fremden Betrieben als Hilfsarbeiter tätig ist, der keine eigene Wirtschaft besitzt, keine Rohstoffe usw. liefert, keine Gehilfen hält, und sonst landwirtschaftliche Tagelohnarbeiten verrichtet, ist versicherungspflichtig, Rev.E. 269, AN. JAV. 93 S. 116.

Bauweingärtner (Winzer). Ein Bauweingärtner in Württemberg, dessen Beschäftigung in fremden Weingärten in entsprechender Weise wie die des ebenerwähnten Baumwarts stattfand, ist ebenso beurteilt worden in der Rev.E 203, AN. JAV. 93 S. 3). S. auch Winzer.

Gärtner s. Z. 37.

Hamsterfänger wie Maulwurffänger.

Heuerlinge. Das Heuerlingsverhältnis, wie es sich namentlich in gewissen Bezirken der preußischen Provinz Hannover, aber auch in Gegenden Westfalens und Oldenburgs entwickelt hat, besteht im allgemeinen darin, daß der eine Teil, Heuermann, Heuerling, von dem andern Teile, Kolon oder Heuerherrn, durch längeren, regelmäßig vom Vater auf den Sohn übergehenden Vertrag Grundstücke mit Wohnhaus und Zubehör zur Nutzung (häufig mit Anspruch auf Leistung von Spanndiensten durch den Heuerherrn) erhält, mit der Verpflichtung, jährlich eine mäßige Pachtsumme bar zu entrichten und ferner in gewissem Umfange für den Betrieb des Kolonen landwirtschaftliche Arbeiten zu einem meist unter dem üblichen Satze bleibenden Tagelohne zu leisten, wobei dann eine Verrechnung der gegenseitigen Geldverpflichtungen stattfindet. Die Heuerlinge sind hinsichtlich der dem Kolon zu leistenden Lohnarbeit an sich versicherungspflichtig (Rev.E. 364, AN. JAV. 94 S. 137). Die Vergütung für ihre Arbeiten ist außer in dem Tagelohn auch u. a. darin zu finden, daß der Pachtzins ausnahmsweise niedrig bemessen ist, und die Leistung von Spanndiensten seitens des Kolonen zu besonders günstigen Bedingungen erfolgt. Die Versicherungspflicht greift aber nur für die dem Kolon in dessen Landwirtschaft geleisteten Dienste Platz, nicht für die Bearbeitung des überlassenen Grundstücks (Rev.E. 364). Die Versicherungspflicht besteht auch nicht ständig wie bei dem Gesinde, sondern nur für die Wochen, in denen tatsächlich gearbeitet wird, so daß nicht selten nur vorübergehende Dienstleistungen im Sinne des § 4 Abs. 1 des Gesetzes vorliegen.

Hirten s. Z. 39.

Küfer. In der Rev.E. 626, AN. 98 S. 180, handelte es sich um einen kleinen sogenannten Küfer, der in einer weinbautreibenden Gegend bei einer großen Anzahl von ländlichen Besitzern im Tagelohne die Behandlung des von ihnen gewonnenen Weines (hauptsächlich Umfüllen) besorgte, Gefäße dazu herrichtete und ausbesserte, auch kleinere — meist bei den Arbeitgebern — anfertigte, eine eigene Werkstatt, Gehilfen oder Lehrlinge nicht besaß, zudem vielfach für dieselben Arbeitgeber landwirtschaftliche Tagelohnarbeiten verrichtete. Er ist für versicherungspflichtig erachtet worden, namentlich unter Hinweis darauf, daß er innerhalb fremder Betriebe unter Leitung des Betriebsherrn einzelne dem Erzeugungshergang angehörige Verrichtungen übernehme und daher in persönlicher Abhängigkeit tätig sei. S. auch Z. 42.

Kulturarbeiter. Bei einem Wiesenarbeiter, der ohne eine Vorbildung als Feldmesser zu besitzen, Kulturarbeiten geringeren Umfanges einschließlich Beschaffung der nötigen Hilfskräfte im Akkord übernahm, in gleicher Weise wie die übrigen Arbeiter mit Hand anlegte, einen Unternehmergewinn nicht erzielte, Materialien nicht lieferte und im übrigen landwirtschaftliche Tagelohnarbeit verrichtete, ist in der Rev.E. 457, AN. JAB. 95 S. 249, die Versicherungspflicht bejaht worden.

Maulwurffänger. Ein berufsmäßiger Maulwurffänger, der gegen eine Pauschsumme für eine Anzahl von Gemeinden die Vertilgung der Maulwürfe übernommen hat, ist vermöge seiner unabhängigen Stellung bei der Arbeitsausführung selbständiger Gewerbetreibender, Rev.E. 89, AN. JAB. 92 S. 3. Anders ist die Fangtätigkeit zu beurteilen, wenn sie von einem berufsmäßigen landwirtschaftlichen Tagelöhner nur gelegentlich der gewöhnlichen Arbeit betrieben wird, Rev.E. 247, AN. JAB. 93 S. 93.

Roder. Personen, die das Roden eines Landstücks für den Besitzer übernehmen, stehen nach der Natur der Leistung bei der Ausführung der Arbeit häufig so unabhängig da, daß die Feststellung einer unselbständigen Beschäftigung nicht mehr angängig ist. Die Rev.E. 369, AN. JAB. 94 S. 143, behandelt zwei verschiedenartig beurteilte Fälle. In dem ersten wurde die Versicherungspflicht bejaht, weil der Roder, der im übrigen dem

Stande der ländlichen Tagelöhner angehörte, keine weitergehende Unabhängigkeit als jeder Akkordarbeiter genoß, lediglich das Holz und einen nach der Fläche berechneten Akkordlohn bezog, also keinen Unternehmergewinn erzielen konnte, und das freigelegte Grundstück selbst alsbald wieder dem Eigentümer überlassen mußte. In dem zweiten Falle war dem Kläger das zu rodende Land zugleich zur Nutzung auf Lebenszeit überwiesen, auch sonst, abgesehen von einer Vorschrift, wie tief gerodet werden solle, keine irgend wesentliche Einschränkung, insbesondere nicht hinsichtlich der Zeit der Arbeitsausführung, gesetzt worden. Hier war die Versicherungspflicht zu verneinen.

Tabakpflanzerin. Eine berufsmäßige Lohnarbeiterin (im Winter Fabrikarbeiterin), die von einem eine ganze Reihe von Pflanzern beschäftigenden Besitzer in Schwedt a. O. im Frühjahr ein bestimmtes Landstück mit der Maßnahme überwiesen erhält, daß sie darauf Tabakpflanzen für den Auftraggeber zu ziehen hat, die dieser dann nach der Aberntung in Empfang nimmt, in seinen Speichern verkaufsfertig macht und ohne jede Mitbestimmung der Pflanzer, aber unter Abgabe des halben Erlöses an sie nach seinem Ermessen verwertet, ist versicherungspflichtig, Rev.E. 532, AN. 96 S. 428.

Verwalter. Ein Gutsverwalter in Privatdiensten ist in der Rev.E. 326, AN. JAV. 94 S. 37, als Betriebsbeamter angesehen worden. Verwalter in diesem Sinne ist aber selbstverständlich nicht, wer ein Grundstück nur gegen Zahlung der Zinsen und Abgaben auf eigene Rechnung bewirtschaftet. Ein gerichtlicher Grundstücksverwalter ist vermöge seines amtlichen Auftrags derartig unabhängig von Anordnungen der Beteiligten, daß er nicht zu den versicherungspflichtigen Personen gerechnet werden kann, Rev.E. 550, AN. 97 S. 271.

Wiesenarbeiter s. Kulturarbeiter.

Winzer. Einem Winzer war von der außerhalb wohnenden Besitzerin die Bewirtschaftung mehrerer Weinberge gegen freie Wohnung, Nutzung einiger Landstücke und Barlohn übertragen. Obwohl eine eingehende Überwachung seitens der abwesenden Eigentümerin nicht ausgeübt werden konnte, wurde unter Hinweis darauf, daß dies nicht im Wesen des Verhältnisses, sondern in mehr zufälligen Umständen seinen Grund hatte, sowie auf die Beurteilung der Stellung eines Gutsverwalters — zu vgl. Rev.E. 326, AN. JAB. 94 S. 37 — die Versicherungspflicht anerkannt (Rev.E. 125, AN. JAB. 92 S. 36, ebenso E. 1206, AN. 05 S. 437). Als versicherungspflichtig ist auch angesehen ein sogenannter „Winzermeister", der für eine größere Anzahl von Weinbergbesitzern die Instandhaltung ihrer Gärten gegen festen Tagelohn übernahm, die erforderlichen Arbeitskräfte beschaffte, deren Lohn in Rechnung stellte und nicht der Arbeitgeber der herangezogenen Arbeiter, sondern lediglich Mittelsperson und Vorarbeiter war (Rev.E. 203, AN. JAB. 93 S. 3 a. E.).

Zichorienbrenner, die, teils in eigener Wohnung, teils bei den Auftraggebern im Umherziehen mit eigenem Ofen arbeitend, aus dem Brennen von Zichorien ein Gewerbe machen, sind im allgemeinen selbständig und nicht versicherungspflichtig.

Gärtnerei.

37. Gärtnerei. Daß die Gärtnerei, sofern sie von einer gewerblich selbständigen Person, zumal mit Hilfskräften, unter Übernahme eines Risikos für das Gedeihen der Pflanzen und insbesondere unter Lieferung der Erzeugnisse eines besonderen Betriebs auf eigenem oder erpachtetem Boden, ausgeübt wird, ein dem Versicherungszwange nicht unterliegendes Unternehmen bildet, ist auch dann unbedenklich, wenn dazu eine Tätigkeit in fremdem Betrieb oder fremdem Wirtschaftskreise, z. B. bei der Instandhaltung von Gärten, gehört (zu vgl. die Gründe der Rev.E. 203, AN. JAB. 93 S. 3, ferner Rev.E. 1106, AN. 04 S. 352, sowie Rek.E. 1767, AN. 99 S. 583). Dagegen ist ein Gärtner versicherungspflichtig, der bei wechselnden Auftraggebern im Tagelohn oder Akkord die gärtnerischen Arbeiten ausführt, ohne eine eigene Gärtnerei zu halten oder Pflanzen usw. zu liefern (Rev.E. 923, AN. 01 S. 607). Der bereits in Z. 30 erwähnte Gärtner eines Ritterguts (Rev.E. 720, AN. 99 S. 437) war, obwohl er gewisse Nutzungen des Schloßgartens zog und dafür eine pachtähnliche Abgabe zahlte, lediglich Arbeiter oder Gehilfe in einem fremden Großbetrieb, er war wirtschaftlich und persönlich von dem Gutsherrn abhängig und deshalb versicherungspflichtig.

Dem eigentlichen Gärtnerberufe sehr nahe steht die Tätigkeit der in der Rev.E. 88, AN. JAV. 92 S. 2 (s. auch Rev.E. 280, a. a. O. 93 S. 132) behandelten, für nicht versicherungspflichtig erachteten Grabpflegerin. Sie übernahm gegen einen festen Betrag für eine größere Anzahl von Auftraggebern die gärtnerische Pflege (Begießen, Unkrautroden, Versetzen von Pflanzen, Schutz gegen Frost und dgl.) von Gräbern. Wenn sie auch nichts lieferte, keinen Gehilfen hatte und eine im allgemeinen einfachere Arbeit verrichtete, so war sie doch bei ihrer Tätigkeit selbst einer Beaufsichtigung und Anweisung seitens der Auftraggeber entzogen, die Einteilung ihrer Zeit, die Reihenfolge der Besorgungen usw. ihrem eigenen Ermessen überlassen.

Das Sammeln von Feldblumen und dgl. (z. B. Rosenwildlinge für Gärtner) zum Verkauf ist keine Lohnarbeit.

Forstwirtschaft.

38. Forstwirtschaft. Bei gewissen forstwirtschaftlichen Aberntungstätigkeiten tritt die Einwirkung des Betriebsleiters so wenig durch Aufsicht und dgl. äußerlich in die Erscheinung, daß Zweifel entstehen können, ob nicht eine selbständige Erwerbstätigkeit vorliegt. Die Rechtsprechung hat jedoch im allgemeinen die Versicherungspflicht dann anerkannt, wenn Arbeiten der bezeichneten Art unmittelbar aus Rücksichten der Waldwirtschaft veranlaßt, also innerhalb des Forstbetriebs vorgenommen wurden, und sich demgemäß eine wenn auch geringe Gebundenheit des Arbeitenden nachweisen ließ, zu vgl. die Rev.E. 563, AN. 97 S. 289 (Kiefernzapfensammler mit Erlaubnisschein, aber der Verpflichtung zur Ablieferung des Gesammelten gegen Lohn — s. auch Rek.E. 853, AN. 90 S. 492, anderseits Rek.E. 1699, AN. 98 S. 244, wo das Zapfensammeln zum Zwecke eigenen Erwerbes und Handels als selbständige Beschäftigung angesehen worden ist), und 564, AN. 97 S. 289 (Wildheuer, d. h. berufsmäßige Forstarbeiter, die während einer bestimmten Zeit von der Forstverwaltung zur Einerntung des im Walde wild wachsenden Grases verwendet und mit einem Anteil an dem gewonnenen Heue gelöhnt werden).

Die mit eigenem Gespanne betriebene Holzabfuhr ist, auch

wenn sie überwiegend nur für einen oder wenige Auftraggeber vorgenommen wird, im allgemeinen als nicht versicherungspflichtiger Gewerbebetrieb anzusehen (Rev.E. 333, AN. JAV. 94 S. 82). Über den anders zu beurteilenden eigenartigen Fall der Rev.E. 161 vgl. oben Z. 30.

Tierzucht.

39. Tierzucht. Die Beschäftigung eines Hirten ist ihrer Natur nach eine untergeordnete und abhängige, daher allgemein versicherungspflichtig. Wo die Gemeinde als solche das Hütewesen als gemeinsame Angelegenheit in eigene Verwaltung nimmt, kommt ein versicherungspflichtiges Dienstverhältnis zwischen der Gemeinde und dem Hirten in Betracht, Rev.E. 117, AN. JAV. 92 S. 29. Hier hatte die Gemeinde den gemeinsamen Weideplatz angekauft, den Hirten angestellt, seinen Dienst geordnet und überwacht, die von den Gemeindemitgliedern unmittelbar an den Hirten zu gewährende Vergütung festgesetzt.

Ein landwirtschaftlicher Tagelöhner und Bienenpfleger ist auch hinsichtlich der letzteren Tätigkeit, die im Betriebe der Auftraggeber und unter ihrer Aufsicht verrichtet wird, versicherungspflichtig, Rev.E. 270, AN. JAV. 93 S. 117. Die Versicherungspflicht erstreckt sich auch auf das Anfertigen von Geräten für die Bienenpflege in der eigenen Behausung, da diese Beschäftigung von dem sonstigen Arbeitsverhältnisse nicht losgelöst werden kann.

Der Grenze zum Gebiete der gewerblichen Tätigkeit im engeren Sinne nahe stehen die Hausschlächter, Wollkämmer und Wollspinner auf dem Lande. Die Versicherungspflicht derartiger Personen ist im allgemeinen dann zu bejahen, wenn sie verhältnismäßig einfache Verrichtungen besorgen, die zur Verarbeitung landwirtschaftlicher Erzeugnisse gehören und sich noch auf der landwirtschaftlichen Betriebsstätte vollziehen, und wenn sie für die Zeit ihrer Tätigkeit in die Hausgemeinschaft des Auftraggebers eintreten, zudem sonst Lohnarbeiten leisten, Rev.E. 364, AN. JAV. 94 S. 137 Fall 2 (Hausschlächter und Tagelöhner), Rev.E. 476 das. 95 S. 285 (Wollkämmer und Hausschlächter). Dagegen ist z. B. ein berufsmäßiger Schlächter, der einen Laden hält, auch insoweit nicht versicherungspflichtig, als er bei Landwirten usw. schlachtet.

Als selbständige Gewerbetreibende sind angesehen worden die Viehkastrierer, weil sie bei ihrer Tätigkeit, die von ihnen mit freier Wahl bezüglich der Arbeitszeit und des Arbeitsorts ausgeübt wird und gewisse besondere Kenntnisse und Fertigkeiten erfordert, den Anordnungen und der Aufsicht der Auftraggeber nicht unterstehen, Rev.E. 271, AN. JAB. 93 S. 118, zu vgl. auch Rek.E. 1869, AN. 01 S. 422, ferner Personen, die aus der Behandlung erkrankten oder trächtigen Viehes ein Gewerbe machen, jedoch sind Ausnahmen, aus ähnlichen Rücksichten wie bei den Maulwurffängern (Z. 36), nicht ausgeschlossen (zu vgl. Rek.E. 1769, AN. 99 S. 585). Dieselbe Beurteilung wurde einem Viehwäscher zuteil, der gegen Entgelt für beliebige Auftraggeber Vieh mit scharfen Mitteln behandelte, deren Anwendung Erfahrung und sachverständige Kenntnis voraussetzte, zum großen Teil auch (Arsenik) von der Behörde verbindlich geregelt war, Rev.E. 640, AN. 98 S. 272.

Fischerei.

40. Fischerei. Ein mecklenburgischer Fischermaat, der weder an der Fischereiberechtigung, noch an dem Fahrzeug oder an dem Gerät einen Anteil hat, jedoch nach altem Herkommen ein Drittel des aus dem jeweiligem Fange erzielten Erlöses erhält, ist nach der Rev.E. 221, AN. JAB. 93 S. 66, mit Rücksicht auf das im übrigen nachweisbare Verhältnis persönlicher Unterordnung versicherungspflichtiger Lohnarbeiter des Fischers; ebenso ist beurteilt die Stellung eines Part-(Anteils-)fischers in Ostpreußen.

B. **Bergbau,** Hüttenwesen, Industrie und Bauwesen. Zugehörigkeit zu gewerblichen Betrieben oder Selbständigkeit.

41. Bergbau und Hüttenwesen, Industrie, Bauwesen. Auf diesem Gebiet erwachsen Zweifel hinsichtlich der Unterscheidung zwischen abhängiger und selbständiger Tätigkeit teils darüber, ob eigenes Unternehmen oder Arbeit in dem gewerblichen Betrieb eines anderen vorliegt, teils darüber, wieweit jemand, der nicht Gewerbegehilfe und dgl. ist, Lohnarbeiter seiner einzelnen Auftraggeber wird. In ersterer Beziehung sind zu erwähnen:

Rev.E. 370, AN. JAV. 94 S. 144: Ein ehemaliger Feldhüter hatte von der Gemeinde das Brechen und Verkaufen der Steine aus einem ihr gehörigen Steinbruche gegen einen nach dem Gewichte der abgefahrenen Steine bemessenen Akkordlohn übernommen. Die Versicherungspflicht wurde anerkannt.

Rev.E. 272, AN. JAV. 93 S. 118: Ein Steinklopfer arbeitete für verschiedene Personen im Akkord, wobei er einer Aufsicht nur in geringem Maße unterworfen, an bestimmte Arbeitszeiten nicht gebunden war. Er führte jedoch keine Lieferungen aus, konnte keinen Unternehmergewinn erzielen und befand sich auch sonst nicht in einer die Lohnarbeiterschaft überragenden Stellung, war daher versicherungspflichtig.

Rev.E. 371, AN. JAV. 94 S. 145: Ebenso wurde die Versicherungspflicht anerkannt bei einem Schlackenschläger, früheren Hüttenarbeiter derselben Hütte, der das Zerkleinern und den Absatz der nicht für den Betrieb verwendeten Schlacke gegen einen nach der verausgabten Menge sich bestimmenden Lohn besorgte. Ähnlich lag der Fall einer Kokssucherin; sie wurde in einem großen Fabrikbetriebe damit beschäftigt, daß sie aus der ausgefahrenen Asche noch brauchbare Koksstückchen auszulesen und zwecks abermaliger Verfeuerung zu sammeln hatte, wofür sie nach der Menge des Gesammelten bezahlt wurde. Im Falle großen Bedarfs wurden auch Lehrlinge der Fabrik zu derselben Arbeit verwendet. Die Versicherungspflicht ist anerkannt worden.

Rev.E. 244, AN. JAV. 93 S. 91: Ein Schmiedegeselle, der bei gutem Geschäftsgange zu seinem festen Lohne eine entsprechende wechselnde Zulage erhält, ist gleichwohl nur Gewerbegehilfe, nicht Mitunternehmer.

Rev.E. 610, 681, 836, AN. 97 S. 517, 98 S. 562, 00 S. 719: Andreher, d. h. Personen, die das Verbinden der Fäden einer neuen Kette mit den noch auf dem Webstuhle befindlichen Restfäden der aufgebrauchten Kette für wechselnde Arbeitgeber (Hausweber) in deren Betriebsstätten ausführen, sind selbständige Gewerbetreibende (wie Handwerker); vgl. oben Z. 33a unter II und V.

Über einen Ziegler im Akkord (Rev.E. 124) vgl. Z. 32.

Kommissionswerkmeister oder Kommissionsfabrikanten in der Tabakindustrie, die in eigenen Betriebsräumen für Rechnung eines größeren Unternehmens Zigarren fertigen lassen, sind nach den Ausführungen des Rundschreibens vom 5. Juli 1899 (AN. 99 S. 633) regelmäßig nicht Beamte in einem fremden Betriebe, sondern selbständige Gewerbetreibende oder doch Hausgewerbetreibende. Dies trifft aber nur zu, wenn sie innerhalb ihrer Räume mit Selbständigkeit schalten. Daher ist die Versicherungspflicht eines Kommissionswerkmeisters bejaht worden, der zwar die Arbeitsräume stellte, aber hinsichtlich aller Einzelheiten des Betriebs genauer Vorschrift und scharfer Kontrolle an Ort und Stelle unterlag (E. 1009, AN. 02 S. 551).

Handwerker im Verhältnisse zu ihren Kunden.

42. Kleinmeister im Handwerke. Zu denjenigen gewerblich tätigen Personen, bei denen nicht ein Arbeitsverhältnis zu einem gewerblichen Unternehmer als Grundlage der Versicherungspflicht in Betracht kommt, sondern nur die Beziehungen zu ihren einzelnen privaten Auftraggebern, gehören die Kleinmeister im Handwerk und verwandten Gewerbszweigen. Die versicherungsrechtlich zweifelhaften Fälle ergeben sich hier bei den mannigfachen Übergangsstufen, die das gewerbliche Leben zwischen dem in eigener Werkstatt tätigen und unbedenklich nicht versicherungspflichtigen Meister und dem Ausbesserungen einfachster Art bei dem Auftraggeber gegen Tagelohn ausführenden Handarbeiter zeigt. Die Entscheidung kann häufig nur für den einzelnen Fall nach seinen besonderen Umständen getroffen werden. Die Praxis in Revisionssachen hat in erster Linie darauf Gewicht gelegt, ob die Tätigkeit des Handwerkers, was zunächst von der Bedeutsamkeit der Aufgaben abhängt, ein solches Maß von besonderer Sachkenntnis und berufsmäßiger Schulung erfordert, daß er dem Auftraggeber nur für einen bestimmten Erfolg verantwortlich sein kann, bei der Arbeit selbst aber nur nach eigenem sachverständigen Ermessen zu verfahren hat. Die maßgebenden Grundsätze, die auch für alle anderen Facharbeiter derselben Klasse (z. B. Binder, Böttcher, Drechsler, Glaser, Instrumentenstimmer — Rev.E.

836, AN. 00 S. 719 —, Kahnbauer, Kesselflicker, Klempner, Korbflechter, Küfer, Mühlärzte, Mühlenflicker — Rev.E. 774, AN. 99 S. 652 —, Riemer, Sattler, Scherenschleifer — Rev.E. 836 a. a. O. —, Schuhmacher, Stellmacher, Tapezierer, Uhrmacher, Wagner usw.) entsprechend anwendbar sind, sind in den folgenden Rev.E. aufgestellt worden:

Pumpenmacher (Brunnenbauer). Bei einem Pumpenmacher, der im Besitz eines Gewerbepatents an seinem Wohnort und in benachbarten Gemeinden ohne Gehilfen hauptsächlich Ausbesserungen vornahm, meist Tagelohn empfing und die Materialien nicht lieferte, ist gleichwohl unter Hinweis auf die technischen Kenntnisse und die handwerksmäßige Fertigkeit, die seine Arbeiten voraussetzten, die Versicherungspflicht verneint worden, Rev.E. 96, AN. JAV. 92 S. 12.

Schmied. Schmiedearbeit muß naturgemäß im allgemeinen in der Werkstatt verrichtet werden und kennzeichnet sich schon damit als selbständige Handwerkstätigkeit. Zweifel sind jedoch darüber möglich, ob Gemeindeschmiede etwa in einem Arbeitsverhältnisse zur politischen Gemeinde oder der Gemeinschaft der Besitzer stehen. Dies wird in den Rev.E. 192, 386, AN. JAV. 92 S. 138, 94 S. 157 im allgemeinen verneint. In dem ersteren Falle war der Schmied vermöge einer auf seinem Grundstücke haftenden Last den ländlichen Besitzern gegen ein festes Entgelt zur Leistung aller in sein Fach schlagenden Ausbesserungen verpflichtet. Er war aber auch befugt für beliebige Auftraggeber zu arbeiten und bei der Arbeitsausführung selbst unabhängig. In dem zweiten Falle hatte der Schmied die Gemeindeschmiede gepachtet und vertragsmäßig eine ähnliche Verpflichtung übernommen, wie sie in dem ersten Falle bestand. Dagegen ist ein Gutsschmied als abhängiger Gehilfe angesehen worden (Rev.E. 529, AN. 96 S. 397).

Schneider. Sie sind auch, wenn sie nicht ganz oder überwiegend in eigener Betriebsstätte arbeiten, sondern als sogenannte Hausschneider von einem Kunden zum andern gehen (auf der Stör arbeiten), in der grundlegenden Rev.E. 236, AN. JAV. 93 S. 81, für nicht versicherungspflichtig erklärt worden, jedoch unter Beschränkung auf männliche Gewerbetreibende dieser

Art (wegen der Schneiderinnen und Näherinnen vgl. Z. 44). Der entscheidende Grund ist auch hier, daß die Arbeit des Schneiders, sei er auch überwiegend nur Flickschneider, nach der herkömmlichen Auffassung nicht eine Hilfstätigkeit in der Hauswirtschaft des Auftraggebers, sondern eine eigenartige gewerbliche Leistung darstellt, die Fachkenntnisse voraussetzt und sich einer Einwirkung der Auftraggeber im einzelnen entzieht. Als eigentliche handwerksmäßige Leistung gilt dabei im allgemeinen auch schon z. B. das Herstellen von Kinderkleidern aus getragenen Sachen Erwachsener. Ausnahmen sind nur vereinzelt da zugelassen worden, wo der Übergang in die gewöhnliche Handarbeit völlig verwischt war, wie beispielsweise bei einem Flickschneider, der für dieselben Auftraggeber je nach deren Begehr durcheinander Schneiderarbeit einfachster Art und Tagelöhnerdienste in der Landwirtschaft leistet. (Zu vgl. Rev.E. 922, AN. 01 S. 607.)

Tischler. Ein Tischler und Maurer, der einen großen Teil des Jahres in eigener Betriebsstätte arbeitete und während des Sommers gegen Tagelohn einfache Ausbesserungen an Geräten und Gebäuden, und zwar, wie dies vielfach durch die Natur der Arbeit von selbst geboten war, an Ort und Stelle besorgte, ist auch insoweit als selbständiger Gewerbetreibender angesehen worden, Rev.E. 235, AN. JAV. 93 S. 81. Es ist aber auch nicht ausgeschlossen, daß ein Tischler, z. B. wenn er ohne eigene Werkstatt nur in den Häusern der Kunden mit unbedeutenden, eine eigentliche Fachbildung nicht erfordernden Ausbesserungsarbeiten beschäftigt wird und auch gewöhnliche Lohnarbeiten verrichtet, der Versicherungspflicht unterliegt.

Bauhandwerker.

43. Bauhandwerker und Bauarbeiter.

Auf dem Gebiete des Baugewerbes handelt es sich zum Teil, nämlich soweit über die Zugehörigkeit einer Person zu einem gewerbsmäßigen Baubetriebe zu entscheiden ist, im wesentlichen um dieselben Fragen, die bezüglich der Akkordanten und dgl. in Z. 31 erörtert worden sind. Anders hinsichtlich des Verhältnisses zu Auftraggebern, die sich nicht gewerbsmäßig mit dem Baubetriebe befassen. Diese nehmen, sofern sie Bauarbeiten nicht unter Dazwischentritt eines gewerbsmäßigen Bauunternehmers, sondern unmittelbar auf eigene Rechnung ausführen lassen (Regiebauten), nach hergebrachter Anschauung, die auch in dem BUVG. vom 30. Juni 1900 (§§ 5 Z. 2, 6 Z. 4) sowie in dem LUVG vom 30. Juni 1900 (§ 1 Abs. 4) Ausdruck gefunden hat, in gewissem Umfange gegenüber den von ihnen Beschäftigten dieselbe Stellung ein, wie ein Unternehmer gegenüber den Angehörigen seines Betriebs. Das Bedürfnis, auch hier die rechtliche Beurteilung bezüglich der Unfallversicherung und der Invaliditäts- und Altersversicherung möglichst in Einklang zu halten, hat zu Verhandlungen zwischen den beteiligten Dienststellen und weiterhin zur Aufstellung gemeinsamer Unterscheidungsmerkmale zwischen selbständigen Baugewerbetreibenden und Bauarbeitern für beide Rechtsgebiete geführt. Die einschlägige Aufstellung, die durch Rundschreiben des RVA. vom 29. Juni 1895 — AN. JAV. 1895 S. 226/7 — bekannt gegeben worden ist, lautet dahin:

„Als unselbständige versicherungspflichtige Bauarbeiter im Sinne des § 1 des BUVG. und des § 1 des JAVG. sind im Zweifel anzusehen:

1. Die im Bauhandwerke beschäftigten Gesellen und Gehilfen, sowie die sonstigen ständigen Arbeiter, welche regelmäßig in Betrieben gewerbsmäßiger Bauunternehmer beschäftigt werden;

2. Die in der Regel in Betrieben gewerbsmäßiger Bauunternehmer, in anderen (landwirtschaftlichen usw.) Betrieben oder sonstwie berufsmäßig als Lohnarbeiter beschäftigten Personen, auch soweit sie nebenher gelegentlich oder in regelmäßiger Wiederkehr Bauarbeiten unmittelbar für die Bauherren ausführen;

3. Die das ganze Jahr oder den größten Teil des Jahres hindurch mit Bauarbeiten für nicht gewerbsmäßige Bauunternehmer (Bauherren) beschäftigten Personen, sofern sie in der Regel

a) nur geringfügige, eine besondere handwerksmäßige Vorbildung nicht erfordernde Bauarbeiten, insbesondere Ausbesserungs-(Flick)-Arbeiten ausführen und

b) ohne eigentliches Betriebskapital gegen einen den Lohn eines Bauarbeiters nicht oder nicht erheblich übersteigenden Lohn arbeiten. Ein Betriebskapital wird insbesondere als vorhanden anzunehmen sein bei Verwendung größerer Betriebsgeräte (Werkstattseinrichtungen, Gerüste usw.) oder bei Lieferung von Baumaterialien oder bei regelmäßiger Gestellung anderer Arbeiter".

Die übrigen bei Bauten beschäftigten Personen sollen, vorbehaltlich von Ausnahmen, insbesondere bei Akkordanten, im allgemeinen als selbständige Baugewerbetreibende gelten. Im übrigen ergibt die allgemeinen Gesichtspunkte namentlich die Rev.E. 233, AN. JAB. 93 S. 79.

In den beiden Fällen der Rev.E. 233 wurde die Versicherungspflicht bejaht. In dem ersten handelte es sich um einen früher als Geselle tätigen Maurer, der nicht größere Bauten, sondern nur Ausbesserungen im Hause, Weißen, Ofenreinigen und dgl. besorgte, in dem zweiten um einen Zimmermann, der überwiegend Zäune, Hoftore, Fußböden usw. instand setzte, dafür einen den Verdienst gewöhnlicher Handarbeiter nur wenig übersteigenden Lohn empfing, bestimmte Arbeitsstunden einhielt und für dieselben Arbeitgeber auch landwirtschaftliche Dienste verrichtete. Ähnlich ist beurteilt worden ein berufsmäßiger Lohnarbeiter, der im Sommer auf dem Lande als Anstreicher (Tüncher) Arbeiten einfachster Art ausführte.

Dagegen ist ein fachmäßig vorgebildeter Zimmermann, der zwar die Materialien von den Kunden erhält und meist im Tagelohn arbeitet, jedoch nicht nur einfache Ausbesserungen an Häusern, Ställen und Brücken, sondern auch ganze Brunnenleitungen, Holzbrücken, Dachstühle und andere Neubauten ausführt, ferner zu einem erheblichen Teile in eigener Werkstatt mit eigenem Geräte Tröge, Mulden, Tische, Stühle, Särge usw. anfertigt, endlich einen Sohn als Lehrling beziehungsweise Gehilfen beschäftigt, selbständiger Handwerker.

In der Rev.E. 234, AN. JAB. 93 S. 80, ist das von einem Kätner ausgeführte Decken von Strohdächern in ländlichen Ortschaften für versicherungspflichtig erklärt worden. Es wird erwogen, daß diese Arbeit, bei der es sich nur noch selten um völlige Neudeckungen zu handeln pflege, eine verhältnismäßig einfache gewesen sei, besondere technische Fähigkeiten und Kenntnisse nicht erfordere und vielfach von den Besitzern und ihren Leuten allein ausgeführt werde, so daß es auch an einer Leitung und Überwachung der Arbeit im einzelnen nicht fehle.

Dagegen ist die Ausübung des eigentlichen Dachdeckerhandwerkes (Schiefer- und Ziegeldachdecker) regelmäßig als nicht versicherungspflichtig anerkannt worden.

Über eine für versicherungspflichtig erachtete kleinere Straßenbauausführung im Akkord (Rev.E. 248, AN. JAB. 93 S. 94) vgl. Z. 31. In einem andern Falle hatte ein früherer land- und forstwirtschaftlicher Tagelöhner im Wege des Submissionsverfahrens die Verrichtungen als Gemeindestraßenwärter übernommen. Da er an feste Vorschriften gebunden, der Aufsicht von Gemeindebeamten unterstellt war, keinen Unternehmergewinn erzielte, sondern nur den Durchschnittswert seiner Arbeit erhielt, auch ausschließlich persönlich tätig war, wurde Lohnarbeit angenommen. Versicherungspflichtig ist ferner laut Rev.E. 103 AN. JAB. 92 S. 18, ein Distriktsstraßenwärter in Bayern. Bejaht ist auch die Versicherungspflicht von Verkoppelungsarbeiten, die, bestehend in der Herstellung von Wegen und Gräben, von einer Person der Lohnarbeiterklasse gegen einen in öffentlicher Verdingung festgesetzten Pauschbetrag verrichtet werden (E. 849, AN. 00 S. 831). Ähnliche Verhältnisse kommen bei der Verdingung von Deichbauarbeiten vor. Zu vgl. ferner auf dem Gebiete der Unfallversicherung Rek.E. 1302, AN. 93 S. 448 (Straßenunterhaltung für einen Einheitssatz übernommen; verschiedene Beurteilung des Verhältnisses, wenn ein Wegewärter oder ein Rittergutsbesitzer akkordiert), Rek.E. 1303, AN. 93 S. 449 (Kleinakkordant von Erdausschachtungsarbeiten).

Wäscherinnen, Plätterinnen, Schneiderinnen, Näherinnen usw.

44. Wäscherinnen, Plätterinnen, Schneiderinnen, Näherinnen usw. Unter dem 27. November 1890 hat der Bundesrat beschlossen, die Bundesregierungen zu ersuchen, ihre Behörden anzuweisen,

1. daß solche Personen, welche als Wäscherinnen oder Plätterinnen (Büglerinnen), Schneiderinnen oder Näherinnen Wäsche oder Kleidungsstücke bearbeiten oder herstellen, sofern sie diese Arbeiten in den Wohnungen ihrer Kunden

verrichten und nicht regelmäßig wenigstens einen Lohnarbeiter beschäftigen, als versicherungspflichtig behandelt werden;

2. daß die selbständigen Dienstmänner, Kofferträger, Fremdenführer, Stiefelputzer und ähnliche Gewerbetreibende, sowie selbständige Wäscherinnen, Plätterinnen (Büglerinnen), Schneiderinnen und ähnliche Personen, soweit sie nicht unter Z. 1 fallen, als Betriebsunternehmer behandelt werden.

Über Dienstmänner usw. s. unten Z. 51. Was die Wäscherinnen, Plätterinnen, Schneiderinnen und Näherinnen anbetrifft, so sind die von dem Bundesrat aufgestellten Grundsätze im allgemeinen auch vom Reichs-Versicherungsamt als zutreffend anerkannt worden, zu vgl. Rev.E. 236, AN. JAV. 93 S. 81, Rev.E. 688, AN. 98 S. 628. Bei ihrer Anwendung im einzelnen ist jedoch zu beachten, einmal, daß sie nur von weiblichen, nicht auch von männlichen Beschäftigten der in Rede stehenden Art handeln (Rev.E. 236 a. a. O., von Haus zu Haus gehende Schneider grundsätzlich nicht versicherungspflichtig, s. Z. 42), und zweitens, daß danach weder die in eigener Häuslichkeit oder Betriebsstätte tätigen Wäscherinnen usw. unter allen Umständen nicht versicherungspflichtig, noch auch die bei den Kunden arbeitenden Frauen unter allen Umständen versicherungspflichtig sind. Es kommt vielmehr auch noch darauf an, ob gewerbliche „Selbständigkeit" vorhanden ist (zu vgl. Rev.E. 869, AN. 01 S. 186). Daß selbständige Erwerbstätigkeit vorliegt, wenn für wechselnde Kunden nur in eigener Wohnung Näh- und Flickarbeit verrichtet wird, ist unbedenklich (zu vgl. Rev.E. 78, AN. JAV. 91 S. 183).

Das regelmäßige Beschäftigen eines Lohnarbeiters kann auch darin bestehen, daß Lehrlinge oder Lehrmädchen gehalten werden. Solche sind auch dann, wenn sie nur den freien Unterhalt (ohne Zahlung eines entsprechenden Lehrgeldes) empfangen, Lohnarbeiter im Sinne des Gesetzes und des Ersuchens des Bundesrats, Rev.E. 687, 688, AN. 98 S. 627, 628.

Im wesentlichen die gleichen Grundsätze wie für die Näherinnen, Wäscherinnen usw. gelten auch für eine Reihe anderer einfacher Verrichtungen, die keine eigentliche Fachbildung voraussetzen und keinem der herkömmlichen abgegrenzten Handwerkszweige angehören.

Den praktisch besonders wichtigen Fall des Spinnens in eigener Behausung, wie es in großem Umfang in ländlichen Gegenden während des Winters betrieben wird, behandelt Rev.E. 78, AN. JAV. 91 S. 183. In diesem Falle kam neben der persönlichen Unabhängigkeit — keine Gebundenheit bezüglich Beginn und Ende der Arbeit, keine Beschränkung auf einen Arbeitgeber, keine Aufsicht bei der Arbeitsausführung, Möglichkeit der Heranziehung Dritter zur Vertretung oder Mithilfe — auch noch in Betracht, daß das Spinnen in dieser Weise längere Zeit hindurch für wechselnde Auftraggeber betrieben worden war, womit die gewerbliche Selbständigkeit außer Zweifel gestellt wurde. Im allgemeinen genügt aber auch schon das Arbeiten zu Hause allein (also auch für einzelne bestimmte Auftraggeber), um die Versicherungspflicht auszuschließen. Ähnliche Arbeiten sind z. B. Stricken, Federreißen, Flachshecheln, Flechten von Körben und Kiepen, Besenbinden und Topfbinden usw. (zu vgl. aber auch für die Übergangszeit § 191 Z. 3 des Gesetzes).

Als Ausnahmefälle, in denen trotz häuslicher Arbeit die persönliche Abhängigkeit vom Arbeitgeber festgestellt werden konnte, demnach Versicherungspflicht bestand, sind zu nennen der der Rev.E. 246, AN. JAV. 93 S. 93, wo ein ständiger Gutsarbeiter im Rahmen dieses festen Verhältnisses zum Ersatze für andere Arbeit mit dem Binden von Besen beschäftigt wurde, und der der Rev.E. 577, AN. 97 S. 334, wo eine Deputantenfrau an Stelle der früheren Haus- und Gartenarbeit das Flicken der Säcke für das Mühlengut der Herrschaft gegen Stücklohn übertragen erhielt und diese Arbeit in dem Insthause besorgte.

C. Handel und Verkehr.

Makler, Agenten, Handlungsgehilfen.

45. Makler, Agenten, Handlungsgehilfen. Makler und Agenten sind selbständige Gewerbetreibende. Den Unterschied beider findet die Rev.E. 295, AN. JAV. 93 S. 149, darin, daß die Makler beim Geschäftsabschluß unparteiisch für beide Beteiligte wirken, während die Agenten dabei nur für einen bestimmten Auftraggeber tätig sind. Die Agenten ihrerseits unterscheiden sich von den Handlungsgehilfen dadurch, daß sie zu dem Geschäftsherrn nur in einem freien Vertragsverhältnisse, nicht wie die Handlungsgehilfen in einem Dienstverhältnisse, stehen (zu vgl. §§ 59 ff., 84 ff., 93 ff. des Handelsgesetzbuchs).

In der angeführten Rev.E. 295 handelte es sich um einen Vieh- und Getreidemakler in Schleswig-Holstein. Er brachte für Landwirte Vieheinstellungen zum Abschlusse, wobei er von beiden Seiten Aufträge annahm und Vergütungen empfing, übrigens auch den Zu- und Abtrieb bewirkte und die Überwachung während der Einstellung besorgte. Ferner führte er im Auftrage von Landwirten und Gewerbetreibenden Ankäufe von Vieh und Getreide aus, indem er die Verträge für Rechnung der Auftraggeber abschloß. Für eine der beteiligten Firmen übernahm er zugleich Verladung, Zahlung, Säckeflicken und Verteilung der Säcke. Es wurde teils Makler-, teils Agententätigkeit angenommen, hinsichtlich letzterer Gewicht darauf gelegt, daß der Kläger für eine ganze Reihe von Personen, aber stets nur auf Grund besonderen Auftrags, nicht vermöge dauernder Anstellung in Wirksamkeit trat; die Vereinbarung einer Kündigung stand dabei der Feststellung gewerblicher Selbständigkeit nicht entgegen. Als selbständiger Vermittler von Handelsgeschäften war auch anzusehen der Torfmakler der Rev.E. 97, AN. JAV. 92 S. 12, der, in einer Seestadt angestellt, an Dienstanweisung und Gebührentarif gebunden ist und gewerbsmäßig Verkäufe von Torf zwischen den Torfschiffern und dem Publikum zustande bringt, sowie ein für Privatkundschaft arbeitender Zuschneider, der für ein Garderobengeschäft nach Belieben mit Stoffproben ausgeht, um Warenbestellungen aufzusuchen, ohne daß eine bestimmte Dauer oder eine Kündigung für dieses Verhältnis vereinbart ist (Rev.E. 294, AN. JAV. 93 S. 148). Ebenso ist als selbständiger Gewerbetreibender angesehen ein konzessionierter Pfändersammler, der, für ein städtisches Pfandhaus tätig, zwar auf Kündigung angestellt und gewissen Sicherheitsvorschriften unterworfen war, der aber eigene Geschäftsräume hielt und in seiner Geschäftsführung selbständig war, das Risiko bei Abschätzungen und Verlusten trug, nur die von den Verpfändern zu zahlenden, nach oben begrenzten Kommissionsgebühren bezog und auch andere Geschäfte nebenbei betreiben konnte (E. 1038, AN. 03 S. 363).

Dagegen würde z. B. versicherungspflichtig sein ein für ein bestimmtes Geschäft tätiger Viehaufkäufer, der für andere Firmen keine Abschlüsse machen darf, die Bedingungen vorgeschrieben erhält und regelmäßig Rechnung legt.

Über die versicherungsrechtliche Stellung von Provisionsreisenden spricht sich die Rev.E. 293, AN. JAB. 93 S. 147, dahin aus, daß die Art der Tätigkeit und die Form der Löhnung mittels Provision der Annahme eines versicherungspflichtigen Dienstverhältnisses nicht entgegenstehe, daß es aber immerhin auf die Gestaltung der Vertragsbeziehungen im einzelnen ankomme, damit entschieden werden könne, ob der Reisende Agent beziehungsweise Kommissionär oder Handlungsgehilfe sei. In dem Falle der Rev.E. 293 war der Kläger stets nur bei einer Firma zu derselben Zeit tätig gewesen, ohne jemals für eigene Rechnung Handelsgeschäfte zu betreiben; er wurde für versicherungspflichtig erachtet, und zwar auch in betreff einer Zeit, während deren er nur ungarantierte Provision, kein festes Gehalt bezogen hatte.

In anderen Fällen ist namentlich Gewicht darauf gelegt worden, ob die Preise und sonstige Bedingungen vorgeschrieben sind, ob regelmäßige Berichterstattung und Abrechnung zu erfolgen hat. Selbständiger Gewerbebetrieb ist festgestellt bei einem Stadtreisenden, der von 7 Firmen gleichzeitig gegen Provision beschäftigt wurde und weitgehende Freiheiten bezüglich des Aufsuchens von Abnehmern und der Bestimmung des Preises genoß, Rev.E. 293 a. a. O. Fall 2.

Unteragenten von Versicherungsunternehmungen unterliegen gleichfalls einer verschiedenen Beurteilung je nach der Gestaltung ihrer Beziehungen zu der sie beschäftigenden Gesellschaft. Im Falle der Rev.E. 291, AN. JAB. 93 S. 145, wurde die Versicherungspflicht anerkannt und dabei Gewicht darauf gelegt, daß der Agent, der früher Malergehilfe gewesen war und nebenher Zeitungen austrug, vertragsmäßig verpflichtet war, die vereinnahmten Gelder stets gesondert vorrätig zu halten und nach Vorschrift der Hauptagentur abzuliefern, auch sich jederzeit einer Revision zu unterwerfen, daß er ferner keinerlei gleichartige Versicherungsgeschäfte für eigene oder fremde Rechnung besorgen, noch Versicherungsagenturen ohne Erlaubnis annehmen durfte, keine Verträge abzuschließen, vielmehr nur untergeordnete Geschäfte zu versehen hatte. Dagegen erklärt die Rev.E. 292 a. a. O. S. 147 einen Agenten, der für mehrere Versicherungsgesellschaften und ein Auswanderungsunternehmen tätig war, und mit Ausnahme von Konkurrenzgeschäften auch anderen beliebigen Auftraggebern sich widmen durfte, für gewerblich selbständig.

Agenturartige Verhältnisse kommen auch bei den sogenannten Faktoren vor. So ist der Faktor einer Weberei, der von dieser jeweilig eine bestimmte Anzahl von Ketten ins Haus erhielt, um sie von beliebigen Hauswebern weiter verarbeiten zu lassen, und lediglich dafür zu sorgen hatte, daß die Webstücke zu bestimmter Zeit fehlerfrei an die Fabrik zurückgelangten, wobei sein Verdienst in dem Unterschiede zwischen dem ihm bewilligten und den von ihm gezahlten Preise bestand, als ein selbständiger Vermittler und demgemäß als nicht versicherungspflichtig angesehen worden, Rev.E. 337, AN. JAV. 94 S. 90. In dem Falle der Rev.E. 491, AN. 96 S. 222, wurde dagegen versicherungspflichtige Gehilfentätigkeit angenommen, weil der Kläger als Faktor keine Gefahr trug und keinen Unternehmergewinn erzielen konnte, die Löhne aus Vorschüssen zahlte, übrigens auf Geheiß des Fabrikanten jederzeit sich bei diesem einfinden mußte, um Weisungen entgegen zu nehmen und Geschäftsgänge auszuführen. Als versicherungspflichtig wurde auch eine für eine auswärtige Textilfirma tätige Wollausgeberin angesehen, da die Firma die Geschäftsräume gemietet und eingerichtet hatte, die Geschäftsführung beaufsichtigte, die Löhne der Weber bestimmte und die Mittel dazu hergab und der Wollausgeberin nur Stücklohn zahlte (Rev.E. 957, AN. 02 S. 288).

Warenausträger.

46. Backwarenausträger und dgl. (z. B. Fleischausträger, Verkäufer von Gartenfrüchten, von Wild und Fischen mittels Hausierens). Ob diese Personen Gewerbegehilfen oder selbst (Hausier=)Gewerbetreibende sind, ist nur nach Lage des Einzelfalls zu entscheiden.

Über die Backwarenausträger enthalten die unter Z. 282, AN. IAV. 93 S. 135, veröffentlichten vier Rev.E. eine Reihe von Gesichtspunkten, welche in fast allen derartigen Fällen in Betracht kommen. Danach spricht es für das Vorliegen eines versicherungspflichtigen Arbeitsverhältnisses, wenn eine Gebundenheit an Weisungen des Auftraggebers, insbesondere bezüglich der zu besuchenden Kunden, der Zeit und Reihenfolge der Gänge, des Preises der Ware besteht, wenn eine Überwachung stattfindet, die Annahme von Hilfspersonen nicht dem Belieben des Austrägers überlassen ist, wenn eine Rücknahmepflicht hinsichtlich des nicht Verkauften Platz greift, das Eigentum der Ware dem Bäckermeister verbleibt, ihn auch die Gefahr für Verluste trifft, wenn seine Beförderungsmittel (Handwagen, Körbe, Tücher) benutzt werden, von dem Austräger gewöhnliche Lohnarbeit, insbesondere für den ihn beschäftigenden Bäckermeister verrichtet, wenn ein festes Vertragsverhältnis auf bestimmte Zeit oder mit Kündigungsvorbehalt eingegangen, die Tätigkeit für andere untersagt wird, und dem Austräger die Stellung eines Vertreters in Behinderungsfällen obliegt (nicht nur tatsächlich aus dem eigenen Interesse des Austrägers heraus üblich ist). Selbständiger Gewerbebetrieb ist dagegen anzunehmen, wenn der Austräger frei von Aufsicht und Leitung sich seinen Kundenkreis, obwohl vielleicht in vereinbarter Beschränkung auf einen bestimmten Bezirk, selbst bildet, hinsichtlich der Zeit und Reihenfolge der Gänge unabhängig ist, die Preise selbst bestimmt, nicht verkaufte Ware selbst verwerten muß, ebenso für Verluste, insbesondere durch Stundung des Preises, selbst aufkommt, also Käufer für eigene Rechnung ist, eigene Körbe, Tücher und dgl. mehr benutzt, jederzeit die Beschäftigung abbrechen darf.

Daneben ist es selbstverständlich auch von Wert, festzustellen, ob der Austräger zur Gewerbesteuer veranlagt, und ob er zur Krankenversicherung herangezogen worden ist. Unter den aufgezählten Umständen kann als hervorragend wichtig bezeichnet werden, ob eine Verpflichtung zur Zurücknahme nicht abgesetzter Ware festzustellen ist. Indessen ist auch dieses Merkmal allein nicht unbedingt ausschlaggebend, überdies ist zu prüfen, ob die tatsächlich erfolgte Zurücknahme auf einer rechtlichen Verpflichtung beruht oder nur aus geschäftlichen oder Billigkeitsrücksichten freiwillig zugestanden wird.

In Anlehnung an die für die Versicherungspflicht der Backwarenausträgerinnen aufgestellten Grundsätze wurde eine Milchfahrerin, die mit dem Gespann und den Gefäßen eines Landwirts die in seinem Betriebe gewonnene Milch zur Stadt fuhr, täglich zu kommen verpflichtet war und auch sonst in seiner Wirtschaft und seinem Haushalt arbeitete, für versicherungspflichtig erachtet, wiewohl sie die Milch an die von ihr selbst bestimmten Kunden zu einem von ihr festgesetzten Preise absetzte (Rev.E. 776, AN. 99 S. 654).

Beherbergung und Erquickung.

47. Beherbergung und Erquickung. Im Falle der Rev.E. 445, AN. JAB. 95 S. 238, hatte der Kläger die einem Brauereibesitzer gehörige Wirtschaft nebst Einrichtung pachtweise zur eigenen Nutzung übernommen, wobei er das Bier von dem Verpächter zu beziehen verpflichtet war. Da er im übrigen unabhängig war, ein geschäftliches Risiko trug, anderseits die Aussicht auf Unternehmergewinn durch Verkauf von Speisen, Zigarren usw. hatte, lag ein selbständiger Gewerbebetrieb auf eigene Rechnung vor. Ähnlich war die Stellung einer Kasinowirtin, Rev.E. 446 a. a. O., die auf Grund eines mit der Kasinogesellschaft geschlossenen Vertrags die Wirtschaft in den Kasinoräumen führte, dabei Speisen und Getränke lieferte und Festessen für einen Gesamtpreis besorgte. Wenn sie auch vertraglich Reinigung und Instandhaltung der Räume, Aufwartung und Botendienste zu leisten hatte, so war sie doch weder dabei unselbständig tätig noch auch nur gehalten, diese Verrichtungen persönlich aufzuführen. Sie hatte jene Leistungen nur auf ihre Kosten unter eigener Verantwortung zu beschaffen, wofür sie einen festen Betrag von der Gesellschaft empfing. Selbständig ist auch eine Frau, die in ihrer Wohnung einen Kosttisch für eine Anzahl wechselnder Teilnehmer derart hält, daß sie die Mahlzeiten bereitet, Geschirr, Feuerung und gewisse Küchenvorräte (Gemüse und dgl.) liefert, während sonst die Eßwaren auf Kosten der Gäste beschafft werden (Rev.E. 761, AN. 99 S. 626); ebenso der Ökonom eines Lehrerseminars, der eine Anzahl von Hilfskräften beschäftigt und einen erheblichen Umsatz erzielt (E. 1239, AN. 05 S. 585).

Darüber, daß Kellner und ähnliche Angestellte, wenn sie auch lediglich auf Trinkgelder angewiesen sind, doch Lohnarbeiter des Wirtes bleiben vgl. Z. 16. Dasselbe gilt auch insoweit, als sie mit Genehmigung des Geschäftsinhabers Zigarren, Photographien und dgl. auf eigene Rechnung verkaufen, Rev.E. 71, AN. JAV. 91 S. 176 (in den Gründen). Zu vgl. auch Z. 53.

Dem gewerbsmäßigen Gasthausbetriebe verwandt ist die Erwerbstätigkeit derjenigen, die gegen Entgelt Ortsarmen oder Waisenkindern Unterkunft und Verpflegung auf Grund eines mit der Armenverwaltung oder den Behörden der Waisenpflege geschlossenen Vertrags gewähren. Regelmäßig ist auch hier keine Versicherungspflicht begründet, weil die Vergütung nicht nur Arbeitslohn, sondern auch Unternehmergewinn darstellt, überdies die Arbeitstätigkeit sich in der eigenen Hauswirtschaft nach freiem Ermessen vollzieht (Rev.E. 118, AN. JAV. 92 S. 30). Dasselbe gilt im allgemeinen auch von der Übernahme der Pflege von Kindern oder Kranken gegenüber privaten Auftraggebern.

Hilfsgewerbe des Handels (Wäger usw.).

48. Hilfsgewerbe des Handels. Hierher gehören namentlich die in § 36 der Reichs-Gewerbeordnung bezeichneten Personen, die im allgemeinen als selbständige Unternehmer anzusehen sind, und zwar auch dann, wenn sie hauptsächlich von einer oder wenigen Firmen beschäftigt werden. Im einzelnen sind zu nennen:

Fruchtmesser in Bayern, von der Gemeinde bestellt und vereidigt, Rev.E. 53, AN. JAV. 91 S. 161;

Holzarker, von der Gemeinde eidlich verpflichtet, um das geschlagene Holz ordnungsmäßig und maßgebend aufzusetzen und abzumessen (Bayern);

Kornmesser, beeidet und Mitglieder einer Kornmesser-Kompagnie in einer Stadt in Hannover, Rev.E. 299, AN. JAV. 93 S. 153 (vgl. Z. 35);

Tallymänner (in Hamburg), die im Auftrage von Kaufleuten die Löschung oder Beladung von Schiffen übernehmen oder beaufsichtigen und dabei über Art, Gewicht, Menge und Verpackung der Waren Buch führen, Rev.E. 301, AN. JAB. 93 S. 155. Ohne Belang ist dabei, ob die Tallymänner das ganze Geschäft gegen eine feste Summe besorgen oder Tagelohn (in dem entschiedenen Falle übrigens daneben eine „Provision" von den angenommenen Arbeitern erhalten). Werden dagegen die Tallymänner von Firmen, die die Ausführung von Tallyarbeiten übernehmen, dergestalt gegen Tagelohn beschäftigt, daß die Firmen Zeit und Ort der Arbeiten bestimmen und deren Beaufsichtigung regeln, so sind sie, wenn auch kein fester Vertrag und keine Kündigungsfrist besteht, von den Tallyfirmen persönlich abhängig und deshalb versicherungspflichtig (E. 884, AN. 01 S. 202).

Taxatoren. Der Taxator eines Leihhauses gegen jährliches Gehalt, der im übrigen das Gewerbe als Goldschmied betreibt, ist nicht versicherungspflichtig, Rev.E. 160, AN. JAB. 92 S. 115; zu vgl. auch Rev.E. 550, AN. 97 S. 271 (Taxator von Grundstücken) und Rev.E. 253, AN. JAB. 93 S. 102 (Taxator für Feuerversicherung) und Z. 341.

Wäger. In der Rev.E. 158, AN. JAB. 92 S. 113, handelte es sich um einen angestellten und beeideten Wäger in Oldenburg, der bei dem Umsatze von Waren als unparteiischer Sachverständiger zur Verhütung oder Schlichtung von Streitigkeiten mitzuwirken hatte; seine Selbständigkeit wurde anerkannt, obwohl er fast ausschließlich für ein Handlungshaus, dessen Arbeiter er gewesen, in dessen Räumen und mit dessen Geräten und Hilfskräften tätig war, für diese Firma auch Speicherarbeiten gewöhnlicher Art in geringem Umfang ausführte. Ähnlich war die Stellung eines Hilfswägers in Kiel, Rev.E. 300, AN. JAB. 93 S. 155, anders aber war ein sogenannter Reservewäger ebendaselbst zu beurteilen, Rev.E. 449, AN. JAB. 95 S. 241, der nicht zu der aus dem Stadtwäger und sieben Hilfswägern bestehenden Wägergilde gehörte, daher auch an ihren Einnahmen keinen Anteil hatte, sondern aus der Kasse nach Vereinbarung gelohnt wurde, so oft seine Heranziehung zur Aushilfe erforderlich war. Er wurde als versicherungspflichtiger Gehilfe der Genossenschaft angesehen. Ebenso ist versicherungspflichtig ein in dem Wägeramt einer kaufmännischen Körperschaft in abhängiger Stellung beschäftigter Wäger (Rev.E. 773 AN. 99 S. 651).

Leistung von Fuhren.

49. Leistung von Fuhren. Bei der Beförderung von Lasten tritt neben der persönlichen Arbeitsleistung die Vorhaltung der Zugkraft und des Beförderungsgeräts (Wagen usw.) in den Vordergrund; die selbständige Leistung von Fuhren gegen Entgelt überschreitet daher regelmäßig den Begriff der Lohnarbeit. Insbesondere sind Lohnfuhrwerker, die für wechselnde Auftraggeber Fuhren besorgen, selbständige Gewerbetreibende (zu vgl. § 425 des Handelsgesetzbuchs, § 37 der Gewerbeordnung, § 1 Z. 4 GUVG. vom 30. Juni 1900), und zwar auch, wenn sie nach Zeit, beziehungsweise im Tagelohne bezahlt werden, Rev.E. 333, AN. JAV. 94 S. 82 Fall 1. Dasselbe ist in dem zweiten der unter Z. 333 abgedruckten Urteile angenommen bei einem Lohnfuhrmanne, der zwar hauptsächlich nur für vier Unternehmer zufolge festen Vertrags Fuhren leistete, aber auch befugt war, für beliebige andere tätig zu sein. Hier wurde betont, daß von dem Kläger nicht eigene Arbeitsleistung, sondern nur die Hergabe von Fuhrwerk und Fuhrmann verlangt wurde, der Kläger auch einen Knecht hielt, durch den er sich mehr und mehr vertreten ließ. Jedoch ist es nicht ausgeschlossen, daß im einzelnen Falle gleichwohl ein Verhältnis persönlicher Abhängigkeit zwischen dem Fuhrmann und bestimmten Auftraggebern besteht und demnach versicherungspflichtige Lohnarbeit vorliegt (Rev.E. 333 Fall 3, Rek.E. 1740, AN. 99 S. 224). Zu vgl. auch Rev.E. 161, AN. JAV. 92 S. 115 (näheres Z. 30).

Über Ackerbestellung mit eigenem Gespanne s. Z. 36, über Droschkenkutscher, die für den Betrieb eines Droschkenbesitzers arbeiten und einen bestimmten Betrag für die Benutzung des Gespanns abliefern müssen, Z. 30.

Schiffahrt.

50. Schiffahrt. Ob ein Mitreeder trotz seiner Beteiligung an der Unternehmerschaft auf einem Schiffe seiner Reederei in versicherungspflichtiger Weise, insbesondere als Schiffer beschäftigt sein kann, darüber vgl. Z. 35. Seelotsen unterliegen der Versicherungspflicht nicht, sondern sind im allgemeinen, soweit sie nicht als Beamte unter § 5 Abs. 1 des Gesetzes fallen, als selbständige Gewerbetreibende anzusehen. Dasselbe ist unter Übertragung der auf dem Gebiete der Unfallversicherung angenommenen Grundsätze — Besch. 401, AN. 87 S. 213 — auch für Binnenlotsen (Rittmänner, Haupter) bezüglich der Invaliditäts- und Altersversicherung ausgesprochen worden, Rev.E. 191, AN. JAV. 92 S. 138.

Bei einem Angestellten des Schiffseigners wird die Versicherungspflicht dadurch nicht beseitigt, daß ersterer in Gestalt eines Anteils von der verdienten Fracht bezahlt wird, davon auch den Lohn von Mannschaften, die Abgaben und dgl. bestreiten muß, insbesondere sind auch die sogenannten Schiffspächter im allgemeinen nicht als selbständige Gewerbetreibende anzusehen, Rev.E. 220, 450, AN. JAV. 93 S. 65, 95 S. 241. Im ersteren Falle machte es nichts aus, daß der Lohn nach Maßgabe der Menge der beförderten Güter berechnet wurde, der Schiffer also am Gewinne beteiligt war, und daß er Leute zur Unterstützung selbständig annahm und lohnte, dagegen war entscheidend, daß der Kläger nur auf fremdem Fahrzeuge nach den Anweisungen des Eigners tätig war; auch konnte festgestellt werden, daß der Verdienst den üblichen Tagelohn kaum überstieg, ein Unternehmergewinn bei dem im wesentlichen unveränderlichen Betrage der Ausgaben nicht in Frage kam, der Kläger auch gewöhnliche Tagelöhnerdienste neben der Schiffahrt verrichtet hatte. In dem zweiten Falle handelte es sich um einen Schiffspächter, der noch wesentlich freier dastand, Frachtverträge abschloß, die nötigen Schiffsknechte annahm und lohnte, seine Vergütung in Form eines Gewinnanteils bezog. Gleichwohl ist auch hier unter Bezugnahme auf die Praxis in Unfallversicherungssachen — Besch. 209, AN. 86 S. 230 — und in Krankenversicherungssachen — Urteil des preußischen Oberverwaltungsgerichts vom 27. November 1890, Entsch. Band XX S. 382 — der wirtschaftlichen Sachlage gemäß nicht der Pächter, sondern der Schiffseigentümer als der Unternehmer des Betriebs angesehen worden. Als versicherungspflichtige Lohnarbeiter, nicht Unternehmer, sind die Partsleute der Norderneyer

Segelschiffer angesehen worden, die bei Lustfahrten der Kurgäste mit den das Boot hergebenden Segelschiffern zusammen fahren und ein Drittel des Rohgewinnes erhalten (E. 1036, AN. 03 S. 361).

Boten, Dienstmänner, Lohndiener usw.

51. In das Gebiet der Verkehrsgewerbe gehören ferner die Beschäftigungen der Boten, Dienstmänner, Lohndiener, Fremdenführer, Kofferträger und ähnlicher Personen.

Auf Boten beziehen sich folgende Urteile: Rev.E. 69, AN. JAV. 91 S. 173: Eine Botenfrau, die an zwei Wochentagen von Haus zu Haus Aufträge einsammelt, um diese bei ihrem nächsten Gange nach der Stadt auszuführen, die also ihre Arbeitskraft allgemein dem Publikum zur Verfügung stellt, ist eine selbständige Gewerbetreibende. Rev.E. 157, AN. JAV. 92 S. 112: Der Kläger verrichtete Botendienste für sechs verschiedene Vereine, nahm auch sonst Aufträge mancherlei Art an (Gefangentransporte, Austragung von Einladungen für Künstlertruppen, Musterkoffertragen für Handlungsreisende); die Versicherungspflicht wurde ebenfalls verneint. Rev.E. 254, AN. JAV. 93 S. 102: Ein früherer Streckenarbeiter wurde von der Bahnverwaltung ständig, wenn auch ohne festen Vertrag, zum Austragen von Benachrichtigungsschreiben über angekommene Güter verwendet, wofür er das Entgelt von den Empfängern zu fordern hatte; hier wurde angenommen, daß der Kläger im Betriebe der Eisenbahnverwaltung eine dieser obliegende Tätigkeit verrichte und auch ohne vertragsmäßige Verpflichtung zu fortdauernden Dienstleistungen versicherungspflichtig sei. Rev.E. 316, AN. JAV. 93 S. 172: Der Kläger verrichtete seit Jahren für zwei bestimmte Personen regelmäßig an zwei Wochentagen im Tagelohne Botendienste; die Versicherungspflicht wurde bejaht.

Dienstmänner sind nicht versicherungspflichtig, wenn sie nicht als Angestellte eines Unternehmers, sondern selbständig tätig sind. Einen Fall der Versicherungspflicht (Dienstmannsinstitut auf Rechnung eines Unternehmers) behandelt die Rev.E. 159, AN. JAV. 92 S. 114, einen Fall der Selbständigkeit, die auch durch Einordnung in eine genossenschaftliche Vereinigung nicht beseitigt wurde, die Rev.E. 637, AN. 98 S. 269 (vgl. auch Z. 35). In dem ersteren Falle waren die Dienstmänner des Instituts an die Anweisungen des Inhabers bezüglich des Standplatzes usw. gebunden; er gab die Ausrüstung her und haftete den Auftraggebern für etwaige Verluste, wie er auch den Gewinn bezog.

Selbständige Kofferträger, Lohndiener, Fremdenführer sind nicht versicherungspflichtig. Gepäckträger auf Bahnhöfen sind als Arbeiter der Eisenbahnverwaltung anzusehen, vgl. Rek.E. 1898, AN. 02 S. 181.

Botendienste leisten auch die mit der Ablieferung von Zeitungen an die Besteller und der Einziehung der Gebühren beschäftigten Zeitungsausträger. Im Dienste eines bestimmten Unternehmers sind sie grundsätzlich versicherungspflichtig, vorbehaltlich § 4 Abs. 1 des Gesetzes (E. 1164, AN. 04 S. 527). Zeitungskolporteure, die sich ihren Kundenkreis selbst suchen, keiner Aufsicht unterliegen, auch andere Druckschriften als die des sie beschäftigten Zeitungsverlegers vertreiben dürfen, sind dagegen, selbst wenn sie an einen bestimmten Absatzpreis gebunden sind, und der Verleger die nicht verkauften Zeitungen zurücknimmt, als selbständige Unternehmer nicht versicherungspflichtig (Besch. 953, AN. 02 S. 240).

Begräbniswesen.

52. Begräbniswesen. Die große Verschiedenheit der für die Zwecke der Bestattung in den einzelnen Bundesstaaten oder Provinzen vorhandenen Einrichtungen und Verwaltungsvorschriften macht es schwer, über die versicherungsrechtliche Beurteilung der hierbei in ausführender Stellung tätigen Personen allgemeingültige Sätze aufzustellen. Am einfachsten gestaltet sich das Verhältnis dort, wo eine politische oder kirchliche Gemeinde das gesamte Beerdigungswesen einer Ortschaft oder religiösen Gemeinschaft in eigenen Betrieb übernommen hat und alle dazu gehörigen Arbeiten auf ihre Rechnung durch Angestellte besorgen läßt. So war es im Falle der Rev.E. 412, AN. JAB. 95 S. 108, wo die Gemeinde die Leichenwagen usw. stellte und das ganze Begräbniswesen gegen bestimmte, für jede vorkommende Handlung besonders festgesetzte Gebühr durch das von ihr angenommene Personal versah. Ein Begräbniskommissar hatte die Beerdigungen zu leiten und alle Vorbereitungen auf Veranlassung der Hinterbliebenen zu treffen, er wies die Grabstellen zu, führte

die erforderlichen Listen und zog die Gebühren ein, deren Festsetzung der Nachprüfung des Magistrats unterlag. Der Begräbniskommissar war als Gehilfe der Stadtverwaltung versicherungspflichtig. Auch im Falle der Rev.E. 279, AN. JAV. 93 S. 131, hatte die Stadtgemeinde in Westfalen, von der die Klägerin als vereidete Leichenbitterin angenommen worden war, hinsichtlich der städtischen Friedhöfe einen gemeindlichen Betrieb für die Beerdigungsgeschäfte eingerichtet. Auch hier wurde die Klägerin als Gehilfin der Stadtverwaltung angesehen. Der Stellung dieser Leichenbitterin ganz gleichartig war diejenige einer „Leichenfrau" (früher „Leichensägerin") in einer württembergischen Stadt, die ebenfalls die Beerdigungen gewerbsmäßig mit einem dazu angestellten Hilfspersonal und eigenem Inventar (Wagen, Bahrtüchern, Kreuzen usw.) gegen ein für allemal festgesetzte Gebühren besorgte; die Rev.E. 639, AN. 98 S. 270, hat die Versicherungspflicht einer in diesem Betrieb in persönlicher Abhängigkeit von der Stadtverwaltung beschäftigten Leichenfrau anerkannt.

Wesentlich unter demselben Gesichtspunkte wird in der Rev.E. 280, AN. JVA. 93 S. 132, ein von der Gemeinde bestellter, wenn auch auf Gebühren angewiesener Totengräber für versicherungspflichtig erachtet.

Nicht als Glied eines wirtschaftlichen Betriebs, sondern als Gehilfe bei den obrigkeitlichen Aufgaben der Gemeinde war dagegen versicherungspflichtig ein Leichenschauer in Württemberg, mit dem sich der Fall 1 der Rev.E. 276, AN. JAV. 93 S. 128, beschäftigt. Die Leichenschauer erhalten zwar auch neben festem Gehalte Gebühren vom Publikum, werden aber nicht auf Anrufen und die Zwecke von Privaten, sondern von Amts wegen aus Gründen der Sicherheits- und Gesundheitspolizei tätig, haben insbesondere für die Rettung Scheintoter, die Entdeckung von Todesfällen durch Verbrechen oder Selbstmord, die Verhütung einer Verbreitung ansteckender Krankheiten u. dgl. Sorge zu tragen. Sie sind daher als Gemeindebeamte versicherungspflichtig.

Soweit die bisher erörterten Gesichtspunkte nicht zutreffen, werden die bei Beerdigungen gegen Lohn mitwirkenden Personen, wenn sie nicht etwa im Dienste eines Beerdigungsunternehmers stehen, als selbständig erwerbstätig anzusehen sein. Daran ändert es insbesondere nichts, daß sie behördlich bestellt und verpflichtet werden, manchmal auch leichenpolizeiliche Aufgaben haben, einer gewissen Dienstaufsicht unterliegen, auch ihre Bezüge durch Gebührentarife geregelt sind (zu vgl. Rev.E. 276 AN. JAV. 93 S. 128 Fall 2 — Leichenfrau in Württemberg, Rev.E. 277 das. S. 130 — Leichenfrau in Sachsen, Rev.E. 278 das. S. 130 — Seelnonne in Bayern, E. 886, AN. 01 S. 204 — Leichenfrau in Sachsen=Weimar).

D. Häusliche Dienste.

Kochfrauen, Aufwärterinnen, Lohndiener usw.

53. Häusliche Dienste. Bei Hilfspersonen, die in einem fremden Haushalte beschäftigt werden, wird sich im allgemeinen selten ein Zweifel erheben, ob eine selbständige Erwerbstätigkeit vorliegt.

Eine solche ist hinsichtlich der Köche und Kochfrauen verneint worden, wenn sie, wie es in der Regel der Fall ist, gegen eine tageweise oder nach dem Umfange der Arbeit festgesetzte Vergütung die Besorgung von Mahlzeiten in der Wohnung der Auftraggeber übernehmen (Rev.E. 327, 537, AN. JAV. 94 S. 38, 96 S. 472). Sie sind also versicherungspflichtig. Dagegen müssen nach den in der Rev.E. 327 ausgesprochenen Grundsätzen als selbständige Gewerbetreibende diejenigen Köche und Kochfrauen gelten, die nicht lediglich Arbeit leisten, sondern ein gewisses Risiko tragen und einen Unternehmergewinn erzielen, indem sie beispielsweise — ähnlich wie die Traiteure in großen Städten — für eigene Rechnung Geschirr oder Hilfspersonen stellen oder die Lieferung der Speisen oder der dazu nötigen Waren übernehmen (s. auch Z. 47).

Der Versicherungspflicht unterliegen grundsätzlich auch diejenigen Personen, die in dauerndem Dienstverhältnisse zu einem oder mehreren Arbeitgebern in deren Haushalte zu gewissen Zeiten Aufwartedienste verrichten (Aufwärter, Aufwarte=, Reinmache=, Scheuerfrauen, Ausgeherinnen, Zugeherinnen, Morgenfrauen, Stundenfrauen, zu vgl. Rev.E. 36, 130, 365, AN. JAV. 91 S. 152, 92 S. 43, 94 S. 138).

Über Näherinnen, Plätterinnen, Wäscherinnen s. Z. 44, über Abreiber und dgl. Z. 55.

Als gewerbliche Unternehmer sind im allgemeinen die Lohndiener und Tafeldecker zu behandeln (zu vgl. E. 1034, AN. 03 S. 360), sowie Personen, die aus dem Zutragen von Wasser für eine nicht geschlossene Anzahl von Haushaltungen ein Gewerbe machen.

Die Kammerjäger sind nach der Rev.E. 89, AN. JAV. 92 S. 3 (in den Gründen), selbständige Gewerbetreibende.

Über Wochenpflegerinnen, die in Verbindung mit der Pflege der Wöchnerin und des Neugeborenen hauswirtschaftliche Geschäfte übernehmen, s. Z. 55.

E. Öffentlicher Dienst und freie Berufsarten.

Allgemeines.

54. Auf dem Gebiete der behördlichen Verwaltung, des kirchlichen und bürgerlichen Beamtendienstes und der sogenannten freien Berufsarten treten naturgemäß Zweifel hinsichtlich der Selbständigkeit oder Unselbständigkeit selten zutage. Die bezüglich öffentlicher Angestellten etwa hier in Betracht kommenden Fälle finden bei den Berufszweigen Erwähnung, zu denen sie nach der Art der Beschäftigung gehören (Wäger, Messer usw. in Z. 48, Leichenschauer und dgl. in Z. 52, Hebammen, Fleischbeschauer, Kleemeister in Z. 55). Die Schächter jüdischer Gemeinden sind versicherungspflichtig, wenn sie in deren Auftrag und unter deren Überwachung des Schächteramts walten (Rev.E. 868, AN. 01 S. 185).

Inwieweit Lehrer und Erzieher, auch wenn sie selbständig erwerbstätig sind, gleichwohl der Versicherungspflicht unterliegen, s. unter Z. 24.

Personen, die aus der Besorgung fremder Rechtsangelegenheiten ein Gewerbe machen (Konsulenten, Konzipienten, Prozeßagenten und dgl.) sind regelmäßig selbständig und nicht versicherungspflichtig.

Ein Notenschreiber und Arrangeur, der für eine, auch zwei Musikalienhandlungen ohne festes Vertragsverhältnis und bestimmten Lohn in seiner Wohnung arbeitet, ist selbständiger Gewerbetreibender (Rev.E. 775, AN. 99 S. 653).

Gesundheitspflege und Krankendienst.

55. Öffentliche und private Gesundheitspflege.

Personen, die sich der Gesundheitspflege und dem Krankendienste widmen, üben in der Regel eine selbständige Erwerbstätigkeit aus.

Im einzelnen sind hier folgende Personen hervorzuheben:

Die Fleischbeschauer (Trichinenschauer) sind, auch wenn sie von einer Behörde öffentlich angestellt und verpflichtet sind, regelmäßig als selbständige Unternehmer zu betrachten (Rev.E. 128, 607, AN. JAV. 92 S. 37, 97 S. 471). Durch besondere Umstände kann aber die Regel ausgeschlossen werden, insbesondere dann, wenn sie in einem aus Gründen der öffentlichen Gesundheitspflege geschaffenen und von der Polizeibehörde geleiteten und beaufsichtigten Gemeindeschlachthaus angestellt sind dergestalt, daß sie in persönlicher und dienstlicher Abhängigkeit zu der Verwaltung des Schlachthauses stehen. In solchen Fällen sind die Fleischbeschauer versicherungspflichtig (Rev.E. 241, E. 1207, AN. JAV. 93 S. 88, 05 S. 438).

Die von württembergischen Gemeinden angestellten und durch Gewährung eines sogenannten Wartegeldes besoldeten Kleemeister (Abdecker) sind nach der Rev.E. 480, AN. 96 S. 173, regelmäßig als Gehilfen im Dienste der gemeindlichen Gesundheitspolizei versicherungspflichtig.

Selbständige Gewerbetreibende sind grundsätzlich die Abreiber, Kneter, Masseure und dgl. (Rev.E. 762, 763, AN. 99 S. 627, 629). Die Aufseherin eines von einer Synagogengemeinde für rituelle Bäder der weiblichen Gemeindemitglieder gehaltenen Badehauses ist jedoch für versicherungspflichtig erachtet worden, weil sie zu der Gemeinde in einer den Begriff des selbständigen Gewerbebetriebs ausschließenden, persönlichen und wirtschaftlichen Abhängigkeit stand (Rev.E. 252, AN. JAV. 93 S. 101). Bedient ein Badediener, der in einer Badeanstalt in fester Stellung ist, außerdem eine bestimmte Person gegen eine ein für allemal festgesetzte Vergütung als Abreiber, so wird er dadurch nicht zum selbständigen Unternehmer.

Unabhängige Berufsstellungen nehmen ferner die Personen ein, die sich wie die Hebammen, Heildiener (Heilgehilfen), Wundarzneidiener, Hühneraugenschneider, Blutegelsetzer mit der Ausübung der niederen Heilkunde befassen (Rev.E. 278, 762, 763, AN. JAB. 93 S. 130, 99 S. 627, 629). Die Tätigkeit der Hebammen verliert auch dann nicht das Wesen des selbständigen Unternehmens, wenn sie als sogenannte Gemeindehebammen gegen eine von der Gemeindeverwaltung zu zahlende Vergütung die Verpflichtung übernommen haben, in dem ihnen zugewiesenen Bezirk ihre Tätigkeit auszuüben und dabei auch den Unbemittelten ihre Hilfe unentgeltlich oder gegen eine hinter dem üblichen Satze zurückbleibende Gebühr angedeihen zu lassen. Übernimmt die Hebamme im Anschluß an die Entbindung auch auf einige Wochen die Wartung der Wöchnerin und des Kindes und wird sie für ihre gesamten Mühewaltungen in einer Summe entschädigt, so muß bei dem engen Zusammenhange der Wochenpflege mit dem Hebammenberuf auch die Beschäftigung als Wartefrau als Ausübung einer selbständigen Erwerbstätigkeit angesehen werden (Rev.E. 73, 763, AN. JAB. 91 S. 178, 99 S. 629). In der Rev.E. 762 ist die Versicherungspflicht eines geprüften Wundarzneidieners verneint, der auf Grund fester, mit zwei Gemeinden abgeschlossener Verträge gegen Jahresgehalt den Ortsarmen der Gemeinden Heilgehilfendienste zu leisten hatte, der ferner als Hilfskraft der Ärzte bei Operationen und chirurgischen Hantierungen tätig war.

Endlich gehören hierher die berufsmäßigen Krankenwärter und Krankenpflegerinnen (Warte-, Wachfrauen, Wochenbettpflegerinnen). Diese Personen sind, wenn sie ihr Gewerbe auf eigene Rechnung betreiben und jedwedem ihre Dienste anbieten, der Regel nach gewerbliche Unternehmer. Verrichten sie, wie häufig die Wochenbettpflegerinnen, neben der Pflege bei demselben Auftraggeber zugleich häusliche Dienste, so wird ihre Tätigkeit u. U. als Lohnarbeit anzusehen sein. Die bloß gelegentliche, insbesondere freiwillige Beteiligung an den Haushaltungsarbeiten kann ihrer Tätigkeit diese Eigenschaft nicht geben. Wohl aber wird Lohnarbeit anzunehmen sein, wenn die Pflegerin eine besondere Berufsvorbildung nicht besitzt, auch ihren Gewerbebetrieb nicht angemeldet hat und neben der Pflege regelmäßig unter Eintritt in den Haushalt ihrer Arbeitgeber niedere hauswirtschaftliche Verrichtungen (Waschen, Reinmachen, Kochen) oder gar landwirtschaftliche Arbeiten übernimmt. Dies wird namentlich bei Pflegerinnen der Fall sein, die hauptsächlich in einfacheren Verhältnissen tätig sind (Rev.E. 763, AN. 99 S. 629). Geht die Tätigkeit der Wochenbettpflegerin (Erstwärterin) dergestalt über die Pflege der Wöchnerin hinaus, daß sie sich in erheblichem Umfang auf die Wartung des gesunden neugeborenen Kindes erstreckt, so kann diese Wartung nicht hinter die in der Pflege der Wöchnerin bestehende Krankenpflegetätigkeit zurückgestellt werden, vielmehr begründet sie als eine hauswirtschaftliche Dienstleistung im weiteren Sinne die Versicherungspflicht (Rev.E. 916, AN. 01 S. 438). Als Lohnarbeit kennzeichnet sich auch die Tätigkeit solcher Krankenpflegerinnen usw., die zu einzelnen Personen oder gewerblichen Unternehmungen, Vereinen oder Krankenanstalten in einem festen Dienstverhältnisse stehen (zu vgl. Besch. 39, AN. JAV. 91 S. 153 a. E. und Rev.E. 635, AN. 98 S. 268).

Kunstausübung und Schaustellungen.

56. Kunstausübung und Schaustellungen.

Musiker, die sich zu gewerblichen Aufführungen vereinigen und dabei einem Leiter unterordnen, geben damit noch nicht ihre Selbständigkeit auf (Rev.E. 149, AN. JAV. 92 S. 80 und 492, AN. 96 S. 252, zu vgl. Z. 35).

Ein Modellsteher, der von einer großen Anzahl von Künstlern beschäftigt wird, ist gewerblich selbständig, anders verhält es sich mit einem an einer Kunstschule ständig und in einem festen Dienstverhältnisse verwendeten Modellsteher (Rev.E. 67, AN. JAV. 91 S. 172).

Sogenannte „Spezialitäten" (Artisten, Gymnastiker usw.) sind regelmäßig selbständige Gewerbetreibende (E. 1035, AN. 03 S. 361).

II. Versicherungsrecht.

Allgemeines.

57. Allgemeines. Der Versicherungspflicht steht das Versicherungsrecht gegenüber, das ist die Befugnis zur „frei-

willigen Versicherung". Hinsichtlich der Abgrenzung des Kreises der Versicherungsberechtigten gelten zunächst die allgemeinen Grundsätze Z. 6, 7. Eine untere Altersgrenze ist für den Beginn des Versicherungsrechts nicht ausdrücklich vorgeschrieben. Da jedoch eine Bevorzugung der Selbstversicherung gegenüber der Pflichtversicherung nicht wohl beabsichtigt sein kann, ist als selbstverständlich anzunehmen, daß vor der Zurücklegung des 16. Lebensjahrs auch eine Selbstversicherung nicht stattfindet. Für die Weiterversicherung erledigt sich die Frage damit, daß sie sich nur an ein früheres Pflichtversicherungsverhältnis anschließen kann. Wie die Versicherungspflicht (Z. 8), so besteht ferner das Versicherungsrecht nur solange, als nicht eine zum Bezuge der Invalidenrente berechtigende Erwerbsunfähigkeit vorhanden ist, zu vgl. § 146 des Gesetzes, wonach freiwillige Beiträge nach eingetretener Erwerbsunfähigkeit (§§ 15, 16) nachträglich oder für die fernere Dauer der Erwerbsunfähigkeit nicht entrichtet werden dürfen. Vorübergehende Erwerbsunfähigkeit (§ 16) schließt die Verwendung freiwilliger Beiträge erst nach Ablauf von 26 Wochen aus (Rev.E. 830, AN. 00 S. 696).

Selbstversicherung.

58. Selbstversicherung. Das Gesetz kennt die freiwillige Versicherung in zwei verschiedenen Formen, als „Selbstversicherung" und als „Weiterversicherung". Zunächst wird gewissen Personen während und vermöge einer von ihnen betriebenen Beschäftigung bestimmter Art gestattet, in die Versicherung freiwillig einzutreten, ohne Rücksicht darauf, ob sie der Versicherung bereits angehört haben oder nicht. In diesem Falle spricht das Gesetz von „Selbstversicherung". Die zugrunde liegende Beschäftigung muß im Inlande stattfinden. Der im Inland ausgeübten Tätigkeit steht eine solche, die im Auslande stattfindet, dann gleich, wenn sie als Ausfluß eines inländischen Betriebs zu erachten ist (zu vgl. Z. 2), ferner kann die auf der Grundlage inländischer Tätigkeit begonnene Selbstversicherung allgemein gemäß § 145 des Gesetzes fortgesetzt werden, wenn der Versicherte sich demnächst in das Ausland begibt.

Zur Selbstversicherung sind im einzelnen befugt:

a) Diejenigen Personen, die § 1 Z. 2 des Gesetzes der Versicherungspflicht unterstellt, ferner Schiffsführer, sämtlich sofern ihr regelmäßiger Jahresarbeitsverdienst an Lohn oder Gehalt mehr als 2000 und nicht über 3000 Mk. beträgt (zu vgl. oben Z. 20—24, 26, 27); ausgenommen von der Selbstversicherung sind jedoch die Handlungslehrlinge. Demgemäß ist einem mit 2200 Mk. besoldeten bayerischen Stadtschreiber, der zu den „sonstigen Angestellten" gehört, die Befugnis zur Selbstversicherung zugesprochen worden (E. 1005, AN. 02 S. 547). Ausgeschlossen sind aber von der Befugnis diejenigen Personen, die z. B. als ruhegehaltsberechtigte Beamte (E. 968, 1005, AN. 02 S. 391, 547) oder wegen einer höheren, mehr geistigen Beschäftigung nicht der Versicherungspflicht unterliegen würden.

b) Gewerbetreibende und sonstige Betriebsunternehmer, welche nicht regelmäßig mehr als zwei versicherungspflichtige Lohnarbeiter beschäftigen, sowie Hausgewerbetreibende, sämtlich soweit nicht durch Beschluß des Bundesrats (§ 2 Abs. 1) die Versicherungspflicht auf sie erstreckt worden ist. Von diesen Personen sind bisher nur die Hausgewerbetreibenden der Tabakfabrikation und gewisse Hausgewerbetreibende der Textilindustrie durch die Beschlüsse des Bundesrats vom 16. Dezember 1891 und $\frac{\text{1. März 1894}}{\text{9. November 1895}}$ der Versicherungspflicht unterstellt worden (zu vgl. Z. 33 a).

Diesen Hausgewerbetreibenden ist also die Befugnis zur Selbstversicherung entzogen. Wegen des Begriffs des Hausgewerbes s. Z. 33. Im übrigen kommen hier alle Personen in Betracht, die selbständig erwerbstätig sind. Wegen der näheren Bestimmung des Personenkreises, der unter die Begriffe Gewerbetreibende und Betriebsunternehmer fällt, s. die Z. 28 bis 35. Ob jemand im einzelnen der einen oder der anderen dieser Gruppen angehört, hat keine rechtliche Bedeutung. Im allgemeinen sind hiernach, abgesehen von den Hausgewerbetreibenden, zur Selbstversicherung befugt Landwirte, Pächter, Kaufleute, Krämer, Händler, Hausierer, Gast- und Schankwirte, nicht in fremdem Dienste stehende Handwerker, nicht versicherungspflichtige Schneiderinnen, Näherinnen, Strickerinnen usw., Personen, die aus der Verrichtung von persönlichen Diensten bei wechselnden Auftraggebern ein Gewerbe machen, z. B. selbständige Dienstmänner, Fremdenführer, Boten, Lohndiener, ferner auch Hebammen, selbständige Lotsen, Krankenpflegerinnen, Inhaber von Privatschulen, Wäger, Messer usw. Auch eine Ehefrau, die in dem landwirtschaftlichen Betrieb ihres Ehemanns mit tätig war, ist als zur Selbstversicherung berechtigt angesehen worden (E. 935, AN. 01 S. 632). Diese Personen können von der Selbstversicherung Gebrauch machen, wenn sie regelmäßig keinen oder einen oder höchstens zwei versicherungspflichtige Lohnarbeiter beschäftigen. Das Selbstversicherungsrecht wird sonach nicht schlechthin durch die Beschäftigung von mehr als zwei Lohnarbeitern ausgeschlossen. Dies ist vielmehr nur dann der Fall, wenn die Beschäftigung regelmäßig erfolgt, also eine ständige ist, und wenn die Lohnarbeiter versicherungspflichtig sind. Das Selbstversicherungsrecht wird dagegen durch eine vorübergehende, gelegentliche, ausnahmsweise Beschäftigung von mehr als zwei versicherungspflichtigen Lohnarbeitern nicht beeinträchtigt (E. 1154, AN. 04 S. 510). Ferner können Lohnarbeiter, die nicht versicherungspflichtig sind (z. B. gegen freien Unterhalt tätige Angehörige oder Lehrlinge), in unbeschränkter Anzahl beschäftigt werden, ohne daß davon das Recht zur Selbstversicherung berührt wird. Hierbei macht es keinen Unterschied, ob die nicht versicherungspflichtigen Lohnarbeiter allein oder ob sie neben versicherungspflichtigen Lohnarbeitern beschäftigt werden (also ist z. B. ein Handwerker, der zwei Gesellen und außerdem mehrere Lehrlinge, diese aber nur gegen freien Unterhalt, beschäftigt, selbstversicherungsberechtigt). Ein Unternehmer dagegen, der in mehreren Betrieben zusammen mehr als zwei versicherungspflichtige Lohnarbeiter beschäftigt, ist von der Selbstversicherung ausgeschlossen (E. 1155, AN. 04 S. 511).

c) Personen, deren Arbeitsverdienst in freiem Unterhalte (s. Z. 15) besteht, sowie diejenigen, die nur vorübergehende Dienstleistungen (s. Z. 11) verrichten und deshalb nicht der Versicherungspflicht unterliegen. Hier besteht die Besonderheit, daß diese Personen, wenn sie sich freiwillig versichern, von ihren Arbeitgebern die Übernahme der halben Beiträge wie im Falle der Versicherungspflicht beanspruchen dürfen (§ 145 Abs. 2 des Gesetzes).

Der Eintritt in die Selbstversicherung ist nur vor der Vollendung des vierzigsten Lebensjahrs zulässig, eine rechtzeitig begonnene Selbstversicherung kann auch später fortgesetzt oder erneuert werden. Der Eintritt kann sich, im Gegensatze zur „Weiterversicherung", nicht ohne eine entsprechende Willenserklärung des Berechtigten vollziehen. Diese kommt regelmäßig in dem Antrag auf Ausstellung der für die Selbstversicherung vorgeschriebenen Quittungskarte zum Ausdruck (E. 1006, 1210, AN. 02 S. 549, 05 S. 440). Unzulässig ist es, daß sich der Berechtigte für die Vergangenheit selbst versichert, indem er auf Grund des § 146 Satz 2 des Gesetzes für Zeiten, die vor der Eintrittserklärung liegen, Beitragsmarken nachverwendet (E. 1006 a. a. O.). Dagegen kann er die Selbstversicherung, wenn die Eintrittserklärung vor der Vollendung des vierzigsten Lebensjahrs erfolgt ist, dadurch wirksam durchführen, daß er bis zur Vollendung des einundvierzigsten Lebensjahrs gemäß § 146 Satz 2 mindestens eine Marke für die vor der Vollendung des vierzigsten Lebensjahrs liegende Zeit nachverwendet (E. 1211, AN. 05 S. 441).

Alle Personen, die die Selbstversicherung einmal begonnen, d. h. tatsächlich Beiträge geleistet haben, können bei dem Ausscheiden aus dem die Selbstversicherung begründenden Verhältnisse diese fortsetzen und gemäß § 46 des Gesetzes erneuern, ohne daß es nunmehr einer irgend wie gearteten Beschäftigung als Unterlage bedürfte.

Weiterversicherung.

59. Unter „Weiterversicherung" versteht das Gesetz die freiwillige Fortsetzung oder Erneuerung der Versicherung seitens solcher Personen, die aus einem die Versicherungspflicht begründenden Verhältnis ausgeschieden sind. Die Ursache des Ausscheidens ist unerheblich (zu vgl. Rev.E. 614, AN. 97 S. 589, Eintritt in den Staatsdienst). Deshalb sind auch Strafgefangene zur Weiterversicherung befugt (zu vgl. Rundschreiben des Reichs-Versicherungsamts vom 24. März 1901, AN. 01 S. 366 f.). Wer zugleich in eine zur Selbstversicherung berechtigende Beschäftigung übergeht, darf sich selbstverständlich auch der Selbstversicherung bedienen, was gemäß § 29 Abs. 2 des Gesetzes für die Erfüllung der Wartezeit für die Invalidenrente von größtem Werte sein kann.

Die Weiterversicherung unterliegt keiner Beschränkung bezüglich des Lebensalters (zu vgl. Rev.E. 690, AN. 98 S. 629), sie setzt keine Beschäftigung irgend welcher Art während der Versicherung voraus. Daher steht sie z. B. denjenigen zu Gebote, die nach Aufgabe der versicherungspflichtigen Beschäftigung bei Verwandten leben und von diesen versorgt werden. Die Weiterversicherung kann wie die Selbstversicherung auch während des Aufenthalts im Auslande bewirkt, sie kann dort auch begonnen werden.

Für die Weiterversicherung bedarf es nicht, wie bei der Selbstversicherung, eines besonderen, gerade auf diese Versicherungsart gerichteten Willens, sondern es genügt, daß der Wille vorhanden ist, Beitragsmarken überhaupt zur Versicherung zu verwenden (Rev.E. 1073, 1137, AN. 03 S. 538, 04 S. 478). Die Weiterversicherung kann ferner in den Grenzen des § 146 Satz 2 des Gesetzes für die Vergangenheit erfolgen, wobei es kein Hindernis bildet, daß zwischendurch Marken für eine versicherungspflichtige Beschäftigung verwendet worden sind (Rev.E. 830, AN. 00 S. 696). Unzulässig ist jedoch die Weiterversicherung für die Vergangenheit, wenn die Anwartschaft aus der früheren Versicherung gemäß § 46 des Gesetzes erloschen ist. Dies ist der Fall, wenn die zur Wahrung der Anwartschaft erforderlichen Marken weder rechtzeitig verwendet worden sind, noch nachträglich gemäß § 146 verwendet werden dürfen. Soweit auf letzterem Wege der Verlust der Anwartschaft abgewendet werden kann, ist auch die Weiterversicherung für die Vergangenheit angängig (E. 1045, AN. 03 S. 371). Diese Weiterversicherung ist aber für den Anspruch auf Beitragserstattung gemäß § 42 des Gesetzes unwirksam, wenn vor der Nachverwendung der Marken der Erstattungsfall, die Eheschließung, eingetreten ist; für sonstige gesetzliche Ansprüche bleibt sie dagegen wirksam (Besch. 1063, AN. 03 S. 396). Die Möglichkeit der Weiterversicherung endigt, sobald auf Grund des § 42 die Beiträge erstattet sind, und zwar schon von dem Zeitpunkt an, wo der

Erstattungsbescheid zugestellt worden ist (Besch. 861, AN. 00 S. 839).

Berlin, den 6. Dezember 1905.

Das Reichs-Versicherungsamt.
Abteilung für Invalidenversicherung.

Anhang Nr. 2.

Bekanntmachung des Reichskanzlers, betreffend die Erstreckung der Versicherungspflicht nach dem Invaliditäts- und Altersversicherungsgesetze auf die Hausgewerbetreibenden der Tabakfabrikation.[1])

Vom 16. Dezember 1891 (RGBl. S. 395. AN. 1892 S. 7).

Auf Grund der §§ 2, 109 und 110 des Gesetzes, betreffend die Invaliditäts- und Altersversicherung, vom 22. Juni 1889 (RGBl. S. 97) hat der Bundesrat beschlossen, was folgt:

1. Die Versicherungspflicht nach § 1 des Gesetzes, betreffend die Invaliditäts- und Altersversicherung, vom 22. Juni 1889 (RGBl. S. 97) wird auf solche selbständige Gewerbetreibende (Hausgewerbetreibende) erstreckt, welche in eigenen Betriebsstätten im Auftrage und für Rechnung anderer Gewerbetreibenden (Fabrikanten, Fabrikkaufleute, Handelsleute) mit der Herstellung oder Bearbeitung von Cigarren oder anderen Tabakfabrikaten beschäftigt werden, und zwar auch dann, wenn diese Hausgewerbetreibenden die Roh- oder Hilfsstoffe selbst beschaffen, und auch für die Zeit, während welcher sie vorübergehend für eigene Rechnung arbeiten.

---

[1]) Vgl. die Erläuterungen dieser Bekanntmachung in Ziff. 33a B der Anleitung, Anhang Nr. 1.

Vorstehende Bestimmung findet keine Anwendung auf solche Hausgewerbetreibende, welche das Geschäft regelmäßig für eigene Rechnung betreiben und nur gelegentlich von anderen Gewerbetreibenden für deren Rechnung beschäftigt werden.

2. Die Versicherung erfolgt bei derjenigen Versicherungsanstalt, in deren Bezirk sich der Betriebssitz des Hausgewerbetreibenden befindet. Die Lohnklasse, in welcher die Versicherung erfolgt, bestimmt sich nach den Vorschriften des § 22 des Gesetzes. Dies gilt auch für diejenige Zeit, während welcher die Hausgewerbetreibenden für eigene Rechnung arbeiten.

3. Die Hausgewerbetreibenden haben die Beiträge für ihre eigene Versicherung selbst dadurch zu entrichten, daß sie die den schuldigen Beiträgen entsprechenden Marken in ihre Quittungskarten einkleben.

Für jede volle oder angefangene Kalenderwoche sind die Beiträge spätestens an demjenigen Tage zu entrichten, an welchem die Abrechnung mit dem Fabrikanten oder, wenn die Beschäftigung für mehrere Fabrikanten stattfindet, mit einem derselben erfolgt.

Die Hausgewerbetreibenden, welche es unterlassen, die Beiträge für ihre Versicherung gemäß vorstehender Vorschrift zu entrichten, unterliegen der Strafbestimmung des § 143 des Gesetzes.

Die versicherungspflichtigen Hausgewerbetreibenden haben auch für diejenige Zeit, während welcher sie das Geschäft auf eigene Rechnung betreiben, für ihre eigene Versicherung Zusatzmarken nicht beizubringen.

Bezüglich der Beiträge der Hausgewerbetreibenden für ihr Hilfspersonal (Gesellen, Gehilfen, Lehrlinge) hat es bei den bestehenden allgemeinen Vorschriften sein Bewenden.

4. Die von den Hausgewerbetreibenden für sich und ihr Hilfspersonal verwendeten Marken sind sofort nach erfolgter Einklebung nach den hierfür geltenden allgemeinen Bestimmungen zu entwerten.

5. Auf dem im § 112 des Gesetzes vorgesehenen Wege kann angeordnet werden, daß die Beiträge für die Hausgewerbetreibenden von diesen zum Einzug gebracht werden. In diesem Falle finden die Bestimmungen der Ziffer 3 Absatz 1 bis 3 keine Anwendung.

6. Die Hausgewerbetreibenden sind verpflichtet, über die von ihnen im Gewerbebetriebe beschäftigten versicherungspflichtigen Hilfspersonen Verzeichnisse zu führen, aus welchen sich insbesondere die Dauer der Beschäftigung der letzteren ergibt. Sie haben diese Verzeichnisse den sie beschäftigenden Fabrikanten &c. auf Verlangen zur Prüfung vorzulegen. Die für den Betriebssitz des Hausgewerbetreibenden zuständige untere Verwaltungsbehörde ist befugt, Vorschriften über die Führung dieser Verzeichnisse zu erlassen und die ordnungsmäßige Führung sowie die Vorlegung der Verzeichnisse durch Geldstrafen bis zu fünfzig Mark zu erzwingen.

7. Die Fabrikanten &c. sind verpflichtet, den für ihre Rechnung arbeitenden Hausgewerbetreibenden bei der Abrechnung die Hälfte derjenigen Beiträge zu erstatten, welche die letzteren für sich und für die von ihnen beschäftigten versicherungspflichtigen Hilfspersonen entrichtet haben.

Sind die Beiträge ohne Zustimmung des Fabrikanten in einer höheren als der gesetzlich vorgeschriebenen Lohnklasse entrichtet, so bemißt sich der Erstattungsanspruch nur nach letzterer Lohnklasse. Der Anspruch erstreckt sich höchstens auf die für die beiden letzten Abrechnungsperioden entrichteten beziehungsweise fällig gewordenen Beiträge.

Für die Dauer vorübergehender Beschäftigung für eigene Rechnung hat der Hausgewerbetreibende den vollen Beitrag für seine Person, beziehungsweise den halben Beitrag für seine Hilfspersonen selbst zu tragen.

Die Vorschriften der §§ 147 und 148 des Gesetzes finden auf die Fabrikanten &c. in ihrem Verhältnis zu den Hausgewerbetreibenden entsprechende Anwendung.

8. Waren die Hausgewerbetreibenden während der Beitragsperiode für mehrere Fabrikanten &c. oder für eigene Rechnung und einen oder mehrere Fabrikanten beschäftigt, so ist die dem Arbeitgeber zur Last fallende Hälfte der Beiträge vorbehaltlich anderweiter Vereinbarung auf die sämtlichen beteiligten Fabrikanten oder zutreffendenfalls auf diese und den Hausgewerbe-

treibenden nach Verhältnis der für die Herstellung oder Bearbeitung der Fabrikate erforderlich gewesenen oder für erforderlich zu erachtenden Zeit zu verteilen.

9. Die Fabrikanten zc. sind berechtigt, die Verpflichtungen des Arbeitgebers für ihre Hausgewerbetreibenden und deren Hilfspersonen ganz oder zum Teil selbst zu übernehmen.

Von der erfolgten Übernahme hat der Fabrikant der unteren Verwaltungsbehörde Kenntnis zu geben, welche dem zuständigen Organe der Versicherungsanstalt und in den Fällen des § 112 des Gesetzes den mit der Einziehung der Beiträge und der Entgegennahme der Meldungen betrauten Stellen Nachricht gibt.

Soweit es sich um die Entrichtung der Beiträge für die Hausgewerbetreibenden selbst handelt, können den Fabrikanten die Verpflichtungen der Arbeitgeber von der für ihren Betriebssitz zuständigen unteren Verwaltungsbehörde auferlegt werden. Sofern letzteres geschieht, findet binnen zwei Wochen nach der Zustellung der die Verpflichtung aussprechenden Verfügung die Beschwerde an die höhere Verwaltungsbehörde statt; dieselbe entscheidet endgültig.

10. Streitigkeiten, welche aus Anlaß vorstehender Bestimmungen zwischen den Organen der Versicherungsanstalten einerseits und den Fabrikanten, Hausgewerbetreibenden oder deren Hilfspersonen andererseits oder zwischen den Fabrikanten und den Hausgewerbetreibenden darüber, ob und welche Beiträge zu entrichten sind, entstehen, werden nach § 122, Streitigkeiten über Berechnung und Anrechnung der für Hausgewerbetreibende oder deren Hilfspersonen zu entrichtenden Beiträge nach § 124 des Gesetzes entschieden.

11. Soweit im Vorstehenden keine besonderen Bestimmungen getroffen sind, erfolgt die Erhebung der Beiträge für die Hausgewerbetreibenden nach den für die Durchführung der Invaliditäts- und Altersversicherung erlassenen allgemeinen Vorschriften.

12. Die vorstehenden Bestimmungen treten am 4. Januar 1892 in Kraft.

Berlin, den 16. Dezember 1891.

Der Reichskanzler.

Anhang Nr. 3.

Bekanntmachung des Reichskanzlers, betreffend die Invaliditäts- und Altersversicherung von Hausgewerbetreibenden der Textilindustrie.[1])

Vom 1. März 1894 (RGBl. S. 324. AN. S. 87).

Auf Grund der §§ 2, 109, 110 des Gesetzes, betreffend die Invaliditäts- und Altersversicherung, vom 22. Juni 1889 (RGBl. S. 97) hat der Bundesrat nachstehende Vorschriften über die Invaliditäts- und Altersversicherung von Hausgewerbetreibenden der Textilindustrie beschlossen:

1. Die Versicherungspflicht nach § 1 des Gesetzes, betreffend die Invaliditäts- und Altersversicherung, vom 22. Juni 1889 (RGBl. S. 97) wird auf solche selbständige Gewerbetreibende (Hausgewerbetreibende) erstreckt, welche in eigenen Betriebsstätten im Auftrage und für Rechnung anderer Gewerbetreibenden (Fabrikanten, Fabrikkaufleute, Handelsleute) mit Weberei und Wirkerei beschäftigt werden, und zwar auch dann, wenn diese Hausgewerbetreibenden die Roh- oder Hilfsstoffe selbst beschaffen, und auch für die Zeit, während welcher sie vorübergehend für eigene Rechnung arbeiten. Zur Wirkerei gehört auch die Maschinenstrickerei.

Die Versicherungspflicht erstreckt sich auch

a) auf die Nebenarbeiten — Spulerei (Treiberei), Schererei, Schlichterei usw. —, welche zur Herstellung von Geweben, Gewirken und sonstigen Erzeugnissen der Textilindustrie erforderlich sind,[2]) sowie

---

[1]) Vgl. die Erläuterungen dieser Bekanntmachung in Ziff. 33 a A der Anleitung, Anhang Nr. 1.

[2]) Diese Fassung beruht auf einem späteren Beschlusse des Bundesrats, Bekanntmachung vom 9. November 1895 (RGBl. S. 452. AN. S. 263). In der Bekanntmachung vom 1. März 1894 lautete diese lit.
a) auf die zur Herstellung der Gewebe und Wirkwaren erforderlichen Nebenarbeiten — Spulerei (Treiberei), Schererei, Schlichterei usw. —, sowie,

b) auf die weitere Bearbeitung oder Verarbeitung — Appretierung, Konfektion usw. — der Gewebe und Wirkwaren, soweit diese Arbeiten in den Betriebsstätten der Hausweber oder Hauswirker nebenher ausgeführt werden.

Vorstehende Bestimmungen finden keine Anwendung

a) auf Personen, welche das Geschäft regelmäßig für eigene Rechnung betreiben und nur gelegentlich von anderen Gewerbetreibenden für deren Rechnung beschäftigt werden;

b) auf Personen, welche in dem Betriebe des Hausgewerbes nur gelegentlich, oder zwar in regelmäßiger Wiederkehr, aber nur nebenher und in so geringem Umfange tätig sind, daß der hieraus erzielte Verdienst zum Lebensunterhalt nicht ausreicht und zu den Versicherungsbeiträgen nicht in entsprechendem Verhältnis steht;

c) auf Personen, welche in einem anderen, die Versicherungspflicht begründenden regelmäßigen Arbeits- oder Dienstverhältnis zu bestimmten Arbeitgebern stehen und, ohne dieses Verhältnis zu unterbrechen, das Hausgewerbe nur nebenher, sei es regelmäßig, sei es nur gelegentlich, betreiben.

2. Die Versicherung erfolgt bei derjenigen Versicherungsanstalt, in deren Bezirk sich der Betriebssitz des Hausgewerbetreibenden befindet. Die Lohnklasse, in welcher die Versicherung erfolgt, bestimmt sich nach den Vorschriften des § 22 des Gesetzes. Dies gilt auch für diejenige Zeit, während welcher der Hausgewerbetreibende für eigene Rechnung arbeitet.

3. Die Hausgewerbetreibenden haben die Beiträge für ihre eigene Versicherung selbst dadurch zu entrichten, daß sie die den schuldigen Beiträgen entsprechenden Marken in ihre Quittungskarten einkleben.

Für jede volle oder angefangene Kalenderwoche, in welcher der Hausgewerbetreibende für eigene oder fremde Rechnung beschäftigt war, sind die Beiträge spätestens an demjenigen Tage zu entrichten, an welchem die nächste Abrechnung mit dem Fabrikanten oder, wenn die Beschäftigung für mehrere Fabrikanten stattfindet, mit einem derselben erfolgt.

Die Hausgewerbetreibenden, welche es unterlassen, die Beiträge für ihre Versicherung gemäß vorstehender Vorschrift zu entrichten, unterliegen der Strafbestimmung des § 143 des Gesetzes.

Die versicherungspflichtigen Hausgewerbetreibenden haben auch für diejenige Zeit, während welcher sie das Geschäft auf eigene Rechnung betreiben, für ihre eigene Versicherung Zusatzmarken nicht beizubringen.

Bezüglich der Beiträge der Hausgewerbetreibenden für ihr Hilfspersonal (Gesellen, Gehilfen, Lehrlinge) hat es bei den bestehenden allgemeinen Vorschriften sein Bewenden.

4. Die von den Hausgewerbetreibenden für sich und ihr Hilfspersonal verwendeten Marken sind sofort nach erfolgter Einklebung dadurch zu entwerten, daß auf denselben handschriftlich oder mittelst eines Stempels der Entwertungstag in Zahlen angegeben wird (vgl. Ziffer II Nr. 3a der Bekanntmachung vom 24. Dezember 1891, RGBl. S. 401).

5. Auf dem im § 112 des Gesetzes vorgesehenen Wege kann angeordnet werden, daß die Beiträge für die Hausgewerbetreibenden von diesen zum Einzug gebracht werden. In diesem Falle finden die Bestimmungen der Ziffer 3 Absatz 1 bis 3 und der Ziffer 4 keine Anwendung, und sind die den eingezogenen Beiträgen entsprechenden Marken alsbald nach deren Einklebung nach Maßgabe der von der Landeszentralbehörde getroffenen Anordnungen zu entwerten.

6. Die Fabrikanten usw. sind verpflichtet, den für ihre Rechnung arbeitenden Hausgewerbetreibenden bei der Abrechnung die Hälfte desjenigen Betrages für Beitragsmarken zu erstatten, welcher auf die zur Herstellung der Arbeit durch einen Arbeiter im Durchschnitt annähernd erforderliche Zeitdauer entfällt.

Bei der Berechnung des zu erstattenden Betrages wird die Woche zu sechs Arbeitstagen, und der Arbeitstag, sofern nicht durch die für den Betriebssitz des Hausgewerbetreibenden zuständige untere Verwaltungsbehörde eine andere Zeit als Arbeitsdauer allgemein festgesetzt wird, zu elf Arbeitsstunden gerechnet. Bruchteile von Pfennigen werden zu Lasten des Fabrikanten auf volle Pfennige nach oben abgerundet.

Die Erstattung erfolgt auch dann nach dem Wert der für den Hausgewerbetreibenden selbst zu verwendenden Marken

(§ 22 des Gesetzes), wenn bei der Arbeit versicherungspflichtige Hilfspersonen verwendet worden sind. Eine höhere als die gesetzlich vorgeschriebene Lohnklasse (§ 22 des Gesetzes) ist bei der Erstattung nur dann zugrunde zu legen, wenn der Fabrikant der Verwendung von Marken der höheren Lohnklasse ausdrücklich zugestimmt hat.

7. Bei Streitigkeiten über die bei der Erstattung (Ziffer 6) in Ansatz zu bringende Arbeitsdauer entscheidet auf Antrag eines Teiles die für den Betriebssitz des Hausgewerbetreibenden zuständige untere Verwaltungsbehörde endgültig.

Dieselbe ist befugt, einen Sachverständigen zu ernennen, welcher auf Antrag eines Teiles, auch ohne daß ein Streitfall vorliegt, den Zeitbedarf abzuschätzen hat. Die Fabrikanten usw. haben bei der Abrechnung denjenigen Betrag zu erstatten, welcher auf die abgeschätzte Arbeitszeit entfällt. Wird demnächst im Streitfall eine andere durchschnittliche Arbeitsdauer festgestellt, so ist die Differenz nachträglich auszugleichen.

Die Versicherungsanstalt ist befugt, für die Berechnung des vom Fabrikanten usw. zu erstattenden Betrages weitere Bestimmungen zu erlassen. Dieselben bedürfen der Genehmigung des Reichs-(Landes-)Versicherungsamts.

8. Die Hausgewerbetreibenden können mit den Fabrikanten usw. vereinbaren, daß letztere bei der Abrechnung die Hälfte desjenigen Betrages zu erstatten haben, welchen die Hausgewerbetreibenden für sich und die von ihnen beschäftigten versicherungspflichtigen Hilfspersonen für Beitragsmarken tatsächlich entrichtet haben. Ist der Hausgewerbetreibende von mehreren Fabrikanten usw. beschäftigt, so hat sich eine solche Vereinbarung auch darauf zu erstrecken, wie der von ihnen zu erstattende Gesamtbetrag auf die einzelnen Fabrikanten usw. zu verteilen ist.

9. Die Fabrikanten usw. sind berechtigt, die Verpflichtungen des Arbeitgebers für ihre Hausgewerbetreibenden und die von denselben beschäftigten versicherungspflichtigen Hilfspersonen ganz oder zum Teil selbst zu übernehmen. Von der erfolgten Übernahme hat der Fabrikant der unteren Verwaltungsbehörde Kenntnis zu geben, welche dem zuständigen Organe der Versicherungsanstalt und in den Fällen des § 112 des Gesetzes den mit der Einziehung der Beiträge und der Entgegennahme der Meldungen betrauten Stellen Nachricht gibt.

Soweit es sich um die Entrichtung der Beiträge für die Hausgewerbetreibenden selbst handelt, können den Fabrikanten usw. die Verpflichtungen der Arbeitgeber von der für ihren Betriebssitz zuständigen unteren Verwaltungsbehörde auferlegt werden. Gegen eine Anordnung dieser Art findet binnen zwei Wochen nach der Zustellung die Beschwerde an die höhere Verwaltungsbehörde statt; dieselbe entscheidet endgültig.

In den Fällen der Absätze 1 und 2 finden die Vorschriften der Ziffern 6 und 7 keine Anwendung. Vielmehr sind alsdann die allgemeinen Vorschriften des Gesetzes hinsichtlich der Beitragsentrichtung durch die Arbeitgeber entsprechend auf die Fabrikanten usw. anzuwenden, und es ist die Hälfte der entrichteten Beiträge von den Versicherten zu erstatten.

10. Die Hausgewerbetreibenden sind in den Fällen der Ziffern 8 und 9 verpflichtet, über die Dauer ihrer Beschäftigung für eigene Rechnung und über die von ihnen im Gewerbebetriebe beschäftigten versicherungspflichtigen Hilfspersonen Verzeichnisse zu führen, aus welchen sich insbesondere die Dauer der Beschäftigung der letzteren ergibt. Sie haben diese Verzeichnisse den sie beschäftigenden Fabrikanten usw. auf Verlangen zur Prüfung vorzulegen. Die für den Betriebssitz des Hausgewerbetreibenden zuständige untere Verwaltungsbehörde ist befugt, Vorschriften über die Führung dieser Verzeichnisse zu erlassen und die ordnungsmäßige Führung sowie die Vorlegung der Verzeichnisse durch Geldstrafen bis zu fünfzig Mark zu erzwingen.

11. Für die Dauer vorübergehender Beschäftigung für eigene Rechnung haben die Hausgewerbetreibenden den vollen Beitrag für ihre Person, beziehungsweise den halben Beitrag für ihre Hilfspersonen selbst zu tragen.

Die Vorschriften der §§ 147 und 148 des Gesetzes finden auf die Fabrikanten usw. in ihrem Verhältnis zu den Hausgewerbetreibenden entsprechende Anwendung.

Die Einrechnung des von dem Arbeitgeber den Hausgewerbetreibenden zu erstattenden Betrages in den Arbeitsverdienst ist unzulässig und ohne rechtliche Wirkung.

12. Streitigkeiten, welche aus Anlaß vorstehender Bestimmungen zwischen den Organen der Versicherungsanstalten einerseits und den Fabrikanten, Hausgewerbetreibenden oder deren Hilfspersonen andererseits oder zwischen den Fabrikanten und den Hausgewerbetreibenden darüber, ob und welche Beiträge zu entrichten sind, entstehen, werden nach § 122, Streitigkeiten über Berechnung und Anrechnung der für Hausgewerbetreibende oder deren Hilfspersonen zu entrichtenden Beiträge, unbeschadet der Bestimmung in Ziffer 7, nach § 124 des Gesetzes entschieden.

13. Soweit im Vorstehenden keine besonderen Bestimmungen getroffen sind, erfolgt die Erhebung der Beiträge für die Hausgewerbetreibenden nach den für die Durchführung der Invaliditäts- und Altersversicherung erlassenen allgemeinen Vorschriften.

14. Die vorstehenden Bestimmungen treten am 2. Juli 1894 in Kraft.

Für Versicherte, welche auf Grund der vorstehenden Bestimmungen der Invaliditäts- und Altersversicherung unterstehen, tritt, wo nach §§ 156, 157, 159 und 160 der Zeitpunkt des Inkrafttretens des Gesetzes entscheidend ist, an dessen Stelle der Zeitpunkt des Inkrafttretens dieser Bestimmungen. [1])

Berlin, den 1. März 1894.

Der Reichskanzler.

---

[1]) Für diejenigen, die auf Grund der abgeänderten Fassung der Ziff. 1 Abs. 2 lit. a der Versicherung neu unterstellt sind, der 1. Januar 1896 (Bek. v. 9. November 1895, RGBl. S. 452. AN. S. 263).

Anhang Nr. 4.

Bekanntmachung des Reichskanzlers, betreffend die Befreiung vorübergehender Dienstleistungen von der Versicherungspflicht gemäß § 4 Abs. 1 des Invalidenversicherungsgesetzes.[1])

Vom 27. Dezember 1899 (RGBl. S. 725. AN. 00 S. 181).

Auf Grund des § 4 Abs. 1 des Invalidenversicherungsgesetzes (RGBl. S. 463) hat der Bundesrat beschlossen, daß es bei den unter dem 24. Dezember 1891 (RGBl. S. 399), 24. Januar 1893 (RGBl. S. 5) und 31. Dezember 1894 (RGBl. S. 543) veröffentlichten Bestimmungen über die Befreiung vorübergehender Dienstleistungen von der Versicherungspflicht mit den aus der nachstehenden Fassung sich ergebenden Veränderungen sein Bewenden behalten soll.

Vorübergehende Dienstleistungen sind danach als eine die Versicherungspflicht begründende Beschäftigung (§ 4 Abs. 1 des Invalidenversicherungsgesetzes) dann nicht anzusehen,

1. wenn sie von solchen Personen, die berufsmäßig Lohnarbeit überhaupt nicht verrichten

a) nur gelegentlich, insbesondere zu gelegentlicher Aushilfe,

b) zwar in regelmäßiger Wiederkehr, aber nur nebenher und gegen ein geringfügiges Entgelt, welches für die Dauer der Beschäftigung zum Lebensunterhalte nicht ausreicht und zu den für diese Zeit zu zahlenden Versicherungsbeiträgen nicht in entsprechendem Verhältnisse steht,

verrichtet werden;

2. wenn sie von solchen Berufsarbeitern, die in einem regelmäßigen, die Versicherungspflicht begründenden Arbeits- oder Dienstverhältnisse zu einem bestimmten Arbeitgeber stehen, ohne

---

[1]) Vgl. die Erläuterungen dieser Bekanntmachung in Ziff. 11 der Anleitung, Anhang Nr. 1.

Unterbrechung dieses Verhältnisses bei anderen Arbeitgebern nebenher, sei es nur gelegentlich zur Aushilfe, sei es regelmäßig verrichtet werden.

Dasselbe gilt

3. für Dienstleistungen zur schleunigen Hilfe bei Unglücksfällen oder Verheerungen durch Naturereignisse oder zur schleunigen Beseitigung von Verkehrs- oder Betriebsstörungen, sofern diese Dienstleistungen nach ihrer Art die Dauer von zwei Arbeitstagen voraussichtlich nicht übersteigen werden;

4. für Dienstleistungen in Verpflegungsstationen oder ähnlichen Einrichtungen, wenn sie gegen eine Geldentschädigung verrichtet werden, welche nicht als Entgelt für die gelieferte Arbeit, sondern als eine Unterstützung zum Zwecke des besseren Fortkommens gewährt wird;

5. für Dienstleistungen von Bediensteten ausländischer Eisenbahnverwaltungen in Eisenbahnbetrieben des Inlandes, soweit diese Bediensteten in letzteren vorübergehend beschäftigt werden;

6. für Dienstleistungen im Inlande von Bediensteten ausländischer Betriebe, soweit diese mit einzelnen Betriebshandlungen vorübergehend in das Inland hinübergreifen;

7. für Dienstleistungen des Personals ausländischer Schiffe, die im Binnenschiffahrtsverkehre deutsche Wasserstraßen befahren, sofern nicht diese Schiffe nach der Entscheidung der unteren Verwaltungsbehörde des Beschäftigungsorts (§ 65 Abs. 4 des Invalidenversicherungsgesetzes) im Inland einen regelmäßigen Verkehr von erheblicher Dauer unterhalten;

8. für Dienstleistungen auf Seeschiffen im Auslande, wenn sie von solchen Personen verrichtet werden, die nicht zur Schiffsbesatzung gehören;

9. für Dienstleistungen von Indiern, Japanern, Chinesen, Malayen, Zanzibariten, Negern und anderen farbigen Seeleuten auf deutschen Seeschiffen bei der Küstenschiffahrt in asiatischen, australischen, ost- oder westafrikanischen Gewässern sowie in dem Verkehre zwischen asiatischen, australischen, ost- und westafrikanischen Häfen oder zwischen diesen und europäischen Häfen, in letzterem Verkehre jedoch nur, wenn es sich um den Dienst in den Kohlen- und Kesselräumen der Dampfschiffe handelt und

wenn bei der Anmusterung im Auslande zugleich die Rückfahrt ausbedungen ist.

Die Regierungen der einzelnen Bundesstaaten sind ermächtigt, mit Zustimmung des Reichskanzlers widerruflich anzuordnen, daß und inwieweit vorübergehende Dienstleistungen solcher Ausländer, denen der Aufenthalt in Grenzbezirken des Inlandes auf fest bestimmte kurze Zeit behufs Ausführung vorübergehender Arbeiten behördlich gestattet ist, sowie vorübergehend im Inlande stattfindende Dienstleistungen solcher Ausländer, welche übungsgemäß in Flößereibetrieben beschäftigt werden, im Sinne des Invalidenversicherungsgesetzes als eine versicherungspflichtige Beschäftigung nicht anzusehen sind.

Berlin, den 27. Dezember 1899.

Der Reichskanzler.

Anhang Nr. 5 A.

Bekanntmachung des Reichskanzlers, betreffend die Befreiung von Ausländern von der Versicherungspflicht nach dem Invalidenversicherungsgesetze.

Vom 7. März 1901 (Centr.-Bl. S. 78. AN. 02 S. 380).

Der Bundesrat hat in seiner Sitzung vom 21. Februar 1901 auf Grund des § 4 Abs. 2 Satz 1 des Invalidenversicherungsgesetzes (RGBl. 1899 S. 463) beschlossen,

„daß polnische Arbeiter russischer und österreichischer Staatsangehörigkeit, welchen der Aufenthalt im Inlande nur für eine bestimmte Dauer behördlich gestattet ist, und welche nach Ablauf dieser Zeit in das Ausland zurückkehren müssen, der Versicherungspflicht nach dem Invalidenversicherungsgesetze nicht unterliegen sollen, sofern die Arbeiter in inländischen land- oder forstwirtschaftlichen Betrieben oder in deren Nebenbetrieben beschäftigt werden, und daß diese Bestimmung vom 1. April 1901 ab in Kraft treten soll."

Berlin, den 7. März 1901.

Der Reichskanzler.

Anhang Nr. 5 B.

Bekanntmachung des Reichs-Versicherungsamts, betreffend die Entrichtung der gemäß § 4 Abs. 2 Satz 2 des Invalidenversicherungsgesetzes zu zahlenden Beträge.

Vom 31. März 1902 (AN. S. 380).

Auf Grund des § 4 Abs. 2 Satz 2 des Invalidenversicherungsgesetzes werden an Stelle der Bekanntmachung vom 23. März 1901 (Amtliche Nachrichten des RVA. 01 S. 365, Reichs- und Königlich Preußischer Staatsanzeiger Nr. 75 vom 28. März 1901) folgende Bestimmungen erlassen:

1. Jeder Arbeitgeber, welcher Ausländer beschäftigt, die nach dem Bundesratsbeschluß vom 21. Februar 1901 (Central-Blatt für das Deutsche Reich S. 78) von der Versicherungspflicht befreit sind, hat dies binnen drei Tagen nach Beginn der Beschäftigung dem Vorstande der Versicherungsanstalt anzuzeigen.
2. Der Vorstand übersendet dem Arbeitgeber ein Muster für eine von diesem aufzustellende Nachweisung, in deren Spalten folgende Eintragungen vorgesehen sein müssen:
   a) Vor- und Familienname des Arbeiters,
   b) falls der Arbeiter noch nicht 16 Jahre alt ist, Jahr und Tag der Geburt,

c) Beginn und Dauer der Beschäftigung,
d) die Angabe, ob der Arbeiter über das laufende Halbjahr hinaus weiter beschäftigt wird.

Das Muster soll ferner an geeigneter Stelle einen Hinweis auf die Strafbestimmungen des § 176 Abs. 1 und 2 des Invalidenversicherungsgesetzes enthalten.

3. Der Arbeitgeber hat dieses Muster für das laufende Halbjahr (vom 1. Januar bis zum 30. Juni oder vom 1. Juli bis zum 31. Dezember) auszufüllen und bis zum 1. August beziehungsweise 1. Februar dem Vorstande der Versicherungsanstalt einzusenden.
4. Der Vorstand prüft die Nachweisung, stellt den danach zu entrichtenden Betrag fest und fordert den Arbeitgeber unter gleichzeitiger Mitteilung der Unterlagen dieser Berechnung (Zahl der Arbeiter und Beitragswochen, Höhe der Beiträge) auf, den Betrag an die Versicherungsanstalt auf deren Kosten einzusenden. Die Verwendung von Beitragsmarken zum Zwecke der Zahlung ist unzulässig.
5. Bei Fortdauer der Beschäftigung finden Ziffer 2 und 3 entsprechende Anwendung.
6. Für die Zeit bis zum 1. Juli 1902 bleibt es dem Vorstande der Versicherungsanstalt überlassen, nach den bisher geltenden Bestimmungen vom 23. März 1901 zu verfahren.

Berlin, den 31. März 1902.

Das Reichs-Versicherungsamt.
Abteilung für Invalidenversicherung.

Anhang Nr. 6.

Bekanntmachung des Reichskanzlers, betreffend die Befreiung von der Versicherungspflicht auf Grund des § 6 Abs. 2 des Invalidenversicherungsgesetzes.

Vom 24. Dezember 1899 (RGBl. S. 721. AN. 1900 S. 179)

Auf Grund des § 6 Abs. 2 des Invalidenversicherungsgesetzes (RGBl. S. 463) hat der Bundesrat über die Befreiung von der Versicherungspflicht nachstehende Bestimmungen erlassen

1. Über Anträge auf Befreiung von der Versicherungspflicht gemäß § 6 Abs. 2 des Invalidenversicherungsgesetzes entscheidet die für den Wohnort des Antragstellers und, sofern dieser im Inlande keinen Wohnort hat, die für seinen dauernden Aufenthaltsort zuständige untere Verwaltungsbehörde.

2. Dem Antrag ist nur stattzugeben, wenn folgende Voraussetzungen zusammentreffen:

a) es muß amtlich bekannt oder glaubhaft nachgewiesen sein, daß der Antragsteller in der Hauptsache seinen Lebensunterhalt als Betriebsunternehmer oder anderweit selbständig erwirbt oder ohne Lohn oder Gehalt tätig ist;

b) es muß feststehen, daß für denselben nicht bereits einhundert Wochenbeiträge entrichtet sind oder zu entrichten gewesen wären, wobei Krankheitswochen oder militärische Dienstleistungen (§ 30 Abs. 2) einzurechnen sind;

c) die untere Verwaltungsbehörde muß unter Berücksichtigung der wirtschaftlichen Lage des Antragstellers und der örtlichen Verhältnisse pflichtmäßig zu der Überzeugung gelangt sein, daß der Antragsteller in demjenigen Kalenderjahre, für dessen Dauer die Befreiung von der Versicherungspflicht beantragt wird, entweder nur zu bestimmten Jahreszeiten in nicht mehr als zwölf Wochen, oder zwar zu beliebigen Jahreszeiten, aber insgesamt an nicht mehr als fünfzig einzelnen Tagen Lohnarbeit übernehmen wird.

Minderjährige bedürfen der Genehmigung des Antrags durch ihren gesetzlichen Vertreter.

3. Über die Befreiung ist dem Antragsteller eine Versicherungsfreikarte in grüner Farbe in der halben Größe der Quittungskarte nach dem anliegenden Muster [1]) auszustellen. Für die Ausstellung der Karte kann eine Gebühr von fünf Pfennig erhoben werden.

Die Befreiung gilt für die Dauer des Kalenderjahrs und für den Umfang des Reichs.

Die Versicherungsfreikarte ist dem Arbeitgeber bei der Lohnzahlung, im Falle des Einzugsverfahrens (§ 148) aber binnen der zur Anmeldung bei der Einzugsstelle vorgesehenen Frist, vorzuzeigen. Geschieht dies nicht, so ist der Arbeitgeber verpflichtet, die fälligen Beiträge zu entrichten und der Arbeiter hat sich den entsprechenden Lohnabzug gefallen zu lassen. Dabei finden die Bestimmungen des § 131 Abs. 2 Anwendung.

4. Die Befreiung ist von der Behörde, welche sie bewilligt hat, zurückzunehmen, wenn die befreite Person dies beantragt.

Die Befreiung muß von dieser Behörde (Abs. 1) widerrufen werden, wenn sich ergibt, daß eine der in Ziffer 2 unter a und b vorgesehenen Voraussetzungen für deren Bewilligung schon bei der Ausstellung der Versicherungsfreikarte gefehlt hat oder daß eine dieser Voraussetzungen nachträglich in Fortfall gekommen ist.

Ergibt sich, daß die Lohnarbeit des Befreiten während der Geltungsdauer der Versicherungsfreikarte die in Ziffer 2 unter c vorgesehene Dauer wesentlich überschritten hat, so ist die Befreiung für den Rest des Kalenderjahrs von der für die Ausstellung der Versicherungsfreikarte oder für den Beschäftigungsort zuständigen unteren Verwaltungsbehörde zu widerrufen. Ergeht der Widerruf von einer anderen als derjenigen Behörde, welche die Versicherungsfreikarte ausgestellt hat, so ist der letzteren Behörde unter Darlegung der für den Widerruf maßgebend gewesenen Tatsachen hiervon Mitteilung zu machen.

Die Versicherungsanstalt ist befugt, den Widerruf der Befreiung zu beantragen.

---

[1]) Das Muster ist nicht abgedruckt.

5. Gegen die Versagung und den Widerruf der Befreiung sowie gegen Ablehnung des Antrags auf Widerruf ist Beschwerde an die zunächst vorgesetzte Behörde zulässig, welche endgültig entscheidet.

6. In dem Falle der Zurücknahme oder des Widerrufs der Befreiung ist die Versicherungsfreikarte durch die untere Verwaltungsbehörde des Wohnorts oder dauernden Aufenthaltsorts oder des Beschäftigungsorts wieder einzuziehen.

7. Durch die Landes-Zentralbehörde wird bestimmt, von welchen Staats- oder Gemeindebehörden die in Ziffer 1 bis 4 und 6 den unteren Verwaltungsbehörden zugewiesenen Verrichtungen wahrzunehmen sind.

8. Auf vorübergehende Dienstleistungen, für welche der Bundesrat gemäß § 4 Abs. 1 die Versicherungspflicht allgemein ausgeschlossen hat, finden diese Bestimmungen keine Anwendung.

Berlin, den 24. Dezember 1899.

Der Reichskanzler.

Anhang Nr. 7.

Preußische Anweisung, betreffend das Verfahren vor den unteren Verwaltungsbehörden (§§ 57 bis 64 des Invalidenversicherungsgesetzes).

Vom 15. November 1904 (MBl. d. H. u. GV. S. 466 AN. S. 672).

Auf Grund des § 64 Abs. 6 des Invalidenversicherungsgesetzes (RGBl. 1899 S. 463) wird für das Verfahren vor den unteren Verwaltungsbehörden folgendes bestimmt:

I. Einleitung.

1. Nach § 57 liegt den unteren Verwaltungsbehörden ob:
a) die Entgegennahme und Vorbereitung von Anträgen auf Be-

willigung von Invaliden- und Altersrenten (§ 112) oder auf Beitragserstattungen (§ 128) sowie die Begutachtung der Anträge auf Rentenbewilligungen;

b) die Begutachtung der Entziehung von Invalidenrenten (§§ 47, 121);

c) die Begutachtung der Einstellung von Rentenzahlungen (§§ 48, 121);

d) die Benachrichtigung des Vorstandes der Versicherungsanstalt über die zur Kenntnis der Verwaltungsbehörde kommenden Fälle, in denen Grund zu der Annahme vorliegt, daß Versicherte durch ein Heilverfahren vor baldigem Eintritte der Erwerbsunfähigkeit werden bewahrt werden, daß Empfänger von Invalidenrenten bei Durchführung eines Heilverfahrens die Erwerbsfähigkeit wieder erlangen werden (§ 47 Abs. 2), daß die Invalidenrente zu entziehen ist (§ 47 Abs. 1) oder Rentenzahlungen einzustellen sind (§ 48);

e) die Auskunftserteilung über alle die Invalidenversicherung betreffenden Angelegenheiten.

Soweit in den nachfolgenden Vorschriften das Verfahren nicht abweichend geregelt ist, erfolgt die Erledigung dieser Geschäfte nach Maßgabe der für den Geschäftsgang sonst bestehenden Bestimmungen. Bildet die untere Verwaltungsbehörde ein Kollegium, so hat der Bürgermeister für die Wahrnehmung der vorstehend bezeichneten Geschäfte einen Kommissar zu bestellen, dem ein oder mehrere Stellvertreter beigegeben werden können. In der Rheinprovinz ist der Bürgermeister zur Bestellung eines solchen Kommissars befugt; das gleiche gilt für die Städte der Provinz Westfalen, in denen statt des Magistrats nur ein Bürgermeister gewählt ist.

Die untere Verwaltungsbehörde hat über die Geschäfte der Invalidenversicherung ein besonderes Tagebuch zu führen.

II. Entgegennahme, Vorbereitung und Begutachtung von Anträgen auf Bewilligung von Invaliden- oder Altersrenten (§ 57 Ziff. 1, § 112).

2. Anträge auf Rentenbewilligungen sind bei der unteren Verwaltungsbehörde, in deren Bezirke der Versicherte wohnt oder

beschäftigt ist, oder wenn er einen Wohnort oder Beschäftigungsort im Inlande nicht mehr hat, in deren Bezirk er seinen letzten Wohnort oder Beschäftigungsort hatte, anzubringen. Die Anbringung kann schriftlich oder zu Protokoll erfolgen; sie muß die Bezeichnung der Rente (Invaliden- oder Altersrente) enthalten.

Dem Antrage sind die zur Begründung dienenden Beweisstücke, insbesondere die letzte Quittungskarte (bei Seeleuten das Seefahrtsbuch und etwa vorhandene Nachweisungen) und sofern die Bewilligung einer Altersrente beantragt wird, der Geburtsschein beizufügen. Wird die Anrechnung von Krankheiten oder militärischen Dienstleistungen (§§ 30, 31), die bei der Aufrechnung früherer Quittungskarten noch nicht berücksichtigt sind, auf die Beitragszeit beansprucht, so sind die Krankheitsbescheinigungen und die Militärpapiere beizufügen. Auch ist der Versicherte zu veranlassen, daß er etwaige Nachweise über seine versicherungspflichtige Beschäftigung vor dem Inkrafttreten der Versicherungspflicht für seinen Berufszweig (§§ 189, 190) beibringt und die in seinem Besitze befindlichen Aufrechnungsbescheinigungen früherer Quittungskarten einreicht. Bestehen bei einer verheirateten weiblichen Versicherten Zweifel über die Identität der Antragstellerin mit der in der Quittungskarte bezeichneten Persönlichkeit, so kann die Vorlage der Heiratsurkunde (Trauschein) verlangt werden.

Die untere Verwaltungsbehörde hat bei Anträgen auf Bewilligung einer Invalidenrente den Rentenbewerber darauf hinzuweisen, daß die aus der Versicherungspflicht sich ergebende Anwartschaft auf Rente erlischt, wenn während zweier Jahre nach dem auf der Quittungskarte verzeichneten Ausstellungstage ein die Versicherungspflicht begründendes Arbeits- oder Dienstverhältnis, auf Grund dessen Beiträge entrichtet sind, oder die Weiterversicherung (freiwillige Fortsetzung, Erneuerung der Versicherung) nicht oder in weniger als insgesamt zwanzig Beitragswochen bestanden hat und daß freiwillige Beiträge für eine länger als ein Jahr zurückliegende Zeit sowie nach eingetretener Invalidität nachträglich nicht entrichtet werden dürfen. Bei Anträgen auf Bewilligung einer Altersrente ist die Ausstellung einer neuen Quittungskarte zu veranlassen und der Rentenbewerber darauf hinzuweisen, daß die Versicherungspflicht fortbesteht, solange nicht gemäß § 6 Abs. 1 die Befreiung von der Versicherungspflicht erfolgt ist.

3. Der Versicherte kann den Antrag auch bei dem Gemeindevorstande (Magistrat, Bürgermeister, Gutsvorsteher), in Landgemeinden außerdem bei der Ortspolizeibehörde seines jetzigen oder früheren Wohnorts oder Beschäftigungsorts rechtswirksam anbringen. Die Vorschrift der Ziff. 2 Abs. 3 findet entsprechende Anwendung. Der Gemeindevorstand (Ortspolizeibehörde) hat den Antrag mit den eingereichten Beweisstücken an die für seinen Bezirk zuständige untere Verwaltungsbehörde weiterzugeben, vorher aber die Vollständigkeit und Richtigkeit der Beweisstücke zu prüfen und soweit sich Mängel ergeben, deren Beseitigung tunlichst durch persönliche Verhandlung mit dem Antragsteller herbeizuführen. Ist die Beseitigung der Mängel nicht möglich, oder findet der Gemeindevorstand (Ortspolizeibehörde) sonst Bedenken gegen den Antrag, so hat er diese bei der Weitergabe des Antrags an die untere Verwaltungsbehörde hervorzuheben.

4. Die untere Verwaltungsbehörde hat die Vollständigkeit der Vorlagen zu prüfen und die Abstellung von Mängeln sowie die Nachlieferung fehlender Beweisstücke zu verlangen. Insbesondere hat sie die für die Beurteilung der Versicherungspflicht, des Versicherungsrechts oder der Erfüllung der Wartezeit maßgebenden tatsächlichen Verhältnisse nötigenfalls durch Vernehmung von Auskunftspersonen aufzuklären und die für die Entschließung des Vorstandes der Versicherungsanstalt sonst erforderlichen Unterlagen zu beschaffen.

Ergibt sich, daß der Rentenbewerber seine Vermögensangelegenheiten nicht zu besorgen vermag, so hat die untere Verwaltungsbehörde, sofern eine Vormundschaft oder Pflegschaft nicht bereits angeordnet ist, die Bestellung eines Pflegers zur Wahrung der Rechte des Rentenbewerbers bei dem zuständigen Amtsgerichte zu beantragen.

Bei Anträgen auf Bewilligung einer Invalidenrente hat die untere Verwaltungsbehörde auch festzustellen:

a) ob und wann der Rentenbewerber einen Unfall erlitten und welchen Ausgang das Entschädigungsverfahren genommen hat,

b) ob die Rentenbewerber bereits früher einen Antrag auf Gewährung einer Invaliden- oder Altersrente gestellt und von welcher Versicherungsanstalt oder Kasseneinrichtung er einen Bescheid erhalten hat und

c) ob und zutreffendenfall bei welcher Versicherungsanstalt oder Kasseneinrichtung für den Rentenbewerber ein Heilverfahren beantragt oder eingeleitet worden ist.

5. Wird bei dem Antrag auf Bewilligung einer Invalidenrente ein ausreichendes ärztliches Zeugnis von dem Versicherten nicht vorgelegt, so hat die untere Verwaltungsbehörde die Untersuchung des Gesundheitszustandes und die Abgabe eines Gutachtens über das Maß der Erwerbsfähigkeit des Antragstellers herbeizuführen; dabei sind die von der Versicherungsanstalt wegen Beschaffung dieser Zeugnisse getroffenen Maßnahmen tunlichst zu berücksichtigen.

Von einer ärztlichen Untersuchung ist abzusehen, wenn sich aus den Vorlagen klar ergibt, daß die Wartezeit nicht erfüllt oder die Anwartschaft erloschen ist oder daß der Antragsteller weder versicherungspflichtig noch versicherungsberechtigt gewesen ist, oder daß ein früherer Invalidenrentenantrag, der mangels Nachweises der dauernden Erwerbsunfähigkeit zurückgewiesen worden ist, innerhalb eines Jahres seit der Zustellung der letzten endgültigen Entscheidung ohne die nach § 120 erforderliche Bescheinigung wiederholt wird.

Von einer ärztlichen Untersuchung kann in der Regel abgesehen werden, wenn

a) die Erwerbsunfähigkeit durch einen Unfall herbeigeführt ist und der Verletzte eine Unfallrente erhält,

b) ein früherer Invalidenrentenantrag, welcher, obwohl Erwerbsunfähigkeit vorlag, wegen nicht erfüllter Wartezeit zurückgewiesen war, wiederholt wird,

c) der Antragsteller eine Altersrente bezieht und auf andere Weise die Erwerbsunfähigkeit glaubhaft festgestellt ist,

d) augenscheinlich erkennbar oder in einem voraufgegangenen Heilverfahren oder in anderer Weise glaubhaft nachgewiesen ist, daß Erwerbsunfähigkeit nicht vorliegt oder daß und seit wann dauernde Erwerbsunfähigkeit eingetreten ist.

Ergibt sich, daß der Rentenbewerber bereits den Antrag auf Gewährung einer Alters-, Invaliden- oder Unfallrente oder auch Übernahme des Heilverfahrens gestellt hatte, so sind zunächst die Vorgänge einzufordern und soweit dies nach Lage der Verhältnisse tunlich erscheint, dem untersuchenden Arzte zugänglich zu machen.

6. Der Regierungspräsident kann anordnen, daß der Gemeindevorstand (Ortspolizeibehörde), sofern der Antrag auf Bewilligung einer Rente bei ihm eingeht, die unter Ziffer 4 bezeichneten Ermittlungen an Stelle der unteren Verwaltungsbehörde vorzunehmen und erst nach ihrem Abschlusse den Antrag an diese weiterzugeben hat. Ist die Vorbereitung durch den Gemeindevorstand (Ortspolizeibehörde) nicht ausreichend, so hat die untere Verwaltungsbehörde ihre Vervollständigung herbeizuführen.

7. Die untere Verwaltungsbehörde gibt, falls sie sich nach pflichtmäßiger Prüfung für die Bewilligung der Rente aussprechen zu sollen glaubt, den Antrag mit allen Beweisstücken und einer gutachtlichen Äußerung an den Vorstand der Versicherungsanstalt weiter. Gelangt jedoch die untere Verwaltungsbehörde auf Grund der Prüfung zu der Ansicht, daß dem Antrage nicht zu entsprechen ist, und lassen sich die obwaltenden Bedenken durch Benehmen mit dem Versicherten nicht beseitigen, oder nimmt der Versicherte seinen Antrag nicht zurück, so ist zur Erörterung des Antrags eine mündliche Verhandlung anzuberaumen. Der Termin soll tunlichst innerhalb sechs Wochen nach dem Tage, an dem der Antrag bei der unteren Verwaltungsbehörde eingegangen ist, stattfinden.

8. Zu der mündlichen Verhandlung beruft die untere Verwaltungsbehörde je einen Vertreter der Arbeitgeber und der Versicherten in der von dem Regierungspräsidenten (in Berlin von dem Oberpräsidenten) bestimmten Reihenfolge. Zugleich sind die Zeugen und Sachverständigen zu laden und der Antragsteller von der Anberaumung des Termins zu benachrichtigen. Beantragt dieser auf die Benachrichtigung hin seine Zuziehung zum Termin oder hält die untere Verwaltungsbehörde zur Aufklärung des Sachverhalts die Zuziehung des Versicherten zur Verhand-

lung für erforderlich, so ist der Versicherte zum Termine zu laden. Zwischen der Benachrichtigung oder der Zustellung der Ladung und dem Verhandlungstermine sollen in der Regel mindestens vierundzwanzig Stunden liegen.

Bei Behinderung des Landrats dürfen nur solche Beamte den Vorsitz übernehmen, die nach Bestimmung der Kreisordnung auf Grund besonderer Anordnung des Ministers des Innern zur Vertretung des Landrats befugt sind.

9. Die Verhandlung ist nicht öffentlich. Nachdem der Inhalt der Akten vorgetragen ist, wird der Versicherte oder sein Bevollmächtigter über den Antrag und über die gegen diesen geltend zu machenden Bedenken gehört. Dieselben können den Antrag ergänzen, berichtigen oder abändern; sie haben für ihre etwaigen Behauptungen Beweismittel anzugeben, auch können von ihnen Zeugen zur Vernehmung vorgeführt werden. Die Auswahl der zu vernehmenden Zeugen steht der unteren Verwaltungsbehörde zu. Der Vorsitzende hat dahin zu wirken, daß der Sachverhalt vollständig aufgeklärt wird; er kann den Vertretern die Ausübung des Fragerechts gestatten. Ist der Versicherte nicht zur Verhandlung geladen und ergibt sich im Verlaufe der Verhandlung, daß seine Anwesenheit zur Aufklärung des Sachverhalts erforderlich ist, so ist die Verhandlung zu vertagen und der Versicherte zu dem neuen Termine zu laden. Erscheint auf die Ladung weder der Versicherte, noch sein Bevollmächtigter, so ist die Verhandlung ohne diese zu Ende zu führen. Eine Vereidigung der Zeugen und Sachverständigen findet nicht statt.

Der Vorsitzende kann Bevollmächtigte des Antragstellers zulassen. Diese müssen auf Erfordern eine von dem Antragsteller oder seinem gesetzlichen Vertreter vollzogene schriftliche Vollmacht vorlegen.

10. Über die Verhandlung ist unter Zuziehung eines Protokollführers ein Protokoll aufzunehmen. Dasselbe muß den wesentlichen Hergang der Verhandlung sowie die Namen des Vorsitzenden, der Vertreter und des Protokollführers, den wesentlichen Inhalt der Aussagen des Antragstellers oder seines Bevollmächtigten, der Zeugen und Sachverständigen und das Gutachten der unteren Verwaltungsbehörde enthalten. Die Begut-

achtung hat sich auf die Versicherungspflicht oder auf das Versicherungsrecht, und bei Anträgen auf Bewilligung einer Invalidenrente auf das Maß der Erwerbsfähigkeit, sowie darauf zu erstrecken, ob und seit wann die Erwerbsunfähigkeit als dauernd oder als vorübergehend anzusehen ist, und ob die Rente aus den im § 15 Abs. 2 Satz 2 oder im § 17 angegebenen Gründen versagt werden soll. Auf die Erfüllung der Wartezeit, die Entrichtung der erforderlichen Zahl von Beiträgen und die Höhe der Rente hat sich das Gutachten nicht zu beziehen. War von der Versicherungsanstalt gegen den erkrankten Versicherten ein Heilverfahren zur Hebung der Erwerbsunfähigkeit eingeleitet und hat der Versicherte sich den von der Versicherungsanstalt getroffenen Maßnahmen entzogen, so hat sich das Gutachten auch darauf zu erstrecken, ob der Versicherte einen gesetzlichen oder sonst triftigen Grund für seine Weigerung hatte und ob die Erwerbsunfähigkeit durch das Verhalten des Versicherten veranlaßt ist.

Das Protokoll ist vom Vorsitzenden und Protokollführer zu unterzeichnen. Ist das Gutachten nicht einstimmig gefaßt, so sind die abweichenden Gutachten der Vertreter mit kurzer Begründung im Protokolle zu vermerken.

11. Die untere Verwaltungsbehörde hat nach Abschluß des Verhandlungstermins das Protokoll mit den entstandenen Akten an den Vorstand der für ihren Bezirk zuständigen Versicherungsanstalt abzusenden.

III. Entgegennahme und Vorbereitung der Anträge auf Beitragserstattung (§ 57 Ziff. 1, § 128).

12. Anträge auf Erstattung von Beiträgen sind in den Fällen der §§ 42, 43 bei der unteren Verwaltungsbehörde, in deren Bezirke der Antragsteller wohnt oder zuletzt beschäftigt war, in den Fällen des § 44 bei der unteren Verwaltungsbehörde anzubringen, in deren Bezirke der Antragsteller seinen Wohnsitz hat oder der verstorbene männliche oder weibliche Versicherte zuletzt beschäftigt war.

Der Antrag kann auch bei dem Gemeindevorstande (Magistrat, Bürgermeister, Gutsvorsteher), in Landgemeinden auch bei der

Ortspolizeibehörde angebracht werden. Diese haben die Vollständigkeit des Antrags zu prüfen und den Antrag an die untere Verwaltungsbehörde weiterzugeben.

13. Die Einreichung des Antrags kann schriftlich oder zu Protokoll erfolgen. Dem Antrage sind in jedem Falle beizufügen die letzte Quittungskarte des Versicherten, dessen Beiträge erstattet werden sollen, und die Aufrechnungsbescheinigungen früherer Quittungskarten, soweit der Antragsteller sie besitzt — bei Seeleuten die Seefahrtsbücher und die etwa vorhandenen Nachweise —, sowie der Ausweis über etwa anzurechnende, aus den Quittungskarten nicht ersichtliche Krankheiten und militärische Dienstleistungen (§§ 30, 31), sofern ohne diese Anrechnung der Nachweis der 200 Beitragswochen (§§ 42, 44) oder der Erfüllung der Wartezeit (§ 43) nicht geführt werden kann. Außerdem sind beizufügen:

a) sofern eine verheiratete weibliche Person die Rückerstattung der Hälfte ihrer Beiträge verlangt (§ 42 des Gesetzes), die Heiratsurkunde,

b) sofern dauernd erwerbsunfähige Personen, die eine Unfallrente in einem höheren Betrage als die zu erwartende Invalidenrente beziehen, den Anspruch auf Rückerstattung der Hälfte der Beiträge geltend machen (§ 43 des Gesetzes), eine Bescheinigung der Berufsgenossenschaft über die Höhe der Unfallrente und ein ärztliches Zeugnis über die dauernde Erwerbsunfähigkeit, soweit diese sich nicht aus den Akten der Berufsgenossenschaft ergibt,

c) sofern die Witwe die Rückerstattung der Hälfte der für ihren verstorbenen Ehemann verwendeten Beiträge verlangt (§ 44 Abs. 1), die Heiratsurkunde und die Sterbeurkunde,

d) sofern der Witwer die Rückerstattung der Hälfte der für seine Ehefrau verwendeten Beiträge verlangt (§ 44 Abs. 2), die Heiratsurkunde und die Sterbeurkunde sowie eine Bescheinigung der Gemeindebehörde des letzten Wohnorts der Verstorbenen, daß diese wegen Erwerbsunfähigkeit ihres Ehemanns die Ernährerin ihrer Familie war,

e) sofern eheliche Kinder die Rückerstattung der Hälfte der für ihren verstorbenen Vater verwendeten Beiträge verlangen

(§ 44 Abs. 1), die Sterbeurkunde beider Eltern, die Heiratsurkunde der Eltern, die Geburtsurkunden der Kinder unter 15 Jahren, sowie die Bestallung des Vormundes oder Pflegers,

f) sofern Kinder die Rückerstattung der Hälfte der für ihre verstorbene Mutter verwendeten Beiträge verlangen (§ 44 Abs. 1 und 2), die Sterbeurkunde und bei ehelichen Kindern auch die Heiratsurkunde der Mutter und die Sterbeurkunde des Vaters, die Geburtsurkunden der Kinder unter 15 Jahren, sowie die Bestallung des Vormundes oder Pflegers,

g) sofern eheliche Kinder, deren Vater noch am Leben ist, die Rückerstattung der Hälfte der für ihre verstorbene Mutter verwendeten Beiträge verlangen (§ 44 Abs. 2), die Sterbeurkunde und Heiratsurkunde, sowie die Bestallung des Vormundes oder Pflegers, die Geburtsurkunden der Kinder unter 15 Jahren sowie eine Bescheinigung des Gemeindevorstandes des Wohnorts der Verstorbenen, seit wann der Ehemann der Verstorbenen vor dem Tode seiner Ehefrau sich von der häuslichen Gemeinschaft ferngehalten und der Pflicht der Unterhaltung der Kinder entzogen hat.

In den Fällen c bis g ist eine Bescheinigung des Gemeindevorstandes des Wohnorts der Antragsteller darüber beizubringen, daß die Hinterbliebenen aus Anlaß des Todes des Versicherten eine Entschädigung aus der Unfallversicherung weder beziehen, noch zu erwarten haben.

14. Die untere Verwaltungsbehörde hat die Vollständigkeit der eingereichten Beweisstücke zu prüfen und ihre Vervollständigung herbeizuführen. Sie gibt demnächst den Antrag mit den Anlagen an den Vorstand der für ihren Bezirk zuständigen Versicherungsanstalt ab.

IV. Begutachtung der Entziehung von Invalidenrenten (§ 47, § 57 Ziff. 2, § 121).

15. Die untere Verwaltungsbehörde hat, sobald ihr das Ersuchen um Abgabe eines Gutachtens über Entziehung einer Invalidenrente zugeht, den Rentenempfänger zu veranlassen, daß er sich zwecks Feststellung des Maßes seiner Erwerbsfähigkeit durch einen Arzt untersuchen lasse; dabei sind die von der Versicherungsanstalt wegen Vornahme dieser Untersuchungen getroffenen Maßnahmen tunlichst zu beachten. Hat der Rentenempfänger sich dem von der Versicherungsanstalt angeordneten Heilverfahren entzogen, so ist die ärztliche Untersuchung auch darauf zu erstrecken, ob der Rentenempfänger durch sein Verhalten die Wiedererlangung der Erwerbsfähigkeit vereitelt hat. Zugleich sind die etwa erforderlichen Erhebungen über die Arbeitsverrichtungen des Rentenempfängers anzustellen. Wird von dem Vorstande der Versicherungsanstalt ein ausreichendes ärztliches Zeugnis beigefügt oder ist die Wiedererlangung der Erwerbsfähigkeit von dem Rentenempfänger ausdrücklich anerkannt, oder wird auf den Fortbezug der Rente verzichtet, so ist von einer nochmaligen ärztlichen Untersuchung des Rentenempfängers Abstand zu nehmen.

Gelangt die untere Verwaltungsbehörde hiernach zu der Ansicht, daß der Rentenempfänger nicht mehr als erwerbsunfähig anzusehen oder daß ihm wegen seines Verhaltens gegenüber den Maßnahmen der Versicherungsanstalt die Invalidenrente zu entziehen ist, so hat sie tunlichst binnen vier Wochen, nachdem das Ersuchen des Vorstandes eingegangen ist, zur Abgabe des Gutachtens eine mündliche Verhandlung anzuberaumen. Hierbei ist nach Maßgabe der Ziffern 8 bis 11 zu verfahren. Der Anberaumung einer mündlichen Verhandlung bedarf es nicht, wenn der Versicherte erklärt hat, keinen Anspruch auf weitere Gewährung der Rente zu haben und der Akteninhalt diese Erklärung rechtfertigt.

Ist die untere Verwaltungsbehörde dagegen der Ansicht, daß die Voraussetzungen für eine Entziehung der Invalidenrente nicht vorliegen, so teilt sie ihr Gutachten nebst Gründen unter Beifügung der entstandenen Vorgänge dem Vorstande mit.

Kommt eine Entziehung der Rente auf Grund des § 15 Abs. 2 Satz 2 in Frage, so finden vorstehende Bestimmungen sinngemäß Anwendung.

Das Gutachten hat sich auf das Maß der Erwerbsfähigkeit des Rentenempfängers, sowie gegebenenfalls darauf zu erstrecken, ob die Erwerbsunfähigkeit durch einen Unfall herbeigeführt worden ist, ob sich der Rentenempfänger den Maßnahmen der

Versicherungsanstalt wegen Einleitung des Heilverfahrens entziehen durfte und durch sein Verhalten die Wiedererlangung der Erwerbsfähigkeit vereitelt worden ist.

V. Begutachtung der Einstellung von Rentenzahlungen (§ 48, § 57 Ziff. 3, § 121).

16. Bei Abgabe des Gutachtens über die Einstellung einer Rentenzahlung ist die untere Verwaltungsbehörde an die von dem Vorstande bezeichneten Gründe nicht gebunden, sondern verpflichtet, von Amts wegen andere Tatsachen, die für eine Einstellung der Rentenzahlung sprechen, zu berücksichtigen.

Wird die Einstellung der Rentenzahlung erforderlich, weil der Rentenempfänger eine die Dauer von einem Monat übersteigende Freiheitsstrafe verbüßt oder weil er in einem Arbeitshaus oder in einer Besserungsanstalt untergebracht ist (§ 48 Abs. 1 Ziffer 3, Abs. 2), so hat die untere Verwaltungsbehörde durch Rückfrage bei der Gemeindebehörde zugleich festzustellen, ob der Antragsteller eine im Inlande wohnende Familie hat, deren Unterhalt er bisher aus seinem Arbeitsverdienste bestritten hat.

VI. Abgabe von Gutachten auf Ersuchen des Vorstandes des Versicherungsanstalt (§ 59 Abs. 2).

17. Nach § 59 Abs. 2 ist der Vorstand der Versicherungsanstalt berechtigt, auch in andern als den unter II und IV bezeichneten Fällen und über andere Fragen die Abgabe eines Gutachtens der unteren Verwaltungsbehörde unter Zuziehung der Vertreter auf Grund einer mündlichen Verhandlung zu verlangen. In diesen Fällen ist nach Maßgabe der Ziffern 8 bis 11 zu verfahren.

VII. Schlußbestimmungen.

18. Angelegenheiten der unter II, IV und V bezeichneten Art sind als eilige Sachen zu behandeln, auch ist in den übrigen Fällen die Erledigung der Geschäfte nach Möglichkeit zu beschleunigen.

19. Die den Vertretern zustehenden Bezüge sowie die sonstigen durch das Verfahren entstehenden baren Auslagen trägt die

Versicherungsanstalt. Die Versicherungsanstalt hat auf Verlangen für die vorschußweise Zahlung der Auslagen der unteren Verwaltungsbehörde eine Summe zur Verfügung zu stellen, über deren Verwendung mit der Versicherungsanstalt in den mit dem Vorstande zu vereinbarenden Zeitabschnitten abzurechnen ist. Die durch das Verfahren im Einzelfall entstehenden besonderen Auslagen an Zeugen- und Sachverständigengebühren usw. sind bei Abgabe des Gutachtens, die Bezüge der Vertreter nach Beendigung der an einem Tage anstehenden Verhandlungen festzustellen.

20. Die Bezüge der Vertreter werden durch das Statut der Versicherungsanstalt geregelt.

Zu den baren Auslagen des Verfahrens gehören:

a) die Gebühren der Zeugen und Sachverständigen. Für die Zahlung der Zeugen- und Sachverständigengebühren sind, soweit nicht die Anstalt mit den Ärzten ihres Bezirkes besondere Gebührensätze vereinbart hat, die Bestimmungen der Gebührenordnung für Zeugen und Sachverständige maßgebend,

b) die Kosten der Zuziehung eines Protokollführers bei Abhaltung von Verhandlungsterminen außerhalb des Sitzes der unteren Verwaltungsbehörde. Die Protokollführer erhalten Tagegelder und Reisekosten nach den Sätzen des § 1, VI des Gesetzes vom 21. Juni 1897 (GS. S. 193), sofern ihnen nicht in ihrer Eigenschaft als Staatsbeamte höhere Sätze zustehen,

c) die Kosten für die Zuziehung des nicht am Sitze der unteren Verwaltungsbehörde wohnenden Antragstellers, sofern die Zuziehung nicht auf seinen Antrag, sondern von Amts wegen erfolgt ist. Dieser erhält eine Entschädigung in Höhe der einem Zeugen zustehenden Entschädigung,

d) die Auslagen für Formulare, soweit diese nicht vom Vorstande geliefert werden.

21. Die unteren Verwaltungsbehörden haben die erforderlichen Räume und Beamten zur Verfügung zu stellen, ohne hierfür von der Versicherungsanstalt eine Entschädigung beanspruchen zu können.

22. Ist die untere Verwaltungsbehörde der Ansicht, daß den

Beteiligten Kosten des Verfahrens, die durch Mutwillen oder durch ein auf Verschleppung oder Irreführung berechnetes Verhalten derselben veranlaßt worden sind, zur Last zu legen sind, so hat sie bei Abgabe der Gutachten entsprechende Anträge zu stellen.

23. Die Verpflichtung der Vertreter auf die gewissenhafte Erfüllung ihrer Obliegenheiten hat in dem ersten Termine, zu dem sie zugezogen werden, durch Handschlag zu erfolgen.

24. Der Oberpräsident (in den Hohenzollernschen Landen der Regierungspräsident) hat auf Antrag des Vorstandes der Landes-Versicherungsanstalt anzuordnen, daß für die Begutachtung der Anträge auf Bewilligung von Invaliden- und Altersrenten bestimmte Formulare zu verwenden sind.

Sofern über die bei der Aufnahme von Rentenanträgen zu verwendenden Formulare zwischen der Landes-Versicherungsanstalt und den unteren Verwaltungsbehörden ein Einvernehmen nicht erzielt wird, kann der Oberpräsident (in den Hohenzollernschen Landen der Regierungspräsident) anordnen, daß bestimmte Formulare verwendet werden müssen.

Berlin, den 15. November 1904.

Der Minister für Handel und Gewerbe.

Anhang Nr. 8 A.

Aus dem Gesetze, betreffend die Abänderung der Unfallversicherungsgesetze.

Vom 30. Juni 1900 (RGBl. S. 573).

Schiedsgerichte.

§ 3. Die Entscheidung von Streitigkeiten über Entschädigungen auf Grund der Unfallversicherungsgesetze wird den gemäß

§§ 103 ff. des Invalidenversicherungsgesetzes errichteten Schiedsgerichten übertragen. Diese führen fortan die Bezeichnung: „Schiedsgericht für Arbeiterversicherung" mit Angabe des Bezirkes und des Sitzes. Bei Streitigkeiten über Entschädigungen für die Folgen von Unfällen in Betrieben, für welche zugelassene besondere Kasseneinrichtungen bestehen (§§ 8, 10, 11 des Invalidenversicherungsgesetzes), treten die für diese errichteten Schiedsgerichte an die Stelle der Schiedsgerichte für Arbeiterversicherung.

Die bisherigen Schiedsgerichte für die einzelnen Berufsgenossenschaften und Ausführungsbehörden werden aufgehoben. Die bei diesen Gerichten schwebenden Streitigkeiten gehen in der Lage, in welcher sie sich zu dem im § 25 Abs. 1 bezeichneten Zeitpunkte befinden, auf die nach diesem Gesetze zuständigen Schiedsgerichte über und sind von diesen zu erledigen.

§ 4. Die Zahl der Beisitzer der Schiedsgerichte (§ 104 Abs. 3 des Invalidenversicherungsgesetzes) kann von der Zentralbehörde des Bundesstaats, in welchem der Sitz des Schiedsgerichts belegen ist, oder von der durch sie bestimmten anderen Behörde erhöht werden; dabei kann zugleich bestimmt werden, wieviel Beisitzer am Sitze des Schiedsgerichts oder in dessen naher Umgebung wohnen oder beschäftigt sein müssen. Erstreckt sich der Bezirk des Schiedsgerichts über Gebiete oder Gebietsteile mehrerer Bundesstaaten, so wird die Bestimmung, sofern ein Einverständnis unter den beteiligten Landesregierungen nicht erzielt wird, vom Reichskanzler getroffen. Die Zahl der Beisitzer muß aus der Klasse der Arbeitgeber und der Versicherten mindestens je zwanzig betragen.

In den Schiedsgerichten, deren Bezirk Teile der Seeküste umfaßt, sind zu Vertretern der Versicherten (§ 88 Abs. 2 a. a. O.) auch befahrene Schiffahrtskundige, die nicht Reeder, Korrespondentreeder oder Bevollmächtigte (§ 33 des See-Unfallversicherungsgesetzes) sind, wählbar.

§ 5. Die für den Sitz des Schiedsgerichts zuständige Landes-Zentralbehörde oder die durch sie bestimmte andere Behörde entscheidet, wieviel Beisitzer von dem Ausschusse der Versicherungsanstalt (§ 104 Abs. 3 des Invalidenversicherungsgesetzes) aus solchen Berufsgenossenschaften oder Ausführungsbehörden zu wählen sind, die im Bezirke des Schiedsgerichts vertreten sind. Die Bestimmung des § 4 Abs. 1 Satz 2 findet Anwendung.

Wird eine solche Anordnung getroffen, so sind die zur Vertretung der Arbeitgeber bestimmten Beisitzer für die Berufsgenossenschaften aus den stimmberechtigten Mitgliedern der Genossenschaften, deren gesetzlichen Vertretern und bevollmächtigten Leitern ihrer Betriebe, für die Ausführungsbehörden aus den Beamten der Betriebe, für welche die Ausführungsbehörde bestellt ist, zu wählen. Den Vorständen der Berufsgenossenschaften und den Ausführungsbehörden ist Gelegenheit zu geben, geeignete Personen in Vorschlag zu bringen. Ausgeschlossen sind Personen, welche dem Vorstand einer für den Bezirk in Betracht kommenden Berufsgenossenschaft oder Sektion oder einer für den Bezirk in Betracht kommenden Ausführungsbehörde angehören, sowie die Vertrauensmänner. Die zur Vertretung der Versicherten bestimmten Beisitzer sind aus den Personen zu wählen, welche in einem der Genossenschaft zugehörenden oder der Ausführungsbehörde unterstehenden Betriebe beschäftigt sind.

Wird die im Abs. 1 bezeichnete Anordnung für eine Knappschafts-Berufsgenossenschaft getroffen, so kann durch deren Statut bestimmt werden, daß die zur Vertretung der Versicherten bestimmten Beisitzer von den Knappschaftsältesten zu wählen sind.

§ 6. Solange und soweit die festgesetzte Zahl von Beisitzern nicht gewählt ist oder die Gewählten ihre Dienstleistung verweigern, hat die untere Verwaltungsbehörde, in deren Bezirke sich der Sitz des Schiedsgerichts befindet, die fehlenden Beisitzer aus der Zahl der wählbaren Personen zu berufen.

§ 7. Bei der Verhandlung sind, soweit es sich um Unfälle in der Land- und Forstwirtschaft oder im Bergbaubetriebe handelt, Beisitzer aus diesen Berufszweigen, im übrigen Beisitzer aus den sonstigen der Versicherung unterliegenden Betrieben zuzuziehen. Ausnahmen sind nur in einzelnen Fällen aus besonderen Gründen zulässig.

Im übrigen kann der Vorsitzende des Schiedsgerichts auf Antrag der Berufsgenossenschaft, der Ausführungsbehörde oder eines Entschädigungsberechtigten zur Verhandlung und Entscheidung in einem einzelnen Falle, abweichend von der festgesetzten Reihenfolge, Beisitzer aus den Betrieben derjenigen Berufsgenossenschaft oder Ausführungsbehörde zuziehen, welcher der Betrieb, in dem sich der Unfall ereignet hat, angehört. Sofern solche Beisitzer nicht vorhanden sind, können Beisitzer aus anderen Betrieben bestimmt werden, die dem Betrieb, in welchem sich der Unfall ereignet hat, wirtschaftlich nahe stehen. Hat der Vorsitzende einen solchen Antrag abgelehnt, so kann vor Beginn der Verhandlung eine Entscheidung des Schiedsgerichts über den Antrag beansprucht werden, welche endgültig ist.

§ 8. Das Schiedsgericht wählt bei Beginn eines jeden Geschäftsjahrs in seiner ersten Spruchsitzung, in der Regel nach Anhörung der für den betreffenden Bezirk oder Bundesstaat zuständigen Ärztevertretung, aus der Zahl der am Sitze des Schiedsgerichts wohnenden approbierten Ärzte diejenigen aus, welche als Sachverständige bei den Verhandlungen vor dem Schiedsgericht in der Regel nach Bedarf zuzuziehen sind. Den zugezogenen Sachverständigen ist zur Abgabe ihres Gutachtens Einsicht in die Akten des Schiedsgerichts und der Berufsgenossenschaft zu gewähren. Die Namen der gewählten Ärzte sind öffentlich bekannt zu machen.

Im übrigen wird die Durchführung dieser Bestimmung durch die Landes-Zentralbehörde geregelt.

§ 9. Das Schiedsgericht ist befugt, denjenigen Teil des Betriebs, in welchem der Unfall vorgekommen ist, in Augenschein zu nehmen. Weigert sich der Betriebsunternehmer oder dessen Stellvertreter, die Einnahme des Augenscheins zu gestatten, so ist er hierzu auf Antrag des Schiedsgerichtsvorsitzenden durch die Ortspolizeibehörde anzuhalten.

Soll die Augenscheinseinnahme in einem Dienstraum einer Behörde oder in einem Fahrzeuge der Kaiserlichen Marine stattfinden, so ist die zuständige Dienst- beziehungsweise Kommandobehörde um Gestattung derselben zu ersuchen.

Die Beisitzer haben über die Tatsachen, welche durch die Besichtigung des Betriebs zu ihrer Kenntnis kommen, Verschwiegenheit zu beobachten und sich der Nachahmung der von dem Betriebsunternehmer geheim gehaltenen, zu ihrer Kenntnis gelangten Betriebseinrichtungen und Betriebsweisen, solange als diese Betriebsgeheimnisse sind, zu enthalten.

Dem Schiedsgericht eingereichte Urkunden sind sowohl der Berufsgenossenschaft als auch dem Verletzten rechtzeitig mitzuteilen; inwieweit ärztliche Zeugnisse in gleicher Weise mitzuteilen sind, unterliegt zunächst der Entscheidung des Vorsitzenden. Das Schiedsgericht ist befugt, anzuordnen, daß die unterlassene Mitteilung nachzuholen ist.

Das Schiedsgericht ist befugt, den Verletzten, deren Erscheinen bei der Verhandlung als erforderlich bezeichnet ist oder angesehen wird, eine Reiseentschädigung zuzubilligen.

§ 10. Die Kosten des Schiedsgerichts sind nach Ablauf des Rechnungsjahrs der Versicherungsanstalt von den beteiligten Berufsgenossenschaften und Ausführungsbehörden anteilig zu erstatten. Dabei wird das Verhältnis zugrunde gelegt, in welchem die Zahl derjenigen gegen ihre Bescheide eingelegten Berufungen, welche in diesem Jahre erledigt worden sind, zur Gesamtzahl der vor dem Schiedsgericht in demselben Zeitraum erledigten Berufungen steht. Die Verteilung der Kosten auf die Versicherungsanstalten, die Berufsgenossenschaften und Ausführungsbehörden erfolgt durch den Vorsitzenden des Schiedsgerichts.

Die Kosten des Verfahrens, welche durch die einzelnen Streitfälle erwachsen, sowie solche besondere Kosten, welche durch die ausnahmsweise Zuziehung von Beisitzern gemäß § 7 Abs. 2 entstehen, sind von demjenigen Träger der Versicherung zu zahlen, gegen dessen Bescheid die Berufung eingelegt ist.

Das Reichs-Versicherungsamt ist befugt, hierüber nähere Bestimmungen zu erlassen.

Das Schiedsgericht ist befugt, den Beteiligten solche Kosten des Verfahrens zur Last zu legen, welche durch Mutwillen oder durch ein auf Verschleppung oder Irreführung berechnetes Verhalten derselben veranlaßt worden sind.

Reichs-Versicherungsamt.

§ 11. Das Reichs-Versicherungsamt hat seinen Sitz in Berlin und besteht aus ständigen und nichtständigen Mitgliedern.

Der Präsident und die übrigen ständigen Mitglieder werden auf Vorschlag des Bundesrats vom Kaiser auf Lebenszeit ernannt. Aus den ständigen Mitgliedern werden vom Kaiser die Direktoren und die Vorsitzenden der Senate ernannt. Die übrigen Beamten des Reichs-Versicherungsamts werden vom Reichskanzler ernannt.

Von den nichtständigen Mitgliedern werden sechs vom Bundesrat, und zwar mindestens vier aus seiner Mitte, sechs als Vertreter der Arbeitgeber von den Vorständen der Berufsgenossenschaften und den Ausführungsbehörden sowie sechs als Vertreter der Versicherten von den dem Arbeiterstand angehörenden Beisitzern der Schiedsgerichte gewählt.

Die Vertreter der Arbeitgeber und der Versicherten werden auf die Berufsgenossenschaften und Ausführungsbehörden in der Weise verteilt, daß

a) für den Bereich des Gewerbe- und des Bau-Unfallversicherungsgesetzes,
b) für den Bereich des Unfallversicherungsgesetzes für Land- und Forstwirtschaft,
c) für den Bereich des See-Unfallversicherungsgesetzes

je zwei Vertreter der Arbeitgeber und je zwei Vertreter der Versicherten gewählt werden.

Bei der Wahl der Vertreter der Versicherten sind wahlberechtigt

a) für die Land- und Forstwirtschaft nur die land- und forstwirtschaftlichen Beisitzer der Schiedsgerichte,
b) für die See-Unfallversicherung nur die auf Grund des See-Unfallversicherungsgesetzes versicherten oder auf Grund des § 4 Abs. 2 berufenen Beisitzer der Schiedsgerichte,
c) für die gewerbliche und die Bau-Unfallversicherung die sonstigen Beisitzer der Schiedsgerichte einschließlich der Beisitzer der auf Grund der §§ 8, 10 des Invalidenversicherungsgesetzes errichteten Schiedsgerichte.

§ 12. Wählbar sind deutsche, männliche, volljährige, im Reichsgebiete wohnende Personen. Nicht wählbar ist, wer zum Amte eines Schöffen unfähig ist (§ 32 des Gerichtsverfassungsgesetzes).

Wählbar zu Vertretern der Arbeitgeber sind die stimmberechtigten Mitglieder der Genossenschaften, deren gesetzliche Vertreter sowie die bevollmächtigten Leiter ihrer Betriebe, außerdem für Ausführungsbehörden die die Geschäfte der Genossenschaftsvorstände führenden Beamten sowie die sonstigen Beamten der Betriebe, für welche die Ausführungsbehörde bestellt ist.

Wählbar zu Vertretern der Versicherten sind Personen, die auf Grund der betreffenden Unfallversicherungsgesetze versichert sind, für den Bereich der See-Unfallversicherung auch befahrene Schiffahrtskundige, welche nicht Reeder, Mitreeder, Korrespondentreeder oder Bevollmächtigte (§ 33 des See-Unfallversicherungsgesetzes) sind.

§ 13. Für die Vertreter der Arbeitgeber und der Versicherten sind in der gleichen Weise nach Bedürfnis Stellvertreter zu wählen, welche die Mitglieder in Behinderungsfällen zu vertreten haben. Scheidet ein solches Mitglied während der Wahlperiode aus, so haben für den Rest derselben die Stellvertreter in der Reihenfolge ihrer Wahl als Mitglied einzutreten.

§ 14. Die Wahl der Vertreter der Arbeitgeber und der Versicherten erfolgt unter Leitung des Reichs-Versicherungsamts in getrennter Wahlhandlung mittels schriftlicher Abstimmung nach relativer Mehrheit der Stimmen; bei Stimmengleichheit entscheidet das Los. Das Stimmenverhältnis der einzelnen Wahlkörper bestimmt der Bundesrat unter Berücksichtigung der Zahl der versicherten Personen. Der Bundesrat kann bestimmen, daß und in welcher Weise die Wahlen nach Bezirken zu erfolgen haben und wie die zu wählenden Personen auf einzelne Bezirke zu verteilen sind. Das Ergebnis der Wahl ist öffentlich bekannt zu machen.

Die Amtsdauer der nichtständigen Mitglieder und ihrer Stellvertreter währt fünf Jahre. Die Gewählten bleiben nach Ablauf dieser Zeit solange im Amte, bis ihre Nachfolger ihr Amt angetreten haben. Die Ausscheidenden sind wieder wählbar.

Werden hinsichtlich eines Gewählten Tatsachen bekannt, welche dessen Wählbarkeit nach Maßgabe dieses Gesetzes ausschließen, oder welche sich als grobe Verletzungen der Amtspflicht darstellen, so ist der Gewählte, nachdem ihm Gelegenheit zur Äußerung gegeben worden ist, durch Beschluß des Reichs-Versicherungsamts seines Amtes zu entheben.

§ 19. Die Kosten des Reichs-Versicherungsamts und des Verfahrens vor demselben trägt das Reich.

Das Reichs-Versicherungsamt ist befugt, den Beteiligten solche Kosten des Verfahrens zur Last zu legen, welche durch Mutwillen oder durch ein auf Verschleppung oder Irreführung berechnetes Verhalten derselben veranlaßt worden sind.

Die nichtständigen Mitglieder erhalten für die Teilnahme an den Arbeiten und Sitzungen des Reichs-Versicherungsamts eine nach dem Jahresbetrage festzusetzende Vergütung, und diejenigen, welche außerhalb Berlins wohnen, außerdem Ersatz der Kosten der Hin- und Rückreise nach den für die vortragenden Räte der obersten Reichsbehörden geltenden Sätzen (Verordnung vom 21. Juni 1875, RGBl. S. 249). Die Bestimmungen im § 16 des Gesetzes, betreffend die Rechtsverhältnisse der Reichsbeamten, vom 31. März 1873 (RGBl. S. 61) finden auf sie keine Anwendung.

Im übrigen werden die Formen des Verfahrens und der Geschäftsgang des Reichs-Versicherungsamts durch Kaiserliche Verordnung unter Zustimmung des Bundesrats geregelt.

Regelung des Gebührenwesens.

§ 20. Die Gebühren der Rechtsanwälte im Verfahren vor den Schiedsgerichten und dem Reichs-Versicherungsamte werden durch Kaiserliche Verordnung mit Zustimmung des Bundesrats [1]), die Gebühren im Verfahren vor den Landes-Versicherungsämtern von den Landesregierungen festgesetzt.

Eine Vereinbarung über höhere Beträge ist nichtig.

---

[1]) Siehe Anhang Nr. 8 B.

Anhang Nr. 8 B.

Verordnung, betreffend die Gebühren der Rechtsanwälte im Verfahren vor den Schiedsgerichten und dem Reichs-Versicherungsamte.

Vom 22. Dezember 1901 (RGBl. S. 497. AN. 02 S. 177).

Wir Wilhelm, von Gottes Gnaden Deutscher Kaiser, König von Preußen 2c. verordnen auf Grund des § 20 Abs. 1 des Gesetzes, betreffend die Abänderung der Unfallversicherungsgesetze, vom 30. Juni 1900 (RGBl. S. 573) im Namen des Reichs, nach erfolgter Zustimmung des Bundesrats, was folgt:

§ 1. Die Vergütung für die Berufstätigkeit eines Rechtsanwalts bemißt sich im Verfahren vor einem Schiedsgerichte für Arbeiterversicherung auf den Betrag von drei bis dreißig Mark, im Verfahren vor dem Reichs-Versicherungsamt auf den Betrag von fünf bis fünfzig Mark.

Schweben in einem Streitfalle gegen mehrere Bescheide Rechtsmittel, so gilt das Verfahren über dieselben, wenn über sie gleichzeitig erkannt wird, nur als ein Verfahren.

§ 2. Für die Teilnahme an Beweisverhandlungen außerhalb der Gerichtsstätte kann, wenn die Anwesenheit des Rechtsanwalts geboten war, eine angemessene Entschädigung außer der Vergütung zugebilligt werden.

Eine Erstattung der Kosten für eine Reise zur mündlichen Verhandlung sowie von sonstigen Auslagen findet nicht statt. Jedoch ist bei der Festsetzung der im § 1 bezeichneten Vergütung innerhalb der dort gezogenen Grenzen auf Schreibgebühren und Portoauslagen Rücksicht zu nehmen.

§ 3. Diese Verordnung tritt am 1. Januar 1902 in Kraft.

Urkundlich unter Unserer Höchsteigenhändigen Unterschrift und beigedrucktem Kaiserlichen Insiegel.

Gegeben Neues Palais, den 22. Dezember 1901.

(L. S.) Wilhelm.

Graf von Posadowsky.

Anhang Nr. 9.

Verordnung, betreffend das Verfahren vor den Schiedsgerichten für Arbeiterversicherung.

Vom 22. November 1900 (RGBl. S. 1017. AN. S. 781).

Wir Wilhelm, von Gottes Gnaden Deutscher Kaiser, König von Preußen ꝛc. verordnen auf Grund des § 106 Abs. 6 des Invalidenversicherungsgesetzes (RGBl. 1899 S. 463) und im Hinblick auf § 3 des Gesetzes, betreffend die Abänderung der Unfallversicherungsgesetze, vom 30. Juni 1900 (RGBl. S. 335) im Namen des Reichs, nach erfolgter Zustimmung des Bundesrats, was folgt:

I. Allgemeine Bestimmungen.

§ 1. Beeidigung der Mitglieder des Schiedsgerichts.

Der Vorsitzende des Schiedsgerichts und dessen Stellvertreter werden von einem Beauftragten der Landes-Zentralbehörde des Bundesstaats, in welchem der Sitz des Schiedsgerichts belegen ist, die Beisitzer dagegen von dem Vorsitzenden des Schiedsgerichts auf die Erfüllung der Obliegenheiten ihres Amtes beeidigt.

Die Beeidigung der Beisitzer erfolgt bei ihrer ersten Dienstleistung in öffentlicher Sitzung; sie gilt für die Dauer der Wahlperiode. Im Falle der Wiederwahl genügt die Verweisung auf die frühere Beeidigung.

Im übrigen finden auf die Beeidigung die Vorschriften des § 51 des Gerichtsverfassungsgesetzes entsprechende Anwendung.

§ 2. Befugnisse des Vorsitzenden.

Die Leitung und Beaufsichtigung des Geschäftsganges bei dem Schiedsgerichte liegt dem Vorsitzenden und im Falle der Behinderung seinem Stellvertreter ob. Der Vorsitzende öffnet die eingehenden Sendungen, verteilt die Geschäfte, bestimmt die Sitzungen, zeichnet die Verfügungen, vollzieht die Reinschriften und trifft in Beziehung auf die Führung der Geschäftskontrollen die erforderlichen Anordnungen. Er verpflichtet eidlich die Beamten des Schiedsgerichts, soweit sie nicht bereits als Beamte der Versicherungsanstalt einen Diensteid geleistet haben, und übt über sie die unmittelbare Dienstaufsicht aus. Disziplinarstrafen gegen dieselben verhängt, sofern sie bei dem Schiedsgericht im Hauptamt angestellt sind, der Vorstand der Versicherungsanstalt, im übrigen die ihnen im Hauptamte vorgesetzte Dienstbehörde (§ 104 Abs. 5 in Verbindung mit § 83 Abs. 1, 3 Satz 2 des Invalidenversicherungsgesetzes).

Der Vorsitzende setzt die den Beisitzern statutenmäßig zu gewährenden Bezüge fest und ist befugt, Beisitzer, welche die Wahl ohne zulässigen Grund ablehnen, ohne genügende Entschuldigung zu den Sitzungen nicht rechtzeitig sich einfinden oder ihren Obliegenheiten in anderer Weise sich entziehen, mit Geldstrafen zu belegen (§ 104 Abs. 5 in Verbindung mit § 83 Abs. 3 Satz 1, § 90 Abs. 2, § 94 a. a. O.).

Die Beisitzer haben dem Vorsitzenden Anzeige zu machen, wenn durch Änderung in ihren persönlichen Verhältnissen die Voraussetzungen ihrer Wählbarkeit nachträglich wegfallen.

Werden dem Vorsitzenden Tatsachen bekannt, welche die Wählbarkeit eines Beisitzers ausschließen, oder sich als grobe Verletzungen seiner Amtspflicht darstellen, so hat er diesen Beisitzer zu den Sitzungen einstweilen nicht einzuberufen und ihn, nachdem ihm Gelegenheit zur Äußerung gegeben worden ist, seines Amtes zu entheben (§ 104 Abs. 5 in Verbindung mit § 91 a. a. O.). Gegen die diese Enthebung aussprechende Verfügung, welche die derselben zugrunde liegenden Tatsachen angeben muß, kann von dem Beisitzer innerhalb eines Monats nach der Zustellung bei dem Schiedsgerichtsvorsitzenden oder bei dem Schiedsgerichte Beschwerde eingelegt werden. Der Vorsitzende hat die Beschwerde unter Beifügung der Verhandlungen und einer Äußerung unverzüglich der höheren Verwaltungsbehörde einzureichen; diese entscheidet endgültig. Die Bestimmung des § 114 Abs. 3 a. a. O. findet entsprechende Anwendung. Die Fähigkeit eines

Beisitzers, als solcher an einer Sitzung teilzunehmen, erlischt, sobald der Enthebungsbescheid rechtskräftig geworden ist.

§ 3. Zuziehung der Beisitzer.

Die Reihenfolge, in welcher die Beisitzer bei Streitsachen aus der Invalidenversicherung in der Regel zu den Verhandlungen zuzuziehen sind, wird durch das Statut der Versicherungsanstalt bestimmt (§ 106 Abs. 5 in Verbindung mit § 83 Abs. 2 des Invalidenversicherungsgesetzes).

In Streitsachen aus der Unfallversicherung (§ 7 Abs. 1 des Gesetzes, betreffend die Abänderung der Unfallversicherungsgesetze) bestimmt der Vorsitzende unter Beachtung des Statuts der Versicherungsanstalt, und zwar regelmäßig für jedes Halbjahr im voraus, getrennt für die einzelnen Berufszweige die Reihenfolge, in der die Beisitzer zuzuziehen sind, soweit es sich um Unfälle

1. in der Land- und Forstwirtschaft,
2. im Bergbaubetriebe,
3. in den sonstigen der Versicherung unterliegenden Betrieben

handelt. Abweichungen von der festgesetzten Reihenfolge sind unter Angabe der Gründe aktenkundig zu machen. Für die Entscheidung bei Unfällen im Bergbaubetriebe kann von der Vorausbestimmung der Reihenfolge der Beisitzer, unbeschadet der Bestimmung im § 7 Abs. 1 a. a. O., bei denjenigen Schiedsgerichten abgesehen werden, bei welchen ein Bedürfnis für die Vorausbestimmung nicht besteht.

Der Antrag eines Entschädigungsberechtigten, zur Verhandlung und Entscheidung in einem einzelnen Falle abweichend von der festgesetzten Reihenfolge Beisitzer aus den Betrieben derjenigen Berufsgenossenschaft oder Ausführungsbehörde zuzuziehen, welcher der Betrieb, in dem sich der Unfall ereignet hat, angehört (§ 7 Abs. 2 a. a. O.), ist in der Regel bei Einreichung der Berufungsschrift zu stellen. Der gleiche Antrag einer Berufsgenossenschaft oder Ausführungsbehörde ist in der Regel bei Einreichung der Gegenschrift zu stellen. Der Schiedsgerichtsvorsitzende hat jedoch auch später eingehende Anträge solcher Art bis zur Anberaumung des Termins zur mündlichen Verhandlung zuzulassen.

Wird der Antrag abgelehnt, so ist dem Antragsteller ein mit

Gründen zu versehender Bescheid in Ausfertigung zuzustellen. In dem Bescheid ist darauf hinzuweisen, daß der Antragsteller vor Beginn der Verhandlung eine Entscheidung des Schiedsgerichts über den Antrag beanspruchen kann.

Wird der Antrag erst nach Anberaumung des Termins zur mündlichen Verhandlung gestellt, so entscheidet, sofern dem Antrage nicht schon von dem Vorsitzenden stattgegeben worden ist, das Schiedsgericht selbst.

§ 4. Ablehnung der Mitglieder des Schiedsgerichts.

Die Bestimmungen in den §§ 41 ff. der Zivilprozeßordnung über die Ausschließung und Ablehnung der Richter finden auf die Mitglieder der Schiedsgerichte entsprechende Anwendung. Jedoch beschließt über ein Ablehnungsgesuch in betreff des Vorsitzenden das Schiedsgericht, in betreff der Beisitzer der Vorsitzende.

Bei dem Beschluß über ein Ablehnungsgesuch in betreff des Vorsitzenden hat dieser nicht mitzuwirken. An seiner Stelle führt dabei der dem Lebensalter nach älteste Beisitzer den Vorsitz. Ergibt sich bei der Abstimmung über das Gesuch Stimmengleichheit, so gilt dasselbe für abgelehnt.

Der Beschluß kann, wenn das Ablehnungsgesuch für unbegründet erklärt wird, nicht für sich allein, sondern nur mit der Entscheidung in der Hauptsache angefochten werden.

II. Vorschriften über das Verfahren.

§ 5. Erhebung der Berufung.

Die Berufung auf schiedsgerichtliche Entscheidung muß innerhalb eines Monats nach der Zustellung des Bescheids bei dem zuständigen Schiedsgericht eingegangen sein (§ 114 Abs. 2 des Invalidenversicherungsgesetzes, § 76 Abs. 2 des Gewerbe-Unfallversicherungsgesetzes, § 82 Abs. 2 des Unfallversicherungsgesetzes für Land- und Forstwirtschaft, § 37 Abs. 1 des Bau-Unfallversicherungsgesetzes, § 80 Abs. 4 des See-Unfallversicherungsgesetzes in Verbindung mit § 36 dieser Verordnung). Die Frist gilt auch dann als gewahrt, wenn innerhalb derselben die Berufung bei einer anderen inländischen Behörde oder in Streitsachen aus der Unfallversicherung bei einem Genossenschaftsorgan, in Angelegenheiten der See-Unfallversicherung auch bei einem deutschen Seemannsamt im Ausland eingegangen ist. Diese Stellen haben die Berufungsschrift ungesäumt an das zuständige Schiedsgericht abzugeben.

Zuständig ist in Streitsachen aus der Invalidenversicherung dasjenige Schiedsgericht, zu dessen Bezirke die untere Verwaltungsbehörde oder Rentenstelle gehört, die gemäß § 112 Abs. 1 des Invalidenversicherungsgesetzes mit dem Rentenanspruche befaßt gewesen ist. In Streitsachen aus der Unfallversicherung ist, abgesehen von den gegen die See-Berufsgenossenschaft gerichteten Ansprüchen, dasjenige Schiedsgericht zuständig, in dessen Bezirke der Betrieb, in welchem der Unfall sich ereignet hat, belegen ist (§ 76 Abs. 2 des Gewerbe-Unfallversicherungsgesetzes, § 82 Abs. 2 des Unfallversicherungsgesetzes für Land- und Forstwirtschaft, § 37 Abs. 1 des Bau-Unfallversicherungsgesetzes). Für die Entscheidung auf die gegen die See-Berufsgenossenschaft gerichteten Berufungen ist das Schiedsgericht zuständig, in dessen Bezirke der Heimatshafen desjenigen Fahrzeugs belegen ist oder derjenige Betrieb seinen Sitz hat, auf oder in welchem der Unfall sich ereignet hat. Ist der Heimatshafen nicht im Bezirk eines Schiedsgerichts belegen, so ist das für den Sitz der Berufsgenossenschaft zuständige Schiedsgericht zur Entscheidung zuständig (§ 80 Abs. 2 des See-Unfallversicherungsgesetzes).

In der Berufung sollen der Gegenstand des Anspruchs bezeichnet und die für die Entscheidung maßgebenden Tatsachen unter Angabe der Beweismittel angeführt werden; auch ist die Versicherungsanstalt, Berufsgenossenschaft oder Ausführungsbehörde, welche den angefochtenen Bescheid erteilt hat, zu benennen.

Die Berufung kann schriftlich oder zu Protokoll des Schiedsgerichts, einer anderen inländischen Behörde, in Streitsachen aus der Unfallversicherung auch zu Protokoll eines Genossenschaftsorgans beziehungsweise eines deutschen Seemannsamts im Ausland erhoben werden. Bei schriftlicher Erhebung ist dem Schriftsatz eine Abschrift beizufügen.

§ 6. Streit über die Zuständigkeit.

Entsteht unter mehreren Schiedsgerichten Streit über ihre Zuständigkeit, so entscheidet das Reichs=Versicherungsamt. In Streitsachen aus der Unfallversicherung tritt an dessen Stelle das Landes=Versicherungsamt, sofern die Entscheidung auf einen Rekurs diesem zusteht.

§ 7. Verfahren bei Eingang der Berufung.

Der Zeitpunkt des Einganges der Berufung ist sofort sowohl auf der Berufungsschrift wie auf der beigefügten Abschrift zu vermerken. Ist der Berufung eine Abschrift nicht beigefügt (§ 5 Abs. 4), so ist seitens des Schiedsgerichts eine solche zu fertigen und auf diese der Vermerk des Einganges zu übertragen; die Kosten dieser Abschrift können von dem Berufenden eingezogen werden.

Richtet sich die Berufung gegen einen auf Grund der Unfall=versicherungsgesetze ergangenen Bescheid oder gegen einen Bescheid des Vorstandes der Versicherungsanstalt oder gegen einen den Anspruch auf Rente nur zum Teil anerkennenden Bescheid einer Rentenstelle, so hat der Vorsitzende des Schiedsgerichts dem Vorstande der Berufsgenossenschaft oder berufsgenossenschaftlichen Sektion, der Ausführungsbehörde oder dem Vorstande der Versicherungsanstalt die Abschrift der Berufung mit dem Ersuchen mitzuteilen, die Vorverhandlungen einzusenden.

Legt der Rentenbewerber Berufung gegen den Bescheid einer Rentenstelle ein, durch welchen eine beantragte Rente versagt, die Entziehung einer Invalidenrente oder die Einstellung von Renten=zahlungen ausgesprochen worden ist, so hat der Vorsitzende des Schiedsgerichts die Vorverhandlungen der Rentenstelle einzufordern.

Legt der Vorstand der Versicherungsanstalt in den Fällen des § 129 Abs. 4 des Invalidenversicherungsgesetzes gegen den Bescheid einer Rentenstelle Berufung ein, so hat er seiner Berufungsschrift die ihm übersandten Verhandlungen der Rentenstelle, versehen mit dem Vermerke des Einganges bei der Versicherungsanstalt, beizufügen.

Die einzusendenden Vorverhandlungen müssen sämtliche, bei

der Berufsgenossenschaft und deren Organen, bei der Ausführungsbehörde, der Versicherungsanstalt und der Rentenstelle vorhandenen Schriftstücke, die sich auf den geltend gemachten Anspruch beziehen, enthalten, einschließlich derjenigen, welche sich in Vorakten befinden.

§ 8. Abweisung durch Bescheid.

Ist die Berufung nicht rechtzeitig eingelegt, oder ist das Schiedsgericht gesetzlich zur Entscheidung über die der Berufung zugrunde liegenden Beschwerdepunkte nicht zuständig, so kann der Vorsitzende die Berufung durch einen mit Gründen zu versehenden Bescheid zurückweisen. Die Anfertigung einer Abschrift der Berufung seitens des Schiedsgerichts (§ 7 Abs. 1) kann in diesen Fällen einstweilen unterbleiben.

Der Berufende ist befugt, innerhalb zwei Wochen vom Tage der Zustellung des Bescheids ab bei dem Schiedsgerichte die Anberaumung eines Termins zur mündlichen Verhandlung zu beantragen.

Die vorstehende Befugnis ist dem Berufenden in dem Bescheide zu eröffnen.

Die Ablehnung von Anträgen auf mündliche Verhandlung kann nur durch Entscheidung des Schiedsgerichts erfolgen.

§ 9. Beantwortung der Berufung.

Dem Vorstande der Berufsgenossenschaft oder berufsgenossenschaftlichen Sektion, der Ausführungsbehörde oder dem Vorstande der Versicherungsanstalt ist im Falle des § 7 Abs. 2 bei Übersendung der Abschrift der Berufung anheimzustellen, eine Gegenschrift einzureichen. In den Fällen des § 7 Abs. 3, 4 hat der Vorsitzende, sofern die Voraussetzungen des § 8 Abs. 1 nicht vorliegen, die Abschrift der Berufung dem Gegner mit der Anheimgabe mitzuteilen, eine Gegenschrift einzureichen.

Die Frist zur Einreichung der Gegenschrift ist in der Regel auf nicht länger als zwei Wochen zu bemessen. Zugleich ist darauf hinzuweisen, daß, wenn die Gegenschrift innerhalb der Frist nicht eingeht, die Entscheidung nach Lage der Akten erfolgen werde. Die Frist kann auf Antrag aus wichtigen Gründen verlängert werden.

Der Gegenschrift und etwaigen weiteren Schriftsätzen sind zur Zustellung an den Gegner Abschriften beizufügen. Die Bestimmungen des § 7 Abs. 1 Satz 2 finden Anwendung.

In einfachen Fällen sowie dann, wenn das tatsächliche Verhältnis aus vorliegenden Akten und Urkunden sich sofort feststellen läßt, kann ohne vorgängigen Schriftwechsel Termin zur mündlichen Verhandlung anberaumt werden. Den Beteiligten ist in den Fällen des § 7 Abs. 3, 4 gleichzeitig mit der Benachrichtigung vom Termine die Abschrift der Berufung mitzuteilen.

§ 10. Unterzeichnung der Schriftsätze und Vertretung der Parteien.

Berufungen und Gegenschriften müssen entweder von den Beteiligten selbst oder von ihren gesetzlichen Vertretern oder von ihren Bevollmächtigten unterzeichnet sein. Die Vollmacht muß schriftlich erteilt werden. Ehegatten, Verwandte der aufsteigenden Linie und großjährige Verwandte der absteigenden Linie können auch ohne schriftliche Vollmacht zur Vertretung zugelassen werden.

Das Schiedsgericht kann Bevollmächtigte und Beistände, welche das mündliche Verhandeln vor Gericht geschäftsmäßig betreiben, zurückweisen. Diese Vorschrift findet keine Anwendung auf Rechtsanwälte und auf Personen, denen das mündliche Verhandeln vor Gericht durch eine seitens der Justizverwaltung getroffene Anordnung gestattet ist.

Die Prozeßfähigkeit einer Partei sowie die Legitimation eines Vertreters sind von Amts wegen zu prüfen.

Nichtprozeßfähigen Parteien, welche ohne gesetzlichen Vertreter sind, kann bis zum Eintritte des gesetzlichen Vertreters von dem Vorsitzenden ein besonderer Vertreter bestellt werden. Derselbe ist befugt, alle Parteirechte zum Zwecke der Durchführung des Feststellungsverfahrens wahrzunehmen. Eine Befugnis zur Empfangnahme von Zahlungen steht demselben nicht zu. Das Gleiche gilt, wenn der Aufenthaltsort des gesetzlichen Vertreters unbekannt oder vom Sitze des Schiedsgerichts weit entfernt ist. Die nichtprozeßfähige Partei ist auf ihr Verlangen selbst zu hören. Die Kosten des besonderen Vertreters gelten als außergerichtliche Kosten.

§ 11. Mündliche Verhandlung.

Die Entscheidung erfolgt auf Grund mündlicher Verhandlung vor dem Schiedsgerichte. Der Termin hierzu wird von dem Vorsitzenden anberaumt.

Die Beteiligten werden von dem Termin, in der Regel mittelst eingeschriebenen Briefes, mit dem Bemerken in Kenntnis gesetzt, daß im Falle ihres Ausbleibens nach Lage der Akten werde entschieden werden. Ein Ausweis hierüber muß zu den Akten gebracht werden.

Hält das Schiedsgericht das persönliche Erscheinen eines Beteiligten für angemessen, so hat es demselben zu eröffnen, daß aus seinem Nichterscheinen ungünstige Schlüsse für seinen Anspruch gezogen werden können.

§ 12. Ort der Verhandlung.

Die mündliche Verhandlung findet in der Regel am Sitze des Schiedsgerichts statt. Der Vorsitzende ist jedoch befugt, das Schiedsgericht zu einer Sitzung an einen anderen Ort seines Bezirkes zu berufen, wenn dies zur Ersparung an Kosten oder Reisen, zur Aufklärung des Sachverhalts oder zur Erleichterung der Beweisaufnahme zweckmäßig erscheint.

§ 13. Öffentlichkeit des Verfahrens.

Die mündliche Verhandlung erfolgt in öffentlicher Sitzung. Die Öffentlichkeit kann durch einen öffentlich zu verkündenden Beschluß ausgeschlossen werden, wenn das Schiedsgericht dies aus Gründen des öffentlichen Wohles oder der Sittlichkeit für angemessen erachtet.

Die Vorschriften der §§ 176 bis 182, 184 des Gerichtsverfassungsgesetzes über die Aufrechterhaltung der Ordnung finden entsprechende Anwendung. Über die Beschwerde gegen Ordnungsstrafen entscheidet endgültig die höhere Verwaltungsbehörde, in deren Bezirke sich der Sitz des Schiedsgerichts befindet. Die Beschwerde ist binnen zwei Wochen nach der Zustellung der Strafverfügung bei der zur Entscheidung zuständigen Stelle einzulegen.

Die vom Schiedsgerichte festgesetzten Strafen werden in der=

selben Weise beigetrieben wie Gemeindeabgaben und fließen bei Streitsachen aus der Invalidenversicherung in die Kasse der Versicherungsanstalt, bei Streitsachen aus der Unfallversicherung in die Kasse der Berufsgenossenschaft oder der Ausführungsbehörde.

§ 14. Die mündliche Verhandlung beginnt mit der Darstellung des Sachverhalts durch den Vorsitzenden oder durch einen von diesem ernannten Berichterstatter. Demnächst sind die erschienenen Beteiligten zu hören. Der Vorsitzende hat jedem Beisitzer auf Verlangen zu gestatten, Fragen zu stellen.

§ 15. Erledigung der Berufung durch Vergleich.

Eine Berufung kann durch Vergleich erledigt werden, wenn dieser sich auf den streitigen Anspruch selbst und auf die etwaigen außergerichtlichen Kosten erstreckt.

§ 16. Sitzungsprotokoll.

Die mündliche Verhandlung erfolgt unter Zuziehung eines vereidigten Protokollführers. Von demselben ist ein Protokoll aufzunehmen, welches die Namen des Vorsitzenden und der mitwirkenden Beisitzer, deren Eigenschaft als Vorsitzender, Arbeitgeber oder Arbeitnehmer sowie die Bezeichnung des Berufs der Beisitzer enthält und den Gang der Verhandlung im allgemeinen angibt.

Außerdem sind durch Aufnahme in das Protokoll festzustellen:

1. Erklärungen der Parteien, welche die Zurücknahme einer Berufung bezwecken, ferner Anerkenntnisse, Verzichtleistungen, Vergleiche;
2. solche Anträge und Erklärungen der Parteien, welche von den Schriftsätzen abweichen;
3. die Aussagen der Zeugen und Sachverständigen, soweit dieselben früher nicht abgehört waren oder von ihrer früheren Aussage abweichen;
4. die Ergebnisse eines Augenscheins;
5. Beschlüsse des Schiedsgerichts und die Urteilsformel.

Das Protokoll ist, soweit in demselben Vergleiche, Anerkenntnisse oder Verzichtleistungen festgestellt worden sind, den Beteiligten vorzulesen. In dem Protokoll ist zu bemerken, daß die Vorlesung stattgefunden hat und daß die Genehmigung erfolgt ist, oder welche Einwendungen erhoben worden sind.

Das Protokoll ist von dem Vorsitzenden und dem Protokollführer zu unterzeichnen.

§ 17. Beweisaufnahme.

Das Gericht hat den zur Klarstellung des Sachverhalts erforderlichen Beweis in vollem Umfange zu erheben, ohne Rücksicht darauf, ob dieser Beweis von den Parteien angetreten worden ist oder nicht.

Der Vorsitzende ist befugt, zur mündlichen Verhandlung auch ohne vorausgehenden Beschluß des Schiedsgerichts Zeugen und Sachverständige vorzuladen sowie das persönliche Erscheinen eines Beteiligten anzuordnen (§ 11 Abs. 3 dieser Verordnung, § 9 Abs. 5 des Gesetzes, betreffend die Abänderung der Unfallversicherungsgesetze).

Die Beweiserhebung erfolgt in der Regel in der mündlichen Verhandlung. Das Schiedsgericht ist jedoch befugt, den Beweis durch ein Mitglied oder gemäß § 172 des Invalidenversicherungsgesetzes, § 144 des Gewerbe-Unfallversicherungsgesetzes, § 154 des Unfallversicherungsgesetzes für Land- und Forstwirtschaft, § 45 Abs. 2 des Bau-Unfallversicherungsgesetzes, § 141 des See-Unfallversicherungsgesetzes durch eine öffentliche Behörde erheben zu lassen. Geeignetenfalls steht die Befugnis der Beweiserhebung auch dem Vorsitzenden schon vor Anberaumung des Termins zur mündlichen Verhandlung zu.

Die Beweisverhandlungen sind unter Zuziehung eines vereidigten oder durch Handschlag zu verpflichtenden Protokollführers aufzunehmen; die Beteiligten sind zu benachrichtigen.

§ 18. Hinsichtlich der Verpflichtung, sich als Zeuge oder Sachverständiger vernehmen zu lassen und die Aussagen eidlich zu erhärten, finden die Bestimmungen der Zivilprozeßordnung entsprechende Anwendung. Insbesondere ist das Schiedsgericht befugt, gegen Zeugen und Sachverständige, welche sich nicht oder nicht rechtzeitig zu den Sitzungen einfinden, oder ihre Aussage oder die Eidesleistung ohne Angabe eines Grundes oder, nachdem der vorgeschützte Grund rechtskräftig für unerheblich erklärt ist, verweigern, eine Geldstrafe bis zu dreihundert Mark festzusetzen. Kommt die Verhängung oder Vollstreckung von Zwangsmaßregeln in Frage, so ist um diese das Amtsgericht zu ersuchen, in dessen Bezirke die Zeugen oder Sachverständigen ihren Wohnsitz oder in Ermangelung eines solchen ihren Aufenthalt haben. Auf Militärpersonen, welche dem aktiven Heere oder der aktiven Marine angehören, finden die Vorschriften des § 380 Abs. 4, § 390 Abs. 4, § 409 Abs. 3 der Zivilprozeßordnung Anwendung.

Gegen die Beschlüsse des Schiedsgerichts findet binnen einer Frist von zwei Wochen nach deren Zustellung die Beschwerde an das Reichs-Versicherungsamt statt, in Streitsachen aus der Unfallversicherung tritt an dessen Stelle das Landes-Versicherungsamt, sofern die Entscheidung auf einen Rekurs diesem zusteht; die Beschwerde ist schriftlich beim Schiedsgericht einzulegen.

Erfolgt nachträglich eine genügende Entschuldigung für das Verhalten des Zeugen oder Sachverständigen, so sind die getroffenen Anordnungen wieder aufzuheben.

Die Bestimmung des § 13 Abs. 3 findet Anwendung. Die Zeugen und Sachverständigen erhalten Gebühren nach Maßgabe der Gebührenordnung für Zeugen und Sachverständige (RGBl. 1898 S. 689).

§ 19. Entscheidung.

Das Schiedsgericht entscheidet innerhalb der erhobenen Ansprüche nach freiem Ermessen. Bilden sich in Beziehung auf Summen, über welche zu entscheiden ist, mehr als zwei Meinungen, deren keine die Mehrheit für sich hat, so werden die für die größte Summe abgegebenen Stimmen den für die zunächst geringere abgegebenen solange hinzugerechnet, bis sich eine Mehrheit ergibt.

Die Beratung und Beschlußfassung erfolgt in nichtöffentlicher Sitzung; hierbei dürfen nur Mitglieder mitwirken, vor welchen die mündliche Verhandlung stattgefunden hat.

§ 20. Gerichtliche Kosten.

Die Festsetzung der gerichtlichen Kosten des Verfahrens, die nach § 107 Abs. 1 des Invalidenversicherungsgesetzes vorbehaltlich der Bestimmung des § 10 Abs. 2 des Gesetzes, betreffend die Abänderung der Unfallversicherungsgesetze, die Versicherungsanstalt zu tragen hat, erfolgt durch den Vorsitzenden des Schiedsgerichts. Wird seine Festsetzung angefochten, so ist die Entscheidung des Schiedsgerichts herbeizuführen.

Gegen diese Entscheidung findet Beschwerde an das Reichs-Versicherungsamt statt. Die Beschwerde ist binnen einem Monate nach der Zustellung des Festsetzungsbescheids schriftlich beim Schiedsgericht einzureichen, das, wenn es die Beschwerde für begründet erachtet, ihr stattgeben kann. Anderenfalls ist die Beschwerde mit einer gutachtlichen Äußerung unter Beifügung der Verhandlungen dem Reichs-Versicherungsamt einzureichen.

Der Vorsitzende des Schiedsgerichts, in Streitsachen aus der Unfallversicherung aber das Schiedsgericht, kann den Beteiligten solche Kosten des Verfahrens zur Last legen, welche durch Mutwillen oder durch ein auf Verschleppung oder Irreführung berechnetes Verhalten veranlaßt worden sind (§ 104 Abs. 5 in Verbindung mit § 64 Abs. 5 des Invalidenversicherungsgesetzes; § 10 Abs. 4 des Gesetzes, betreffend die Abänderung der Unfallversicherungsgesetze).

§ 21. Außergerichtliche Kosten.

Das Schiedsgericht hat, ohne daß es eines Antrags bedarf, zugleich mit der Entscheidung über die Hauptsache zu prüfen, ob und in welchem Betrage die unterliegende Partei dem Gegner die ihm in dem Verfahren vor dem Schiedsgericht erwachsenen Kosten zu erstatten hat. Die Festsetzung des Betrags erfolgt nach freiem Ermessen. Dasselbe gilt, solange nicht durch die im § 20 des Gesetzes, betreffend die Abänderung der Unfallversicherungsgesetze, vorgesehene Verordnung etwas anderes bestimmt wird, unter Berücksichtigung der zweckentsprechend aufgewendeten Zeit und Mühewaltung auch für Rechtsanwälte sowie sonstige Vertreter und Beistände der Parteien.

Die von einer Partei zu erstattenden außergerichtlichen Kosten werden auf Antrag durch Vermittelung des Schiedsgerichts in derselben Weise beigetrieben wie Gemeindeabgaben.

§ 22. Abstimmung.

Bei der Abstimmung stimmt der etwa bestellte Berichterstatter (§ 14) zuerst. Im übrigen richtet sich bei der Abstimmung der Beisitzer die Reihenfolge nach dem Lebensalter dergestalt, daß der Jüngste zuerst stimmt. Der Vorsitzende stimmt in allen Fällen zuletzt.

§ 23. Verkündung.

Der Vorsitzende verkündet den Beschluß oder die Entscheidung in öffentlicher Sitzung. Die Verkündung kann auf eine sofort anzuberaumende spätere Sitzung vertagt werden, welche in der Regel binnen einer Woche stattfinden soll.

Wird die Verkündung der Gründe für angemessen gehalten, so erfolgt sie durch mündliche Mitteilung des wesentlichen Inhalts.

§ 24. Form und Ausfertigung der Entscheidung.

Die Entscheidungen enthalten eine gedrängte Darstellung des Sach- und Streitstandes auf Grund der gesamten Verhandlungen unter Hervorhebung der in der Sache gestellten Anträge (Tatbestand), ferner die Entscheidungsgründe und die von der Darstellung des Tatbestandes und der Entscheidungsgründe äußerlich zu sondernde Urteilsformel. Die Entscheidungen sind in der Urschrift von dem Vorsitzenden zu unterschreiben; im Falle seiner Behinderung unterschreibt der dem Lebensalter nach älteste mitwirkende Beisitzer.

§ 25. Bei den Ausfertigungen der Entscheidungen sind im Eingange die Mitglieder des Schiedsgerichts, welche an der Entscheidung teilgenommen haben, nach Maßgabe des § 16 namentlich aufzuführen und der Sitzungstag, an welchem die Entscheidung erfolgt ist, zu bezeichnen.

Die Ausfertigungen enthalten neben dem Siegel des Schiedsgerichts (§ 26) die Schlußformel:

„Urkundlich unter Siegel und Unterschrift."
„Das Schiedsgericht für Arbeiterversicherung . ."

Die Vollziehung erfolgt durch den Vorsitzenden oder im Falle seiner Behinderung in Vertretung durch dessen Stellvertreter.

Die Entscheidungen sollen spätestens innerhalb drei Wochen nach ihrer Verkündung den Parteien zugestellt werden.

§ 26. Das Schiedsgericht führt ein Siegel, welches durch die für den Sitz des Schiedsgerichts zuständige Landes-Zentralbehörde bestimmt wird.

III. Besondere Vorschriften über das Verfahren bei Anträgen auf anderweite Feststellung der Unfallentschädigungen.

§ 27. Der im § 88 Abs. 3 des Gewerbe-Unfallversicherungsgesetzes, § 94 Abs. 3 des Unfallversicherungsgesetzes für Land- und Forstwirtschaft, § 92 Abs. 3 des See-Unfallversicherungsgesetzes vorgesehene Antrag auf anderweite Feststellung einer Entschädigung ist seitens der Berufsgenossenschaft oder der Ausführungsbehörde beim Schiedsgerichte schriftlich zu stellen.

Der Verletzte kann den Antrag schriftlich oder zu Protokoll des Schiedsgerichts oder einer anderen inländischen Behörde oder eines Genossenschaftsorgans beziehungsweise eines deutschen Seemannsamts im Auslande stellen. Diese Stellen haben den Antrag ungesäumt an das zuständige Schiedsgericht abzugeben.

Zuständig ist dasjenige Schiedsgericht, das gemäß § 5 dieser Verordnung zuständig sein würde, falls es sich um die Einlegung der Berufung handelte.

Dem Antrage der Berufsgenossenschaft oder Ausführungsbehörde sind die Vorverhandlungen beizufügen. Die Unterlagen, auf Grund deren die Herabsetzung oder Aufhebung erfolgen soll, sind besonders hervorzuheben.

Der Verletzte hat in seinem Antrage die Unterlagen, auf Grund deren die Erhöhung oder Wiedergewährung der Rente begehrt wird, glaubhaft zu machen.

Bei schriftlicher Stellung sind dem Antrag und seinen Unterlagen Abschriften beizufügen.

§ 28. Entsteht unter mehreren Schiedsgerichten Streit über ihre Zuständigkeit, so entscheidet das Reichs- oder Landes-Versicherungsamt (§ 6).

§ 29. Der Zeitpunkt des Einganges ist sofort auf dem Antrag und auf dessen Abschrift zu bemerken. Ist dem Antrag eine

Abschrift nicht beigefügt, so ist eine solche zu fertigen und auf diese der Vermerk des Einganges zu übertragen. Die Bestimmungen des § 7 Abs. 1 Satz 2 finden Anwendung.

§ 30. Nach Eingang des Antrags hat der Vorsitzende die Vorverhandlungen, auch diejenigen des Reichs- oder Landes-Versicherungsamts, falls bei demselben früher ein Verfahren anhängig gewesen ist, einzufordern.

§ 31. Ist das Schiedsgericht gesetzlich zur Entscheidung über den Antrag nicht zuständig, so kann der Vorsitzende den Antrag durch einen mit Gründen zu versehenden Bescheid zurückweisen. Die Anfertigung einer Abschrift des Antrags seitens des Schiedsgerichts (§ 29) kann in diesem Falle einstweilen unterbleiben.

Die Bestimmungen des § 8 Abs. 2, 3, 4 finden entsprechende Anwendung.

§ 32. Sofern die Voraussetzungen des § 31 nicht vorliegen, hat der Vorsitzende die Abschrift des Antrags und seiner Unterlagen dem Gegner mit der Anheimgabe mitzuteilen, eine Gegenschrift einzureichen.

Im weiteren Verfahren finden die Bestimmungen des § 9 Abs. 2, 3 sowie der §§ 10 bis 26 entsprechende Anwendung.

§ 33. Geschäftsbetrieb.

Die Schiedsgerichte unterliegen der Beaufsichtigung durch die für ihre Sitze zuständigen Landes-Zentralbehörden oder die von denselben zu bestimmenden anderen Behörden.

Über Beschwerden der Parteien, die die Prozeßführung betreffen, entscheidet in Streitsachen aus der Invalidenversicherung das Reichs-Versicherungsamt, in Streitsachen aus der Unfallversicherung das Reichs-Versicherungsamt oder das Landes-Versicherungsamt, letzteres, sofern ihm die Entscheidung auf einen Rekurs zusteht.

Auf die Beseitigung von Verzögerungen oder sonstigen Unregelmäßigkeiten in der Prozeßführung hat das Reichs- oder Landes-Versicherungsamt, auch ohne daß Beschwerden der Partei vorliegen, hinzuwirken. Bleiben die aus diesem Anlaß ergangenen Weisungen ohne Erfolg, so sind die Aufsichtsbehörden um Abhilfe zu ersuchen.

§ 34. Geschäftssprache.

In betreff der Geschäftssprache vor dem Schiedsgerichte finden die Bestimmungen in den §§ 186 ff. des Gerichtsverfassungsgesetzes entsprechende Anwendung. Eingaben, welche nicht in deutscher Sprache abgefaßt sind, werden nicht berücksichtigt.

§ 35. Geschäftsbericht.

Am Schlusse eines jeden Jahres hat der Vorsitzende des Schiedsgerichts dem Reichs-Versicherungsamte zu dem von diesem zu bestimmenden Zeitpunkt und nach dem von demselben vorzuschreibenden Muster einen Geschäftsbericht einzureichen.

§ 36. Besondere Bestimmungen über Fristen.

Bei Streitsachen aus der Invalidenversicherung gelten für Seeleute, welche sich außerhalb Europas aufhalten, hinsichtlich der in dieser Verordnung bestimmten Fristen die Vorschriften des § 167 Abs. 3 des Invalidenversicherungsgesetzes. Bei Streitsachen aus der See-Unfallversicherung gelten für Personen, welche sich außerhalb Europas aufhalten, die gemäß § 80 Abs. 4 des See-Unfallversicherungsgesetzes festgesetzten Fristen.

§ 37. Schlußbestimmungen.

Diese Verordnung tritt mit dem Tage in Kraft, von welchem ab die im § 3 des Gesetzes, betreffend die Abänderung der Unfallversicherungsgesetze, vom 30. Juni 1900 bezeichneten Schiedsgerichte für Arbeiterversicherung in Tätigkeit treten (§ 25 a. a. O.). Mit demselben Tage treten die Bestimmungen der Verordnung über das Verfahren vor den auf Grund des Unfallversicherungsgesetzes errichteten Schiedsgerichten vom 2. November 1885 (RGBl. S. 279), die Bestimmung im Artikel III der Verordnung, betreffend die Formen des Verfahrens und den Geschäftsgang des Reichs-Versicherungsamts sowie das Verfahren vor den auf Grund der Gesetze vom 5. Mai 1886 und vom 13. Juli 1887 errichteten Schiedsgerichten, vom 13. November 1887 (RGBl. S. 523) sowie die Bestimmungen der Verordnung, betreffend das Verfahren vor den auf Grund des Invalidenversicherungsgesetzes errichteten Schiedsgerichten, vom 6. Dezember 1899 (RGBl. S. 677) außer Wirksamkeit.

Auf die zur Zeit des Inkrafttretens dieser Verordnung bei den Schiedsgerichten schwebenden Berufungen finden die Vorschriften dieser Verordnung Anwendung.

Urkundlich unter Unserer Höchsteigenhändigen Unterschrift und beigedrucktem Kaiserlichen Insiegel.

Gegeben Homburg v. d. Höhe, den 22. November 1900.

(L. S.) Wilhelm.

Graf von Posadowsky.

Anhang Nr. 10.

Verordnung, betreffend den Geschäftsgang und das Verfahren des Reichs-Versicherungsamts.

Vom 19. Oktober 1900 (RGBl. S. 983. AN. S. 731).

Wir Wilhelm, von Gottes Gnaden Deutscher Kaiser, König von Preußen rc.

verordnen auf Grund des § 19 Abs. 4 des Gesetzes, betreffend die Abänderung der Unfallversicherungsgesetze, vom 30. Juni 1900 (RGBl. S. 573) und des § 110 Abs. 4 des Invalidenversicherungsgesetzes (RGBl. 1899 S. 463) im Namen des Reichs, nach erfolgter Zustimmung des Bundesrats, was folgt:

I. Einteilung und Bearbeitung der Dienstgeschäfte.

Dienststellung des Präsidenten.

§ 1. Dem Präsidenten des Reichs-Versicherungsamts steht die Leitung und Beaufsichtigung des gesamten Dienstes zu. Er verteilt die Geschäfte unter die Mitglieder, die Beamten und die richterlichen Beisitzer des Reichs-Versicherungsamts und bestellt, soweit erforderlich, die Beauftragten und Vertreter der Behörde.

Präsidialsachen.

§ 2. Der Präsident ordnet die Einrichtung der Büreaus, der Akten und der Geschäftsregister; er hat die Verfügung in allen die Verwaltung betreffenden Angelegenheiten, insbesondere in Personalsachen, sowie in denjenigen Angelegenheiten, welche das Haushalts- und Kassenwesen, das Dienstgebäude und dessen Einrichtung, die amtlichen Veröffentlichungen, die Bibliothek und ähnliche Gegenstände betreffen (Präsidialsachen).

Der Präsident bezeichnet diejenigen sonstigen Sachen, deren Bearbeitung oder Revision er sich vorbehält. Er ist befugt, in jeder Sitzung den Vorsitz zu übernehmen; er vollzieht die Ausfertigungen und Reinschriften in den ihm vorbehaltenen Sachen.

Vertretung des Präsidenten.

§ 3. Die ständige Vertretung des Präsidenten für dessen sämtliche Dienstobliegenheiten wird vom Reichskanzler (Reichsamt des Innern) einem der Direktoren übertragen. In dessen Behinderung wird der Präsident durch den anderen Direktor vertreten. Ist auch dieser behindert, so erfolgt die Vertretung durch die übrigen ständigen Mitglieder des Reichs-Versicherungsamts in der Reihenfolge des Dienstalters, sofern nicht der Reichskanzler (Reichsamt des Innern) etwas anderes bestimmt.

Abteilungen.

§ 4. Im Reichs-Versicherungsamte bestehen zwei Abteilungen. Die eine Abteilung hat die Angelegenheiten der Unfallversicherung und die sonstigen Aufgaben der Träger dieser Versicherung, die andere Abteilung die Angelegenheiten der Invalidenversicherung zu bearbeiten. Die auf Grund des § 11 des Invalidenversicherungsgesetzes von der See-Berufsgenossenschaft getroffenen Einrichtungen gehören zum Geschäftsbereiche der Abteilung für Invalidenversicherung.

Direktoren.

§ 5. An der Spitze jeder Abteilung steht ein Direktor. Der Präsident bestimmt, welcher Direktor die eine und welcher Direktor die andere Abteilung zu leiten hat; die Bestimmung bedarf der Genehmigung des Reichskanzlers (Reichsamt des Innern).

Der Direktor leitet die Geschäfte seiner Abteilung unter der Oberleitung des Präsidenten. Er zeichnet diejenigen Sachen, welche die Abteilung als solche oder mehrere Unterabteilungen gemeinsam betreffen, sowie diejenigen sonstigen Entwürfe, deren Revision er sich vorbehält, und vollzieht bei diesen die Ausfertigungen und Reinschriften.

Der Direktor wird im Falle seiner Behinderung durch die der Abteilung zugewiesenen ständigen Mitglieder nach der Reihenfolge des Dienstalters vertreten.

Unterabteilungen.

§ 6. In jeder Abteilung können für einzelne Teile ihres Geschäftsbereichs Unterabteilungen errichtet werden. Die Errichtung der Unterabteilungen und die Abgrenzung ihres Geschäftskreises bestimmt der Reichskanzler (Reichsamt des Innern).

Die Leitung der Unterabteilung steht, sofern der Präsident sie nicht dem Direktor der Abteilung oder einem anderen ständigen Mitglied überträgt, unter des Präsidenten und des Direktors Oberleitung demjenigen ständigen Mitgliede zu, welches unter den der Unterabteilung zugewiesenen ständigen Mitgliedern nach dem Dienstalter das älteste ist. Dieses Mitglied erledigt die Geschäfte durch Mitzeichnung der Entwürfe desjenigen Mitglieds, dem die Bearbeitung der einzelnen Angelegenheiten übertragen ist, und vollzieht, soweit dies nicht dem Direktor oder dem Präsidenten vorbehalten bleibt, in deren Vertretung die abzusendenden Ausfertigungen und Reinschriften.

Die Vertretung des Leiters der Unterabteilung liegt im Falle der Behinderung den übrigen der Unterabteilung zugewiesenen ständigen Mitgliedern nach der Reihenfolge des Dienstalters ob.

Nichtständige Mitglieder.

§ 7. Die Zahl der Stellvertreter, welche für die als Vertreter der Arbeitgeber und der Versicherten gewählten nichtständigen Mitglieder zu wählen sind (§ 13 des Gesetzes, betreffend die

Abänderung der Unfallversicherungsgesetze), bestimmt der Reichskanzler (Reichsamt des Innern).

§ 8. Die vom Bundesrate gewählten nichtständigen Mitglieder werden vom Staatssekretär des Innern auf die Erfüllung der Obliegenheiten ihres Amtes mittelst Handschlags an Eidesstatt verpflichtet.

Die Verpflichtung der als Vertreter der Arbeitgeber und der Versicherten gewählten nichtständigen Mitglieder sowie ihrer Stellvertreter erfolgt in gleicher Weise durch den Präsidenten des Reichs-Versicherungsamts.

Im Falle der Wiederwahl genügt die Verweisung auf die frühere Verpflichtung.

Richterliche Beisitzer.

§ 9. Die zu den Entscheidungen des Reichs-Versicherungsamts zuzuziehenden richterlichen Beamten werden für die Dauer des zur Zeit ihrer Berufung von ihnen bekleideten Hauptamts durch den Reichskanzler (Reichsamt des Innern) berufen. Der Reichskanzler kann weitere richterliche Beamte bestimmen, welche aushilfsweise oder auf Zeit nach näherer Bestimmung des Präsidenten zu den Entscheidungen des Reichs-Versicherungsamts zuzuziehen sind.

Sitzungen.

§ 10. Die Geschäfte des Reichs-Versicherungsamts sind, soweit sie nicht durch den Präsidenten oder unter Mitzeichnung des Präsidenten, eines Direktors oder des Leiters einer Unterabteilung von dem mit der Bearbeitung betrauten Mitgliede bearbeitet werden, in Sitzungen zu erledigen.

In den Angelegenheiten der Verwaltung werden Gesamtsitzungen, Abteilungssitzungen und Sitzungen der Unterabteilungen abgehalten (§§ 11 bis 16); für die Rechtsprechung und die derselben nach gesetzlicher Bestimmung gleichgestellten Angelegenheiten bestehen Senate (§§ 20 ff.).

Gesamtsitzungen.

§ 11. Bei Angelegenheiten, die beide Abteilungen gemeinsam betreffen, kann auf Anordnung des Präsidenten und unter seinem

Vorsitz eine gemeinsame Beratung und Beschlußfassung in Gesamtsitzungen stattfinden.

§ 12. Zur Teilnahme an den Gesamtsitzungen sind alle ständigen Mitglieder des Reichs-Versicherungsamts sowie die zur Bearbeitung von Geschäften der Mitglieder herangezogenen Hilfsarbeiter einzuladen:

Außerdem sind einzuladen:

a) die vom Bundesrate gewählten nichtständigen Mitglieder;
b) die nichtständigen Mitglieder aus dem Stande der Arbeitgeber und der Versicherten, soweit sie am Sitzungstag in Berlin anwesend sind;
c) vier richterliche Beisitzer. Als solche werden in der Regel und soweit nicht der Präsident im einzelnen Falle anders bestimmt, die nach der Dauer ihrer Beschäftigung im Reichs-Versicherungsamt ältesten vier richterlichen Beamten eingeladen.

Für diejenigen nichtständigen Mitglieder aus dem Stande der Arbeitgeber und der Versicherten, welche am Sitzungstage voraussichtlich in Berlin nicht anwesend sein werden, oder deren Behinderung dem Präsidenten rechtzeitig mitgeteilt wird, ist je ein in Berlin anwesender oder in Berlin oder dessen naher Umgebung wohnender Stellvertreter einzuladen.

Bei der Einladung ist die Tagesordnung mitzuteilen.

Abteilungssitzungen.

§ 13. Angelegenheiten, welche den Geschäftskreis nur einer Abteilung berühren, werden, sofern der Präsident oder der Direktor der Abteilung dies bestimmt oder in Übereinstimmung mit dem die Angelegenheit bearbeitenden Mitgliede der Leiter einer Unterabteilung dies beantragt, unter dem Vorsitze des Präsidenten oder des Direktors in der Abteilungssitzung verhandelt.

Die im § 18 des Gesetzes, betreffend die Abänderung der Unfallversicherungsgesetze, bezeichneten Angelegenheiten sind stets in Abteilungssitzungen zu erledigen.

§ 14. Zur Teilnahme an den Abteilungssitzungen sind einzuladen:

1. bei der Abteilung für Invalidenversicherung die derselben zugewiesenen ständigen Mitglieder und Hilfsarbeiter;
2. bei der Abteilung für Unfallversicherung mindestens der dritte Teil und höchstens die Hälfte der derselben zugewiesenen ständigen Mitglieder nach einer von dem Präsidenten aufzustellenden Reihenfolge dieser Mitglieder sowie die in der Abteilung beschäftigten Hilfsarbeiter.

War die Angelegenheit in Unterabteilungen bearbeitet worden, so sind die denselben zugewiesenen ständigen Mitglieder, soweit sie nicht schon auf Grund der vorstehenden Bestimmungen zur Teilnahme berufen sind, gleichfalls einzuladen.

Zu jeder Abteilungssitzung sind außerdem einzuladen:

a) die vom Bundesrate gewählten nichtständigen Mitglieder;
b) je ein in Berlin anwesendes nichtständiges Mitglied aus dem Stande der Arbeitgeber und der Versicherten, soweit deren Zuziehung im Gesetze vorgeschrieben oder von dem Präsidenten oder dem Direktor angeordnet wird; der Präsident sowie der Direktor können bestimmen, daß noch je ein oder je zwei weitere in Berlin anwesende nichtständige Mitglieder aus dem Stande der Arbeitgeber und der Versicherten zuzuziehen sind;
c) zwei richterliche Beisitzer, soweit dies zur Erörterung von Rechtsfragen für erforderlich erachtet wird, nach näherer Bestimmung des Präsidenten.

In der Abteilung für Invalidenversicherung ist auch der Vorsteher der Rechnungsstelle nach Bedarf zuzuziehen.

§ 15. In den Angelegenheiten der Unfallversicherung sind die Vertreter der Arbeitgeber und der Versicherten sowie deren Stellvertreter aus den im einzelnen Falle beteiligten Gruppen von Berufsgenossenschaften zu entnehmen (§ 16 Abs. 3 des Gesetzes, betreffend die Abänderung der Unfallversicherungsgesetze).

Der § 12 Abs. 2, 3 findet entsprechende Anwendung.

Sitzungen der Unterabteilungen.

§ 16. Soweit der Leiter einer Unterabteilung oder das mit der Bearbeitung der Angelegenheit betraute Mitglied eine Besprechung in der Unterabteilung für erforderlich hält, ist die Sache in einer Sitzung der Unterabteilung zu erledigen. Zu derselben sind die der Unterabteilung zugewiesenen ständigen Mitglieder des Reichs-Versicherungsamts sowie die daselbst beschäftigten Hilfsarbeiter zuzuziehen.

Gemeinsame Bestimmungen.

§ 17. Die Sitzungen (§§ 11 bis 16) sind nicht öffentlich.

Stimmberechtigt sind die eingeladenen und in der Sitzung anwesenden Mitglieder des Reichs-Versicherungsamts und deren Stellvertreter (§ 7, § 12 Abs. 3) sowie die zugezogenen richterlichen Beamten.

Die von dem Bundesrate gewählten Mitglieder nehmen ihre Stelle nach dem Vorsitzenden, also vor den übrigen Mitgliedern, in der Reihenfolge ein, die für sie im Bundesrate besteht, soweit sie aber dem Bundesrate nicht angehören, nach den Bundesratsmitgliedern und in der Reihenfolge des Dienstalters.

Der Vorsitzende leitet die Verhandlungen und Beratungen, er stellt die Fragen und sammelt die Stimmen. Meinungsverschiedenheiten über den Gegenstand, die Fassung und die Reihenfolge der Fragen oder über das Ergebnis der Abstimmung werden gemäß § 18 entschieden.

§ 18. Für den mündlichen Vortrag in den Sitzungen wird ein Berichterstatter ernannt. Aus besonderen Gründen können Mitberichterstatter bestellt werden.

Die Beschlüsse werden nach Stimmenmehrheit gefaßt; bei Stimmengleichheit gibt der Vorsitzende den Ausschlag.

Bilden sich in Beziehung auf Summen, über die zu entscheiden ist, mehr als zwei Meinungen, deren keine die Mehrheit für sich hat, so werden die für die größte Summe abgegebenen Stimmen den für die zunächst geringere abgegebenen Stimmen solange hinzugerechnet, bis sich eine Mehrheit ergibt.

Die Stimmen werden bei namentlicher Abstimmung in nachstehender Reihenfolge abgegeben:

1. von den Berichterstattern in der Reihenfolge ihrer Bestellung;
2. von den Vertretern der Versicherten;
3. von den Vertretern der Arbeitgeber;

4. von den richterlichen Beamten;
5. von den ständigen Mitgliedern;
6. von den vom Bundesrate gewählten Mitgliedern;
7. von dem Vorsitzenden.

Innerhalb der einzelnen Gruppen richtet sich die Reihenfolge der Abstimmung bei der zweiten und dritten Gruppe nach dem Lebensalter, innerhalb der vierten und fünften Gruppe nach dem Dienstalter im Reichs-Versicherungsamt und bei gleichem Dienstalter nach dem Lebensalter, und zwar in allen Fällen dergestalt, daß der Jüngste zuerst stimmt. Bei den vom Bundesrate gewählten Mitgliedern ist die im § 17 Abs. 3 bestimmte Reihenfolge umgekehrt zur Anwendung zu bringen.

§ 19. Werden in den Sitzungen Fragen verhandelt, die im Wege der Rechtsprechung zur Entscheidung gelangen, so ist der in der Sitzung gefaßte Beschluß für die Abstimmung in den Senaten nicht bindend.

II. Geschäftsgang und Verfahren bei den Senaten.

Besetzung.

§ 20. Die Entscheidung der in den §§ 16, 17 des Gesetzes, betreffend die Abänderung der Unfallversicherungsgesetze, und im § 110 des Invalidenversicherungsgesetzes bezeichneten Streitfälle erfolgt in der aus den nachstehenden Paragraphen sich ergebenden Besetzung durch Spruchkollegien, welche die Bezeichnung Senate führen. Diese treten an die Stelle der bisherigen Spruchkammern des Reichs-Versicherungsamts.

Den Vorsitz in den Senaten führen der Präsident, die Direktoren oder die zu Vorsitzenden ernannten ständigen Mitglieder. Im Falle des Bedürfnisses kann der Reichskanzler ein anderes ständiges Mitglied vorübergehend mit dem Vorsitze betrauen.

§ 21. Die Senate für die Unfallversicherung entscheiden gemäß § 16 des Gesetzes, betreffend die Abänderung der Unfallversicherungsgesetze, in der Besetzung mit sieben Personen einschließlich des Vorsitzenden.

§ 22. Die Senate für die Invalidenversicherung entscheiden gemäß § 110 des Invalidenversicherungsgesetzes in der Besetzung mit fünf Personen einschließlich des Vorsitzenden.

Sind jedoch im einzelnen Falle der Direktor der Abteilung oder der Vorsitzende des Senats in Übereinstimmung mit dem Berichterstatter der Meinung, daß es sich bei der Entscheidung um die noch nicht festgestellte Auslegung gesetzlicher Bestimmungen von erheblicher grundsätzlicher Bedeutung handelt, so sind zu der Entscheidung noch ein vom Bundesrate gewähltes nichtständiges sowie ein ständiges Mitglied zuzuziehen. An Stelle des vom Bundesrate gewählten Mitglieds ist im Behinderungsfall ein weiteres ständiges Mitglied zuzuziehen.

Der Senat ist befugt, unter vorläufiger Aussetzung der Entscheidung eine gleiche Verstärkung zu beschließen, wenn sich bei der mündlichen Verhandlung ergibt, daß die Voraussetzung des Abs. 2 vorliegt.

§ 23. Will ein Senat für Unfallversicherung oder für Invalidenversicherung bei einer ihm vorliegenden Spruchsache in einer grundsätzlichen Rechtsfrage von einer früheren Entscheidung abweichen, so ist die Sache zur Entscheidung an den erweiterten Senat zu verweisen. In dem Verweisungsbeschluß ist die grundsätzliche Rechtsfrage, in der von einer früheren Entscheidung abgewichen werden soll, zu bezeichnen. Der erweiterte Senat entscheidet in der im § 17 des Gesetzes, betreffend die Abänderung der Unfallversicherungsgesetze, angegebenen Besetzung mit elf Personen einschließlich des Vorsitzenden.

§ 24. Zu den Sitzungen des erweiterten Senats sind zwei vom Bundesrate gewählte Mitglieder abwechselnd nach der im § 17 Abs. 3 bestimmten Reihenfolge zu berufen. An Stelle eines solchen Mitglieds ist ein ständiges Mitglied nur dann zuzuziehen, wenn die vom Bundesrate gewählten Mitglieder sämtlich behindert sind.

Im übrigen bezeichnet der Präsident vor Beginn des Geschäftsjahrs für dessen Dauer die Mitglieder des erweiterten Senats. Für jedes dieser Mitglieder ist mindestens je ein erster und ein zweiter Stellvertreter zu bestimmen, welche im Falle der Behinderung in der Reihenfolge ihrer Bezeichnung einzutreten haben.

Der verweisende Senat hat eines seiner Mitglieder zu bezeichnen, welches für die Entscheidung der Sache als Beisitzer in den erweiterten Senat eintritt, falls es diesem nicht ohnehin angehört. Von den Mitgliedern des erweiterten Senats scheidet alsdann der nach dem Dienstalter im Reichs-Versicherungsamte Jüngere von derjenigen Gruppe, welcher das von dem verweisenden Senat entsandte Mitglied angehört, für die Entscheidung dieser Sache aus; bei den von dem Bundesrate gewählten Mitgliedern ist die im § 17 Abs. 3 bestimmte Reihenfolge umgekehrt zur Anwendung zu bringen.

§ 25. Sind der Direktor der Abteilung oder der zuständige Vorsitzende eines Senats und der Berichterstatter übereinstimmend der Ansicht, daß einer der Fälle vorliegt, welche nach § 16 Abs. 2 des Gesetzes, betreffend die Abänderung der Unfallversicherungsgesetze, oder nach § 110 Abs. 2 des Invalidenversicherungsgesetzes durch einen Beschlußsenat von drei Mitgliedern einschließlich des Vorsitzenden zu erledigen sind, so ist diesem Senate die Sache durch Verfügung zur Beschlußfassung zu überweisen.

Die Ausfertigung des Beschlusses wird von dem den Vorsitz führenden ständigen Mitgliede vollzogen.

§ 26. Die §§ 20 bis 25 finden bei Verhandlungen und Entscheidungen über die Wiederaufnahme des Verfahren gemäß § 84 des Gewerbe-Unfallversicherungsgesetzes, § 90 des Unfallversicherungsgesetzes für Land- und Forstwirtschaft, § 88 des See-Unfallversicherungsgesetzes und § 119 des Invalidenversicherungsgesetzes Anwendung.

§ 27. Der Präsident setzt unbeschadet des § 24 für bestimmte Zeitabschnitte — in der Regel vierteljährlich — im voraus die Reihenfolge fest, in welcher die nichtständigen Mitglieder des Reichs-Versicherungsamts zu den Spruchsitzungen einberufen werden.

Die Einberufung soll in der Regel mindestens zwei Wochen vor der Sitzung erfolgen.

Die Einberufung darf nur aus zwingenden Gründen, die auf Erfordern glaubhaft zu machen sind, abgelehnt werden.

§ 28. Die Vertreter der Arbeitgeber und der Versicherten sind zu den Sitzungen der Spruch- und Beschlußsenate in den Angelegenheiten der Unfallversicherung aus den beteiligten Gruppen von Berufsgenossenschaften zu entnehmen (§ 16 Abs. 3 des Gesetzes, betreffend die Abänderung der Unfallversicherungsgesetze).

Sofern bei einer Entscheidung verschiedene Gruppen dieser Art in Betracht kommen (§ 73 Abs. 2, §§ 82, 83, 85 des Gewerbe-Unfallversicherungsgesetzes, § 79 Abs. 2, §§ 88, 89, 91 des Unfallversicherungsgesetzes für Land- und Forstwirtschaft, § 78 Abs. 2, §§ 86, 87, 89 des See-Unfallversicherungsgesetzes), sollen Vertreter aus derjenigen Gruppe zugezogen werden, welche der Präsident bestimmt.

Verfahren.

§ 29. Der Antrag auf Entscheidung in den Fällen des § 16 Abs. 1 des Gesetzes, betreffend die Abänderung der Unfallversicherungsgesetze, des § 84 des Gewerbe-Unfallversicherungsgesetzes, des § 90 des Unfallversicherungsgesetzes für Land- und Forstwirtschaft, des § 88 des See-Unfallversicherungsgesetzes, des § 110 Abs. 1, § 119 des Invalidenversicherungsgesetzes ist an das Reichs-Versicherungsamt schriftlich zu richten.

In dem Schriftsatze soll der Anspruch bezeichnet und begründet sein; bei Rekursen sollen insbesondere auch die etwa vorzubringenden neuen Tatsachen und Beweismittel, bei Revisionen insbesondere auch die Gesichtspunkte angeführt werden, aus welchen die Nichtanwendung oder die unrichtige Anwendung des bestehenden Rechtes oder ein Verstoß wider den klaren Inhalt der Akten oder Mängel des Verfahrens sich ergeben sollen (§ 117 Abs. 1 des Invalidenversicherungsgesetzes). Für jeden Gegner ist eine Abschrift beizufügen.

Die Vorverhandlungen sind dem Reichsversicherungsamte von dem Versicherungsträger, sofern der Antrag auf Entscheidung von diesem ausgeht, gleichzeitig mit dem Antrag, im übrigen sobald sie entbehrlich sind, auch ohne besondere Aufforderung einzureichen. Dies gilt auch für die Vorverhandlungen des Schiedsgerichts. Die Einreichung erstreckt sich auf die sämtlichen bei dem Träger der Versicherung und deren Organen sowie bei der unteren Verwaltungsbehörde oder dem Schiedsgerichte vorhandenen, auf den Anspruch sich beziehenden Schriftstücke, einschließlich derjenigen, welche sich in Vorakten befinden.

§ 30. Das Reichs-Versicherungsamt hat die Abschrift des Antrags dem Gegner zur Einreichung einer Gegenschrift binnen einer bestimmten, von einer Woche bis zu einem Monate zu bemessenden Frist mitzuteilen. In den Fällen des § 25 kann hiervon abgesehen werden. In der Aufforderung ist zugleich auszusprechen, daß, wenn die Gegenschrift innerhalb der Frist nicht eingeht, die Entscheidung nach Lage der Akten erfolgen werde. Die Frist kann auf Antrag aus wichtigen Gründen verlängert werden.

Der Gegenschrift und den etwaigen weiteren Schriftsätzen sind Abschriften beizufügen, die dem Gegner von dem Reichs-Versicherungsamte zuzustellen sind. Ist ein Versicherungsträger beigeladen, so sind die Schriftsätze auch diesem mitzuteilen und dessen Erklärungen den Parteien zu übermitteln.

§ 31. Die Schriftsätze müssen entweder von den Beteiligten selbst oder von ihren gesetzlichen Vertretern oder von ihren Bevollmächtigten unterzeichnet sein. Die Vollmacht muß schriftlich erteilt werden. Ehegatten, Verwandte der aufsteigenden Linie und großjährige Verwandte der absteigenden Linie können auch ohne schriftliche Vollmacht zur Vertretung zugelassen werden.

Das Reichs-Versicherungsamt kann Bevollmächtigte und Beistände, welche das mündliche Verhandeln vor Gericht geschäftsmäßig betreiben, zurückweisen. Diese Vorschrift findet keine Anwendung auf Rechtsanwälte und auf Personen, denen das mündliche Verhandeln vor Gericht durch Anordnung der Justizverwaltung gestattet ist.

§ 32. Die §§ 17, 18 finden Anwendung.

In einfacheren Fällen des § 116, § 124 Abs. 3 des Gewerbe-Unfallversicherungsgesetzes, § 124, § 130 Abs. 3 des Unfallversicherungsgesetzes für Land- und Forstwirtschaft, § 122 Abs. 1, § 126 Abs. 3 des See-Unfallversicherungsgesetzes kann von den Vorschriften des § 30 sowie von der Beifügung einer Abschrift (§ 29 Abs. 2) abgesehen werden.

Besondere Vorschriften für Rekurse und Revisionen.

§ 33. Die Entscheidung auf Rekurse und Revisionen erfolgt, von den in den §§ 25, 45, 46 bezeichneten Ausnahmen abgesehen, auf Grund mündlicher Verhandlung vor dem Reichs-Versicherungsamte. Die Beteiligten werden mittelst eingeschriebenen Briefes von dem Termine mit dem Bemerken in Kenntnis gesetzt, daß im Falle ihres Ausbleibens nach Lage der Akten werde entschieden werden. Hält das Reichs-Versicherungsamt das persönliche Erscheinen eines Beteiligten für angemessen, so ist ihm zu eröffnen, daß aus seinem Nichterscheinen ungünstige Schlüsse für seinen Anspruch gezogen werden können.

Das Schiedsgericht hat auf Erfordern des Reichs-Versicherungsamts bei Übersendung der Akten eine Abschrift des angefochtenen Urteils beizufügen.

Vor dem Termine hat der Berichterstatter einen schriftlichen Bericht nebst Gutachten, der Mitberichterstatter ein schriftliches Gutachten vorzulegen.

§ 34. Die Bestimmungen der §§ 41 ff. der Zivilprozeßordnung über die Ausschließung und Ablehnung der Richter finden auf die Mitglieder des Senats entsprechende Anwendung.

Über das Ablehnungsgesuch entscheidet der Senat durch Beschluß.

§ 35. Die mündliche Verhandlung erfolgt in öffentlicher Sitzung. Die Öffentlichkeit kann durch einen öffentlich zu verkündenden Beschluß ausgeschlossen werden, wenn dies aus Gründen des öffentlichen Wohles oder der Sittlichkeit für angemessen erachtet wird.

Die zur Verhandlung gelangenden Sachen werden der Regel nach in der durch Aushang vor dem Sitzungszimmer bekannt zu machenden Reihenfolge erledigt.

§ 36. Die mündliche Verhandlung beginnt mit der Darstellung des Sachverhältnisses durch den Berichterstatter; demnächst sind die erschienenen Beteiligten zu hören.

Der Vorsitzende hat jedem Mitgliede des Senats auf Verlangen zu gestatten, Fragen zu stellen.

§ 37. Die mündliche Verhandlung erfolgt unter Zuziehung eines vereidigten Protokollführers. Von demselben ist ein Protokoll aufzunehmen, das den Gang der Verhandlung im allgemeinen angibt. Anerkenntnisse, Verzichtleistungen, Vergleiche und solche Anträge und Erklärungen der Beteiligten, welche von den Schriftsätzen abweichen, sowie die Formel der Entscheidung sind in das Protokoll aufzunehmen.

Die Protokolle sind von dem Vorsitzenden und dem Protokollführer, in Fällen der Urteilsprechung außerdem von den Berichterstattern zu vollziehen.

§ 38. Die Vorschriften der §§ 176 bis 182, 184 des Gerichtsverfassungsgesetzes über die Aufrechterhaltung der Ordnung finden entsprechende Anwendung.

Die vom Reichs-Versicherungsamte festgesetzten Strafen werden in derselben Weise beigetrieben wie Gemeindeabgaben und fließen in die Reichskasse.

§ 39. Hinsichtlich der Verpflichtung, sich als Zeuge oder Sachverständiger vernehmen zu lassen und die Aussagen eidlich zu erhärten, finden die Bestimmungen der Zivilprozeßordnung entsprechende Anwendung. Insbesondere ist der Senat befugt, gegen Zeugen und Sachverständige, welche sich nicht oder nicht rechtzeitig zu den Sitzungen einfinden oder ihre Aussage oder die Eidesleistung ohne Angabe eines Grundes oder noch dann verweigern, nachdem der angeführte Grund für unerheblich erklärt ist, eine Geldstrafe bis zu dreihundert Mark festzusetzen. Kommt die Verhängung oder Vollstreckung von Zwangsmaßregeln in Frage, so ist um diese das Amtsgericht zu ersuchen, in dessen Bezirke die Zeugen oder Sachverständigen ihren Wohnsitz oder in Ermangelung eines solchen ihren Aufenthalt haben. Auf Militärpersonen, die dem aktiven Heere oder der aktiven Marine angehören, finden die Vorschriften des § 380 Abs. 4, § 390 Abs. 4, § 409 Abs. 3 der Zivilprozeßordnung Anwendung.

Erfolgt nachträglich eine genügende Entschuldigung für das Verhalten des Zeugen oder Sachverständigen, so sind die getroffenen Anordnungen wieder aufzuheben.

Die Zeugen und Sachverständigen erhalten Gebühren nach Maßgabe der Gebührenordnung für Zeugen und Sachverständige (RGBl. 1898 S. 689).

§ 40. Die Beratung über die Entscheidung erfolgt in nicht öffentlicher Sitzung.

§ 41. Das Reichs-Versicherungsamt entscheidet innerhalb der erhobenen Ansprüche nach freiem Ermessen.

Bei der Verhandlung ist, auch ohne daß es eines Antrags bedarf, zu prüfen, ob und in welchem Betrag eine unterliegende Partei dem Gegner die ihm in dem Verfahren erwachsenen Kosten zu erstatten hat. Wird die Erstattung solcher außergerichtlicher Kosten angeordnet, so ist deren Höhe im Urteile festzusetzen; diese Beträge werden auf Antrag durch Vermittelung des Reichs-Versicherungsamts in derselben Weise beigetrieben wie Gemeindeabgaben.

Bei den Entscheidungen, die auf Grund der mündlichen Verhandlung ergehen, dürfen nur Mitglieder mitwirken, vor denen diese Verhandlung stattgefunden hat.

§ 42. Der Vorsitzende verkündet das Ergebnis der Beratung in öffentlicher Sitzung. Die Verkündung kann auf eine spätere Sitzung vertagt werden; diese soll in der Regel binnen einer Woche stattfinden.

Wird die Verkündung der Gründe für angemessen gehalten, so erfolgt sie durch mündliche Mitteilung ihres wesentlichen Inhalts.

Dem Schiedsgerichte, gegen dessen Entscheidung Rekurs oder Revision eingelegt war, ist Abschrift des Urteils zu erteilen.

§ 43. Die Urteile werden nebst Gründen von den Berichterstattern entworfen und in der Urschrift von dem Vorsitzenden, den Berichterstattern und einem anderen Mitgliede, das an der Urteilsprechung teilgenommen hat, unterzeichnet. Im Falle der Behinderung des Vorsitzenden erfolgt die Unterzeichnung durch das älteste mitwirkende ständige Mitglied.

§ 44. Im Eingange des Urteils sind die Mitglieder, welche an der Entscheidung teilgenommen haben, namentlich aufzuführen, auch ist der Sitzungstag zu bezeichnen, an dem die Entscheidung erfolgt ist.

Die Ausfertigungen der Urteile werden mit der Überschrift versehen:

„Im Namen des Reichs."

Sie enthalten neben dem Siegel des Reichs-Versicherungsamts die Schlußformel:

„Urkundlich unter Siegel und Unterschrift."
„Das Reichs-Versicherungsamt."

Die Vollziehung erfolgt durch den Vorsitzenden, im Falle seiner Behinderung durch das dem Dienstalter nach älteste ständige Mitglied des Reichs-Versicherungsamts, welches bei der Entscheidung mitgewirkt hat.

§ 45. Schreibfehler, Rechnungsfehler und ähnliche offenbare Unrichtigkeiten, die in dem Urteile vorkommen, sind jederzeit auch von Amts wegen zu berichtigen.

Über die Berichtigung kann ohne vorgängige mündliche Verhandlung entschieden werden. Der Berichtigungsbeschluß wird von dem Vorsitzenden und den Mitgliedern des Senats, die das Urteil unterzeichnet haben, erlassen; er wird auf der Urschrift des Urteils und den Ausfertigungen vermerkt.

§ 46. Wenn ein von einer Partei geltend gemachter Haupt- oder Nebenanspruch oder der Kostenpunkt bei der Entscheidung ganz oder teilweise übergangen ist, so ist auf Antrag das Urteil durch nachträgliche Entscheidung zu ergänzen.

Über diesen Antrag kann ohne vorgängige mündliche Verhandlung entschieden werden, soweit es sich um einen Nebenanspruch oder um den Kostenpunkt handelt. Der Ergänzungsbeschluß wird auf der Urschrift des Urteils und den Ausfertigungen vermerkt.

III. Beschwerden über Verfügungen der Rechnungsstelle.

§ 47. Beschwerden gegen die durch die Rechnungsstelle des Reichs-Versicherungsamts vorgenommenen Verteilungen und Abrechnungen (§ 126 Abs. 2 des Invalidenversicherungsgesetzes) werden im Wege der Verfügung erledigt. Dies gilt auch für Einsprüche und Widersprüche gegen derartige Maßregeln, soweit sie auf Grund des Gesetzes vom 22. Juni 1889 noch zu erledigen sind. Handelt es sich dabei um eine noch nicht entschiedene Frage von erheblicher grundsätzlicher Bedeutung oder soll von einer früheren Entscheidung abgewichen werden, so ist die Sache an die Abteilung für Invalidenversicherung zur Beschlußfassung zu verweisen.

IV. Schlußbestimmungen.

§ 48. Das Verfahren vor dem Reichs-Versicherungsamt ist kostenfrei; ein Ersatz der durch dieses Verfahren dem Reichs-Versicherungsamte verursachten baren Auslagen durch die Parteien findet nicht statt. Doch ist das Reichs=Versicherungsamt befugt, den Beteiligten solche Kosten des Verfahrens zur Last zu legen, welche durch Mutwillen oder durch ein auf Verschleppung oder Irreführung berechnetes Verhalten derselben veranlaßt sind (§ 19 Abs. 2 des Gesetzes, betreffend die Abänderung der Unfallversicherungsgesetze).

Diese Beträge werden in derselben Weise beigetrieben wie Gemeindeabgaben und fließen, soweit es sich um die dem Reichs=Versicherungsamt erwachsenen Kosten handelt, in die Reichskasse.

§ 49. In Betreff der Geschäftssprache vor dem Reichs=Versicherungsamte finden die Bestimmungen der §§ 186 ff. des Gerichtsverfassungsgesetzes entsprechende Anwendung. Eingaben, welche nicht in deutscher Sprache abgefaßt sind, werden nicht berücksichtigt.

§ 50. Vorladungen und sonstige nur dem Geschäftsbetriebe dienende formularmäßige Schreiben werden durch die Unterschrift eines dazu bestimmten Beamten und unter Beifügung des Siegels des Reichs=Versicherungsamts beglaubigt.

Das Reichs=Versicherungsamt führt zwei Siegel:

1. ein großes Siegel, welches dem Siegel des Reichsgerichts entspricht und nur bei förmlichen Ausfertigungen, insbesondere der Urteile, gebraucht wird,
2. ein kleineres Siegel, welches den bei den Gesandtschaften des Deutschen Reichs eingeführten Siegeln entspricht,

mit der Umschrift: „Reichs=Versicherungsamt.".

§ 51. Die Ausfertigungen und Reinschriften ergehen unter der Unterschrift: „Das Reichs=Versicherungsamt.". Dabei ist, soweit es sich nicht um gemeinsame Angelegenheiten oder um Urteile der Senate (§ 44) handelt, die in Betracht kommende Abteilung zu bezeichnen (Abteilung für Unfallversicherung, Abteilung für Invalidenversicherung).

§ 52. Am Schlusse eines jeden Jahres hat das Reichs=Versicherungsamt dem Reichskanzler (Reichsamt des Innern) einen Geschäftsbericht einzureichen.

§ 53. Diese Verordnung tritt am 1. November 1900 in Kraft. Mit demselben Zeitpunkte verlieren die Verordnungen, be=

treffend die Formen des Verfahrens und den Geschäftsgang des Reichs-Versicherungsamts, vom 5. August 1885 (RGBl. S. 255) und 13. November 1887 (RGBl. S. 523) sowie die Verordnung, betreffend die Formen des Verfahrens und den Geschäftsgang des Reichs-Versicherungsamts in den Angelegenheiten der Invalidenversicherung, vom 6. Dezember 1899 (RGBl. S. 687) ihre Geltung.

Die erstmalige Bestimmung der Mitglieder des erweiterten Senats (§ 24 Abs. 2) gilt für die Zeit bis zum 31. Dezember 1901.

Urkundlich unter Unserer Höchsteigenhändigen Unterschrift und beigedrucktem Kaiserlichen Insiegel.

Gegeben Homburg v. d. Höhe, den 19. Oktober 1900.

(L. S.) Wilhelm.

Graf von Posadowsky.

Anhang Nr. 11.

Aus der Zivilprozeßordnung.

Vom 30. Januar 1877 und 17. Mai 1898 (RGBl. 1877 S. 244, 1898 S. 410).

Viertes Buch.

Wiederaufnahme des Verfahrens.

§ 578. Die Wiederaufnahme eines durch rechtskräftiges Endurteil geschlossenen Verfahrens kann durch Nichtigkeitsklage und durch Restitutionsklage erfolgen.

Werden beide Klagen von derselben Partei oder von verschiedenen Parteien erhoben, so ist die Verhandlung und Entscheidung über die Restitutionsklage bis zur rechtskräftigen Entscheidung über die Nichtigkeitsklage auszusetzen.

§ 579. Die Nichtigkeitsklage findet statt:

1. wenn das erkennende Gericht nicht vorschriftsmäßig besetzt war;
2. wenn ein Richter bei der Entscheidung mitgewirkt hat, welcher von der Ausübung des Richteramts kraft des Gesetzes ausgeschlossen war, sofern nicht dieses Hindernis mittels eines Ablehnungsgesuchs oder eines Rechtsmittels ohne Erfolg geltend gemacht ist;
3. wenn bei der Entscheidung ein Richter mitgewirkt hat, obgleich derselbe wegen Besorgnis der Befangenheit abgelehnt und das Ablehnungsgesuch für begründet erklärt war;
4. wenn eine Partei in dem Verfahren nicht nach Vorschrift der Gesetze vertreten war, sofern sie nicht die Prozeßführung ausdrücklich oder stillschweigend genehmigt hat.

In den Fällen Nr. 1, 3 findet die Klage nicht statt, wenn die Nichtigkeit mittels eines Rechtsmittels geltend gemacht werden konnte.

§ 580. Die Restitutionsklage findet statt:

1. wenn der Gegner durch Leistung eines Parteieides, auf welche das Urteil gegründet ist, sich einer vorsätzlichen oder fahrlässigen Verletzung der Eidespflicht schuldig gemacht hat;
2. wenn eine Urkunde, auf welche das Urteil gegründet ist, fälschlich angefertigt oder verfälscht war;
3. wenn durch Beeidigung eines Zeugnisses oder eines Gutachtens, auf welche das Urteil gegründet ist, der Zeuge oder der Sachverständige sich einer vorsätzlichen oder fahrlässigen Verletzung der Eidespflicht schuldig gemacht hat;
4. wenn das Urteil von dem Vertreter der Partei oder von dem Gegner oder dessen Vertreter durch eine in Beziehung auf den Rechtsstreit verübte Handlung erwirkt ist, welche mit einer im Wege des gerichtlichen Strafverfahrens zu verhängenden öffentlichen Strafe bedroht ist;
5. wenn ein Richter bei dem Urteile mitgewirkt hat, welcher sich in Beziehung auf den Rechtsstreit einer Verletzung seiner Amtspflichten gegen die Partei schuldig gemacht hat, sofern

diese Verletzung mit einer im Wege des gerichtlichen Strafverfahrens zu verhängenden öffentlichen Strafe bedroht ist;

6. wenn ein strafgerichtliches Urteil, auf welches das Urteil gegründet ist, durch ein anderes rechtskräftig gewordenes Urteil aufgehoben ist;

7. wenn die Partei
   a) ein in derselben Sache erlassenes, früher rechtskräftig gewordenes Urteil, oder
   b) eine andere Urkunde auffindet oder zu benutzen in den Stand gesetzt wird, welche eine ihr günstigere Entscheidung herbeigeführt haben würde.

   Diese Bestimmung kommt in dem unter b bezeichneten Falle nicht zur Anwendung, wenn das angefochtene Urteil darauf beruht, daß auf Grund einer Eidesleistung des Gegners die betreffende Tatsache oder deren Gegenteil für bewiesen erachtet ist.

§ 581. In den Fällen des vorhergehenden Paragraphen Nr. 1—5 findet die Restitutionsklage nur statt, wenn wegen der strafbaren Handlung eine rechtskräftige Verurteilung ergangen ist, oder wenn die Einleitung oder Durchführung eines Strafverfahrens aus anderen Gründen, als wegen Mangels an Beweis nicht erfolgen kann.

Der Beweis der Tatsachen, welche die Restitutionsklage begründen, kann durch Eideszuschiebung nicht geführt werden.

§ 582. Die Restitutionsklage ist nur zulässig, wenn die Partei ohne ihr Verschulden außer Stande war, den Restitutionsgrund in dem früheren Verfahren, insbesondere durch Einspruch oder Berufung oder mittels Anschließung an eine Berufung geltend zu machen.

Anhang Nr. 12.

Bekanntmachung des Reichs-Versicherungsamts, betreffend die für die Invalidenversicherung zu verwendenden Beitragsmarken.

Vom 27. Oktober 1899 (AN. 1900 S. 183).

Auf Grund des § 130 in Verbindung mit § 194 des Invalidenversicherungsgesetzes vom 13. Juli 1899 (RGBl. S. 463) werden über die zum Zweck der Beitragserhebung von den Versicherungsanstalten auszugebenden Marken folgende Bestimungen erlassen:

I. Arten und Gültigkeitsdauer.

1. Von jeder Versicherungsanstalt sind in jeder der fünf Lohnklassen Marken für eine Woche, für zwei Wochen und für dreizehn Wochen (letztere in der Regel zur Beitragsleistung für ein Vierteljahr ausreichend) auszugeben.

Der Geldwert der Marken beträgt hiernach:

	für 1 Woche	für 2 Wochen	für 13 Wochen
in der Lohnklasse I (Jahresarbeitsverdienst bis zu 350 Mk. einschließlich)	14 Pf.	28 Pf.	1 Mk. 82 Pf.,
in der Lohnklasse II (Jahresarbeitsverdienst von mehr als 350 bis zu 550 Mk. einschließlich)	20 Pf.	40 Pf.	2 Mk. 60 Pf.,
in der Lohnklasse III (Jahresarbeitsverdienst von mehr als 550 bis zu 850 Mk. einschließlich)	24 Pf.	48 Pf.	3 Mk. 12 Pf.,
in der Lohnklasse IV (Jahresarbeitsverdienst von mehr als 850 bis zu 1150 Mk. einschließlich)	30 Pf.	60 Pf.	3 Mk. 90 Pf.,

	für 1 Woche	für 2 Wochen	für 13 Wochen
in der Lohnklasse V (Jahresarbeitsverdienst von mehr als 1150 Mk.)	36 Pf.	72 Pf.	4 Mk. 68 Pf.

2. Die auf Grund der Bekanntmachung vom 9. September 1890 („Amtliche Nachrichten des RVA.", JAV. 1891 Seite 2) angefertigten einfachen Beitragsmarken bleiben weiter verwendbar. Wegen des Wegfalls der bisherigen mit Zusatzmarken verbundenen Beitragsmarken (Doppelmarken) wird auf die besondere Bekanntmachung vom 27. Oktober 1899 verwiesen.

II. Unterscheidungsmerkmale.

A. Einwochenmarken.

3. Die Marken für eine Woche sind in Form eines Rechtecks auf weißem Papier, und zwar die Marken
der Lohnklasse I in rotem Druck,
der Lohnklasse II in blauem Druck,
der Lohnklasse III in grünem Druck,
der Lohnklasse IV in rotbraunem Druck,
der Lohnklasse V in gelbem Druck
herzustellen.

4. Ihre Breite beträgt 23,5 mm, ihre Höhe 14 mm.

5. Die Lohnklasse wird durch dunkle römische Zahlen auf hellem Grunde, der Geldwert durch helle arabische Zahlen und helle lateinische Buchstaben auf dunklem Grunde bezeichnet.

6. Die Marken tragen den Reichsadler und enthalten auf einem weißen Streifen, welcher die Marken
der Lohnklasse I in der Mitte,
der Lohnklasse II unten,
der Lohnklasse III von links oben nach rechts unten,
der Lohnklasse IV von links unten nach rechts oben,
der Lohnklasse V oben
durchzieht, die Bezeichnung der ausgebenden Versicherungsanstalt mit lateinischen Buchstaben in schwarzem Druck.

7. Im übrigen ist die Form und Zeichnung der Beitragsmarken für eine Woche aus den nachstehenden Mustern, in denen auch der Name der ausgebenden Versicherungsanstalt probeweise abgedruckt ist, ersichtlich:

(Fünf Muster, hier fortgelassen, folgen.)

B. Zweiwochenmarken.

8. Die Beitragsmarken für zwei Wochen sind in Form eines Rechtecks auf weißem Papier in den Abmessungen der Marken für eine Woche (zu vergleichen Ziffer 4) anzufertigen.

9. Die Marken bestehen aus zwei Abteilungen.

Der linksseitige, in der Farbe der Lohnklasse (zu vergleichen Ziffer 3) gedruckte Teil zeigt oben links und unten rechts je ein ungleichseitiges Dreieck, von denen das obere in hellen arabischen Ziffern und hellen lateinischen Buchstaben auf dunklem Grunde die Bezeichnung des Geldwerts, das untere in dunklen römischen Ziffern auf hellerem Grunde die Bezeichnung der Lohnklasse trägt, während der zwischen beiden Dreiecken befindliche weiße Raum den Namen der ausgebenden Versicherungsanstalt mit lateinischen Buchstaben in schwarzem Druck enthält.

Der rechtsseitige, für alle Lohnklassen in silbergrauer Farbe gedruckte Teil zeigt in seinem oberen Felde den Reichsadler, im unteren Felde die Worte „Zwei Wochen“ in lateinischen Buchstaben.

10. Im übrigen ist die Form und Zeichnung der Marke für zwei Wochen aus dem nachstehenden Muster zu ersehen:

(Ein Muster, hier fortgelassen, folgt.)

C. Dreizehnwochenmarken.

11. Die Beitragsmarken für dreizehn Wochen sind in Form eines hochgestellten Rechtecks von der dreifachen Größe der Einwochenmarken auf weißem Papier herzustellen. Somit beträgt die Breite 23,5 mm, die Höhe 45 mm.

12. Das Mittelfeld der Marken, welche in den unter 3 bezeichneten Farben der betreffenden Lohnklasse zu drucken sind, besteht aus einem länglichen, durch ein 4 mm breites Band geteilten Sechseck. Der obere größere Teil dieses Mittelfeldes enthält den Reichsadler, der untere kleinere Teil in dunklen lateinischen Buchstaben die Worte „Dreizehn Wochen“. In das Band des Mittelfeldes ist die Bezeichnung des Geldwertes mit arabischen Ziffern und lateinischen Buchstaben in violetter Farbe eingedruckt. Um das Mittelfeld sind oben und unten in den Ecken je zwei weiße quadratische Felder angebracht, in welche die Nummer der Lohnklasse mit römischen Ziffern in violetter Farbe eingedruckt ist. Unmittelbar unter der oberen Umrahmungslinie durchzieht die Marken in der ganzen Breite ein 3 mm hohes weißes Feld, das den Namen der ausgebenden Versicherungsanstalt in schwarzer Farbe und lateinischen Buchstaben enthält.

13. Im übrigen ist die Form und Zeichnung der Marke für dreizehn Wochen aus folgendem Muster ersichtlich:

(Ein Muster, hier fortgelassen, folgt.)

III. Sonstige Bestimmungen.

14. Die Bezeichnung der ausgebenden Versicherungsanstalt erfolgt auf sämtlichen Marken in der nachstehenden abgekürzten Form:

Ostpreußen, Westpreußen, Berlin, Brandenburg, Pommern, Posen, Schlesien, Sachsen-Anhalt, Schleswig-Holstein, Hannover, Westfalen, Hessen-Nassau, Rheinprovinz, Oberbayern, Niederbayern, Pfalz, Oberpfalz, Oberfranken, Mittelfranken, Unterfranken, Schwaben, Kgr. Sachsen, Württemberg, Baden, Gr. Hessen, Mecklenburg, Thüringen, Oldenburg, Braunschweig, Hansestädte, Elsaß-Lothringen.

15. Zum Druck sämtlicher Beitragsmarken ist reines Lumpenpapier zu verwenden, welches fein gemahlen, in der Durchsicht gleichmäßig sein und eine Reißlänge von wenigstens 3000 m, ein Dehnung von mindestens 1,9 vom Hundert und einen Aschengehalt von höchstens 12 vom Hundert haben muß.

16. Das Markenpapier ist mit einem unsichtbaren Aufdruck zu versehen, der die Möglichkeit gewährt, die Echtheit der Marken jederzeit zu prüfen. Die Verwendung eines Wasserzeichens an Stelle des Aufdrucks bedarf der besonderen Genehmigung des Reichs-Versicherungsamts.

17. Die Marken für eine Woche und für zwei Wochen sind in Bogen zu je 100 Stück (je 10 über- und nebeneinander) herzustellen. Die genaue Größe der bedruckten Fläche eines Markenbogens muß, in den Durchlochungslinien gemessen, 235 × 140 mm betragen.

Die Marken für dreizehn Wochen sind in Bogen zu je 30 Stück (je 10 Stück neben= und je 3 Stück übereinander) herzustellen. Die genaue Größe eines Markenbogens muß, in den Durchlochungslinien gemessen, 235 × 125 mm betragen.

Die Ränder der Marken sind mit Bohrlöchern zu versehen, so daß die Lostrennung der Marken ohne Zuhilfenahme eines Schneidewerkzeugs durch bloßes Abreißen bewirkt werden kann. Auf der Rückseite sind die Markenbogen mit bestem Klebstoff zu versehen.

18. Sofern Beitragsmarken nicht durch die Reichsdruckerei angefertigt sind, müssen dem Reichs=Versicherungsamt vor der Ausgabe Probestücke zur Prüfung vorgelegt werden.

Berlin, den 27. Oktober 1899.

Das Reichs=Versicherungsamt.
Abteilung für Invaliditäts= und Altersversicherung.

Anhang Nr. 13 A.

Bekanntmachung des Reichskanzlers, betreffend die Einrichtung der Quittungskarten für die Invalidenversicherung.

Vom 10. November 1899 (RGBl. S. 667. AN. 1900 S. 173).

Auf Grund des § 132 Abs. 1 und des § 135 Abs. 2 des Invalidenversicherungsgesetzes hat der Bundesrat über die Einrichtung der Quittungskarten für die Invalidenversicherung unter teilweiser Abänderung der geltenden einschlägigen Vorschriften folgende Bestimmungen beschlossen:

1. Für die Selbstversicherung und deren Fortsetzung (§ 14 Abs. 1) sind besondere Quittungskarten von grauer Farbe zu verwenden.

Wer hierfür andere Quittungskarten unbefugt verwendet,

kann, sofern nicht nach anderen gesetzlichen Vorschriften eine härtere Strafe eintritt, von der unteren Verwaltungsbehörde und da, wo die Beitragskontrolle Rentenstellen übertragen ist, von deren Vorsitzenden mit einer Ordnungsstrafe bis zu zwanzig Mark belegt werden.

2. Die Quittungskarten sind, in Stoff und Format den bisherigen Quittungskarten entsprechend, für die Versicherungspflicht einerseits in gelber Farbe und für die Selbstversicherung andererseits in grauer Farbe nach den anliegenden Formularen A und B herzustellen.[1])

3. Den zur Selbstversicherung oder deren Fortsetzung berechtigten Personen ist vom 1. Januar 1900 ab bei Erteilung einer neuen Quittungskarte eine solche nach Formular B auszustellen, sofern sie nicht den Nachweis führen, daß für sie früher auf Grund der Versicherungspflicht Beiträge entrichtet worden sind.

4. Die Gültigkeitsdauer der Quittungskarte für versicherungspflichtige Personen (Formular A) kann durch Abstempelung verlängert werden. Die hierzu befugte Stelle wird von der Landes-Zentralbehörde bezeichnet. Die Verlängerung darf nur während der Gültigkeitsdauer der Karte und zwar einmal für ein oder für zwei weitere volle Jahre nach dem Ausstellungstag und nur dann erfolgen, wenn für die Zeit vom Ausstellungstag ab mindestens zwanzig Beitragswochen, einschließlich der denselben gemäß § 46 Abs. 2 gleich zu behandelnden Zeiten, nachgewiesen sind. Der Verlängerungsvermerk ist auf der Innenseite der Karte unter Beifügung des Datums und der Verlängerungsdauer im unmittelbaren Anschluß an die bereits geklebten Marken handschriftlich oder durch Stempel anzubringen.

Karten, deren fortdauernde Gültigkeit auf einer Anerkennung des Vorstandes der Versicherungsanstalt beruht (§ 135 Abs. 1 Satz 2) dürfen nicht verlängert werden.

5. Quittungskarten alten Musters dürfen nach dem 1. Januar 1900 nicht mehr ausgegeben werden.

Die am Schlusse des Jahres 1899 in Benutzung befind-

---

[1]) Die Formulare sind geändert durch Ziff. II der Bekanntmachung vom 3. Juli 1905, siehe Anhang Nr. 13 D.

lichen Quittungskarten dürfen nach dem 1. Januar 1900, und zwar auch für die Selbstversicherung und deren Fortsetzung, innerhalb zweier Jahre nach dem Tage ihrer Ausstellung (§ 135 Abs. 1) zur Beitragsentrichtung noch verwendet werden. Bei der Aufrechnung dieser Karten ist aber durch die Aufrechnungsstelle nicht die Zahl der Beitragsmarken, sondern die Zahl der durch Marken der einzelnen Lohnklassen nachgewiesenen Beitragswochen, nötigenfalls unter Hinzufügung einer besonderen Spalte für Lohnklasse V, anzugeben und die hierzu erforderliche Abänderung des Vordrucks handschriftlich vorzunehmen.

Berlin, den 10. November 1899.

Der Reichskanzler.

Anhang Nr. 13 B.

Bekanntmachung des Reichskanzlers, betreffend die nach dem Invalidenversicherungsgesetze für die Selbstversicherung zu verwendenden besonderen Quittungskarten (Formulare B).

Vom 4. Januar 1900 (Centr.-Bl. S. 12. AN. S. 335).

Nach Ziffern 1, 2 der Bekanntmachung vom 10. November 1899 (RGBl. S. 667) müssen die auf Grund des Invalidenversicherungsgesetzes für die Selbstversicherung und deren Fortsetzung vom Bundesrate vorgeschriebenen besonderen Quittungskarten (Formular B) in Stoff und Format den bisherigen Quittungskarten entsprechen und grau gefärbt sein.

Jene besonderen Quittungskarten sind demgemäß aus einem Stoffe herzustellen, welcher nicht mehr als 50 Prozent Zellulose enthalten darf; der Rest muß aus Leinen und Baumwolle derart zusammgesetzt sein, daß Leinen um mindestens 5 Prozent überwiegt. Der Stoff muß eine mittlere Reißlänge von 4500 m und eine mittlere Dehnung von 4 Prozent haben, bei der Verbrennung einen Aschengehalt von nicht mehr als 4 Prozent zurücklassen und im Quadratmeter ein Gewicht von 277 bis 283, im Durchschnitt 280 g aufweisen.

Die graue Färbung ist durch Zuteilen von naturblauer Leinenfaser zum Stoffe und Abtönen mit Miloriblau und Chromgelb herzustellen.

Berlin, den 4. Januar 1900.

Der Reichskanzler.

Anhang Nr. 13 C.

Bekanntmachung des Reichskanzlers, betreffend die Entwertung und Vernichtung der Marken bei der Invalidenversicherung.

Vom 9. November 1899 (RGBl. S. 665. AN. 1900 S. 172).

Auf Grund der §§ 141, 144, 148, 149, 152, 158, 160, 163 des Invalidenversicherungsgesetzes hat der Bundesrat über die Entwertung und Vernichtung der Marken bei der Invalidenversicherung nachstehende Vorschriften beschlossen:

1.[1])

2. Die die Beiträge einziehenden Stellen (Krankenkassen, Knappschaftskassen, Gemeindebehörden und andere von der Landes-Zentralbehörde bezeichnete Stellen, örtliche von der Versicherungsanstalt eingerichtete Hebestellen) sind verpflichtet, die den eingezogenen Beiträgen entsprechenden Marken zu entwerten.

Die gleiche Verpflichtung liegt denjenigen Beamten, welche

---

[1]) Ziff. 1, 4 und 5 sind ersetzt durch Ziff. I der Bekanntmachung vom 3. Juli 1905, siehe Anhang Nr. 13 D.

im Wege des Berichtigungsverfahren Marken verwenden, bezüglich dieser Marken ob.

3. Werden Quittungskarten zur Verlängerung ihrer Gültigkeitsdauer vorgelegt, so ist die Verlängerungsstelle verpflichtet, alle darin befindlichen Marken, soweit sie noch nicht entwertet sind, zu entwerten und zugleich auf der Innenseite der Karte handschriftlich oder durch Stempel die Gesamtzahl der in der Karte befindlichen Marken zu vermerken.

4. 5. (Vgl. 1 vorseitig.)

6. Die Entwertung darf nur in der Weise erfolgen, daß auf den einzelnen Marken handschriftlich oder durch Stempel der Entwertungstag in Ziffern, z. B. für den 15. März 1900 „15. 3. 00“ oder für den 10. Februar 1901 „10. 2. 01“, deutlich angegeben wird. Zur Entwertung ist Tinte oder ein ähnlicher festhaltender Farbstoff zu verwenden.

Für das Einzugsverfahren, das Berichtigungsverfahren, die Verlängerung und die Beitragskontrolle kann die Landes-Zentralbehörde eine andere Art der Entwertung vorschreiben oder zulassen.

Andere Entwertungszeichen sind unzulässig.

7. Marken, welche nicht bereits anderweit entwertet worden sind, müssen entwertet werden, sobald die die Marken enthaltende Quittungskarte zum Umtausch eingereicht ist. Diese Entwertung liegt den Vorständen der Versicherungsanstalten oder anderen von der Landes-Zentralbehörde bezeichneten Stellen ob; sie ist, sofern sie etwa versäumt sein sollte, von jeder Behörde, an welche die Karte nach dem Umtausche gelangt, nachzuholen. Die Form der Entwertung bleibt der entwertenden Stelle überlassen. Auf der Außenseite der Karte ist handschriftlich oder durch Stempel der Vermerk „Entwertet“ zu setzen und die entwertende Stelle zu bezeichnen.

8. Bei der Entwertung dürfen die Marken nicht unkenntlich gemacht werden, insbesondere müssen der Geldwert, die Lohnklasse und der Name der Versicherungsanstalt ersichtlich bleiben.

9. Wer den vorstehenden oder den von der Landes-Zentralbehörde gemäß Ziffer 6 Abs. 2 getroffenen Anordnungen zuwiderhandelt, kann für jeden Fall, sofern nicht nach anderen

Vorschriften eine höhere Strafe verwirkt ist, von der unteren Verwaltungsbehörde und da, wo die Beitragskontrolle Rentenstellen übertragen ist, von deren Vorsitzenden mit einer Ordnungsstrafe bis zu zwanzig Mark belegt werden.

10. Die Bestimmungen über die Verpflichtung der Hausgewerbetreibenden der Tabakfabrikation und der Textilindustrie, die für sich und ihre Hilfspersonen verwendeten Marken zu entwerten (Bekanntmachungen vom 16. Dezember 1891, 1. März 1894 und 9. November 1895, RGBl. S. 395, 324 und 452), bleiben in Kraft.

Auf Zuwiderhandlungen findet die Strafbestimmung der Ziffer 9 Anwendung.

11. Die Vernichtung der Marken erfolgt dadurch, daß sie durch einen darauf gesetzten Vermerk als ungültig erklärt werden. Dabei ist auf die Außenseite der Quittungskarte handschriftlich oder durch Stempel unter Einrückung der Zahl der vernichteten Marken der Vermerk „... Marken vernichtet" sowie die Bezeichnung der die Vernichtung vornehmenden Stelle zu setzen.

12. Diese Vorschriften treten vom 1. Januar 1900 ab an die Stelle der in der Bek. vom 24. Dezember 1891 (RGBl. S. 399) veröffentlichten Vorschriften.

Berlin, den 9. November 1899.

Der Reichskanzler.

Anhang Nr. 13 D.

Bekanntmachung des Reichskanzlers, betreffend die Entwertung der Marken und die Einrichtung der Quittungskarten für die Invalidenversicherung.

Vom 3. Juli 1905 (RGBl. S. 590. AN. S. 458).

Auf Grund von § 132 Abs. 1, §§ 141, 144 des Invalidenversicherungsgesetzes hat der Bundesrat über die Entwertung der

Marken und die Einrichtung der Quittungskarten für die Invalidenversicherung nachstehende Vorschriften beschlossen:

I. An Stelle der in der Bekanntmachung, betreffend die Entwertung und Vernichtung der Marken bei der Invalidenversicherung, vom 9. November 1899 (RGBl. S. 665) unter Ziffer 1, 4, 5 veröffentlichten Vorschriften treten folgende Bestimmungen:

1. Arbeitgeber und Versicherte, welche Marken in die Quittungskarten einkleben, sind zur Entwertung sämtlicher Marken verpflichtet.
4. Diejenigen Organe der Versicherungsanstalten, Behörden oder Beamten, welche die Kontrolle der Beitragsentrichtung ausüben, sind verpflichtet, alle in den Quittungskarten befindlichen Marken zu entwerten, welche noch nicht entwertet sind.
5. Die Entwertung der Marken liegt in den Fällen zu 1 und 2 demjenigen ob, welcher die Marken einzukleben hat; sie muß alsbald nach der Einklebung erfolgen.

II. Die durch die Bekanntmachung, betreffend die Einrichtung der Quittungskarten für die Invalidenversicherung, vom 10. November 1899 (RGBl. S. 667) vorgeschriebenen Formulare der Quittungskarten für versicherungspflichtige Personen (Formular A)[1]) und für die Selbstversicherung und deren Fortsetzung (Formular B) werden dahin abgeändert, daß die Quittungskarten A und B den aus den anliegenden Formularen ersichtlichen Vordruck erhalten müssen.

III. Die vorstehenden Bestimmungen treten mit dem 1. Oktober 1905 in Kraft.

Quittungskarten alten Musters dürfen nach diesem Zeitpunkte nicht mehr ausgegeben oder verlängert werden.

Berlin, den 3. Juli 1905.

Der Reichskanzler.

---

[1]) Die Formulare sind nicht abgedruckt.

Anhang Nr. 14.

Preußische Anweisung, betreffend das Verfahren bei der Ausstellung und dem Umtausch, sowie bei der Erneuerung (Ersetzung) und der Berichtigung von Quittungskarten (§§ 131 ff., 158, 160 des Invalidenversicherungsgesetzes vom 19. Juli 1899, RGBl. S. 463).

Vom 17. November 1899 (MBl. f. d. i. V. 1900 S. 16).

I. Teil.

Stellen für die Ausstellung, den Umtausch und die Erneuerung von Quittungskarten. Formulare der Quittungskarten.

I. Die Ausstellung und der Umtausch der Quittungskarten (§ 134 des Gesetzes) sowie die Ersetzung verlorener, unbrauchbar gewordener oder zerstörter Quittungskarten durch neue (§ 136 des Gesetzes) erfolgt vorbehaltlich der Vorschrift des § 151 Ziff. 1 des Gesetzes durch die Ortspolizeibehörden. In Ortspolizeibezirken, welche mehrere Gemeinden oder selbständige Gutsbezirke umfassen, sind die Ortspolizeibehörden mit Genehmigung des Regierungspräsidenten befugt, die Wahrnehmung der bezeichneten Obliegenheiten den Gemeindevorständen (Gutsvorstehern) zu übertragen.

Sofern für die Verwaltung der Ortspolizei besondere örtliche Bezirke (Polizeireviere) bestehen, sind die Vorstände dieser Bezirke zur Ausstellung usw. der Quittungskarten verpflichtet.

Bildet der Gemeindevorstand ein Kollegium, so hat er, wenn ihm die Ausstellung usw. der Quittungskarten übertragen ist, hierfür einen Kommissar zu bestellen. Auf Gemeinden, für deren Verwaltung besondere örtliche Bezirke (Distrikte) errichtet sind, findet die Bestimmung des vorhergehenden Absatzes entsprechende Anwendung.

Die Gemeinden (Gutsbezirke) sowie die Kreisverbände (Oberamtsbezirke) sind befugt, für ihre Bezirke auf ihre Kosten, an Stelle der vorbezeichneten Behörden oder neben denselben, für die Wahrnehmung des Kartengeschäftes besondere Beamte zu bestellen. Der Beschluß bedarf der Genehmigung des Regierungspräsidenten, für den Stadtkreis Berlin des Oberpräsidenten. Diese Beamten sind befugt, ein Siegel zu führen, das den Preußischen Adler und die Umschrift: „Ausgabestelle für Quittungskarten in . . . . ." enthält.

II. Verpflichtet zur Ausstellung usw. der Quittungskarten ist diejenige Stelle, in deren Bezirk der Versicherte bei Stellung des Antrags auf Ausstellung usw. der Karte beschäftigt ist oder, sofern er eine Beschäftigung nicht hat, die Stelle, in deren Bezirk er wohnt oder sich aufhält. Findet die Beschäftigung vorübergehend im Auslande, aber in einem Betriebe statt, dessen Sitz im Inlande belegen ist, so ist zur Ausstellung der Quittungskarte diejenige Stelle verpflichtet, in deren Bezirk der Sitz des Betriebes gelegen ist. Zur Ausstellung usw. der Quittungskarten für Hausgewerbetreibende, auf welche gemäß § 2 des Gesetzes die Versicherungspflicht durch Beschluß des Bundesrats erstreckt ist, ist diejenige Stelle verpflichtet, in deren Bezirk der Betriebssitz des Hausgewerbetreibenden gelegen ist. Zur Ausstellung usw. der Quittungskarten für solche Personen, welche sich dauernd im Auslande aufhalten und dort gemäß § 145 Abs. 1 des Gesetzes die Versicherung freiwillig fortsetzen, sind alle Ortspolizeibehörden innerhalb des Bezirks derjenigen Versicherungsanstalt verpflichtet, deren Name auf der ersten Quittungskarte angegeben ist. Hat der Versicherte eine im Inlande lebende Person mit der Beitragsentrichtung und dem Umtausche der Quittungskarten beauftragt, so ist auch die für den Wohnsitz dieses Beauftragten zuständige Ortspolizeibehörde zur Ausstellung usw. der Quittungskarten verpflichtet.[1])

III. Neben den vorbezeichneten Behörden und Beamten sind auch die Vorstände der Versicherungsanstalten und ihre Kontroll-

---

[1]) Die letzten beiden Sätze sind hinzugefügt durch Erlaß des Handelsministers vom 15. September 1904 (MBl. d. H. u. GV. S. 413).

beamten befugt, die Ausstellung, den Umtausch und die Erneuerung der Quittungskarten vorzunehmen.[1])

IV. Die Formulare der Quittungskarten sind durch Beschluß des Bundesrats vom 10. November 1899 festgestellt.[2]) Quittungskarten in gelber Farbe (Formular A) werden für versicherungspflichtige Personen und solche Personen, welche, nachdem ihre Versicherungspflicht aufgehört hat, die Versicherung freiwillig fortsetzen (Weiterversicherung) ausgestellt. Hiernach sind für Personen, welche entweder zu Anfang oder im Laufe der Versicherung eine gelbe Quittungskarte nach dem Formular A erhalten haben, für die Folge ohne Rücksicht, ob sie versicherungspflichtig sind oder sich freiwillig weiter versichern, stets gelbe Quittungskarten auszustellen. Quittungskarten in grauer Farbe (Formular B) werden solchen Personen ausgestellt, welche auf Grund des Rechts zur Selbstversicherung freiwillig in die Versicherung eintreten oder diese fortsetzen. Wird der Inhaber einer grauen Quittungskarte (Formular B) versicherungspflichtig, so hat er seine Quittungskarte gegen eine gelbe Quittungkarte (Formular A) umzutauschen und für die Folge stets gelbe Quittungskarten zu erhalten.

Wer für die Selbstversicherung und deren Fortsetzung unbefugt andere als graue Quittungskarten verwendet, kann, sofern nicht nach anderen gesetzlichen Vorschriften eine härtere Strafe eintritt, von der unteren Verwaltungsbehörde und da, wo die Beitragskontrolle Rentenstellen übertragen ist, von deren Vorsitzenden mit einer Ordnungsstrafe bis zu zwanzig Mark belegt werden.

Quittungskarten alten Musters dürfen nach dem 1. Januar 1900 für die Ausstellung, den Umtausch und die Erneuerung (Ersetzung) von Quittungskarten nicht mehr verwendet werden. Die am Schlusse des Jahres 1899 in Benutzung befindlichen Quittungskarten dürfen nach dem 1. Januar 1900, und zwar auch für die Selbstversicherung und deren Fortsetzung innerhalb zweier

---

[1]) Diese Fassung hat Ziff. III erhalten durch Erlaß des Handelsministers vom 11. April 1906 (MBl. d. H. u. GV. S. 185).

[2]) Anhang Nr. 13 A. Die Formulare sind geändert durch die Bekanntmachung vom 3. Juli 1905, Anhang Nr. 13 D.

Jahre nach dem Tage ihrer Ausstellung (§ 135 Abs. 1) zur Beitragsentrichtung noch verwendet werden. Bei Aufrechnung dieser Karten ist aber durch die Aufrechnungsstelle nicht die Zahl der Beitragsmarken, sondern die Zahl der durch Marken der einzelnen Lohnklassen nachgewiesenen Beitragswochen, nötigenfalls unter Hinzuziehung einer besonderen Spalte für Lohnklasse V, anzugeben und die hierzu erforderliche Abänderung des Vordrucks handschriftlich vorzunehmen.

Den zur Selbstversicherung oder deren Fortsetzung berechtigten Personen ist vom 1. Januar 1900 ab bei Erteilung einer neuen Quittungskarte eine solche nach Formular B auszustellen, sofern sie nicht den Nachweis führen, daß für sie früher auf Grund der Versicherungspflicht Beiträge entrichtet worden sind.

II. Teil.

Quittungskarten für die Versicherungspflicht und ihre Fortsetzung. (Formular A.)

1. Abschnitt: Ausstellung der ersten Quittungskarte. (Formular A.)

V. Die erste Quittungskarte (Formular A) wird solchen Personen ausgestellt, welche auf Grund des Versicherungszwanges (§§ 1, 2 des Gesetzes) neu in die Versicherung eintreten. Für Personen, welche einer zugelassenen Kasseneinrichtung (§§ 8, 10, 11 des Gesetzes) angehören, sowie für angemusterte Seeleute werden Quittungskarten nicht ausgestellt. Die Ausstellung der Quittungskarten erfolgt, sofern nicht in Einzelfällen abweichende Anordnungen ergehen, nur auf Antrag des Versicherten oder seines Arbeitgebers (§ 131 des Gesetzes). Vor der Ausstellung ist zu prüfen, ob die Person, für welche die Karte ausgestellt werden soll, zum Eintritt in die Versicherung verpflichtet ist. Als Anhalt für diese Prüfung dient die Anleitung des Reichs-Versicherungsamts, betreffend den Kreis der nach dem Invalidenversicherungsgesetz versicherten Personen.

VI. Tatsachen, welche sich auf das Recht zum Eintritt in die Versicherung und demgemäß zum Empfange einer ersten Quittungskarte beziehen, hat die um Ausstellung der Karte ersuchte Stelle zu berücksichtigen, soweit sie ihr amtlich bekannt sind. Im übrigen ist die Stelle zwar berechtigt, aber nicht verpflichtet, von Amts wegen weitere, das Vorhandensein solcher Tatsachen betreffende Ermittelungen anzustellen. Soweit derartige Ermittelungen vorgenommen werden, sind sie auf dem kürzesten Wege unter tunlichster Vermeidung von Weiterungen und Kosten zu veranlassen.

Nach Maßgabe ihrer amtlichen Kenntnis und nach dem Ergebnis der Ermittelungen hat sich die Ausgabestelle darüber schlüssig zu machen, ob sie die Quittungskarte ausstellen oder die Ausstellung ablehnen will. Dabei ist grundsätzlich tunlichstes Entgegenkommen zu betätigen. Bleibt die Zulässigkeit der Ausstellung zweifelhaft und lassen sich die Zweifel nicht alsbald beseitigen, so hat die Ausgabestelle die für ihren Bezirk zuständige Versicherungsanstalt unter Mitteilung der die Zweifel begründenden Umstände um eine Äußerung binnen einer kurz bemessenen Frist zu ersuchen. Ist die Versicherungsanstalt mit der Ausstellung der Karte einverstanden oder geht eine Äußerung von ihr binnen der gesetzten Frist nicht ein, so hat die Ausgabestelle die Karte alsbald auszustellen.

Widerspricht dagegen die Versicherungsanstalt der Ausstellung, so ist die Sache als Streitigkeit im Sinne der §§ 155, 156 des Gesetzes zu behandeln, kurzer Hand an die zur Entscheidung zuständige Verwaltungsbehörde abzugeben und die endgültige Erledigung dieser Streitigkeit abzuwarten. Je nach dem Ergebnis dieses Verfahrens ist die Ausstellung der Quittungskarte, sofern sie noch nicht erfolgt war, vorzunehmen oder endgültig abzulehnen. War die Karte aber bereits ausgestellt, so ist nötigenfalls die Einziehung der Karte und die Vernichtung der etwa verwendeten Marken nach Maßgabe des § 158 des Gesetzes zu veranlassen.

Wird die Ausstellung der Karte aus anderen Gründen als wegen bestehender Zweifel über die Versicherungspflicht abgelehnt, so steht dem Antragsteller die Beschwerde im Aufsichtswege zu.

VII. Bei der Ausfüllung des Formulars ist in folgender Weise zu verfahren:

Neben dem am Kopf der Karte befindlichen Vermerk „Versicherungsanstalt" ist der Name derjenigen Anstalt einzutragen, in deren Bezirk der Versicherte bei Ausstellung der Karte beschäftigt ist, bei versicherungspflichtigen Hausgewerbetreibenden (§ 2 des Gesetzes) der Name derjenigen Anstalt, in deren Bezirk sich der Betriebssitz des Hausgewerbetreibenden befindet. Bei der Schiffsbesatzung deutscher Seefahrzeuge ist, soweit Quittungskarten überhaupt ausgestellt werden (V), der Name der Versicherungsanstalt einzutragen, in deren Bezirk sich der Heimatshafen des Schiffes befindet. Findet die Beschäftigung vorübergehend im Ausland, aber in einem Betriebe statt, dessen Sitz im Inlande belegen ist, so ist der Name derjenigen Versicherungsanstalt einzutragen, in deren Bezirk der Sitz des Betriebes gelegen ist.

Für das Personal ausländischer Binnenschiffe ist der Name derjenigen Versicherungsanstalt einzutragen, in deren Bezirk das Schiff beim Überfahren der Grenze zuerst eintritt. Hiernach kommen in Betracht für den Rhein und die Saar die Versicherungsanstalt Rheinprovinz, für den Rhein—Rhone- und den Rhein—Marne-Kanal die Versicherungsanstalt Elsaß-Lothringen, für die Elbe die Versicherungsanstalt Königreich Sachsen und für die Weichsel die Versicherungsanstalt Westpreußen.

Sodann ist die Bezeichnung der die Quittungskarte ausstellenden Stelle (z. B. „Ausgabestelle in . . . .“, „Amtsvorsteher in . . .“, „Orts-Krankenkasse in . . .“) und das Datum, an welchem die Karte ausgestellt wird, einzutragen. Der Unterschrift des ausstellenden Beamten bedarf es nicht. Neben diese Eintragungen ist rechts oben an der durch den Vordruck bezeichneten Stelle das Dienstsiegel der Ausfertigungsstelle in Blau- oder Schwarzdruck abzudrucken.

Der Vermerk für die Eintragung der Listennummern ist da, wo solche Listen über die ausgestellte Karte nicht geführt werden, zu durchstreichen. Eine Verpflichtung zur Führung solcher Listen besteht zwar nicht, doch empfiehlt sich ihre freiwillige Anlegung und Fortführung.

Die Ausfüllung des Vermerks „Verwendbar für die Zeit seit dem . . . ten“ hat nur zu erfolgen, wenn in die Karte für die Zeit vor ihrer Ausstellung, z. B. bei nachträglicher Feststellung der Versicherungspflicht, oder bei unterbliebener rechtzeitiger Ausstellung der Quittungskarte, Marken einzukleben sind. Die Ausgabestellen haben zur Vermeidung nachträglicher Berichtigungen vor Ausfertigung jeder Quittungskarte den Versicherten zu befragen, ob in die Karte Marken für eine vor dem Ausstellungstage liegende Zeit eingeklebt werden sollen. Im übrigen ist bei Ausfüllung des Vermerks mit besonderer Vorsicht zu verfahren, da die Gefahr naheliegt, daß Personen, welche sich nachträglich die Möglichkeit eröffnen wollen, Anspruch auf eine Rente oder auf eine höhere Rente zu erheben, Anträge auf Ausfüllung stellen. Es sind daher die tatsächlichen Verhältnisse sorgfältig zu prüfen und nötigenfalls die Versicherungsanstalten, die nachträglich belastet werden sollen, zu hören. Ein mehr als vier Jahre zurückliegender Zeitpunkt darf nicht eingetragen werden (§ 146 des Gesetzes).

Der Vermerk ist, sofern er nicht ausgefüllt werden soll, zu durchstreichen; auf die Gültigkeitsdauer der Karte hat er keinen Einfluß, diese richtet sich vielmehr stets nach dem Tage der Ausstellung.

Die Karte erhält die Nummer 1.

Sodann sind Vor- und Zuname, Berufsstellung, Geburtsort und Geburtszeit sowie der Wohnort nebst Straße und Hausnummer des Inhabers einzutragen. Bei Frauen ist nicht der Vorname des Mannes, sondern der Vorname der Frau, ferner der Zuname des Mannes und der Geburtsname der Frau einzutragen, z. B. Ehefrau (Witwe) Klara Schulz geb. Schäfer. Bei Feststellung der Aufschrift ist zur Unterscheidung des Versicherten von anderen Personen besondere Sorgfalt geboten. Bei Angabe der „Berufsstellung" ist neben der allgemeinen Bezeichnung „Arbeiter", „Gehilfe", „Geselle" usw. tunlichst auch der besondere Berufszweig, in welchem der Versicherte bei Ausstellung der Karte beschäftigt ist, einzutragen, z. B. „landwirtschaftlicher Arbeiter", „Schlossergeselle" usw. Im übrigen ist zu beachten, daß Eintragungen oder Vermerke, welche durch das Gesetz nicht vorgesehen sind, unzulässig und strafbar sind (§§ 139, 184 a. a. O.). Insbesondere darf die Person des Arbeitgebers nicht in die Karte eingetragen werden.

Die Eintragungen sollen handschriftlich erfolgen, doch ist es zulässig, die Bezeichnung der ausstellenden Stelle durch Druck oder durch Verwendung eines Stempels und die Eintragung des Namens der Versicherungsanstalt am Kopfe der Karte durch Verwendung eines Stempels zu bewirken.

VIII. Unmittelbar nach der Ausstellung ist die Karte auszuhändigen oder dem Versicherten durch Vermittelung des Arbeitgebers kostenlos zuzustellen.

2. Abschnitt: Der Umtausch der Quittungskarten. (Formular A.)

IX. Der Umtausch findet der Regel nach erst dann statt, wenn die für die Einklebung von Marken bestimmten Felder der Quittungskarte gefüllt sind oder die Gültigkeit der Quittungskarte erloschen ist (§§ 134, 135 des Gesetzes). Auf seine Kosten darf jedoch der Versicherte jederzeit die Ausstellung einer neuen Quittungskarte gegen Rückgabe der älteren Karte beanspruchen (§ 131 Abs. 3 des Gesetzes).

Bei dem Umtausch der Quittungskarte sind folgende Geschäfte zu unterscheiden:

A. die Aufrechnung der alten Karte;
B. die Ausstellung der Bescheinigung über die aus der Aufrechnung sich ergebenden Endzahlen;
C. die Ausstellung der neuen Karte;
D. die Einsendung der aufgerechneten Karten an die zuständige Versicherungsanstalt.

A. Die Aufrechnung der alten Karte.

X. Die Aufrechnung der alten Karte hat in unmittelbarem Anschluß an deren Rückgabe zu erfolgen.

Die Aufrechnung erfolgt auf der Innenseite der zurückgegebenen Quittungskarte an der durch den Vordruck bezeichneten Stelle; dabei ist folgendes zu beachten:

1. Die in der aufzurechnenden Karte durch Marken nachgewiesenen Beitragswochen sind ohne Rücksicht darauf, ob die Marken auf verschiedene Versicherungsanstalten lauten, lediglich nach Lohnklassen zusammenzurechnen; das Zahlenergebnis ist für jede Lohnklasse getrennt in die für die betreffende Lohnklasse bestimmte Rubrik der Tabelle einzutragen.
2. An der vorbemerkten Stelle sind die bescheinigten Krankheiten

und militärischen Dienstleistungen, welche innerhalb des Zeitraums vom Tage der Ausstellung der Karte bis zur Aufrechnung derselben nachgewiesen werden, nach dem Datum des Beginns und der Beendigung der einzelnen Krankheit oder militärischen Dienstleistung einzutragen.

Die Einrechnung dieser Zeiten in die Zahl der ordentlichen Beitragswochen sowie die Zusammenrechnung der Dauer der einzelnen Krankheitsfälle oder militärischen Dienstleistungen ist bei Aufrechnung der Karte nicht zulässig. Reicht der Vordruck für Krankheitszeiten nicht aus, weil mehr als fünf Krankheitsfälle einzutragen sind, so können unter entsprechender handschriftlicher Änderung des Vordrucks auch die für militärische Dienstleistungen bestimmten Rubriken, soweit diese für die letzteren nicht verwendet zu werden brauchen, zur Eintragung von Krankheitsfällen benutzt werden. Dasselbe gilt für den umgekehrten Fall.

3. Zum Nachweise einer Krankheit genügt die Bescheinigung des Vorstandes derjenigen Orts-, Betriebs- (Fabrik-), Bau- oder Innungskrankenkasse, derjenigen Knappschaftskasse, eingeschriebenen oder auf Grund landesrechtlicher Vorschriften errichteten Hilfskasse, beziehungsweise derjenigen Gemeindekrankenversicherung, welcher der Versicherte angehört hat (§§ 31 Abs. 1, 191 des Gesetzes). Für diejenige Zeit, welche über die Dauer der von den betreffenden Kassen zu gewährenden Krankenunterstützung hinausreicht, sowie für diejenigen Personen, welche einer derartigen Kasse nicht angehört haben, genügt die Bescheinigung der Gemeindebehörde (§ 31 Abs. 1 des Gesetzes). Auch können für die in Reichs- und Staatsbetrieben beschäftigten Personen die Bescheinigungen über die Krankheit durch die vorgesetzte Dienstbehörde ausgestellt werden (§ 31 Abs. 2 des Gesetzes). Die Anerkennung sonstiger Nachweise (z. B. ärztlicher Atteste, Zeugnisse von Krankenhäusern über die Krankheit usw.) ist jedoch nicht ausgeschlossen.

4. Der Nachweis militärischer Dienstleistungen erfolgt durch Vorlegung der Militärpapiere (§ 31 Abs. 3 des Gesetzes).

5. Für die Eintragung einer Krankheit ist im einzelnen folgendes zu beachten:

a) Krankheiten, welche durch Bescheinigungen der Kassenvorstände oder der Gemeindebehörden nachgewiesen werden (Ziff. 3), sind nur dann zu berücksichtigen, wenn sie auf dem durch Anweisung vom 16. Oktober 1899 (MBl. f. d. i. V. 1899 S. 248) vorgeschriebenen Formular ausgestellt sind.

Es sind ferner nur solche Krankheiten einzutragen, welche mindestens eine volle Beitragswoche (Montag bis einschließlich Sonntag) gedauert haben.

b) Krankheiten, welche die Erkrankten sich vorsätzlich oder bei Begehung eines durch strafgerichtliches Urteil festgestellten Verbrechens, durch schuldhafte Beteiligung bei Schlägereien oder Raufhändeln oder durch Trunkfälligkeit zugezogen haben, sind nicht einzutragen, dagegen hat die Eintragung für solche Krankheiten, welche Versicherte sich durch geschlechtliche Ausschweifungen zugezogen haben, zu erfolgen.

c) Krankheiten von Personen, welche, nachdem die Versicherungspflicht fortgefallen ist, sich freiwillig weiterversichern, sind, soweit die Krankheiten in die Zeit der Weiterversicherung fallen, nicht zu berücksichtigen; das gleiche gilt von Krankheiten bei denjenigen Personen, welche vor Beginn der Krankheit eine die Versicherungspflicht begründende Beschäftigung überhaupt nicht oder nur vorübergehend gehabt haben.

d) Ergibt sich, daß der Erkrankte durch die Krankheit nicht verhindert gewesen ist, seine die Versicherungspflicht begründende Beschäftigung fortzusetzen, so ist die Eintragung abzulehnen. Hierhin gehört auch der Fall, daß für die Dauer der Krankheit wegen Fortsetzung des die Versicherungspflicht begründenden Arbeits- oder Dienstverhältnisses Beitragsmarken entrichtet worden sind.

e) Bei Krankheiten, welche ununterbrochen länger als ein Jahr gedauert haben, ist die über diesen Zeitraum hinausreichende Dauer der Krankheit nicht einzutragen.

f) Die an eine Krankheit sich anschließende, mit Erwerbsunfähigkeit verbundene Genesungszeit wird der Krankheit gleichgeachtet. Dasselbe gilt von einem regelmäßig verlaufendem Wochenbette für die Dauer der dadurch veranlaßten Erwerbsunfähigkeit, aber höchstens für sechs Wochen von der Entbindung an gerechnet.

6. Die Eintragung einer militärischen Dienstzeit ist zu versagen:
   a) wenn es sich um militärische Dienstleistungen handelt, die nicht zur Erfüllung der Wehrpflicht stattgefunden haben; für die Dauer von Mobilmachungs- oder Kriegszeiten kommen jedoch auch solche Militärdienste in Anrechnung, die nicht zur Erfüllung der Wehrpflicht, sondern freiwillig geleistet worden sind;
   b) wenn es sich um militärische Dienstleistungen während der freiwilligen Fortsetzung eines Versicherungsverhältnisses handelt;
   c) wenn sich ergibt, daß der Inhaber der Quittungskarte vor Beginn der militärischen Dienstleistung eine die Versicherungspflicht begründende Beschäftigung überhaupt nicht oder nur vorübergehend gehabt hat.
7. Vor Eintragung der Krankheitszeiten und der militärischen Dienstleistungen ist die Anrechnungsfähigkeit derselben zu prüfen. Ergeben sich hierbei Zweifel, so ist deren Behebung durch Rückfragen oder in sonst geeignet erscheinender Weise, sofern dies ohne besondere Kosten möglich ist, herbeizuführen. Gelingt die Beseitigung der Zweifel nicht, so sind die fraglichen Krankheiten und militärischen Dienstleistungen zu berücksichtigen, jedoch ist der Versicherungsanstalt bei Übersendung der aufgerechneten Karte oder sogleich von dem obwaltenden Bedenken Mitteilung zu machen.
8. Sofern die aufrechnende Stelle Grund zu der Annahme hat, daß bei der Aufrechnung militärische Dienstleistungen oder Krankheitsfälle zu berücksichtigen sind, so hat sie dem Inhaber der Quittungskarte, sofern derselbe deren Anrechnung nicht selbst beantragt hat, die Beibringung der erforderlichen Nachweise zu empfehlen. Die Aufrechnung kann in diesem Falle nachträglich vervollständigt werden.
9. Unter die Aufrechnung hat die aufrechnende Stelle den Ort und das Datum, sowie ihre dienstliche Bezeichnung (z. B. Magistrat in ....) zu setzen; der Unterschrift des aufrech-

nenden Beamten bedarf es nicht. Die Bezeichnung des Ortes und Datums sowie der aufrechnenden Stelle kann durch Stempeldruck erfolgen. Neben die Bezeichnung der aufrechnenden Stelle ist deren Siegel abzudrucken.

B. Die Ausstellung der Bescheinigung über die aus der Aufrechnung sich ergebenden Endzahlen.

XI. Über das Ergebnis der Aufrechnung ist dem Inhaber der Quittungskarte eine Bescheinigung zu erteilen, welche die aus der Aufrechnung sich ergebenden Endzahlen wiedergibt. Für diese Bescheinigung ist das beiliegende Formular[1]), welches der Aufrechnungstabelle in der Quittungskarte entspricht, zu verwenden. Legt der Inhaber der Quittungskarte ein Sammelbuch vor, so ist in dieses das Ergebnis der Aufrechnung einzutragen.

Die Bezeichnung des Orts, Datums und der bescheinigenden Stelle auf der Bescheinigung kann durch Aufdruck eines Stempels erfolgen. Der Unterschrift des bescheinigenden Beamten bedarf es nicht. Die Bescheinigung ist im unmittelbaren Anschluß an die Aufrechnung auszustellen und mit der neuen Quittungskarte auszuhändigen.

XII. Gegen die Aufrechnung der abgegebenen Quittungskarte und gegen den Inhalt der Bescheinigung steht nach § 137 des Gesetzes dem Versicherten binnen zwei Wochen nach Aushändigung der Bescheinigung der Einspruch zu. Der Einspruch ist unter Vorlegung der Bescheinigung bei derjenigen Stelle zu erheben, welche die Quittungskarte aufgerechnet und die Bescheinigung ausgestellt hat; dieselbe Stelle hat auch über den Einspruch zu befinden.

Das Verfahren über den Einspruch ist an besondere Formen nicht gebunden. Wird der Einspruch als begründet anerkannt, so ist die Aufrechnung und die Bescheinigung entsprechend zu berichtigen. Die Zurückweisung des Einspruchs ist dem Einsprechenden mitzuteilen. Dies kann mündlich oder durch Zufertigung eines schriftlichen Bescheides gegen Behändigungsschein geschehen. Sind der Entscheidung förmliche Beweiserhebungen vorange-

---

[1]) Das Formular ist nicht abgedruckt.

gangen, so ist dem Einsprechenden auf seinen Antrag und seine Kosten Abschrift der Beweisverhandlungen zu erteilen.

XIII. Gegen die völlige oder teilweise Zurückweisung des Einspruchs findet binnen zwei Wochen nach Mitteilung der Entscheidung unter Vorlegung der Bescheinigung und des auf den Einspruch etwa erteilten schriftlichen Bescheides Beschwerde an die der bescheinigenden Stelle unmittelbar vorgesetzte Dienstbehörde statt. Die Beschwerde kann sowohl bei dieser als auch bei der Stelle, gegen deren Bescheid sich die Beschwerde richtet, eingelegt werden.

Das Verfahren über die Beschwerde ist an besondere Formen nicht gebunden. Die ergangene Entscheidung ist endgültig (§ 137 des Gesetzes). Wird die Beschwerde als begründet anerkannt, so ist die Aufrechnung und die Bescheinigung nötigenfalls auf einem besonderen mit derselben zu verbindenden Blatt Papier mit farbiger Tinte entsprechend zu berichtigen. Die Entscheidung ist dem Beschwerdeführer unter Rückgabe der etwa berichtigten Bescheinigung mitzuteilen, die aufgerechnete Quittungskarte aber der aufrechnenden Stelle zurückzugeben.

XIV. Aus dem Einspruch und der Beschwerde sollen dem Versicherten in der Regel keine Kosten entstehen, doch ist die über den Einspruch oder die Beschwerde entscheidende Stelle befugt, dem Versicherten die Kosten für solche Anträge zur Last zu legen, deren Unbegründetheit dem Versicherten bekannt waren oder bekannt sein mußten. Zu diesen Kosten gehören auch Portoauslagen. Die Auferlegung der Kosten ist zu begründen.

C. Die Ausstellung der neuen Quittungskarte.

XV. Die Ausstellung der neuen Quittungskarte erfolgt nur gegen Rückgabe der älteren Karte, und Zug um Zug mit dieser Rückgabe.

Die Ausstellung der neuen Karte erfolgt nach den für die Ausstellung der ersten Karte maßgebenden Vorschriften (Ziffer V bis VIII), jedoch mit folgenden Änderungen:

1. Die Ausstellung der neuen Quittungskarte darf in der Regel nicht von einer besonderen Feststellung, ob zur Zeit eine Versicherungspflicht besteht, abhängig gemacht werden. Vielmehr

hat im allgemeinen jeder, welchem eine Quittungskarte einmal ausgestellt worden ist, das Recht, den Umtausch derselben zu verlangen, und nur in solchen Fällen ist der Umtausch ausnahmsweise zu versagen, in denen die Ausgabestelle die pflichtmäßige Überzeugung gewinnt, daß die alte Quittungskarte zu unrecht ausgestellt worden ist.

2. Ferner ist in die Rubrik „Versicherungsanstalt" nicht diejenige Versicherungsanstalt, in deren Bezirk der Versicherte zur Zeit der Ausstellung der neuen Karte beschäftigt ist, sondern diejenige Versicherungsanstalt einzutragen, welche auf der ersten Quittungskarte des Versicherten verzeichnet war. Als diese gilt diejenige Versicherungsanstalt, welche auf der der Nummer nach nächstvorhergehenden Karte, also in der Regel auf der zum Umtausch übergebenen Karte verzeichnet ist, sofern sich als erste Versicherungsanstalt nicht eine bestimmte andere ergibt (§ 133 des Gesetzes).

3. Die neue Quittungskarte erhält als Nummer diejenige Zahl, welche auf die Zahl der aufgerechneten Karte, soweit dieselbe zu ermitteln ist, folgt. Enthält diese beispielsweise die Zahl 3, so ist die neue Karte mit der Zahl 4 zu bezeichnen. Als „Berufsstellung" ist, wie sich aus dem Vordruck ergibt, diejenige Berufsstellung einzutragen, welche der Inhaber zur Zeit der Ausstellung der neuen Quittungskarte bekleidet, auch wenn auf der früheren Quittungskarte eine andere Berufsstellung angegeben war. Solche Verschiedenheiten werden sich z. B. dann ergeben, wenn aus Lehrlingen Gesellen geworden sind, ein anderes Gewerbe begonnen worden ist usw.

D. Die Einsendung der aufgerechneten Karten an die Versicherungsanstalt.

XVI. Die abgegebenen Quittungskarten sind sorgfältig aufzubewahren und spätestens in Zeiträumen von drei zu drei Monaten an die Versicherungsanstalt des Bezirks, in welchem die aufrechnende Stelle ihren Sitz hat, portofrei zu übersenden. Etwaigen Wünschen der Versicherungsanstalt wegen Einhaltung kürzerer Einsendungstermine ist zu entsprechen. Vor Ablauf der Einspruchs- oder Beschwerdefrist, und, sofern Einspruch oder Beschwerde eingelegt ist, vor Erledigung derselben ist die betreffende Karte nicht abzusenden.

XVII. Die Ausgabestellen haben mit der Quittungskarte zugleich die Bescheinigungen über Krankheiten (X Ziff. 3) und zwar auch dann, wenn die Eintragung der Krankheit abgelehnt worden ist (X Ziff. 5. a.), sowie Nachweise über Beschäftigungen, welche in die Zeit vor dem Inkrafttreten der Versicherungspflicht für den Berufszweig des Versicherten fallen, abzunehmen und mit der Quittungskarte an die Versicherungsanstalt des Bezirks behufs Weitersendung und Aufbewahrung bei derjenigen Versicherungsanstalt, an welche die betreffende Quittungskarte abzugeben ist, zu übersenden. Die Krankheitsbescheinigungen und Arbeitsnachweise sind den aufgerechneten Quittungskarten beizufügen.

Das gleiche gilt in Ansehung derjenigen Bescheinigungen, welche nach § 9 Absatz 2 des Gesetzes solchen Personen auszustellen sind, die aus einer vom Bundesrat zur Durchführung der Invaliditäts- und Altersversicherung zugelassenen besonderen Kasseneinrichtungen ausscheiden. Militärpapiere sind nicht abzunehmen, weil dieselben auch zu anderen Zwecken gebraucht werden und aus deren etwaiger Rückforderung aus dem Gewahrsam der Versicherungsanstalten Kosten und Weiterungen entstehen würden.

3. Abschnitt: Die Erneuerung (Ersetzung) von Quittungskarten. (Formular A.)

XVIII. Hat der Inhaber seine Quittungskarte verloren, oder ist die Quittungskarte ganz oder teilweise zerstört, oder aus einem anderen Grunde als wegen Füllung mit Beitragsmarken zur weiteren Verwendung unbrauchbar geworden, so ist der Inhaber berechtigt, die Ersetzung dieser Quittungskarte durch eine neue Quittungskarte zu beanspruchen (§ 136 des Gesetzes). Hierbei ist in folgender Weise zu verfahren:

1. Die Außenseite erhält genau die Aufschriften der zu erneuernden Karte, soweit dieselben nachweisbar sind, also auch die Bezeichnung der Ausgabestelle und die Nummer der Karte. Ist der Name der Versicherungsanstalt, die Bezeichnung der Ausgabestelle und die Nummer der Karte nicht festzustellen, so erhält

die erneuerte Karte den Namen der Versicherungsanstalt, in deren Bezirk der Versicherte zur Zeit der Erneuerung beschäftigt ist, die Bezeichnung der die Erneuerung bewirkenden Ausgabestelle und die Nummer 1. Oben am Kopf der Karte oder an einer anderen, den genügenden Raum darbietenden Stelle ihrer Außenseite ist (handschriftlich oder durch Aufdrücken eines Stempels) der Vermerk „Erneuert" zu setzen; an dem für das Dienstsiegel bestimmten Platze ist das Dienstsiegel derjenigen Stelle abzudrucken, welche die Erneuerung vornimmt, auch wenn die frühere Karte von einer anderen Stelle ausgestellt gewesen ist.

2. In die Innenseite der Karte ist auf den zur Aufnahme von Marken bestimmten Feldern, in der Regel oben links beginnend, mit tunlichster Raumersparnis einzutragen, für wieviel Beitragswochen Marken in der zu erneuernden Quittungskarte nachweislich für die einzelnen Lohnklassen und Versicherungsanstalten enthalten waren. Der Nachweis des Inhalts der zu erneuernden Karte ist Sache des Inhabers. Ist diese Karte ganz oder teilweise noch vorhanden, so ist deren Inhalt, soweit er erkennbar ist, ohne weitere Prüfung in die neue Karte einzutragen. Im übrigen bedarf es eines glaubhaften Nachweises. Zu einem glaubhaften Nachweis ist in der Regel die Vorlegung der Lohnlisten des Arbeitgebers oder eine zuverlässige Auskunft des Arbeitgebers oder der Mitarbeiter des Versicherten für ausreichend zu erachten. Wird ein glaubhafter Nachweis darüber, ob und wieviel Beitragsmarken in der zu erneuernden Karte enthalten waren, nicht geführt, so ist von der Markenübertragung abzusehen und in die erneuerte Karte der Vermerk aufzunehmen: „Bei Erneuerung der Karte waren Beitragsmarken nicht zu übertragen." Dieser Vermerk bedarf weder der Unterschrift noch der Beidrückung des Dienstsiegels.

Bei Übertragung der in der zu erneuernden Karte nachgewiesenen Beiträge ist zu beachten, daß für mehrere Beitragswochen gemeinsam nur eine Marke verwendet werden kann, im übrigen soll in der aus dem nachfolgenden Beispiele sich ergebenden Weise verfahren werden:

„Bei Erneuerung der Karte übertragen:

10 W. II. V. A. Königreich Sachsen.

13 W. III. V. A. Brandenburg.
8 „ V. „ „ Rheinprovinz.

Halle, den 5. März 1900.
(Name des den Übertragungs-Vermerk ausstellenden Beamten.)"
(L. S.)

Dabei bedeuten die Abkürzungen W. „Beitragswochen", V. A. „Versicherungsanstalt", die römischen Ziffern I, II, III, IV, V die Lohnklassen, die arabischen Ziffern die Anzahl von Beitragswochen, für welche Marken aus der betreffenden Lohnklasse und Versicherungsanstalt beigebracht waren, z. B. können die oben aufgeführten 13 Wochen III. Versicherungsanstalt Brandenburg aus einer nach dem 1. Januar 1900 verwendeten, für einen Zeitabschnitt von 13 Wochen hergestellten Beitragsmarke III. Lohnklasse der Versicherungsanstalt Brandenburg herrühren. Der Übertragungsvermerk ist von dem übertragenden Beamten mit Ort und Datum und seiner Namens-Unterschrift zu versehen und durch Beidrückung des Dienstsiegels zu beglaubigen. Eine Entfernung der auf der unbrauchbar gewordenen Quittungskarte vorhandenen Marken und ihre Einklebung in die neue Karte ist unstatthaft.

3. Die erneuerte Karte ist dem Versicherten, seinem Beauftragten oder Vertreter auszuhändigen. War die ältere Karte, welche durch die neue ersetzt ist, ganz oder zum Teil noch vorhanden, so ist dieselbe von der Ausgabestelle einzubehalten und mit dem Vermerk: „Nach Erneuerung einbehalten" oder mit einem ähnlichen Vermerk und dem Dienstsiegel der erneuernden Stelle zu versehen. Die Aushändigung der neuen Karte hat Zug um Zug mit der etwaigen Übergabe der alten Karte zu geschehen.

XIX. Nach § 137 des Gesetzes ist der Versicherte befugt, binnen zwei Wochen nach Aushändigung der neuen Quittungskarte gegen den Inhalt der Übertragung Einspruch zu erheben. Auf den Einspruch und das Verfahren finden die Bestimmungen unter XII bis XIV Anwendung. Nach Ablauf der Einspruchs- und Beschwerdefrist, oder nach Beendigung des Einspruchs- und Beschwerdeverfahrens ist die alte Karte, sofern eine solche eingereicht ist, der für den Bezirk der erneuernden Stelle zuständigen Versicherungsanstalt einzusenden (XVI).

Eine Erneuerung der Karte findet, abgesehen von den Fällen des § 136 des Gesetzes, noch statt:

a) wenn die Karte wegen einer unzulässigen Eintragung seitens einer Behörde angehalten wird (§ 139 Absatz 1 des Gesetzes);

b) wenn im Falle des § 158 die untere Verwaltungsbehörde an Stelle der Vernichtung der irrtümlich beigebrachten Marken die Einziehung der Quittungskarte und die Übertragung des Inhalts derselben auf eine neue Karte anordnet; s. unten XXV.

c) wenn für den Inhaber einer gelben Quittungskarte (Formular A) eine graue Karte (Formular B) hätte ausgestellt werden müssen. (IV.)

Ist die Behörde zur Ausstellung von Karten nicht berechtigt, so hat sie wegen Ausstellung der neuen Karte eine zuständige Stelle zu ersuchen.

4. Abschnitt: Berichtigung von Quittungskarten. (Formular A.)

XX. Sind in einer Quittungskarte zu wenig Marken oder Marken einer zu niedrigen Lohnklasse eingeklebt, so hat die untere Verwaltungsbehörde (Landrat, Oberamtmann, Magistrat, Bürgermeister) oder der Vorsitzende der Rentenstelle dem verpflichteten Arbeitgeber das nachträgliche Einkleben der fehlenden Marken oder die Beibringung von Marken der richtigen Lohnklasse aufzugeben. Kommt der Arbeitgeber dieser Anordnung innerhalb der gesetzten Frist nicht nach, so ist das Beitreibungsverfahren gemäß § 168 des Gesetzes einzuleiten. Für den beigetriebenen Betrag sind die fehlenden oder richtigen Marken anzukaufen, einzukleben und zu entwerten.

Nach Beibringung der richtigen Marken hat die untere Verwaltungsbehörde (Vorsitzender der Rentenstelle) die zu niedrigen Marken zu vernichten und wegen Rückzahlung des Wertes derselben der Versicherungsanstalt Mitteilung zu machen. Die Auszahlung des Geldbetrages oder die Verteilung desselben zwischen den bei Ankauf der vernichteten Marken beteiligt gewesenen Arbeitgebern und Versicherten kann dem Empfänger überlassen bleiben.

Übersendet die Versicherungsanstalt den Betrag durch die Post, so bedarf es der Ausstellung einer besonderen Quittung des Empfängers nicht. Es ist vielmehr Sache der Versicherungsanstalt, durch Postschein oder auf andere Weise einen genügenden Nachweis über die Absendung des Geldbetrages zu ihren Akten zu bringen.

XX a. Sind in einer Quittungskarte Marken einer zu niedrigen Lohnklasse eingeklebt, so ist die untere Verwaltungsbehörde (Vorsitzender der Rentenstelle) befugt, abweichend von der Ziffer XX von dem verpflichteten Arbeitgeber nur den Unterschied zwischen den zu niedrigen Marken und den richtigen Marken einzuziehen und gegen Einsendung des eingezogenen Geldbetrags von der Versicherungsanstalt die richtigen Marken einzufordern. Diese sind in die Quittungskarten einzukleben und die zu niedrigen Marken zu vernichten.[1])

XXI. Können die Beiträge nicht beigetrieben werden, so ist dem Versicherten anheimzustellen, die Beiträge für die fehlenden oder zu niedrigen Marken selbst zu zahlen. Ist der Versicherte hierzu nicht bereit, so ist von dem Berichtigungsverfahren abzusehen, die Karte mit den minderwertigen Marken aufzurechnen, Aufrechnungsbescheinigung zu erteilen und dem Versicherten eine neue Karte auszustellen, sofern letzteres nicht bereits geschehen.

Die aufgerechnete Karte ist mit den entstandenen Vorgängen der Versicherungsanstalt einzusenden.

Wo die Einziehung der Beiträge durch Krankenkassen oder besondere Hebestellen erfolgt (§§ 148, 150, 151 des Gesetzes), bleibt diesen die Durchführung des Berichtigungsverfahrens überlassen. Den Wert der nachträglich von ihnen beigebrachten Marken haben diese Stellen, sofern es ihnen nicht ratsam erscheint, eine frühere Erstattung zu fordern, mit dem nächsten regelmäßigen Beitrage einzuziehen.

XXII. Ergibt sich, daß zu viel Marken beigebracht sind, so hat die untere Verwaltungsbehörde (der Vorsitzende der Rentenstelle) die überschießenden Marken zu vernichten und im übrigen nach XX Abs. 2 zu verfahren. Findet das Einziehungs=

---

[1]) Ziff. XX a ist eingefügt durch Erlaß des Handelsministers vom 22. Oktober 1904 (MBl. d. H. u. GV. S. 441).

verfahren Anwendung, so ist das Erforderliche auch hier den Krankenkassen und Hebestellen zu überlassen.

XXIII. Ein Berichtigungsverfahren wegen angeblicher Verwendung von Marken einer zu hohen Lohnklasse hat die untere Verwaltungsbehörde (Vorsitzender der Rentenstelle) nur dann einzuleiten, wenn gleichfalls dargetan wird, daß Arbeitgeber und Versicherter sich nicht, sei es ausdrücklich, sei es stillschweigend, über eine Versicherung in der betreffenden höheren Lohnklasse geeinigt haben (§ 34 Abs. 5 des Gesetzes). Wird das Verfahren eingeleitet, so ist gemäß **XX** Abs. 2 zu verfahren.

XXIV. Sind Marken einer unrichtigen Versicherungsanstalt beigebracht, so ist die nachträgliche Einklebung von Marken der richtigen Versicherungsanstalt zu veranlassen und im übrigen nach Ziff. **XX** Abs. 2 zu verfahren. Die Verteilung des von der ersteren Versicherungsanstalt zu erstattenden Betrages zwischen dem Arbeitgeber und dem Versicherten bleibt auch hier den Beteiligten überlassen.

Die untere Verwaltungsbehörde (Vorsitzender der Rentenstelle) ist befugt, auch ohne Zuziehung der Arbeitgeber die Berichtigung der Quittungskarten in der Weise vorzunehmen, daß sie den Wert der zu vernichtenden Marken bei der unrichtigen Versicherungsanstalt liquidiert und von der richtigen Versicherungsanstalt die erforderliche Zahl von Beitragsmarken einforbert. [1])

XXV. Die unteren Verwaltungsbehörden (die Vorsitzenden der Rentenstellen) sind befugt, an Stelle der Vernichtung von Marken die Erneuerung (Ersetzung) der Quittungskarte (3. Abschnitt) anzuordnen (§ 158 Abs. 3 des Gesetzes). Bei der Übertragung des Inhalts sind nur die gültigen Eintragungen zu berücksichtigen, die der Vernichtung anheimgefallenen Marken also außer Betracht zu lassen. Die eingezogene Quittungskarte ist nach Ziff. **XVIII** Nr. 3 zu behandeln.

Sind Marken in bereits aufgerechneten und umgetauschten Quittungskarten vernichtet worden, so bedarf es gleichzeitig der Berichtigung der Aufrechnungen und der von den Inhabern der

---

[1]) Der Abs. 2 ist hinzugefügt durch Erlaß des Handelsministers vom 22. Oktober 1904 (MBl. d. H. u. GV. S. 441).

Quittungskarte zu diesem Zwecke einzuziehenden Bescheinigungen über die Aufrechnungen. Die die Berichtigung der Karte vornehmende Behörde hat die von ihr in die Karte eingeklebten Marken vor Aushändigung der Karte zu entwerten.

XXVI. Ergibt sich bei der Aufrechnung oder Erneuerung von Quittungskarten, daß Marken in nicht vorschriftsmäßiger Weise verwendet sind, so hat die Ausgabestelle, sofern die Beteiligten mit der Berichtigung einverstanden sind, die Berichtigung nach Maßgabe der vorstehenden Bestimmungen herbeizuführen. Ergibt sich die Notwendigkeit einer Berichtigung gelegentlich der Kontrolle, so haben die die Kontrolle ausübenden Organe, Behörden oder Beamten, sofern die Beteiligten mit der Berichtigung einverstanden sind, die Berichtigung selbst vorzunehmen.[1])

5. Abschnitt: Verlängerung der Gültigkeitsdauer der Quittungskarten. (Formular A)

Behandlung ungültiger Quittungskarten. (Formular A)

XXVII. Die Gültigkeitsdauer der Quittungskarten A. kann nach Bekanntmachung des Reichskanzlers vom 10. November 1899 durch Abstempelung verlängert werden (§ 135 Abs. 2 des Gesetzes). Die Abstempelung erfolgt durch die unter I bis III bezeichneten Stellen. Die Verlängerung darf nur während der Gültigkeitsdauer der Karte und zwar einmal für ein oder zwei weitere volle Jahre nach dem Ausstellungstage und nur dann erfolgen, wenn für die Zeit vom Ausstellungstage ab mindestens zwanzig Beitragswochen einschließlich der denselben gemäß § 46 Abs. 2 des Gesetzes gleich zu behandelnden Zeiten, nachgewiesen sind. Die Entscheidung darüber, ob die Verlängerung für ein oder zwei Jahre erfolgen soll, steht der Ausgabestelle zu. Dabei ist auf die Größe des für Einklebung von Marken noch verfügbaren Raumes Rücksicht zu nehmen. Die Verlängerung erfolgt durch Eintragung des Vermerks „Gültigkeit um . . Jahre verlängert" auf der Innenseite der Quittungskarte unter Beifügung des Datums in unmittelbarem Anschluß an die bereits geklebten Marken. Der Vermerk kann

---

[1]) Der zweite Satz ist hinzugefügt durch Erlaß des Handelsministers vom 22. Oktober 1904 (MBl. d. H. u. GV. S. 441).

handschriftlich oder durch Verwendung eines Stempels erfolgen; er ist durch Beidrückung des Dienstsiegels zu beglaubigen. Vor Rückgabe der Karte sind die in der Karte befindlichen Marken, soweit sie noch nicht entwertet sind, zu entwerten; zugleich ist auf der Innenseite der Karte handschriftlich oder durch Stempel die Gesamtzahl der in der Karte befindlichen Marken zu vermerken.

Karten, deren fortdauernde Gültigkeit auf einer Anerkennung des Vorstandes beruht (XXVIII), dürfen nicht verlängert werden.

XXVIII. Wird eine Quittungskarte zum Umtausch eingereicht, welche, weil seit dem Tage der Ausstellung zwei Jahre verflossen sind, die Gültigkeit verloren hat (§ 135), so ist der Versicherte darauf hinzuweisen, daß er berechtigt ist, die Anerkennung der fortdauernden Gültigkeit zu beantragen. Wird der Antrag gestellt, so hat die Ausgabestelle (I bis III) diesen zu Protokoll zu nehmen, die Quittungskarte einzubehalten und in diese auf der Innenseite den Vermerk einzutragen: „Verspätet zum Umtausch vorgelegt." Der Antrag ist mit der Quittungskarte dem Vorstand der für den Beschäftigungsort zuständigen Versicherungsanstalt sogleich zu übersenden. Der Vorstand entscheidet über den Antrag und sendet, sofern er die fortdauernde Gültigkeit anerkennt, die Quittungskarte mit dem Anerkennungsvermerk an die Ausgabestelle zur Aufrechnung und zur Erteilung der Aufrechnungsbescheinigung zurück. Die aufgerechnete Quittungskarte ist demnächst mit dem Protokoll an den Vorstand der Versicherungsanstalt zurückzugeben. Wird die fortdauernde Gültigkeit nicht anerkannt, so ist der Versicherte durch Vermittelung der Ausgabestelle hiervon zu benachrichtigen, während die Quittungskarte zur Aufbewahrung von der Versicherungsanstalt zurückzubehalten ist. Stellt der Versicherte den Antrag auf Anerkennung der fortdauernden Gültigkeit der Karte nicht, so hat die Ausgabestelle in die Quittungskarte auf der Innenseite den Vermerk: „Verspätet zum Umtausch vorgelegt, Anerkennungsantrag nicht gestellt" einzutragen.

Wird die fortdauernde Gültigkeit nicht anerkannt oder der Antrag auf Anerkennung der fortdauernden Gültigkeit nicht gestellt, so ist dem Versicherten auf Verlangen eine Bescheinigung über die Ablieferung der ungültigen Quittungskarte zu erteilen.

Die Aufrechnung und die Erteilung der Aufrechnungsbescheinigung unterbleibt in diesem Falle. Die neue Quittungskarte erhält die Nummer, welche auf die Nummer der ungültigen Karte folgt.

Quittungskarten, welche bei der Vorlegung zum Umtausch Marken für weniger als zwanzig Beitragswochen enthalten (§ 46 des Gesetzes) sind, sofern seit dem Tage der Ausstellung noch nicht zwei Jahre verflossen sind, als gültige Karten zu behandeln.

Für die Berechnung der zweijährigen Frist (§ 135) ist zu beachten, daß dieselbe ihr Ende erst mit Ablauf des Tages erreicht, welcher durch seine Bezeichnung dem Ausstellungstage entspricht. Hiernach verliert z. B. eine am 25. März 1900 ausgestellte Quittungskarte erst mit dem Ablauf des 25. März 1902 ihre Gültigkeit. Der Vermerk über die Verwendbarkeit der Karte (VII Abs. 5, 6) hat auf die Gültigkeitsdauer der Karte keinen Einfluß.

XXIX. Die vor dem 1. Januar 1900 ausgestellten Quittungskarten verlieren ihre Gültigkeit innerhalb zweier Jahre nach dem Tage ihrer Ausstellung. Soweit diese Frist vor dem 1. Januar 1900 oder vor dem auf der Karte bezeichneten Zeitpunkte des Ablaufs der Gültigkeit ihr Ende erreicht, wird die Anerkennung der fortdauernden Gültigkeit durch den Vorstand der Versicherungsanstalt erfolgen. Eine Verlängerung der Gültigkeitsdauer dieser Karten durch Abstempelung ist nicht statthaft.

III. Teil.

Quittungskarten für Selbstversicherung und deren Fortsetzung. (Fomular B.)

XXX. Ausstellung der ersten Quittungskarte (Formular B). Die erste Quittungskarte B wird solchen Personen ausgestellt, welche auf Grund der Selbstversicherung in die Versicherung eintreten. Personen, welche sich bei einer zugelassenen Kasseneinrichtung (§§ 8, 10, 11 des Gesetzes) selbstversichern, werden Quittungskarten nicht ausgestellt. Die Ausstellung erfolgt nur auf

Antrag des zur Selbstversicherung Berechtigten. Vor der Ausstellung ist zu prüfen, ob die Person, für welche die Karte ausgestellt werden soll, zum Eintritt in die Versicherung berechtigt ist. Als Anhalt für diese Prüfung dient die unter V erwähnte Anleitung des Reichs-Versicherungsamts.

Im übrigen finden auf die Ausstellung der Quittungskarte B die Bestimmungen der Ziffern VI bis VIII mit der Maßgabe entsprechende Anwendung, daß bei der Ausfüllung des Formulars neben dem am Kopf der Karte befindlichen Vermerk „Versicherungsanstalt" bei sich selbstversichernden Personen, welche nicht beschäftigt werden, der Name derjenigen Versicherungsanstalt einzutragen ist, in deren Bezirk sie sich aufhalten und in den Vermerk „Verwendbar für die Zeit seit dem . . . ten . . ." ein mehr als ein Jahr zurückliegender Zeitpunkt nicht eingetragen werden darf (§ 146 des Gesetzes).

XXXI. Umtausch der Quittungskarten (Formular B). Auf den Umtausch der Quittungskarten B finden die Vorschriften der Ziffern IX bis XVI entsprechende Anwendung, jedoch werden bei der Aufrechnung der alten Quittungskarte nur die durch Marken nachgewiesenen Beitragswochen zusammengerechnet und für jede Lohnklasse getrennt in die für die betreffende Lohnklasse bestimmte Rubrik der Tabelle eingetragen. Eine Eintragung von Krankheitszeiten oder militärischen Dienstleistungen findet nicht statt. Auch in die Bescheinigung über die aus der Aufrechnung sich ergebenden Endzahlen sind dementsprechend Krankheitszeiten und militärische Dienstleistungen nicht einzutragen.

XXXII. Die Erneuerung (Ersetzung) von Quittungskarten (Formular B). Auf die Erneuerung (Ersetzung) der Quittungskarten B finden die Bestimmungen unter XVIII und XIX entsprechende Anwendung. Eine Erneuerung der Quittungskarte B hat auch stattzufinden, wenn ein Versicherter zu Unrecht eine Quittungskarte B an Stelle einer Quittungskarte A benutzt.

XXXIII. Berichtigung von Quittungskarten (Formular B). Da einerseits die Verpflichtnng zur Verwendung von Doppelmarken für die freiwillige Versicherung fortgefallen, anderseits die freiwillige Versicherung in jeder beliebigen Lohnklasse zugelassen ist, so findet eine Berichtigung von Quittungskarten nur statt, wenn Marken einer unrichtigen Versicherungsanstalt verwendet sind. In diesem Falle ist gemäß XXIV zu verfahren.

XXXIV. Eine Verlängerung der Gültigkeitsdauer der Quittungskarten B ist nicht zulässig. Für die Behandlung ungültiger Quittungskarten B sind die Vorschriften unter XXVIII maßgebend.

IV. Teil.

Schlußbestimmungen.

XXXV. Fehlt einem Versicherten die Quittungskarte, weil sein Arbeitgeber die bisherige, noch verwendbare Quittungskarte widerrechtlich einbehalten hat, so ist eine neue Karte mit der auf die Nummer der zurückbehaltenen Karte folgenden Nummer auszustellen und durch Vermittelung der zuständigen Polizeibehörde dafür Sorge zu tragen, daß dem Arbeitgeber die Karte abgenommen und seine Bestrafung auf Grund § 181 Ziff. 4 des Gesetzes herbeigeführt wird. Die abgenommene Karte ist wie eine zum Umtausch vorgelegte Karte zu behandeln.

XXXVI. Den Versicherten, welche einer zugelassenen Kasseneinrichtung (§§ 8, 10, 11 des Gesetzes) als Mitglieder angehören, ist die Quittungskarte auf ihren Antrag jederzeit aufzurechnen. Bescheinigte Krankheiten und militärische Dienstleistungen sind bei der Aufrechnung nur insoweit zu berücksichtigen, als sie für die Zeit zwischen dem Ausstellungstage der aufzurechnenden Quittungskarte und dem Tage des Eintritts in die Kasseneinrichtung nachgewiesen werden. Auf der Vorderseite der Aufrechnungs-Bescheinigung ist unten der Vermerk zu setzen: „Neue Karte nicht ausgestellt". Eine neue Quittungskarte ist erst beim Ausscheiden des Versicherten aus der Kasseneinrichtung au Grund dieser Aufrechnungs-Bescheinigung auszustellen. Hierbei ist in die neue Quittungskarte die Zahl einzutragen, die auf die in der Aufrechnungs-Bescheinigung bezeichnete Karte folgt. Wird diese Aufrechnungs-Bescheinigung nicht vorgelegt, so erhält die neue Quittungskarte die Nummer, welche auf die Nummer der für den Versicherten zuletzt ausgestellten Karte, soweit diese zu ermitteln ist, folgt, sonst die Nummer 1.

XXXVII. Wird von einer verheirateten weiblichen Person

die Erstattung der Beiträge (§ 42) und zugleich die Ausstellung einer neuen Quittungskarte beantragt, so erhält diese Karte die auf die Nummer der letzten Karte folgende Nummer. Sobald die Beiträge erstattet sind, ist die Nummer der Karte in Nummer 1 zu berichtigen. Wird der Antrag auf Ausstellung einer neuen Quittungskarte von einer verheirateten weiblichen Person gestellt, nachdem die Beiträge bereits erstattet sind, so erhält die neue Karte sogleich die Nummer 1.

XXXVIII. Die Ausstellung, der Umtausch und die Erneuerung der Quittungskarte sowie die Erteilung der Bescheinigung erfolgen kosten- und gebührenfrei.

Nur in zwei Fällen hat die Ausgabestelle für die Ausstellung einer Quittungskarte von den Beteiligten Kosten, die auf fünf Pfennige für jede Karte festgesetzt werden, zu beanspruchen:

1. wenn der Versicherte, bevor in seiner Karte für mindestens 30 Wochen Beitragsmarken verwendet sind oder die Gültigkeit der Karte gemäß § 135 des Gesetzes erloschen ist, die Ausstellung einer neuen Quittungskarte gegen Rückgabe der älteren Karte beantragt (§ 131 Abs. 3 des Gesetzes). In den Fällen der Ziffer XIX hat jedoch die Aufrechnung und Ausstellung der Karten stets kostenlos zu erfolgen;
2. wenn die Ausstellung der Karte um deswillen, weil der Versicherte selbst die rechtzeitige Beschaffung einer Karte zu Unrecht unterlassen hat, von dem Arbeitgeber beantragt wird (§ 131 Abs. 2 des Gesetzes). Beantragt dagegen der Arbeitgeber die Ausstellung einer Quittungskarte im Auftrage des Versicherten, so sind Kosten nicht zu fordern.

Im Zweifelsfalle hat der Umtausch der Karte kostenfrei zu erfolgen.

XXXIX. Alle Eintragungen sind deutlich und ohne Rasuren mit einer Tinte zu bewirken, welche weder verbleicht, noch verwischt oder abdruckt. Korrekturen dürfen nur durch einfaches Durchstreichen bewirkt werden, sie sind mit dem Datum zu versehen und durch Beidrückung des Dienstsiegels zu beglaubigen.

Bei allen mit der Ausstellung, dem Umtausch, der Erneuerung und der Berichtigung von Quittungskarten zusammenhängenden Geschäften ist darauf zu achten, daß dem Versicherten wiederholte zeitraubende Gänge und sonstige Weiterungen erspart bleiben. Auch dürfen den Arbeitgebern und den Versicherten Portokosten nicht entstehen.

XL. Den Ausgabestellen wird von der für ihren Bezirk zuständigen Versicherungsanstalt die erforderliche Anzahl von Formularen zu Quittungskarten kostenlos zur Verfügung gestellt werden; Formulare, in denen der Name der Versicherungsanstalt vorgedruckt ist, dürfen nicht geliefert werden. Die spätere Ergänzung des Vorrats hat die Ausgabestelle bei der Versicherungsanstalt rechtzeitig zu beantragen; dabei sind die für Quittungskarten von den Beteiligten erhobenen Beträge (XXVIII) zu verrechnen.

Die Kosten für die Formulare der Bescheinigungen über die Aufrechnung (XI ff.) tragen die Ausgabestellen.

Berlin, den 17. November 1899.

Der Minister für Handel und Gewerbe.

Anhang Nr. 15.

Zusammenstellung der Montage von 1881 bis 1910.

Anhang Nr. 15.

Zusammenstellung der Montage von 1881 bis 1910.

Hilfstabelle.

Jahr	Tabelle	Wochen	Jahr	Tabelle	Wochen	Jahr	Tabelle	Wochen
1881	3		1891	5		1901	7	
1882	2		1892	10		1902	6	
1883	1	53	1893	2		1903	5	
1884	13		1894	1	53	1904	10	
1885	5		1895	7		1905	2	
1886	4		1896	12		1906	1	53
1887	3		1897	4		1907	7	
1888	8	53	1898	3		1908	12	
1889	7		1899	2		1909	4	
1890	6		1900	1	53	1910	3	

Monate	Tabelle 1	Tabelle 2	Tabelle 3	Tabelle 4	Tabelle 5
Januar	1 8 15 22 29	2 9 16 23 30	3 10 17 24 31	4 11 18 25	5 12 19 26
Februar	5 12 19 26	6 13 20 27	7 14 21 28	1 8 15 22	2 9 16 23
März	5 12 19 26	6 13 20 27	7 14 21 28	1 8 15 22 29	2 9 16 23 30
April	2 9 16 23 30	3 10 17 24	4 11 18 25	5 12 19 26	6 13 20 27
Mai	7 14 21 28	1 8 15 22 29	2 9 16 23 30	3 10 17 24 31	4 11 18 25
Juni	4 11 18 25	5 12 19 26	6 13 20 27	7 14 21 28	1 8 15 22 29
Juli	2 9 16 23 30	3 10 17 24 31	4 11 18 25	5 12 19 26	6 13 20 27
August	6 13 20 27	7 14 21 28	1 8 15 22 29	2 9 16 23 30	3 10 17 24 31
September	3 10 17 24	4 11 18 25	5 12 19 26	6 13 20 27	7 14 21 28
Oktober	1 8 15 22 29	2 9 16 23 30	3 10 17 24 31	4 11 18 25	5 12 19 26
November	5 12 19 26	6 13 20 27	7 14 21 28	1 8 15 22 29	2 9 16 23 30
Dezember	3 10 17 24 31	4 11 18 25	5 12 19 26	6 13 20 27	7 14 21 28

Monat	Tabelle 6	Tabelle 7	Tabelle 8	Tabelle 9
Januar	6 13 20 27	7 14 21 28	2 9 16 23 30	3 10 17 24 31
Februar	3 10 17 24	4 11 18 25	6 13 20 27	7 14 21 28
März	3 10 17 24 31	4 11 18 25	5 12 19 26	6 13 20 27
April	7 14 21 28	1 8 15 22 29	2 9 16 23 30	3 10 17 24
Mai	5 12 19 26	6 13 20 27	7 14 21 28	1 8 15 22 29
Juni	2 9 16 23 30	3 10 17 24	4 11 18 25	5 12 19 26
Juli	7 14 21 28	1 8 15 22 29	2 9 16 23 30	3 10 17 24 31
August	4 11 18 25	5 12 19 26	6 13 20 27	7 14 21 28
September	1 8 15 22 29	2 9 16 23 30	3 10 17 24	4 11 18 25
Oktober	6 13 20 27	7 14 21 28	1 8 15 22 29	2 9 16 23 30
November	3 10 17 24	4 11 18 25	5 12 19 26	6 13 20 27
Dezember	1 8 15 22 29	2 9 16 23 30	3 10 17 24 31	4 11 18 25

Monate	Tabelle 10	Tabelle 11	Tabelle 12	Tabelle 13
Januar	4 11 18 25	5 12 19 26	6 13 20 27	7 14 21 28
Februar	1 8 15 22 29	2 9 16 23	3 10 17 24	4 11 18 25
März	7 14 21 28	1 8 15 22 29	2 9 16 23 30	3 10 17 24 31
April	4 11 18 25	5 12 19 26	6 13 20 27	7 14 21 28
Mai	2 9 16 23 30	3 10 17 24 31	4 11 18 25	5 12 19 26
Juni	6 13 20 27	7 14 21 28	1 8 15 22 29	2 9 16 23 30
Juli	4 11 18 25	5 12 19 26	6 13 20 27	7 14 21 28
August	1 8 15 22 29	2 9 16 23 30	3 10 17 24 31	4 11 18 25
September	5 12 19 26	6 13 20 27	7 14 21 28	1 8 15 22 29
Oktober	3 10 17 24 31	4 11 18 25	5 12 19 26	6 13 20 27
November	7 14 21 28	1 8 15 22 29	2 9 16 23 30	3 10 17 24
Dezember	5 12 19 26	6 13 20 27	7 14 21 28	1 8 15 22 29

Anhang Nr. 16.

Tabellen über die Mindestzahl der von Altersren

Eintritt des Versicherungs

Geburtstag	Geburts						
	1821	1822	1823	1824	1825	1826	1827
1. Januar bis 27. März	—	40	80	120	160	200	240
28. März „ 3. April	1	41	81	121	161	201	241
4. April „ 10. „	2	42	82	122	162	202	242
11. „ „ 17. „	3	43	83	123	163	203	243
18. „ „ 24. „	4	44	84	124	164	204	244
25. „ „ 1. Mai	5	45	85	125	165	205	245
2. Mai „ 8. „	6	46	86	126	166	206	246
9. „ „ 15. „	7	47	87	127	167	207	247
16. „ „ 22. „	8	48	88	128	168	208	248
23. „ „ 29. „	9	49	89	129	169	209	249
30. „ „ 5. Juni	10	50	90	130	170	210	250
6. Juni „ 12. „	11	51	91	131	171	211	251
13. „ „ 19. „	12	52	92	132	172	212	252
20. „ „ 26. „	13	53	93	133	173	213	253
27. „ „ 3. Juli	14	54	94	134	174	214	254
4. Juli „ 10. „	15	55	95	135	175	215	255
11. „ „ 17. „	16	56	96	136	176	216	256
18. „ „ 24. „	17	57	97	137	177	217	257
25. „ „ 31. „	18	58	98	138	178	218	258

tenanwärtern nachzuweisenden Beitragswochen.

zwangs am 1. Januar 1891.

jahrgang

1828	1829	1830	1831	1832	1833	1834	1835	1836	1837	1838	1839
280	320	360	400	440	480	520	560	600	640	680	720
281	321	361	401	441	481	521	561	601	641	681	721
282	322	362	402	442	482	522	562	602	642	682	722
283	323	363	403	443	483	523	563	603	643	683	723
284	324	364	404	444	484	524	564	604	644	684	724
285	325	365	405	445	485	525	565	605	645	685	725
286	326	366	406	446	486	526	566	606	646	686	726
287	327	367	407	447	487	527	567	607	647	687	727
288	328	368	408	448	488	528	568	608	648	688	728
289	329	369	409	449	489	529	569	609	649	689	729
290	330	370	410	450	490	530	570	610	650	690	730
291	331	371	411	451	491	531	571	611	651	691	731
292	332	372	412	452	492	532	572	612	652	692	732
293	333	373	413	453	493	533	573	613	653	693	733
294	334	374	414	454	494	534	574	614	654	694	734
295	335	375	415	455	495	535	575	615	655	695	735
296	336	376	416	456	496	536	576	616	656	696	736
297	337	377	417	457	497	537	577	617	657	697	737
298	338	378	418	458	498	538	578	618	658	698	738

Eintritt des Versicherungs

Geburtstag	Geburts 1821	1822	1823	1824	1825	1826	1827
1. August bis 7. August	19	59	99	139	179	219	259
8. „ „ 14. „	20	60	100	140	180	220	260
15. „ „ 21. „	21	61	101	141	181	221	261
22. „ „ 28. „	22	62	102	142	182	222	262
29. „ „ 4. Sept.	23	63	103	143	183	223	263
5. Sept. „ 11. „	24	64	104	144	184	224	264
12. „ „ 18. „	25	65	105	145	185	225	265
19. „ „ 25. „	26	66	106	146	186	226	266
26. „ „ 2. Oktbr.	27	67	107	147	187	227	267
3. Oktbr. „ 9. „	28	68	108	148	188	228	268
10. „ „ 16. „	29	69	109	149	189	229	269
17. „ „ 23. „	30	70	110	150	190	230	270
24. „ „ 30. „	31	71	111	151	191	231	271
31. „ „ 6. Nov.	32	72	112	152	192	232	272
7. Nov. „ 13. „	33	73	113	153	193	233	273
14. „ „ 20. „	34	74	114	154	194	234	274
21. „ „ 27. „	35	75	115	155	195	235	275
28. „ „ 4. Dez.	36	76	116	156	196	236	276
5. Dez. „ 11. „	37	77	117	157	197	237	277
12. „ „ 18. „	38	78	118	158	198	238	278
19. „ „ 25. „	39	79	119	159	199	239	279
26. „ „ 31. „	40	80	120	160	200	240	280

zwangs am 1. Januar 1891.

jahrgang

1828	1829	1830	1831	1832	1833	1834	1835	1836	1837	1838	1839
299	339	379	419	459	499	539	579	619	659	699	739
300	340	380	420	460	500	540	580	620	660	700	740
301	341	381	421	461	501	541	581	621	661	701	741
302	342	382	422	462	502	542	582	622	662	702	742
303	343	383	423	463	503	543	583	623	663	703	743
304	344	384	424	464	504	544	584	624	664	704	744
305	345	385	425	465	505	545	585	625	665	705	745
306	346	386	426	466	506	546	586	626	666	706	746
307	347	387	427	467	507	547	587	627	667	707	747
308	348	388	428	468	508	548	588	628	668	708	748
309	349	389	429	469	509	549	589	629	669	709	749
310	350	390	430	470	510	550	590	630	670	710	750
311	351	391	431	471	511	551	591	631	671	711	751
312	352	392	432	472	512	552	592	632	672	712	752
313	353	393	433	473	513	553	593	633	673	713	753
314	354	394	434	474	514	554	594	634	674	714	754
315	355	395	435	475	515	555	595	635	675	715	755
316	356	396	436	476	516	556	596	636	676	716	756
317	357	397	437	477	517	557	597	637	677	717	757
318	358	398	438	478	518	558	598	638	678	718	758
319	359	399	439	479	519	559	599	639	679	719	759
320	360	400	440	480	520	560	600	640	680	720	760

Eintritt des Versicherungs

Geburtstag	Geurts					
	1824	1825	1826	1827	1828	1829
1. Januar bis 1. Januar	—	14	54	94	134	174
2. „ „ 8. „	—	15	55	95	135	175
9. „ „ 15. „	—	16	56	96	136	176
16. „ „ 22. „	—	17	57	97	137	177
23. „ „ 29. „	—	18	58	98	138	178
30. „ „ 5. Februar	—	19	59	99	139	179
6. Februar „ 12. „	—	20	60	100	140	180
13. „ „ 19. „	—	21	61	101	141	181
20. „ „ 26. „	—	22	62	102	142	182
27. „ „ 5. März	—	23	63	103	143	183
6. März „ 12. „	—	24	64	104	144	184
13. „ „ 19. „	—	25	65	105	145	185
20. „ „ 26. „	—	26	66	106	146	186
27. „ „ 2. April	—	27	67	107	147	187
3. April „ 9. „	—	28	68	108	148	188
10. „ „ 16. „	—	29	69	109	149	189
17. „ „ 23. „	—	30	70	110	150	190
24. „ „ 30. „	—	31	71	111	151	191

zwangs am 2. Juli 1894.

jahrgang

1830	1831	1832	1833	1834	1835	1836	1837	1838	1839
214	254	294	334	374	414	454	494	534	574
215	255	295	335	375	415	455	495	535	575
216	256	296	336	376	416	456	496	536	576
217	257	297	337	377	417	457	497	537	577
218	258	298	338	378	418	458	498	538	578
219	259	299	339	379	419	459	499	539	579
220	260	300	340	380	420	460	500	540	580
221	261	301	341	381	421	461	501	541	581
222	262	302	342	382	422	462	502	542	582
223	263	303	343	383	423	463	503	543	583
224	264	304	344	384	424	464	504	544	584
225	265	305	345	385	425	465	505	545	585
226	266	306	346	386	426	466	506	546	586
227	267	307	347	387	427	467	507	547	587
228	268	308	348	388	428	468	508	548	588
229	269	309	349	389	429	469	509	549	589
230	270	310	350	390	430	470	510	550	590
231	271	311	351	391	431	471	511	551	591

Eintritt des Versicherungs

Geburtstag	Geburts					
	1824	1825	1826	1827	1828	1829
1. Mai bis 7. Mai	—	32	72	112	152	192
8. „ „ 14. „	—	33	73	113	153	193
15. „ „ 21. „	—	34	74	114	154	194
22. „ „ 28. „	—	35	75	115	155	195
9. „ „ 4. Juni	—	36	76	116	156	196
5. Juni „ 11. „	—	37	77	117	157	197
12. „ „ 18. „	—	38	78	118	158	198
19. „ „ 25. „	—	39	79	119	159	199
26. „ „ 25. Sept.	—	40	80	120	160	200
26. Sept. „ 2. Oktbr.	1	41	81	121	161	201
3. Oktbr. „ 9. „	2	42	82	122	162	202
10. „ „ 16. „	3	43	83	123	163	203
17. „ „ 23. „	4	44	84	124	164	204
24. „ „ 30. „	5	45	85	125	165	205
31. „ „ 6. Nov.	6	46	86	126	166	206
7. Nov. „ 13. „	7	47	87	127	167	207
14. „ „ 20. „	8	48	88	128	168	208
21. „ „ 27. „	9	49	89	129	169	209
28. „ „ 4. Dez.	10	50	90	130	170	210
5. Dez. „ 11. „	11	51	91	131	171	211
12. „ „ 18. „	12	52	92	132	172	212
19. „ „ 25. „	13	53	93	133	173	213
26. „ „ 31. „	14	54	94	134	174	214

zwangs am 2. Juli 1894.

jahrgang

1830	1831	1832	1833	1834	1835	1836	1837	1838	1839
232	272	312	352	392	432	472	512	552	592
233	273	313	353	393	433	473	513	553	593
234	274	314	354	394	434	474	514	554	594
235	275	315	355	395	435	475	515	555	595
236	276	316	356	396	436	476	516	556	596
237	277	317	357	397	437	477	517	557	597
238	278	318	358	398	438	478	518	558	598
239	279	319	359	399	439	479	519	559	599
240	280	320	360	400	440	480	520	560	600
241	281	321	361	401	441	481	521	561	601
242	282	322	362	402	442	482	522	562	602
243	283	323	363	403	443	483	523	563	603
244	284	324	364	404	444	484	524	564	604
245	285	325	365	405	445	485	525	565	605
246	286	326	366	406	446	486	526	566	606
247	287	327	367	407	447	487	527	567	607
248	288	328	368	408	448	488	528	568	608
249	289	329	369	409	449	489	529	569	609
250	290	330	370	410	450	490	530	570	610
251	291	331	371	411	451	491	531	571	611
252	292	332	372	412	452	492	532	572	612
253	293	333	373	413	453	493	533	573	613
254	294	334	374	414	454	494	534	574	614

Sachregister.

Die Zahlen verweisen auf die Seiten.

C.

D.

E.

F.

K.

Q.

R.

T.

U.

W.

Z.

Lippert & Co. (G. Pätz'sche Buchdr.), Naumburg a. S.

Verzeichnis

der

Guttentag'schen Sammlung Deutscher Reichs- und Preussischer Gesetze

Text-Ausgaben

mit Anmerkungen u. Sachregister

5. Allgemeine Deutsche **Wechselordnung.** Neunte Auflage von Justizrath Dr. **J. Stranz** und Rechtsanwalt Dr. **M. Stranz,** und das Reichsgesetz über die **Wechselstempelsteuer.** Von Regierungsrath **P. Loeck.** Achte Auflage. 3 M.

6. **Gewerbeordnung** für das Deutsche Reich nebst allen Ausführungsbestimmungen. Ursprünglich herausgegeben von **T. Ph. Berger** und Dr. **L. Wilhelmi.** Sechszehnte Auflage bearbeitet von Oberverwaltungsgerichtsrath **H. Spangenberg.** 3 M.

7. Die deutsche **Post- und Telegraphen-Gesetzgebung.** Nebst dem Weltpostvertrag und dem internationalen Telegraphenvertrag. Von Wirkl. Geh. Rath Dr. **Fischer.** Fünfte Auflage bearbeitet von Geh. Postrath Dr. **M. König.** 3 M.

8. Die Reichsgesetze über den **Unterstützungswohnsitz** in der Fassung der Novelle vom 12. März 1894, **die Freizügigkeit, den Erwerb und Verlust der Bundes- und Staatsangehörigkeit,** nebst allen landesgesetzlichen Bestimmungen. Von Geheimrath Dr. **J. Krech,** Mitglied des Bundesamtes für das Heimathwesen. Fünfte Auflage. 2 M. 70 Pf.

9a. Sammlung **kleinerer privatrechtlicher Reichsgesetze.** Von **F. Vierhaus.** Zweite Auflage in Vorbereitung.

9. Sammlung **kleinerer strafrechtlicher Reichsgesetze.** Mit den Entscheidungen des Reichsgerichts bearbeitet von **M. Werner,** Geh. Ober-Regierungsrath. Zweite Auflage. 3 M.

Inhalt: Inhaberpapiere — Presse — Personenstand — Urheberrechtsgesetzgebung — Rinderpest — Nahrungs- und Genußmittel — Sprengstoff — Feingehalt von Gold- und Silberwaaren — Patentgesetz — Handfeuerwaffen — Gebrauchsmusterschutz — Militärische Geheimnisse — Waarenbezeichnung — unlauterer Wettbewerb — Auswanderung — Margarine — Wein — Sklavenraub — Fleischbeschau — Reichsseuchengesetz — Süßstoff — Reichskassenscheine.

10. Das **Reichsbeamtengesetz** vom 31. März 1873 und seine Ergänzungen. Erläutert von **J. Pieper,** Geh. Ober-Regierungsrath. Zweite Auflage. 4 M. 50 Pf.

11. **Zivilprozeßordnung mit Gerichtsverfassungsgesetz** in den neuesten Fassungen. Unter besonderer Berücksichtigung der Entscheidungen des Reichsgerichts herausgegeben mit Anmerkungen zunächst von **R. Sydow,** Unterstaatssekretär, weiter bearbeitet von **L. Busch,** Kammergerichtsrath. Zehnte Auflage. 8°. 6 M.

Dieser Band ist in größerem Format erschienen!

12. **Strafprozeßordnung und Gerichtsverfassungsgesetz** nebst dem Gesetz, betreffend die Entschädigung der im Wiederaufnahmeverfahren freigesprochenen Personen. Von Dr. **A. Hellweg,** Reichsgerichtsrath. Dreizehnte Auflage. 2 M.

13. **Konkursordnung und Anfechtungsgesetz.** Unter besonderer Berücksichtigung der Entscheidungen des

Reichsgerichts herausgegeben mit Anmerkungen von **R. Sydow** u. **L. Busch.** Neunte Auflage. 2 M. 25 Pf.

14. **Gerichtsverfassungsgesetz** mit Einführungsgesetz. Herausgegeben von **R. Sydow** und **L. Busch.** Neunte Auflage. 1 M. 50 Pf.

15. Das **Deutsche Gerichtskostengesetz** nebst den Gebührenordnungen für Gerichtsvollzieher, Zeugen und Sachverständige. Herausgegeben mit Anmerkungen und Kostentabellen von **R. Sydow** u. **L. Busch.** Siebente Auflage. 1 M. 80 Pf.

16. **Rechtsanwaltsordnung.** Von **R. Sydow.** Vierte Auflage von Dr. **E. Mosler.** 1 M. 20 Pf.

17. Die **Deutsche Gebührenordnung für Rechtsanwälte und das Preußische Gebührengesetz** vom 27. September/6. Oktober 1899. Von **R. Sydow** und **L. Busch.** Siebente Auflage. 1 M. 60 Pf.

18. **Reichsstempelgesetz (Börsensteuer, Frachturkunde, Kraftfahrzeuge, Personenfahrkarte, Tantieme für Aufsichtsratsmitglieder).** In der Fassung des Gesetzes vom 3. Juni 1906. Nebst Ausführungsbestimmungen, den Entscheidungen der höchsten Verwaltungsbehörden und des Reichsgerichts. Neunte Auflage von **P. Loeck,** Regierungsrath.

Dieser Band ist in größerem Format erschienen!

19. Die **Seegesetzgebung.** Von Dr. **W. E. Knitschky.** Dritte Auflage bearbeitet von Oberlandesgerichtsrath **Otto Rudorff** in Hamburg. 4 M. 50 Pf.

20. **Krankenversicherungsgesetz.** Von weil. Dr. **E. von Woedtke,** Direktor im Reichsamte des Innern. Elfte Auflage bearbeitet von Dr. **G. Eucken-Addenhausen,** Geh. Reg.-Rath und vortr. Rat im Reichsamte des Innern. 3 M.

21. Die **Konsulargesetzgebung.** Von Professor Dr. **Ph. Zorn.** Zweite Auflage. 3 M.

22a. **Patentgesetz.** Nebst Ausführungsbestimmungen, völkerrechtlichen Verträgen und der Patentanwalts-Ordnung unter eingehender Berücksichtigung der Rechtsprechung des Reichsgerichts und der Praxis des Patentamts. Erläutert von Prof. Dr. **R. Stephan,** Geh. Reg.-Rath, Mitglied des Kaiserlichen Patentamts. Sechste Auflage. 2 M.

22b. Gesetz zum **Schutz der Waarenbezeichnungen.** Nebst Ausführungsbestimmungen. Von Dr. **R. Stephan,** Geh. Reg.-Rath, Mitglied des Kaiserlichen Patentamts. Vierte Auflage. 1 M.

23. **Gewerbe-Unfallversicherungsgesetz.** Von weil. Dr. **E. v. Woedtke.** Achte neubearbeitete Auflage von **Franz Caspar,** Direktor im Reichsamt des Innern. 2 M. 50 Pf.

24. **Aktiengesellschaft und Kommanditgesellschaften auf Aktien.** (Handelsgesetzbuch, II. Buch, Abschnitt 3 und 4.) Mit Anmerkungen von **H. Keyssner,**

Kammergerichtsrath und Dr. **H. Veit Simon,** Rechtsanwalt. Fünfte Auflage. Bearbeitet von Dr **Hugo Keyssner** und **L. Keyssner.** 2 M. 25 Pf.

25. Reichsgesetz wegen **Erhebung der Brausteuer** vom 31. Mai 1872 mit Ausführungsvorschriften. Von **E. Bertho,** Regierungsrath. 1885 1 M. 60 Pf.

26. Die Reichsgesetzgebung über **Münz- und Notenbankwesen,** Papiergeld, Prämienpapiere und Reichsschulden. Von Dr. jur. **R. Koch,** Präsident des Reichsbankdirektoriums. Fünfte Auflage. 3 M.

27. Die Gesetzgebung, betr. das **Gesundheitswesen** im Deutschen Reich für Behörden, Aerzte rc. Von Dr. jur. **C. Goesch** und Dr. med. **J. Karsten.** 1888. 1 M. 60 Pf.

28. **Bau-Unfallversicherungsgesetz.** Vom 30. Juni 1900. Von **R. Chrzescinski,** Kaiserl. Regierungsrath. Dritte Auflage. 2 M.

29. Reichsgesetz, betr. die **Erwerbs- und Wirthschaftsgenossenschaften.** Von **L. Parisius** und Dr. **H. Crüger.** Elfte Auflage bearbeitet von Dr. **H. Crüger.** 1 M. 50 Pf.

30. **Invalidenversicherungsgesetz** vom 13. Juli 1899. Von weil. Dr. **E. v. Woedtke.** Zehnte Auflage bearbeitet von Regierungsrat **H. Follmann.** 4 M

31. **Gewerbegerichtsgesetz.** Von Stadtrath **L. Mugdan.** Sechste Auflage bearbeitet von **W. Cuno,** Erstem Bürgermeister zu Hagen i. W. ca. 2 M. 50 Pf.

32. Reichsgesetz, betr. die **Gesellschaften mit beschränkter Haftung.** Von **L. Parisius** und Dr. **H. Crüger.** Achte Auflage. 1 M. 40 Pf.

33. Das **Vereins- und Versammlungsrecht** in Deutschland. Von Dr. **E. Ball,** Rechtsanwalt. 2 M. 25 Pf.

34. Reichsgesetz, betreffend die **Abzahlungsgeschäfte.** Vom 16. Mai 1894. Von **J. Hoffmann.** Zweite vermehrte Auflage besorgt von Dr. **E. Wilke,** Landgerichtsrath. 1 M. 20 Pf.

35. Die **Reichs-Eisenbahngesetzgebung.** Von **W. Coermann,** Kaiserl. Amtsrichter. 1895. 2 M. 25 Pf.

36. Gesetze, betr. die **privatrechtlichen Verhältnisse der Binnenschifffahrt und der Flößerei.** Erläutert von **H. Makower.** Dritte Auflage bearbeitet von **E. Löwe,** Landgerichtsrath. 3 M.

37. Gesetz zur **Bekämpfung des unlauteren Wettbewerbes.** Vom 27. Mai 1896. Von Dr. **R. Stephan,** Geh. Regierungsrath. Dritte Auflage. 1 M.

38/39. **Bürgerliches Gesetzbuch nebst Einführungsgesetz.** Nach dem Tode des ursprünglichen Herausgebers Reichsgerichtsraths a. D. Dr. **A. Achilles** in Verbindung mit Professor Dr **André,** Landrichter

Ritgen, Landrichter **Strecker,** Ober-Regierungsrath Dr. **Unzner** herausgegeben von Geh. Ober-Justizrath **Greiff.** Vierte Auflage. 8°. 6 M. 50 Pf.
Dieser Band ist in größerem Format erschienen!

40 Gesetz, betr. die **Pflichten der Kaufleute bei Aufbewahrung fremder Werthpapiere (Depotgesetz).** Mit Erläuterungen. Von **F. Lusensky,** Geh. Ober-Regierungsrath. Zweite Auflage. 1 M.

41 **Börsengesetz.** Vom 22. Juni 1896. Nebst Ausführungsbestimmungen. Unter Mitwirkung des Direktors im Reichsamt des Innern **A. Wermuth** bearbeitet von Regierungsrath **H. Brendel.** 1 M. 50 Pf.

42. **Grundbuchordnung** nebst den preußischen Ausführungsbestimmungen Mit Einleitung. Von Professor Dr **O. Fischer.** Vierte Auflage. 2 M.

43. Die Gesetzgebung, betr. die **Zwangsvollstreckung in das unbewegliche Vermögen** im Reiche und in Preußen. Mit Einleitung, Kosten- und Gebührentabellen. Von Dr. **J. Krech,** Kaiserl. Geh. Regierungsrath und Professor Dr **O. Fischer.** Vierte Auflage. 2 M.

44. Das Reichsgesetz über das **Auswanderungswesen** vom 9. Juni 1897 nebst Ausführungsverordnungen und Anlagen. Unter Benutzung amtlicher Quellen. Von Professor Dr. **Felix Stoerk.** 2 M. 25 Pf.

45. Das **Entmündigungsrecht** unter Berücksichtigung der für Preußen geltenden Vorschriften nebst der preußischen Justiz-Ministerial-Verfügung vom 28. November 1899. Text der civil- und prozeßrechtlichen Bestimmungen mit Erläuterungen von Landgerichtsrath Dr. **P. Koll** in Cöln. 1 M. 50 Pf.

46. Die Gesetze des Reiches und Preußens über die **freiwillige Gerichtsbarkeit.** Mit Einleitung von **Herm. Jastrow,** Amtsgerichtsrath. Vierte Auflage. 3 M

47. Das **deutsche Vormundschaftsrecht** und das preuß. Gesetz über die Fürsorgeerziehung Minderjähriger nebst den dazu gehörigen preußischen Nebengesetzen. Mit Einleitung und Erläuterungen von **Max Schultzenstein,** Oberverwaltungsgerichtsrath und Amtsgerichtsrath Dr. **Paul Köhne.** Zweite Auflage. 3 M.

48. Gesetze und Verordnungen, betr. den **Drogen-, Gift- und Farbenhandel** außerhalb der Apotheken. Von Dr. **Broh,** Rechtsanwalt. 1 M. 25 Pf.

49. Deutsche **Kolonialgesetzgebung.** Von Professor Dr **Philipp Zorn.** 4 M. 50 Pf.

50. Der **Viehkauf** (Viehgewährschaft) nach dem Bürgerlichen Gesetzbuche. Mit Erläuterungen von Rechtsanwalt Dr. **H. Stölzle.** Nebst Verordn. betr. die Hauptmängel und Gewährsfristen beim Viehhandel. Von **H. Weiskopf,** Königl. Kreisthierarzt in Augsburg. Dritte Auflage. 3 M.

51. **Hypothekenbankgesetz** vom 13. Juli 1899. Von Dr. **H. Göppert,** Gerichts-Assessor. 1 M. 80 Pf.

52. Gesetz, betreffend die gemeinsamen **Rechte der Besitzer von Schuldverschreibungen.** Von Dr. **Heinrich Göppert,** Gerichts-Assessor. 2 M.

53. **Reichspreßgesetz** vom 7. Mai 1874 nebst den einschlägigen Bestimmungen des Strafgesetzbuchs, der Gewerbeordnung ꝛc. Kommentar von **A. Born,** Polizeiassessor. 1 M. 50 Pf.

54. Die Reichsgesetzgebung über den Verkehr mit **Nahrungsmitteln, Genußmitteln** und **Gebrauchsgegenständen.** Von Dr. **Georg Lebbin,** Nahrungsmittelchemiker. 2 M. 25 Pf.

55. Das Recht der **Beschlagnahme von Lohn- und Gehaltsforderungen.** Auf Grundlage der Reichsgesetze vom 21. Juni 1869 u. 29. März 1897 und der Civilprozeßordnung. Von Rechtsanwalt **Georg Meyer.** Zweite Auflage. 2 M.

56. Gesetz, betr. die **Bekämpfung gemeingefährlicher Krankheiten.** Nebst Ausführungsbestimmungen. Von Dr. **Bruno Burkhardt,** Regierungsrath, Mitglied des Kais. Gesundheitsamts. 1 M. 40 Pf.

57. **See-Unfallversicherungsgesetz.** Von **Dr. Max Mittelstein,** Oberlandesgerichtsrath in Hamburg. 2 M.

58. **Das Recht der unehelichen Kinder.** Ausgabe aller einschlägigen Bestimmungen des B.G.B. Von **Hermann Jastrow,** Amtsgerichtsrath. 1 M. 80 Pf.

59. Reichsgesetz über die **Beurkundung des Personenstandes und die Eheschließung.** Von Dr. **F. Fidler,** Amtsgerichtsrath. 1 M. 80 Pf.

60. Gesetz, betreffend das **Urheberrecht an Werken der Litteratur und der Tonkunst.** Von Gerichtsassessor **Otto Lindemann.** 1 M. 50 Pf.

61. Gesetz über das **Verlagsrecht.** Von Justizrath **Ernst Heinitz.** 1 M. 50 Pf.

62. Gesetz über die **privaten Versicherungsunternehmungen.** Von **H. Könige,** Ob.-Landsger.-Rath. 3 M.

63. **Gesetzestafel des Deutschen Reichsrechts.** Systematisch geordnete Nachweisung des z. Z. geltenden Reichsrechts. Ergänzungsband zu der Guttentag'schen Sammlung Deutscher Reichsgesetze. Von **Hugo Bruhns,** Syndikus. 2 M. 50 Pf.

64. Gesetzsammlung betr. den **Handel mit Drogen und Giften.** Reichsgesetzl. Bestimmungen und Anhang mit den landesgesetzl. Verordnungen sämmtlicher Bundesstaaten. Von Rechtsanwalt **H. Sonnenfeld,** Syndikus der Berliner Drogisten-Innung. 3 M.

65. Das **Weingesetz** vom 24. Mai 1901. Mit Ausführungsbestimmungen erläutert von Dr. **Georg Lebbin,** Handels- und Gerichtschemiker zu Berlin. 1 M. 50 Pf.

66. Die **Eisenbahn-Gesetzgebung.** Von **W. Pietsch,** Geh. exp. Sekretär im Reichs-Eisenbahn-Amt. 5 M.

67. **Militär-Strafgesetzbuch.** Mit den Entscheidungen des Reichs-Militärgerichts von Dr. **Paul Herz,** Senats-Präsident am Reichs-Militärgericht und Kriegsgerichtsrath Dr. **Georg Ernst.** 3 M.

68. Das **Fleischbeschaugesetz.** Vom 3. Juni 1900. Mit Ausführungsges. u. Verordnungen im Reiche und in Preußen. Von Dr. **Georg Lebbin,** Gerichtschemiker und Rechtsanwalt Dr. **Georg Baum.** 4 M.

69 Reichsgesetz über die **Naturalleistungen der bewaffneten Macht im Frieden** nebst den zugehörigen in Preußen geltenden Bestimmungen. Von Regierungsassessor Dr. **Walter v. Hippel.** 1 M. 25 Pf.

70. Das **Reichs-Haftpflichtgesetz,** betr. die Verbindlichkeit zum Schadensersatz für die bei dem Betriebe von Eisenbahnen, Bergwerken, Steinbrüchen, Gräbereien und Fabriken herbeigeführten Tödtungen und Körperverletzungen, vom 7 Juni 1871. Von Regierungsrath Dr **G. Eger.** Preis 3 M.

71. **Kinderarbeit in gewerblichen Betrieben,** v. 30. März 1903. Nebst der Preuß. Ausführ.-Anw. v. 30. Nov. u. d Bek. des Reichskanzlers v. 17 Dez. 1903. Von **H. Spangenberg,** Oberverwaltungsgerichtsrath. Zweite vermehrte Auflage. 1 M. 60 Pf.

72. **Unfallversicherungsgesetz für Land- und Forstwirtschaft** vom wirkl. Geh. Rat Dr. **E. von Woedtke,** fortgesetzt von Dr. **Alfred Radtke,** Geh. Regierungsrat und Senatspräs. im Reichsversicherungsamt. 4 M. 50 Pf.

73. **Entschädigung für unschuldig erlittene Verhaftung und Bestrafung.** Nebst Anhang, enth. die dazu gehörigen Nebengesetze über Schadensersatz. Von Dr. jur. **A. Romen,** Geh. Kriegsrat und vortr. Rat im Kriegsministerium. 2 M.

74. Die **Kaufmannsgerichte** nebst den preuß. Ausführungsbestimmungen. Von Dr. **Max Apt,** Syndikus der Korporation der Berliner Kaufmannschaft. Dritte Auflage. 2 M.

Daraus einzeln: **Preuß. Ausführungsbestimmungen.** 50 Pf.

75. Reichsgesetz über die **Konsulargerichtsbarkeit.** Erläutert von Dr. iur. **A. F. Vorwerk,** Rechtsanwalt in Schanghai. 2 M.

76. **Die Rechtshilfe im Verkehr mit den ordentlichen Gerichten nach deutschem Reichsrecht.** Zusammenstellung aller in Betracht kommenden Gesetzesstellen. Von Landrichter Dr. **A. Friedländer.** 1 M. 80 Pf.

77. **Das Reichserbschaftssteuergesetz.** Vom 3. Juni 1906. Von **Ulrich Hoffmann,** Geh. Registrator im Königl. Preuß. Finanzministerium. ca. 2 M. 50 Pf.

78. **Zigarettensteuergesetz.** Vom 3. Juni 1906. Von Dr. **Cuno,** Gerichtsassessor.

79. **Die Militärpensionsgesetze** vom 31. Mai 1906 nebst den Ausführungsbestimmungen. Zum praktischen Gebrauch für Heer, Marine und Schutztruppe, bearbeitet **Dr. jur. A. Romen,** Geheimer Kriegsrat und vortr. Rat im Kriegsministerium.
a) I. Teil: Offizierpensionsgesetz.
b) II. Teil: Mannschaftsversorgungsgesetz.
Jeder Teil ist einzeln käuflich.

Guttentag'sche Sammlung

Preußischer Gesetze.

Text-Ausgaben mit Anmerkungen. Taschenformat.

---

1. Die **Verfassungs-Urkunde** für den Preußischen Staat. Mit Einleitung, vollständigem Kommentar. Von Prof. Dr. **Adolf Arndt.** Fünfte Auflage. 3 M.

2. Preußische **Beamten-Gesetzgebung.** Enthaltend die wichtigsten Beamtengesetze in Preußen. Von **C. Pfafferoth.** Vierte, neubearbeitete Auflage. 2 M.

3. **Die Aufnahme des Nottestaments** durch die bestellten besonderen Urkundspersonen. Anweisung vom 15. März 1904. Erläutert mit Musterbeispielen und einem Abriß des Erbrechts von Amtsgerichtsrath **C. Kurtz.** 1 M. 50 Pf.

4. **Gebührenordnung** für **Notare** vom 25. Juni 1895 nebst den einschlägigen Vorschriften des Preußischen Gerichtskostengesetzes. Von **R. Sydow.** Zweite Auflage bearbeitet von Dr. **E. Mosler,** Gerichtsassessor. 1 M. 50 Pf.

5. Gesetz vom **24. April 1854 (betr. die außereheliche Schwängerung).** Von Dr. **Schulze.** 75 Pf.
   Gültiges Recht siehe: Reichsgesetze Nr. 58.

6. Die Preuß. **Ausführungsgesetze und Verordnungen zu den Reichs-Justizgesetzen.** Von **R. Sydow.** Dritte vermehrte Auflage. 1895. 2 M. 40 Pf.

Siehe Seite 22, Busch, Ausführungsgesetze.

7. **Allg. Gerichtsordnung** vom 6. Juli 1793 und Preuß. **Konkursordnung** vom 8. Mai 1885. Von **F. Vierhaus,** Geh. Ober-Justizrath. Vergriffen.
8. **Vormundschaftsordnung.** Von **F. Schultzenstein.** Gültiges Recht siehe: Reichsgesetze Nr. 47.
9. Die Preußische **Grundbuchgesetzgebung.** Von Prof. Dr. **Fischer.** Vergriffen. Siehe: Reichsgesetze Nr. 42.
10. **Einkommensteuergesetz.** Von **A. Fernow,** Geh. Finanzrath. Fünfte Auflage. 2 M. 50 Pf.
11. **Gewerbesteuergesetz.** Von **A. Fernow,** Geh. Finanzrath. Vierte, vermehrte u. verbesserte Auflage. 2 M.
12. **Allgemeines Berggesetz** für die Preußischen Staaten vom 24. Juni 1865 nebst den preußischen Berggesetznovellen. Mit Einleitung, Erläuterungen und Sachregister bearbeitet von **W. Westhoff** und **W. Schlüter.** 4 M.
13. **Ergänzungssteuergesetz** (Vermögenssteuergesetz). Von **A. Fernow,** Geh. Finanzrath. Dritte vermehrte Auflage. 1 M. 50 Pf.
14. **Kommunalabgabengesetz.** Vom 14. Juli 1893 und Gesetz wegen Aufhebung direkter Staatssteuern. Von Dr. **F. Adickes,** Oberbürgermeister. Dritte Auflage. 1 M. 50 Pf.

15. Die **Kreisordnungen** für den Preußischen Staat. Von **O. Kolisch**, Landgerichtsrath. 1894. 4. M.

16. **Concessionirung gewerblicher Anlagen.** Preuß. Ausführungs-Anweisung zu §§. 16 u. ff. der Gewerbe-Ordnung. Von Dr. **W. v. Rüdiger**, Geh. Regierungs- u. Gewerberath. Zweite Auflage. 2 M.

17. Preußisches **Gerichtskostengesetz.** Mit Kostentabellen Von Dr. **P. Siméon**, Landrichter. Vierte Auflage 2 M. 25 Pf.

18. Preußisches **Stempelsteuergesetz** vom 31. Juli 1895. Mit den gesammten Ausführungsbestimmungen und vollständigen Tabellen. Von **P. Loeck**, Regierungsrath. Fünfte Auflage. 5 M.

Dieser Band ist in größerem Format erschienen.

19. Das **Jagdscheingesetz.** Mit ausführlichen Erläuterungen. Von **F. Kunze**, Wirklichem Geh. Ober-Regierungsrath. Zweite Auflage. 2 M.

20. Die **preußischen Erbschaftssteuergesetze.** Unter Berücksichtigung der Novelle vom 31. Juli 1895. Von **U. Hoffmann**, Geh. Registrator im Königl. preuß. Finanzministerium. 4 M.

(Reichserbschaftssteuergesetz s. Reichsgesetze Nr. 77.)

21. Gesetz über die **Handelskammern.** Vom 19. August 1897. Mit Erläuterungen von **F. Lusensky**, Geh. Regierungsrath. 3 M.

22. Gesetz, betr. **Anstellung und Versorgung der Kommunalbeamten.** Mit Ausführungsanweisung. Von Dr. **W. Ledermann,** Magistratsassessor zu Berlin 1 M. 25 Pf.

23. **Ausführungsgesetz zum Bürgerlichen Gesetzbuche.** Von Landrichter Dr. **P. Siméon.** 2. Aufl. 1 M. 80 Pf.

24. Die **Hinterlegungsordnung** in der Fassung des Ausführungsgesetzes z. B.G.B. v. 20. Sept. 1899 nebst Ausführungsbestimmungen. Von Regierungsassessor Dr. **Georg Bartels.** 1 M. 50 Pf.

25. **Preußische Kommunalbeamtengesetzgebung.** Von Magistratsassessor Dr. **Fr. Kremski,** Berlin. 3 M.

26. Die Preußischen Gesetze über das **Diensteinkommen der Lehrer und Lehrerinnen, ihren Ruhegehalt und die Fürsorge für ihre Hinterbliebenen,** sowie einer Tabelle zur Berechnung der Ruhegehalts-, Wittwen- und Waisenbezüge. Von Dr. **Ed. Cremer,** Beigeordneter. 2 M. 40 Pf.

27. Gesetz, betreffend die **Waarenhaussteuer.** Von Geh. Ober-Finanzrath Dr. **G. Strutz.** 1 M. 20 Pf.

28. Gesetz über die **Fürsorgeerziehung Minderjähriger.** Nebst Ausführungsanweisungen. Von Landgerichtsrath Dr. **P. F. Aschrott.** 2 M. 80 Pf.

29. Gesetz, betr. **die ärztlichen Ehrengerichte, das Umlagerecht und die Kassen der Aerztekammern.** Von Amtsgerichtsrath Dr. **Fidler.** 1 M. 50 Pf.

30. **Die das Preußische Staatsschuldbuch und Reichsschuldbuch** betr. Gesetze nebst Ausführungsbestimmungen. Von Wirkl. Geh. Ober-Finanzrath **J. Mücke**, Mitglied der Staatsschuldenverwaltung. 2 M.

31 a. **Die geltenden Preußischen Gesindeordnungen.** Herausgegeben in zwei Bänden von **Stephan Gerhard**, Rechtsanwalt in Berlin.

Band I: Gesindeordnung für die altpreußischen Provinzen vom 8. XI. 1810, mit Erläuterungen unter Berücksichtigung der Ergänzungsgesetze und der Rechtsverhältnisse der Gesindevermiether, sowie die Gesindeordnung für Neuvorpommern und Rügen und für die Rheinprovinz. 2 M. 50 Pf.

31b. **Band II:** Gesindeordnungen für Hannover, Schleswig-Holstein, Hessen-Nassau und den Regierungsbezirk Hohenzollern. 2 M. 50 Pf.

32. **Die Städteordnung für die sechs östlichen Provinzen Preußens vom 30. Mai 1853 nebst ihren gesetzlichen Ergänzungen.** Von **Dr. jur. Walter Ledermann**, Magistrats-Assessor zu Berlin. 6 M.

Dieser Band ist in größerem Format erschienen!

33. **Rentenguts- und Anerbenrechts-Gesetzgebung in Preußen.** Von Landgerichtsrath **M. Peltasohn** und Rechtsanwalt **Bruno Peltasohn.** 3 M.

34. Sammlung der wichtigsten **Preußischen Strafgesetze** nebst Anhang: Gesetz betr. polizeiliche Strafverfügungen vom 23. April 1883. Von **Otto Lindemann,** Amtsrichter. 2 M. 50 Pf.

Inhalt: Mobiliar-Feuerversicherung — Chausseegeld — Jagdpolizei — Jagdschein — Wild-Schonzeit — Fischerei — Versammlungs- u. Vereinigungsrecht — Belagerungszustand — Gesindedienstpflichten — Mineraliengewinnung und -Aneignung — Schlachthäuser — Dampfkesselbetrieb — Wandergewerbebetrieb — Reblausverbreitung — Forstdiebstahl — Wald- u. Wassergenossenschaften — Feld- u. Forstpolizei — Lotteriespiel — Verkehrsabgaben — Landestrauer.

35. **Geschäftsordnung für Gerichtsvollzieher.** Gerichtsvollzieherordnung und Gebührensätze von Amtsgerichtssekretär a. D. **Emil Exner.** 3 M. 50 Pf.

36. Die Gesetzgebung über **Polizeiverordnungen in Preußen** von **Otto Lindemann,** Amtsrichter in Köslin. 1 M. 50 Pf.

37. Gesetz über die **Enteignung von Grundeigentum** vom 11. Juni 1874 von Landrichter **O. Meyer.** 2 M.

38. **Kreis- und Provinzial-Abgabengesetz.** Vom 23. April 1906. Von **Fr. Schmidt,** Gemeindevorsteher.

Schlagwort-Register.

R. = Nummer der Sammlung Deutscher Reichsgesetze.
P. = Nummer der Sammlung Preußischer Gesetze.
S. = Seite.